古文字与中华文明传承发展工程

史记的文化发掘

中国早期史学的人类学探索

王子今 著

山西出版传媒集团
山西人民出版社

图书在版编目(CIP)数据

史记的文化发掘：中国早期史学的人类学探索 / 王子今著. — 太原：山西人民出版社，2025. 9. — ISBN 978-7-203-13870-9

Ⅰ. K204.2

中国国家版本馆CIP数据核字第2025N9J465号

史记的文化发掘：中国早期史学的人类学探索

著　　者：王子今
出版统筹：崔人杰
责任编辑：张志杰
复　　审：傅晓红
终　　审：梁晋华
装帧设计：陈　婷

出 版 者：山西出版传媒集团·山西人民出版社
地　　址：太原市建设南路21号
邮　　编：030012
发行营销：0351-4922220　4955996　4956039　4922127（传真）
天猫官网：https://sxrmcbs.tmall.com　电话：0351-4922159
E - mail：sxskcb@163.com　发行部
　　　　　sxskcb@126.com　总编室
网　　址：www.sxskcb.com

经 销 者：山西出版传媒集团·山西人民出版社
承 印 厂：山西出版传媒集团·山西人民印刷有限责任公司

开　　本：720mm×1020mm　1/16
印　　张：46
字　　数：683千字
版　　次：2025年9月　第1版
印　　次：2025年9月　第1次印刷
书　　号：ISBN 978-7-203-13870-9
定　　价：169.00元

前　言

《史记》在中国文化史上占据着十分重要的地位。历代评价之所谓“贯穿经传，驰骋古今”（《汉书·司马迁传》），“其文疏荡，颇有奇气”（苏辙《上枢密韩太尉书》），“深于《诗》者也”，“千古之至文”（章学诚《文史通义·内篇五·史德》），“《五经》之橐籥，群史之领袖”（崔适《史记探源》卷一《序证·要略》），“史家之绝唱，无韵之《离骚》”（鲁迅《汉文学史纲要》）等，都反映出在作为中国传统文化主体内容的“文”“史”两家中，《史记》久已具有标范性的影响。

其实，如果从更广阔的视角看《史记》，还会有更为丰富的文化发现。

有学者认为，“当代人类学的模式研究方法，对于中国古代文化的研究具有重大借鉴意义，从具有相对普遍适应性的原型、象征等模式出发，能够使以微观考释见长的国学传统向‘文化破译’的方向转化，使长期以来仅限于单一文化范围内的训诂—文献学研究在世界范围内重新寻找自己的位置，借人类学的普遍模式的演绎功能使传统考据学所不能彻底认知的远古文化‘密码’在跨文化的比较分析和透视下得到破解。”[①]“把本国本民族的东西放置在人类文化的总格局中加以探讨，这将是顺应时代发展趋势的一种融通中西学术的有效途径。”[②]

① 叶舒宪、萧兵、王建辉：《“中国文化的人类学破译”的说明》，《老子的文化解读——性与神话学之研究》，湖北人民出版社1994年版，第2页至第3页。

② 叶舒宪：《诗经的文化阐释——中国诗歌的发生研究》，湖北人民出版社1994年版，第16页。

本书就是受到这一观点的启示，企望从人类学的角度研究《史记》的内涵，认识《史记》的价值的尝试之作。

不过，面对司马迁《史记》这部中国史学公认的伟大的经典，今天进行这样的尝试是相当困难的事。

现在，对人类学的理解各有不同。对于人类学和史学的关系，认识也难以一致。笔者基本同意杨希枚先生的见解。他在讨论“史学及中国史学今后研究的途径”时指出：

> 姑撇开宇宙、地球，或生物之类的自然历史的研究不论，如果我们狭义的把史学就看成有文字时代的人类史实的研究，一种异时代的、断面的史实或个人传记式的帝王政治史之类的研究，且以年代关系为其研究上的特征的话，那么史学与人类学便显然呈现着绝大的差异。
>
> 同样，如果我们就英国马林诺夫斯基与瑞德克利夫布朗领导的功能论派的社会人类学的观点，认为人类学是视人类社会为一种自然的体系，以其互为倚恃的组织及其功能为研究的对象，且以简化一切社会生活为一些定律或通则为其研究的目的；换句话说，在对于某一社会的了解上是无需求助于它的过去的历史的话，那么这种人类学，功能论派的社会人类学，便与上面说的狭义的史学研究就更不相同，而这种社会人类学也就自然不能说是史学的研究了。

杨希枚先生接着写道：

> 但是，如果我们承认史学的研究非仅在于史实次序的叙述，而同样的在求解文化的特质，并想建立起来史实间的可能联系关系，特别是像古朗日（Coulange）、威诺古莱道夫（Vinogradoff）、麦特兰德（Maitland）与鲍威克（Powicke）之类的史家那样去求解某一社会或文化的潜在型态，或由不同社会的比较上去求解社会组织，那么这种

> 史学的研究便可说就是人类学的研究了。
>
> 实际上，已故美国人类学大师鲍亚斯固然认为人类学就是研究人类社会的历史的；其与狭义的历史研究的区别仅在于人类学不限于有文字记载的时代与民族。同时他的得意门生，当代美国人类学权威威克屡伯也同样指出人类学是兼从生物科学与有时所谓历史的也即通常所谓的社会科学两方面去研究人类的。这就是说，人类的文化与社会的研究，即我们这里所谓文化人类学的研究，是属于史学研究的。不仅美国历史派的人类学家对于人类学持着同样的看法，就是英国的社会人类学家对于人类学应即史学研究的这一事实也更有明确的说明。例如牛津大学的社会人类学教授伊温斯普瑞察德（Evens-Pritchard），就说过无论在研究的目的、方法和取材上，人类学与史学都是几无差异可言的，而且自称他写的“The Sanusi of Cyrenaica”可说就是社会史的著作。甚至是素来持重于社会发展法则的功能派社会人类学家，如上文提到过的英国瑞德克利夫布朗（Radcliffe-Brown），与美国的埃干（Eggan），也似乎改变了过去忽视历史的观点，而认为人类学的研究上也已不能再离开历史一方面的研究了。[①]

历史学家和人类学家，按照法国著名人类学家莱维-斯特劳斯的话来说，对于“理解人类”的目标，“他们全都走着同一条道路。他们的这条共同的道路在他们各自看来似乎是各有千秋的——就历史学家而言，是由明确而转为含蓄；而就人类学家而言，则是由特殊进入一般；但这一事实丝毫也不会改变他们的基本方法上相同的特征。”“这是一个真正的两面神伊阿努斯。正是这两门学科的结盟才使人们有可能看到一条完整的道路。”莱维-斯特劳斯说：

> 马克思的名言：“人们创造着他们自己的历史，但他们并不懂得

① 杨希枚：《语文学、考古学、人类学、史学与人类及其文化史的研究》，《大陆杂志》第21卷第1-2期合刊（1960年），收入《先秦文化史论集》，中国社会科学出版社1995年版。

> 他们正在创造它"，便首先是肯定了历史学，其次也肯定了人类学。与此同时，它也表明了这两种研究方法是不可分割的。

莱维-斯特劳斯的这一分析是应当得到赞同的："直至今日，一种由古代的传统及现时的需要证明为合理的分工，一直在助长区分的理论和实践方面的混淆，并因此而助长人类学和历史学的不应有的分离。一旦人类学与历史学开始在对现代社会的研究中实行合作，那就将清楚地看出，在这里亦如别处一样，任何一门科学离开其他科学的帮助便将一事无成。"①

莱维-斯特劳斯倡导的结构主义人类学，是在对以往诸种人类学学派的思想原则和研究方法进行总结和反思的基础上形成的。结构主义人类学表现出值得肯定的学术进步，其特征之一，就是重视比较研究，并且不排斥适度的历史学方法。

另一方面，近年中国史学的进步，也提出了在研究方向上和研究方法上借鉴包括人类学在内的其他学科多种成就的任务。

其实，《史记》这部历史名著本身，也因与一般"狭义的历史研究"著作不同，而久已受到学人的重视。

扬雄《法言・问神》说到《太史公书》时，写道："其多知与？曷其杂也。曰：杂乎杂，人病以知为杂，惟圣人为不杂。"《法言・君子》又说："《太史公》，圣人将有取焉。""多爱不忍，子长也。""子长多爱，爱奇也。"

《太平御览》卷六〇二引桓谭《新论》也说："通才著书以百数，惟太史公为广大，余皆丛残小论。"

《论衡・案书》又写道："汉作书者多，司马子长……河汉也，其余，泾渭也。"

班固在《汉书・司马迁传》中，也说司马迁"博物洽闻"，其书则"涉猎者广博"，"驰骋古今"。

---

① 〔法〕克洛德・莱维-斯特劳斯：《结构人类学》，谢维扬、俞宣孟译，上海译文出版社1995年版，第28页至第30页。

后世又有朱熹说“司马迁才高，识亦高”，风格“粗率”“疏爽”（《朱子语类》卷一三四），欧阳修称司马迁“博物好奇之士，务多闻以为胜者”（《帝王世次图序》）[①]吕祖谦则称其“高气绝识，包举广而兴寄深”（《大事记解题》卷一二），黄震也说“迁以迈往不群之气”，“激为文章，雄视千古”（《史惑》）[②]。又如钱谦益所谓“司马氏以命世之才，旷代之识，高视千载”（《汲古阁毛氏新刻十七史序》）[③]，陈子龙所谓司马迁“卓识远见”，“不拘牵于世俗之论”，“立意深长”（《史记测议序》），徐孚远所谓“太史公志大而好奇”，“包举广矣”（《史记测议序》），钱大昕所谓“去圣浸远，百家杂出，博采兼收”，“杂而不醇”（《潜研堂文集》卷二四序二）等，也都是值得重视的评论。

《史记》之广大博杂，建构了社会史料的宏大宝库。

翦伯赞先生曾经这样说，与一般“以个人为中心的历史”不同，“〔《史记》〕是一部以社会为中心的历史”。“司马迁不仅替皇帝写本纪，也替失败的英雄项羽写本纪；不仅替贵族写世家，也替叛乱的首领陈涉写世家；不仅替官僚写列传，也替秦汉时代的哲学家、文学家、商人、地主以及社会的游浪之群如日者、游侠、滑稽写为列传。他几乎注意到历史上的社会之每一个阶层，每一个角落，每一个方面的动态，而皆予以具体而生动的描写。”他于是评价：

> 所以我以为《史记》是中国第一部大规模的社会史。[④]

徐浩先生在评论《史记》的特点时，也说，《史记》“纵贯上下数千年，横及各国各阶层，举凡人类全体之活动，靡不备载”，又“叙述社会中各种现象”，并且“反春秋时代内其国而外诸夏、内诸夏而外夷狄之狭小眼光，

---

① 《欧阳文忠公全集》卷四三。

② 《黄氏日抄》卷四七。

③ 《牧斋有学集》卷一四。

④ 翦伯赞：《中国史纲》第2卷，大孚出版公司1947年版，第656页。

为匈奴等民族作列传”。[①]李长之先生也曾经肯定《史记》的文化贡献，他指出，司马迁“是要在人类的生活经验之中而寻出若干范畴来”。[②]朱希祖先生也说，《史记》避免了一般史书“不载民事”“未睹社会之全体”的痼疾，能够“大抵详察社会，精言民事”。[③]

从这样的角度来看，司马迁《史记》虽然也曾经否定所谓“其文不雅驯，荐绅先生难言之”的内容（《史记·五帝本纪》）[④]，但是其中值得人类学者重视的社会文化历史的记录，确实是相当丰富的。

显然，司马迁的《史记》，既不是所谓局限于“有文字时代的人类史实”的研究成果，也不是局限于所谓“异时代的、断面的史实”的研究成果，也不是所谓“个人传记式的帝王政治史之类”的研究成果，同时也并不“以年代关系为其研究上的特征”，因而与“狭义”的史学是不同的。

司马迁著作《史记》时，甚至曾经采取了与后世人类学考察存在某些类似之处的历史调查方式。

司马迁曾经以“太史公曰”的形式回顾这种特殊的考史的历程：

> 余尝西至空桐，北过涿鹿，东渐于海，南浮江淮矣，至长老皆各往往称黄帝、尧、舜之处，风教固殊焉，总之不离古文者近事。（《五帝本纪》）
>
> 余从巡祭天地诸神名山川而封禅焉。入寿宫侍祠神语，究观方士祠官之意，于是退而论次自古以来用事于鬼神者，具见其表里。后有君子，得以览焉。（《封禅书》）
>
> 太史公曰：余南登庐山，观禹疏九江，遂至于会稽太湟，上姑苏，望五湖；东窥洛汭、大邳，迎河，行淮、泗、济、漯洛渠；西瞻蜀之岷山及离碓；北自龙门至于朔方。曰：甚哉，水之为利害也！余

① 徐浩:《廿五史论纲》,人民文学出版社1949年版,第42页至第43页。

② 李长之:《司马迁之人格与风格》,上海开明书店1948年版,第238页至第240页。

③ 朱希祖:《中国史学通论》,独立出版社1944年版,第71页至第72页。

④ 王治皞《史记榷参》说太史公“闻见或有舛漏”,章学诚《文史通义·申郑》也说“史迁绝学”,然亦或不免“去取之未当”处。

从负薪塞宣房，悲《瓠子》之诗而作《河渠书》。（《河渠书》）

吾适齐，自泰山属之琅邪，北被于海，膏壤二千里，其民阔达多匿知，其天性也。（《齐太公世家》）

太史公曰：吾适故大梁之墟，墟中人曰：“秦之破梁，引河沟而灌大梁，三月城坏，王请降，遂灭魏。”说者皆曰魏以不用信陵君故，国削弱至于亡，余以为不然。（《魏世家》）

余读孔氏书，想见其为人。适鲁，观仲尼庙堂车服礼器，诸生以时习礼其家，余祗回留之不能去云。（《孔子世家》）

太史公曰：余登箕山，其上盖有许由冢云。（《伯夷列传》）

太史公曰：吾尝过薛，其俗闾里率多暴桀子弟，与邹、鲁殊。问其故，曰：“孟尝君招致天下任侠，奸人入薛中盖六万余家矣。”世之传孟尝君好客自喜，名不虚矣。（《孟尝君列传》）

太史公曰：吾过大梁之墟，求问其所谓夷门。夷门者，城之东门也。天下诸公子亦有喜士者矣，然信陵君之接岩穴隐者，不耻下交，有以也。名冠诸侯，不虚耳。高祖每过之而令民奉祠不绝也。（《魏公子列传》）

太史公曰：吾适楚，观春申君故城，宫室盛矣哉！初，春申君之说秦昭王，及出身遣楚太子归，何其智之明也！后制于李园，旄矣。语曰：“当断不断，反受其乱。”春申君失朱英之谓邪？（《春申君列传》）

太史公曰：余读《离骚》、《天问》、《招魂》、《哀郢》，悲其志。适长沙，观屈原所自沈渊，未尝不垂涕，想见其为人。（《屈原贾生列传》）

太史公曰：吾适北边，自直道归，行观蒙恬所为秦筑长城亭障，堑山堙谷，通直道，固轻百姓力矣。（《蒙恬列传》）

太史公曰：吾如淮阴，淮阴人为余言，韩信虽为布衣时，其志与众异。其母死，贫无以葬，然乃行营高敞地，令其旁可置万家。余视其母冢，良然。（《淮阴侯列传》）

> 太史公曰：吾适丰沛，问其遗老，观故萧、曹、樊哙、滕公之家，及其素，异哉所闻！方其鼓刀屠狗卖缯之时，岂自知附骥之尾，垂名汉廷，德流子孙哉？余与他广通，为言高祖功臣之兴时若此云。（《樊郦滕灌列传》）
>
> 余至江南，观其行事，问其长老，云龟千岁乃游莲叶之上，蓍百茎共一根。又其所生，兽无虎狼，草无毒螫。江傍家人常畜龟饮食之，以为能导引致气，有益于助衰养老，岂不信哉！（《龟策列传》）
>
> 迁生龙门，耕牧河山之阳。年十岁则诵古文。二十而南游江、淮，上会稽，探禹穴，窥九嶷，浮于沅、湘；北涉汶、泗，讲业齐、鲁之都，观孔子之遗风，乡射邹、峄；厄困鄱、薛、彭城，过梁、楚以归。于是迁仕为郎中，奉使西征巴、蜀以南，南略邛、笮、昆明，还报命。（《太史公自序》）

司马迁在《太史公自序》中所说到的“二十”之游，王国维《太史公行年考》说，“史公此行，据卫宏说，以为奉使乘传行天下，求古诸侯之史记也。然史公此时尚未服官，下文云于是迁始‘仕为郎中’，明此时尚未仕，则此行殆为宦学而非奉使矣”。王国维又说，“是史公足迹殆遍宇内，所未至者，朝鲜、河西、岭南诸初郡耳”。（《观堂集林》卷一一）

司马迁远游的意义，文人多以为有益于其精神与文气的涵养。

苏辙曾经说：“文者，气之所形，然文不可以学而能，气可以养而致。”“太史公行天下，周览四海名山大川，与燕赵间豪俊交游，故其文疏荡，颇有奇气。”（《上枢密韩太尉书》）

凌稚隆《史记评林》卷首引马存语，又是这样评价其出游的收益的：“子长平生喜游，方少年自负之时，足迹不肯一日休，非直为景物役也，将以尽天下之大观以助吾气，然后吐而为书，今于其书观之，则其平生所尝游者皆在焉。南浮长淮、溯大江，见狂澜惊波，阴风怒号，逆走而横击，故其文奔放而浩漫。望云梦、洞庭之陂，彭蠡之潴，涵混太虚，呼吸万壑，而不见介量，故其文停滀而渊深。见九嶷之绝绵，巫山之嵯峨，阳台朝云，苍梧暮烟，态度无定，靡蔓绰约，春妆如浓，秋饰如薄，故其文妍媚而蔚纡。泛沅渡湘，吊大夫之魂，悼妃子之恨，竹上犹有斑斑，而不知鱼腹之骨尚无恙者乎，故其文感愤而伤激。北过大梁之墟，观楚汉之战场，想见项羽之喑呜，高帝之慢骂，龙跳虎跃，千万兵马，大弓长戟，俱游而齐呼，故其文雄勇猛健，使人心悸而胆栗。世家龙门，念神禹之鬼功，西使巴蜀，跨剑阁之鸟道，上有摩云之崖，不见斧凿之痕，故其文斩绝峻拔，而不可攀跻。讲业齐鲁之都，睹夫子之遗风，乡射邹峄，彷徨乎汶阳洙泗之上，故其文典重温雅，有似乎正人君子之容貌。凡天地之间，万物之变，可惊可愕，可以娱心，使人忧，使人悲者，子长尽取而为文章，是以变化出没如万象供四时而无穷，今于其书而观之，岂不信矣！”

其实，司马迁远游，万里山川，四方民气当然有益于《史记》这部巨著文采神韵的焕发，然而，我们还应当看到，司马迁游踪万里的实践，实际上又是与现代人类学的田野工作有某些相似之处的。

笔者研读《史记》，内心不仅仰慕司马迁的精神风格，对他的治史道路，也是有意遵循的。

本书的主要目的，是希望从新的角度、新的层次考察《史记》的文化涵括。同时，发现中国早期史学的文化特质。此外，也亟愿通过这一工作，增益对司马迁所处时代的社会文化的全面认识和全面理解。笔者这种努力的成败，当然只能期待读者的评价。

目 录

序章　“究天人之际”：早期史家的历史责任和文化责任

文史星历近乎卜祝之间

《史记》原名《太史公书》，在东汉桓帝永寿元年（155年）之后，则始见《史记》之称。[①]实际上，司马迁在这部书中曾经多次以“史记”称前代历史记录。例如：

> 幽王得褒姒，爱之，欲废申后，并去太子宜臼，以褒姒为后，以伯服为太子。周太史伯阳读史记曰：“周亡矣。”（《周本纪》）
>
> 余观史记，考行事，百年之中，五星无出而不反逆行，反逆行，尝盛大而变色。（《天官书》）
>
> 〔孔子〕乃因史记作《春秋》。（《孔子世家》）
>
> 〔孔子〕故因史记作《春秋》。（《儒林列传》）
>
> 孔子明王道，干七十余君，莫能用，故西观周室，论史记旧闻，兴于鲁而次《春秋》。（《十二诸侯年表》）
>
> 孔子读史记至楚复陈，曰：“贤哉楚庄王！轻千乘之国而重一

① 陈直：《太史公书名考》，《文史哲》1956年第6期，收入《司马迁与〈史记〉论集》，陕西人民出版社1982年版。

言。”（《陈杞世家》）

孔子读史记至文公，曰：“诸侯无召王。”（《晋世家》）

鲁君子左丘明惧弟子人人异端，各安其意，失其真，故因孔子史记具论其语，成《左氏春秋》。（《十二诸侯年表》）

自获麟以来四百有余岁，而诸侯相兼，史记放绝。（《太史公自序》）

自孔子死之后百二十九年，而史记周太史儋见秦献公曰：“始周与秦合，合五百岁而离，离七十岁而霸王出焉。”（《老子韩非列传》）

秦既得意，烧天下《诗》《书》，诸侯史记尤甚，为其有所刺讥也。《诗》《书》所以复见者，多藏人家，而史记独藏周室，以故灭。惜哉，惜哉！（《六国年表》）

这里所说的“史记”，应当就是史官所记。据说作者为孔安国的《〈尚书〉序》写道：“先君孔子”“约史记而修《春秋》”。《史记·周本纪》张守节《正义》：“诸国皆有史以记事，故曰‘史记’。”杜预《〈春秋经传集解〉序》也说：“《春秋》者，鲁史记之名也。”

“史记”，当然是出自史官，即长期以来承担重要文化职任的官员的手笔。《史记·孟尝君列传》说，“孟尝君待客坐语，而屏风后常有侍史，主记君所与客语。”可能孟尝君以“侍史”“主记君所与客语”，正是仿拟君王“史记”制度。《史记·秦本纪》记载：

〔秦文公〕十三年，初有史以记事，民多化者。

“初有史以记事”，被看作文明进步至于某一阶梯时的必要表现。这或许正是因为迈进到一定的文明阶段，即有纪史的需要和可能。而从另外的角度也可以说明，史官，是文明积累达到一定程度的人格代表。龚自珍说九流十家都以史学为本[①]，刘师培也认为古学出于史官[②]。这样的观点，并不是没有道理的。

传统史学有道德宣教的作用。《国语·楚语上》：“教之《春秋》而为之耸善而抑恶焉，以戒劝其心。”就说明了这样的事实。最初的“史”，已经有这样的职能。1980年出土于陕西长安新旺村的史惠鼎，据李学勤先生的分析，铭文大意为：史惠作宝鼎，史惠“日就月将”，能知以善恶教人，得到嘉美的赐命。所谓“日就月将”，是引《诗·周颂·敬之》[③]。史惠鼎提供的资料表明，西周晚期的史官，已经以推行正统道德为己任。[④]

但是，另一方面，史官对于君王，又以服务人员的身份侍奉左右，其地位并不高。司马迁《报任少卿书》说：

> 仆之先人非有剖符丹书之功，文史星历近乎卜祝之间，固主上所戏弄，倡优畜之，流俗之所轻也。

其中“主上所戏弄，倡优畜之”，体现出“史”以近侍身份服务于君主的情形。而所谓“史”“近乎卜祝之间”的说法，尤其值得我们重视。此外，《礼记·王制》所谓“凡执技以事上者，祝史射御医卜及百工”，也体现了“史”与“祝”相类，虽然所“执”之“技”具有高层次的文化内涵，然而仍卑微以“事上”的地位。

“史巫”与“巫史”

在司马迁《史记》中，可以看到“史”也承担某些富有神秘主义意味

---

① 龚自珍：《古史钩沉论》，《龚定庵续集》卷二。

② 刘师培：《古学出于史官论》，《补古学出于史官论》，《刘申叔先生遗书·左庵外集》。

③ 《诗·周颂·敬之》：“维予小子，不聪敬止，日就月将，学有缉熙于光明，佛时仔肩，示我显德行。”

④ 李学勤：《史惠鼎与史学渊源》，《文博》1985年第6期，收入《新出青铜器研究》，文物出版社1990年版。

的职能。例如《齐太公世家》记载周武王灭纣时史事：

明日，武王立于社，群公奉明水，卫康叔封布采席，师尚父牵牲，史佚策祝，以告神讨纣之罪。

“史佚策祝，以告神讨纣之罪”，即“史”成为代表君王与“神”对话的发言人。又如《鲁周公世家》记载：

武王克殷二年，天下未集，武王有疾，不豫，群臣惧，太公、召公乃缪卜。周公曰：“未可以戚我先王。”周公于是乃自以为质，设三坛，周公北面立，戴璧秉圭，告于太王、王季、文王。史策祝曰：“惟尔元孙王发，勤劳阻疾。若尔三王是有负子之责于天，以旦代王发之身。旦巧能，多材多艺，能事鬼神。乃王发不如旦多材多艺，不能事鬼神。乃命于帝庭，敷佑四方，用能定汝子孙于下地，四方之民罔不敬畏。无坠天之降葆命，我先王亦永有所依归。今我其即命于元龟，尔之许我，我以其璧与圭归，以俟尔命。尔不许我，我乃屏璧与圭。”周公已令史策告太王、王季、文王，欲代武王发，于是乃即三王而卜。卜人皆曰吉，发书视之，信吉。周公喜，开钥，乃见书遇吉。周公入贺武王曰：“王其无害。旦新受命三王，维长终是图。兹道能念予一人。”周公藏其策金縢匮中，诫守者勿敢言。明日，武王有瘳。

克殷后二年，武王重病，周公告于先祖，请以自身代武王死。周公与久居另一世界的先王太王、王季、文王间富有神秘意味的信息传递，也是通过“史”实现的。

对于“史”的本义，历来有学者重视，江永《周礼疑义举要》、吴大澂《说文古籀补》、王国维《观堂集林》卷六《释史》都有论述，或说“史”字像“手持簿书”，或说“史”字像“持简之形”，大体都与《说文·史部》这样的说法一致：

> 史，记事者也。从又持中，中，正也。

段玉裁注引《礼记·玉藻》：“动则左史书之，言则右史书之。”①又说，《说文》“不云记言者，以记事包之也”。

有的学者不同意这样的认识，认为，“以‘史’字始义为掌记事的史官，很明显，是讲不通的”。“从文字开始创造进而用它记载历史，再进而设置专官职掌历史记载，一定要经过相当长的时间。如‘史’字的本义是记事的史官，则‘史’字的创造应为时相当晚。但‘史’字甲骨文就已有了。‘史’字也不见得是殷墟时代才创造的，它开始出现也许还要早一些。在中国文字开始创造还不久的时候，历史记载就已成为重要的事而需要设置专官掌管，这在事理上是很难讲得过去的。”于是以为“‘史’字原就是‘事’字”，史官“实是庶事之官”。而历史记载由太史掌管，是由于太史本是掌管祭祀的缘故。宗庙祭祀，必须明确世系位次，这正属于太史的职任范围。于是，世系记载后来有所衍变，“发展成为《世本》一类的历史记载”，历史记载也就由太史掌管。②

由于中国文字的最初起源，我们还并不十分明确，所以讨论“史”字和“史”事的先后，似乎尚难以否定“史，记事者也”的说法，事实上，“史”的字形恰像手持牍版形象，我们在汉代文物资料中可以看到有关的画面。不过，“史”的记史职能和祭祀活动有关，则是我们应当同意的结论。正如有的学者所指出的：

> 最早的文化知识可能是原始宗教知识，而史官是中国上古时代最早的文化人，是职掌原始宗教的职事官员。中国史官从它诞生的开始阶段就履行天文术数和祭祀之类的天官职责，并从天官职能中派生出

① 郑玄注：“其书《春秋》《尚书》其存者。”

② 胡淀咸：《释史》，《中国古代史论丛》1981年第1辑，福建人民出版社1981年版。

图序-1　汉代画像资料所见“史”的形象

> 记言记事的职能，即使是在记载职能产生之后，史官的职责仍以天文术数等宗教事务为主，这种情况直到司马迁时代尚未改变，以至于有人说太史不是史官而是天官。①

是不是能够断言史官“记言记事的职能”肯定是“从天官职能中派生出”的，似乎还可以讨论，但是史官的职责长期“以天文术数等宗教事务为主”，甚至“这种情况直到司马迁时代尚未改变”，则是确凿不移的历史事实。

英国人类学家弗雷泽曾经写道：“现在看来，巫师或巫医似乎是社会演进过程中最古老的、人为的或专门职业的阶级。”“可以肯定，那些被神秘的光环和令人畏惧的气氛所围绕的原始美洲的巫师和术士是具有很大的影响力和重要性的。”“卡特林曾告诉我们：‘在北美，部落里的巫医是被

① 陈桐生：《中国史官文化与〈史记〉》，汕头大学出版社1993年版，第4页。

人们尊崇为权贵的。整个部落对他们极为崇敬，不仅因为他们有物质的医药技术，而且更特别是由于他们在施展神秘巫术时所表现的机智。”“巫”往往具有某些特殊的技能。在西非的范部落人那里，巫师“也是做马掌的铁匠”，据说，“因为范部落人认为铁匠的技巧是神圣的”。①

从某种意义上理解，“巫”在当时，似乎可以说是先进文化的代表，是文明方向的代表。

贵州毕节三官寨彝族的巫师“布母”使用的经书主要有祭经、咒经、占卜经等，“经书亦起法器的作用，常视为最尊贵的法器”。西昌甘洛彝族巫师“毕摩”的法器，包括“神签筒（维突）”。据说，“签筒原是装笔的，所以又叫笔筒，后来才改装签子。签子不是随便用的，一般是遇到难治的病，如麻风病，人被‘者’鬼捉去等，以之解脱。认为鬼怕毕摩揉签子，‘孜孜尼扎’说过不要毕摩揉签子，揉了他腰疼脚疼”。凉山彝族“毕摩”在做灵牌、画鬼像等使用笔墨从事的法事中，也是主角。“毕摩”熟悉“关于天地形成和人类万物起源”的传说。在献神时，“毕摩”往往背诵经文，“毕兹”则“看书朗诵经文而和之”，随后即“背诵‘毕摩’的谱系，从最早的祖师背起，一直至自己”。②

秘鲁古代印第安人彩绘巫人像，也随身携带书写工具，往往一手握笔，一手持板，体现出巫有记事的职能。

历史知识，长期以来确实是文化知识的主要内容。

在早期人类迈向文明的发展历程中，最早的脑力劳动者，或者所谓“上古时代最早的文化人”，他们能够从事原始宗教活动，原本是以具有初步的对历史的了解为资本的。这样的历史知识，其实并不限于祭祀活动所必须明确的世系序列。

据民族学工作者的调查，云南禄劝傈僳族的祭司“西波”，“主要是在

---

① ［英］詹·乔·弗雷泽：《金枝》上册，徐育新等译，中国民间文艺出版社1987年版，第159页，第134页，第131页。

② 马学良等：《彝族原始宗教调查报告》，中国社会科学出版社1993年版，第19页，第251页，第219页至第223页，第210页，第370页。

举行各种宗教祭祀或追悼亡魂时替人诵经，是本民族中具有宗教文化知识的人，懂得天文历法、民族历史……”[1]独龙族民间口头创作《创世记》，包括“‘卡窝卡莆’造人”“‘嘎美’‘嘎莎’造人”“‘格孟’造人”“鬼血变人”“人鬼争斗”“洪水泛滥”“兄妹成婚”等神话，其实是以传说形式追述的历史，也常在一些宗教仪式上，由巫师们反复传诵。[2]纳西族创世神话《崇邦统》，即《人类迁徙记》，主要内容包括创世史、人类起源史、纳西族源史以及祭天仪礼的起因等，是东巴经中的基本经典，东巴教十大祭祀仪式中都要念诵此经。据周汝诚记述1935年调查情形的《永宁见闻录》：

> 〔正月〕初四日，土知府举行祭天，请达巴主持法事，斩黄牛一头，猪一口，公鸡一只，牛头朝北，牛尾向南，于祭天坛上，供灵石，插松柏栗枝，供酒等。达巴诵《美贡绪》（献牲）经，全族群众，齐跪坛前；又诵《崇邦萨》经，唱其人类祖先开天辟地故事，每人各执一炷香，静听着东巴所唱的故事。达巴从头至尾把故事唱完后，执天酒一杯与土知府，知府接酒祝曰：“天地万寿无疆！”自己喝了一口，把酒传给族中长辈，照例祝之，按其年龄之次序，逐一传递一周。大家饮遍天酒，土知府欢呼“阿华朵朵大丽花！”全族群众齐声欢呼。是日全族宴于府内，掷骰为乐，出红者唱采，一夜呼卢喝雉，不分男女，不分上下。[3]

“主持法事”的达巴唱诵记述“人类祖先开天辟地故事”的《崇邦萨》经，是祭天典礼的主要仪式，也说明早期“史”与“巫”的关系。

纳西族关于女巫的象形文字写作：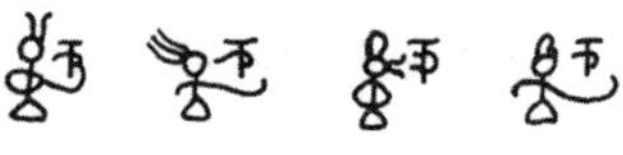。

① 杨毓骥1990年禄劝调查资料，《中国原始宗教资料汇编·傈僳族卷》，上海人民出版社1993年版，第767页。

② 《中国原始宗教资料汇编·独龙族卷》，上海人民出版社1993年版，第671页。

③ 《纳西族社会历史调查（二）》，云南民族出版社1986年版。

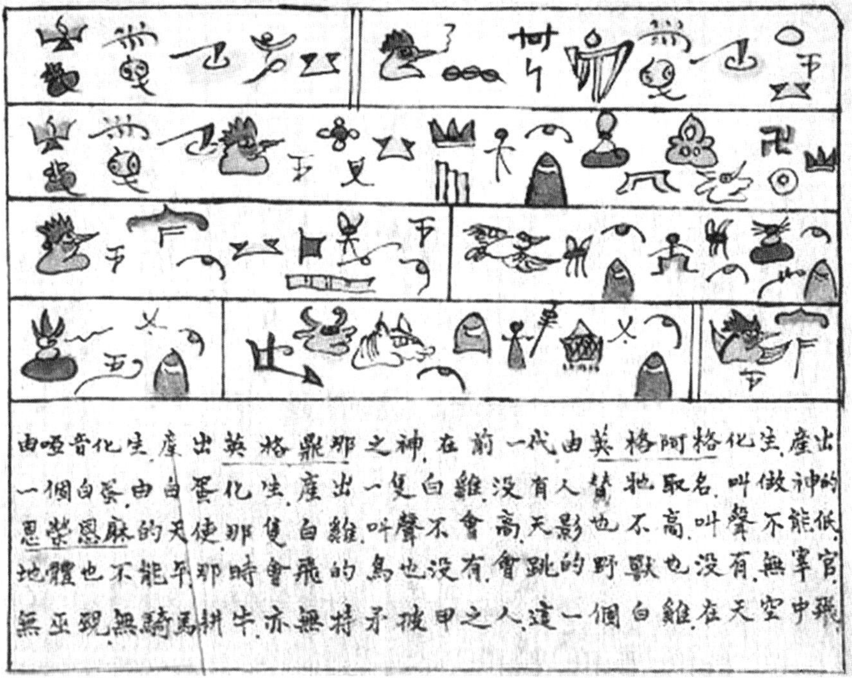

图序–2　纳西族创世神话

学者以为当读作“帕”（paq）。[①]美国学者洛克又说，“她们也占卜，占卜的标音字一般写成[纳西字]，读‘帕’（paq），意思是在据卜书占卜时翻开卜书。”[②]

人们惊异地发现这一象形文字和汉字“史”的字形的某些相像。这样的现象当然不能说明两者之间必然存在联系，但是由此或许也可以开拓我们理解“史”的本原意义的思路。

值得注意的，还有与中原文化联系相当紧密的羌族称“巫”为“斯”的现象。《西夏纪事本末》卷一〇《元昊僭逆》：

> 西夏语以“巫”为“斯”也。

① 方国瑜编撰、和志武参订：《纳西象形文字谱》，云南人民出版社1981年版，第216页。

② [美]洛克：《纳西人的“纳高”崇拜和有关仪式》，罗马，1952年版，第101页，杨福泉摘译。

同样的说法，又见于近人考察的收获。[①]羌语“巫”，又记作“许”[②]，“释比”[③]，“诗卓”、“诗谷”[④]。语音也都与汉语的“史”接近。有的学者指出：

> 羌族的巫师称为“许”或“释比”。他既担任祭祀神灵的主祭，又称能为人禳解祸祟、驱鬼治病。由于巫师能熟记本民族的历史和神话传说，背诵经文咒语并具备一定的医药常识，且能玩弄一套骗人的巫术，因而，在人们心目中被认为有控制自然的本领，能使牲畜繁殖与五谷丰收，甚至可以影响人们的命运，是一种可以与神鬼交接的神奇人物。故有关生产与生活的重大事务，诸如祭祀、还愿、除秽、禳解、驱鬼、治病、合婚、送葬等等，均须请巫师主持。“许”或“释比”在宗教迷信观念支配下的羌族社会中享有较高的社会地位，兼有祭师、魔法师和智者的多种职能。[⑤]

“巫师能熟记本民族的历史和神话传说”，是确定其身份的最主要的条件之一，由此也有益于我们理解早期“史”和“巫”的关系。

日本人类学家吉田祯吾曾经说，“祭司是世袭的，祭仪知识是从年长的祭司那里学得”，祭司主持的仪礼又“是按照定期的历日规程进行的”，“萨满也有不少世袭的情形，也有的向其他萨满学习仪礼的知识和技术”[⑥]。这种文化承继形式，也自然可以导致对历史的重视。

---

① 庄学本：《羌戎考察记》，上海良友图书印刷公司1937年版，第74页。

② 《羌（尔玛）族情况》，西南民族学院研究室编，1954年。

③ 张宗南：《萝卜寨的端公》，《边境服务》第1卷第2期，1943年6月。

④ 钱安靖：《羌族宗教习俗调查资料》，《羌族社会历史调查》，四川省社会科学院出版社1986年版。

⑤ 李绍明：《羌族以白石为中心的多神崇拜》，《中国少数民族宗教初编》，云南人民出版社1985年版，第117页。

⑥ [日]吉田祯吾：《宗教人类学》，王子今、周苏平译，陕西人民教育出版社1991年版，第8页。

史籍中多见“史巫”或“巫史”连称的实例。

例如《易·巽》写道：

> 九二，巽在床下，用史巫纷若，吉无咎。

孔颖达疏：“史，谓祝史；巫，谓巫觋。并是接事鬼神之人也。”《汉书·地理志下》说陈地风俗：

> 妇人尊贵，好祭祀，用史巫，故其俗巫龟。

又如《礼记·礼运》：

> 祝嘏辞说，藏于宗祝、巫史，非礼也，是谓幽国。

《国语·楚语下》：

> 及少皞之衰也，九黎乱德，民神杂糅，不可方物。夫人作享，家为巫史，无有要质。民匮于祀，而不知其福。

韦昭注：“巫，主接神。史，次位序。”这里所说的“位序”，当然是祀神的“位序”。

《左传》中多可看到“史”发挥神职功能的史例。

“史”承担重大决策时卜筮的职任。例如陈人忧虑其国运，曾经请周史为筮：

> 陈厉公，蔡出也，故蔡人杀五父而立之，生敬仲。其少也，周史有以《周易》见陈侯者，陈侯使筮之。（《庄公二十二年》）

又如，《僖公十五年》记载：“晋献公筮嫁伯姬于秦，遇《归妹》䷵之《睽》䷥，史苏占之曰：‘不吉。’”后来，晋惠公困于秦，曾经感叹道：“先君若从史苏之占，吾不及此夫。”当时韩简从侍，说道：龟筮不过是示告象数，象数相因而生，然后有占，占可以知吉凶，却不能变吉凶，先君败德而致于此，并不是因为筮数所致，“史苏是占，勿从何益？”又如：

〔晋楚会战〕公筮之，史曰：“吉。”（《成公十六年》）

穆姜薨于东宫。始往而筮之，遇《艮》之八䷳。史曰：“是谓《艮》之《随》䷐。《随》其出也。君必速出。”（《襄公九年》）

〔崔武子欲取棠姜〕筮之，遇《困》䷮之《大过》䷛。史皆曰：“吉。”（《襄公二十五年》）

《左传·昭公二年》记载：二年春，晋平公派遣韩宣子为使节前往鲁国致礼，“观书于大史氏，见《易象》与《鲁春秋》。”可见，除了记载历史和解释历史而外，卜筮，也是“史”的主要任务。《左传·昭公元年》记载，“晋侯有疾”，郑伯派使臣问疾，叔向提出咨询：“寡君之疾病，卜人曰：‘实沈、台骀为祟。’史莫之知，敢问此何神也？”子产作了回答。这是“史”应当以历史知识和神话知识解释卜辞的史例。

《仪礼·少牢馈食礼》说，行“少牢馈食之礼”时，“史朝服，左执筮”，右抽上置之蓍筒，“兼与筮执之，东面受命于主人”。主人致语，“史曰‘诺’”，西面于门西，抽下置之蓍筒，“左执筮”，右兼执蓍筒以击筮。述命有辞，于是，释蓍筒以立筮，随后占卦，吉，则“史兼执筮与卦，以告于主人”。

《礼记·月令》也说，孟冬之月，“命太史衅龟策占兆，审卦吉凶”。季冬之月，“天子乃与公卿大夫共饬国典，论时令，以待来岁之宜”。同时：

乃命太史次诸侯之列，赋之牺牲，以共皇天上帝社稷之飨。

《礼记》中还可见到其他有关史官掌卜事之礼仪制度的文字，如《玉藻》：“卜人定龟，史定墨。”郑玄注：“视兆坼也。”又如《杂记上》：“如筮，则史练冠长衣以筮，占者朝服。”

《国语·晋语四》又有“筮史”之称：“公子亲筮之，曰：‘尚有晋国。’得贞《屯》、悔《豫》，皆八也。筮史占之，皆曰：‘不吉。’”

《礼记·祭统》说到君王在太庙行颁赐爵禄典礼的古代礼俗：

> 古者明君爵有德而禄有功，必赐爵禄于大庙，示不敢专也。故祭之日，一献，君降立于阼阶之南，南乡，所命北面，史由君右，执策命之，再拜稽首，受书以归，而舍奠于其庙，此爵赏之施也。

从有些历史资料看，“史”似乎或又曾经兼有掌管祭祀的职能。《左传·闵公二年》：

> 狄人囚史华龙滑与礼孔以逐卫人。二人曰：“我大史也，实掌其祭，不先，国不可得也。”

“大史”，握有“实掌其祭”的“神权”。

《周礼·春官·大史》说“大史”职能：

> 大祭祀，与执事卜日。戒及宿之日，与群执事读礼书而协事。祭之日，执书以次位常。办事者考焉，不信者诛之。

祭祀之择日、典仪、位列，以及最重要的原则“信”的把握，都是由“史”负责的。《周礼·春官·小史》也说，“小史掌邦国之志，奠系世，辨昭穆，若有事，则诏王之忌讳。大祭祀，读礼法，史以书叙昭穆之俎簋”。

司马迁在《史记·孝武本纪》中还记载了史官以主持者的身份直接参与富有神秘主义意味的“兵祷”仪式的情形：

> 其秋，为伐南越，告祷泰一，以牡荆画幡日月北斗登龙，以象天一三星，为泰一锋，名曰“灵旗”。为兵祷，则太史奉以指所伐国。

张守节《正义》：“韦昭云：‘牡，刚也。荆，强。’按：用牡荆指伐国，取其刚为称，故画此旗指之。”

汉代所谓“兵祷”，可能和先秦时期所谓“战祷”有关。如《左传·成公十六年》：“‘乘而左右皆下矣！’曰：‘战祷也。’”杜预《集解》：“祷，请于鬼神。”在这样的仪式中，也由“太史”担任主角，也可以体现“史”在广泛的社会生活中把握神权的特殊地位。

有的历史资料还告诉我们，汉代的史官，有时还兼领“望气”的职任。例如《三国志·魏书·董卓传》记载：“太史望气，言当有大臣戮死者。故太尉张温时为卫尉，素不善卓，卓心怨之，因天有变，欲以塞咎，使人言温与袁术交关，遂笞杀之。”

通过“巫”与“史”的关系，可以发现早期史学的神学性格。

祝史陈信于鬼神

《左传·成公五年》记载，“山崩川竭，君为之不举，降服，乘缦，彻乐，出次，祝币，史辞，以礼焉”。君主当发生严重灾异时，应去盛馔，损盛服，乘素车，撤钟乐，舍于郊，陈玉帛，自罪责，以致礼于天地山川。其中所谓“祝币，史辞”，即陈献玉帛之币，记述自责之辞，是由“祝”和“史”共同完成的。《左传·昭公十七年》也记载：“夏六月甲戌朔，日有食之。祝史请所用币。”“大史”曾陈说“祝用币，史用辞”的意见。杜预《集解》：“用币于社。”“用辞以自责。”

《尚书·金縢》有“史乃策祝曰”语，可见“史”可掌“祝”职。而

“祝史”连称之例，有《左传·桓公六年》：

> 所谓道，忠于民而信于神也。上思利民，忠也；祝史正辞，信也。今民馁而君逞欲，祝史矫举以祭，臣不知其可也。

杜预《集解》：“‘正辞’，不虚称君美。”“祝史”，是侍奉“神”，向“神”通告世情的官职。又如《左传·襄公二十七年》：

> 子木问于赵孟曰：“范武子之德何如？”对曰：“夫子之家事治，言于晋国无隐情，其祝史陈信于鬼神，无愧辞。”子木归以语王。王曰：“尚矣哉！能歆神人，宜其光辅五君以为盟主也。”

“祝史陈信于鬼神，无愧辞”，以致“能歆神人”，当时被看作政治成功的保证之一。《左传·昭公十八年》说：郑国火灾，“使祝史徙主祏于周庙，告于先君”。《左传·昭公二十年》记载，齐景公病，“期而不瘳，诸侯之宾问疾者多在”，于是有人建言：“吾事鬼神丰，于先君有加矣。今君疾病，为诸侯忧，是祝史之罪也。诸侯不知，其谓我不敬。君盍诛于祝固、史嚚以辞宾？”齐景公告于晏子，晏子说到前引《左传·襄公二十七年》所记子木问赵孟“范武子之德”时赵孟的回答，“夫子之家事治，言于晋国，竭情无私。其祝史祭祀，陈情不愧。其家事无猜，其祝史不祈”。齐景公说，有人谓寡人能事鬼神，“故欲诛于祝史”，你为什么要说这番话呢？晏子说：“若有德之君，外内不废，上下无怨，动无违事，其祝史荐信，无愧心矣。是以鬼神用飨，国受其福，祝史与焉。”而如果相反，“其适遇淫君，外内颇邪，上下怨疾，动作辟违，从欲厌私”，以致“神怒民痛”，“其祝史荐信，是言罪也”。“是以鬼神不飨其国以祸之，祝史与焉。”于是晏子对齐景公说：“君若欲诛于祝史，修德而后可。”

“祝”和“史”的基本职能，是祭祀鬼神，通达国情，为君主和臣民迎福。

《左传·昭公二十六年》：

齐有彗星，齐侯使禳之。晏子曰："无益也，祇取诬焉。……若德回乱，民将流亡，祝史之为，无能补也。"公说，乃止。

"祝史"之称，又见于《仪礼》，如：

祝史立于门东，北面东上。（《燕礼》）
祝史小臣师亦就其位而荐之。（《燕礼》）
祝史小臣师亦就其位而荐之。（《大射》）

《礼记·曲礼下》可见"大史、大祝"连称的情形，又如：

凡执技以事上者，祝史射御医卜及百工。（《王制》）
太宰命祝史以名遍告于五祀山川。（《曾子问》）
命祝史告于社稷、宗庙、山川。（《曾子问》）
命祝史告于五庙。（《曾子问》）
命祝史告至于前所告者。（《曾子问》）
礼之所尊，尊其义也。失其义，陈其数，祝史之事也。（《郊特牲》）

"祝史"连称的情形，也见与《国语》。例如，《国语·周语上》记载："有神降于莘，王问于内史过：……'吾其若之何？'对曰：'使太宰以祝史帅狸姓，奉牺牲、粢盛、玉帛往献焉。'"于是：

王使太宰忌父帅傅氏及祝史奉牺牲、玉鬯往献焉。内史过从至虢，虢公亦使祝史请土焉。

韦昭注：“祝史，虢之祝史，祝应、史嚚也。”[①]

《史记·封禅书》中，可以看到司马迁的父亲司马谈作为“史官”和负责祭祀事务的“祠官”联名发表关于祭祀制度的建议的记载：

> 其明年冬[②]，天子郊雍，议曰：“今上帝朕亲郊，而后土毋祀，则礼不答也。”有司与太史公、祠官宽舒等议：“天地牲角茧栗。今陛下亲祀后土，后土宜于泽中圜丘为五坛，坛一黄犊太牢具，已祠尽瘗，而从祠衣上黄。”于是天子遂东，始立后土祠汾阴脽上，如宽舒等议。

另一例，则在第二年：

> 十一月辛巳朔旦冬至[③]，昧爽，天子始拜泰一。朝朝日，夕夕月，则揖；而见泰一如雍礼。……其祠列火满坛，坛旁烹炊具。有司云：“祠上有光焉。”……太史公、祠官宽舒等曰：“神灵之休，佑福兆祥，宜因此地光域，立太畤坛以明应。令太祝领，秋及腊间祠。三岁天子一郊见。”[④]

《史记·封禅书》说，“亳人谬忌奏祠太一方”，“于是天子令太祝立其祠长安东南郊，常奉祠”，似乎“祠官”和“祝官”可能职掌相当。

特别值得我们注意的是，“祠官宽舒”曾经也是“史”。《史记·封禅书》：

---

① 事又见《左传·庄公三十二年》：“神居莘六月。虢公使祝应、宗区、史嚚享焉。神赐之土田。”

② 据《汉书·武帝纪》，时在元鼎四年（公元前113年）冬。

③ 据《汉书·武帝纪》，时在元鼎五年（公元前112年）冬。

④ 钱大昕《廿二史考异·史记一》指出：“《封禅书》两称太史公与祠官宽舒连文，而不著名，为其父讳也。”

居久之，李少君病死。天子以为化去不死，而使黄锤史宽舒受其方。

李学勤先生研究马王堆汉墓出土帛书《老子》乙本卷前佚书第三篇《称》，指出其“体裁类似格言汇编”，并判定《称》篇与《老子》《逸周书·周祝》一脉相承，以为《周祝》是祝的文辞，祝史又彼此相通，因而《老子》和《祝》的特点可以印证道家出于史官之说。

《汉书·艺文志》说：“道家者流，盖出于史官，历记成败存亡祸福古今之道，然后知秉要执本，清虚以自守，卑弱以自持，此君人南面之术也。”李学勤先生说：“众所周知，老子本系史官，《史记》本传说他是‘周守藏室之史’，《张苍传》说是‘柱下史’，不过《汉志》所论还不能单由老子曾任史职这一点去理解。班固实际是说，道家其所以有他们那样的思想，直接导源于史的经验。史职在于记述历代的‘成败存亡祸福古今之道’，而当时流传的格言谚语又常即这种‘古今之道’的凝结。”他对于“《周祝》和《称》都一开始便论‘道’”的情形，予以特别的关注。

实际上，“祝”，也就是在祭祀事务中负责颂祝、祈祝诸活动的专职人员。《说文·示部》：“祝，祭主赞词者。……《易》曰：‘兑为口，为巫。’”李学勤先生说：“祝是古代社会的一种特殊人员。”“《周礼》所载祝官，有大祝、小祝、丧祝、甸祝、诅祝五职。祝的职守在于文辞。”不过，虽然在祭祀性的活动中“祝的作用无不与文辞有关”，但是，“实际祝所掌的文辞还远不限于祭祀一类礼仪所用之辞”。当时的命、诰等等生人之间使用的文辞，也是由祝官写作的。祝的职掌文辞，含义确实相当广泛。

对于古时卜、祝、巫、史诸官，李学勤先生指出，考之各种典籍，这几种人物又每每相兼互通，这个问题前人有过不少讨论。他引录了孙诒让《周礼正义》中这样的说法：

凡祝官亦通称祝史，《燕礼》“祝史立于门东，北面东上”，贾彼

> 疏以为祝及大史，胡匡衷云：祝史即祝官，祝之谓之史者，《周礼》“大祝掌六祝之辞，以事鬼神示”，“作六辞，以通上下亲疏远近”。古者通谓掌文辞之官为史，故祝称祝史。《金縢》云“史乃册祝”是也。卜筮之官亦称史，以兆卦亦有籀词故也。《大射》“司射献释获者，大史既受，献于其位下”，又云：“祝史、小臣师亦就其位而荐之”，则祝官亦兼有史可知。《左传》多谓掌祝者为祝史，《昭十七年》“鲁祝史请所用币”，《十八年》“郑使祝史徙主祏于周庙”，《哀二十五年》“卫侯因祝史挥以侵卫”，是可证也。

李学勤先生认为：“祝与史的相同，于此得到充分的证明。”①

“祝史”工于文辞的特点，或许即后来史家重文的传统的由来。

瞽史“知天道”

古代的“史”具有多才异能的资质。

例如，“史”可以占梦。

《左传·昭公七年》中有史朝和孔成子都同时梦见康叔指示为卫襄公立嗣的记载。“孔成子以《周易》筮之”，“以示史朝”，史朝根据康叔梦中语参与策划，完成了权力的顺利交接。《左传·昭公三十一年》记载：

> 十二月辛亥朔，日有食之。是夜也，赵简子梦童子裸而转以歌。旦占诸史墨。

又如《国语·晋语二》：

> 虢公梦在庙，有神人面白毛虎爪，执钺立于西阿，公惧而走。神

① 李学勤：《〈称〉篇与〈周祝〉》，《道家文化研究》第3辑，上海古籍出版社1993年版，第246页至第247页。

曰："无走！帝命曰：'使晋袭于尔门。'"公拜稽首，觉，召史嚚占之。

"史"还可以运用神秘的政治预测的能力，分析若干吉凶之兆。

《左传·僖公十六年》记载：

十六年春，陨石于宋五，陨星也。六鹢退飞过宋都，风也。周内史叔兴聘于宋。宋襄公问焉，曰："是何祥也？吉凶焉在？"对曰："今兹鲁大丧，明年齐有乱，君将得诸侯而不终。"退而告人曰："君失问。是阴阳之事，非吉凶所在也。吉凶由人，吾不敢逆君故也。"

类似的情形，又见于《左传·文公十四年》：

有星孛入于北斗，周内史叔服曰："不出七年，宋、齐、晋之君皆将死乱。"

杜预《集解》："后三年宋弑昭公，五年齐弑懿公，七年晋弑灵公。史服但言事征而不论其占，固非末学所得详言。"又如《左传·昭公八年》：

晋侯问于史赵曰："陈其遂亡乎？"对曰："未也。"公曰："何故？"对曰："陈，颛顼之族也。岁在鹑火，是以卒灭，陈将如之。今在析木之津，犹将复由。……"

《左传·哀公六年》还写道：

是岁也，有云如众赤鸟，夹日以飞，三日。楚子使问诸周大史。周大史曰："其当王身乎。若禜之，可移于令尹、司马。"

“史”甚至还可以“相人”。《左传·文公元年》：“元年春，王使内史叔服来会葬。公孙敖闻其能相人也，见其二子焉。叔服曰：‘穀也食子，难也收子。穀也丰下，必有后于鲁国。’”

《国语·周语下》有这样的记载：鲁成公对单襄公说到对晋国霸权威胁的忧虑，单襄公说，“君何患焉！晋将有乱”。鲁成公说：“寡人惧不免于晋，今君曰‘将有乱’，敢问天道乎，抑人故也?”韦昭注：“将以天道占之乎，以人事知之乎?”询问单襄公的这一预言，是依据“天道”，还是依据“人事”所测知的。单襄公回答：

> 吾非瞽、史，焉知天道?

他自称并非“瞽史”，所以不知“天道”。他是察见到若干“人事”方面的重要迹象，于是推定晋国“殆必祸者也”的。对于所谓“吾非瞽、史，焉知天道”，韦昭是这样解释的：

> 瞽，乐太师，掌知音乐风气，执同律以听军声，而诏吉凶。史，太史，掌抱天时，与太师同车，皆知天道者。

“瞽”和“史”，“皆知天道者”，是说他们都能理解天意，遵从天运，宣达天旨，维护天命，并且把握其中的若干规律。

史籍中还可以看到其他“瞽”“史”并称的例子。《国语·周语上》记载，周厉王虐，国人谤王，王怒，使卫巫监谤者，“以告，则杀之，国人莫敢言，道路以目。王喜，告邵公曰：‘吾能弭谤矣，乃不敢言。’”邵公发表了著名的“防民之口，甚于防川，川壅而溃，伤人必多，民亦如之”的政见，他接着说道：

> 天子听政，使公卿至于列士献诗，瞽献曲，史献书，师箴，瞍赋，矇诵，百工谏，庶人传语，近臣尽规，亲戚补察，瞽、史教诲，

> 耆、艾修之，而后王斟酌焉，是以事行而不悖。

根据韦昭的解释："瞽，乐太师；史，太史也。掌阴阳、天时、礼法之书，以相教诲者。""耆、艾，师、傅也。师、傅修理瞽、史之教，以闻于王也。"

"瞽献曲，史献书"，"瞽、史教诲"，"瞽"与"史"所承担的，是最基本的文化构成。所以《周礼·秋官·大行人》写道"抚邦国诸侯"的形式，即包括："九岁，属瞽史，谕书名，听声音。"郑玄注："九岁省而召其召其瞽史皆于天子之宫，教习之也。""'瞽'，乐师也。'史'，太史小史也。'书名'，书之字也，古曰'名'。"《仪礼·聘礼》："百名以上书于策，不及百名书于方。"郑玄注："'名'，书文也，今谓之'字'。"章炳麟在《官制索隐》中也说："于是乎置御史，既掌刺探，亦兼记录，且其人又必明习文字者也，故'属瞽史，谕书名'。"

所谓"瞽献曲，史献书"，"瞽、史教诲"，又见于《史记·周本纪》。

从某一角度或许可以说，"瞽、史教诲"，即承担了文化内容中音声与文字两个最主要的方面；而"瞽献曲，史献书"，则又可以看作体现了艺术文化和历史文化的结合。

贾谊《新书·保傅》说："瞽史诵诗，工诵箴谏。""瞽史"共同具有记录和呈上民间歌谣的职能。

《礼记·礼运》中说到"瞽"和"史"在"王"之"左右"即最重要的神职人员组合中的地位：

> 故先王秉蓍龟，列祭祀，瘗缯，宣祝嘏辞说，设制度，故国有礼，官有御，事有职，礼有序。故先王患礼之不达于下也，故祭帝于郊，所以定天位也；祀社于国，所以列地利也；祖庙，所以本仁也；山川，所以傧鬼神也；五祀，所以本事也。故宗祝在庙，三公在朝，三老在学，王前巫而后史，卜筮瞽侑，皆在左右。

从许多民族学资料看，唱诵部族历史的民间歌诗，往往是由具有特殊身份的人世代传播的。萧兵先生指出：“氏族往往选择生理有缺陷而带某种神秘性的人物做卜祝巫觋或史官、行吟诗人。”[①]“瞽”曾经在中国文化史的初期表现出重要的作用，一般以为是因为他们双目失明而听觉超群的缘故。然而，实际上也可能又与盲者特殊的面部表情更能吸引人们的注意，也更富有神秘性有关。“当人们彼此注意时，特别留心对方的面部表情。可见的面部表情无异于一个征兆，它展示出他的各种情感——喜悦或厌恶、骄傲或谦卑、坚信或怀疑等。”[②]

可能最初氏族中“巫”“瞽”“史”的身份曾经是合一的。“巫”因同时具有“史”的资质而更富于神秘性格，而又采用“瞽”的唱诵方式，使得所宣讲的内容更富于艺术魅力。

早期的氏族史，确实都是当时最富有文采的文化成就。

许多民族充满浪漫情调的古歌，其实都是“瞽史”所创作，都是“瞽史”所增饰，都是“瞽史”所传播。

古来“史”与“诗”，又有内在的联系。

闻一多先生曾经论述“‘诗’的本质是记事的”，指出“古代诗所管领的乃是后世史的境域”。他举出六经类目中《书》类、《礼》类、《春秋》类“三者皆称志”，与后世史部的书称志正合，“然而古书又有称《诗》为志的”。《左传·昭公十六年》载郑六卿饯宣子，各赋《郑风》之诗，而宣子说是“赋不出《郑志》”，可知《郑志》即《郑诗》。闻一多先生说：

> 属于史类的《书》（古代史）、《春秋》（当代史）、《礼》（礼俗史）称《志》，《诗》亦称《志》，这是什么缘故？原来《诗》本是记事的，也是一种史。在散文产生之后，它与那三种仅在体裁上有有韵与无韵之分，在散文未产生之前，连这点分别也没有。诗即是史。

① 萧兵：《楚辞与神话》，江苏古籍出版社1986年版，第550页。
② ［英］爱德华·泰勒：《原始文化》，连树声译，上海文艺出版社1992年版，第171页。

他引《孟子·离娄下》的这样一段话：“王者之迹熄而《诗》亡，《诗》亡然后《春秋》作。晋之《乘》，楚之《梼杌》，鲁之《春秋》，一也，其事则齐桓晋文，其文则史。”指出：“《春秋》何以能代诗而兴，因为《诗》也是一种《春秋》。”他又说道，《诗大序》中的这样一番话对于“诗”的观念也是相当重要的：

> 至于王道衰，礼义废，政教失，国异政，家殊俗，而《变风》《变雅》作矣。国史明乎得失之迹，伤人伦之废，哀刑政之苛，吟咏性情，以风其上，达于事变，而怀其旧俗者也。

闻一多先生又写道：

> 诗即史，当然史官也就是“诗人”。但《序》意以为《风》《雅》是史官所作，则不尽然。初期的《雅》，尤其是《大雅》中如《绵》《皇矣》《生民》《公刘》等是史官的手笔，是无疑问的，《风》则仍当出自民间。不过《序》指出了诗与国史这层关系，不能不说是很重要的一段文献。如今再回去看《诗序》好牵合《春秋》时的史迹来解释《国风》，其说虽什九不可信，但那种以史读诗的观点，确乎是有着一段历史背景的。

闻一多先生还说，“从史字的一分较冷僻的训诂中，也可以窥出诗与史的渊源来”。他举出这样几则例证：

> 文胜质则史。（《论语·雍也》）
> 辞多则史。（《仪礼·聘礼》）
> 捷敏辩给，繁于文采，则见以为史。（《韩非子·难言》）
> 米盐博辩，则以为多而史之。（《韩非子·说难》）

闻一多先生说，“‘繁于文采’，正是诗的荣誉，这里却算作史的罪名，这又分明坐实了诗史之间不可分离的联系”[①]。

钱钟书先生曾经讨论有人提出的“古无所谓诗，诗即记事之史”的说法。对于这种“太初无诗，诗在史后”的观点，他指出：

> 先民草昧，词章未有专门。于是声歌雅颂，施之于祭祀、军旅、昏媾、宴会，以收兴观群怨之效。记事传人，特其一端，且成文每在抒情言志之后。赋事之诗，与记事之史，每混而难分。此士古诗即史之说，若有符验。然诗体而具纪事作用，谓古史即诗，史之本质即诗，亦何不可。论之两可者，其一必不全是矣。况物而曰合，必有可分者在。谓史诗兼诗与史，融而未划可也。谓诗即以史为本质，不可也。脱诗即是史，则本未有诗，质何所本。若诗并非史，则虽合于史，自具本质。无不能有，此即非彼。若人之言，迷惑甚矣。更有进者。史必征实，诗可凿空。古代史与诗混，良因先民史识犹浅，不知存疑传信，显真别幻。号曰实录，事多虚构；想当然耳，莫须有也。述古而强以就今，传人而借以寓己。史云乎哉，直诗而已。故孔子曰：“文胜质则史”；孟子曰：“尽信书则不如无书，于武成取二三策”。王仲任《论衡》于《书虚》之外，复有《语增》《儒增》《艺增》三篇，盖纪事、载道之文，以及言志之《诗》皆不许“增”。“增”者，修辞所谓夸饰；亦《史通》所谓“施之文章则可，用于简策则否”者。由是观之，古人有诗心而缺史德。与其曰：“古诗即史”，毋宁曰：“古史即诗。”此《春秋》所以作于《诗》亡之后也。[②]

所谓“史云乎哉，直诗而已”，所谓“古史即诗”，揭示了早期“史与诗混”，而富有浪漫风格的特征。

---

① 闻一多：《歌与诗》，《神话与诗》（闻一多全集选刊之一），古籍出版社1956年版，第187页至第189页。

② 钱钟书：《谈艺录》（补订本），中华书局1984年版，第36至39页。

由“古史即诗”的说法，更可以真切认识“瞽史”曾经紧密结合的情形。

通过“瞽史”这一人文现象，可以发现早期史学的特殊的文化特质。

究天人之际，通古今之变

“史”由于能够交通人神，既把握天命，又熟悉人事，因而在当时人的文化意识中，是能够真正地理解历史，准确地记录历史的。

“史”起初即以书纪历史作为主要职命之一。《周礼·天官·宰夫》说到“百官府”“八职”中的第六种——“史”职：

> “史”掌官书以赞治。

《周礼·春官·大史》也说：

> 大史掌建邦之六典，以逆邦国之治，掌法以逆官府之治，掌则以逆都鄙之治。凡辨法者考焉，不信者刑之。

郑玄解释说，“典”“则”，也都是“法”。“逆”，也就是“迎”。“六典、八法、八则，冢宰所建，以治百官，大史又建焉，以为王迎受其治也。”为什么“大史”又兼有掌“典”“法”“则”的责任呢？这是因为“大史”同时具有所谓“日官”的特殊身份：

> 大史，日官也。《春秋传》曰：“天子有日官，诸侯有日御。日官居卿以底日，礼也。日御不失日，以授百官于朝。”

引文见《左传·桓公十七年》。杜预《集解》以为：“日官、日御，典历数者。”又说：“日官，天子掌历者，不在六卿之数而位从卿，故言居卿也。

底，平也，谓平历数。”“日官平历以班诸侯，诸侯奉之，不失天时，以授百官。”杨伯峻也解释说：“天子日官，盖即太史，职掌天象。”《后汉书·张衡传》所谓“昔滞日官，今又原之”，李贤注：“日官，史官也。”王先谦《后汉书集解》：“是再为太史令也。”

对于历日的认识，是文明进程中的重要历史标志。

几乎所有关于远古时代的记录，都反映了当时对于历日的懵懂混沌的状态。

布依族古歌《赛胡细妹造人烟》中唱道：

很古很古那时候，
世间只有青青气，
凡尘只有浊浊气，
青气浊气混沌沌。
……
青气浊气相粘后，
四方八处昏沉沉，
不见树木和野草，
不见走兽和飞禽。

传说中布依族的祖先，“力气盖过众仙神”的布杰运气用力，终于使“青气浊气两离分”：

布杰公公分了天和地，
三皇五帝才来定乾坤。
天地虽然分开了，
四方八处还是黑沉沉。

布杰公公本事大，

布杰公公最聪明，
拔下两颗大磨牙，
深深嵌在天中心。
一颗变成太阳金晃晃，
一颗变成月亮亮晶晶，
再拔几颗小牙嵌天边，
小牙变成万颗星。
从此天上有日月，
从此天上有星星，
日月星辰闪异彩，
四方八处放光明。[①]

在苏门答腊尼亚斯人的创世神话中，至高的上帝仿照自己的形象用泥土捏出了尼亚斯人的祖先“西哈伊”。上帝送西哈伊到地上去，当时，“世界是黑暗的，因为当时还没有太阳也没有月亮”。西哈伊有一天在中午时分死去，“从他的右眼出了太阳，从他的左眼出了月亮”。[②]《蒙查羯奥义书》也写道：

自彼出生命，心思与诸根，
空风火水地，万物载以存。
火为彼之元，日月为目睛。……[③]

也说日月是眼睛所生化。两牙为日月和双睛为日月，都反映了早期神话传说中人和“日”的关系。

---

① 《赛胡细妹造人烟》（汛河搜集整理），《布依族古歌叙事歌选》，贵州人民出版社1992年版。

② ［美］雷蒙德·范·奥弗编：《太阳之歌：世界各地创世神话》，毛天祜译，中国人民大学出版社1989年版，第384页。

③ 《五十奥义书》，中国社会科学出版社1984年版，第688页。

《旧约·创世记》中记述了“神创造天地”的过程：

> 起初神创造天地，地是空虚混沌，渊面黑暗；神的灵运行在水面上。神说：“要有光。”就有了光。神看光是好的，就把光暗分开了。神称光为昼，称暗为夜。有晚上，有早晨，这是头一日。……
>
> 神说：“天上要有光体可以分昼夜，作记号，定节令、日子、年岁，并要发光在天空，普照在地上。”事就这样成了。于是，神造了两个大光，大的管昼，小的管夜，又造众星，就把这些光摆列在天空，普照在地上，管理昼夜，分别明暗。神看着是好的。有晚上，有早晨，是第四日。

神创造天地用了七天，在七天中的第一天区分了昼夜，在七天中的中间一天造了日月星辰。

人认识“日”的运行秩序与“定节令”的关系，颇为引人注目。这或许可以说明，文明发展史的这一阶段，正是农耕业逐步走向成熟，逐步成为社会经济主体内容的历史时期。

司马迁在《史记》中，曾经用所谓“迎日推策”记述这一历史阶段的基本文化特质。《五帝本纪》说：

> 〔黄帝〕获宝鼎，迎日推策。举风后、力牧、常先、大鸿以治民。顺天地之纪，幽明之占，死生之说，存亡之难。时播百谷草木，淳化鸟兽虫蛾，旁罗日月星辰水波，土石金玉，劳勤心力耳目，节用水火材物。有土德之瑞，故号“黄帝”。

裴骃《集解》：“晋灼曰：‘策，数也，迎数之也。’瓒曰：‘日月朔望未来而推之，故曰迎日。’”司马贞《索隐》：“《封禅书》曰：‘黄帝得宝鼎神策’，下云‘于是推策迎日’，则‘神策’者，神蓍也。黄帝得蓍以推算历数，于是逆知节气日辰之将来，故曰‘推策迎日’也。”张守节《正义》：

“黄帝受神策，命大挠造甲子，容成造历是也。”又如《史记·封禅书》：

> 〔齐人公孙卿〕有札书曰：“黄帝得宝鼎宛朐，问于鬼臾区。鬼臾区对曰：‘〔黄〕帝得宝鼎神策，是岁己酉朔旦冬至，得天之纪，终而复始。’于是黄帝迎日推策，后率二十岁复朔旦冬至，凡二十推，三百八十年，黄帝仙登于天。”

《史记·律书》：“建律运历造日度，可据而度也。”也是有关的文化史资料。

应当说，在司马迁所处的时代，理解和说明“天”与“人”的关系，曾经是史官的文化责任。

司马迁在《报任少卿书》中，说到写作《史记》这部书的心愿，在于“欲以究天人之际，通古今之变，成一家之言”。

正统儒家曾经强调“天人感应”的规律。《礼记·中庸》：“思知人，不可以不知天。”所谓“礼义”，即“所以达天道，顺人情之大宝也”，“孔子曰：‘夫礼，先王以承天之道，以治人之情。’”（《礼记·礼运》）而《荀子·天论》则说，“明于天人之分，则可谓至人矣”。

“天人”关系，在司马迁所处的时代，曾经是当时文化人所普遍关注、热心讨论的重要命题。

《淮南子》一书中曾经反复强调“天人”关系的神秘意义。如《天文》：

> 蚑行喙息，莫贵于人。孔窍肢体，皆通于天。天有九重，人亦有九窍。天有四时，以制十二月，人亦有四肢，以使十二节。天有十二月，以制三百六十日，人亦有十二肢，以使三百六十节。

不仅人事定于天意，如所谓“人之为，天成之”（《缪称》），而且“天之与人有以相通也”（《泰族》）。德能超常的“人”，自然与“天”有着更密切、更融怡的关系，即所谓“人主之情，上通于天”（《天文》），“圣人怀天气，抱天心”（《泰族》）。《淮南子·精神》又说：“圣人法天”[①]，圣人“顺于天”。此外如《淮南子·诠言》，则又提出了所谓“遵天之道”“循天之理”“与天为期”“从天之则”的原则：

圣人无思虑，无设储，来者弗迎，去者弗将。人虽东西南北，独立中央。故处众枉之中，不失其直；天下皆流，独不离其坛域。故不为善，不避丑，遵天之道；不为始，不专己，循天之理；不豫谋，不弃时，与天为期；不求得，不辞福，从天之则。

汉武帝初年，董仲舒以贤良对策，所对凡三，以“天人感应”说其要旨，世称《天人三策》。然而，事实上汉武帝册书中已经明确说到令就“天人之应”作出说明的要求。《汉书·董仲舒传》：

制曰：盖闻“善言天者必有征于人，善言古者必有验于今”，故朕垂问乎天人之应，上嘉唐虞，下悼桀纣，浸微浸灭浸明浸昌之道，虚心以改。

这里所说的“善言天者必有征于人，善言古者必有验于今”，似乎是当时通行语。“天”与“人”“古”与“今”的特殊关系，体现了一种耐人寻味的历史观和文化观。董仲舒的对策，强调“天人之征，古今之道也”。他又说：

孔子作《春秋》，上揆之天道，下质诸人情，参之于古，考之于今。故《春秋》之所讥，灾害之所加也；《春秋》之所恶，怪异之所施也。书邦家之过，兼灾异之变，以此见人之所为，其美恶之极，乃

① 《淮南子·泰族》也说：“圣人天覆地载，日月照，阴阳调，四时化，万物不同，无故无新，无疏无亲，故能法天。”

与天地流通而往来相应，此亦言天之一端也。

“邦家之过”和“灾异之变”是“往来相应”的，“人之所为”和“天地流通”是“往来相应”的，“人情”和“天道”是“往来相应”的，董仲舒就是这样理解历史文化的演进历程的。

扬雄《法言·五百》写道：

或问：“圣人占天乎?”曰：“若此，则史也何异?”曰：“史以天占人，圣人以人占天。”

看来，“史”和“圣人”，都对“天”与“人”的关系有专门的认识。李轨注试图说明两者间的异同：“‘圣人以人占天’者，先乎天也；‘史以天占人’者，后乎天也。大圣先天而天不违，良史后天而奉天时，知其所先后，则天人之情得矣。”吴祕则解释说：“‘以天占人’者，观天以见人事也；‘以人占天’者，因人以知天意也。”又司马光注：“史考察象数，知人事之吉凶；圣人修人事，知天道不能违。”

司马迁在《史记》中也曾经说到“天人”关系。如《天官书》：

夫天运，三十岁一小变，百年中变，五百载大变；三大变一纪，三纪而大备：此其大数也。为国者，必贵三五。上下各千岁，然后天人之际续备。

《司马相如列传》引录司马相如“遗札书言封禅事”者，其中写道：

披艺观之，天人之际已交，上下相发。允答圣王之德，兢兢翼翼也。

《儒林列传》引录公孙弘上书，也写道：

臣谨案诏书律令下者，明天人分际，通古今之义，文章尔雅，训辞深厚，恩施甚美。

虽然明显是虚伪的谀辞，从中也仍然可以体会当时人对于“明天人分际，通古今之义”的重视。此外，司马迁在《太史公自序》中关于“八书”的著作，也说道：

礼乐损益，律历改易，兵权山川鬼神，天人之际，承敝通变，作八书。

最能够准确体现司马迁《史记》基本宗旨的，当然是他在《报任少卿书》中那段著名的话：

仆窃不逊，近自托于无能之辞，网罗天下放失旧闻，考之行事，稽其成败兴坏之理，凡百三十篇，亦欲以究天人之际，通古今之变，成一家之言。草创未就，适会此祸，惜其不成，是以就极刑而无愠色。仆诚以著此书，藏之名山，传之其人通邑大都，则仆偿前辱之责，虽万被戮，岂有悔哉！①

汉武帝所谓“善言天者必有征于人，善言古者必有验于今”，董仲舒所谓“天人之征，古今之道”，公孙弘所谓“明天人分际，通古今之义”，以及司马迁自己所谓“究天人之际，通古今之变”，应当说，都代表着一种具有强烈时代特征的历史文化意识。

我们如果从这一角度来认识《史记》成书的观念背景和《史记》包蕴的文化内涵，应当会有重要的发现。

---

① 《汉书·司马迁传》。又见《文选》卷四一。

第一章　历史的传说时代和传说的历史基因

轩辕神话的文明史背景

《史记》开篇即为《五帝本纪》。《五帝本纪》记述黄帝轩辕、帝颛顼高阳、帝喾高辛、帝尧放勋、虞舜重华的事迹。实际上司马迁关于早期文明时代以前的漫长历史的理解，都反映于关于“五帝”的生动记叙之中。

明代学者陈仁锡说：“《五帝本纪》乃太史公所极用意之文，其叙次征诛、揖让、朝觐、会同、圣人经世大典，严整慎重，一切齐谐怪语之书，不能轻入，所以为史中之经。”[①]实际上，《史记·五帝本纪》叙事无疑“严整慎重”，然而对于民间所谓“齐谐怪语”之传说，也是予以充分的重视的。

司马迁曾经明确说到有关“五帝”的文字来自有关记载，而又得到民间传说的印合。《史记·五帝本纪》：

> 太史公曰：学者多称五帝，尚矣。然《尚书》独载尧以来；而百家言黄帝，其文不雅驯，荐绅先生难言之。孔子所传宰予问《五帝德》及《帝系姓》，儒者或不传。余尝西至空桐，北过涿鹿，东渐于

① ［日］有井范平：《补标史记评林》卷一引。

海，南浮江淮矣，至长老皆各往往称黄帝、尧、舜之处，风教固殊焉，总之不离古文者近是。予观《春秋》《国语》，其发明《五帝德》《帝系姓》章矣，顾弟弗深考，其所表见皆不虚。《书》缺有间矣，其轶乃时时见于他说。非好学深思，心知其意，固难为浅见寡闻道也。余并论次，择其言尤雅者，故著为本纪书首。

"五帝"传说流布广泛，以至于"西至空桐，北过涿鹿，东渐于海，南浮江淮"，民间"长老"皆津津乐道。"百家言黄帝，其文不雅驯，荐绅先生难言之"，因为"百家之言皆非典雅之训"（张守节《正义》），而"孔子所传宰予问《五帝德》及《帝系姓》，儒者或不传"，于是儒学经典中有关记载"缺有间矣"，难免"其轶"。司马迁所记述的，也只是"择其言尤雅者"。推想当时民间有关传说，必定多有体现远古社会生活实貌而不合于儒学经义的宝贵内容。

英国人类学家爱德华·泰勒在《原始文化》一书中说："在关于伟大人物们的传说中，事实和神话传说的混合，证明着带有怪异性虚构的传奇却能具有历史事实的基础。但是，由于这种情况，神话学者们就动用了一系列的手段来把传奇变为历史。这样一来，他们就使本来想加以解释的神话没有意味了，而把本来想加以丰富的历史歪曲了。"[①]司马迁对于古史传说，只是"择其言尤雅者"，是不是也有这样的顾虑呢？

从晚清时代起，进步的中国知识界在接受西方文化影响的同时，对于作为中国传统妄自尊大文化倾向其思想基点之一的自上古以来正统历史体系的构成，开始怀疑，进而有所批判。后来，以"古史辨"为旗帜的疑古思潮兴起。这一思潮当时对于破除封建文化的网罗，具有解放民族精神的意义，对于史学革命，也表现出重要的积极作用。于是，"古史辨"成为中国思想文化史上的一座里程碑。

"古史辨"派的创始人顾颉刚先生提出"层累地造成的中国古史"的

① ［英］爱德华·泰勒：《原始文化》，连树声译，上海文艺出版社1992年版，第279页。

观点。他认为，古史传说中的帝王都有神性，都是从神演化为人，古书中所讲的古史，是由不同时代的神话传说一层一层地积累起来的，神话传说发生时代的先后次序，也和古书所记载的古史系统排列的先后恰恰相反。“时代愈后，传说的古史期愈长。”“周代人的心目中最古的人是禹，到孔子时有尧舜，到战国时有黄帝神农，到秦有三皇，到汉以后有盘古等。”而且，“时代愈后，传说中的中心人物愈放愈大”。“如舜，在孔子时只是一个‘无为而治’的圣君，到《尧典》就成了一个‘家齐而后国治’的圣人，到孟子时就成了一个孝子的模范了。”①

顾颉刚先生还特别说到《史记》中的“五帝”神话：

> 司马迁作《史记》，曾在《伯夷列传》开头说：夫学者载籍极博，犹考信于《六艺》。《诗》《书》虽缺，然虞、夏之文可知也。这“考而后信”的态度，的确是我们研究史料学的主要任务。可是司马迁虽提出了这个口号，却没有在实际的写作中贯彻到底。我们翻开《史记》来，仍然遗留了不少的古代的神话和传说，而和历史的真实不符。在这些地方，梁玉绳的《史记志疑》已经揭发了好多。

唐刘知幾《史通》卷六《叙事》评价《史记》时说：“至于三、五本纪、日者、太仓公、龟策传，固无所取焉。”所谓“三、五本纪”，当是指司马贞补《三皇本纪》及司马迁自撰《五帝本纪》。梁玉绳《史记志疑》卷一说：“唐刘知幾《史通·叙事篇》，谓‘《五帝本纪》无所取’，非妄诋也。”针对司马迁所谓“予观《春秋》《国语》，其发明《五帝德》《帝系姓》章矣，顾弟弗深考，其所表见皆不虚”，梁玉绳说：“《国语》多舛，未可全凭。《大戴礼》更杂，不免伪托。”又说：“《史》之首黄帝”，“误仍《大戴礼》。”不过，梁玉绳认识的基点似乎主要在于“三皇之事若存若亡，五帝之事若觉若梦”，他大约并没有什么依据来“揭发”所谓《史

① 顾颉刚：《与钱玄同先生论古史书》，《古史辨》第一册，上海古籍出版社1982年版，第60页。

记·五帝本纪》所“遗留”的“古代的神话和传说”有哪些“和历史的真实不符”的地方。

近几十年来层出不穷的考古发现，使学界认识到疑古思潮的许多观点应当有所修正。对于古史传说的认识，于是又有更新。徐旭生先生曾经在《中国古史的传说时代》一书中指出：

> 在早期发展的各民族（用这一词的广义）中，它们最初的历史总是用“口耳相传”的方法流传下来的。

徐旭生先生还说，“传说时代的史料和历史时代的史料在性质上主要的不同点，为前者的可靠性比后者的可靠性差”。除了“口耳相传的史实”“容易失真”而外，“并且当时的神权极盛，大家离开神话的方式就不容易思想，所以这些传说里面掺杂的神话很多，想在这些掺杂神话的传说里面找出来历史的核心也颇不容易。由于这些原因，所以任何民族历史开始的时候全是颇渺茫的，多矛盾的。这是各民族公同的和无可奈何的事情”。然而，徐旭生先生又指出：

> 很古时代的传说总有它历史方面的质素、核心，并不是向壁虚造的。①

这样的认识，应当是符合我们已经获得的关于史前史的知识的。

李学勤先生近年又指出，结合考古学的新成就，我们对于炎黄二帝的传说应该有新的理解：

> 如不少学者在讨论炎黄文化时所说的，古史传说从伏羲、神农到黄帝，表现了中华文明萌芽发展和形成的过程。《史记》一书沿用

① 徐旭生:《中国古史的传说时代》(增订本)，文物出版社1985年版，第19页至第20页。

图1-1　黄帝像

> 《大戴礼记》所收《五帝德》的观点，以黄帝为《五帝本纪》之首，可以说是中华文明形成的一种标志。本纪所说黄帝，“迁徙往来无常处，以师兵为营卫”，尚有部落时代的遗风，而设官置监，迎日推策，“顺天地之纪，幽明之占，死生之说，存亡之难，时播百谷草木，淳化鸟兽虫蛾（蚁），旁罗日月星辰水波，土石金玉，劳勤心力耳目，节用水火材物”，又表现出早期文明的特点。因此，以炎黄二帝的传说作为中华文明的起源，并不是现代人创造的，乃是自古有之的说法。

李学勤先生还说到，“炎帝和黄帝分别居住在不同的地区”：

> 黄帝的区域比较清楚，大家知道，传说他都于新郑。黄帝亦号有熊氏，新郑号称为有熊氏之墟，也就是黄帝居处的故址。这个地点刚好在中原的中央，所以黄帝可以代表中原地区是很清楚的。本纪说他“东至于海，登丸山及岱宗；西至于空桐，登鸡头；南至于江，登熊、

湘；北逐荤粥，合符釜山，而邑于涿鹿之阿”，其活动的范围即以中原为轴心。炎帝则不然，传说他虽长于姜水，但是“本起烈山”[①]，都于陈。陈在淮阳，这乃是豫东南的地方。《山海经》说炎帝之后有祝融，祝融之后有共工，是南方的系统。所以我们看到，黄帝、炎帝代表了两个不同的地区，一个是中原的传统，一个是南方的传统。这种地区的观念对我们研究古史传说颇有意义。

我们读《史记·五帝本纪》，可以看到，司马迁追述古史，大体是以中原文化系统为中心的。但是确实也涉及南方文化系统的历史存在。如说黄帝行迹，曾经“南至于江，登熊、湘”，其子“青阳降居江水”，“昌意降居若水”，又“昌意娶蜀山氏女”等。而帝颛顼高阳甚至曾经“南至于交趾”。

李学勤先生还指出，炎黄二帝事迹以及黄帝之后的传说谱系，还向人们说明了这样的历史事实：

中华文明在相当早的时候，包括它刚在萌生的过程中，便有了颇为广泛的分布。在考古学上，不少学者都在使用“龙山文化”这个词，这意味着从北方到南方很广大的范围里，多种文化都有其共同点。这种情况，也可譬喻为形成了一个文化的“场”，其范围之大在古代世界是罕与伦比的。我觉得，这个文化的“场”正是后来夏、商、周三代时期统一国家的基础。炎黄二帝以及黄帝有25子、得12姓的传说，与这一具有共同点的文化“场”是有联系的。结合古史传说来考察龙山时代各种文化，将对中国文明的起源和形成过程有进一步的阐发。[②]

---

① 张衍田:《帝王世纪辑存》,中华书局1964年版,第11页。

② 李学勤:《论古代文明》,《炎黄文化与民族精神》,中国人民大学出版社1993年版,收入《走出疑古时代》,辽宁大学出版社1994年版。

李学勤先生关于炎黄二帝的传说，特别是黄帝的传说和当时已经“形成了一个文化的‘场’”——这一体现中华早期文明基本面貌的历史文化现象的论断，可以给我们以重要的启示。

《史记·五帝本纪》说，黄帝“名曰轩辕”，又说“黄帝居轩辕之丘”。梁玉绳《史记志疑》卷一说：“司马贞《史记索隐》引皇甫谧《帝王世纪》言‘黄帝居轩辕之丘，因以为名’，殊妄。盖兹丘缘黄帝得名耳。”这样的意见，应当是正确的。

《山海经》可见“轩辕之台”（《大荒西经》）、“轩辕之丘”（《西次三经》《海外西经》）、“轩辕之山”（《北次三经》）、“轩辕之国”（《海外西经》《大荒西经》）。而黄帝以“轩辕氏”为名号的传说，较早见于《庄子·胠箧》。又《楚辞·远游》：“轩辕不可攀援兮，吾将从王乔而娱戏。”王逸注：“轩辕，黄帝号也。始作车服，天下号之为‘轩辕氏’也。”

“轩辕”，其实原义是指车辕。“轩辕氏”以及所谓“轩皇”“轩帝”被用来作为后人以为中华民族始祖的著名帝王黄帝的名字，暗示交通方面的创制，很可能是这位传说时代的部族领袖诸多功业之中最突出的内容之一。班固《东都赋》写道：

> 分州土，立市朝，作舟舆，造器械，斯乃轩辕氏之所以开帝功也。

又《太平御览》卷七七二引《释名》：“黄帝造车，故号轩辕氏。”班固所谓“作车舆”与《楚辞·远游》王逸注所谓“始作车服”，也都体现出对黄帝时代交通发明的理解。①

黄帝传说往往与“雷”的神话有关，例如，所谓“黄帝以雷精起”（《艺文类聚》卷二引《河图帝纪通》），“轩辕，主雷雨之神也”（《太平御览》卷五引《春秋合诚图》），“轩辕十七星在七星北，如龙之体，主

① 据《旧唐书·武承嗣传》，唐中宗所谓“车服创于轩辕之朝”，也体现出这种传说流布之广。

图1-2　清代纸马"轩辕圣帝"

雷雨之神"（《太平御览》卷六引《大象列星图》）等说法，也反映了这样的事实。《淮南子·览冥》说，先古圣王"乘雷车"，《淮南子·原道》又说："雷以为车轮。"雷声，正是宏大车队隆隆轮声的象征。司马相如《上林赋》："车骑雷起，殷天动地"，又张衡《天象赋》："车府息雷毂之声"，以及《汉书·扬雄传上》和班固《封燕然山铭》所谓"雷辎"，焦赣《易林》所谓"雷车"等，同样也可以看作例证。

据司马迁在《史记·五帝本纪》中的记载，在轩辕所处的时代，各个部族相互"侵伐"，百姓受到残害，轩辕于是习武行兵，征讨好兴不义之战的部族，受到天下的拥戴。在相继战胜炎帝、蚩尤两大敌对部族之后，各地诸侯都尊奉轩辕为天子，是为黄帝。

天下有不顺从者，黄帝从而征之，平者去之，"披山通道，未尝宁居"。据说黄帝不惮辛劳，游历四方，行踪十分遥远，他曾经东行至于海滨，登丸山与泰山；又西行至于空桐山，登鸡头山；又南行至于长江，登熊山、湘山；又向北方用兵，驱逐游牧部族荤粥的势力，“合符釜山”，在涿鹿附近的平原修筑城邑，然而长期迁徙往来，没有确定的居地。黄帝行政的主要内容，是所谓“抚万民，度四方”。他通过以交通实践为重要内容的行政努力，据说实现了“万国和”的局面。

在探索史前文化的面貌时可以发现，时代越古远，则当时不同群落间的文化差异也越明显。甚至同时代的相距不远的人类居住遗址的出土物，也具有各自相异的鲜明特征。只是经过长期的交往和沟通，不同的文化遗存才逐渐显现出越来越突出的文化共同性。具有共同文化特质的部落、部族、部族联盟乃至民族的形成，首先是以交通进步为基本条件的。

传说中黄帝“度四方”以致“万国和”的事迹，正是和文明进步的这一规律相合的。

所谓“合符釜山”，有人解释说，是“合诸侯符契圭瑞，而朝之于釜山”（司马贞《史记索隐》），就是说，召集诸侯在釜山这个地方朝会，届时验合其“符契圭瑞”。“圭瑞”，是玉制的符信。一般所谓“符契”，则是古代多作为交通凭证的信物。

古代符信最常见者有所谓“符节”，往往多用金、玉、竹、木等制成，上面刻写文字，分为两半，使用时以两半相合为验。《周礼·地官·掌节》说到这样的制度：

门关用符节，货贿用玺节，道路用旌节，皆有期以反节。

这就是说，经行关卡使用符节，运输物资使用玺节，通过道路使用旌节，都规定有严格的期限，届时要对“节”予以重新验合。《墨子·号令》说，往来行者在出入门关时，必须向守卫人员出示“符传”，如果没有“符传”或者“符传”可疑，则应当拘押到官府进行审查。而所谓“符传”，其实就是出行时必须携带的护照或通行证。这种制度沿用的年代十分长久。《明史·职官志三》说，当时亲王前往藩国或者文武官员行赴任所，以及

“行人通使命者”，都颁发“符验”。《明会要·舆服下·符节》又有关于使用“调发走马符牌”的记载。清人李斗的《扬州画舫录·城西录》中，又曾经说到当时使用的所谓“通商符券”。

看来，如果我们推想黄帝“合符釜山”传说的形成，体现当时已经出现后世交通“合符”制度的早期形式，其实是有一定历史事实以为依据的。

值得注意的是，有关先古圣王舜的传说中，也可以看到类似的事迹。例如，汉代大学问家班固在《白虎通·瑞贽》中写道：

> 舜始即位，见四方诸侯合符信。

就是说，舜取得统治天下的权位之初，就会见四方部族领袖，实践了“合符信”的仪礼法度。

显然，远古时代已经开始出现的与“符”有关的礼俗制度，体现出一种倾向于信息集中、政令通达的文化要求。这虽然首先表现出当权者的一种政治意志，但是同时也反映了一步步走向文明的社会进步的历史方向。

通过一些距远古文化未远的少数民族的风习，也可以了解“符”以及“合符”的意义。

据明景泰《云南图经志书·马龙州》的记述，当地居住的“罗罗”人不识文字，凡有交易、借贷等交往关系，“辄以片木刻其物品、日期、多寡之数于上，析而分之，彼此各藏其半，以取信”。记述者以为，这种习惯“亦上古之遗风”。成书于明天启年间的刘文征撰《滇志》卷三〇《羁縻志·种人·爨蛮》说到“黑猡猡”风俗：

> 交易称贷无书契，刻木而析之，各藏其半。

清人刘献廷《广阳杂记》卷一也写道：滇南倮倮俗无文书，官府征收赋税，一般刻木为符，以刻线长短标志数额，然后中分为二，官府持其中一半，届期凭此征收，往往“符合不少迟欠”。刘献廷又说，由此使人联想到远古时代的“结绳之制”。云南察瓦龙土司曾经使用“木刻”向独龙人传达命令，由头人逐村转送，内容大多为调发劳役、征收税金等。这种木刻有时附有箭、鸡毛、辣椒、木炭等，以示紧急。独龙人自己相约于异地会面时，也往往刻木为信，在木棒的两边刻有相等的格数，中间剖分为两半，双方各持其一，每天削去一格，最后可以如约相会。独龙族在通知集会及进行军事动员时，也曾经使用“木刻”。一边用缺口表示人员数额，另一边用缺口表示行程日期。领队者持此“木刻”，行走一天削去一个缺口，当缺口全部削掉时，则可以如期抵达约定地点。然而也有偶然忘记削去缺口，以致迟到的情形。独龙族也曾经使用结绳预定日程的方式，例如约定开会时间，召集人或发起人用麻绳系结，派人送出，接到的人立即出发，每行一日解开一结，绳结全部解开，预定日期也就到了。独龙人每逢年节，邀请远方亲朋前来做客，普遍采用这样的记日方式。他们结绳发出通知，约定时日。而主人也同样结绳，悬挂在竹篾墙上，每天解开一结，等到绳结都被解开时，即热情准备，礼迎客人。①

在独龙族人居住的地区，交通条件相当落后，登山攀行“天梯”，过江通过“溜索”。刻木结绳约定约会日期，说明行途路线总长及每天的行程，都已经可以大体确定。

直到今天，独龙族人对以结绳形式约期会兵攻打察瓦龙土司，终于获胜的故事，依然记忆犹新。另外，据他们回忆，也曾经发生独龙族与怒族约定时间一同攻打在察瓦龙土司辖境内的糯尔马宋，然而怒族途中忘解一绳结，迟到一天，因而导致失败的故事。②

与此相应，史籍记载中可以看到传说时代这样的史事，《国语·鲁语下》：

① 《独龙族社会历史调查》(二)，云南民族出版社1985年版，第28页，第56页，第146页。

② 洪俊：《独龙族的原始习俗与文化》，《云南少数民族社会历史调查资料汇编》，云南人民出版社1986年版，第219页至第220页。

昔禹致群神于会稽之山，防风氏后至，禹杀而戮之。

说禹召集各部族联盟的首领相会于会稽之山，防风氏迟到，禹将其处死，并陈尸示众，以示儆诫。这一故事非常著名，以致清代文学家孔尚任在《桃花扇·迎驾》中也写道："莫学防风随后到，涂山明日会诸侯。"所谓涂山之会，又杂入了《左传·哀公七年》中所记载的这样的传说："禹合诸侯于涂山，执玉帛者万国。"汉代学者张衡在他的名作《思玄赋》中于是写道：

朝吾行于汤谷兮，从伯禹于稽山。
集群神之执玉兮，疾防风之食言。

据唐代学者李善的解释，这里所谓"食言"，是指"违命后至"。或许通知"诸侯""群神"的信使，是曾经拿到某种允诺如期赴会的回执而复命的。所谓"执玉帛""执玉"，可能是指持有"玉符"，其作用或许在于标识身份地位，或许亦类似于独龙族通告约期的"木刻"。防风氏"食言"失期，"违命后至"，竟然受到如此严厉的惩处，说明以所谓"符"来传递信息的制度，形式已经相当成熟，效能也已经相当显著。

《淮南子·天文》论述天文与人文的关系时，说到东、西、南、北、中五方形势，而黄帝的基本活动地域，正在交通四方的中枢：

中央，土也，其帝黄帝，其佐后土，执绳而制四方。

《淮南子·天文》的作者又写道：

子午、卯酉为二绳，……东北为报德之维也，西南为背阳之维，东南为常羊之维，西北为蹄通之维。

“日冬至则斗北中绳”，“日夏至则斗南中绳”，“绳”，作为政治统治的象征，推想或许与远古结绳以确定行期的交通形式有关。所谓“执绳而制四方”，说明这种早期交通的进步，曾经是黄帝成就政治功业的基本条件。后来人们称政治原则、政治法规为“纲纪”，可能也与此有一定联系。

传说时代的先古圣王大多比较重视通过自身的交通实践，增益对于天下的认识，又通过对有关交通行为的控制和对有关交通制度的建置，努力扩充其文化信息的拥有量。

《史记·五帝本纪》说到黄帝的事迹时，赞美他：“旁罗日月星辰水波，土石金玉，劳勤心力耳目。”也就是黄帝对于天地万物的知识，都能够劳心尽力，倾听毕览，于是方能够领导“监于万国”的行政管理机构，实现空前的政治成功。

杨希枚先生曾经讨论《史记·五帝本纪》所称引的《国语·晋语四》所谓“黄帝之子二十五宗，其得姓者十四人”，认为这一传说“应是溯论先秦时代母系家族制度的重要原始资料”。他在最后指出：“综结上文有关《晋语》传说和其他古文献有关古帝的各项传说，虽不能即据此而断言中国曾有一母系传说时代，但如认这类传说应非尽属偶然的辏合，且在解释上多少有其可能性，则此类传说所反映的应是一些母系社会迹象的推论，显属是合理的。”①

实际上，有关轩辕神话的其他一些文化迹象，或许也可以作为杨希枚先生推论的助证。

比如，《山海经》中两次说到“女子之国”。一在《大荒西经》所谓“有轩辕之台，射者不敢西向射，畏轩辕之台”②之后写道：

> 大荒之中，有龙山，日月所出。有三泽水，名曰“三淖”，昆吾

① 杨希枚：《〈国语〉黄帝二十五子得姓传说的分析》（下），《清华学报纪念李济先生七十岁诞辰论文集》（1976年），收入《先秦文化史论集》，中国社会科学出版社1995年版。

② 郭璞注：“敬难黄帝之神。”郝懿行也解释说：“‘台’亦‘丘’也。《海外西经》云：‘不敢西射，畏轩辕之丘。’”

之所食也。有人衣青，以袂蔽面，名曰“女丑之尸”。有女子之国。

另一处见于《海外西经》：

女子国在巫咸北，两女子居，水周之。一曰居一门中。

轩辕之国在此穷山之际，其不寿者八百岁。在女子国北。

“轩辕之台”“轩辕之国”与“女子国”“女子之国”紧密相邻的关系，似乎可以理解为轩辕时代距母系社会不远的暗示。

此外，“轩辕”之星为“女主象”，也颇可发人深思。《史记·天官书》中写道：

权，轩辕。轩辕，黄龙体。前大星，女主象；旁小星，御者后宫属。

裴骃《集解》：“孟康曰：‘形如腾龙。’”司马贞《索隐》：

《援神契》曰：“轩辕十二星，后宫所居。”石氏《星赞》与轩辕龙体，主后妃也。

张守节《正义》又有更详尽的解释：

轩辕十七星，在七星北，黄龙之体，主雷雨之神，后宫之象也。阴阳交感，激为雷电，和为雨，怒为风，乱为雾，凝为霜，散为露，聚为云气，立为虹霓，离为背璚，分为抱珥。二十四变，皆轩辕主之。其大星，女主也；次北一星，夫人也；次北一星，妃也；其次诸星皆次妃之属。女主南一小星，女御也；左一星，少民，后宗也；右一星，大民，太后宗也。占：欲其小黄而明，吉；大明，则为后宫争

> 竞；移徙，则国人流迸；东西角大张而振，后族败；水、火、金守轩辕，女主恶也。

所谓“轩辕十七星”，被称为“后宫之象”，完全是以“女主”为中心的后宫秩序的天文象征。

以“轩辕”命名的星座“黄龙体”而“女主象”，使人联想到“轩辕”神话发生的时代，或许还明显保留有以“女主”为主要特征的母系社会的文化风格。

舜的传说与东夷部族的文化地位

《史记·司马相如列传》说司马相如“遗札书言封禅事”，其中写道：

> 轩辕之前，遐哉邈乎，其详不可得闻也。

其实，黄帝之前的历史，在传说中仍然有所反映。

《史记·五帝本纪》说，“轩辕之时，神农氏世衰”。黄帝之前，神农氏曾经是部族联盟的领袖。裴骃《集解》：“皇甫谧曰：‘《易》称庖牺氏没，神农氏作，是为炎帝。’班固曰：‘教民耕农，故号曰神农。’”张守节《正义》引《帝王世纪》说，“神农氏，姜姓也”。“人身牛首，长于姜水。”“有圣德，以火德王，故号炎帝。”“又曰魁隗氏，又曰连山氏，又曰列（烈）山氏。”

传说中的炎帝姜姓，当与西北羌族有渊源关系，大约经历神农氏的时代，已经进入以农业为主体经济形式的定居生活，成为仰韶文化的创造者。传说中所谓烈山氏，可能就是烧荒火种的能手，因而在原始农业时代备享殊荣。

《左传·昭公二十九年》说到烈山氏，东汉学者贾逵、郑玄的解释，都说“烈山，炎帝之号”。在烈山氏作为部族领袖的时代，炎帝族曾经以太阳作为图腾。《论衡·说日》写道：

> 日，火也。
> 夫日者，天之火也，与地之火无以异也。
> 夫日者，火之精也。
> 验日阳燧，火从天来。日者，天火也。

《论衡》中还有其他有关文字，例如：

> 火，日之变也。(《言毒》)
> 太阳，火也。(《龙虚》)
> 日，火也。(《感虚》)
> 日，火也。……今伎道之家，铸阳燧取飞火于日。(《乱龙》)
> 日，火也。在天为日，在地为火。何以验之？阳燧乡日，火从天来。由此言之，火，日气也。(《诘术》)

这些说法，大体都能反映汉代人的意识。《白虎通义·五行》：“炎帝者，太阳也。”《风俗通义·皇霸》也说，“火，太阳也”。在这种太阳崇拜的信仰基础上，一些遗址出土的彩陶出现太阳图案的纹饰。而日常器用中盛行红陶和装饰中注重红色，很可能也与太阳崇拜有关。

半坡遗址的主人可能是炎帝部族中一支以鱼为图腾的部落。在半坡出土陶器著名的所谓“人面纹”图案中，人面作正圆形，有象征阴阳的线条，实为拟人化的太阳，表现出总的部族的图腾是太阳，鱼是归向太阳的。

观察庙底沟类型出土的陶器，我们还可以看到以日轮和火苗的象征形式作为构图主题的纹饰。

按照《史记·五帝本纪》中的说法，黄帝部族曾经“邑于涿鹿之阿，迁徙往来无常处”，可能较晚进入中原地区。司马迁还记述说：

> 诸侯相侵伐，暴虐百姓，而神农氏弗能征。于是轩辕乃习用干戈，以征不享，诸侯咸来宾从。而蚩尤最为暴，莫能伐。炎帝欲侵陵诸侯，诸侯咸归轩辕。轩辕乃修德振兵，治五气，蓺五种，抚万民，度四方，教熊罴貔貅貙虎，以与炎帝战于阪泉之野。三战，然后得其志。蚩尤作乱，不用帝命。于是黄帝乃征师诸侯，与蚩尤战于涿鹿之野，遂禽杀蚩尤。而诸侯咸尊轩辕为天子，代神农氏，是为黄帝。天下有不顺者，黄帝从而征之，平者去之，披山通道，未尝宁居。

轩辕帝是通过“与炎帝战于阪泉之野”和“与蚩尤战于涿鹿之野”，连续取胜之后取代神农氏的地位，受到天下诸侯的一致拥戴的。

黄帝部族于涿鹿之战擒杀蚩尤，体现东夷部族与中原诸部族文化融合的历史过程。

东夷部族是农业更为发达的原始部族。他们较早使用了双齿耒这种较先进的农具。与仰韶文化比较，大汶口文化遗址出土石斧较少而石铲较多，并且普遍多发现蚌镰、骨镰、牙镰，说明从耕作到收获，技术都更为先进。酒的出现，一般是以农业发展、粮食剩余为条件的。这就是所谓“清醠之美，始于耒耜”（《淮南子·说林》）[①]。大汶口文化已经出现尊、盉、鬶、觚形器等专用酒器。《史记·五帝本纪》说，“帝喾高辛者，黄帝之曾孙也”。然而考察帝喾事迹，显然与东夷部族有密切关系。《拾遗记》卷一〇记载：“帝喾之妃，邹屠氏之女也。轩辕去蚩尤之凶，迁其民善者于邹屠之地。”“女行不践地，常履风云，游于伊、洛，帝乃期焉，纳以为妃。”所谓“行不践地，常履风云”，正与东夷部族以鸟为图腾相合。帝喾以东夷之女为妃的传说，暗示东夷部族的文化影响已经西渐至于伊、洛地区。《风俗通义·皇霸·五帝》写道：

① 高诱注：“醠，清酒。《周礼》‘醠齐’是。”《太平御览》卷八二三引《淮南子》：“清英之美，始于耒耜。”注：“‘清英’，酒也。”

> “喾”者，考也，成也。言其考明法度，醇美喾然，若酒之芬香也。

“喾”与“酷”通。[①]《说文·酉部》:“酷，酒味厚也。”

值得注意的是，关于出身于“历山”的圣王舜的传说中，也有“瞽叟又速舜饮酒，醉将杀之”，“舜终日饮酒不醉”的内容（《列女传》卷一）。舜以“鸟工”脱险的神话，也暗示他是东夷部族领袖。《史记·五帝本纪》:

> 瞽叟尚复欲杀之，使舜上涂廪，瞽叟从下纵火焚廪。舜乃以两笠自扞而下，去，得不死。

司马贞《索隐》:“言以笠自扞己身，有似鸟张翅而轻下，得不损伤。”“《列女传》云‘二女教舜鸟工上廪’是也。”又张守节《正义》:

> 《通史》云:“瞽叟使舜涤廪，舜告尧二女，女曰:‘时其焚汝，鹊汝衣裳，鸟工往。’舜既登廪，得免去也。”

今本《列女传》卷一是这样记述的:“瞽叟与象谋杀舜，使涂廪。舜归，告二女曰:‘父母使我涂廪，我其往。’二女曰:‘往哉。’舜既治廪，乃捐阶。瞽叟焚廪，舜往飞出。”

在司马迁笔下，舜是以“微为庶人”的身份“摄行天子之政”，“而后之中国践天子位”的。

舜出身东夷部族。《孟子·离娄下》:

> 孟子曰:“舜生于诸冯，迁于负夏，卒于鸣条，东夷之人也。”

① 参看吴树平:《风俗通义校释》，天津人民出版社1980年版，第17页。

《史记·五帝本纪》说：

> 舜，冀州之人也。舜耕历山，渔雷泽，陶河滨，作什器于寿丘，就时于负夏。……舜耕历山，历山之人皆让畔；渔雷泽，雷泽上人皆让居；陶河滨，河滨器皆不苦窳。一年而所居成聚，二年成邑，三年成都。

《墨子·尚贤下》也说："昔者舜耕于历山，陶于河濒，渔于雷泽，灰于常阳。尧得之于服泽之阳，立为天子。"《尚贤上》："古者尧举舜于服泽之阳。"孙诒让《墨子间诂》：

> 《史记·五帝本纪》："就时于负夏"，《集解》引郑玄云："负夏，卫地。"《孟子·离娄篇》："舜生于诸冯，迁于负夏"，赵注云："诸冯、负夏皆地名，负海也。"案："服泽"疑即"负夏"。赵岐云"负海"，必有所本。

又如《韩非子·难一》："历山之农者侵畔，舜往耕焉，期年，甽亩正。河滨之渔者争坻，舜往渔焉，期年，而让长。东夷之陶者器苦窳，舜往陶焉，期年而器牢。"舜活动的主要区域，确实都大致在东夷部族文化圈之内。

舜的传说与东夷部族鸟图腾崇拜的关系，除了前引诸例外，还多有例证可以说明。如《尚书·益稷》："箫韶九成，凤皇来仪。"孔安国《传》："'韶'，舜乐名。"《世本·作篇》："舜造箫，其形参差象凤翼，长二尺。"《山海经·大荒南经》说："有载民之国。帝舜生无淫，降载处。""爰有歌舞之鸟，鸾鸟自歌，凤鸟自舞。"《绎史》卷一〇引刘向《孝子传》："舜父夜卧，梦见一凤凰，自名为鸡，口衔米以食己，言鸡为子孙，视之，乃凤凰，以《黄帝梦书》占之，此子孙当有贵者。"敦煌变文《舜

图 1–3 明崇祯刊本《盘古唐虞传》"天下太平，万民乐业"图

子变》中也写道，舜"取西南角历山躬耕""百余倾（顷）空田"时，自有"百鸟衔子抛田，天雨浇溉"。敦煌变文《孝子传》中的第一则故事[1]，就是"孝友舜子"事迹。其中也写道："〔舜〕手持双笠上舍，叟从后放火烧之，舜乃与（以）雨（两）腋挟笠投身飞下，不损毫毛。"这当然仍是"鸟工"避难传说即所谓"言以笠自扞己身，有似鸟张翅而轻下，得不损伤"的翻版。此外，《琴操》卷下《思亲操》的有关内容，也体现出舜的传说中鸟图腾崇拜的遗痕："舜耕历山，思慕父母，见鸠与母俱飞，鸣

① 敦煌写本中《孝子传》共五卷，标题均原缺，校录者据故事内容拟题。

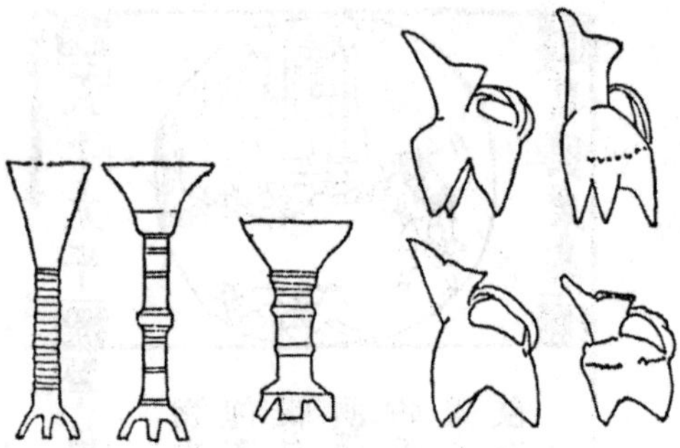

图1-4　大汶口文化及龙山文化像鸟作器的遗存

相哺食，益以感思，乃作歌曰：'陟彼历山兮崔嵬，有鸟翔兮高飞，瞻彼鸠兮徘徊，河水洋洋兮清冷。深谷鸟鸣兮嘤嘤，设置张罥兮思我父母力耕。日与月兮往如驰，父母远兮吾将安归?"

舜管理天下大政的时代，可能正是东夷部族文化逐步影响中原文化面貌的历史时期。

在这一时期，黄河中游的文化遗物已经开始表现出东夷部族文化和炎黄部族文化的交融。陕西武功游凤仰韶文化遗址出土的陶器同绘鸟纹和鱼纹[①]，或许可以理解为这种文化交融的反映。东夷部族文化对中原地区的影响，使得仰韶文化进入了新的阶段——庙底沟类型。《山海经·大荒东经》："一日方至，一日方出，皆载于乌。"郭璞注："中有三足乌。"屈原《天问》："羿焉弹日？乌焉解羽?"《淮南子·精神》："日中有踆乌。"高诱注："踆，犹蹲也，谓三足乌。"《艺文类聚》卷一引《淮南子》："日中有踆乌。"附注："踆，趾也，谓三足乌也。"《北堂书钞》卷一四九："《淮南子》云：'日内有踆乌。'注曰：'踆，止也，谓三足乌也。'"刘文典《淮南鸿烈集解》以为皆许慎注。这种日载于乌，日中有乌，日中有三足乌的神话，是中原以日图腾为中心的炎帝部族的原始崇拜与东方以鸟图腾

---

① 西安半坡博物馆、武功县博物馆：《陕西武功发现新石器时代遗址》，《考古》1975年2期。

为中心的东夷部族的原始崇拜结合糅杂的产物。在庙底沟类型的彩陶纹饰中，多见这种神话的形象体现。

苏秉琦先生曾经就农业收割、伐木、渔猎、纺织缝纫几种生产工具的数量对比，分析了半坡类型和庙底沟类型经济文化水平的差别，从而总结出这样的认识：

> 半坡人们是农渔猎伐木并重，而庙底沟人们则是以农业为主，渔猎伐木所占比重较小；半坡人们衣着材料多用兽皮，而庙底沟人们衣着材料则多用植物纤维。

苏秉琦先生还认为，这一时期，“显然是东边对中原的影响要多一些”。①

《易·系辞上》：“河出图，洛出书，圣人则之。”《帝王世纪》关于文化起源的传说，有因鱼、龙、龟、凤而来等不同的说法：

> 帝游洛水之上，见大鱼，杀五牲而醮之，天乃甚雨，七日七夜，鱼流始得图书。（《初学记》引）
>
> 〔黄帝〕游苑囿，洛龟负书而出，河龙加图而至。（《雕玉集》引）
>
> 黄帝游泸洛上，……凤皇衔图置帝前。（《稽瑞》引）

这样的传说，已经显示出渊源不同的各部族文化逐渐汇合成华夏文化的主流的历史轨迹。

闻一多先生在《伏羲考》一文中指出，“图腾的合并，是图腾式社会发展必循的途径”，在这一过程中，当出现“由许多不同的图腾糅合成的一种综合体”。闻一多先生说：

---

① 苏秉琦:《关于仰韶文化的若干问题》,《考古学报》1965年11期。

> 因部落的兼并而产生的混合的图腾，古埃及是一个最显著的例。在我们历史上，五方兽中的北方玄武本是龟蛇二兽，也是一个好例。不同的是，这些是几个图腾单位并存着，各单位的个别形态依然未变，而龙则是许多单位经过融化作用，形成了一个新的大单位，其各小单位已经是不复个别的存在罢了。前者可称为混合式的图腾，后者可称为化合式的图腾。[①]

《庄子·逍遥游》记有著名的鲲鹏神话。起初为“有鱼焉，……其名为鲲，有鸟焉，其名为鹏”，即鲲、鹏分别为鱼、鸟形象，后来则演变为“北冥有鱼，其名为鲲，……化而为鸟，其名为鹏”，鲲鹏合为一身，鱼鸟集为一体，成为“不同的图腾糅合成的一种综合体”了。

在黄河流域不同的部族文化进行广度和深度都达到空前水平的大融合的历史时期，鱼—龙、鸟—凤的图腾“化合”过程，体现出当时的时代特征。

在同东夷部族实行文化融合的过程中，炎帝部族传统崇拜的鱼的形象在鸟图腾的影响下发生变化。《山海经》关于炎帝部族活动区域的章节中多出现“鱼身而鸟翼”，或“鸡足”，或“其状如鹊”，或“赤喙尾赤羽”的异形鱼。鱼生翼、有足、披羽，表现出在鸟图腾影响下成为“化合式的图腾”的情形。

虚拟的神话动物龙的出现，有诸多渊源，而这种鱼鸟一体的图腾形象的文化影响，也是不宜忽视的。

《初学记》卷三〇引《管子》：“蛟龙，水中之神者也，乘水则神立，失水则神废。”《说苑·正谏》：“白龙下清冷之渊化为鱼。”《论衡·龙虚》：“龙，鱼之类也，其乘雷电，犹鱼之飞也。”又说：“水致其深，蛟龙生焉。”“蛟与龙常在渊水之中”，“在渊水之中，则鱼鳖之类”。《论衡·自纪》还写道：“龙少鱼众，少者固为神。”《说文·虫部》则说：“蛟，龙

---

① 《神话与诗》(闻一多全集选刊之一)，古籍出版社1956年版，第26页。

属。无角曰蛟。”“池鱼满三千六百，蛟来为之长，能率鱼而飞。”与社会分化相应的鱼龙分化，又体现于《艺文类聚》卷九六引《公孙弘答东方朔书》所谓“龙之未升，与鱼鳖为伍，及其升天，鳞不可睹”。

鱼龙变化的界隔，通常以为是所谓“龙门”。《淮南子·修务》高诱注：

> 龙门本有水门，鲔鱼游其中，上行，得上过者，便为龙，故曰“龙门”。

《艺文类聚》卷九六引《符子》：

> 观于龙门，有一鱼奋鳞鼓鳍而登乎龙门而为龙。

又引《辛氏三秦记》：

> 河津一名“龙门”，大鱼集龙门下数千，不得上，上者为龙。[①]

《太平御览》卷九三六引《水经》：

> 鳣鲔，鲤也，出巩穴，三月则上渡龙门，得渡为龙矣，否则点额而还。

闻一多先生《端午考》一文中引《水经·□水注》，也说到鱼变幻为龙的传说：

> 如深水有异鱼。按正光元年五月五日，天气清爽，闻池中铃铃若

① 《太平御览》卷四〇引《辛氏三秦记》：“河津一名‘龙门’。巨灵迹犹在，去长安九百里，江海大鱼洎集门下数千，不得上，上则为龙。故云‘曝鳃龙门’。”

钲鼓声，池水惊而沸。须臾，雷电晦冥，有五色蛇自池上属于天，久之乃灭。波上水定，唯见一鱼在，其一变为龙。

端午，被称作“龙的节日”[①]，似乎鱼龙变异，也要求特定的时机。

东夷部族以鸟为图腾。

东夷部族的文化遗物中大量的鬶、盉等陶器器型显然因像鸟作器而出现。而细高的觚形三足器和高柄杯则明显模仿鸟足。此外，我们还可以看到鸟头形器盖、鸟头形鼎足和鸟喙形突饰等。著名的胎厚仅0.5–1毫米的薄而光亮的蛋壳黑陶，则是鸟卵崇拜的物化形式。

鲁国臧文仲使国人祭海鸟（《国语·鲁语上》），齐景公“重鸟而轻士”（《韩诗外传》卷九），都说明东夷部族鸟图腾崇拜的历史影响。司马迁在《史记·仲尼弟子列传》中又写道：孔子弟子子路“性鄙，好勇力，志伉直，冠雄鸡”。又如《史记·田单列传》：

田单乃令城中人食必祭先祖于庭，飞鸟悉翔舞城中下食。燕人怪之。田单因宣言曰：“神来下教我。”乃令城中人曰：“当有神人为我师。”

齐地和燕地都属于古东夷部族居地，田单于是利用神鸟迷信进行宣传鼓动，一方面沮敌，一方面自励。

《史记·扁鹊仓公列传》记述名医扁鹊事迹，开头即写道：

扁鹊者，勃海郡郑人也，姓秦氏，名越人。

张守节《正义》：

① 《神话与诗》（闻一多全集选刊之一），古籍出版社1956年版，第223页，第221页。

《黄帝八十一难序》云："秦越人与轩辕时扁鹊相类，仍号之为'扁鹊'。"

泷川资言《史记会注考证》：

多纪元简曰："陆氏《周礼释文》：'扁'本亦作'鶣'，蒲典反，徐，扶忍反。《集韵》云：扁，婢典反，姓也。古有扁鹊，或作'鶣'。案：扁鹊，汉时人所称，以'扁'为姓，恐谬。下文云'姓秦氏'，又云'在赵者名扁鹊'，可证也。"梁玉绳曰："'扁鹊'，取鹊飞鶣鷵之义。"

无论对"扁鹊"的意义作何种理解，这一名号的传播与鸟图腾有一定关系的推论，大约是可以成立的。而山东嘉祥宋山出土的汉画像石针灸行医画面中，扁鹊甚至被明确刻画成人面鸟身的半人半鸟形象。[①]山东微山两城汉画像石也曾经发现表现同类题材的多幅画面。[②]

东夷部族文化的鸟图腾在炎帝部族文化的影响下也相应发生了历史性的变化。从《山海经》中我们可以看到，其主要特点，是在基色纯黑的基础上局部变化为红色，或"赤喙"，或"赤足"，或"赤尾"，或"赤文"，或"朱目"，或"赤如丹火"。有的地方则出现了"其状如翟而五采文"，成为后世祥瑞之一的鸾鸟，据说"见则天下安宁"（《西次二经》）。

《艺文类聚》卷九九引《春秋元命苞》："火离为凤皇。"《初学记》卷三〇引《孔演图》："凤，火精。"又引《鹖冠子》："凤皇，鹑火之禽，阳之精也。"《太平御览》卷九一五引《鹖冠子》："凤，火鸟，鹑火之禽，阳之精也。"于是，东夷部族的鸟图腾披上了炎帝部族传统崇拜形式的火光

① 嘉祥县武氏祠文管所：《山东嘉祥宋山发现汉画像石》，《文物》1979年9期。山东省博物馆、山东省文物考古研究所编：《山东汉画像石选集》，齐鲁书社1982年版，图188。

② 山东省博物馆、山东省文物考古研究所编：《山东汉画像石选集》，齐鲁书社1982年版，图26，图40，图42。

所照耀的红色，经“五采而文”，演化成为神化程度更高、信仰也更为广泛的神鸟凤凰。

凤凰神话发生于东夷部族活动的地区。《山海经·南次三经》：

〔南禺之山〕佐水出焉，而东南流注于海，有凤皇。

〔丹穴之山〕丹水出焉，而南流注于渤海，有鸟焉，其状如鸡，五采而文，名曰“凤皇”。首文曰德，翼文曰义，背文曰礼，膺文曰仁，腹文曰信。是鸟也，饮食自然，自歌自舞，见则天下安宁。

图1–5　山东微山两城汉画像石扁鹊行医图

又如《说文·鸟部》：

> 凤，神鸟也。天老曰："凤之象也，鸿前麐后，蛇颈鱼尾，鹳颡鸳思，龙文虎背，燕颔鸡喙，五色备举。出于东方君子之国，翱翔四海之外，过昆仑，饮砥柱，濯羽弱水，莫宿风穴。见则天下大安宁。"

可以看到，"凤之象也"，是集合多种图腾因素，兼具"德""义""礼""仁""信"等文化资质，以致"五色备举"的"神鸟"。

《天问》："简狄在台，喾何宜？玄鸟致贻，女何嘉？"而《离骚》则写作："望瑶台之偃蹇兮，见有娀之佚女。……凤皇即受诒兮，恐高辛之先我。"袁珂先生说："同一作者记同一事，既曰玄鸟，又曰凤皇，知玄鸟即凤皇。由一玄色小燕，渲染而神化之，遂有如《山海经》及《说文》所写神鸟凤皇之状。"①

通过"由一玄色小燕，渲染而神化之"的演变轨迹，以及发生于"渤海"之滨，"出于东方君子之国"等线索，可知凤凰神话的由来与东夷部族文化的关系。

凤凰"翱翔四海之外，过昆仑，饮砥柱，濯羽弱水，莫宿风穴"的传说，又是和东夷部族的文化影响向西发展的历史过程相一致的。

河南郑州西郊林山砦仰韶文化晚期遗址中已经出土黑色蛋壳陶片和红色蛋壳陶片，"其作风和龙山遗址出土的蛋壳陶非常接近"。②这一发现，或许可以理解为东夷部族文化和炎黄部族文化交汇融合的历史过程的文物遗存。

中原地区的文化面貌在这一历史阶段，发生了由仰韶文化向河南龙山文化的过渡。陶器由以红陶为主，逐步转变为以灰陶为主，东夷部族的传

① 袁珂编著：《中国神话传说词典》，上海辞书出版社1985年版，第92页。

② 河南省文化局文物工作队第一队：《郑州西郊仰韶文化遗址发掘简报》，《考古通讯》1958年第2期。

统器物——像鸟之形的鬶，逐步向西方普及。此外，斝和鼎作为主要炊具，代替了仰韶文化庙底沟类型的流行器物釜和灶。《风俗通义·祀典》："《周礼》说：'颛顼氏有子曰黎，为祝融，祀以为灶神。'"斝和鼎的广泛使用，打破了炎帝部族原有的崇拜体系。而灰陶代替红陶的意义，也有动摇了炎帝族原有的图腾信仰的性质。同时，农业和手工业技术更为先进，仰韶文化所不见的骨铲和骨梭开始为炎帝部族所应用。而卜骨和卜甲的出现，也表明文化的进一步发展。

与此同时，鬶在向西普及的过程中，本身也发生了形制变化，颈趋向低矮，逐渐与腹一体，整体也由细长变得圆浑厚重。这显然是在当地传统器形影响下演化的结果。

在这一时期，我们所看到的鬶由东向西，而鬲由西向东发展的过程，也体现了各部族不同类型的文化在中原地区交流融汇的历史。

《山海经·大荒北经》："应龙已杀蚩尤，又杀夸父。"夸父是东夷部族神话人物。《海外北经》中夸父逐日以及《北次三经》中"炎帝之少女名曰女娃，女娃游于东海，溺而不返，故为精卫"的传说，以东夷英雄逐日而死，炎帝少女东游不返的神话语言，描述了渊源与传统各不相同的远古部族文化相互融合的历史。

这一历史时期，大致就是《史记·五帝本纪》中帝尧"试"舜，"妻之二女，观其德于二女"的时期。司马迁写道：

> 尧曰："吾其试哉。"于是尧妻之二女，观其德于二女，舜饬下二女于妫汭，如妇礼。尧善之，乃使舜慎合五典，五典能从。乃遍入百官，百官时序。宾于四门，四门穆穆，诸侯远方宾客皆敬。尧使舜入山林川泽，暴风雷雨，舜行不迷。尧以为圣，召舜曰："女谋事至而言可绩，三年矣。女登帝位。"舜让于德不怿。正月上日，舜受终于文祖。文祖者，尧大祖也。

舜于是具有了天下正统的地位。"帝尧老，命舜慑行天子之政，以观天命。”也就是考验其执政方式是不是合于“天”的意志。于是“舜乃在璇玑玉衡，以齐七政”，校检天文仪器，以比正日月七星的运行秩序。又礼祭天皇大帝，北辰之星，敬祭星、辰、司中、司命、风师、雨师“六宗”，又“望于山川，辩于群神，揖五瑞，择吉日月，见四岳诸牧，班瑞”。舜又有“王者巡狩”的政治行为：

> 岁二月，东巡狩，至于岱宗，祡[①]，望秩于山川。遂见东方君长，合时月正日，同律度量衡，修五礼五玉三帛二生一死为挚，如五器，卒乃复。
>
> 五月，南巡狩。
>
> 八月，西巡狩。
>
> 十一月，北巡狩。皆如初。
>
> 归，至于祖祢庙，用特牛礼。五岁一巡狩，群后四朝。遍告以言，明试以功，车服以庸。肇十有二州，决川。

随即又明确法令，奠定了统治天下的政治根基。对于“巡狩”四方的意义，张守节《正义》说：“王者巡狩，以诸侯自专一国，威福任己，恐其壅遏上命，泽不下流，故巡行问人疾苦也。”“巡狩”，是一种政治交通实践，通过这样的交通行为，使天下四方真正可以归为一统。

由此我们可以看到，部族文化区限破碎，相互“壅遏”，即所谓“诸侯自专一国，威福任己”的时代终于结束，统一的华夏文化共同体终于形成。

人们还会注意到，“巡狩”的时间和方位，即：二月，东巡狩，五月，南巡狩，八月，西巡狩，十一月，北巡狩，正与四时方位相合，其中的神秘文化内涵值得进一步探究，而夏季南巡狩、冬季北巡狩所体现出的远古帝王的勤政风格，也是发人深思的。

---

① 张守节《正义》：“案：既班瑞群后即东巡者，守土之诸侯会岱宗之岳，焚柴告至也。”

有的学者指出，《史记·五帝本纪》是司马迁实践“原始察终，见盛观衰”①的史学追求的第一步。“流传下来的关于中华民族的祖先的传说不多而且杂乱抵牾，记录他们的文字粗疏而且诘（佶）屈聱牙；但是司马迁凭着渊博的学问与深刻的识力，在其中去粗取精，披沙拣金，为杂乱的史实理出了系统性，让抵牾的传说呈现了可信性，使艰涩的文字变得流畅易读了。”不仅如此，“《五帝本纪》刻意创造五帝这一组尽善尽美的理想帝王的伟大形象”，“树立了一个理想帝王的最高标准，为评价后代帝王的善恶美丑、功过是非提供了一面历史之镜，实际上司马迁对历代帝王的历史评价也就寄寓在对五帝基本特征的揭示和赞扬里了”。②而司马迁对于舜的传说的记述，使用了更为浓重的笔墨，描绘出更为完美的形象，其心理背景，当然是对大一统的文化模式的倾心向往。但是另一方面，司马迁的记述所体现的历史文化的时代要求，也是值得重视的。

战神蚩尤

《史记·五帝本纪》记述，轩辕之时，“诸侯相侵伐，暴虐百姓”，“于是轩辕乃习用干戈，以征不享，诸侯咸来宾从，而蚩尤最为暴，莫能伐”。轩辕与炎帝战于阪泉之野后，又与蚩尤决战：

> 蚩尤作乱，不用帝命。于是黄帝乃征师诸侯，与蚩尤战于涿鹿之野，遂禽杀蚩尤。

《史记·殷本纪》记述汤“作《汤诰》”，其中说道：

> 昔蚩尤与其大夫作乱百姓，帝乃弗予，有状。先王言不可不勉。

① 《史记·太史公自序》：“罔罗天下放失旧闻，王迹所兴，原始察终，见盛观衰，论考之行事，略推三代，录秦汉，上记轩辕，下至于兹。”

② 周先民：《尽善尽美的理想帝王——读〈史记·五帝本纪〉》，《文学遗产》1995年第3期。

按照司马贞《索隐》的解释："帝，天也。谓蚩尤作乱，上天乃不佑之，是为'弗予'。'有状'，言其罪大而有形状，故黄帝灭之。"

关于涿鹿之战的形势，《逸周书·尝麦》写道：

> 蚩尤乃逐帝，争于涿鹿之阿，九隅无遗。赤帝大慑，乃说于黄帝，执蚩尤，杀之于中冀。

蚩尤作为东夷部族联盟的首长[1]，涿鹿战败后被俘，被黄帝械而杀之。《山海经·大荒南经》说："蚩尤所弃其桎梏，是为枫木。"[2]桎梏化为枫木，象征蚩尤的族属与太昊的风族有关。据说涿鹿之战时，蚩尤曾经"作大雾弥三日"（《太平御览》卷一五引《志林》），又请风伯雨师，纵大风雨，致使黄帝部族受挫。后来以太阳为崇拜对象，厌憎风雨云雾的炎帝部族参战，出动能以神力止雨的"魃"，才使"黄帝与蚩尤九战九不胜"之后，终于擒杀蚩尤（《太平御览》卷一五引《黄帝玄女战法》）。《山海经·大荒北经》如此记录涿鹿战事：

> 蚩尤作兵伐黄帝，黄帝乃令应龙攻之冀州之野。应龙畜水，蚩尤请风伯雨师，纵大风雨。黄帝乃下天女曰魃，雨止，遂杀蚩尤。

据《史记·五帝本纪》，蚩尤败死之后，"而诸侯咸尊轩辕为天子，代神农氏，是为黄帝"。值得注意的是，在新的政治文化秩序建立之后，失败者蚩尤仍然表现出重要的历史影响。张守节《正义》引《龙鱼河图》说到这一重大政治事变前后的形势：

> 黄帝摄政，有蚩尤兄弟八十一人，并兽身人语，铜头铁额，食沙

① 《史记·五帝本纪》裴骃《集解》："应劭曰：'蚩尤，古天子。'"

② 郭璞注："蚩尤为黄帝所得，械而杀之，已摘弃其械，化而为树也。"

> 石子，造立兵仗刀戟大弩，威振天下，诛杀无道，不慈仁。万民欲令黄帝行天子事，黄帝以仁义不能禁止蚩尤，乃仰天而叹。天遣玄女下授黄帝兵信神符，制伏蚩尤，帝因使之主兵，以制四方。蚩尤没后，天下复扰乱，黄帝遂画蚩尤形像以威天下，天下咸谓蚩尤不死，八方万邦皆为弭服。

这段文字与其他记述有所不同，至少我们可以看到：一、蚩尤“不慈仁”，而“黄帝以仁义不能禁止蚩尤”；二、蚩尤败后，并没有被黄帝所杀，反而“帝因使之主兵，以制四方”。很可能张守节《正义》所引这段记述，片段保留有司马迁所谓反映“其文不雅驯，荐绅先生难言之”诸语，因而或许更能够反映历史的真实。

我们注意到：

第一，所谓“蚩尤兄弟八十一人”，反映以蚩尤为领袖的部族联盟有较为密切的内部结构，也有相当可观的规模。

第二，所谓“铜头铁额，食沙石子，造立兵仗刀戟大弩，威振天下”，反映蚩尤所在的部族可能是早期冶金业的开创者。《荀子·解蔽》：“羿精于射。”《墨子·非儒》：“羿作弓。”《吕氏春秋·勿躬》：“夷羿作弓。”《山海经·海内经》：“少皞生般，般是始为弓矢。”郭璞注：“《世本》云：‘牟夷作矢，挥作弓。’”《说文·矢部》：“古者夷牟初作矢。”多把弓箭这一曾经引起原始时代生产革命的狩猎工具的发明权归于东夷部族。《山海经·大荒北经》：“蚩尤作兵。”《太平御览》卷二七〇引《世本》：“蚩尤作兵。”《吕氏春秋·荡兵》则说：“人曰‘蚩尤作兵’，蚩尤非作兵也，利其械矣。未有蚩尤之时，民固剥林木以战矣。”《管子·地数》：“葛卢之山，发而出水，金从之，蚩尤受而制之，以为剑、铠、矛、戟；雍狐之山，发而出水，金从之，蚩尤受而制之，以为雍狐之戟、芮戈。”《史记·五帝本纪》司马贞《索隐》则写道：

> 《管子》曰：“蚩尤受卢山之金而作五兵。”

《路史·后纪四·蚩尤传》注引《世本》也说："蚩尤作五兵：戈、矛、戟、酋矛、夷矛。"或许蚩尤的部族是金属兵器的使用者。看来，大汶口文化晚期墓葬中发现骨凿上附有铜绿，不应看作偶然现象。如果注意到《山海经》中关于鸟兽的文字包含有体现不同部族图腾崇拜之地域分布的信息，则可知东夷部族的活动区域曾经以环渤海地区为主，而恰恰在河北唐山大城山龙山文化遗址中出土有最早的红铜。[①]"铁"字古文作"銕"，从金从夷，联系蚩尤"铜头铁额"的传说，似乎可以推想铁器的发明，可能也与蚩尤所在的部族有关。曾经以鸟名官的部族联盟领袖少皞号"金天氏"。[②]暗示金属的早期应用，可能源起于东方。而"金天氏"的称谓，司马迁也曾经沿用，《史记·郑世家》写道："昔金天氏有裔子曰昧，为玄冥师。"裴骃《集解》："服虔曰：'金天，少皞也。'"

第三，所谓"天遣玄女下授黄帝兵信神符，制伏蚩尤"，反映轩辕战胜蚩尤，是得到外力援助而实现的。很可能蚩尤所在的部族虽然军事力量强大，但是在战术运用方面出现失误。"魃"的作用，即表现出双方都集聚全力会战，而黄帝部族联盟可能得到新的入盟者。[③]其他有关传说也可以参考。如《太平御览》卷一五引《黄帝玄女战法》："黄帝与蚩尤九战九不胜。黄帝归于太山，三日三夜。雾冥，有一妇人，人首鸟形，黄帝稽首再拜，伏不敢起，妇人曰：'吾玄女也，子欲何问？'黄帝曰：'小子欲万战万胜。'遂得战法焉。"又同卷引《志林》："黄帝与蚩尤战于涿鹿之野，蚩尤作大雾，弥三日，军人皆惑。黄帝乃令风后法斗机作指南车以别四

---

① 河北省文管会：《河北唐山市大城山遗址发掘报告》，《考古学报》1959年第3期。

② 《尸子》："少昊金天氏邑于穷桑。"《世本》："少昊，……王以金德，号曰'金天氏'。"所谓"少皞氏鸟名官"情形，见于《左传·昭公十七年》："我高祖少皞挚之立也，凤鸟适至，故纪于鸟，为鸟师而鸟名。凤鸟氏，历正也。玄鸟氏，司分者也。伯赵氏，司至者也。青鸟氏，司启者也。丹鸟氏，司闭者也。祝鸠氏，司徒也。雎鸠氏，司马也。鳲鸠氏，司空也。爽鸠氏，司寇也。鹘鸠氏，司事也。五鸠，鸠民者也。五雉，为五工正，利器用，正度量，夷民者也。九扈，为九农正，扈民无淫者也。"

③ 《山海经·大荒北经》又记载这样的传说，黄帝下天女魃助杀蚩尤之后，"魃不得复上，所居不雨。叔均言之帝，后置之赤水之北。叔均乃为田祖。魃时亡之。所欲逐之者，令曰：'神北行！'先除水道，决通沟渎"。可见黄帝击杀蚩尤的军事联盟中，又产生了新的矛盾。

方，遂擒蚩尤。”玄女“人首鸟形”，又于“太山”授“战法”，而“风后”也是东夷部族著名传说人物，看来，加入黄帝部族对抗蚩尤的军事联盟的，竟然有原先属于东夷部族的力量。

第四，所谓“蚩尤没后，天下复扰乱，黄帝遂画蚩尤形像以威天下，天下咸谓蚩尤不死，八方万邦皆为弭服”，反映蚩尤虽然战败，但是其军事威望和文化影响仍然长期存在。《太平御览》卷七九引《龙鱼河图》记述此事，又写作：“蚩尤没后，天下复扰乱，黄帝遂画蚩尤形象以威天下，天下咸谓蚩尤不死，八方万邦皆为殄服。”[①]蚩尤作为传说中的悲剧人物，在民间长期保持着影响。《述异记》记载有关蚩尤崇拜的传说与民俗：“蚩尤能作云雾。涿鹿今在冀州，有蚩尤神，俗云：人身牛蹄，四目六手。今冀州人掘地得骷髅，如铜铁者，即蚩尤之骨也。今有蚩尤齿，长二寸，坚不可碎。秦汉间说，蚩尤氏耳鬓如剑戟，头有角，与轩辕斗，以角觝人，人不能向。今冀州有乐名‘蚩尤戏’，其民两两三三，头戴牛角而相抵。汉造‘角觝’戏，盖其遗制也。[②]太原村落间，祭蚩尤神，不用牛头。今冀州有蚩尤川，即涿鹿之野。汉武时，太原有蚩尤神昼见，龟足蛇首；□疫，其俗遂为立祠。”又《皇览·冢墓记》说：“蚩尤冢，在东平寿张县阚乡城中，高七丈，民常十月祀之。有赤气出如匹绛帛，民名为‘蚩尤旗’。肩髀冢，在山阳巨野县重聚，大小与阚冢等。传言黄帝与蚩尤战于涿鹿之野，黄帝杀之，身体异处，故别葬之。”此外，沈括《梦溪笔谈》卷三写道：“解州盐泽，方百二十里。久雨，四山之水，悉注其中，未尝溢。大旱，未尝涸。卤色正赤，在版泉之下，俚俗谓之‘蚩尤血’。”蚩尤作为败死于黄帝之手的传说人物，长久地在民间保留有勇健有为的形象，说明了民俗文化有与正统文化往往不相契合的特质。

所谓“秦汉间说，蚩尤氏耳鬓如剑戟，头有角，与轩辕斗，以角觝

---

① 《吕思勉读史札记》甲帙“先秦”《蚩尤作兵》写道：“所以兼祠黄帝者，蚩尤为黄帝所灭，其后或服属黄帝；又蚩尤故盛强，黄帝亦或席其旧名，以劫制天下，故其事迹颇相掍。”蚩尤故事，“传说虽不足据，亦必略有所本也。”上海古籍出版社1982年版，第284页至第285页。

② 俞樾《茶香室丛钞》卷一八“蚩尤戏”条：“按角觝亦作‘觳抵’，见《史记·李斯传》；亦作‘角抵’，见《汉书·武帝纪》。”“又按‘蚩尤戏’，即后世扮演古事之权舆矣。”

人，人不能向”，所谓“今冀州有乐名‘蚩尤戏’，其民两两三三，头戴牛角而相抵，汉造‘角觝’，盖其遗制也”，所谓“汉武时，太原有蚩尤神昼见，龟足蛇首”，都反映秦汉时期蚩尤传说在民间的盛行。

司马迁在《史记》中的有关记述，也保留了同样的文化信息。

《史记·高祖本纪》记载，刘邦初起兵，行军祭之礼：

> 祠黄帝，祭蚩尤于沛庭，而衅鼓，旗帜皆赤。由所杀蛇白帝子，杀者赤帝子，故上赤。于是少年豪吏如萧、曹、樊哙等皆收沛子弟二三千人，攻胡陵、方与，还守丰。

对于所谓“祭蚩尤于沛庭”，裴骃《集解》引应劭曰：

> 蚩尤好五兵，故祠祭之求福祥也。

又引瓒曰：“管仲云：‘割卢山交而出水，金从之出，蚩尤受之以作剑戟。’”而司马贞《索隐》则说：“《管子》云：‘葛卢之山，发而出金。’今注引‘发’作‘交’及‘割’，皆误也。”刘邦起沛祭蚩尤事，《史记·封禅书》也有记载：“高祖初起，祷丰枌榆社。徇沛，为沛公，则祠蚩尤，衅鼓旗。”

据《史记·郦生陆贾列传》，刘邦与项羽争天下，使郦食其说齐王，夸耀汉军军功：

> 夫汉王发蜀汉，定三秦；涉西河之外，援上党之兵；下井陉，诛成安君；破北魏，举三十二城；此蚩尤之兵也，非人之力也，天之福也。

对于这里说到的“此蚩尤之兵也”，梁玉绳《史记志疑》卷三二引翁孝廉曰：“郦生以蚩尤比汉王，毋乃失辞，《新序》同。《汉书》改作‘黄帝’

是。”这确实是清儒不理解民间文化意识可以和正统政治观念抗违的迂见。

蚩尤因勇战好胜著名，于是在司马迁所处的时代，曾经被看作战神的形象，也曾经被视为兵争的象征。《史记·天官书》写道：

> 秦始皇之时，十五年彗星四见，久者八十日，长或竟天。其后秦遂以兵灭六王，并中国，外攘四夷，死人如乱麻，因以张楚并起，三十年之间，兵相骀藉，不可胜数。自蚩尤以来，未尝若斯也。

有所谓“蚩尤之旗”的星象，预示天下兵战：

> 蚩尤之旗，类彗而后曲，象旗。见则王者征伐四方。
>
> 元光、元狩，蚩尤之旗再见，长则半天。其后京师师四出，诛夷狄者数十年，而伐胡尤甚。

长沙马王堆3号汉墓出土一种以天文气象现象占验吉凶的帛书，整理者拟名为《天文气象杂占》，并以为其中“最最珍贵的，是在它最下面一列的中段，有29个彗星图”。其中最后一幅，就是所谓“蚩尤之旗”的图像。在画面以下有文字标识，写作：

> 蚩又（尤）旗兵在外归①

据《史记·封禅书》记载，秦始皇时代，曾经“东游海上，行礼祠名山大川及八神”，所谓“八神”之中，列为第三位的就是战神蚩尤：

> 三曰“兵主”，祠蚩尤。蚩尤在东平陆监乡，齐之西境也。

---

① 席泽宗：《马王堆汉墓帛书中的彗星图》，《文物》1978年第2期；《长沙马王堆三号墓出土西汉帛书〈天文气象杂占〉》，《中国文物》第1期，文物出版社1979年版。

汉定天下后，重新确定祭祠制度，诸祠之中竟然有“蚩尤之祠”赫然居于前列：

> 令祝官立蚩尤之祠于长安。

《汉书·郊祀志下》记载，汉宣帝时，曾经又设立蚩尤祠：

> 〔祠〕蚩尤于寿良。

寿良，颜师古注：“东郡之县也。”汉成帝时，丞相匡衡、御史大夫张谭建议，各地“所祠凡六百八十三所”中，“四百七十五所不应礼，或复重，请皆罢”，“奏可”。实施时，“孝宣参山、蓬山、之罘、成山、莱山、四时、蚩尤、劳谷、五床、仙人、玉女、径路、黄帝、天神、原水之属，皆罢”。从所列序次看，蚩尤祠的设置地点当在齐地。

汉明帝时，马援兄子马严“拜将军长史”，将兵屯西河美稷，卫护南单于，“听置司马、从事，牧守谒敬，同之将军。敕〔马〕严过武库，祭蚩尤，帝亲御阿阁，观其士众，时人荣之”。（《后汉书·马援传》）“祭蚩尤”，李贤注引《前书音义》曰：“蚩尤，古天子，好五兵，故今祭之。”

图1-6　美国华盛顿弗利尔美术馆藏蚩尤辟兵钩

可见出师之军祭蚩尤，大约已经成为一种传统。

《史记》中，还有一条有关“蚩尤”的史料值得注意。《建元以来侯者年表》褚少孙补记：“〔富民侯〕田千秋，家在长陵，以故高庙寝郎上书谏孝武曰：‘子弄父兵，罪当笞。父子之怒，自古有之。蚩尤畔父，黄帝涉江。’上书至意，拜为大鸿胪。征和四年为丞相，封三千户。”“子弄父兵”，以蚩尤为例，仍然突出其习兵好战的品性。所谓“蚩尤畔父，黄帝涉江”，语不易解，或许说明了当时蚩尤传说尚有今人已经不能确知的其他情节。遗憾的是，田千秋著名上书中的这一段话，在《汉书》中竟然没有反映。联系上文说到的《史记·郦生陆贾列传》“此蚩尤之兵也，非人之力也，天之福也”，《汉书·郦食其传》改写为“此黄帝之兵，非人之力，天之福也”，或以为“郦生以蚩尤比汉王，毋乃失辞”，“《汉书》改作‘黄帝’是”，可知文化观的不同，确实可以影响史学观念的基本倾向甚至史学记载的基本内容。

汉代民间以蚩尤为战神的崇拜心理，通过某些文物遗存也能够得到体现。美国华盛顿弗利尔美术馆藏有造型颇为生动的汉代蚩尤形带钩。蚩尤不仅手足皆持兵器，口中还衔有利刃，又用一只举盾的手臂充当了钩首。《太平御览》卷三五四引《东观汉记》曰：“诏令赐邓遵金蚩尤辟兵钩一。”

图1–7 汉画像石蚩尤持五兵形象

所谓“蚩尤辟兵钩”，可能就是这种带钩。[①]河北石家庄东岗头东汉墓出土的同类器物，蚩尤的身侧还铸出四神[②]，日本学者林巳奈夫在《汉代鬼神的世界》中又引录另一件同类器物，而注明“出土地不明”[③]。可知蚩尤作为主兵之神，在汉代社会有相当广泛的影响。

夏史的考实

《史记》有《夏本纪》总结夏王朝的历史。

《史记·夏本纪》最后以“太史公曰”的形式说道：“孔子正夏时，学者多传《夏小正》云。自虞、夏时，贡赋备矣。或言禹会诸侯江南，计功而崩，因葬焉，命曰会稽。会稽者，会计也。”

夏时正，贡赋备，历法形式和贡赋体制的完备，反映了天文科学、农业经济以及行政管理水平的共同进步。夏王朝的成立，确实体现出文化创造的空前丰富，经济事业的空前发展，政治形式的空前成熟。

华夏文化共同体迈上文明的初阶，是以鲧、禹治水由失败转而成功作为鲜明的文化标志的。

司马迁关于鲧治水的记述，先见于《史记·五帝本纪》。他写道：

> ……尧又曰：“嗟，四岳，汤汤洪水滔天，浩浩怀山襄陵，下民其忧，有能使治者？”皆曰鲧可。尧曰：“鲧负命毁族，不可。”岳曰：“异哉，试不可用而已。”尧于是听岳用鲧。九岁，功用不成。

对于所谓“鲧负命毁族，不可”，张守节《正义》解释说：“负，违也。族，类也。鲧性很戾，违负教命，毁败善类，不可用也。《诗》云：‘贪人败类’也。”《史记·五帝本纪》还记载：

① 参看孙机：《汉代物质文化资料图说》，文物出版社1991年版，第252页。
② 王海航：《石家庄市东岗头村发现汉墓》，《考古》1965年第12期。
③ 林巳奈夫：《汉代の神神》，临川书店1989年版，第130页。

> 讙兜进言共工，尧曰不可而试之工师，共工果淫辟。四岳举鲧治鸿水，尧以为不可，岳强请试之，试之而无功，故百姓不便。三苗在江淮、荆州数为乱。于是舜归而言于帝，请流共工于幽陵，以变北狄；放讙兜于崇山，以变南蛮；迁三苗于三危，以变西戎；殛鲧于羽山，以变东夷。四罪而天下咸服。

“四岳举鲧治鸿水，尧以为不可，岳强请试之”，反映当时部族军事民主制度实际上可以否决最高权力者的决策。鲧因失职致罪，竟然惩罚最重，或许事实上意味着以尧、舜等帝王为人格代表的文明时代对这种古老制度的否定。

《史记·夏本纪》中，也有关于鲧治水失败受到惩处，又以禹接替治水事业的详尽记载：

> 当帝尧之时，鸿水滔天，浩浩怀山襄陵，下民其忧。尧求能治水者，群臣四岳皆曰鲧可。尧曰：“鲧为人负命毁族，不可。”四岳曰：“等之未有贤于鲧者，愿帝试之。”于是尧听四岳，用鲧治水。九年而水不息，功用不成。于是帝尧乃求人，更得舜。舜登用，摄行天子之政，巡狩。行视鲧之治水无状，乃殛鲧于羽山以死。天下皆以舜之诛为是。于是舜举鲧子禹，而使续鲧之业。

鲧治水事迹，其实是富有神话色彩的传说。

《山海经·海内经》中，有这样的故事：

> 洪水滔天。鲧窃帝之息壤以堙洪水，不待帝命，帝令祝融杀鲧于羽郊。鲧复生禹。帝乃命禹卒布土以定九州。

屈原在《天问》中，关于鲧的神话有更多的文字，神话学者萧兵曾经有极精辟的解说。而我们现在进行的讨论，更关注远古洪水传说的史实背景和以鲧和禹的事迹为神话影像的刚刚步入文明阶段的先民们当时治理洪水的具体方式。

鲧治水的方式，据说以“堙”为原则。

《史记·宋微子世家》说，周武王问“常伦所序”，箕子回答时引述了鲧失败的教训：

> 在昔鲧堙鸿水，汩陈其五行，帝乃震怒，不从鸿范九等，常伦所释。鲧则殛死，禹乃嗣兴。天乃锡禹鸿范九等，常伦所序。

所谓“鲧堙鸿水”，即《山海经·海内经》“鲧窃帝之息壤以堙洪水”，认识其过程，关键在于对“息壤”的理解。郭璞对于《山海经·海内经》“息壤”的解释是：

> “息壤”者，言土自长息无限，故可以塞洪水者。《开筮》曰：“滔滔洪水，无所止极，伯鲧乃以息石息壤，以填洪水。”汉元帝时，临淮徐县地踊长五、六里，高二丈，即“息壤”之类也。

于是，对于“息壤”，论者诸说纷纭，然而多重视其“言土自长息无限，故可以塞洪水者”的性质。

顾颉刚先生曾经以为在黄土地区发现的土层因地下水的作用而隆起的现象，是“息壤”传说的现实依据：“原来在渭河峡谷里黄土层间……地下水位入冬冻胀，春后消融，地下水流又不断地施压力于上部较薄的地层，使得土地突然隆起。”他引用矿物学家张幼丞的分析说，有的“息壤”或“息石”，“当是局部的地壳上升的现象”。顾颉刚先生还引述了农学家蓝梦九先生的见解：“土向上隆起的原因，尚有粘土的湿胀和土壤生物作用，尤其微生物作用；土壤本身并有弹性。”①

顾颉刚先生的分析，注意应用科学的方法，力求对远古传说找到今人能够理解的说明。不过，局部土层的向上隆起，究竟能够达到怎样的程度，是否可以止抑洪水，以及治水者应当运用怎样的工程技术手段大规模地利用这种“息壤”，都使人们依然迷惑不解。

也有人认为，“这种能自长自息的土壤”，“是山崩或滑坡所造成的土石自行移动”，“其结果当然会导致水势更加恶性的泛滥和灾害。”②

这种看法的不完备，似乎难以回答萧兵先生的反问：“不知道大禹亦用息壤为什么会成功?”

明人朱国祯《涌幢小品》卷一五有《息壤辩》，从“土坚而壤濡”的认识出发，以为壤“盖耕治之地也”，“《山海经》所云‘鲧窃帝之息壤’，盖指桑土稻田，可以生息，故曰‘息壤’。土田皆君所授于民，故曰‘帝之息壤’。鲧之治水，不顺水性而力与水争，决耕桑之畎亩，以堙淫潦之洪流，故曰‘窃帝之息壤以堙洪水’”。

有的学者还提出了另一种理解，即以为“壤者土也，本是土地之代词；息，生生不息，是指土地之扩大”，因此鲧窃息壤其实是为了扩大“领土”范围。③

萧兵先生指出，这样的观点，“是不是离开神话因子的固有特质和客观含义太远了些?”事实上，我们认为，这样的解释，似乎是离开治水这一神话主题“太远了些”。

萧兵先生看来是倾向于顾颉刚先生的分析的。他写道，“这种神土的最大特征是能够自我生长（但是还有个‘临界点’，例如填平了洪泉，布置好山川，甚或长成地球，不然就要充塞宇宙了）。柳宗元《永州龙兴寺息壤记》记龙兴寺北陬有堂，‘堂之地隆然负砖甓而起者，广四步，高一

① 顾颉刚：《息壤考》，《文史哲》1957年第10期。

② 何新：《诸神的起源——中国远古神话与历史》，生活·读书·新知三联书店1986年版，第59页。

③ 刘晔原：《普罗米修斯之火与鲧之息壤》，《民间文学论坛》1986年第4期。

尺五寸。始之为堂也，夷之而又高’。可能含有沼气之类有毒气体，所以‘凡持锸者尽死’。有时挖掘到这类‘神土’，适遭雷雨、洪峰，古人就因此说是惊动了鲧禹神物，触犯了‘禁厌品’所致。”萧兵先生还说：“‘息壤’本指某种能够自我增殖和膨胀的神土，这是有地质学、土壤学的‘膨胀土’为‘原型’依据、现实基础（参见顾颉刚先生的专题研究），又有丰富的文献和传说的支持，还有美洲等地这类‘息壤’神话为参照，是很难否认和曲解的。‘自我增殖和膨胀’是它的神话学特质，任何‘阐释’‘复原’都只能在这既有的‘基本结构’上进行。如果硬要抽掉它最基本、最重要的‘神话学特性’，而任意加以穿凿、附会、翻案、引申，那么它就失去其质的规定性而不能成为‘神话因子’或‘神话学对象’来研究、来鉴赏了。”①

萧兵先生引述了柳宗元关于永州龙兴寺“息壤”传说的文字，然而，值得注意的是，柳宗元本人的态度，却是否定其“神”性的。《柳河东集》卷二八《永州龙兴寺息壤记》：

> 永州东北陬有堂，堂之地隆然负砖甓而起者，广四步，高一尺五寸。始之为堂也，夷之而又高，凡持锸者尽死。永州居楚越间，其人鬼且禨。由是寺之人皆神之，人莫敢夷。
>
> 《史记·天官书》及《汉志》有地长之占，而亡其说。甘茂盟息壤，盖其地有是类也。昔之异书，有记洪水滔天，鲧窃帝之息壤使堙洪水，帝乃令祝融杀鲧于羽郊，其言不经见。今是土也，夷之者不幸而死，岂帝之所爱耶？南方多疫，劳者先死，则彼持锸者，其死于劳且疫也，土乌能神？
>
> 今恐学者之至于斯，征是言，而唯异书之信，故记于堂上。

所谓“《史记·天官书》及《汉志》有地长之占”，即《史记·天官书》

① 萧兵：《中国文化的精英——太阳英雄神话比较研究》，上海文艺出版社1989年版，第770页至第772页。

以及《汉书·天文志》:“天开县物,地动坼绝。山崩及徙,川塞溪坺;水澹地长,泽竭见象。”①

我们在历史文献中还可以看到一些其他所谓“地长”之例,如《搜神记》卷六:

> 周隐王二年四月②,齐地暴长,长丈余,高一尺五寸。京房《易妖》曰:“地四时暴长。占:春夏多吉,秋冬多凶。”

在正史中也有类似的记载,如《旧唐书·五行志》:

> 则天时,新丰县东南露台乡,因大风雨雹震,有山踊(涌)出,高二百丈。……则天以为休征,名为“庆山”。③
>
> 建中初,魏州魏县西四十里,忽然土长四五尺数亩,里人惊骇之。④

又如《宋史·五行志五》:

> 天禧五年,襄州凤林镇道侧地涌起,高三尺,阔八尺。

《明史·五行志三》又写道:

> 〔成化十六年〕六月,长乐平地出小阜,……明年,复涌一高山。⑤

---

① 《史记·天官书》“山崩及徙”,《汉书·天文志》作“山崩及陁”。

② 注家或以为“周隐王”应即“周赧王”。

③ 《新唐书·五行志二》:“垂拱二年九月己巳,雍州新丰县露台乡大风雨,震电,有山涌出,高二十丈,……武后以为休应,名曰‘庆山’。”

④ 《新唐书·五行志二》作“地数亩忽长崇数尺”。

⑤ 同治《福建通志》卷二七一:“福州长乐十八都昆田突起小埠,高三四尺,……明年复于其左涌出一山,广袤五丈余。”

〔万历二十七年，狄道〕山南耕地涌出大小山五，高二十余丈。①

类似的记载又多见于地方志中。如光绪《山西通志》卷八六："〔明崇祯二年〕交城西山大足底突起横山十余丈。"道光《阳曲县志》卷一六："〔乾隆二十四年，阳曲〕小返村平地起山。"《觚剩》卷六有关黄河上"飞浮山"的内容，更可以使人联想到有关地形变化在治水神话中的神秘作用：

飞浮山在黄河中，出没不时，峰峦下垂，上平如几，山势可三四里许。……顺治丁酉岁，出浮河面，不久而没，非常见也。

不过，上述意外的"地长""山踊"诸现象，似乎都不足以使"息壤"传说得到确切的说明。

除柳宗元《永州龙兴寺息壤记》外，明人谢肇淛《五杂组》卷四《地部二》又说到江陵"息壤祠"：

《山海经》："鲧窃帝之息壤，以湮洪水。"今江陵南门有息壤祠云。息壤，石也，而状若城郭。唐元和中，裴宇牧荆州，阴雨弥旬不止，有道士欧阳献谓宇曰："公曾得一石室乎？瘗之则雨止矣。"宇惊曰："有之，但已弃竹篱外矣。"觅而瘗之，雨即止。后人有发之者，辄致淋雨。苏轼序云："今江陵南门外有石，状若宅，陷地中，而犹见其脊，旁有石记云：'不可犯畚锸，以致雷雨'，后失其处。"万历壬午，新筑南门城，乃复得而瘗之，置祠其上。

柳宗元所谓"甘茂盟息壤"，见于《战国策·秦策二》：秦武王"欲车通三川，以窥周室"，甘茂为此"请之魏，约伐韩"，"王迎甘茂于息壤"。甘茂

① 乾隆《狄道州志》卷一一："山南平地涌山五，高者二十余丈。城东五里鹦哥山岗稍南拥(涌)出小山五座。"

排除疑议，“王曰：‘寡人不听也，请与之盟。’于是与之盟于息壤”。同一史事，又见于《史记·樗里子甘茂列传》：

> 秦武王三年，谓甘茂曰：“寡人欲容车通三川，以窥周室，而寡人死不朽矣。”[①]甘茂曰：“请之魏，约以伐韩。”而令向寿辅行。甘茂至，谓向寿曰：“子归，言之于王曰‘魏听臣矣，然愿王勿伐。’事成，尽以为子功。”向寿归，以告王，王迎甘茂于息壤。甘茂至，王问其故，对曰：“宜阳，大县也。上党、南阳积之久矣。名曰县，其实郡也。今王倍数险，行千里攻之，难。……今臣，羁旅之臣也。樗里子、公孙奭二人者挟韩而议之，王必听之。……”王曰：“寡人不听也，请与子盟。”卒使丞相甘茂将兵伐宜阳。五月而不拔，樗里子、公孙奭果争之。武王召甘茂，欲罢兵。甘茂曰：“息壤在彼。”王曰：“有之。”因大悉起兵，使甘茂击之。斩首六万，遂拔宜阳。

“息壤”作为地名，张守节《正义》以为“秦邑”，司马贞《索隐》则说：“《山海经》、《启筮》云‘昔伯鲧窃帝之息壤以堙洪水’，或是此也。”战国“息壤”地名，秦汉时期史籍中不再出现，其地未能确指[②]，但大致当在秦、韩、魏之间，即河洛地区。

萧兵先生重视“‘息壤’神话”“本指某种能够自我增殖和膨胀的神土”的特质，以为如果忽略这一特质，“那么它就失去其质的规定性而不能成为‘神话因子’或‘神话学对象’来研究、来鉴赏了”。问题是，“息壤”所谓“自我增殖和膨胀”的“神话学特质”，究竟何所源起呢？

看来，对“息壤”的这种解释，来自于《山海经》郭璞注所谓“‘息壤’者，言土自长息无限，故可以塞洪水者”。

讨论到这里，我们应当援引早于郭璞的对“息壤”的另一种解释。这

---

① 《史记·秦本纪》：“武王谓甘茂曰：寡人欲容车通三川，窥周室，死不恨矣。”

② “甘茂曰：‘息壤在彼。’”泷川资言《史记会注考证》：“中井积德曰：‘甘茂意谓奈息壤之盟何也，不悉言而使王自省焉。是时甘茂之手必西南指也。’”依此则息壤或在宜阳西南。

就是《淮南子》高诱注。

《淮南子·地形》：

> 禹乃以息土填洪水以为名山。

高诱注：

> 息土不耗减，掘之益多，故以填洪水。名山，大山也。

按照高诱的说法，“息土”的神性，其实正在于“不耗减，掘之益多”。

晋代学者郭璞的见解固然不应忽略，而汉代学者高诱的分析当然更应当引起我们的重视。

吕思勉先生曾经说：“以息壤堙洪水者，谓以土填平低洼之区也。《山海经》言术器复土壤以处江水。[①]复，即《诗》‘陶复陶穴’之复，则就平地增高之也。此盖古代治水诚有之事，抑亦其恒用之法。神话中仍有人事，犹之寓言中之名物，非可伪造也。太子晋言共工堕高堙卑，即取土壤以填低地之事。其云壅防百川，壅者遏绝之；欲堙卑，斯必不免于壅川矣。防者，筑为堤防，《史记》所谓鲧作九仞之城以障水也。然则鲧与共工，徒知壅防湮复，而不知疏道，此其所以终败，而禹所以克成功与？”[②]

吕思勉先生的见解，虽然平易简明，但是应当说最为接近历史的真实。

大概需要进一步说明的，是“息”字的解释。

据高诱注，“息壤”或“息土”所谓“息”的含义，大致有两层意思：

其一，“息”是指“堙止”。

《释名·释言语》：“息，塞也。”《礼记·中庸》：“其人亡，则其政

---

① 《山海经·海内经》：“共工生术器，术器首方颠，是复土壤，以处江水。”

② 吕思勉：《共工、禹治水》，《吕思勉读史札记》甲帙“先秦”，上海古籍出版社1982年版，第75页。

息。”郑玄注：“息，犹灭也。”《淮南子·览冥》：“水浩洋而不息。”高诱注：“息，消。”《广雅·释言》：“息，休也。”《广雅·释诂一》：“息，安也。”

其二，“息”是指“不耗减，掘之益多”。

“息土”“息壤”，或又称作“息石”。坚固若石，则迎洪水冲激而“不耗减”。所谓“不可犯畚锸”，“凡持锸者尽死”，很可能就是基于这一特性而发生的传说。坚固若石而“不耗减”，这正是夯土的特征。夯筑层土，令其坚实，以阻御洪水，是传统防治水害的方式，即吕思勉先生所谓“此盖古代治水诚有之事，抑亦其恒用之法”。然而其最初的应用，却体现出人类为了生存和自然力抗争以取胜的革命性的意义。

《山海经·海内经》郭璞注：“汉元帝时，临淮徐县地踊长五六里，高二丈，即‘息壤’之类也。”究其形式，其实正似防洪的堤坝。

中国远古先民发明和应用的夯土技术，是适应黄河中下游地区较普遍的地理条件的最经济的最有效的工程形式之一。中国夯土技术的出现，在世界古代建筑史上记录了极富光彩的一页。以最普通的材料，用最简便的方式，筑土防洪，水涨堤高，可能正是“土自长息无限，故可以塞洪水”神话的由来。

不仅“不耗减”，而且“掘之益多”，体现出夯土的基本特性。

夯土密度大于一般土壤，更大于新掘之疏土，可能是“息壤”之形成的另一重要原因。

成书于汉代的数学名著《九章算术》卷五《商功》中，有计算“功程积实”的算题，指出了汉时建筑工程中土方测计的一般比例：

> 今有穿地积一万尺。问为坚、壤各几何。
>
> 答曰：为坚七千五百尺。为壤一万二千五百尺。
>
> 术曰：穿地四，为壤五，为坚三，为墟四。以穿地求壤，五之；求坚，三之；皆四而一。以壤求穿，四之；求坚，三之；皆五而一；以坚求穿，四之；求壤，五之；皆三而一。

城、垣、堤、沟、堑、渠，皆同术。

刘徽解释说：“‘壤’谓息土。”“‘坚’谓筑土。”“‘墟’谓穿坑。此皆其常率。”

《说文·土部》：“壤，柔土也。”段玉裁注引麋信云：“齐鲁之间谓凿地出土、鼠作穴出土皆曰‘壤’。”[①]按照《九章算术·商功》中提出的比率，“穿地”即掘地体积为四者，则掘出的“壤”，即“柔土”“息土”体积为五，而再夯击为“坚”，即“筑土”，则体积为三。可见，夯土即“坚”和疏土“壤”的体积比例为3∶5。

以夯土理解“息壤”，则自然不仅“不耗减”，而且“掘之益多”。

前引《五杂组》卷四《地部二》说：“息壤，石也，而状若城郭。”夯土有坚固若“石”的特性，而鲧，又恰恰是传说中城郭建筑的创始者。

《吕氏春秋·君守》：“夏鲧作城。”[②]高诱注：“鲧，禹父也，筑作城郭。”《世本·作篇》也写道：“鲧作城郭。”《淮南子·原道》也有“夏鲧作三仞之城”的记载。《意林》引《风俗通义》：“按《世本》：‘鲧作城郭。’城，盛也；郭，大也。”[③]

钱穆先生曾经论述城的早期作用：“耕稼民族的筑城有两种用意：一是防游牧人的掠夺，而另一是防水灾之漂没。”[④]徐旭生先生也曾经指出：“城同堤防本来是同一的东西：从防御寇盗说就叫作城；从防御水患说就叫作堤防。”鲧所筑之堤防，“也就是鲧所作的城或城郭”，“大约就像今日北方乡间所筑的土寨子，或叫作护庄堤”。[⑤]

禹实际上继承了鲧的治水方式。《淮南子·地形》所以说：“禹乃以息

① 《春秋穀梁传·隐公三年》杨士勋疏引麋信云与此文同。

② 又《吕氏春秋·行论》：“尧以天下让舜。鲧为诸侯，怒于尧，曰：‘得地之道者为三公。今我得地之道，而不以我为三公。’以尧为失论。欲得三。怒甚猛兽，欲以为乱。比兽之角，能以为城。”高诱注：“以为城池之固。”似乎最初的城，曾经以篱栅为防障。按照高诱的解释，则是以兽角作为砦栅以加强城防。

③ 《水经注·河水二》：“《世本》曰：‘鲧作城。’《风俗通》曰：‘城，盛也，从土成声。’”

④ 钱穆：《论秦以前的封建制度》，《治史杂志》第2期（1939年6月）。

⑤ 徐旭生：《中国古史的传说时代》，文物出版社1986年版，第146页。

土填洪水以为名山。”王嘉《拾遗记》卷二写道：“禹尽力沟洫，导以夷岳，黄龙曳尾于前，玄龟负青泥于后。”“黄龙曳尾”即为疏导，“玄龟负青泥”即为堙塞。龟背隆起而坚牢强固，于是有城垣之联想，而“玄”“青”，多以指城色。古城甚至有直接称作“龟城”的。[①]

因为鲧与禹治水方式的相近，于是有《淮南子·修务》所谓“鲧、禹之功”[②]，《论衡·祭意》所谓“禹能修鲧之功”[③]的说法。

屈原《离骚》写道：“鲧婞直以亡身兮，终然夭乎羽之野。”《九章·惜诵》也说：“行婞直而不豫兮，鲧功用而不就。”《天问》则有“鸱龟曳衔，鲧何听焉？顺欲成功，帝何刑焉？”句，还问道：

> 纂就前绪，遂成考功。
> 何续初继业，而厥谋不同？
> ……
> 鲧何所营？禹何所成？

鲧的事业实际上是得到了禹的继承，为什么前者受到极刑处罚，而后者却取得了空前的声誉呢？

《山海经·海内经》中所谓“洪水滔天，鲧窃帝之息壤以堙洪水，不待帝命，帝令祝融杀鲧于羽郊”，以及“鲧复生禹，帝乃命禹卒布土以定九州”，很可能反映了这样的历史事实，即鲧在没有得到部族联盟最高领袖“帝”允许的情况下，擅自将专用于“帝”之所居而尚未普及的夯土筑墙技术传布到洪水威胁的各部族，各地纷起修建抗御水害的夯土围堤，此后又可以作为各自独立的防御工事，“帝”对于下属部族的威慑力量于是

---

① 《太平御览》卷一九二引《成都记》：“府城本呼为‘锦城’。秦灭蜀，张仪所筑也。每面各三里，周回十二里，高七丈。屡皆倾侧，忽有大龟周行，随其所蹑而筑之，功果就焉。故亦号为‘龟城’。”

② 《淮南子·修务》：“夫地势，水东流，人必事焉，然后水潦得谷行。”“听其自流”，“则鲧、禹之功不立。”

③ 《论衡·祭意》：“鲧勤洪水而殛死，禹能修鲧之功。”

减弱。于是，鲧受到“帝”的严厉惩处。而鲧的继承人禹受命治水，仍“以息土填洪水”，不过，这时是得到了“帝”的准许。显然，鲧治水策略的可行性和初步功用是应当得到承认的。

《国语·周语上》说：“昔夏之兴也，融降于崇山。”韦昭注：“融，祝融也。崇，崇高山也。夏居阳城，崇高最近。”《孟子·万章上》：“禹避舜之子于阳城，天下之民从之。”《史记·夏本纪》也记载：

> 帝舜荐禹于天，为嗣。十七年而帝舜崩。三年丧毕，禹辞辟舜之子商均于阳城。天下诸侯皆去商均而朝禹。禹于是遂即天子位，南面朝天下，国号曰夏后，姓姒氏。

阳城，裴骃《集解》引刘熙曰：“今颍川阳城是也。”

近年考古工作者经过艰苦的工作，发现了数处河南龙山文化晚期城址。其年代大致都在距今4000年左右，正与文献记载的夏代初期相当。

河南登封王城岗遗址发现了东西相连、先后修筑的两座夯土围墙建筑。其中一座略呈方形，西墙和南墙各长90多米，有人认为这处作为防御性设施的城堡，很可能和禹都阳城有关。其建筑形式是，先下掘基槽，然后在基槽内填土，逐层夯筑，当与地面相平时，夯土层再向两侧加宽，继续向上夯筑，从夯土印痕看，当时是用河卵石作为夯筑工具的。

河南淮阳平粮台还发现了另一处早期城址。城墙的建筑方式比较原始，即先用小版夯筑宽度不足1米的土墙，然后以此作为城墙内壁，在其外侧堆土呈斜坡状层层夯实。从夯印看，当时曾经使用以4根木棍合绑而成的简单夯具。

王城岗城址东城的东墙、北墙、南墙东段和西墙北段，都被山洪和河水冲毁。[①]平粮台城址仅留宽1.7米的城门。[②]这些迹象，都说明防洪可能确实是早期城郭建筑的主要目的之一。

历来多以为禹治水的成功，在于“决江浚河”（《韩非子·显学》），“疏河决江”（《尸子》），“洒为底柱，凿为龙门”（《墨子·兼爱中》）[③]，“凿江而通九路，辟五湖而定东海”（《淮南子·要略》），《水经注·江水二》也谓禹曾经于大江开峡口泄水。然而以当时生产力水平推想，完成如此规模的工程是绝无可能的。

《淮南子·修务》：“〔禹〕决江疏河，凿龙门，辟伊阙。”对于“凿龙门”的传说，高诱注：“龙门本有水门”，“禹辟而大之，故言凿”。《朱子语类》卷七九说：“今人谓禹治水，始于壶口，凿龙门，某未敢漫议。云河水汹涌，其势迅激，纵令凿龙门，而下流水未分杀，必且溃决四出。”林则徐《同游龙门香山寺记》也写道：“两山对峙，峨峨然若双关者，询之，即龙门也。伊水历其间……世传神禹凿此山行水。今以形势观之，诚天工，非人力也。”这还只不过是伊水龙门，至于黄河龙门，形势则更为宏阔。徐旭生先生指出：“依专家估计，就在今日工程技术很发达的时候，想要开掘这样险峡，还不容易，何况数千年前？大禹时代未知已经发明冶铜技术与否。以一群无金属工具或具粗陋金属工具的人民想兴这样宏伟的工程，不惟无可能性，并且也不可能有这样的企图。”[④]丁文江先生也曾经发表《论禹治水说不可信书》，以为“江河都是天然水道，没有丝毫人工疏导的痕迹”，“龙门是天然的峡口，用不着人凿的，也非人工所能为力的”。他还指出：“砥柱又叫做三门，是因为有两块火成岩侵入煤系的岩石之中，煤系软而火成岩硬，所以受侵蚀的迟速不一样。煤系被水冲开一丈，被风蚀低一丈，火成岩却不过受了十分之一的影响，成功了所谓三

① 河南省文物研究所、中国历史博物馆考古部：《登封王城岗遗址的发掘》，《文物》1983年第3期。

② 河南省文物研究所、周口地区文化局文物科：《河南淮阳平粮台龙山文化城址试掘简报》，《文物》1983年第3期。

③ 《淮南子·修务》作“决江疏河，凿龙门，辟伊阙”，此“龙门”当指伊水龙门，与《墨子·兼爱中》黄河龙门不同。

④ 徐旭生：《中国古史的传说时代》，文物出版社1985年版，第155页。

门。与禹何涉?”[①]

显然，所谓“昔禹治洪水，山陵当水者凿之，故破山以通河”（《水经注·河水四》）者，其实都是后人夸张形成的神话。

至于所谓禹“疏河”、“浚河”传说，考虑到当时作为主要水运形式的原始船舶大量是独木舟和木排、竹排[②]，其稳定性、装载量和运行可控性都难以承当江河疏浚作业，推想禹所谓疏导之功，可能仅仅是“尽力乎沟洫”（《论语·泰伯》），“浚畎浍距川”（《尚书·益稷》），也就是完成洪水所浸漫的耕田的排水工程。《史记·夏本纪》记载：

> 禹乃遂与益、后稷奉帝命，命诸侯百姓兴人徒以傅土，行山表木，定高山大川。禹伤先人父鲧功之不成受诛，乃劳身焦思，居外十三年，过家门不敢入。薄衣食，致孝于鬼神。卑宫室，致费于沟淢。

所谓“致费于沟淢”，裴骃《集解》：“包氏曰：‘方里为井，井间有沟，沟广深四尺。十里为成，成间有淢，淢广深八尺。”此外，《史记·夏本纪》还记载：

> 令益予众庶稻，可种卑湿。

也是克服水害遗患，以迅速恢复农耕生产的重要措施。

《史记·河渠书》引《夏书》论“禹抑洪水”事迹时所谓“随山浚川，任土作贡”，可能是比较符合历史真实的。

禹所处的时代，文明进步的突出表现，可能在于对山地的开发和经营。

---

① 丁文江:《论禹治水说不可信书》,《古史辨》第一册,上海古籍出版社1982年版,第208页。

② 一般认为,优于筏和独木舟的早期木板船的出现,当在金属锯使用之后,大约在3000多年前的殷商早期。参看金秋鹏:《中国古代的造船和航海》,中国青年出版社1985年版。

远古先民们为生活取水的便利，起初往往居于水滨。当时他们对于山地，常以林木森密，猛兽横行而惶恐疑惧。《尚书·舜典》说，帝尧曾将舜“纳于大麓”，舜“烈风雷雨弗迷”，于是，“帝曰：‘格，汝舜，询事考言，乃言底可绩，三载，汝陟帝位’”。“纳于大麓，烈风雷雨弗迷”，当时是重要的考验程序。孔安国解释说：“麓，录也。纳舜使大录万机之政，阴阳和，风雨时，各以其节，不有迷错愆伏，明舜之德和于天。”这实在是谬解。帝尧对于舜所进行的，实际上是应对自然力的考验，而“大麓”，当时是居于水滨的人们普遍视为畏途的。

这一传说，《史记·五帝本纪》中是这样记述的：

> 尧使舜入山林川泽，暴风雷雨，舜行不迷。尧以为圣，召舜曰：“女谋事至而言可绩，三年矣。女登帝位。”

“入山林”，司马贞《索隐》：“《尚书》云‘纳于大麓’，《穀梁传》云‘林属于山曰麓’，故此以为入山林不迷。孔氏以‘麓’训‘录’，言令舜‘大录万机之政’，与此不同。”

司马迁的记述有实地考察民间传说的基础，应当具有更高的可信性。

在当时人的意识中，可能确以入山林而不惊慌迷乱，作为道德崇高、神力奇伟的标志。《淮南子·泰族》：“四岳举舜而荐之尧，尧乃妻以二女，以观其内；任以百官，以观其外；既入大泽，烈风雷雨而不迷。”所谓“任以百官，以观其外”，可能和孔安国“大录万机之政”说有关。然而所谓“既入大泽，烈风雷雨而不迷”，则与司马迁《史记·五帝本纪》的记述接近。高诱注：“林属于山曰麓。尧使舜入林麓之中，遭大风雨而不迷也。”同一事，《论衡·感类》有“舜入大麓，烈风雷雨”之说。《论衡·乱龙》则将舜、禹的事迹一并叙述：

> 舜以盛德，入大麓之野，虎狼不犯，虫蛇不害；禹铸金鼎象百物，以入山林，亦辟凶殃。论者以为非实，然而上古久远，周鼎之

神，不可无也。[①]

这里所说的“周鼎之神，不可无也”，与他在《论衡·儒增》中针对《左传·宣公三年》夏鼎使百姓识别神怪，以入川泽山林而不致受到侵害的说法提出的批驳，有所矛盾。

其实，“以为非实”的“论者”，也包括王充自己。

《左传·宣公三年》：“昔夏之方有德也，远方图物，贡金九牧，铸鼎象物，百物而为之备，使民知神奸。故民入川泽山林，不逢不若。螭魅罔两，莫能逢之，用能协于上下以承天休。”杜预《集解》：“螭，山神，兽形。魅，怪物。罔两，水神。《说文》云：罔两，山川之精物也。”《论衡·儒增》中则说：

> 儒书言夏之方盛也，远方图物，贡金九枚，铸鼎象物而为之备，故入山泽不逢恶物，用辟神奸，故能叶于上下，以承天休。
>
> 夫金之性，物也，用远方贡之为美，铸以为鼎，用象百物之奇，安能入山泽不逢恶物，辟除神奸乎？周时天下太平，越裳献白雉，倭人贡鬯草。食白雉，服鬯草，不能除凶，金鼎之器，安能辟奸？且九鼎之来，德盛之瑞也。服瑞应之物，不能致福。男子服玉，女子服珠，珠玉于人，无能辟除。宝奇之物，使为兰服，作牙身，或言有益者，九鼎之语也。夫九鼎无能辟除，传言能辟神奸，是则书增其文也。

看来，《论衡·儒增》绝对否定的说法，不免偏执之嫌。而《论衡·乱龙》所说的“周鼎之神，不可无也”，即以为关于周鼎神奇之说，不能断言毫

① 《论衡》中“舜、禹”连称的情形还有许多，如《偶会》：“舜、禹当得天下”，《书虚》：“舜、禹之时，鸿水未治”，“舜、禹治水，不得宁处”，“天欲报舜、禹”，《感虚》：“尧遭洪水”，“必舜、禹治之”，《语增》：“舜、禹之有天下而不与焉！”《自然》：“巍巍乎舜、禹之有天下也”，“舜、禹承安继治，任贤使能”，“舜、禹承尧之安”，《齐世》：“上何以不逮舜、禹？”

无根据，这种对待远古传说的态度，或许是可取的。

“禹铸金鼎象百物，以入山林”，携带作为重器的炊具而行，显然并非短暂行旅，或许即体现了水滨人们开始往“山林”定居的历史事实。

近水之居容易受到水害的威胁，在以采集、狩猎为主要生产方式的时代，人们可以随水势往来迁居，然而到了农耕业和家畜饲养业在社会经济中逐渐上升到主导地位，而渔猎的重要性下降的时代，也就是所谓由母系氏族社会向父系氏族社会过渡的时代，艰苦经营而形成的村落、住居、田圃、圈栏等，都牵系着人心，使已往的频繁迁徙益愈困难。于是，人们对洪水的危害产生了最深切的感受。

这可能就是世界各民族普遍产生洪水传说的时代。

禹引导人们开发已往视为畏途的原始山林，开始了各部族向较高层的台地移居的运动。

这一历史过程在传说中也有反映。例如，《史记·五帝本纪》说：“禹之功为大”，而其首要之功，就是“披九山”。《史记·夏本纪》：

> 禹乃遂与益、后稷奉帝命，命诸侯百姓与人徒以傅土，行山表木，定高山大川。

他领导“治水”的实践，就包括所谓“山行乘樺，行山刊木”，“通九道”，“度九山”。

司马迁在《史记·夏本纪》中还引述了《禹贡》关于禹治水时“道九山”的记载：“道九山：汧及岐至于荆山，逾于河；壶口、雷首至于太岳；砥柱、析城至于王屋；太行、常山至于碣石，入于海；西倾、朱圉、鸟鼠至于太华；熊耳、外方、桐柏至于负尾；道嶓冢，至于荆山；内方至于大别；汶山之阳至衡山，过九江，至于敷浅原。”

《史记·夏本纪》与《禹贡》个别文字略有不同，而“道九山”三字，是司马迁总结性的手笔。

禹开发和经营山地农耕的事业，《诗·小雅·信南山》：“信彼南山，维禹甸之”，以及《诗・大雅・韩奕》：“奕奕梁山，维禹甸之”等都有所反映。毛亨释“甸”为“治”：“甸，治也。”又说，“禹治梁山，除水灾。”郑玄笺：“信乎彼南山之野，禹治而丘甸之。”“梁山之野，尧时俱遭洪水，禹甸之者，决除其灾，使成平地。”《淮南子・齐俗》：

> 禹之时，天下大雨。禹令民聚土积薪，择丘陵而处之。

《国语・周语下》说禹“封崇九山”，《史记・夏本纪》说禹“度九山”，“道九山”，可能也都与这一历史过程有关。

杨向奎先生在讨论禹的传说时曾经指出：“在中国阶级社会形成以前及阶级社会的萌芽时代，我们的祖先，有一个时期是住在阜案或丘陵上的。”黄河下游，因河水泛滥，古代的人民多居于陵阜之上，“这种陵阜叫做‘州’，所以中国古代‘州’字与‘丘’‘陵’字全可以通用，如《山海经・海内经》内有九丘，“九丘的意义同于‘九州’，或曰‘九山’”。杨向奎先生还指出：

> 《史记・五帝本纪》《墨子》中有“古之民未知为宫室，时就陵阜而居”（《辞过》）的记载，《孟子》也有“是故得乎丘民而为天子”（《尽心》）的话。全可以说明中国古代有一个时期是居山的了。

“《尚书・盘庚》也说：‘古我先王适于山。’也说明古代国王之居于山。”[①]

在离开滨水地区的较高的台地开辟耕地而定居，主要困难是水源问题的解决。《山海经》说：

> 禹治水，有应龙以尾画地，即水泉流通。禹因而治之。[②]

---

① 杨向奎：《大禹与夏后氏》，《绎史斋学术文集》，上海人民出版社1983年版，第6页。

② 《山海经广注》辑《山海经》佚文。

屈原《天问》:“河海应龙,何尽何历?”王逸注:

> 禹治洪水时,有神龙以尾画地,导水所注当决者,因而治之也。一云:“应龙何画,河海何历?”

《拾遗记》卷二也写道:“禹尽力沟洫,导川夷岳,黄龙曳尾于前,玄龟负青泥于后。”

所谓“水泉流通”,“导水所注当决者”,都是为了解决水源问题。而水源问题的根本解决,主要得益于凿井技术的发明和应用。黄河流域迄今发现的年代最早的古水井,正是龙山文化时代的遗存。河南汤阴白营的这处古井遗址,“井口距地表2.65米,略成正方圆角形,口有两层,大井口南北长5.8米,东西宽5.6米。下深0.55米为小井口,小井口南北长3.8米,东西宽3.6米。井上部的四壁向外倾斜,下部较直,口大底小。”为了加固井壁,井内还有46层井字形木架。木架用带树皮的柳木或榆木棍交叉,有榫卯扣接,层层垒叠,从井口直至深11米处。“井底南北长1.2,东西宽1.1米。”井底出陶片数量较多,可判断出器形有双耳罐、鼎、鬲、豆、盆、碗、瓮等。井字形木架和井壁之间,用黄土充填。井壁的倾斜度较大,说明当时的凿井技术还比较原始。①

据《世本·作篇》《吕氏春秋·勿躬》《淮南子·本经》等,井的发明权属于伯益。②而《孟子·万章上》说:“禹荐益于天。”《韩非子·外储说右下》:“禹爱益,而任天下于益。”《史记·秦本纪》也写道:

> 大费与禹平水土,已成,帝锡玄圭。禹受曰:“非予能成,亦大费为辅。”帝舜曰:“咨尔费,赞禹功,其赐尔皂游,尔后嗣将大出。”

① 安阳地区文物管理委员会:《河南汤阴白营龙山文化遗址》,《考古》1980年第3期。

② 《初学记》卷七引《世本》:“伯益作井。”《吕氏春秋·勿躬》:“伯益作井。”《淮南子·本经》:“伯益作井。”高诱注:“伯益佐舜,初作井,凿地而求水。”

图1-8　清人萧云从绘禹乘应龙治水图

乃妻之姚姓之玉女。大费拜受，佐舜调驯鸟兽，鸟兽多驯服，是为柏翳。

可见伯益（即柏翳）是与禹一同治水的重要部族领袖之一。

因而，井这一“古者穿地取水”①的伟大发明，应当看作禹的时代与

① 《易·井》：“改邑不改井。”孔颖达疏：“古者穿地取水，以瓶引汲，谓之为井。”

自然力英勇抗争的人们的共同的文明创造。

周武王盟津之渡与白鱼赤乌故事

《史记·周本纪》记载，周武王会师盟津，进行了征伐殷纣王的大规模的军事演习：

> 九年，武王上祭于毕。东观兵，至于盟津。为文王木主，载以车，中军。武王自称太子发，言奉文王以伐，不敢自专。乃告司马、司徒、司空、诸节："齐栗，信哉！予无知，以先祖有德臣，小子受先功，毕立赏罚，以定其功。"遂兴师。师尚父号曰："总尔众庶，与尔舟楫，后至者斩！"武王渡河，中流，白鱼跃入王舟中，武王俯取以祭。既渡，有火自上复于下，至于王屋，流为乌，其色赤，其声魄云。是时，诸侯不期而会盟津者八百诸侯。诸侯皆曰："纣可伐矣。"武王曰："女未知天命，未可也。"乃还师归。

两年之后，"闻纣昏乱暴虐滋甚"，"于是武王遍告诸侯曰：'殷有重罪，不可以不毕伐。'乃遵文王，遂率戎车三百乘，虎贲三千人，甲士四万五千人，以东伐纣。"后来于牧野一战，灭亡了商王朝。

梁玉绳《史记志疑》卷三说："白鱼赤乌之说，乃汉初民间所得伪《泰誓》文，详见《书序》及《诗思文》两《疏》中，西京诸儒信以为真，董仲舒为汉儒宗，其贤良策对犹言之，况史公之爱奇者乎？""《吕氏春秋·名类篇》言'文王之时，赤乌衔丹书集于周社'，盖战国末有此奇谈，何足信哉。"泷川资言《史记会注考证》说："白鱼赤乌，事近妄诞，疑之者不独梁氏，然《诗》歌《麟趾》《凤鸣》，《易》记《河图》《洛书》，桑穀生朝，伊陟有言，飞雉生鼎，祖己作训，祯祥未尝不喜之，妖孽未尝不惧之，自古而然。白鱼入舟，武王取祭，化为赤乌，群公曰休，当时宜有此事。"

梁玉绳以为“白鱼赤乌之说”是“战国末”出现的“奇谈”，“史公”“好奇”，于是收入《史记》。泷川资言则指出“白鱼赤乌，事近妄诞”，自然“疑之者”多，然而喜“祯祥”，惧“妖孽”，“自古而然”，因而在周武王时代，“当时宜有此事”。

“白鱼赤乌”神话，又见于《史记·司马相如列传》录司马相如《封禅文》。其中写道：

> 盖周跃鱼陨杭，休之以燎，微夫斯之为符也，以登介丘，不亦恧乎？

《汉书·董仲舒传》载董仲舒《贤良对策》也说到“白鱼赤乌”故事：“《书》曰：‘白鱼入于王舟。有火复于王屋，流为乌。’此盖受命之符也。周公曰：‘复哉，复哉！’孔子曰：‘德不孤，必有邻。’皆积善累德之效也。”董仲舒《春秋繁露·同类相动》也写道：“《尚书·传》言：‘周将兴之时，有大赤乌衔谷之种而集王屋之上者。武王喜，诸大夫皆喜。周公曰：茂哉，茂哉！天之见此以劝之也，恐恃之。’”此外，《汉书·终军传》可见汉武帝元狩二年（公元前121年）终军奏言，说道：“昔武王中流未济，白鱼入于王舟，俯取以燎。群公咸曰：‘休哉！’”又说：“白鱼登舟，顺也。”

杨希枚先生分析了汉代“白鱼赤乌”故事的构成，认为，“就《周本纪》的记载而言，白鱼赤乌故事不但原与武王所作《太誓》无关，且原来就不会发生这样的故事，易言之，《周本纪》的这段故事该是后之增补《史记》者巧妙地且有意地增入的”。“司马相如《封禅文》引的周跃鱼的故事”，“也不无后人窜改之嫌”。“至如董仲舒《繁露》和《对策》，或云‘《书》曰’，或云‘《书传》言’，无论所引究为《书》或《书传》，证诸上引马融的话[1]及今所见先秦文献，既均不载白鱼赤乌故事，则《繁露》和《对策》所谓白鱼赤乌云云自不可采信。实际上，《繁露》一书并非完全可靠，前人多有疑议。”“纂辑者既然说是董氏所撰，当不致辑入董氏以前的西汉文，因此白鱼赤乌故事之见于《繁露》和《对策》就该是董氏以后，即最早武帝元狩以后（董氏卒于元狩中）的西汉文了。《繁露》引的故事既有问题，连带的《对策》也就可疑。”杨希枚先生还指出：“终军的《奏议》纵非全属子虚，也显不无班固增饰之嫌，而固撰《汉书》时，今文《太誓》的白鱼赤乌故事则早已出现了。”

检核有关白鱼赤乌故事的有关史料，杨希枚先生认为：“无论就先汉文献所见古《尚书》佚文、古今文《尚书》篇目、《周本纪》本文、《大传》的撰作和校订及《史记》的增补各方面而言，今文《太誓》应为伪《太誓》，尤应为宣帝时汉儒的伪作；因而《史记》《大传》和《繁露》诸书所见的白鱼赤乌故事也应出于宣帝以来汉儒的增饰，纵非尽出于刘向一人之笔。而且凡此伪作及增饰显均涉及同一主题，果非尽出于偶合，则应有其所以伪作及增饰的共同背景，因而或出于缜密的设计。”

杨希枚先生说：“白鱼赤乌神话系自先汉文献所见文王赤乌神话改编而成，属汉成哀以来纬书所见‘河图洛书型’的典型神话之一。这类神话演绎自河图洛书神话——由于古代河洛之滨或偶然出土某种龟书器物的传说而附会成的神话，反映着鲜明的阴阳五行和帝德符应思想。”“帝德说初为方士弄臣的造说，用以歌功颂德，逢迎帝主，以为帝主延寿登仙之助。汉中世以后，宗室与外戚争权，因成为政治上攻侮及宣传的工具。白鱼赤乌及一般纬书帝德符应神话即由是而产生的政治神话文学。”

在分析《史记》中白鱼赤乌神话之构成的可疑之后，杨希枚先生写道：“讨论至此，著者自己也觉有过分敏感的嫌疑。”的确，对于杨希枚先

---

① 《尚书·太誓序》孔颖达《正义》引马融《书序》：“吾见《书·传》多矣！所引《太誓》（杨希枚先生按：指先秦文献所引古《太誓》佚文）而不在《太誓》（杨希枚先生按：指今文《太誓》）者甚多，弗复悉记。”杨希枚先生因此说：“包括武王誓词在内，今文《太誓》的白鱼赤乌神话既不见于先秦文献，先秦文献所引的古《太誓》佚文也绝不见于所谓今文《太誓》！这就是说，白鱼赤乌故事跟先秦古《太誓》也应是不相干的。”

生的论点，仍然有继续讨论的必要。而即使杨希枚先生的见解完全能够成立，即《史记·周本纪》及《史记·司马相如列传》中所载和所引的白鱼赤乌神话均出于汉宣以来迄于东汉学者的伪托或增饰，讨论这一神话的内容仍然是有一定的意义的，亦如杨希枚先生所说：

> 白鱼赤乌神话是汉代活生生的一则政治神话，引导着当时社会的一些政治和学术上的行动，也反映着当时社会的思想形态。神话虽是人类创造的奇谈怪论，却是"真实故事"，是该神话时代的"信史"。①

白鱼赤乌神话又是反映其生成时代（或许为"先汉时代"的可能性更大）的文化形式的"活生生的"值得重视的文化信息。

比如，我们注意到，在《史记·周本纪》中，白鱼赤乌故事一发生在"中流"时，一发生在"既渡"后，都与盟津渡河过程有关。而回顾周人发祥的过程，可以看到，"舟"的作用，恰恰曾有重要的历史意义和特殊的文化内涵。

《说文·舟部》："彤，船行也。"段玉裁注："夏曰'复胙'，商曰'彤'，周曰'绎'，即此字，取舟行延长之意也。"可见三代已有船队络绎绵延的航运形式。中国航运史年代最早的文物资料，有陕西宝鸡北首岭仰韶文化村落遗址墓葬中出土的两件船形陶壶。其中一件于腹部用黑彩绘出象征渔网的图案②，说明早期运船可能同时兼作渔船。而历史文献中反映最早的河渭航运的文字资料，可能是《诗经》中的有关内容。

《诗·大雅·公刘》有"乃陟南冈，乃觏于京"句，郑玄笺："山脊曰'冈'。""乃升其南山之脊，乃见其可居者于京，谓可营都邑之处。"说公

---

① 杨希枚：《论今文〈尚书·太誓〉、〈尚书大传·太誓〉及〈史记〉的白鱼赤乌神话——汉代书史的增窜、帝德说及纬书神话的综合研究》，《先秦文化史论集》，中国社会科学出版社1995年版，第535页至第615页。

② 中国社会科学院考古研究所：《宝鸡北首岭》，文物出版社1983年版，第100页，第103页至第104页。

刘择定居地，曾经南渡渭水“升其南山之脊”，居高勘察渭北原地。其诗又直接记述“度渭，取材用”史事：

> 笃公刘，于豳斯馆，涉渭为乱，取厉取锻。

毛亨传：“正绝流曰‘乱’。”郑玄笺：“锻石所以为锻质也。厚乎公刘于豳地作此宫室，乃使人渡渭水，为舟绝流而南，取锻厉斧斤之石，可以利器用伐取材木给筑事也。‘厉’本又作‘砺’，‘锻’本又作‘碫’。”当是指渡渭采运南山矿石以为冶金之用。

《史记·周本纪》中，也有对这段历史的记载：

> 公刘虽在戎狄之间，复修后稷之业，务耕种，行地宜，自漆、沮度渭，取材用，行者有资，居者有畜积，民赖其庆。百姓怀之，多徙而保归焉。周道之兴自此始，故诗人歌乐思其德。

张守节《正义》：“公刘从漆县南渡渭水，至南山取材木为用也。”所谓“诗人歌乐思其德”，司马贞《索隐》以为“即《诗·大雅篇》‘笃公刘’是也”。对于司马迁这段记述，清人郭嵩焘《史记札记》卷一评论道：“案此据《诗·大雅·公刘篇》《孟子·梁惠王篇》为文，较《夏》《殷本纪》采《诗》《书》所载以叙一代时事者，为有陶炼之功。”①

《史记·周本纪》还记述，后来古公继任部族首领后，在戎狄的武力压迫下，“乃与私属遂去豳，度漆、沮，逾梁山，止于岐下”。这次迁徙运动，是一次对于周史有重要意义的交通行为，也是一次规模宏大的交通实

---

① 这里所谓据《孟子·梁惠王篇》为文，即指《孟子·梁惠王下》：“王曰：‘寡人有疾，寡人好货。’对曰：‘昔者公刘好货，《诗》云：乃积乃仓，乃裹糇粮，于橐于囊。思戢用光。弓矢斯张，干戈戚扬，爰方启行。故居者有积仓，行者有裹囊也，然后可以爰方启行。王如好货，与百姓同之，于王何有？’”“行者有裹囊”，也就是“行者有资”。而紧接着的一段话，又说到漆、渭间的交通。“王曰：‘寡人有疾，寡人好色。’对曰：‘昔者太王好色，爱厥妃。《诗》云：古公亶父，来朝走马，率西水浒，至于岐下，爰及姜女，聿来胥宇。当是时也，内无怨女，外为旷夫。王如好色，与百姓同之，于王何有？’”王引之《经义述闻》以为“率西水浒”的“水”，是指漆水。

践。“豳人举国扶老携幼，尽复归古公于岐下。及他旁国闻古公仁，亦多归之。”可见，当时“度漆、沮”的水上交通能力，经受了极严重的考验。而漆水和沮水，在当时的生态条件下，河面的宽度和河水的流量，都超出今人的想象。甚至《禹贡》中也曾经两次说到“漆、沮”。《史记·夏本纪》即引录其中文句：“黑水西河惟雍州：弱水既西，泾属渭汭。漆、沮既从，沣水所同。”“道渭自鸟鼠同穴，东会于沣，又东北至于泾，东过漆、沮，入于河。”

此外，《诗·小雅·南山有台》中还写道：“南山有台，北山有莱。”“南山有桑，北山有杨。”“南山有杞，北山有李。”“南山有栲，北山有杻。”“南山有枸，北山有楰。”史念海先生曾经指出：“周人经常以南北二山并提。南山自是终南山。”[①]诗人对“南山”草木的熟习，很可能与周人“南渡渭水，至南山取材木为用”的经济活动有关。所谓“行者有资，居者有畜积，民赖其庆”，反映周族经济形态除以农耕为主体而外，交通运输即所谓“行”，也占有很大的比重。而当时水上交通运输形式的作用，显然已经受到重视。

渭水在公刘初时所居邰地所临河段，水面已经相当宽阔。[②]竺可桢先生讨论中国考古时期的气候变迁时曾经论证：“仰韶时代和殷墟时代是中国的温和气候时代，当时西安和安阳地区有十分丰富的亚热带植物种类和动物种类。”[③]与现今相比，“如果检查黄河下游和长江下游各地的月平均温度及年平均温度，可以看出正月的平均温度减低了2℃～5℃，年平均温度大约减低2℃。某些历史学家认为，黄河流域当时近于热带气候，虽未免言之过甚”，但“正月平均温度减低3℃～5℃，一定使冬季的冰雪总量有很大的不同，并使人们很容易觉察”。一直“到二三千年前即周秦时

---

① 史念海：《周原的变迁》，《河山集》二集，生活·读书·新知三联书店1981年版，第221页。又《周原的历史地理与周原考古》一文也指出，此“南山”即与岐山“南侧相对的终南山”。《河山集》三集，人民出版社1988年版，第366页。

② 参看中国科学院地理研究所渭河研究组：《渭河下游河流地貌》，科学出版社1983年版。

③ 竺可桢：《中国近五千年来气候变迁的初步研究》，《竺可桢文集》，科学出版社1979年版，第477页至第488页。

代”，气候方“转冷而湿”。[①]设想在当时较现今远为温暖湿润的气候条件下，渭河水文状况必然与今不同，“南渡渭水”运取材木一定要有完备的航运设施和丰富的航运经验以为条件。

当时渭北数量较多的湖沼和水量较大的河流，对于周人早期航运能力的形成，其实也有在今天的地理条件下可能已经难以充分认识的重要意义。

《诗·大雅·绵》：“民之初生，自土沮、漆。”又说：“古公亶父，来朝走马，率西水浒，至于岐下。”毛亨传：“率，循也。浒，水崖也。”郑玄笺：“循西水崖沮、漆水侧也。”周人曾经“居于沮、漆之上”[②]，而古公亶父组织的部族迁徙选择了水滨路线，也暗示周族已初步具备的航运能力。

史念海先生论述周原地理条件时，考证当时附近地区湖沼泽薮之分布，又据河流下切条件，推定当时河谷宽阔而较浅，水量则相当大，并引述辛树帜《禹贡新解》的意见，以为沮水之定名“是说水旁多沮洳地”。指出“这个沮洳地的河流，不会有什么舟楫之利的。不过沣河南距渭河不远，渭河上是可以行船的”。“周人迁到周原之后，离渭河更近，充分利用渭河的交通条件，就是不言而喻的事情。”[③]

其实，《史记·周本纪》：公刘“行地宜，自漆、沮度渭，取材用”，说明当时“度渭”舟船当由漆、沮启航，当时至少漆、沮下游已经有确定的航道了。张守节《正义》：“公刘从漆县南渡渭水，至南山取材木为用也。”也强调周人“南渡渭水”的航线自漆水起始。周人于“沮、漆之上”的活动，当与《诗·周颂·潜》所谓“猗与漆、沮，潜有多鱼”反映的渔业生产有关。周原周人居住遗址多出土淡水蚌壳，又不断发现以鱼类随葬的情形，亦可以为例证。

---

① 竺可桢：《历史时期世界气候的波动》，《竺可桢文集》，科学出版社1979年版，第414页。

② 崔述：《丰镐考信录》卷一，《崔东壁遗书》，上海古籍出版社1983年版，第166页。

③ 史念海：《周原的变迁》，《河山集》二集，生活·读书·新知三联书店1981年版，第221页至第224页。

沮水上游即所谓雍水，据说取义于水流不畅，或有堤防止水不流，因而聚为池泽[①]。东周秦《石鼓文》所谓“舫舟囱逮”，“佳舟以衍”，“极（楫）深以桨”等，可以看作反映这一河段航运条件的资料。由此推想，沮水上游航道亦不排除早已为周人利用的可能。

《诗·小雅·小弁》：“有漼者渊，萑苇淠淠。譬彼舟流，不知所届。”又《诗·小雅·采菽》：“泛泛杨舟，绋缅维之。”郑玄笺：“杨木之舟泛于水上，泛泛然东西无所定，舟人以绋系其绥，以制行之。”毛亨传以为《小雅》“周室居西都丰镐之时诗也”。朱熹《诗集传》卷九则以为“其次序时世，则有不可考者矣”，而内容则多“以发先王之德”。诗句体现周人对于当时普遍应用于社会生产和社会生活的水上航具的熟悉，也反映了早周航运发展的情形。

《诗·大雅·皇矣》说，周人“居岐之阳，在渭之将”。毛亨传：“将，侧也。”郑玄笺：“居渭水之侧。”周人所居“在渭之将”，较早利用渭河航运促进经济文化发展，而泾河、洛河航运，也逐步得到开发。《诗·大雅·棫朴》：“淠彼泾舟，丞徒楫之。”毛亨传：“淠，舟行貌。楫，棹也。”郑玄笺：“丞，众也。淠淠然泾水中之舟顺流而行者，乃众徒船人以楫棹之故也。”可知泾河航运发展已经达到一定规模。又如《诗·小雅·瞻彼洛兮》：“瞻彼洛兮，维水泱泱。君子至止，福禄如茨。韎韐有奭，以作六师。”朱熹《诗集传》卷一三：“言天子至此洛水之上，御戎服而起六师也。”由“维水泱泱”“以作六师”诗句表现的史事，可以推知洛河航运的发展水平。

史念海先生曾经指出，“周人对于利用河谷以之作为交通要道，渭河河谷是最重要的”。渭河较早有舟楫之利，“所以利用渭河河谷实际是浮船上下，而不是戎马的驰骋”。可能正是由于这一原因，“在戎狄之间”的周族与以“戎马的驰骋”作为主要活动方式的“戎狄”的交通形式的差异又体现为突出的文化差异。史念海先生还指出，“根据历史记载，周人未到

① 陈奂：《诗毛氏传疏》。

周原以前，横渡渭河早已成了常事。来到周原以后，就不可能不循着渭河顺流而下了。然迟至西周末期，利用渭河的水上交通作较为远程的运输，尚未见有人说过。这大概是习以为常，用不着特别提起。春秋时期曾艳称于列国之间的泛舟之役大可作为旁证”。运程由雍至绛，“渭河当然是必经的漕运航道。那时上距周室东迁才一百多年，渭河的水位当不至于有很大的涨落。周人浮船往来是不会有若何的困难的”。①

经过认真考察，可以发现“周”和“舟”竟然有某种内在的关系。

两汉以前古籍中，往往可见“周”与“舟”相通之例。

《考工记》：“作车以行陆，作舟以行水，此皆圣人所作也。”郑玄注：故书‘舟’作‘周’。郑司农云：“‘周’当作‘舟’。”

《说文·舟部》：“舟，船也。古者共鼓、货狄刳木为舟，剡木为楫，以济不通。”段玉裁注：“郭注《山海经》曰：‘《世本》云：共鼓、货狄作舟。’《易·系辞》曰：‘刳木为舟，剡木为楫，舟楫之利，以济不通，致远以利天下。’盖取诸《涣》。共鼓、货狄，黄帝、尧、舜间人。货狄，疑即化益。化益即伯益也。《考工记》故书‘舟’作‘周’。”《史记·周本纪》列后稷至文王世系，说道：

> 差弗卒，子毁隃立。毁隃卒，子公非立。

“毁隃”，《世本》作“伪榆”。丁山先生以为即《山海经·西山经》所谓“羭”，《管子·小问》所谓“俞儿”，《水经注·濡水》所谓“偷儿”，并指出：“俞，不嫛簋‘广伐西俞’，字则作[illegible]，从舟。”②

周人先祖名号用字“从舟”，确实发人深思。

“周”其字形的原始含义，学者有不同的理解。或以为“此古文田象

① 史念海：《周原的历史地理与周原考古》，《河山集》三集，人民出版社1988年版，第367页至368页。

② 丁山：《中国古代宗教与神话考》，上海文艺出版社1988年版，第557页。

田中生盐形”[①]。或以为“当为雕之初文”[②]。或以为与农耕经济有关，“‘田’盖即《诗·大雅·绵》‘周原膴膴’之本字。因周为农业社会，以后稷为祖，故造字象田中有种植之物以表之。纵横者，阡陌之象也”[③]。或以为“金文周字作田从田中出米，可见周地是块沃壤”[④]。这大概是较为普遍的理解。

其实，以名从主人之例，周人自称之“周”字显然更应当受到重视。周原甲骨文中，“周”字作（岐H11：82），（岐H11：84），（岐H11：117），（岐H11：52），（岐H11：104），看不到所谓“象田中生盐形”或所谓“象田中有种植之物以表之”，以及所谓“从田中出米”的形式。[⑤]殷墟甲骨文也有只作田（乙2170）者，金文则可见（无叀鼎），（菓鼎），（散盘），（善鼎），（盂爵），（录伯簋），（格伯簋）等。外纵笔上下多出头，可知像田土说似不确。比较“舟”字甲骨文作（前7.21.3），（粹901），（掇1.453）；金文作（洹秦簋），（舟簋），（作旗舟簋），（鄂君启节），推想“周”之本字，或许可以理解为两舟相并，即方舟（双体船）之象形。高鸿缙先生曾经说，“按田或田字原象箱箧周密以藏贝玉之形，故托以寄周密之意”[⑥]。此说或较接近“周”字之原义。舟的制作，确实是首先要求绝对的周密、周固的。“周”与“舟”字中之纵横笔，可能正象征舟船中的横梁或舱隔。

先秦、秦汉古籍中“周”与“舟”相通的情形，也值得重视。

《左传·襄公二十三年》《孟子·告子下》“华周”，《说苑·立节》与《杂言》则作“华舟”。

《左传·宣公十四年》《汉书·古今人表》“申舟”，《吕氏春秋·行论》

① 方浚益：《缀遗斋彝器款识考释》卷三。

② 朱芳圃：《殷周文字释丛》（1962年）。

③ 周法高：《金文零释》，《“中央研究院”历史语言研究所专刊》之三十四（台北，1951年）。

④ 余永梁：《易卦爻辞的时代及其作者》，《“中央研究院”历史语言研究所集刊》第一册第一分（1928年）。

⑤ 徐锡台：《周原甲骨文综述》，三秦出版社1987年版，第235页。

⑥ 高鸿缙：《中国字例二册》，台北广文书局1960年版，第204页。

作“申周”。梁玉绳《汉书人表考》：“‘舟’‘周’古通。”毕沅《吕氏春秋校正》：“‘申周’即‘申舟’，古字通。”

《尚书大传·虞夏》“舟张”，《九歌·云中君》、《孔子家语·五仪解》、《论衡·道虞》、杨修《答临淄侯笺》等均作“周章”。

《老子·德经》八十章：“虽有舟舆，无所乘之；虽有甲兵，无所陈之。”长沙马王堆汉墓出土帛书《老子》甲本《德经》作“有车周无所乘之，有甲兵无所陈〔之〕”，《老子》乙本《德经》作“又（有）周车无所乘之，有甲兵无所陈之”。

《淮南子·说山》：“见窾木浮而知为舟。”刘文典《淮南鸿烈集解》：“陶方琦云：宋苏颂《校淮南题序》引许注，‘舟’作‘周’。按：苏氏《校正淮南子序》云：‘许于篇内多用假借，以周为舟是也。’《初学记》二十五引此，作‘见窾木浮而知为周’，正作‘周’，知《初学记》引乃许本也。”

《说文·舟部》：“舟，船也。”“船，舟也。”段玉裁注：“古人言‘舟’，汉人言‘船’。”“古言‘舟’，今言‘船’。”“‘舟’之言周旋也。”《说文·舟部》又可见：“服，用也。一曰车右骈所以舟旋。”段玉裁解释说，“‘舟’当作‘周’，马之周旋如舟之旋，故其字从舟。”

《小尔雅·广言》：“周，帀也。”《汉书·诸侯王表》：“诸侯比境，周帀三垂。”“周帀”，《隶释》卷一《济阴太守孟郁修尧庙碑》写作“𠱧帀”，《玉篇·勹部》作“匊帀”。有学者指出：“‘周’字古文作‘舟’。‘𠱧’‘匊’两字即‘舟’形之变。”[①]王力先生也指出，“在匝遍的意义上，‘周’‘匊’实同一词”[②]。

《诗·小雅·小弁》：“譬彼舟流，不知所届。”郑玄笺：“见放逐状如舟之流行，无制之者，不知终所制也。”“舟流”，《礼记·仲尼燕居》、《离骚》、《吕氏春秋·介立》与《遇合》、《史记·货殖列传》等俱作“周流”。

《说文·虫部》：“蜩，蝉也。从虫，周声。《诗》曰：‘五月鸣蜩。’

① 朱起凤：《辞通》卷二四。

② 王力：《同源字典》，商务印书馆1982年版，第234页。

蜩、蜩或从舟。”段玉裁注：“古‘周’‘舟’通用。”

所谓“古‘周’‘舟’通用”，甚至也表现为“周人”和“舟人”相通。

《诗·大雅·大东》：“舟人之子，熊罴是裘。”毛亨传“‘舟人’，舟楫之人。‘熊罴是裘’，言富也”。郑玄笺则做出不同的解释：“‘舟’当作‘周’。”“‘周人’之子谓周世臣之子孙，退在贱官，使搏熊罴。”

“周”与“舟”其义相通，“周人”与“舟人”其义相通，了解了这一点，或许有益于我们深化对白鱼赤乌故事的文化内涵的理解。①

鱼跃入舟中，后来仍然被看作神秘的异象。

《宋书·符瑞志下》在“白鱼，武王度孟津，中流入于王舟”②条下又记载：“宋明帝泰始二年十月己巳，幸华林天渊池，白鱼跃入御舟。”

有些奇人异术，也以此作为表现形式。

《晋书·孙恩传》写道：“〔钱唐杜子恭〕有秘术，尝就人借瓜刀，其主求之，子恭曰：‘当即相还耳。’既而刀主行至嘉兴，有鱼跃入船中，破鱼得瓜刀。其为神效往往如此。”

类似的故事，又有《搜神记》卷四：“宫亭湖孤石庙，尝有估客至都，经其庙下，见二女子，云：‘可为买两量丝履，自相厚报。’估客至都，市好丝履，并箱盛之。自市书刀亦内箱中。既还，以箱及香，置庙中而去。忘取书刀。至河中流，忽有鲤鱼跳入船内。破鱼腹，得书刀焉。”

《太平御览》卷九三六引《幽明录》也写道：“孙权时，南方遣吏献犀簪，吏过宫亭庙请福，神下教求簪，而盛簪器便在神前。神云：‘临入石头当相还。’去，达石头，三尺鲤鱼跳入船，吏破鱼得之。”

其实，鱼跃入舟船之中，在鱼产丰富的地区，鱼产丰富的季节，鱼产丰富的水域，可能是并不鲜见的情形。

---

① 参看王子今：《说“周”“舟”通义兼论周人经营的早期航运》，《西北史地》1992年第4期。

② 同书《符瑞志上》记此事：“〔武王〕伐纣，度孟津，中流，白鱼跃入王舟。王俯取鱼，长三尺，目下有赤文成字，言纣可伐。王写以世字，鱼文消。燔鱼以告天。有火自天止于王屋，流为赤乌，乌衔谷焉。谷者，纪后稷之德，火者，燔鱼以告天，天火流下，应以吉也。遂东伐纣，胜于牧野，兵不血刃，而天下归之。”

《岭表录异》说，海上有所谓“跳艇”，得名之由，在于其特别的捕鱼方式：“捕鱼者中春于高处卓望，鱼儿来如阵云，阔二三百步，厚亦相似者，既见，报渔师，遂将船争前而迎之，船冲鱼阵，不施罟网，但鱼儿自惊跳入船，逡巡而满，以此为艇，故名为‘跳’。又云船去之时，不可当鱼阵之中，恐鱼多堕沉故也。即可以知其多矣。”（《太平御览》卷九三七引）

《太平御览》卷九四〇引《岭表录异》又说，有一种所谓“鸡子鱼”，“口有嘴如鹞，肉翅无鳞，尾尖而长，有风涛即乘风飞于海上船”。

据王子年《拾遗记》，甚至有“乘轻舟游于江浦之际，忽有白蛇三尺，跃入舟中”的情形（《太平御览》卷七六九引）。

可见，鱼跃入舟船之中的神话，后来又有何等复杂的构成。

图1-9 陕西宝鸡茹家庄西周墓出土青铜鱼尊

第二章　秦史与秦文化

《秦记》的历史文化价值

《史记·十二诸侯年表》序言说春秋时期的历史："齐、晋、秦、楚其在成周微甚，封或百里或五十里。晋阻三河，齐负东海，楚介江淮，秦因雍州之固，四海迭兴，更为伯主，文武所褒大封，皆威而服焉。是以孔子明王道，干七十余君，莫能用，故西观周室，论史记旧闻，兴于鲁而次《春秋》，上记隐，下至哀之获麟，约其辞文，去其烦重，以制义法，王道备，人事浃。"

《史记·天官书》关于战国时期历史，也说："秦、楚、吴、越，夷狄也，为强伯。"

司马迁所论齐、晋、秦、楚、吴、越诸国势力的上升，发现了区域文化历史演变的一个重要的具有某种规律性特征的现象，这就是边僻地区往往可能因文明进程的迅进，压倒原先文化水准曾经明显居于先进地位的所谓"文武所褒大封"。孔子作《春秋》，所谓"论史记旧闻"，目前还不能确定是否直接利用了秦国的史籍，但是秦国的历史，显然已经受到了充分的重视。

现在已知秦国官修史书，是所谓《秦记》。

秦始皇时代推行文化专制政策的最突出的表现，就是焚书。《史记·秦始皇本纪》记载，就是否实行封建制度，"始皇下其议"，然而博士齐人淳于越的主张被否定，最终以李斯坚持的意见作为这次政治辩论的结论：

> 丞相李斯曰："五帝不相复，三代不相袭，各以治，非其相反，时变异也。今陛下创大业，建万世之功，固非愚儒所知，且越言乃三代之事，何足法也？异时诸侯并争，厚招游学。今天下已定，法令出一。百姓当家则力农工，士则学习法令辟禁。今诸生不师今而学古，以非当世，惑乱黔首。丞相臣斯昧死言：古者天下散乱，莫之能一，是以诸侯并作，语皆道古以害今，饰虚言以乱实，人善其所私学，以非上之所建立。今皇帝并有天下，别黑白而定一尊。私学而相与非法教，人闻令下，则各以其学议之，入则心非，出则巷议，夸主以为名，异取以为高，率群下以造谤，如此弗禁，则主势降乎上，党与成乎下。禁之便。臣请史官非《秦记》皆烧之。非博士官所职，天下敢有藏《诗》《书》、百家语者，悉诣守、尉杂烧之。有敢偶语《诗》《书》者弃市。以古非今者族。吏见知不举者与同罪。令下三十日不烧，黥为城旦。所不去者，医药卜筮种树之书。若欲有学法令，以吏为师。"
>
> 制曰："可。"

秦王朝"焚书"，其实是对所谓"不师今而学古，以非当世""道古以害今""以古非今"等言行的严酷否定，事实上也由"三代之事，何足法也"的主张因"时变异"而创建新的政治文化格局积极的观点，走向极端绝对化的反历史主义的立场。

所谓"史官非《秦记》皆烧之"，就是各国历史记载都被取缔，只留下秦国的史籍。这就是司马迁在《史记·六国年表》中说的：

> 秦既得意，烧天下《诗》《书》，诸侯史记尤甚，为其有所刺讥也。《诗》《书》所以复见者，多藏人家，而史记独藏周室，以故灭。惜哉！惜哉！独有《秦记》，又不载日月，其文略不具。然战国之权变亦有可颇采者，何必上古。秦取天下多暴，然世异变，成功大。传

曰“法后王”，何也？以其近已而俗变相类，议卑而易行也。学者牵于所闻，见秦在帝位日浅，不察其终始，因举而笑之，不敢道，此与以耳食无异。悲夫！

司马迁痛惜诸侯史记之不存，“独有《秦记》，又不载日月，其文略不具”，不过，就战国历史内容而言，《秦记》的真实性是可取的。司马迁还以“见秦在帝位日浅”而产生鄙视秦人历史文化的偏见，是可悲的。

司马迁在《史记·六国年表》中还有两次，即在序文的开头和结尾都说到《秦记》：

太史公读《秦记》，至犬戎败幽王，周东徙洛邑，秦襄公始封为诸侯，作西畤用事上帝，僭端见矣。

……

余于是因《秦记》，踵《春秋》之后，起周元王，表六国时事，讫二世，凡二百七十年，著诸所闻兴坏之端。后有君子，以览观焉。

《秦记》，司马贞《索隐》：“即秦国之史记也。”

归有光说：“《秦本纪》方成一篇文字，秦以前本纪，旧史皆亡，故多凑合。秦虽暴乱，而史职不废，太史公当时有所本也。”“又《史记》五帝三代本纪零碎，《秦纪》便好，盖秦原有史，故文字佳。”（《归震川评点本史记》卷五）①

孙德谦《太史公书义法·详近》说：“《秦记》一书，子长必亲睹之，故所作列传，不详于他国，而独详于秦。今观商君鞅后，若张仪、樗里子、甘茂、甘罗、穰侯、白起、范雎、蔡泽、吕不韦、李斯、蒙恬诸人，惟秦为多。迁岂有私于秦哉！据《秦记》为本，此所以传秦人特详乎！”

---

① 吴汝纶《桐城先生点勘史记》卷五则说：“归太仆谓秦原有史，故《秦（纪）〔记〕》文字佳，方侍郎亦谓此篇本秦史之旧。汝纶谓篇中叙春秋战国事，多与他篇相出入，皆史公所自为，决非秦史之语，惟篇首记秦初之事，不见他书，史公所采者博，不得谓全本史文也。”

《太史公书义法·综观》还辑录了《史记·六国年表》中“有本纪、世家不载，而于《年表》见之者”前后44年中凡53件史事，以为“此皆秦事只录于《年表》者”。金德建先生据此推定：“《史记》的《六国年表》纯然是以《秦记》的史料做骨干写成的。秦国的事迹，只见纪于《六国年表》里而不见于别篇，也正可以说明司马迁照录了《秦记》中原有的文字。”

金德建先生还举出司马迁著《史记》时根据《秦记》材料，“文字上还留存一鳞半爪，或者是在史实上能显然可见的”，计16例。如：

> 〔《秦本纪》〕秦文公十三年初有史以纪事。
>
> 金德建先生按：开始写作《秦记》便在这一年。秦文公十三年是公元前753年，比较《春秋》的记事开始于鲁隐公元年（前722年），还要早30多年。
>
> 〔《封禅书》〕秦文公问史敦。
>
> 金德建先生按：史敦是秦国最早的史官，也就是现在所可考见的《秦记》的最早著作者之一。

可见，秦人较早就相当重视历史传统。所说《史记·封禅书》“秦文公问史敦”事，原文是这样的：

> (1) 秦文公东猎汧渭之间，卜居之而吉。文公梦黄蛇自天下属地，其口止于鄜衍。文公问史敦，敦曰：“此上帝之征，君其祠之。”于是作鄜畤，用三牲郊祭白帝焉。

秦人文化意识中浓重的神秘主义色彩，反映在秦文公和史敦的对话中。类似的例子，又见于秦献公和另一位史官的对话：

〔《老子韩非列传》〕[①]自孔子死之后百二十九年，而史记周太史儋见秦献公曰：“始秦与周合，合五百岁而离，离七十岁而霸王者出焉。”[②]

金德建先生按：《老庄申韩列传》这条所称的《史记》记载到秦国的事迹，显然也是出于《秦记》无疑。这条《秦记》的文字，司马迁曾四次征引，又见于《周本纪》《秦本纪》和《封禅书》。[③]

《史记·封禅书》中一则秦穆公自称梦见上帝以决策出师史事也为《秦记》所载，同样也受到金德建先生的注意：

(2)〔《封禅书》〕秦缪公立，病卧五日不寤，寤，乃言见上帝，上帝命缪公平晋乱，史书而记，藏之府，而后世皆曰秦缪公上天。

金德建先生按：这所谓“史书而记”，当然也是指《秦记》里面有过如此记载，以为秦缪公曾梦见上帝，命平晋乱。

君王之梦，“史书而记，藏之府”，也可以看作秦人神秘主义历史观念的一种反映。《史记》中记梦凡19例，除上引2例外，尚有17例，即：

(3) 武丁夜梦得圣人，名曰说。以梦所见视群臣百吏，皆非也。于是乃使百工营求之野，得说于傅险中。是时说为胥靡，筑于傅险。(《殷本纪》)

(4) 武王与叔虞母会时，梦天谓武王曰：“余命女生子，名虞，余与之唐。”(《晋世家》《郑世家》略同)

---

① 金德建先生引作出《老庄申韩列传》。

② 下文称：“或曰儋即老子，或曰非也，世莫知其然否。”

③ 引文或略有不同。《周本纪》：“烈王二年，周太史儋见秦献公曰：‘始周与秦国合而别，别五百载复合，合十七岁而霸王者出焉。’”《秦本纪》：“〔献公〕十一年，周太史儋见献公曰：‘周故与秦国合而别，别五百岁复合，合十七岁而霸王出。’”《封禅书》：“〔秦灵公作吴阳上下畤祭黄帝、炎帝〕后四十八年，周太史儋见献公曰：‘秦始与周合，合而离，五百岁当复合，合十七岁而霸王出焉。’”

（5）襄公有贱妾，幸之，有身，梦有人谓曰："我康叔也，令若子必有卫，名而子曰'元'。"（《卫康叔世家》）

（6）〔郑〕有妾梦天与之兰，生穆公兰。（《十二诸侯年表》，《郑世家》略同）

（7）〔曹〕国人有梦众君子立社宫，谋亡曹。（《十二诸侯年表》，《管蔡世家》略同）

（8）〔宋元王〕乃召博士卫平而问之曰："今寡人梦见一丈夫，延颈而长头，衣玄绣之衣而乘辎车，来见梦于寡人曰：'我为江使于河，而幕网当吾路。泉阳豫且得我，我不能去。身在患中，莫可告语。王有德义，故来告诉。'是何物也？"（《龟策列传》）①

（9）"……夏人殡于东阶，周人于西阶，殷人两柱间。昨暮予梦坐奠两柱之间，予始殷人也。"（《孔子世家》）

（10）骊姬谓太子曰："君梦见齐姜。……"（《晋世家》）

（11）赵盾在时，梦见叔带持要而哭，甚悲。（《赵世家》）

（12）王梦见处女鼓琴而歌诗曰：……（《赵世家》）

（13）王梦衣偏裻之衣，乘飞龙上天，不至而坠，见金玉之积如山。（《赵世家》）

（14）始皇梦与海神战，如人状。问占梦，博士曰："水神不可见，以大鱼蛟龙为候。今上祷祠备谨，而有此恶神，当除去，而善神可致。"（《秦始皇本纪》）

（15）二世梦白虎啮其左骖马，杀之，心不乐，怪问占梦。卜曰："泾水为祟。"（《秦始皇本纪》）

（16）刘媪尝息大泽之陂，梦与神遇，是时雷电晦冥，太公往视，则见蛟龙于其上。已而有身，遂产高祖。（《高祖本纪》）

（17）薄姬曰："昨暮夜妾梦苍龙据吾腹。"（《外戚世家》）

（18）孝文帝梦欲上天，不能，有一黄头郎从后推之上天，顾见

① 又《龟策列传》褚先生补："渔者举网而得神龟，龟自见梦宋元王，元王召博士卫平告以梦龟状。"

其衣裻带后穿。觉而之渐台，以梦中阴目求推者郎，即见邓通，其衣后穿，梦中所见也。召问其名姓，姓邓氏，名通，文帝说焉，尊幸之日异。（《佞幸列传》）

（19）男方在身时，王美人梦日入其怀。……长公主日誉王夫人男之美，景帝亦贤之，又有曩者所梦日符，计未有所定。（《外戚世家》）

总共19例中，（16）至（19）已属于汉史，先汉15例中，计：

殷史	1例	（3）
晋史	2例	（4）（10）
卫史	1例	（5）
郑史	1例	（6）
曹史	1例	（7）
宋史	1例	（8）
赵史	3例	（11）（12）（13）
孔子事迹	1例	（9）

此外，属于秦人历史记录的多达4例，即（1）（2）（14）（15），所占比例是相当大的。其资料来源所据，当本《秦记》。梦的迷信，体现出人类特殊的精神生活内容，也是文明史进程中很普遍的社会文化现象。秦人历史记载中保留有关占梦的内容颇多，或许可以从一个侧面局部反映秦人历史观注重多方位，收纳各种信息的文化特质。清代学者汪中说，《左传》除了直接记述人文历史而外，所有“天道、鬼神、灾祥、卜筮、梦之备书于策者”，都属于“史之职也”。[①]有的学者于是认为，在春秋战国时代，“记梦”，“是史官的职责之一”。也就是说，“对梦的迷信的记载，是其身为史

① 汪中：《述学·内篇》。

官的传统”。[①]由此我们似乎可以这样说，尽管东方诸国曾经对秦人“夷翟遇之”（《史记·秦本纪》），予以文化歧视，有“秦戎翟之教”（《史记·商君列传》），“秦杂戎翟之俗”（《史记·六国年表》），“秦与戎翟同俗”（《史记·魏世家》）等说法[②]，但《秦记》的作者，仍然基本继承着中原文化传统，其学术素养和文化品味，至少应大致和东方史官相当，看不出稍逊于东方各国史官的迹象。

上述诸例中属于赵史的内容仅次于秦史，注意到秦赵属同一族源的传说，也是颇为耐人寻味的。

金德建先生还注意到：

> 〔《秦本纪》〕桓公三年，晋败我一将。……（昭襄王三十一年）楚人反我江南。

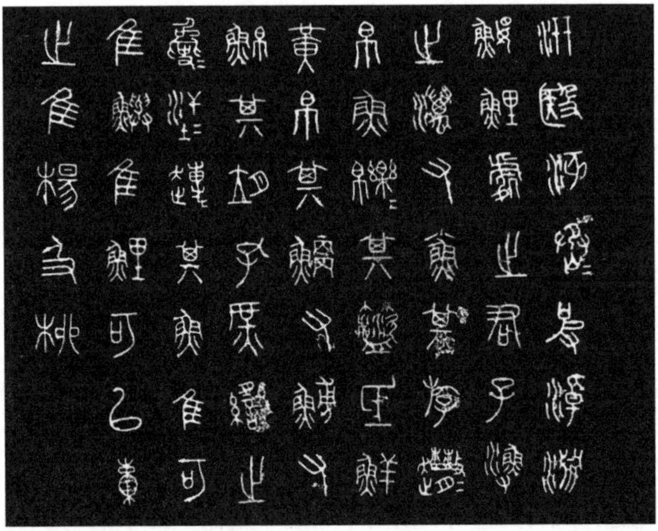

图2–1　早期秦史的物证:《石鼓文》

① 刘文英:《梦的迷信与梦的探索——中国古代宗教哲学和科学的一个侧面》,中国社会科学出版社1989年版,第25页。

② 《史记·天官书》也说:秦,“夷狄也”。

金德建先生按：《秦本纪》这条称“晋败我”，“楚人反我”，语气上显然也是因仍了《秦记》的原来文字而未及删易者。[①]

湖北云梦睡虎地秦墓出土竹简中有被称为《编年记》的文书，记录了自秦昭王元年（公元前306年）至秦始皇三十年（公元前217年）统一战争中的大事。墓主喜出生于秦昭王四十五年（公元前262年），却补记了此前44年的历史大事。由此可见秦民间历史意识的普及程度。

对于“昭襄王三十一年”史事，《编年记》写道：

卅一年□　　　　三一壹

“卅一年”后，字迹已经难以判明。从图版看，或许不止一字。原先的内容，或许即与“楚人反我江南”有关。

睡虎地秦墓竹简整理小组认为：“战国时代在中国历史上占有重要地位。《史记·六国年表》是研究这段历史的主要参考书，但它所根据的主要是《秦记》，而《秦记》‘不载日月，其文略不具’。因此，《史记》有关部分，无论是史实或年代方面都有某些不足之处。晋代在今河南汲县地方战国墓中发现竹简《纪年》后，不少人据以补充和校正《史记》，对战国史的研究颇有裨益。然而，《纪年》止于魏襄王二十年（公元前299年，秦昭王八年），不能用来核校《年表》的最后部分。《编年记》的发现，在一定意义上弥补了这个缺憾。”[②]

其实，《秦记》虽然“不载日月，其文略不具”，但是就纪年的准确来说，已经表现出极重要的价值。王国维先生论《史记·六国年表》时说：“《六国年表》来历不明。可因本纪、列传、世家及《战国策》互相磨

① 金德建：《〈秦记〉考征》，《司马迁所见书考》，上海人民出版社1963年版，第415页至423页。

② 睡虎地秦墓竹简整理小组编：《睡虎地秦墓竹简》，文物出版社1990年版，释文注释第3页。

勘，各注出处于表内作为笺注，亦一法也。吾人宗旨，为辑《秦记》。司马迁序明言：‘因《秦记》……表六国时事。’《秦记》不载日月，此篇亦无日月。自秦襄公元年至秦二世三年，依《秦本纪》《始皇本纪》及此篇，皆系五百六十九年，必出一本；别篇与此篇有异者，殆另有所本。故此篇除去与《左传》《战国策》及此书诸篇相同者，皆司马迁取诸《秦记》者也。”王国维先生还特别说道：“又《战国策》不纪年，诸侯史记又亡，则此篇所记年载，亦出《秦记》无疑。”①

对于金德建先生关于《秦记》的论证，我们还可以补充如下一例：

公元前279年，秦昭襄王与赵惠文王会于渑池。当时情形，《史记·廉颇蔺相如列传》记载：

> 秦王饮酒酣，曰：“寡人窃闻赵王好音，请奏瑟。”赵王鼓瑟。秦御史前书曰：“某年月日，秦王与赵王会饮，令赵王鼓瑟。”蔺相如前曰：“赵王窃闻秦王善为秦声，请奏盆缻秦王，以相娱乐。”秦王怒，不许。于是相如前进缻，因跪请秦王。秦王不肯击缻。相如曰：“五步之内，相如请得以颈血溅大王矣！”左右欲刃相如，相如张目叱之，左右皆靡。于是秦王不怿，为一击缻。相如顾召赵御史书曰：“某年月日，秦王为赵王击缻。”

这一故事富有传奇色彩，然而“秦御史前书曰：‘某年月日，秦王与赵王会饮，令赵王鼓瑟’”的情节可能是相对真实的，这一情节或许反映了秦国史籍如《秦记》一类形成的形式。

从“秦御史”书史的情形，可以推知《史记·萧相国世家》中“沛公至咸阳，诸将皆争走金帛财物之府分之，〔萧〕何独先入收秦丞相御史律令图书藏之”，所谓“秦丞相御史律令图书”，其中很可能也包括《秦记》一类史籍。《汉书·高帝纪上》记此事，称“图籍文书”。梁玉绳《史记志

---

① 王国维弟子所记王氏语，见《国学月报·王静安纪念专号》。

疑》卷二六引方回《续古今考》说：“〔萧〕何受丞相御史图籍文书，博士官所职，不遑收取，致为项羽所焚，而后天下无副本。图谓绘画山川形势、器物制度、族姓原委、星辰度数，籍谓官吏版簿、户口生齿、百凡之数，律与令则前王后王之刑法，文书则二帝三王以来政事议论见于孔子所删定著作。战国以来，百家迭兴，大率庞驳不纯，去非取是，在乎择耳。”于是我们知道，史书可能确包括在丞相御史“文书”之中，而战国各家历史著作，除战乱散失和秦火之厄外，还经历过以文化正统为尺度的“删”“择”，此后又遭遇项羽之焚。能够保留到汉初的，实在堪称文化的幸运。而《秦记》，很可能大部为汉代人所继承。

《史记·秦始皇本纪》最后附录所谓“汉孝明帝访班固评贾马赞中论秦二世亡天下之得失”（司马贞《索隐》），评论秦亡形势，这样说道：

> 子婴度次得嗣，冠玉冠，佩华绂，车黄屋，从百司，谒七庙。小人乘非位，莫不怳忽失守，偷安日日，独能长念却虑，父子作权，近取于户牖之间，竟诛猾臣，为君讨贼。高死之后，宾婚未得尽相劳，餐未及下咽，酒未及濡唇，楚兵已屠关中，真人翔霸上，素车婴组，奉其符玺，以归帝者。郑伯茅旌鸾刀，严王退舍。河决不可复壅，鱼烂不可复全。贾谊、司马迁曰：“向使婴有庸主之才，仅得中佐，山东虽乱，秦之地可全而有，宗庙之祀未当绝也。”秦之积衰，天下土崩瓦解，虽有周旦之材，无所复陈其巧，而以责一日之孤，误哉！俗传秦始皇起罪恶，胡亥极，得其理矣。复责小子，云秦地可全，所谓不通时变者也。纪季以酅，《春秋》不名。吾读《秦纪》，至于子婴车裂赵高，未尝不健其决，怜其志。婴死生之义备矣。

这是班固对汉明帝讨论秦亡史事的部分议论，主要对“贾谊、司马迁曰：‘向使婴有庸主之才，仅得中佐，山东虽乱，秦之地可全而有，宗庙之祀未当绝也’”提出异议。班固的有关史论，是以大一统政体为讨论基础而发表的，与贾谊、司马迁有所不同，可能不仅在于对当时形势认识的差异，还在于基本出发点的差异。对此我们不在这里具体分析，我们更为注意的，是班固所谓“子婴车裂赵高”事，《史记·秦始皇本纪》只是写作：

> 二世自杀，阎乐归报赵高，赵高乃悉召诸大臣公子，告以诛二世之状曰：“秦故王国，始皇君天下，故称帝。今六国复自立，秦地益小，乃以空名为帝，不可。宜为王如故，便。”立二世之兄子公子婴为秦王。以黔首葬二世杜南宜春苑中。令子婴斋，当庙见，受王玺。斋五日，子婴与其子二人谋曰：“丞相高杀二世望夷宫，恐群臣诛之，乃详以义立我。我闻赵高乃与楚约，灭秦宗室而王关中。今使我斋见庙，此欲因庙中杀我。我称病不行，丞相必自来，来则杀之。”高使人请子婴数辈，子婴不行，高果自往，曰：“宗庙重事，王奈何不行?”子婴遂刺杀高于斋宫，三族高家以徇咸阳。

可以看到，此中并没有“车裂”情节。看来，班固所读《秦纪》（应即《秦记》）中的有关内容并没有被司马迁所采用。司马迁的记载当另有所本。

金德建先生《〈秦记〉考征》说：“班固所见的《秦记》应当是汉代中秘所藏的本子。《艺文志》不曾把它收录，这未免也是疏漏了。”他还说：“《御览》六百八十引挚虞《决疑录要》注晋侍中彭权称《秦记》以对武帝旄头之问。《华阳国志·蜀志》亦云：‘《秦记》言僰童之富。’挚虞、常璩都是晋时候的人，都曾经看见过《秦记》，这说明《秦记》这部史籍到魏、晋时候还是保存的。”①

其所引前例，即《太平御览》卷六八〇引挚虞《决疑录要》注：“世祖武皇帝因会问侍臣曰：‘旄头之义何谓耶？’侍中彭权对曰：‘《秦记》云：国有奇怪，触山截水，无不崩溃，唯畏旄头。故使虎士服之，卫至尊也。’中书令张华言：‘有是言而事不经。臣以为壮士之怒，发踊冲冠，义

① 金德建：《〈秦记〉考征》，《司马迁所见书考》，上海人民出版社1963年版，第423页。

取于此也。'"

我们今天已经无法看到《秦记》的原貌，从挚虞《决疑录要》注的这段内容可以推知，这部秦人撰著的史书中，可能多有言"奇怪"而语颇"不经"的记载。

李学勤先生曾经分析天水放马滩秦简原简报中称作《墓主记》的几支简，"觉得所记故事颇与《搜神记》等书的一些内容相似，而时代早了五百来年，有较重要的研究价值"。简文记述一个名叫"丹"的人死后三年复活，讲述了死后在另一世界的有关见闻。其文开头称"卅八年八月己巳，邸丞赤敢谒御史"，文中又有"今七年"字样，文体一如纪实文书。[①]这一重要的文化现象，对于我们认识秦人纪史的特点，也应当具有一定的启示意义。

秦文化的起源："东来"说和"西来"说

《史记·秦本纪》记载秦人先祖传说：

> 秦之先，帝颛顼之苗裔孙曰女修。女修织，玄鸟陨卵，女修吞之，生子大业。……

早期秦部族文化特征与鸟崇拜有关的记载，还可见：

> 〔大费〕佐舜调驯鸟兽，鸟兽多驯服，是为柏翳。舜赐姓嬴氏。
>
> 大费生子二人：一曰大廉，实鸟俗氏。（司马贞《索隐》："以仲衍鸟身人言，故为鸟俗氏。"）……
>
> 大廉玄孙曰孟戏、中衍，鸟身人言。（张守节《正义》："身体是鸟而能人言。又云口及手足似鸟也。"）

① 李学勤：《放马滩简中的志怪故事》，《文物》1990年第4期。

于是，在探讨秦文化的起源时，许多学者根据这一线索，在东方寻找秦人的早期足迹。徐旭生先生在《中国古史的传说时代》一书中，就将秦部族归于“东夷集团”之中。[①]

《史记·楚世家》所谓“秦为大鸟，负海内而处，东面而立”，也值得我们注意。其原文如此：

> 秦为大鸟，负海内而处，东面而立，左臂据赵之西南，右臂傅楚鄢郢，膺击韩魏，垂头中国，处既形便，势有地利，奋翼鼓翅，方三千里，则秦未可得独招而夜射也。

泷川资言《史记会注考证》：“‘招’，所谓鸟媒也。‘招’，以其类招诱之。”此外，又有以猛禽比喻秦文化特质之急烈与秦政风格之严酷的情形，如《史记·刺客列传》：“以雕鸷之秦，行怨暴之怒”；《史记·秦始皇本纪》：“秦王为人”，“挚鸟膺”，张守节《正义》：“挚鸟，鹘。膺突向前，其性悍勇。”也都隐约透露出先古图腾崇拜的影像。

主张秦人起源于东方的学者，既得到比较充备的文献记载的支持，也有考古文物资料的依据。[②]

然而另一种意见，以为秦人起源于西方。此说起初为王国维先生首倡。[③]蒙文通先生也认为秦人起源于西戎。[④]后来更多有学者结合文献资料

---

① 徐旭生：《中国古史的传说时代》，文物出版社1985年版，第56页。

② 较早论证秦人起源于东方者，有卫聚贤：《中国民族的来源》，《古史研究》第3集，上海商务印书馆1934年版；黄文弼：《秦为东方民族考》，《史学杂志》创刊号。后来学者的论述，可参看邹衡：《论先周文化》，《夏商周考古学论文集》，文物出版社1980年版；林剑鸣：《秦史稿》，上海人民出版社1981年版；韩伟：《关于“秦文化是西戎文化”质疑》，《青海考古学会会刊》1981年第2期；韩伟：《关于秦人族属及文化渊源管见》，《文物》1986年第4期。

③ 王国维：《秦都邑考》，《观堂集林》卷一二。

④ 蒙文通：《秦之社会》，《史学季刊》第1卷第1期；蒙文通：《秦为戎族考》，《禹贡》第6卷第7期。

和考古学文化遗存进行了有意义的论证。[①]

现在学界一般以为，分布于山东、苏北地区的大汶口文化、山东龙山文化、岳石文化及其后续文化，属于东夷部族文化系统。[②]有的学者从古地名研究的角度也发现了有关线索，分析秦人早期历史的起点可能在东方。《史记·秦本纪》：

〔中潏〕在西戎，保西垂。……

非子居犬丘，好马及畜，善养息之。犬丘人言之周孝王，孝王召使主马于汧渭之间，马大蕃息。孝王欲以为大骆適嗣。申侯之女为大骆妻，生子成为適。申侯乃言孝王曰："昔我先郦山之女，为戎胥轩妻，生中潏，以亲故归周，保西垂，西垂以其故和睦。今我复与大骆妻，生適子成。申骆重婚，西戎皆服，所以为王。王其图之。"于是孝王曰："昔伯翳为舜主畜，畜多息，故有土，赐姓嬴。今其后世亦为朕息马，朕其分土为附庸。"邑之秦，使复续嬴氏祀，号曰"秦嬴"。亦不废申侯之女子为骆適者，以和西戎。……

周宣王即位，乃以秦仲为大夫，诛西戎。西戎杀秦仲。秦仲立二十三年，死于戎。有子五人，其长者曰庄公。周宣王乃召庄公昆弟五人，兴兵七千人，使伐西戎，破之。于是复予秦仲后，及其先大骆地犬丘并有之，为西垂大夫。

庄公居其地西犬丘，……立四十四年，卒，太子襄公代立。……襄公二年，戎围犬丘，世父击之，为戎人所虏。……

文公元年，居西垂宫。

---

① 参看俞伟超：《古代"西戎"和"羌""胡"文化归属问题的探讨》，《青海考古学会会刊》第1期；《关于"卡约文化"和"唐汪文化"的新认识》，《中亚学刊》创刊号（均收入《先秦两汉考古学论集》，文物出版社1985年版，前者改题为《古代"西戎"和"羌""胡"考古学文化归属问题的探讨》）；刘庆柱：《试论秦之渊源》，《先秦史论集》（人文杂志增刊，1982年）。

② 参看严文明：《东夷文化探索》，《文物》1989年9期；王迅：《东夷文化与淮夷文化研究》，北京大学出版社1994年版。

“西垂”，又见于《史记·秦始皇本纪》，可能取录《秦记》的内容：

> 襄公立，享国十二年。初为西畤。葬西垂。生文公。
> 文公立，居西垂宫。五十年死，葬西垂。

《史记·封禅书》也说：

> 秦襄公既侯，居西垂，自以为主少皞之神，作西畤，祠白帝。

“犬丘”和“西垂”地名，和秦早期历史有密切关系。有学者指出，《春秋·隐公八年》说到东方“垂”地：“八年春，宋公、卫侯遇于垂。”而同一事《左传·隐公八年》则记“垂”作“犬丘”：“八年春，齐侯将平宋、卫，有会期。宋公以币请于卫，请先相见，卫侯许之，故遇于犬丘。”杜

图2–2　甘肃礼县祭祀遗址

预《集解》:“垂，卫地。济阴句阳县东北有垂亭。”“犬丘，垂也。地有两名。”杨伯峻先生《春秋左传注》则指其地在今山东曹县之北。从部族迁徙往往袭用原居地传统地名的现象分析，当如有的研究者所推定:“或许这一带正为秦人的起源地。”①

还可以补充说明的是，谭其骧先生主编《中国历史地图集》标记“垂（犬丘）”于山东鄄城东南，而其北边不远即有“秦”地，地在今河南范县东。《春秋·庄公三十一年》:“秋，筑台于秦。”杜预《集解》:“东平范县西北有秦亭。”正是其地。可知所以“邑之秦”,“号曰‘秦嬴’”，大约也与这一部族在东方的早期历史有关。

秦人起源于东方，但是后来其主要部分曾迁徙到西方，活动于华夏文明圈的西界。这就是《史记·秦本纪》所谓“子孙或在中国，或在夷狄”。在西方长期艰苦的生存斗争，使得他们逐渐接受了原居于西方，与中原华夏部族渊源不同的诸部族的文化影响，其文化特质于是发生了重要的变化。同样据《史记·秦本纪》记述，秦文化所具有的鲜明的西方色彩，使得仲衍的曾孙胥轩，当时竟然被周人称为“戎胥轩”。

李零先生在讨论秦的族属来源和文化来源时提出的意见是值得重视的。他指出:“长期以来，史学界一直有秦人是‘东来’还是‘西来’的争论。人们争论的其实并不是秦人本身。秦人本身，居住活动范围很清楚。他们争论的是秦人的族属来源和文化来源。诚然，这个问题可以追溯到很远：司马迁说，秦与徐氏、郯氏、莒氏、终黎氏（亦作钟离氏）、运奄氏、菟裘氏、将梁氏、黄氏、江氏、修鱼氏、白冥氏等东方嬴姓部族有着姓氏同源关系（它们大多属于东夷和淮夷系统）。但秦人不属于东方各支，他们是来自早在殷代末年即已定居在西戎地区的中潏一支。因此至少从殷末起，秦的直系祖先是受西戎文化后则受周文化影响，在这些影响下形成自己的文化面貌，这一点完全可以肯定。”②

---

① 牛世山:《秦文化渊源与秦人起源探索》,《考古》1996年第3期。

② 李零:《〈史记〉中所见秦早期都邑葬地》,《文史》第20辑，中华书局1983年版。

造父“八骏”与穆天子西行神话

《穆天子传》是中国古典文献中一部具有特殊的价值，然而又长期蒙被神秘疑云的一部书。

西晋初年著名的汲冢竹书的出土，是中国文化史上的一件大事。《晋书·武帝纪》记载，晋武帝咸宁五年（公元279年），“汲冢人不准盗发魏襄王冢，得竹简小篆古书十余万言，藏于秘府”。《晋书·束皙传》又说：“太康二年（公元281年），汲郡人不准盗发魏襄王墓，或言安釐王墓，得竹书数十车。”其中就包括：“《穆天子传》五篇，言周穆王游行四海，见帝台、西王母。”此外，也有得书时间在太康元年（公元280年）的记载。不过，已经有学者提出，大约发冢得书这件事发生在咸宁五年，后于太康元年地方官员将所发现的竹书献上帝京，由皇家图书档案管理部门收藏，太康二年中央政府即组织人力开始整理。

参与汲冢竹书整理工作的，先后有晋武帝司马炎亲自指派的当时的著名学者荀勖、和峤、卫恒、束皙、挚虞等人。我们现在知道，至少荀勖和束皙都曾经直接从事过《穆天子传》一书的整理。这部书原来的书名已经佚失，现在的书名是整理者所拟定。荀勖等人的整理本定名为《穆天子传》。束皙的整理本则称作《周王游行》或《周王游行记》。

曾经为《穆天子传》作注的郭璞在《山海经图赞·西王母赞》中写道：“天帝之女，蓬发虎颜。穆王执贽，赋诗交欢。韵外之事，难以具言。”陶渊明的《读〈山海经〉》诗中，也有“泛览《周王传》，流观《山海图》。俯仰终宇宙，不乐复何如？”的名句。可见《穆天子传》一书当时曾经形成了相当广泛的影响。据《太平广记》卷二二六引《大业拾遗记》说，隋炀帝时代水饰诸戏七十二势中，“穆天子奏钧天乐于玄池”“猎于澡津，获玄貉白狐”以及“觞西王母于瑶池之上”三势，都直接以《穆天子传》的内容作为艺术原型。

穆天子西行故事，是以所谓“八骏”传说为主要情节的。唐代诗人李贺《马诗》二十三首其七写道："西母酒将阑，东王饭已干。君王若燕去，谁为拽车辕。"又如李商隐的名作《瑶池》诗："瑶池阿母绮窗开，黄竹歌声动地哀。八骏日行三万里，穆王何事不重来？"明人赵㧑谦的《古风》诗也写道："荒哉周穆王，八骏穷万里。朝发昆仑巅，夕饮瑶池水。"

穆天子西行故事的主要人物，又有善于驾车的神能之士造父。

据《穆天子传》记载，周穆王率领有关官员和七萃之士，驾乘八骏，由最出色的驭手造父等御车，由伯夭担任向导，从处于河洛之地的宗周出发，经由河宗、阳纡之山、西夏氏、河首、群玉山等地，西行来到西王母的邦国，与西王母互致友好之辞，宴饮唱和，并一同登山刻石，又继续向西北行进，在大旷原围猎，然后千里驰行，返回宗周。其往返行程，大略可达三万五千里，前后经历约两年。许多研究者认为，周穆王西行的极点，按照这部书的记述，大致已经到达中亚吉尔吉斯斯坦的草原地区。有的学者甚至提出，穆天子西行可能已经在欧洲中部的华沙平原地区留下了足迹。[①]也有学者认为，他经行青海、甘肃，访问了今天属于新疆的地区，昆仑丘很可能就是巴颜喀拉山，祁连山出玉，或许因此有了群玉山之称。对于周穆王西行的具体行程，当然还可以继续研究。但是现在看来，把《穆天子传》看作一部中原与西域交往的最早的文字记录的观点，大致是可以成立的。

对于《穆天子传》一书的性质，历来存在不同的认识。有人把它归入"起居注类"，有人则把它列为"别史类"，或者"传记类"。大致一般都把它看作史书。然而清人编纂的《四库全书》却又将其改隶"小说家类"。《四部全书简明目录》评价这部书说："所记周穆王西行之事为经典所不载，而与《周穆王篇》互相出入，知当时委巷流传，有此杂记。旧史以其

① 《穆天子传》卷三："爰有□薮水泽，爰有陵衍平陆。硕鸟解羽，六师之人毕至于旷原。"郭璞注："《纪年》曰：'穆王北征，行积羽千里。'"顾实先生认为："卷四云：'自西王母之邦，北至于旷原之野，飞鸟之解羽，千有八百里。□宗周至于西北大旷原，万四千里。'据此明文，则六师毕至于旷原，即至于西北大旷原也。况西王母之邦在今波斯西北。更欲自西王母之邦北至旷原之野，则非自今波斯而北至欧洲大平原也，将焉至哉！故推定旷原者，包有今南俄大平原，及更北而欧洲大平原亦在内，万无可疑矣。"顾实：《穆天子传西征讲疏》，中国书店1990年版，第174页。

编次年月，皆列‘起居注’中，今改隶小说，以从其实。”《四库总目提要》的作者也批评其中内容“多夸言寡实”。不过，许多学者又注意到《穆天子传》中记载的名物制度一般都与古代礼书的内容大致相合，其中记事记言，颇“与后世皇帝之《起居注》及《实录》相当”，因此而认为“此等记录，殆无可疑”[①]。可能正是出于这样的原因，《四部丛刊》和《四部备要》仍然把《穆天子传》归入“史部”之中。长期以来，大多数人并不把它看作小说，而看作一部“其叙简而法，其谣雅而风，其事侈而核”的历史典籍[②]。其实，所谓“所记周穆王西行之事为经典所不载”的说法，是并不完全符合事实的。《左传·昭公十二年》记载：“昔穆王欲肆其心，周行天下，将皆必有车辙马迹。”与《穆天子传》同出于汲冢的《竹书纪年》也这样写道：“穆王北征，行流沙千里，积羽千里。”“穆王十三年，西征，至于青鸟之所憩。”“穆王十七年，西征，至于昆仑丘，见西王母，乃宴。”《楚辞·天问》也说：“穆王巧梅，夫何为周流？环理天下，夫何索求？”

当然，《穆天子传》的确有“多夸言”的倾向，许多学者认为，把这部书归入“小说”一类固然不符合实际，但是如果把它完全看作记录周穆王实际行程的信史，似乎也并不妥当。经过研究分析，可以知道《穆天子传》的成书年代大致在战国时期。有人“假定其为中山人之西游记录”[③]，有人则“看成魏人之作”[④]，有的学者则认为，“《穆天子传》的著作背景即是赵武灵王的西北略地”[⑤]。看来，周穆王西行的事迹，战国时期已经在民间广为流传，当时一位佚名的作者根据这一历史传说，结合当时人远行游历的见闻，写出了这部具有特殊文化价值的名著——《穆天子传》。

汲冢竹书经过西晋学者整理，选取其中较为完整的，写定为75篇。然而历经战乱摧残，大都逐渐亡佚，至今完全留存的，只有一部《穆天子

---

① ［日］小川琢治：《〈穆天子传〉考》。

② 胡应麟：《少室山房笔丛·三坟补逸》。

③ 卫聚贤：《〈穆天子传〉研究》，《古史研究》第2集，上海商务印书馆193年。

④ 缪文远：《〈穆天子传〉是一部什么样的书》，《文史知识》1985年第11期。

⑤ 顾颉刚：《〈穆天子传〉及其著作年代》，《文史哲》第1卷第2期。

传》，足见这部书的文化价值。另有一部《竹书纪年》，尽管幸亏唐代以前多有学人引据，因而虽然原书已经佚失，近人还可以将其他书的引文加以辑录，但是我们所看到的，只能是这部书的大略情形，而无法认识其原貌。《穆天子传》在汲冢遗书中独得留存的原因，可能与它的内容富有神秘色彩和文学意趣有关。但是我们今天读这部书，当然不能忽略它反映古代交通交往形态和交通交往意识这一重要历史文化现象的意义。

司马迁在《史记》中，也记述了造父为周穆王驾车西行巡狩，见西王母，乐而忘归，为平定徐偃王之乱又长驱归周、一日千里的故事。

《史记·秦本纪》：

> 造父以善御幸于周缪王，得骥、温骊、骅骝、騄耳之驷，西巡狩，乐而忘归。徐偃王作乱，造父为缪王御，长驱归周，一日千里以救乱。缪王以赵城封造父，造父族由此为赵氏。

《史记·赵世家》：

> 造父幸于周缪王。造父取骥之乘匹，与桃林盗骊、骅骝、绿耳，献之缪王。缪王使造父御，西巡狩，见西王母，乐之忘归。而徐偃王反，缪王日驰千里马，攻徐偃王，大破之。乃赐造父以赵城，由此为赵氏。

《史记·秦本纪》还说："秦以其先造父封赵城，为赵氏。"《史记·太史公自序》也写道："维骥騄耳，乃章造父。"

《汉书·艺文志》不载录《穆天子传》，可能司马迁并没有见到过这部书，他或许是主要凭据秦国史籍资料或民间口头传说认识这段历史的。

司马迁虽然在《秦本纪》和《赵世家》中都说到造父故事，但是在《周本纪》中却没有提到周穆王"西巡狩，见西王母"事。只是记载："征犬戎"，"得四白狼四白鹿以归"。

《史记·周本纪》中关于周穆王的记载，又以其长寿引人注目。司马迁写道：

> 穆王即位，春秋已五十矣。
>
> 穆王立五十五年，崩。

也就是说，周穆王年寿达105岁。《太平御览》卷八五引《史记》："穆王即位，春秋已五十矣。""穆王立五十五年，年一百五岁而崩。"明确有"年一百五岁"文字。同卷引《帝王世纪》也写道："五十五年，王年百岁，崩于祇宫。"《列子·周穆王》也说："穆王几神人哉！能穷当身之乐，犹百年乃徂，世以为登假焉。"

又《尚书·吕刑》："惟吕命，王享国百年，耄荒。"孔安国传："言吕侯见命为卿时，穆王以享国百年耄乱荒忽。"《论衡·气寿》也说："高宗享国百年，周穆王享国百年，并未享国之时，皆出百三四十岁矣。"[①] 梁玉绳《史记志疑》卷三说："《吕刑》所云享国百年者，指书所作之年，而从其生年数之也。""《论衡·气寿篇》言穆王享国百年，并未享国之时，出一百三四十岁，妄也。"今按："并未享国之时"，"出百三四十岁"，依《史记·周本纪》所谓"穆王即位，春秋已五十矣"，则当至于150岁。

对于周穆王年寿，《晋书·束晳传》记载，汲冢出"竹书数十车"，其中《纪年》十三篇，关于周史，西晋学者特别注意到："自周受命，至穆王百年，非穆王寿百岁也。"雷学淇《竹书纪年义证》卷二一又说，"传云自武王至穆王享国百年，谓武王在位十七年，成王三十七年，康王二十六年，昭王十九年，至穆王元年，共享国百年也。"朱右曾《汲冢纪年存真》也持同样的意见。方诗铭、王修龄两位先生则以为："此据今本《纪年》为说，除昭王十九年外，其余年数未见征引，是否可信，今不敢必。"[②]

---

① 又《论衡·非韩》："穆王存德，享国久长，功传于世。"

② 方诗铭、王修龄：《古本竹书纪年辑证》，上海古籍出版社1981年版，第45页。

看来，对周穆王享国年数及生年数，目前只能存疑。

我们还看到，《史记·秦本纪》“造父以善御幸于周穆王”，“西巡狩，乐而忘归”句下，裴骃《集解》：

> 郭璞曰：“《纪年》云：‘穆王十七年，西征于昆仑丘，见西王母。’”

《穆天子传》卷三郭璞注：“《纪年》：‘穆王十七年，西征，至昆仑丘，见西王母。其年来见，宾于昭宫。’”《艺文类聚》卷七引《纪年》：“周穆王十七年，西征，至昆仑丘，见西王母，王母止之。”《列子·周穆王》释文引《纪年》及《太平御览》卷三八引《纪年》也都说事在周穆王十七年。

然而《艺文类聚》卷九一引《纪年》及《太平御览》卷九二七引《纪年》则又说：“穆王十三年，西征，至于青鸟之所憩。”“至于青鸟之所解。”

那么，按照《史记·周本纪》“穆王即位，春秋已五十矣”的说法，依“穆王十七年，西征”之说，时已67岁高寿；依“穆王十三年，西征”之说，当时也已是63岁的老人。

关于造父随周穆王西征故事，《穆天子传》卷一有这样的记述：

> 天子之骏：赤骥、盗骊、白义、逾轮、山子、渠黄、华骝、绿耳。……
>
> 天子之御：造父、三百、耿翛、芍及。

东归情形，《穆天子传》卷四记载：

> 天子命驾八骏之乘：右服华骝而左绿耳，右骖赤骥而左白义。天子主车，造父为御，𦈡𦈡为右。
>
> 次车之乘：右服渠黄而左逾轮，右骖盗骊而左山子。柏夭主车，

参百为御，奔戎为右。

天子乃遂东南翔行，驰驱千里。

造父，始终是列为首位的御者。

《史记·秦本纪》所谓“蜚廉善走”，造父“善御”，其实对于我们认识早期秦史的面貌和秦文化传统的若干特质，有重要的意义。

秦部族长期具有重视交通的传统。

在蜚廉、造父之前，就有秦先祖为帝王御的传说。《史记·秦本纪》：

费昌当夏桀之时，去夏归商，为汤御，以败桀于鸣条。

孟戏、中衍，鸟身人言，帝太戊闻而卜之使御，吉，遂致使御而妻之。

后来居于犬丘的非子，则以“好马及畜，善养息之”，为周孝王“主马”于汧水与渭水之间，因“马大蕃息”深受周王朝信用。秦人立国，也与一次重要的武装交通行为有关，这就是《史记·秦本纪》记载的：“周避犬戎难，东徙雒邑，襄公以兵送周平王。平王封襄公为诸侯，赐之岐以西之地。”

《吕氏春秋·观表》论“古之善相马者”，毕沅据《七命》注补“若秦之伯乐”，“尤尽其妙矣”等17字，或以为所补盖高诱注文。[①]《淮南子·道应》和《列子·说符》都记述伯乐为秦穆公论求千里之马的事迹。伯乐，应是秦穆公时人。屈原《九章·怀沙》：“伯乐既没，骥焉程兮？”《庄子·马蹄》：“世世称之曰：‘伯乐善治马。’”《释文》：“伯乐，姓孙，名阳，善驭马。《石氏星经》云：‘伯乐，天星名，主典天马。’”《晋书·天文志》说：“传舍南河中五星，曰‘造父’，御官也，一曰‘司马’，或曰‘伯乐’。”造父以“善御”著名，伯乐以“善相马”“善治马”著名，他们

① 马叙伦、蒋维乔等说。而陈奇猷先生分析上下文义以为，“不但《吕氏》不当有此文，高诱亦不当有此注。”参看陈奇猷：《吕氏春秋校释》，学林出版社1984年版，第1422页。

的名字，后来竟然被用以命名天际星座。

《吕氏春秋·观表》说到称为“天下之良工”的10位善相马者，其中有名叫“秦牙”的，又见于《淮南子·齐俗》[①]。“秦牙”，很可能是秦人。

我们读《山海经》时会注意到，畜牧业一些具有某种革命意义的发明，恰恰都发生在秦地。《山海经·西山经》：

> 石脆之山，……其中有流赭，以涂牛马无病。（郭璞注：“今人亦以朱涂牛角，云以辟恶。‘马’或作‘角’。”）

《山海经图赞》也有“除牛之疠”的诗句。石脆之山在华山以西220里。《西山经》还写道：

> 天帝之山，……有草焉，其状如葵，其臭如蘼芜，名曰“杜衡”，可以走马。（郭璞注：“带之令人便马。或曰：马得之而健走。”）

天帝之山在石脆之山以西1482里。又如《中次九经》：

> 高梁之山，……有草焉，状如葵而赤华，荚实白柎，可以走马。

高梁之山在秦岭和巴山之间。据说“与天帝山遥遥相对”，“在这一带也流传着大致相同的驯马习俗”。

石脆之山、天帝之山、高梁之山，都在秦文化圈范围以内。

上述医马、调马、驯马技术，带有巫术性质，然而都发生于秦地，应当看作一种可以反映某种文化共同性的迹象。

《山海经·东次四经》又写道：

---

① 《淮南子·齐俗》：“伯乐、韩风、秦牙、管青，所相各异，其知马一也。”高诱注：“四子皆古善相马者。”

图2-3　秦始皇陵兵马俑坑出土陶马

> 东始之山，……有木焉，其状如杨而赤理，其汁如血，不实，其名曰芑，可以服马。（郭璞注："以汁涂之，则马驯良。"）

虽然东始之山不在秦地，可是郝懿行解释说，这种风俗的发生，源起于对西域所产汗血马的模仿。有的学者从西域汗血马自汉代始传入中原的认识出发，以为："在时间的前后顺序上，与郝懿行所言刚好相反，这种流俗发生得很早，是中国的一种十分古老的习俗。"①其实，现在很难断定先秦时期没有西域汗血马或汗血马的信息传入中土。如果郝懿行的解释能够成立，则这种期求使马能够如同西域汗血马一样疾驰速行的类比巫术的传播，一定也是由西向东，即由秦地向中原流布的。

《汉书·地理志下》论述各地"民性""系水土之风气"时，首先说到秦人重视畜牧的悠久传统："秦之先曰柏益"，"为舜朕虞，养育草木鸟兽"。"至周有造父，善驭习马，得华骝、绿耳之乘，幸于穆王。""后有非

① 参看[日]伊藤清司：《〈山海经〉中的鬼神世界》，刘晔原译，中国民间文艺出版社1989年版，第110页至第111页。

子，为周孝王养马汧、渭之间。孝王曰：‘昔伯益知禽兽，子孙不绝。’乃封为附庸，邑之于秦，今陇西秦亭秦谷是也。”

《诗·秦风》中多见体现秦人“有车马之好”（毛亨传）的诗句。《史记·封禅书》中有关秦人礼祀传统的资料，也反映了一种对交通行为的特殊热忱。例如，我们看到汉初制度，“自华以西，名山七，名川四”，“此皆在雍州之域，近天子之都，故加车一乘，骝驹四”。

秦人以四畤祠上帝，司马迁记述其制度：

> 春夏用骍，秋冬用骝。畤驹四匹，木禺龙栾车一驷，木禺车马一驷，各如其帝色。黄犊羔各四，圭币各有数，皆生瘗埋，无俎豆之具。

关中祠用车马，与东方不同，甚至不备“俎豆之具”。

汉初仍然继承秦有关制度，“召故秦祝官，复置太祝、太宰，如其故仪礼”。刘邦宣布：“吾甚重祠而敬祭。今上帝之祭及山川诸神当祠者，各以其时礼祠之如故。”汉文帝时，重新调整礼祠制度，有所废除之外，又“欲有增诸神祠”。值得注意的是，已知所增神祠尽在秦地，除了“其河、湫、汉水加玉各二；及诸祠，各增广坛场，圭币俎豆以差加之”外[①]，诸畤仍增用车马和车马具：

> 雍五畤路车各一乘，驾被具；西畤、畦畤禺车各一乘，禺马四匹，驾被具。

关中礼祀用车马，并不是所谓“在雍州之域，近天子之都”的缘故，而是“因秦故祠”（《汉书·郊祀志下》），表现出对秦地礼祀传统的尊重。而秦人祭祀仪礼中奉献车马和车马模型，可以从一个侧面反映其传统观念中

① 据《汉书·地理志上》，左冯翊临晋“有河水祠”。《汉书·地理志下》：安定郡朝那“有湫渊祠”。

对于交通的重视。

秦都咸阳3号宫殿遗址发现的壁画中，有目前所知年代最早的表现出行车马仪仗的画面。[①]

《华阳国志·蜀志》记载蜀地风习，说到“工商致结驷连骑”，“归女有百两之从车”的现象，并且指出，“原其由来，染秦化故也”。认为这种讲究出行车骑队列规模的风习，是受到秦地风俗的影响。

秦岭山地施工难度极高的道路的开通，是秦人交通建设的成就。“栈道千里，通于蜀汉”（《战国策·秦策三》《史记·范雎列传》），对于改变秦国与东方强国的实力对比，有重要的意义。

春秋时期，秦人曾经“造舟于河”（《左传·昭公元年》），即在黄河上架设临时性的浮桥。黄河历史上第一座常设的浮桥，也是秦人修建的，这就是秦昭襄王五十年（公元前257年）“初作河桥”（《史记·秦本纪》）。

秦国车辆制作技术的进步，也有文物资料以为证明。陕西凤翔战国初期秦墓BM103出土的双辕车模型[②]，是世界上最早的标志双辕车出现的实物资料。这种车型的出现，体现了交通工具发展史上的重大进步。秦始皇陵出土铜车马，也代表着当时车辆制造技术的顶峰。[③]

秦人很早就开始发展水运。《左传·僖公十三年》记载了秦输粟于晋，“自雍及绛相继”的“泛舟之役”。秦国能够“水通粮”，曾经成为列国以为国力强盛而“不可与战”的重要因素之一（《战国策·赵策一》）。

秦人在运输组织和交通管理方面，也有比较成熟的制度。[④]

秦国交通建设方面的优势，也是能够顺应历史大势，连年东进，在秦

① 咸阳市文管会、咸阳市博物馆、咸阳地区文管会:《秦都咸阳第三号宫殿建筑遗址发掘简报》,《考古与文物》1980年第2期。

② 吴镇烽、尚志儒:《陕西凤翔八旗屯秦国墓葬发掘简报》,《文物资料丛刊》第3集,文物出版社1980年版。

③ 孙机:《从胸式系驾法到鞍套式系驾法——我国古代车制略说》,《考古》1980年第5期;《始皇陵2号铜车马对车制研究的新启示》,《文物》1983年第3期;《中国古代马车的系驾法》,《自然科学史研究》第3卷第2期(1984年4月)

④ 参看王子今:《秦汉交通史稿》,中共中央党校出版社1994年版,第17页至第24页。

始皇一代终于翦灭六国，完成统一大业的基本因素之一。通过有关历史现象，我们也可以看到秦人先祖“造父”时代即形成的文化基质，怎样长久地表现出深刻的影响。

《史记·秦始皇本纪》记载，秦始皇二十八年（公元前219年），“上泰山，立石，封，祠祀。下，风雨暴至，休于树下，因封其树为五大夫”。《史记·封禅书》也记叙同一故事：

> 即帝位三年，东巡郡县，祠驺峄山，颂秦功业。于是征从齐鲁之儒生博士七十人，至乎泰山下。诸儒生或议曰：“古者封禅为蒲车，恶伤山之土石草木；埽地而祭，席用葅秸，言其易遵也。”始皇闻此议各乖异，难施用，由此绌儒生。而遂除车道，上自泰山阳至巅，立石颂秦始皇帝德，明其得封也。从阴道下，禅于梁父。其礼颇采太祝之祀雍上帝所用，而封藏皆秘之，世不得而记也。
>
> 始皇之上泰山，中阪遇暴风雨，休于大树下。诸儒生既绌，不得与用于封事之礼，闻始皇遇风雨，则讥之。

秦始皇封泰山，“其礼颇采太祝之祀雍上帝所用”，显然也使用车马或车马模型以为献祭，由于“封藏皆秘之，世不得而记也”，我们今天只能推知其大概。

尤其值得注意的，是秦始皇封禅泰山时关于交通方式的争议，使得他深以为齐鲁儒学礼仪之“乖异，难施用”，于是竟“由此绌儒生”。秦始皇后来是排除众议，径自采用自以为合宜的交通方式上下泰山的，“遂除车道，上自泰山阳至巅”，“从阴道下”。由于途中意外“遇暴风雨”，受到排斥的诸儒生也借此发抒不满，“闻始皇遇风雨，则讥之”。

秦始皇登泰山的故事，显示出秦文化与齐鲁文化在交通意识方面的某些微妙差异。

另一可以通过交通行为表现秦始皇性格特征及秦文化有关风格的事件，即秦始皇同一年出巡途中怒而伐湘山树事：

> 浮江，至湘山祠。逢大风，几不得渡。上问博士曰："湘君何神？"博士对曰："闻之，尧女，舜之妻，而葬此。"于是始皇大怒，使刑徒三千人皆伐湘山树，赭其山。

《元和郡县图志》卷二五《江南道一》"丹徒县"条下记载："初，秦以其地有王气，始皇遣赭衣徒三千人凿破长陇，故名'丹徒'。"应当也可以看作大致相类的史例。

"封"的源流

说到秦国交通文化方面的特点，不能不注意秦人善于"远攻"（《史记·范雎蔡泽列传》），较早就创造了以重兵军团大规模远征的历史纪录的事实。其最突出的一例，就是秦穆公时出兵谋取郑国，"径数国千里而袭人"一事。

秦国历史上一段屈辱的记录，也正是因这次军事行动而引起的。

《史记·秦本纪》记载：秦穆公三十二年（公元前628年），"郑人有卖郑于秦曰：'我主其城门，郑可袭也。'"秦穆公问蹇叔、百里奚，对曰："径数国千里而袭人，希有得利者。"然而秦穆公已经决意出军，命令百里奚的儿子孟明视、蹇叔的儿子西乞术及白乙丙将兵。"三十三年春，秦兵遂东。"因郑国已经察觉，于是灭晋国之边邑滑。晋国发兵在崤阻截秦军，"击之，大破秦军，无一人得脱者，虏秦三将以归"。

三将军由晋国回到秦国后，秦穆公素服郊迎，沉痛自责，说："三子何罪乎？子其悉心雪耻，毋怠。"并且"复三人官秩如故，愈益厚之"。

第二年，秦穆公派孟明视将兵伐晋，秦军不利，于是撤回。

秦穆公三十六年（公元前624年），"缪公复益厚孟明等，使将兵伐晋，渡河焚船，大败晋人"，秦军取晋国两城，以报崤之役战败之仇，"晋人皆城守不敢出"。《史记·秦本纪》还记载：

于是缪公乃自茅津渡河，封殽中尸，为发丧，哭之三日。乃誓于军曰："嗟士卒！听无哗，余誓告汝。古之人谋黄发番番，则无所过。"以申思不用蹇叔、百里奚之谋，故作此誓，令后世以记余过。君子闻之，皆为垂涕，曰："嗟乎！秦缪公之与人周也，卒得孟明之庆。"

《史记·晋世家》也有这样的记载：

四年，秦缪公大兴兵伐我，度河，取王官，封崤尸而去。晋恐，不敢出，遂城守。

《左传·文公三年》是这样记述这一史事的："秦伯伐晋，济河焚舟，取王官及郊。晋人不出，遂自茅津渡，封崤尸而还。遂霸西戎，用孟明也。"

所谓"封崤尸"，"封崤尸而去"，"封崤尸而还"，杜预解释说："封，埋藏之。"而裴骃《集解》引贾逵曰："封识之。"

《史记·外戚世家》褚先生补述："使者夜持棺往葬之，封识其处。""封"的意义的确主要在于"识"，而并非在于"葬"。

封，就是筑起高大的土堆以为标识。《管子·形势解》："所谓平原者，下泽也。虽有小封，不得为高。"《列子·杨朱》："积麴为封。"有"聚土为封"的说法。[①]封，又被用以形容隆起之状。[②]

封，因为标识显著，往往作为界定的标志。如《小尔雅·广诂》："封，界也。"《吕氏春秋·季春纪》高诱注："封，界也。"《周礼·地官·大司徒》郑玄注："封，起土界也。"《庄子·齐物》说："夫道未始有封。"

---

① 《广雅·释诂三》："封，场也。"王念孙《疏证》："《周官》'封人'注：'聚土曰封。'"

② 如《汉书·西域传·大月氏国》："出一封橐驼。"颜师古注："脊上有一封也，'封'，言其隆高，若封土也。"《后汉书·顺帝纪》："疏勒国献师子、封牛。"李贤注："封牛，其领上肉隆起若'封'然，因以名之。"

这里所说的“封”，一般解释为“封域”“限域”（成玄英《疏》），也是指某种界限。四川青川郝家坪50号战国墓出土了秦更修为田律木牍，内容是秦武王时关于田制的律令，其中写道：“以秋八月，修封埒，正疆畔。”[①]湖北云梦睡虎地秦简中整理者归入《法律答问》的内容中，也可见有关“封”的规定：“‘盗徙封，赎耐。’可（何）如为‘封’？‘封’即田千（阡）佰（陌）顷半（畔）‘封’也，且非是？而盗徙之，赎耐，可（何）重也？是，不重。”就是说：“私自移动‘封’，应处以‘赎耐’之刑。”什么叫“封”？“封”是农田路界，还是并非如此？私自移动就判处赎耐，是不是太重？回答说：“封”就是农田路界。私自移动“封”而判处赎耐，处罚并不重。[②]

《史记·天官书》所谓“视封疆田畴之正治”，说的就是这种“封”。

不过，“封”成为界标，已经是后出之义。

“封”的原义是堆聚土石，后来才又作为某种界域的标志，因而又称作“封表”。

秦穆公“封崤尸”，绝不仅仅是简单地掩埋4年前阵亡士卒的尸骨，如杜预所谓“埋藏之”，而是修建了高大的夯土建筑，以作为国耻的永久性的纪念。秦穆公“令后世以记”的用心，是期望通过这种“封”来实现的。

西汉名将霍去病曾率军远征大漠以北，破匈奴，“封狼居胥山”（《史记·卫将军骠骑列传》）[③]，东汉时，窦宪、耿夔等击溃匈奴，深入北方荒漠追击三千余里，“铭功封石”而还（《后汉书·南匈奴列传》），也都是以“封”作为永久性纪念形式的典型史例。

---

① 四川省博物馆、青川县文化馆：《青川县出土秦更修田律木牍》，《文物》1982年1期；李学勤：《青川郝家坪木牍研究》，《文物》1982年第10期；胡平生、韩自强：《解读青川秦墓木牍的一把钥匙》，《文史》第26辑，中华书局1986年版。

② 睡虎地秦墓竹简整理小组断句原作：“‘封’即田千佰。顷半(畔)‘封’也，且非是？”译文作：“‘封’就是田地的阡陌。百亩田的田界是算作‘封’，还是不算‘封’？”《睡虎地秦墓竹简》，文物出版社1978年版，第178页至第179页。今据文义改正。

③ 《史记·卫将军骠骑列传》：“封狼居胥山，禅于姑衍，登临翰海。”《史记·匈奴列传》：“骠骑封于狼居胥山，禅姑衍，临翰海而还。”

在交通道路上的“封”，据说又有分程记里的作用。但是“封”的原始含义也可以由此得到说明。古代交通道路管理曾经有以所谓“封堠”划界分程的制度，据说五里一封堠，十里双封堠，有的学者引据经典，指出黄帝游幸天下时，“道路有记里堆”，因而以为“封堠”之制，起始于黄帝时代。[①]这样的分析，可能是符合历史真实的。

据《史记·司马相如列传》，司马相如《上林赋》写道：“蹶石关，历封峦，过鳷鹊，望露寒。”裴骃《集解》：“案：《汉书音义》曰：‘皆甘泉宫左右观名也。’”《文选》卷八李善注引张揖曰：“此四观，武帝建元中作，在云阳甘泉宫外。”也就是说，甘泉宫外有石关观、封峦观。汉武帝可能确曾于甘泉宫外置此观，而石关观之定名，当因“石门山”。《三辅黄图》卷五有“石阙观封峦观”条，写道：

> 石阙观，封峦观。《云阳宫记》云：“宫东北有石门山，冈峦纠纷，干霄秀出，有石岩容数百人，上起甘泉观。”《甘泉赋》云：“封峦石阙，弭迤乎延属。”

陈直先生按：“‘石阙’，今本《汉书·扬雄传》所载《甘泉赋》作‘石关’。《铙歌·上之回》亦作‘石关’。又《甘泉赋》云：‘度三峦兮偈棠梨。’李善注以为‘三峦’即‘封峦关’。”[②]

汉甘泉宫附近确有“石关”，即今陕西旬邑石门乡的石门山。石门山，当地人称“石门关”，至今东西横亘数里，临北石壁陡立，中开一阙，如天设石门。石门关以南不远，就是位于陕西淳化安子哇乡的汉甘泉宫遗址，向北则正当秦始皇时代所开通的由甘泉直抵九原的纵贯南北的“直

① 杨慎：《丹铅总录·封堠墥埒》。

② 陈直：《三辅黄图校证》，陕西人民出版社1980年版，第128页。

道”。直道是蒙恬主持修筑的军事交通工程[①]，至今地面保存的道路遗迹往往宽达50米至60米。而“封峦”，应当是直道左近具有标识意义的可能上有人为建筑设施的高地。

司马相如去世时，“遗札言封禅事”，其中再一次说到“封峦”：“厥之有章，不必谆谆。依类托寓，谕以封峦。”（《史记·司马相如列传》）这里所说的“封峦”，很可能也与《上林赋》中所谓“封峦”有关。扬雄《甘泉赋》：“封峦石关，施靡虖延属”，刘歆《甘泉赋》：“封峦为之东序，缘石阙之天梯”，也都说到“封峦”和“石关”“石阙”的关系。

考虑到“封”曾经作为交通道路里程标志的事实，自然会注意到秦穆公置“封”的崤地，正在秦人东向进取必经的大道旁。

藏族往往在路边堆积石块，称之为“玛尼堆”[②]。蒙古族则称之为“鄂博”“敖包”[③]。土族则称作“俄博”“雷台”[④]。其性质，可能在于设置道路标识。也有人以为有界标的意义：“各游牧交界之处，无山河为志者，或平原，或沙碛，皆垒石为志，曰‘鄂博’。”[⑤]门巴族把垒这种石堆

---

① 《史记·秦始皇本纪》：“三十五年，道九原抵云阳，堑山堙谷，直通之。”《史记·六国年表》：“为直道，道九原，通甘泉。”《史记·蒙恬列传》：“始皇欲游天下，道九原，直抵甘泉，乃使蒙恬通道，自九原抵甘泉，堑山堙谷，千八百里。”司马迁曾经感叹道：“吾适北边，自直道归，行观蒙恬所为秦筑长城亭障，堑山堙谷，通直道，固轻百姓力矣。”

② 有人把“藏族常于过往要道把刻有佛教六字真言的石块垒砌成堆，以供行人巡礼，谓之‘嘛呢堆’”，列为“藏族佛教宗教建筑、圣地和场所”的内容之一（参看《中国各民族宗教与神话大词典》，学苑出版社1990年版，第727页），似乎没有察见其原始的文化含义。

③ 《绥蒙辑要》一书（民国三十五年版）写道：“所谓‘鄂博’者，即垒碎石，或杂柴、牛马骨为堆，位于山岭或大道，蒙人即以为神祇所凭，敬之甚虔。故遇有疾病、求福等事，辄惟‘鄂博’是求。寻常旅行，偶过其侧，亦必跪祷，且必垒石其上而后去。”

④ 据调查，“凡在土民居住地方的三岔路口或是山壑口处都有这种‘俄博’。因为土民相信‘俄博’能抵挡恶风与邪气。他们认为在这些容易有邪怪侵入的地方，立了‘俄博’便可挡住。”“在土民居住的村口或私人住宅的门口常可见到一个小土台称为‘雷台’。认为这是镇压邪魔鬼怪，保佑家宅或全村平安的。”立台的方法和“俄博”相仿。陈永龄等：《青海土族民间信仰》，《青海土族社会历史调查》，青海人民出版社1985年版，第42页。

⑤ 《大清会典》卷六四，光绪二十五年刻本。

称作“玛尼朵个”[①]。在山口、村头和许多重要路段，往往都可以看到人工有意堆筑的石堆。人们行旅途经此地，大都手拾石块置放在石堆上，也有人在这里专心系挂上事先准备好的经幡和彩条等。清人祁韵士《西陲竹枝词一百首》中，有说到“鄂博”的：

鄂　博

告虔祝庇雪和风，垒石施金庙祀同。

塞远天空望不极，行人膜拜过残丛。

遇者必祭，或插箭，或置财物而去。[②]

方观承《从军杂记》写道：“峰岭高处，积乱石成冢，名‘鄂博’，谓神所栖，经过必投以物，物无择，马鬃亦可。”阮葵生《蒙古吉林风土记》也说：“垒石象山冢，悬帛以致祷，报赛则植木表，谓之‘鄂博’。过者无敢犯。”又纪昀《乌鲁木齐杂记》说：“‘鄂博’者，累碎石为蕞以祀神，番人见之多下马。”

“鄂博”“敖包”一般位于大道重要路段，而“垒石”“积乱石”“垒碎石”的形式，以及“行人”“过者”诚心尊事的态度，也都使人很自然地联想到古时的“封”。

有的研究者指出：“敖包所祭，最初自然是祖先的魂灵，逐渐人们又把它看成本地诸神灵的汇聚之所，因之演变成了包罗万象的祭祀场所。”[③]

这种道路标识具有宗教意义，可能是时代相对晚近的事。不过，这一事实也可以说明为重要道路建置路标，可能很早就是十分郑重严肃，被赋予某种神秘意义的行为。

---

① 据调查，“墨脱地区交通不便，路途艰险，门巴人外出时有‘玛尼朵个’的习俗，与藏族相同。‘玛尼朵个’，意为‘垒石堆’。在危险的山口或路段旁，可以看到悬挂着布条、经幡和彩条的大石堆。这是门巴人每路过此地时，人手拾一石块或准备好的布条、经幡等堆挂而成的，民间认为这样做是以求鬼神赐福消灾，沿途平安，交换顺利。”李坚尚等：《关于墨脱县门巴族社会历史若干问题的补充调查》，《门巴族社会历史调查（二）》，西藏人民出版社1988年版，第55页至第56页。

② 《山右丛书初编·西陲要略附》。

③ 刘小萌、定宜庄：《萨满教与东北民族》，吉林教育出版社1990年版，第51页。

古代所谓“封”，性质可能与此类似。

《史记·大宛列传》说到乌孙、康居、大月氏等国都是草原“随畜移徙”的所谓“不土著”的“行国”。[①]我们可以看到，“封”以及类似的文化存在，大都出现在以大漠荒原旷野作为主要活动地域的部族中，大都出现在以交通形式作为生产生活主要形式的部族中。

秦人对“封”是予以相当程度的重视的。有的学者甚至认为：“秦俑坑的性质乃是为表彰统一全国的军功所树的纪念碑式的‘封’。”[②]秦人对“封”的重视，很可能是以长期从事畜牧业经济为背景的。这一特殊的文化信号，同时也体现出秦人与西北草原游牧民族相互间曾经有较密切的文化交往，彼此又具有一定的文化共同性。[③]

分析秦史文化信息中有关“封”的内容，可以从新的角度理解文明史的初步发展和交通史的初步发展之间的联系，也有助于我们更真切地认识秦文化的独特面貌。

记述公元14年至公元15年间史事的塔西佗《编年史》第1卷中，可以看到日耳曼尼库斯·凯撒率领的罗马军队进军到埃姆斯河和里普河之间的情形：

> 现在他们离开提乌托布尔格森林已经不远了，据说伐鲁斯和他的军团士兵的尸体还留在那里没有掩埋。
>
> 这时日耳曼尼库斯极想对这些阵亡的士兵和他们的统帅表示最后的敬意；他所率领的士兵则想到他们的亲属和友人，想到战争和人类命运的变幻无常，不由得有了感伤怜悯之情。凯奇纳奉令先去探查人迹罕到的林中小道，并在遍处是水的沼泽地和不坚实的地面上架桥铺

① 《史记·大宛列传》：“乌孙在大宛东北可二千里，行国，随畜，与匈奴同俗。”“康居在大宛西北可二千里，行国，与月氏大同俗。”“大月氏在大宛西可二三千里，居妫水北，其南则大夏，西则安息，北则康居。行国也，随畜移徙，与匈奴同俗。”“行国”，裴骃《集解》：“徐广曰：‘不土著。’”

② 林剑鸣：《秦俑之谜》，《文博》1985年第1期。

③ 参看王子今：《应当重视秦人与西方北方部族文化交往的研究》，《秦陵秦俑研究动态》1991年第3期。

路。在这之后，大军就到这块看起来和回想起来都非常阴森可怕的地方来了。他们看到伐鲁斯的第一个营地，营地广阔，每隔一段距离都有安置军官和军旗的地方，这一情况表明这乃是三个军团的劳动成果；此外还可以看到一些已经一半颓圮的土墙和一道浅沟，那是残兵败将们在被击溃之前用作掩护的所在。在这附近的平原上是分散的或是成堆的白骨，因为有的人是分头逃命，有的人则没有跑动。在那里还有残破的投枪和战马的肢体，还有钉在树干上的骷髅，十分显眼。在附近的森林里有一些蛮族的祭坛，罗马军队的军团将领和主力的百人团长就是在这里被日耳曼人处死的。当时逃出战场或挣脱他们的锁链的那些幸免于祸的人则叙述副帅们在什么地方阵亡，军旗在什么地方被夺走，伐鲁斯在什么地方第一次负伤，在什么地方他用自己那不幸的手结束了性命。……

就这样，罗马军队在六年之后，来到这个灾难场所掩埋了这三个军团的士兵的遗骨；谁也不知道自己掩埋的是一个生人还是一个亲人的尸骨，但是他们却把这些尸骨作为朋友和亲人的尸骨埋葬起来，他们在内心满怀对敌人的愤怒，他们感到悲哀和憎恨。

在修建坟山的时候，凯撒放置第一份草土，用以表示对死者的衷心尊敬并与大家一同致以哀悼之忱。①

罗马军队统帅日耳曼尼库斯·凯撒的做法，和秦穆公所谓“封崤尸”何其相像！罗马军人们所“修建”的“坟山”，是不是和秦穆公为“封识之”而修建的“封”属于性质相类的建筑形式呢？

“金人十二”之谜

秦始皇二十六年（公元前221年），以武力实现了对天下的兼并，建

① 塔西佗：《编年史》上册，王以铸等译，商务印书馆1981年版，第1卷，第51页至第52页。

立了大一统的专制帝国。《史记·秦始皇本纪》记载：

> 分天下以为三十六郡，郡置守、尉、监。更名民曰“黔首”。大酺。收天下兵，聚之咸阳，销以为钟鐻，金人十二，重各千石，置廷宫中。一法度衡石丈尺。车同轨。书同文字。地东至海暨朝鲜，西至临洮、羌中，南至北向户，北据河为塞，并阴山至辽东。徙天下豪富于咸阳十二万户。

所谓“销以为钟鐻，金人十二，重各千石，置廷宫中”，清人王念孙《读书杂志·史记第一》指出：“案此当作‘置宫廷中’。今本‘廷’字误在‘宫’字之上，则文不成义。《文选·过秦论》注、《太平御览·皇王部》引此并作‘置宫廷中’[①]，《通鉴·秦纪二》同。‘庭’‘廷’古字通。”张文虎《校刊史记集解索隐正义札记》卷一也说：“凌云一本作‘宫廷’。”

秦中央政府“收天下兵，聚之咸阳，销以为钟鐻，金人十二，重各千石”，置于宫廷之中，是与建立天下一统的政体同时施行的举措，当然首先有宣示“壹家天下，兵不复起”（《峄山刻石》）[②]，“永偃戎兵”（《之罘刻石》），“嘉保太平”（《会稽刻石》）的作用。但是，“重各千石”的“金人十二”的造铸，又有富有神秘主义意味的文化象征意义。

《汉书·刘向传》记载，刘向上奏谈“天文”预示“时变”的史例，曾经说到了“长人见于临洮”的传说：

> 秦始皇之末至二世时，日月薄食，山陵沦亡，辰星出于四孟，太白经天而行，无云而雷，枉矢夜光，荧惑袭月，孽火烧宫，野禽戏廷，都门内崩，长人见于临洮，石陨于东郡，星孛大角，大角以亡。

---

① 《太平御览》卷八六引《史记》作“置宫庭中”。

② 《峄山刻石》写道：“追念乱世，分土建邦，以开争理。攻战日作，流血于野，自泰古始。世无万数，陀及五帝，莫能禁止。乃今皇帝，壹家天下，兵不复起。灾害灭除，黔首康定，利泽长久。”参看袁维春：《秦汉碑述》，北京工艺美术出版社1990年版，第46页。

观孔子之言，考暴秦之异，天命信可畏也。

“长人见于临洮”，被看作警示秦败亡的异象。

《汉书·五行志下之上》是这样说到秦始皇“作金人十二”的原因的：

史记秦始皇二十六年，有大人长五丈，足履六尺，皆夷狄服，凡十二人，见于临洮。[①]天戒若曰，勿大为夷狄之行，将受其祸。是岁始皇初并六国，反喜以为瑞，销天下兵器，作金人十二以象之。遂自贤圣，燔《诗》《书》，坑儒士，奢淫暴虐；务欲广地，南戍五岭，北筑长城以备胡越，堑山填谷，西起临洮，东至辽东，径数千里。故大人见于临洮，明祸乱之起。后十四年而秦亡，亡自戍卒陈胜发。

就秦始皇造铸“金人十二”事，《史记·秦始皇本纪》司马贞《索隐》写道：

按：二十六年，有长人见于临洮，故销兵器，铸而象之。谢承《后汉书》：“铜人，翁仲，翁仲其名也。”《三辅旧事》：“铜人十二，各重三十四万斤。汉代在长乐宫门前。”董卓坏其十为钱，余二犹在。石季龙徙之邺，苻坚又徙长安而销之也。

张守节《正义》也写道：

《汉书·五行志》云：“二十六年，有大人长五丈，足履六尺，皆夷狄服，凡十二人，见于临洮，故销兵器，铸而象之。”谢承《后汉

① 梁玉绳《史记志疑》卷五：“《汉五行志》引《史记》云‘有大人长五丈，足履六尺，皆夷狄服，凡十二人，见于临洮’。此《纪》无之。不著临洮大人之事，则莫识铸金人何故。”以为《汉书·五行志下之上》关于“临洮大人之事”所谓“史记”出自司马迁《史记》。

> 书》云："铜人，翁仲其名也。"《三辅旧事》云："聚天下兵器，铸铜人十二，各重二十四万斤。汉世在长乐宫门。"《魏志・董卓传》云："椎破铜人十及钟鐻，以铸小钱。"《关中记》："董卓坏铜人，余二枚，徙清门里。魏明帝欲将诣洛，载到霸城，重不可致。后石季龙徙之邺，苻坚又徙入长安而销之。"《英雄记》云："昔大人见临洮而铜人铸，至董卓而铜人毁也。"

司马贞《索隐》和张守节《正义》共同引录的谢承《后汉书》和《三辅旧事》，所记一事而文字略异。

"大人"十二见于临洮，班固以为"天戒"，"大人见于临洮，明祸乱之起。"而秦始皇却"反喜以为瑞"，所谓"销天下兵器，作金人十二以象之"，其出发点也在于顺应天意。"大人""见于临洮"，出现时，"皆夷狄服"，班固理解为"天戒若曰，勿大为夷狄之行，将受其祸"。这可能与临洮当秦地西边，正当与"夷狄"相交的文化界点有关。[①]不过秦始皇反而变本加厉，大行"奢淫暴虐"之政，其中就包括"务欲广地，南戍五岭，北筑长城以备胡越，堑山填谷，西起临洮，东至辽东，径数千里"。临洮地方，成为长城工程的代表性象征。"大人"之"见"，也被班固解释为"明祸乱之起"的先兆。而果然"后十四年而秦亡，亡自戍卒陈胜发"，灭亡秦王朝的大起义，竟然确实是由前往戍守长城的戍卒陈胜发起。

临洮，在今甘肃岷县，秦汉时属陇西郡。[②]当时，是曾经被中原人看作临于"夷狄"的界地的。《汉书・西域传上》："及秦始皇攘却戎狄，筑长城，界中国，然西不过临洮。"

秦王政八年（公元前239年），出击赵国的秦军曾经在屯留发生兵变，

---

① 《史记·秦始皇本纪》："地东至海暨朝鲜，西至临洮、羌中，南至北向户，北据河为塞，并阴山至辽东。"临洮，实际上是秦帝国疆域西边与北边的共同的极点。

② 《汉书·地理志下》："陇西郡，秦置。""临洮，洮水出西羌中，北至枹罕东入河。《禹贡》西顷山在县西，南部都尉治也。"

叛乱者受到严厉的惩处，胁从叛军的当地民众也被强制迁徙到临洮。据《史记·秦始皇本纪》记载：

> 八年，王弟长安君成蟜将军击赵，反，死屯留，军吏皆斩死，迁其民于临洮。将军壁死，卒屯留、蒲鶮反，戮其尸。

对于这段文字，学者有不同的理解[①]，但是所谓“迁其民于临洮”，文意明确，不当有疑议。

刘向所谓“长人”，和司马迁所谓“大人”，其实是同一含义。关于所谓“长人”或“大人”的神秘主义意识[②]，多见于属于东方神话系统的古代传说之中，或许亦体现出中原和西土居民对东方的某种认识。《楚辞·招魂》写道：

> 魂兮归来！东方不可以托些。
> 长人千仞，惟魂是索些。

王逸解释说：“言东方有长人之国，其人无义，不可托命而寄身也。”洪兴祖补注：“《山海经》云：‘东海之外，大荒之中，有大人之国。’”

《山海经》中，有多处说到“大人”，如：

---

① 梁玉绳《史记志疑》卷五写道：此节文义最难解，注亦欠明。赵太常曰：“蒲鶮恐是反者姓名，乃屯留之卒从成蟜而反，虽死有犹戮其尸也。‘将军壁死’是承上文‘死屯留’句，言其死状，而‘卒屯留’九字又就‘军吏皆斩死’句抽出言之。”钱宫詹曰：“壁与蒲鶮似皆人名。壁即讨成蟜之将军，壁死而部卒又叛，因更戮其尸耳。”钱唐陈太仆兆仑云：“《史》文有错简并有缺羡处，当云：‘王弟长安君成蟜为将军（缺为字），击赵反屯留（死字羡），将军壁死，军吏皆斩（死字羡，《汉五行志》无死字也），迁其民于临洮。卒屯留蒲鶮反，戮其尸。’盖蒲鶮是人姓名，谓成蟜为将军击赵至屯留而反，秦兵讨之，成蟜战死于壁垒之间，其所将军吏及屯留之民从将军反者皆斩之，迁之。士卒惧诛，有屯留人蒲鶮者与众复反，罪坐主帅，故戮成蟜之尸也。”王孝廉云：“当作‘王弟长安君成蟜将军蒲鶮击赵，反，死屯留，戮其尸，军吏皆斩，迁其民于临洮。’盖‘死’字、‘将军’字、‘死屯留’字、‘反’字皆复出，而又衍‘壁’字、‘卒’字。‘蒲鶮’及‘戮其尸’五字，乃错倒也。”梁玉绳以为：“四解未知孰胜。”

② 《墨子·大取》说到“长人”“短人”。《史记·孔子世家》也说：“孔子长九尺有六寸，人皆谓之‘长人’而异之。”所谓“长人”，这里只是指身材高大的人，并没有神话意义。

〔鬿丘〕在东海，两山夹丘，上有树木。一曰嗟丘，一曰百果所在，在尧葬东。大人国在其北，为人大，坐而削船。[①]一曰在鬿丘北。……肝榆之尸在大人北。(《海外东经》)

大人之市在海中。(《海内北经》)

东海之外，大荒之中，……有波谷山者，有大人之国。有大人之市，名大人之堂。有一大人踆其上，张其两耳。[②](《大荒东经》)

有人名曰"大人"。有大人之国，釐姓，黍食。(《大荒北经》)

除最后《大荒北经》一例外，"大人"均明确在东方。而《大荒北经》所谓"大人之国，釐姓"，也说明其地望也在东方。

《国语·鲁语下》记载："吴伐越，隳会稽，获骨焉，节专车。吴子使来好聘，且问之仲尼，曰：'无以吾命。'宾发币于大夫，及仲尼，仲尼爵之。既彻俎而宴，客执骨而问曰：'敢问骨何为大?'仲尼曰：'丘闻之：昔禹致群神于会稽之山，防风氏后至，禹杀而戮之，其骨节专车。此为大矣。'客曰：'敢问谁守为神?'仲尼曰：'山川之灵，足以纪纲天下者，其守为神；社稷之守者，为公侯。皆属于王者。'客曰：'防风何守也?'仲尼曰：'汪芒氏之君也，守封、嵎之山者也，为漆姓。在虞、夏、商为汪芒氏，于周为长狄，今为大人。'客曰：'人长之极几何?'仲尼曰：'僬侥氏长三尺，短之至也。长者不过十之，数之极也。'"所谓"封、嵎之山"，韦昭注："今在吴郡永安县也。""长狄"事又见《穀梁传·文公十一年》。司马迁在《史记·孔子世家》中，"汪芒氏"写作"汪罔氏"，并明确其为"釐姓"：

仲尼曰："汪罔氏之君守封、禺之山，为釐姓。在虞、夏、商为

① 郝懿行解释说："'削'当读作若'稍'，削船谓操舟也。"

② "两耳"，《太平御览》卷三七七及卷三九四均引作"两臂"。袁珂先生以为"作'两臂'是也"。《山海经校注》，上海古籍出版社1980年版，第342页。

> 汪罔，于周为长翟，今谓之大人。”

于是，我们知道《山海经·大荒北经》所谓“大人之国，釐姓”，其实也属于东方“大人”神话系统。有的学者理解“莱、釐古文互用”，“莱夷亦即釐夷，釐姓之夷。大人国釐姓，当亦为此釐姓釐夷中的一支”。其活动地域可能在辽东半岛。[①]其说可以参考。

《淮南子·地形》也说到“大人国”，其方位也在东方：

> 自东南方至东北方，有大人国，……

高诱注：“东南垆土，故人大也。”《大戴礼记·易本命》：“虚土之人大。”与此说相同。许慎《说文》中也有关于“东方”“大人”的内容：

> 夷，东方之人，从大从弓。（《大部》）
> 东夷从大，大人也。（《羊部》）

《列子·汤问》说到“渤海之东”所谓龙伯国“大人”：“龙伯国有大人，举足不盈数步而暨五山之所”，因触怒帝，“侵小龙伯之民使短，至伏羲、神农时，其国人犹数十丈。”

东方“大人国”的传说流传相当久远。晋人张华在《博物志》卷二《外国》中写道：

> 大人国，其人孕三十六年而生儿，生儿白头，其儿长丈，能乘云而不能走，盖龙类，去会稽四万六千里。[②]

① 喻权中：《中国上古文化的新大陆——〈山海经·海外经〉考》，黑龙江人民出版社 1992 年版，第 438 页至第 440 页。

② 据范宁：《博物志校证》，中华书局 1980 年版，第 22 页，第 28 页。

“大人国”居海上，以及“大人”“能乘云”等传说，暗示或许当与海上幻象有某种关系。

对于《山海经·海内北经》所谓“大人之市在海中”，袁珂先生写道：“杨慎、郝懿行等咸释以登州海市蜃楼之幻象，云：‘今登州海中州岛上，春夏之交，恒见城郭市廛，人物往来，有飞仙遨游，俄顷变幻，土人谓之海市，疑即此。’云云，非也。”袁珂先生断然否定对杨慎、郝懿行等“以登州海市蜃楼之幻象”解释“大人之市在海中”的观点，然而却并没有提出否定的理由。

其实，可能只有以海市蜃楼现象，才能合理地解释“大人”神话何以多流传在东海地区的原因。

《唐国史补》卷下：“海上居人，时见飞楼如缔构之状甚壮丽者。”《梦溪笔谈》卷二一《异事》也说：“登州海中时有云气，如宫室、台观、城堞、人物、车马、冠盖，历历可见。”苏轼曾有《登州海市》诗：

> 东方云海空复空，群仙出没空明中。
> 荡摇浮世生万象，岂有贝阙藏珠宫。
> 心知所见皆幻影，敢以耳目烦神工。
> 岁寒水冷天地闭，为我起蛰鞭鱼龙。
> 重楼翠阜出霜晓，异事惊倒百岁翁。[①]

南宋诗人林景熙曾著《蜃说》，记述了亲见海市蜃楼变幻的情形，起初见“海中忽涌数山”，后又出现“城廓台榭”，“如众大之区，数十万家，鱼鳞相比”，“又移时，或立如人，或散如兽，或列若旌旗之饰，瓮盎之器，诡辨万千”。明末方以智转记他人所见“海市”情景，有“忽艨艟数十扬幡来，各立介士，甲光耀眼，朱旆蔽天”等文字。清人王士祯《香祖笔记》写道：“广州之虎门合兰海，每岁正月初三、四、五日现海市。城阙楼台，

---

① 《苏轼诗集》卷二六。

车骑人物，倏忽万状。康熙丙辰见戈甲之形，粤有兵变。黄太冲宗羲亦言宁波有海市。该东海、南海皆有，不惟登州，但登见以四、五月，广见以正月初旬三日，是小异耳，鄞之见不言定期。”

“海市”所见“群仙”“介士”“人物”等以及“或立如人”景况，应当就是“大人”传说的由来。

《睽车记》卷四说，宋高宗建炎年间，“泉州有人泛海，值恶风，漂至一岛。其徒数人登岸，……俄见长人数十，身皆丈余，耳垂至腹”。这里所说的“长人”，有可能就是海上“大人”。

秦人初起于东方，到了秦始皇所处的时代，东海神话世代传习的影响，应当还是隐约存在的。

在秦始皇“初并天下”，实现统一的当年，就出现了“有大人长五丈，足履六尺，皆夷狄服，凡十二人，见于临洮”的异象，于是，“销兵器，铸而象之”。在“是岁始皇初并六国”的时代背景下，从所谓“六合之内，皇帝之土；西涉流沙，南尽北户；东有东海，北过大夏；人迹所至，无不臣者”的心理出发，联想到东方“大人”神话，对于西边的这一神秘现象自然会“喜以为瑞”①，除了“销天下兵器，作金人十二以象之”而外，秦始皇次年的陇西之行②，可能也不是偶然的。

光线经过不同密度的空气层，发生显著折射或全反射，把远处景物显示在空中或地面而形成的海市蜃楼现象，不仅多见于海上，也多见于沙漠荒原。这一情形在司马迁的时代就已经受到注意。《史记·天官书》就写道：

> 海旁蜃气象楼台，广野气成宫阙然。云气各象其山川人民所聚积。

---

① 《后汉书·董卓传》李贤注引《三辅旧事》曰：“秦王立二十六年，初定天下，称皇帝。大人见临洮，身长五丈，迹长六尺，作铜人以厌之，立在阿房宫殿前，汉徙长乐宫大夏殿前。”称“作铜人以厌之”，视“大人”出现于临洮为不利之兆，于是以铜人厌胜，当是后人的理解。

② 《史记·秦始皇本纪》：“二十七年，始皇巡陇西、北地，出鸡头山，过回中。”

临洮以远的地区，正是《史记·秦始皇本纪》所谓“西极流沙”之地，是沙漠荒原连天的“广野”。

内陆地区发现海市蜃楼的记载，其实不绝于史。例如《晋书·苻坚载记下》：“自坚之建元十七年四月，长安有‘水影’，远观若水，视地则见人，至是则止。”《隋唐嘉话》卷下也记载：“神龙中，洛城东地若‘水影’，纤微必照，就视则无所见。”《旧唐书·五行志》也记载了这一现象：“神龙二年三月，洛阳东七里有‘水影’，侧近树木车马之影，历历见‘水影’中，月余方灭。”又如《新唐书·五行志三》：“神龙二年三月壬子，洛阳城东七里，地色如水，树木车马，历历见影，渐移至都，月余乃灭。长安街中，往往见‘水影’。昔苻坚之将死也，长安尝有是。”“大历末，深州束鹿县中有‘水影’长七八尺，遥望见人马往来，如在水中，及至前，则不见水。”

方以智《物理小识》卷二有“海市山市”条，又有“阳炎水影旱浪”条。其中写道：“燕、赵、齐、鲁之郊，春夏间，野望旷远处，如江河白水荡漾，近之则复不见，土人称为‘阳炎’。”又说到《晋书·苻坚载记下》建元十七年长安有“水影”事，称“亦谓之‘地镜’”。又写道：“陆友仁曰，宋宝祐六年四月，常州晋陵之黄泥岸亦有此异相，传呼为‘旱浪’。”方以智以为这都是大气变化引起的特殊光象。“其气平者为阳炎、旱浪，其气厚者为山市海市矣。”揭暄注《物理小识》指出，海市蜃楼是普遍的现象，“山海都地皆得见之”。他和游艺在《天经或问后集》第四册《山城海市蜃气楼台图》注记中还写道：“其盛则明，气微则隐，气移则物形渐改耳。在山为山城，在海为海市。”①

非滨海地区所见可能属于海市蜃楼一类的“大人”的情形，其实也并不罕见。例如：

《宋书·五行志五》：“明帝泰豫元年正月，巨人见太子西池水上，迹

① 参看宋正海等：《中国古代海洋学史》，海洋出版社1986年版，第212页至第213页。

长三尺余。”

《陈书·高祖本纪下》：“〔永定三年〕仙人见于罗浮山寺小石楼，长三丈所，通身洁白，衣服楚丽。”

《隋书·高祖纪下》：“〔仁寿四年六月〕长人见于雁门。”《隋书·五行志下》则说：“仁寿四年，有人长数丈，见于应门，其迹长四尺五寸。”

《新唐书·五行志三》：“久视二年正月，成州有大人迹见。”“〔贞元〕十年四月，恒州有巨人迹见。”《旧唐书·五行志》：“十年四月，巨人迹见常州。”

图2–4 秦始皇陵兵马俑坑出土站立俑

《新五代史·前蜀世家》:“〔王建天复七年〕是年正月，巨人见青城山。”

《金史·五行志》中这样的记载更是耐人寻味的:“军宁江，驻高阜，撒改仰见太祖体如乔松，所乘马如冈阜之大。”

此外,《涌幢小品》卷二七也记载了这样一些“巨人”传说:

“〔明正德十三年〕六月四日，陕西会城，初昏时，阴暗忽大明，有巨人长三丈余，见抚台东。足长四尺余，衣袂飘摇，须髯如丛戟。”

“〔明嘉靖三十四年〕十二月十二日，咸宁王濯未第时，同二三友人丙夜过秦邸，见一巨人从东蹒跚而来，高三余丈。”

“〔明万历三十五年〕一宗室出门，又见一巨人从北著白衣白帻，耳有隧。高二丈余。两目炯炯，火光射地，望南而去。”

《涌幢小品》中的记载有志怪性质，未可确信，但是《三国志·魏书·三少帝纪·陈留王奂》中的如下史例，则是我们不能不特别注意的:

> 〔魏元帝咸熙二年秋八月〕是月，襄武县言有大人见，长三丈余，迹长三尺二寸，白发，著黄单衣，黄巾，柱杖，呼民王始语云:“今当太平。”

同一事，又见于《晋书·武帝纪》:

> 〔咸熙二年〕八月辛卯，文帝崩，太子嗣相国、晋王位。下令宽刑宥罪，抚众息役，国内行服三日。是月，长人见于襄武，长三丈，告县人王始曰:“今当太平。”

这是一例与秦始皇时代临洮见大人同样对于“大人见”“喜以为瑞”的史事。另外，尤其值得我们特别注意的，是襄武县（今甘肃陇西）和临洮县（今甘肃岷县）相距很近，同属于陇西郡，是地形气象条件相近的地区。两地同样“有大人见”，可以给我们以有益的启示。

秦始皇造铸“金人十二”，具有值得重视的政治文化内涵。

“金人十二”，据说与“数以六为纪，符、法冠皆六寸，而舆六尺，六尺为步，乘六马”（《史记·秦始皇本纪》）有关。其实，取“十二”之数，更可能是取义于象征天数。

《左传·哀公元年》：“周之王也，制礼上物，不过十二，以为天之大数也。”杜预解释说，“天有十二次，故制礼象之。”《礼记·郊特牲》规定郊祭仪程，也说：“祭之日，王被衮以象天，戴冕璪十有二旒，则天数也。”同样以“十二”为“天数”。郑玄注：“天之大数，不过十二。”《汉书·律历志上》也有这样的内容：“五星起其初，日月起其中，凡十二次，日至其初为节，至其中斗建下为十二辰。视其建而知其次。故曰：‘制礼上物，不过十二，天之大数也。’”

天时也以“十二”为纪。《周礼·春官·冯相氏》：“掌十有二岁、十有二月、十有二辰。”

“金人”“各重二十四万斤”，而与铸“金人十二”同时，秦始皇又“分天下以为三十六郡”，“徙天下豪富于咸阳十二万户”，大约也都与取法天数“十二”的意识有关。

与刘向、班固们将临洮“大人”看作“暴秦之异”不同，司马迁没有流露出对秦始皇的鄙视和讥讽，而是以一种历史主义的客观的记述为后人留下了一份少有主观臆断污染的较纯实的文化史素材，以便于科学的分析。

事实上，我们可以看到，司马迁对秦始皇的一些有关政策，大体持理解的态度。这不仅表现出他的历史观的宽容，又说明他的心理倾向，和当时文化一统的新的时代要求，有一种神妙的默契。

《三国志·魏书·董卓传》：“悉椎破铜人、钟虡，及坏五铢钱。更铸为小钱。”《太平御览》卷七一二引《三辅故事》：“董卓坏铜人十枚为小钱熨斗。”董卓正是陇西临洮人，《后汉书·董卓传》说：“〔董卓〕又坏五铢钱，更铸小钱，悉取洛阳及长安铜人、钟虡、飞廉、铜马之属，以充铸焉。故货贱物贵，谷石数万。又钱无轮郭文章，不便人用。时人以为秦始皇见长人于临洮，乃铸铜人。卓，临洮人也，而今毁之。虽成毁不同，凶暴相类焉。”以秦始皇铸铜人为“凶暴”，似乎不无历史偏见之嫌。其实，《英雄记》所谓“昔大人见临洮而铜人铸，临洮生卓而铜人毁”，正意味着“金人十二”曾经被看作政治成功的一种象征，被看作统一事业的一种象征，被看作天下安定的一种象征。由这一角度来读司马迁对于此事客观主义的记述，应当理解当时大一统意识已经成为具有充备社会影响和广泛社会基础的时代精神的主体这一文化史的现实。

《文选》卷一〇潘岳《西征赋》：“金狄迁于灞川。”李善注：“潘岳《关中记》曰：‘秦为铜人十二，董卓坏以为钱，余二枚，魏明帝欲徙诣洛，载到霸城，重不可致。今在霸城次道南。’铜人，即金狄也。”《水经注·渭水下》也写道：“魏明帝景初元年徙长安，金狄重不可致，因留霸城南，人有见蓟子训与父老共摩铜人曰：‘正见铸此，时计尔日，已近五百年矣。’”蓟子训摩铜人故事，见于《后汉书·方术列传·蓟子训》：“后人复于长安东霸城见之，与一老公共摩挲铜人，相谓曰：‘适见铸此，已近五百年矣。’”《史记·秦始皇本纪》司马贞《索隐》说到秦铸铜人，汉代置长乐宫门前，“石季龙徙之邺，苻坚又徙长安而销之也”。张守节《正义》也引《关中记》：“董卓坏铜人，余二枚，徙清门里。魏明帝欲将诣洛，载到霸城，重不可致。后石季龙徙之邺，苻坚又徙入长安而销之。”

秦始皇铸“金人”，潘岳《关中记》说：“魏明帝欲徙诣洛”，《水经注·渭水下》则说：“魏明帝景初元年徙长安。”当以前者为是。《三国志·魏书·明帝纪》裴松之注引《魏略》：“是岁（景初元年），徙长安诸钟簴、骆驼、铜人、承露盘。盘折，铜人重不可致，留于霸城。大发铜铸作铜人二，号曰‘翁仲’，列坐于司马门外。”

秦始皇铸“金人”，起初据说立在阿房宫殿前，汉徙长乐宫大夏殿前，或说未央宫前，后来魏明帝、石季龙、苻坚又屡次往复迁徙，魏明帝迁而不至，甚至又另外自铸铜人二，似乎可以说明秦始皇所铸“金人”有十分特殊的象征作用。至于魏晋时期，“金人”尽管已经远远不足“十二”之数，然而在当时人的意识中，仍然保留有象征王制皇权的文化意义。

另外还有一个值得重视的现象，就是前述咸熙二年“长人见于襄武”事后不到一年，晋武帝司马炎泰始二年，据《晋书·武帝纪》：

> 秋七月辛巳，营太庙，致荆山之木，采华山之石；铸铜柱十二，涂以黄金，镂以百物，缀以明珠。

“铸铜柱十二”事在公元266年8月22日，在“长人见于襄武”事（公元265年9月6日）350天之后，与设坛南郊正式受禅（公元266年2月8日）[①]，相隔195天。“铸铜柱十二”的形式与秦始皇造铸“金人十二”相仿，是十分明显的。其时间的择定，也有模拟秦始皇在二十六年“初并天下”即造铸“金人十二”的迹象。

秦始皇造铸“金人十二”，与“钟鐻”有需要辩明的关系。

日本学者原田淑人很早就指出“金人”是钟鐻的附座。[②]藤田丰八则提出“金人”就是钟鐻的见解。[③]

《史记·平津侯主父列传》：

> 及至秦王，蚕食天下，并吞战国，称号曰“皇帝”，主海内之政，坏诸侯之城，销其兵，铸以为钟鐻，示不复用。

《史记·太史公自序》：

> 始皇既立，并兼六国，销锋铸鐻，维偃干革。

国内近年有学者根据这些记载，以及贾山《至言》所谓“秦皇帝”“悬石铸钟鐻”等，又注意到“1978年湖北随县战国曾侯乙墓出土的编钟，是

---

① 据方诗铭、方小芬：《中国史历日和中西历日对照表》，上海辞书出版社1987年版。

② ［日］原田淑人：《秦の金人の形體就いて》，《市村博士古稀紀念東洋史論叢》（1933年）。

③ ［日］藤田丰八：《钟鐻金人について》，《狩野教授還曆紀念支那学論叢》（1928年）。

'由六具钟虡铜人承托'",于是以为《史记·秦始皇本纪》所谓"收天下兵,聚之咸阳,销以为钟鐻,金人十二,重各千石,置廷宫中"以及同篇引贾谊《过秦论》所谓"收天下之兵,聚之咸阳,销锋铸鐻,以为金人十二,以弱黔首之民",铸钟鐻金人不当分开理解,断定"销锋改铸为钟虡一物","把钟鐻、金人断作两种名物""是值得商榷的"[1],或说"钟鐻与金人系同一物","就是销熔兵器,铸成了十二枚铜质人形的鐻"。被看作"确凿的证明"的,是扬雄《甘泉赋》所谓"金人仡仡其承钟虡兮"。论者认为"扬雄所述即秦之钟鐻编钟",而其认识基点在于"秦汉时该编钟放置于甘泉宫",阿房宫时尚未建成,"况且,项羽'烧秦宫室,火三月不灭',钟鐻金人倘若置阿房宫中,当随之化为灰烬,汉人又怎能将其徙于长乐宫或未央宫呢?甘泉宫离咸阳70多公里,所以幸免于被难"。[2]这样的观点得到附和。有的学者还说:"让十二金人充当钟鐻具有特殊的意义。因为这些代表符瑞的金人是用兵器铸成的,让它们来承托乐钟无疑是象征着和平与安定,恰好可以向天下人表明秦始皇偃武修文,维护统一的思想,这正是秦始皇铸造十二金人的根源。"[3]

不过,这样的意见,似乎仍然不能够完全否定秦始皇"既铸钟鐻又铸金人",钟鐻即钟鐻,金人即金人的理解。

《太平御览》卷八六引《史记》有这样的说法:

> 收天下之兵,聚之咸阳,销锋镝,铸以为金人十二,以弱黔首之民。
>
> 收天下兵,聚之于咸阳,销以为钟鐻,铸为金人十二,重各千石,置宫庭中。

---

① 张振新:《曾侯乙墓编钟的梁架结构与钟虡铜人》,《文物》1979年第7期;张振新:《关于钟虡铜人的探讨》,《中国历史博物馆馆刊》第2期(1980年9月)。

② 汪受宽:《"钟鐻金人十二"为宫悬考》,《文史》第40辑,中华书局1994年版。

③ 王双怀:《秦始皇铸造"十二金人"的原因》,《秦陵秦俑研究动态》1996年第3期。

前一种记述，只说造铸“金人”。后一种记述，也说明“钟鐻”和“金人”不宜混同。

有学者指出，班固《西都赋》说：“列钟虡于中庭，立金人于端闱。”可见“金人”和“钟虡”两不相干。又《三国志·魏书·董卓传》《后汉书·董卓传》以及《资治通鉴》卷七三“魏明帝景初元年”都以“钟虡”和“金人”分为二事。而“《甘泉赋》所言金人并非秦始皇所铸的十二金人”。于是坚持了“金人不是钟虡”的判断。[①]

《史记·六国年表》记载：

> 〔秦始皇二十七年〕为金人十二。

《淮南子·氾论》也说：

> 秦之时，高为台榭，大为苑囿，远为驰道，铸金人，发谪戍。

都只说铸金人而不说铸钟鐻。[②]如果金人只是钟的附属结构，这样以末代本的叙述显然是不合情理的。

又秦时金人置于甘泉宫（今按：秦时称林光宫）的臆测，也是缺乏史实根据的。金人立于咸阳，以形制高大，当置于宫殿区中较开阔的地带，即使项羽一炬，也不至于“化为灰烬”。

此外，按照以为“钟鐻与金人系同一物”者的观点，金人为鐻，下层6枚，高6.93米，第2层亦6枚。以曾侯乙墓出土编钟上下3层，承托钟架的佩剑铜人（包括头顶的榫）最高为0.96米，而钟架通高2.73米的比例计，则高6.93米的金人所承托的钟架高度应当达到19.71米。高度近20米

---

① 王裕民：《秦十二金人考》，《秦文化论丛》第4辑，西北大学出版社1996年版。

② 《史记·秦始皇本纪》引贾谊《过秦论》所谓“收天下之兵，聚之咸阳，销锋铸鐻，以为金人十二，以弱黔首之民”，《新书·过秦上》《汉书·陈胜项籍传》赞引“昔贾生之《过秦》”、《文选》卷五一贾谊《过秦论》均作“收天下之兵，聚之咸阳，销锋鍉，铸以为金人十二，以弱天下之民”，均不言铸钟鐻。

的编钟，规模不仅是空前的，也是绝后的，姑且不论当时的铸造技术可否达到这样的水平，设想即使确实创造出这样的铸焊技术史上的奇迹，然而却并没有在史家笔下留下记录，也是不可思议的。司马迁在《史记·秦始皇本纪》中极言阿房宫前殿之高大，也只说“下可建五丈旗”，以现今尺度核计，当时的“五丈”，也不过才11.55米。如果宫前列立的金人竟然高于最宏伟的大殿，也是不可理解的。

另外，如果将“金人十二”强解作“承托”“编钟”的“钟虡铜人”，即只是编钟的附件，那么后来有关梦“金人”泣，以及销毁“金人”、移动“金人”的记载，也不好理解。

《文选》卷一班固《西都赋》：“列钟虡于中庭，立金人于端闱。”即分说“钟虡”与“金人”。至于扬雄《甘泉赋》所谓“金人仡仡其承钟虡兮”，则可能是如同曾侯乙墓相类似的“金人”。《汉书·郊祀志下》记载：“〔汉宣帝甘露元年〕建章、未央、长乐宫钟虡铜人皆生毛，长一寸许，时以为美祥。”甘泉宫“承钟虡”之“金人”，与所谓“建章、未央、长乐宫钟虡铜人”当然性质相同，可见秦汉宫廷应用“钟虡铜人”确实相当普遍，然而却与秦始皇销天下兵器所造铸的“金人”没有直接的关系。

宫观庙堂前列立“金人”，可能确实是曾经流行一时的建筑风格。《孔子家语·观周》就写道：“孔子观周，遂入太祖后稷之庙，堂右阶之前，有金人焉。三缄其口而铭其背曰：‘古之慎言人也。’”

根据有关记载，我们可以讨论秦始皇所造铸“金人十二”的形制。

秦始皇所铸“金人十二”，据司马迁《史记·秦始皇本纪》说，“重各千石”。司马贞《索隐》引《三辅旧事》：“铜人十二，各重三十四万斤。”张守节《正义》则引作“铸铜人十二，各重二十四万斤”。梁玉绳《史记志疑》卷五说：“《正义》引《三辅旧事》云铜人‘各重二十四万斤’，《水经注》四同。而此言‘千石’。考《黄图》云‘钟鐻高三丈，钟小者皆千石’，则知‘千石’者乃钟鐻重数，《史》误并之，而又失书金人之重耳。”

《西都赋》：“列钟虡于中庭，立金人于端闱。”李善注：“《史记》曰：

'始皇大收天下兵器，聚之咸阳，销以为钟鐻，铸金人十二，各重千斤，置宫中。”又《文选》卷二张衡《西京赋》：“高门有闶，列坐金狄”，李善注：“《史记》曰：'始皇收天下兵，销以为金人十二，各重千斤，致于宫中。”

这里所谓“各重千斤”，显然有误。

而如果“各重二十四万斤”的记载属实，则重量相当于60933.6公斤，即超过60吨[①]。金人十二，则总重量超过731吨。这当然还不是“收天下兵器，聚之咸阳”销毁的总重，因为还有铸作“钟鐻”者，按照《三辅黄图》卷一的说法，其“高三丈，钟小者皆千石也”。此外，民间流散的兵器，还有许多。[②]

《三辅黄图》卷一关于“金人十二”，还有如下的记述：

> 销锋镝以为金人十二，以弱天下之人，立于宫门。《三辅旧事》云：铸金狄人，立阿房殿前。坐高三丈，铭其后曰：“皇帝二十六年，初兼天下，改诸侯为郡县，一法律，同度量。”大人来见临洮，其大五丈，足迹六尺。铭李斯篆，蒙恬书。董卓悉椎破铜人铜台，以为小钱。天下大乱，卓身灭，抑有以也。余二人，魏明帝欲徙诣洛阳清明门里，载至霸城，重不可致，便留之。

按照秦时通例，所铸铜人应当是有铭文的。据《水经注·河水四》，铭文字句与《三辅黄图》略有不同，又《汉书·王莽传下》记载：“〔王〕莽梦长乐宫铜人五枚起立，莽恶之，念铜人铭有'皇帝初兼天下'之文，即使尚方工镌灭所梦铜人膺文。”《汉书补注》：“先谦曰：'十二枚，镌其

① 据国家计量总局主编《中国古代度量衡图集》著录的30件传世与出土的秦权，其折合重量最高每斤合273.75克，最低每斤合234.6克，平均为253.89克。《中国古代度量衡图集》，邱隆等编，文物出版社1981年版。

② 元人陈孚《博浪沙》诗即写道：“一击车中胆气豪，祖龙社稷已动摇。如何十二金人外，犹有民间铁未销。”（《元诗选》丙集，《元诗百一钞》卷八）又如清人凌扬藻《博浪椎》诗：“奋击轰天副车折，噫嘻尚有人间铁！”（《雅海堂集》卷五）以及罗聘《秦始皇》诗：“焚书早种咸阳火，收铁偏遗博浪椎。”参看钱锺书《管锥编》第一册《史记会注考证·秦始皇本纪》“铜铸兵与铁铸兵”条，中华书局1979年版，第255页至第256页。

五。’”

《汉书·王莽传下》所谓“所梦铜人膺文”，与《长安志》引《关中记》所谓“长乐宫前铜人，其胸前铭，李斯篆，蒙恬书也”相合。《三辅黄图》卷一“铭其后曰”云云，记载与此不同，不过却又与《孔子家语·观周》所谓“太祖后稷之庙”所立“金人”“而铭其背”的说法相合。金人铭文究竟在胸前还是背后，现在似乎也难以确知。

“梦长乐宫铜人五枚起立”，似乎铜人原先是坐姿。后来魏明帝欲徙金人至洛阳，重不可致，于是自铸铜人二，也是“列坐于司马门外”。《三辅黄图》卷一说：“坐高三丈，铭其后曰：‘皇帝二十六年，初兼天下，改诸侯为郡县，一法律，同度量。”《史记·陈涉世家》褚先生补述引贾谊《过秦论》：

> 〔秦始皇〕隳名城，杀豪俊，收天下之兵聚之咸阳，销锋鍉，铸以为金人十二，以弱天下之民。

司马贞《索隐》：“各重千石，坐高二丈，号曰‘翁仲’。”所谓“坐高三丈”，或者“坐高二丈”，不知是说铜人坐姿，还是指铜人之“座”即董卓所“椎破铜人铜台”之“铜台”。如果取坐姿，则当为跽坐，如出土跽坐秦俑形式，然而与临洮所见“大人”“长五丈”之立姿不一致，如此则大约铸作时并非绝对“象之”，或当另有深意。不过，《三辅黄图》卷一说“坐高三丈”，又说“立于宫门”，对于这里所谓“坐”与“立”究竟应当如何理解，我们现在还难以确知。有学者以为，“金人为坐相是毋庸置疑的，也因此王莽才会‘梦长乐宫铜人五枚起立’”[①]，此说还可以讨论。而“列坐于司马门外”之所谓“坐”，或许只是放置的意思。

《水经注·河水四》说秦始皇铸金人十二事始末，也说“坐之宫门之前”：

---

① 王裕民：《秦十二金人考》，《秦文化论丛》第4辑，西北大学出版社1996年6月版。

图2-5　秦始皇陵区出土跽坐俑

秦始皇二十六年，长狄十二见于临洮，长五丈余，以为善祥，铸金人十二以象之，各重二十四万斤，坐之宫门之前，谓之“金狄”。皆铭其胸云：皇帝二十六年，初兼天下，以为郡县，正法律，同度量，大人来见临洮，身长五丈，足六尺。李斯书也。故卫恒《叙篆》曰：秦之李斯，号为工篆，诸山碑及铜人铭，皆斯书也。汉自阿房徙之未央宫前，俗谓之“翁仲”矣。地皇二年，王莽梦铜人泣，恶之，念铜人铭有皇帝初兼天下文，使尚方工镌灭所梦铜人膺文。后董卓毁其九为钱。其在者三，魏明帝欲徙之洛阳，重不可胜，至霸水西停之。《汉晋春秋》曰：或言“金狄”泣，故留之。石虎取置邺宫，苻坚又徙之长安，毁二为钱，其一未至而苻坚乱，百姓推置陕北河中，于是“金狄”灭。

图2-6　河南洛阳金村出土银人

其中说到“地皇二年，王莽梦铜人泣”，由此可以推想《汉书·王莽传下》“长乐宫铜人五枚起立”，“起立”或当为“泣”之慢读讹音。如果这一推想能够成立，则“金人”跽坐的可能，大致也可以排除。

《汉书·五行志下之上》说秦始皇二十六年临洮所见“大人”“长五丈，足履六尺”。考察秦始皇陵兵马俑1号坑一区（T1K、T10K、T19K）出土的157件陶俑，足至顶高平均176.79厘米（最大数值为186厘米，最小数值为168.5厘米），脚长平均27.50厘米（最大数值31厘米，最小数值22.8厘米）。[①]按照洛阳金村出土战国铜尺长24.1厘米的尺度计[②]“足履六

① 陕西省考古所秦始皇陵秦俑坑考古发掘队：《秦始皇陵兵马俑坑一号坑发掘报告(1974—1984)》，文物出版社1988年版。

② 《中国古代度量衡图集》，邱隆等编，文物出版社1981年版。

尺”，相当于144.6厘米。按照秦俑身材比例，则身高大约合929.59厘米，相当于当时尺度3.86丈。很可能“金人”的铸作，是以“足履六尺”为准计定的身高。如此则正与其高“三丈”的传说大体符合。根据这样的分析，似乎也可以否定“金人为坐相”的说法。

“董卓悉椎破铜人铜台，以为小钱”事，见于《三国志·魏书·董卓传》：“悉椎破铜人、钟虡，及坏五铢钱。更铸为小钱。”所谓“椎破”的说法，暗示“铜人铜台”至少有些部分可能是中空的。

马非百先生曾经采录《广弘明集》及《释迦方志》引释道安、朱士行等《经录》中有关“始皇之时，有外国沙门释利房等一十八贤者，赍持佛经来化始皇，始皇弗从，遂囚禁之，夜有金刚丈六人来，破狱出之，始皇惊怖，稽首谢焉”的说法，并且以为“秦始皇时，有外国沙门东来”，《汉书·五行志下之上》：“史记秦始皇二十六年，有大人长五丈，足履六尺，皆夷狄服，凡十二人，见于临洮。”“是岁始皇初并六国，反喜以为瑞，销天下兵器，作金人十二以象之。”就是“同类之记载”。

马非百先生说：“始皇铸金人，乃中国有金属铸象之开端。《孔子家语》载孔丘见金人，三缄其口，乃是魏王肃伪造，不足置信。①当时金人被置于宫庭中。”“自始皇铸金人以后，秦汉所造宫殿，大都模仿其制，铸为金人以为装饰。”“可见始皇铸金人所遗后代影响之巨。然此事实含有极深之宗教意味，而且与西域佛教有密切之关系。考秦时临洮，即现在甘肃之岷县。在当时，与匈奴及氐羌毗邻。汉武帝时，匈奴已有‘祭天金人’，可知佛教在匈奴已开始盛行。而始皇时十二大人之发现，正是从毗邻匈奴之临洮传说而来。当时官吏报到朝廷，在中国固有之神秘观念中，以为是

① 马非百先生此说不确。西周时期铸作的铜人，我们可以看到陕西宝鸡茹家庄1号墓和2号墓出土的实物。此后河南三门峡上村岭虢国墓、湖北随县曾侯乙墓、洛阳金村韩墓、河北易县燕下都、河北平山中山王墓、山西长治分水岭126号墓，都有制作精美、形象生动的铜铸人像出土。参看卢连成等：《宝鸡弜国墓地》，文物出版社1988年版；中国科学院考古研究所：《上村岭虢国墓地》，科学出版社1959年版；湖北省博物馆：《随县曾侯乙墓》，文物出版社1989年版；[日]梅原末治：《洛阳金村古墓聚英》；河北省文化局文物工作组：《燕下都遗址发现一件战国时代的铜人像》，《文物》1965年第2期；河北省文物管理处：《河北省平山县战国时期中山国墓发掘简报》，《文物》1979年第1期；边城修：《山西长治分水岭126号墓发掘报告》，《文物》1972年第4期。

国家祥瑞。适值始皇大修宫殿，而宫殿是‘仿太紫之圆方’者，于是铸成金人，置于其中，以示宫殿之雄伟。佛教佛陀身长丈六，作紫磨金色，佛教中之护法天师亦多高大而金饰，与始皇所铸之金人‘重各千石’者正相符合。且传说中之大人‘皆夷狄佛’（今按：‘佛’，‘服’之误写），故始皇所铸之金人，服饰亦与中国不同。此种采用夷服之作风，在以后各代莫不皆然。”“金人所以被称为金狄、长狄者，即在于其身量之高大，金光辉昱，而服装又不同于中国。”“此种金人，又显然为一种坐像。凡此，皆足以窥见外来之色彩。”

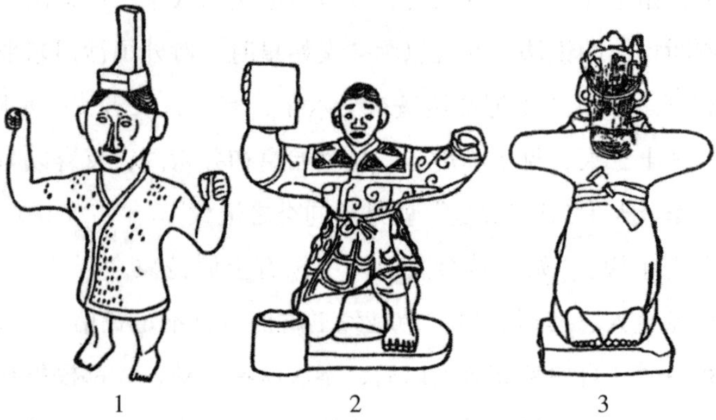

图 2–7　战国时期铜人(据孙机)

1. 山西长治韩墓出土　2. 美国奈尔逊美术馆藏　3. 瑞典斯德哥尔摩远东古物馆藏

马非百先生于是断定：“总之，始皇所铸金人，是吸收西域佛教圣像而融化之于中国神教系统之中。可见中印两国文化交流关系，在二千年前即已开始矣。”①

其实，“外国沙门释利房等一十八贤者，赍持佛经来化始皇”的说法，是后世不能得到历史确证的佛家宣传。如果“释利房”“化始皇”是历史

① 马非百:《秦集史》上册，中华书局1982年版，第361页至363页。

事实，以中国如此丰富之典籍遗存和文物遗存，迄今竟然没有发现点滴依据可以助证此说，似乎是难以理解的。

马非百先生注意到张衡《西京赋》所谓“高门有闶，列坐金狄”，何晏《景福殿赋》所谓“爰有遐狄，镣质轮菌，坐高门之侧堂，彰圣主之威神”，他写道：“盖高门即皋门，是帝宫五门中之外门，亦称为端门。‘皋门像征紫宫，有十二之藩臣’。《史记·天官书》以此秦宫中列坐之十二金人，依星位形式，应为东首五尊，西首五尊，中间两尊。虽不完全相合，但已具有后世中国佛寺山门天王殿之格式：即中间向外为弥勒，向内为韦驮，两旁为四大天王。”[①]

《西京赋》所谓“金狄”，《文选》卷二李善注：“金狄，金人也。”[②]《景福殿赋》所谓“遐狄”，《文选》卷一一李善注：“遐狄，即长狄也。”“言为金狄坐于高门侧堂之中，以明圣主之有威神。”“金狄”“遐狄”，确是指秦始皇所铸金人。然而，《史记·天官书》中并不见“皋门”之称。所谓“紫宫”“十二之藩臣”之说，当是指如下一段文字：

> 中宫，天极星，其一明者，太一常居也；旁三星三公，或曰子属。后句四星，末大星正妃，余三星后宫之属也。环之匡卫十二星，藩臣。皆曰紫宫。

“十二星，藩臣”，并不是如马非百先生所设想的，“应为东首五尊，西首五尊，中间两尊”，“已具有后世中国佛寺山门天王殿之格式：即中间向外为弥勒，向内为韦驮，两旁为四大天王”，而明确是“环之匡卫”。

尽管马非百先生的推测难免臆度之嫌，但是他所注意到的“金人”只是作为“藩臣”的象征，只是“坐于高门侧堂之中，以明圣主之有威

---

① 马非百：《秦集史》，中华书局1982年版，上册，第362页。

② 马非百先生说：“李善引郑玄《礼记注》曰：‘金狄，金人也。’”不确。李善注原文作：“善曰：《毛诗》曰：‘皋门有伉’，与‘闶’同。郑玄《礼记注》曰：‘皋之言高也。’金狄，金人也。”所谓“金狄，金人也”，是李善注语，非郑玄注语。

神”的作用，却给我们以重要的启示。也就是说，取象临洮“大人”的十二金人，在秦汉宫廷中，只能“侧”居以陪衬显示“圣主”的“威神”。

真正的唯一的“圣主”，是大一统的帝国的主宰——皇帝本人。

马非百先生以秦始皇铸“金人”与佛教相联系，注意到秦时临洮与匈奴及氐羌毗邻。又以为“汉武帝时，匈奴已有‘祭天金人’，可知佛教在匈奴已开始盛行”。匈奴“祭天金人”事，见于《史记·匈奴列传》：

> 汉使骠骑将军〔霍〕去病将万骑出陇西，过焉支山千余里，击匈奴，得胡首虏万八千余级，破得休屠王祭天金人。

裴骃《集解》：“《汉书音义》曰：‘匈奴祭天处本在云阳甘泉山下，秦夺其地，后徙之休屠王右地，故休屠有祭天金人，象祭天人也。’”司马贞《索隐》：“韦昭云：‘作金人以为祭天主。’崔浩云：‘胡祭以金人为主，今浮图金人是也。’”司马贞对《汉书音义》“匈奴祭天处本在云阳甘泉山下”的说法提出异议，以为：“事恐不然。案：得休屠金人，后置之甘泉也。”张守节《正义》则指出：“《括地志》云：‘径路神祠在雍州云阳县西北九十里甘泉山下，本匈奴祭天处，秦夺其地，后徙休屠右地。’案：金人即今佛像，是其遗法，立以为祭天主也。”

我们看到的有关匈奴“祭天金人”的信息，又有《汉书·金日磾传》：

> 武帝元狩中，票骑将军霍去病将兵击匈奴右地，多斩首，虏获休屠王祭天金人。

《汉书·霍光金日磾传》赞又写道，甚至金日磾得姓，也与这一宗教现象有关：

> 本以休屠作金人为祭天主，故因赐姓金氏云。

《汉书·霍去病传》："去病侯三岁，元狩二年春为票骑将军，将万骑出陇西，有功。上曰：'票骑将军率戎士……转战六日，过焉支山千有余里，合短兵，鏖皋兰下，杀折兰王，斩卢侯王，锐悍者诛，全甲获丑，执浑邪王子及相国、都尉，捷首虏八千九百六十级，收休屠祭天金人，师率减什七，益封去病二千二百户。'"对于"收休屠祭天金人"，颜师古注："如淳曰：'祭天以金人为主也。'张晏曰：'佛徒祠金人也。'师古曰：'今之佛像是也。'"

就目前我们掌握的资料看，以"休屠祭天金人"为"佛像"的推测，仍嫌论证不足。

特别是所谓"休屠祭天金人""休屠作金人为祭天主"，都指明"金人"并非祭祀对象，而只是在进行祭事时"象祭天人"即象征祭主的替身，严格说来，其实也是一种祭具、祭器。"金人"的作用与佛教中"佛"的地位，实际上是不可相拟的。休屠王遵行的宗教准则，是"天"的崇拜，而这与佛教基本原则也是不相同的。

马非百先生以为秦汉宫廷中的"金人""显然为一种坐像"，因而"足以窥见外来之色彩"。然而所举张衡《西京赋》所谓"高门有闶，列坐金狄"，何晏《景福殿赋》所谓"坐高门之侧堂，彰圣主之威神"，《文选》卷一一李善注"坐于高门侧堂之中"等，这里所谓"坐"，其实都可以理解为放置。

《西京杂记》卷三《咸阳宫异物》说到"高祖初入咸阳宫，周行库府，金玉珍宝，不可称言"，而"其尤惊异者"之中，有另外一种秦铸"金人"：

> 铸铜人十二枚，坐皆高三尺，列在一筵上。琴筑笙竽，各有所执，皆缀花采，俨若生人。筵下有二铜管，上口高数尺，出筵后，其一管空，一管内有绳，大如指，使一人吹空管，一人纽绳，则众乐皆

作，与真乐不异焉。①

其制作机巧生动，然而即使记载真实，实际上也只是一种宫廷玩具，与秦始皇销天下兵器所铸“金人十二”是完全不同的。不过，这样的铜人也取“十二枚”之数，似乎也可以看作秦始皇造铸“金人十二”一事之广泛的历史文化影响的一种曲折反映。

① 《酉阳杂俎》前集卷六《乐》作：“咸阳宫中铸铜人十二枚，坐皆三五尺，列在一筵上。琴筑笙竽，各有所执，皆组绶花彩，俨若生人。筵下有铜管，吐口高数尺，其一管空，内有绳大如指，使一人吹空管，一人纫绳，则琴瑟竽筑皆作，与真乐不异。”

第三章　日神和海神

礼日成山

《史记·秦始皇本纪》记载："二十八年，始皇东行郡县，上邹峄山"，又"上泰山，立石，封，祠祀"，又"禅梁父"，随后行至海上：

> 于是乃并勃海以东，过黄、腄，穷成山，登之罘，立石颂秦德而去。

"穷成山"，是秦始皇此次礼祀行旅的重要日程。张守节《正义》引《括地志》云："成山在文登县西北百九十里。"并且解释说："'穷'，犹登极也。"《史记·司马相如列传》列述齐地诸名胜时，也特别说到了"成山"：

> 齐东陼巨海，南有琅邪，观乎成山，射乎之罘，浮勃澥，游孟诸，邪与肃慎为邻，右以汤谷为界，秋田乎青丘，傍偟乎海外……

《史记·封禅书》对于秦始皇"成山"之行的意义，有比较具体的记述：

> 于是始皇遂东游海上，行礼祠名山大川及"八神"，求仙人羡门之属。"八神"将自古而有之，或曰太公以来作之。齐所以为齐，以

> 天齐也。其祀祠绝莫知起时。八神：一曰“天主”，祠天齐。天齐渊水，居临菑南郊山下者。二曰“地主”，祠泰山梁父。盖天好阴，祠之必于高山之下，小山之上，命曰“畤”；地贵阳，祭之必于泽中圜丘云。三曰“兵主”，祠蚩尤。蚩尤在东平陆监乡，齐之西境也。四曰“阴主”，祠三山。五曰“阳主”，祠之罘。六曰“月主”，祠之莱山。皆在齐北，并勃海。七曰“日主”，祠成山。成山斗入海，最居齐东北隅，以迎日出云。八曰“四时主”，祠琅邪。琅邪在齐东方，盖岁之所始。皆各用一牢具祠，而巫祝所损益，圭币杂异焉。

这里所说的“八神”，即一曰“天主”，祠天齐；二曰“地主”，祠泰山梁父；三曰“兵主”，祠蚩尤；四曰“阴主”，祠三山；五曰“阳主”，祠之罘；六曰“月主”，祠之莱山；七曰“日主”，祠成山；八曰“四时主”，祠琅邪。

虽然说“始皇遂东游海上，行礼祠名山大川及八神”，然而司马迁在《史记·秦始皇本纪》中明确记述的，只有“地主”“阳主”“日主”“四时主”礼祀。可见这位第一次行临东海的出身于西土的帝王对成山之祠的重视。

《史记·封禅书》裴骃《集解》：“韦昭曰：‘成山在东莱不夜，斗入海。不夜，古县名。’”司马贞《索隐》：“不夜，县名，属东莱。案：解道彪《齐记》云：‘不夜城，盖古有日夜出见于境，故莱子立城以不夜为名。’斗入海，谓斗绝曲入海也。”

这里所说的“斗入海”，司马贞解释为“谓斗绝曲入海也”。其实，“斗”，应释为凸、突。现今有些地区方言仍然读“凸”“突”如“斗”。

汉代人写“凸”“突”如“斗”的实例，可见《盐铁论·地广》：“先帝举汤、武之师，定三垂之难，一面而制敌，匈奴遁逃，因河山以为防，故去砂石咸卤不食之地，故割斗辟之县，弃造阳之地以与胡。”因而可以“省曲塞”，“以宽徭役，保士民。”又如《史记·匈奴列传》：

> 汉遂取河南地，筑朔方，复缮故秦时蒙恬所为塞，因河为固。汉亦弃上谷之什辟县造阳地以予胡。

裴骃《集解》与司马贞《索隐》都说：“‘什’音斗。”同一史事。《汉书·匈奴传上》则直接写作“汉亦弃上谷之斗辟县造阳地以予胡”。[①]此外，《后汉书·窦融传》记载：“〔窦〕融与梁统等计议曰：‘今天下扰乱，未知所归。河西斗绝在羌胡中，不同心勠力，则不能自守。’”[②]

这里所说的“斗僻”“斗绝”之地，都是指突出孤立于边境的地方。

《汉书·匈奴传下》还记述了汉王朝与匈奴外交史中一件著名的史例：

> 汉遣中郎将夏侯藩、副校尉韩容使匈奴。时帝舅大司马票骑将军王根领尚书事，或说根曰：“匈奴有斗入汉地，直张掖郡，生奇材木，箭竿就羽，如得之，于边甚饶，国家有广地之实，将军显功，垂于无穷。”根为上言其利，上直欲从单于求之，为有不得，伤命损威。根即但以上指晓藩，令从藩所说以求之。藩至匈奴，以语次说单于曰：“窃见匈奴斗入汉地，直张掖郡。汉三都尉居塞上，士卒数百人寒苦，候望久劳。单于宜上书献此地，直断阏之，省两都尉士卒数百人，以复天子厚恩，其报必大。”

后来匈奴以“匈奴西边诸侯作穹庐及车，皆仰此山材木，且先父地，不敢失也”予以拒绝。后来“单于遣使上书，以藩求地状闻”，汉成帝于是回报单于，“〔夏侯〕藩擅称诏从单于求地，法当死，更大赦二，今徙藩为济南太守，不令当匈奴”。

汉使求匈奴“斗入汉地”终于未遂，并且导致“伤命损威”的不利影响。

① 颜师古注：“孟康曰：‘县斗辟曲近胡。’师古曰：‘斗，绝也。县之斗曲入匈奴界者，其中造阳地也。’”

② 《魏书·西域列传·焉耆》：“焉耆为国，斗绝一隅，不乱日久。”与此同例。

“斗入汉地”，颜师古注：“斗，绝也。”其实这里也是凸入、突入的意思。

《史记·高祖本纪》说刘邦异相：“高祖为人，隆准而龙颜，美须髯，左股有七十二黑子。”张守节《正义》引《河图》：“帝刘季口角戴胜，斗胸，龟背，龙股，长七尺八寸。”其中所谓“斗胸”，或解释为胸部隆起如斗状，其实可以直接释为凸胸或突胸，一如现今所谓“鸡胸”，即由于佝偻病引起的胸骨突出的症状。

凸入海或突入海，长期被写作“斗入海”，直到顾炎武的时代仍然沿用这样的说法。他在《〈劳山图志〉序》中写道：

> 齐之东偏，三面环海，其斗入海处南劳而北盛，则尽乎齐东境矣。其山高大深阻，旁薄二三百里，以其僻在海隅，故人迹罕至。凡人之情以罕为贵，则从而夸之，以为神仙之宅，灵异之府。

顾炎武还写道：

> 余游其地，观老君、黄石、王乔诸迹，类皆后人之所托名，而耐冻白牡丹花在南方亦是寻尝之物。惟山深多生药草，而地暖能发南花，自汉以来，修真守静之流，多依于此，此则其可信者。乃自田齐之末，有神仙之论，而秦皇、汉武谓真有此人在穷山巨海之中，于是八神之祠遍于海上，万乘之驾常在东莱。

他描述海滨穷僻，山势险恶，于是推想登临之艰难：

> 皆乱石巉岩，下临大海，逼仄难度，其险处土人犹罕至焉。秦皇登之，是必万人除道，百官扈从，千人拥挽而后上也。五谷不生，环山以外，土皆疏脊，海滨斥卤，仅有鱼蛤，亦须其时。秦皇登之，必一郡供张，数县储偫，四民废业，千里驿骚而后上也。

秦始皇当时正是在这样的地形条件下迎望日从海出的。他从西北黄土高原走到这里，经历了诸多艰险，克服了诸多烦难，然而当他站在“三面环海”的高岗上，面对浩瀚的海涛捧出旭日时，一定会恭敬虔诚地面对这从来没有见过的景象，开襟放怀，任海风拂去西部高原的风尘，全身心浸没在对太阳与海充满崇敬的宗教情感之中。

“古有日夜出见于境，故莱子立城以不夜为名。”“‘八神’将自古而有之，或曰太公以来作之。”“其祀祠绝莫知起时。”成山作为日崇拜的信仰基地，已经有久远的历史。秦始皇实现统一之后不久就有东巡之行，体现出对齐地文化传统的一种敬重。而成山，是他行历东方的极点。

据《汉书·地理志上》记载：

〔东莱郡〕不夜，有成山日祠。莽曰夙夜。

颜师古注：“《齐地记》云：‘古有日夜出，见于东莱，故莱子立此城，以不夜为名。’”《汉书·武帝纪》：“〔太始三年二月〕行幸东海”，“礼日成山”。颜师古注：“孟康曰：‘礼日，拜日也。’师古曰：‘成山在东莱不夜县，斗入海。《郊祀志》作盛山，其音同。’”《汉书·郊祀志下》还有汉宣帝祠成山于不夜的记载，又说明“成山祠日”。

可见，“成山祠日”礼俗，西汉帝王仍予继承。

直到汉成帝时，成山“礼日”的制度，方才罢除。①

帝王对日神的礼拜，以气势浩瀚磅礴的海面作为礼仪背景，或许是别有深意的。秦始皇二十九年（公元前218年）《之罘刻石》写道：

维二十九年，时在中春，阳和方起。

皇帝东游，巡登之罘，临照于海。……

① 据《汉书·郊祀志下》，成帝初即位，丞相匡衡、御史大夫张谭奏言诸祠“不应礼，或复重，请皆罢”，终于“奏可”，成山之祠也在“皆罢”之中。

其东观曰：

> 维二十九年，皇帝东游，览省远方。
> 逮于海隅，遂登之罘，昭临朝阳。……

所谓“阳和方起”“临照于海”，所谓“逮于海隅”“昭临朝阳”，都依托海日涌腾的辉煌宏大的自然景观，有意营造一种“圣烈”“广丽”[①]的政治文化气象。

日崇拜其实是具有深刻历史影响的文化现象。

《史记·天官书》：“太史公曰：自初生民以来，世主曷尝不历日月星辰？”司马迁的这句话，体现出文明史的规律性特征。特别是以农耕为主体经济生活形式的社会，更早对太阳的天文规律予以特殊的注意。这就是《史记·天官书》所谓“察日行”“察日月之行”“察日辰之会”，《史记·五帝本纪》所谓“历日月而迎送之”。

司马迁在《史记·五帝本纪》中写道，“〔帝尧〕命羲、和敬顺昊天，数法日月星辰，敬授民时”。除了“敬道日出，便程东作”，“敬道日入，便程西成”而外，又可见所谓：“日中”，“以殷中春”；“日永”，“以正中夏”；“日短”，“以正中冬”。[②]于是，先古圣王的成功，被看作是把握并遵循“日”的规律所取得的。因而有“黄帝迎日推策”，“黄帝仙登于天”的神话（《史记·封禅书》）。而对于政治荒败，则有“废时乱日”的指斥（《史记·夏本纪》）。据裴骃《集解》引孔安国的解释：“废天时，乱甲乙也。”

《史记·周本纪》说到“先王之制”的基本规范，“日祭”被列于首位：

---

① 《史记·秦始皇本纪》载秦始皇二十九年之罘刻石。

② 裴骃《集解》引孔安国曰：“‘日中’谓春分之日也。”“‘永’，长也，谓夏至之日。”“‘日短’，冬至之日也。”

日祭，月祀，时享，岁贡，终王。先王之顺祀也，有不祭则修意，有不祀则修言，有不享则修文，有不贡则修名，有不王则修德，序成而有不至则修刑。于是有刑不祭，伐不祀，征不享，让不贡，告不王。于是有刑罚之辟，有攻伐之兵，有征讨之备，有威让之命，有文告之辞。

正是在这样的政治体制下，“是以近无不听，远无不服”。

尽管“日月星辰之神”（《史记·郑世家》），“日月星辰之纪”（《史记·日者列传》）长期受到重视，但是日崇拜这一信仰形式与政治权力的全面结合，则是秦汉时期的事。

《史记·龟策列传》褚先生补述曾经引孔子的话：“日为德而君于天下。”这一观念在秦汉时期大约已经成为一种政治定式。“明并日月”（《史记·吴王濞列传》），“明象乎日月”（《史记·孝文本纪》），是通常赞美帝德的颂辞。《史记·外戚列传》还写道：

〔王夫人〕内之太子宫。太子幸爱之，生三女一男。男方在身时，王美人梦日入其怀。以告太子，太子曰：“此贵征也。”未生而孝文帝崩，孝景帝即位，王夫人生男。

汉景帝已立栗姬所生长男刘荣为太子，然而，“长公主日誉王夫人男之美，又有昔者所梦日符，计未有所定”。后来王夫人“阴使人趣大臣立栗姬为皇后”，致使景帝震怒，“废太子为临江王，栗姬愈恚恨，不得见，以忧死。卒立王夫人为皇后，其男为太子”。这就是汉武帝。

汉武帝政治地位的取得，是与其母王夫人“所梦日符”，即“梦日入其怀”的传说有直接关系的。

除了在成山有“日祠”之外，在雍地也有可能承继秦制的祀日神祠。《史记·封禅书》记载：

图3–1　四川出土日神月神画像砖

雍有日、月、参、辰、南北斗、荧惑、太白、岁星、填星、辰星、二十八宿、风伯、雨师、四海、九臣、十四臣、诸布、诸严、诸逑之属，百有余庙。①

而祠日之庙，是赫然列于首位的。汉武帝元鼎五年（公元前112年），“郊雍，至陇西，西登崆峒，幸甘泉②，令祠官宽舒等具太一祠坛”。又行祭日之礼：

祭日以牛，祭月以羊彘特。太一祝宰则衣紫及绣。五帝各如其色，日赤，月白。

也就是说，甘泉宫也曾经设置祭日之所，祭日用赤牛。《史记・封禅书》记载，同年，“十一月辛巳朔旦冬至，昧爽，天子始郊拜太一。朝朝日，夕夕月，则揖。”《汉书・武帝纪》则写作：“立泰畤于甘泉，天子亲郊见，

① 《汉书·郊祀志上》文字略同，而“诸逑”作“诸逐”。

② 《汉书·武帝纪》：“五年冬十月，祠五畤，遂逾陇，登空同，西临祖厉河而还。”《汉书·郊祀志上》：“上遂郊雍，至陇西，登空桐，幸甘泉。”

朝日夕月。”颜师古注：“应劭曰：‘天子春朝日，秋夕月，朝日以朝，夕月以夕。’臣瓒曰：‘《汉仪注》：郊泰畤，皇帝平旦出竹宫，东向揖日，其夕，西南向揖月，便用郊日，不用春秋也。’师古曰：‘春朝朝日，秋暮夕月，盖常礼也。郊泰畤而揖日月，此又别仪。’”《汉书·郊祀志上》也记载：“天子始郊拜太一。朝朝日，夕夕月，则揖。”颜师古注：“以朝旦拜日为朝。”

《史记·封禅书》还记载，同年，“其秋，为伐南越，告祷太一。以牡荆画幡日月北斗登龙，以象太一三星，为太一锋，命曰‘灵旗’”。

“灵旗”以“日”作为图案主题之一，也体现出日崇拜在当时社会生活中深刻的政治文化影响。

据《汉书·郊祀志下》，在成山“礼日”之祠被罢除之后，汉平帝时，王莽又建议设立“日庙”于“长安城之未地兆”。

近年来，一些学者对中国古代太阳神崇拜予以特别的关注。①我们应当注意到秦汉时期这样的历史事实，即日神信仰确实已经显著淡化。匡衡和张谭上书建言“变动祭祀”，大加减省时说：“长安厨官县官给祠郡国候神方士使者所祠，凡六百八十三所，其二百八所应礼，及疑无明文，可奉祠如故。其余四百七十五所不应礼，或复重，请皆罢。”于是得到汉成帝批准。成山日神之祠，只是683所神祠之一，又被列入475所罢除的祠所之中，而且名列于“孝宣参山、蓬山、之罘、成山、莱山、四时、蚩尤、劳谷、五床、仙人、玉女、径路、黄帝、天神、原水之属”，似乎在汉宣帝“祠……成山于不夜”之前，成山日祠也曾经一度废置。

匡衡主持的这次祭祀改革，动作比较激烈，祠置多所撤免，“候神方士使者副佐、本草待诏七十余人皆归家”。以致第二年匡衡坐事免官爵，“众庶多言不当变动祭祀者”。又有天象之变，“上意恨之”，似有怨悔之心。不过，据《汉书·郊祀志下》记载，“本雍旧祠二百三所，唯山川诸

① 参看萧兵：《中国文化的精英——太阳英雄神话比较研究》，上海文艺出版社1989年版；何新：《诸神的起源——中国远古太阳神崇拜》，光明日报出版社1996年版；陈江风：《天文崇拜与文化交融》，河南大学出版社1994年版。

星十五所为应礼云”，则雍地日星之祠可能还是得到保留的，然而即使如此，也只是列于“山川诸星”之中，并没有特殊尊贵的地位。

秦皇汉武的海恋情结与“并海”巡行的壮举

《史记·秦始皇本纪》记载，秦始皇统一天下后凡5次出巡[①]，其中4次行至海滨，往往“并海”巡行：

> 二十八年（公元前219年）第二次出巡，上泰山，又“并勃海以东，过黄、腄，穷成山，登之罘，立石颂秦德而去，南登琅邪”。
>
> 二十九年（公元前218年）第三次出巡，再次“登之罘”，“旋，遂之琅邪”。[②]
>
> 三十二年（公元前215年）第四次出巡，“之碣石”，“刻碣石门”。
>
> 三十七年（公元前210年）第五次出巡，“上会稽，祭大禹，望于南海”，“还过吴，从江乘渡，并海上，北至琅邪”，又由之罘“并海，西至平原津”。

尽管先秦儒学经典中已经有天子四巡狩的设想[③]，然而有明确历史记载的实践这种政治理想的第一位帝王，是秦始皇。

即使对中国古代历代皇帝的交通行为进行总体比较，秦始皇在当时的

① 《史记·秦始皇本纪》记载，秦始皇在进行统一战争中，还有三次出行，即秦王政十三年（公元前234年），“王之河南”。秦王政十八年（公元前229年），“秦王之邯郸”，“秦王还，从太原、上郡归”。秦王政二十三年（公元前224年），“秦王游至郢陈”。

② 云梦睡虎地秦简《编年记》中，有“〔廿八〕年，今过安陆”的内容，《史记·秦始皇本纪》记载，秦始皇此次出行，由“海上”还，“过彭城”，“至衡山、南郡，浮江”，“自南郡由武关归”。正经过安陆。

③ 例如，《尚书·尧典》：“岁二月，东巡守，至于岱岳”，“五月，南巡守，至于南岳”，“八月，西巡守，至于西岳”，“十有一月，朔巡守，至于北岳”。“五载一巡守。”这一说法为《史记·五帝本纪》采用，写作：“二月，东巡狩，至于岱岳”，“五月，南巡狩；八月，西巡狩；十有一月，北巡狩”。“五岁一巡狩。”“巡狩”就是“巡守”。《孟子·梁惠王下》：“天子适诸侯曰‘巡狩’。‘巡狩’者，巡所守也。”

交通条件下，其出巡密度、行程距离、交通效率，都应当是排名于前列的。

特别是这位长期生活在内陆，以西部高原作为统治基地的帝王，却频繁以远方海滨作为出行目的地，风尘仆仆，驱驰而东，这对于有兴趣了解秦王朝的历史与文化的人们，显然是耐人寻味的文化现象。

秦始皇巡行所至重要地点，都留有刻石纪念，“颂秦德，明得意”。即所谓“群臣诵略，刻此乐石，以著经纪”（《峄山刻石》）[①]，“群臣相与诵皇帝功德，刻于金石，以为表经”（《琅邪刻石》），“群臣诵功，请刻于石，表垂于常式”（《之罘刻石》），“群臣诵烈，请刻此石，垂著仪矩”（《碣石刻石》），“从臣诵烈，请刻此石，光垂休铭”（《会稽刻石》）等。当时刻石地点，据《史记·秦始皇本纪》说，有邹峄山、泰山、梁父、琅邪、之罘、碣石、会稽诸处，其多数在海滨。我们还注意到，秦始皇二十八年《琅邪刻石》中有这样的内容：

> 维秦王兼有天下，立名为皇帝，乃抚东土，至于琅邪。列侯武城侯王离[②]、列侯通武侯王贲、伦侯建成侯赵亥、伦侯昌武侯成、伦侯武信侯冯毋择、丞相隗林、丞相王绾、卿李斯、卿王戊、五大夫赵婴、五大夫杨樛从，与议于海上。曰：“古之帝者，地不过千里，诸侯各守其封域，或朝或否，相侵暴乱，残伐不止，犹刻金石，以自为纪。古之五帝三王，知教不同，法度不明，假威鬼神，以欺远方，实不称名，故不久长。其身未殁，诸侯倍叛，法令不行。今皇帝并一海内，以为郡县，天下和平。昭明宗庙，体道行德，尊号大成。群臣相与诵皇帝功德，刻于金石，以为表经。”

值得深思的是，秦始皇为什么集合十数名文武权臣“与议于海上”，发表

① 参看袁维春：《秦汉碑述》，北京工艺美术出版社 1990 年版，第 46 页。

② 有一种意见，“疑王离为王翦之误字”。参看陈直：《史记新证》，天津人民出版社 1979 年版，第 22 页至第 23 页。

陈明国体与政体的政治宣言呢？

对照《史记·封禅书》汉武帝“宿留海上”的记载，可以推测这里“与议于海上”之所谓“海上”，很可能并不是指海滨，而是指海面上。

“海上”，作为最高执政集团的议政地点，对于秦王朝政治原则的确立，如所谓“并一海内，以为郡县”，“体道行德，尊号大成”，是不是有什么特殊的政治文化含义呢？

秦始皇刻石的主题，无疑是颂扬帝德、建定法度、显著纲纪的政治宣传，然而其中的有些内容，仍然可以透露出重要的文化信息。例如，我们通过对《之罘刻石》“逮于海隅”“临照于海”以及《琅邪刻石》“议于海上”“并一海内”等文字的分析，或许能够窥见刻石文字撰著者心理背景的某一侧面。

秦汉时期“海内”一语的文化内涵，或许值得我们注意。

从司马迁《史记》一书中就可以看到，当时“海内”一语的使用频率，是相对较高的。例如：

汤乃践天子位，平定海内。（《殷本纪》）

古之贤君，其德行非布于海内也。（《赵世家》）

〔礼义刑罚〕所以总一海内而整齐万民也。（《礼书》）

因天心以动作者也，故海内不期而随。（《淮南衡山列传》）

〔五伯〕匡正海内。（《平津侯主父列传》）

海内争于战功。（《六国年表》）

人民不聊生，族类离散，流亡为仆妾者，盈满海内矣。（《春申君列传》）

是所重者在乎色乐珠玉，而所轻者在乎人民也，此非所以跨海内制诸侯之术也。（《李斯列传》）

今秦有贪利之心，而欲不可足也。非尽天下之地，臣海内之王者，其意不厌。（《刺客列传》）

秦之欲无穷也，非尽亡天下之国而臣海内，必不休矣。（《魏世

家》）

秦为大鸟，负海内而处，东面而立。（《楚世家》）

〔秦〕不患不得意于海内。（《秦始皇本纪》）

能明其画，因时推秦，遂得意于海内，〔李〕斯为谋首。（《太史公自序》）

〔秦〕主之威盖震海内。（《范雎蔡泽列传》）

秦皇帝任战胜之威，蚕食天下，并吞战国，海内为一。（《平津侯主父列传》）

〔秦皇帝〕主海内之政。（《平津侯主父列传》）

秦并海内，兼诸侯，南面称帝，以养四海，天下之士斐然向风。（《秦始皇本纪》）

今海内赖陛下神灵一统。（《秦始皇本纪》）

今皇帝并一海内，以为郡县。（《秦始皇本纪》）

今陛下兴义兵，诛残贼，平定天下，海内为郡县，法令由一统。（《秦始皇本纪》）

赖陛下神灵明圣，平定海内，放逐蛮夷，日月所照，莫不宾服。（《秦始皇本纪》）

秦卒并海内。（《平准书》）

天方令秦平海内。（《魏世家》）

今陛下有海内。（《秦始皇本纪》《李斯列传》）

主重明法，下不敢为非，以制御海内矣。（《秦始皇本纪》）

先帝巡行郡县，以示强，威服海内。（《秦始皇本纪》）

〔秦〕变风易俗，化于海内，则世世必安矣。（《平津侯主父列传》）

海内之士力耕不足粮饷。（《平准书》）

秦之盛也，繁法严刑而天下振；及其衰也，百姓怨望而海内畔矣。（《秦始皇本纪》）

臣主一心而忧海内之患。（《秦始皇本纪》）

海内人道益深，其德益至，所乐者益异。（《乐书》）

楚汉久相持不决，百姓骚动，海内摇荡。（《郦生陆贾列传》）

汉王起巴蜀，鞭笞天下，劫略诸侯，遂诛项羽灭之，五年之间，海内平定。（《郦生陆贾列传》）

名闻海内，威震天下。（《淮阴侯列传》）

今汉兴，海内一统。（《太史公自序》）

汉兴，海内为一。（《货殖列传》）

拨乱诛暴，平定海内，卒践帝祚，成于汉家。（《秦楚之际月表》）

威加海内兮归故乡。（《高祖本纪》）

海内初定。（《齐悼惠王世家》）

高祖起微细，定海内，谋计用兵，可谓尽之矣。（《刘敬叔孙通列传》）

高皇帝拨乱世反之正，昭至德，定海内，封建诸侯。（《三王世家》）

专务以德化民，是以海内殷富，兴于礼义。（《孝文本纪》）

今陛下仁惠抚百姓，恩泽加海内。（《律书》）

天子巡狩海内。（《万石张叔列传》）

朕之不德，海内未洽。（《三王世家》）①

从所谓“尽天下之地，臣海内之王”（《刺客列传》），“尽亡天下之国而臣海内”（《魏世家》），“蚕食天下”，“海内为一”（《平津侯主父列传》），“平定天下，海内为郡县”（《秦始皇本纪》），“名闻海内，威震天下”（《淮阴侯列传》）等，可知“海内”与“天下”意近，注意当时其特定语境，其实自然可以发现当时人的某种共同意识所体现的政治文化的时代风貌。

---

① 此外，又有《平津侯主父列传》附载班固称曰：“汉兴六十余载，海内乂安”，《滑稽列传》褚先生补述：“自以为海内无双”等。

《史记》中还可以看到有关“四海内”“四海之内”这样的文句，例如：

> 四海之内咸戴帝舜之功。……天下明德皆自虞帝始。（《五帝本纪》）
>
> 及秦并吞三晋、燕、代，自河山以南者中国。中国于四海内则在东南。（《天官书》）
>
> 今始皇为极庙，四海之内皆献贡职，增牺牲，礼咸备，毋以加。（《秦始皇本纪》）
>
> 以威德与天下，天下集矣。即四海之内，皆欢然各自安乐其处。（《秦始皇本纪》）
>
> 四海之内，靡不受获。（《司马相如列传》）
>
> 大乐与天地同和，大礼与天地同节。和，故百物不失；节，故祀天祭地。明则有礼乐，幽则有鬼神，如此则四海之内合敬同爱矣。（《乐书》）

很显然，“海内”，就是“四海内”“四海之内”。“海内”一语，体现出秦汉时人的天下观。《史记·夏本纪》所谓“辅成五服，至于五千里，州十二师，外薄四海，咸建五长，各道有功”，“外薄四海”，裴骃《集解》：“孔安国曰：‘薄，迫。言至海也。’”张守节《正义》：“《尔雅》云：‘九夷、八狄、七戎、六蛮，谓之四海。’”[①]看来，所谓“海内”似乎有多重含义。当时人的政治统一意识和文化同一意识，也都由此得以反映。

《史记·滑稽列传》褚先生补述引东方朔语，又是以所谓“四海之外”表达这一观念的：

---

① 《尔雅·释地》。《史记》中“四海”也有与此文意相同者，如《五帝本纪》：“南抚交阯、北发；西，戎、析枝、渠廋、氐、羌；北，山戎、发、息慎；东，长、鸟夷。四海之内，咸戴舜之功。”又《大宛列传》：“天子既闻大宛及大夏、安息之属皆大国”，“且诚得而以义属之，则广地万里，重九译，致殊俗，威德遍于四海”。

> 圣帝在上，德流天下，诸侯宾服，威振四夷，连四海之外以为席，安于覆盂，天下平均，合为一家，动发举事，犹如运之掌中。[①]

“海外”指边远之地。[②]《史记·孟子荀卿列传》：“海外人之所不能睹”，《司马相如列传》：“傍偟乎海外”，《太史公自序》：“泽流罔极，海外殊俗，重译款塞”，其中“海外”均取此义。

滨海地区多有关于秦始皇东巡海上之遗迹的传说。

方志中所谓“秦望山”“秦驻山”“秦游山”“秦履山”“秦柱山”“秦皇塘”“秦王河”“秦皇岛”“秦王石”“秦皇石”“秦皇井”，以及“秦山”“秦堤”“秦台”“秦桥”“秦梁”“秦潭”“秦坞”等，不胜枚举[③]，其中多有因附会而形成的传说，但是也可以从侧面反映秦始皇东巡海上所产生的深刻的历史文化影响。

秦始皇东巡曾经“之碣石”“刻碣石门”，辽宁绥中发现分布较为密集的秦汉建筑遗址，其中占地达15万平方米的石碑地遗址，有人认为“很可能就是秦始皇当年东巡时的行宫”，即所谓“碣石宫”[④]。对于这样的认

---

① 同一段文字，《汉书·东方朔传》载录东方朔《答客难》作：“圣帝流德，天下震慑，诸侯宾服，连四海之外以为带，安于覆盂，动犹运之掌。”《韩诗外传》卷九：“君子之居也，绥如安裘，晏如覆杅。”“覆杅”“覆盂”，都是说将陶盂口部向下覆置。王充《论衡·说日》说：“视天若覆盆之状。”也有相近似的意义。盎，同样是圜底容器，覆置也可以保证安稳。《三辅黄图》卷一：“长安城南出东头第一门曰‘覆盎门’，一号‘杜门’。《庙记》曰：‘覆盎门与洛门相去十三里二百一十步，门外有鲁班输所造桥，工巧绝世。’长乐宫在城中，近东直杜门，其南有下杜城。《汉书》集注云：‘故杜陵之下聚落也，故曰下杜门。’又曰‘端门’，北对长乐宫。《汉书》曰：戾太子所斫‘覆盎门’出奔湖。王莽更名‘永清门长茂亭’。”门名“覆盎”，取稳固安定之意。“覆盎门”取义于“安”，与西邻的“安门”及“西安门”之定名同，正切合“长安”城名的含义。王莽更名“永清门长茂亭”，于“安”的意义之上，又突出了“长”的祈愿。

② 《诗·商颂·长发》：“相土烈烈，海外有截。”郑玄笺：“四海之外率服。”

③ 参看马非百先生编《〔秦〕遗迹表》，《秦集史》下册，中华书局1982年版，第1022页至第1043页。

④ 辽宁省文物考古研究所：《辽宁绥中县“姜女坟”秦汉建筑遗址发掘简报》，《文物》1986年第8期。

识虽然有不同的意见[①]，但是与陕西临潼秦始皇陵园出土物相类似的所谓“高浮雕夔纹巨型瓦当”的发现，说明这处建筑遗址的性质很可能确实与作为天下之尊，“意得欲从，以为自古莫及己”（《史记·秦始皇本纪》）的秦皇帝的活动有关。

据司马迁在《史记·秦始皇本纪》中的记载，秦二世元年（公元前209年），出于“朕年少，初即位，黔首未集附，先帝巡行郡县，以示强，威服海内，今晏然不巡行，即见弱，毋以臣畜天下”的考虑，曾经由李斯、冯去疾等随从，往东方巡行。这次出行，时间虽然颇为短暂，行程却甚为辽远。

《史记·六国年表》止于秦二世三年（公元前207年），然而不记此事。由于秦二世是所谓“以六合为家，崤函为宫，一夫作难而七庙隳，身死人手，为天下笑”（贾谊《过秦论》）的亡国之君，后世史家对秦二世东巡也很少予以注意。可是从交通史研究的角度考察，其实是应当肯定这一以强化政治统治为目的的行旅过程的历史意义的。从文化史研究的角度分析，也可以由此深化对秦文化某些重要特质的认识。

《史记·秦始皇本纪》记载：

> 春，二世东行郡县，李斯从。到碣石，并海，南至会稽，而尽刻始皇所立刻石，石旁著大臣从者名，以章先帝成功盛德焉：皇帝曰：“金石刻尽始皇帝所为也。今袭号而金石刻辞不称始皇帝，其于久远也如后嗣为之者，不称成功盛德。”丞相臣斯、臣去疾、御史大夫臣德昧死言：“臣请具刻诏书刻石，因明白矣。臣昧死请。”制曰：“可。”
>
> 遂至辽东而还。……
>
> 四月，二世还至咸阳。

① 参看董宝瑞：《“碣石宫”质疑》，《河北大学学报》1987年第4期；《“碣石宫”质疑：兼与苏秉琦先生商榷》，《河北学刊》1987年第6期。

根据这一记述，秦二世及其随从由咸阳东北行，“到碣石，并海，南至会稽”，又再次北上至辽东，然后回归咸阳。

所谓“东行郡县”，“到碣石，并海，南至会稽，而尽刻始皇所立刻石”，《史记·封禅书》则记述说：“二世元年，东巡碣石，并海南，历泰山，至会稽，皆礼祠之，而刻勒始皇所立石书旁，以章始皇之功德。”可见，秦二世此次出巡，大致曾行经碣石（秦始皇三十二年东行刻石）、邹峄山（秦始皇二十八年东行刻石）、泰山（秦始皇二十八年东行刻石）、梁父山（秦始皇二十八年东行刻石）、之罘（秦始皇二十八年东行立石，二十九年东行刻石）、琅邪（秦始皇二十八年东行刻石）、朐（秦始皇三十五年立石）、会稽（秦始皇三十七年东行刻石）等地。可以看到，秦二世此行所至，似乎在重复秦始皇十年内四次重大出巡活动的轨迹。

如果我们推想秦二世这次东巡是循咸阳→碣石→泰山→之罘→琅邪→朐→会稽→辽东→咸阳道路而行，选择较为便捷的路线，以现今公路营运线路里程计，如果经行直道、北边，总行程当超过10080公里；如果经邯郸广阳道东行，总行程亦在8800公里以上。而秦二世春季启程，四月还至咸阳，虽然行期难以确知，但即使以历时百日计，平均日行里程亦至少达到近90公里，甚至超过100公里。这在当时的交通条件下，作为帝王乘舆，无疑已经创造了连续高速行驶的历史记录。

通过与《史记·秦始皇本纪》记载秦始皇三十七年（公元前210年）出巡情形的比较，也可以认识秦二世东巡的行进速度：

> 三十七年十月癸丑，始皇出游。……十一月，行至云梦，望祀虞舜于九嶷山。浮江下，观籍柯，渡海渚。过丹阳，至钱唐。临浙江，水波恶，乃西百二十里从狭中渡。上会稽，祭大禹，望于南海，而立石刻颂秦德。……还过吴，从江乘渡。并海上，北至琅邪。……自琅邪北至荣成山。……至之罘。……遂并海西。至平原津而病。……七月丙寅，始皇崩于沙丘平台。……棺载辒辌车中，……行，遂从井陉抵九原。……行从直道至咸阳，发丧。

> ……九月，葬始皇郦山。

秦始皇此次出行，总行程很可能不及秦二世元年东巡行程遥远，然而包括“棺载辒辌车中”自沙丘平台回归咸阳（由于李斯等“为上崩在外，恐诸公子及天下有变，乃秘之，不发丧”，甚至“百官奏事如故，宦者辄从辒辌车中可其奏事”，行经这段路途的情形当一如秦始皇生前），历时竟然将近一年。从咸阳启程行至云梦以及从沙丘平台返回咸阳，有较为具体的时间记录，仅行历这两段路程使用的时间，已经与秦二世元年东巡历时相当。

秦二世元年东巡有各地刻石遗存，可知《史记》的记载基本可信。《史记会注考证》于《史记·秦始皇本纪》有关秦二世刻石的记载之后引卢文，曰：“今石刻犹有可见者，信与此合。前后皆称‘二世’，此称‘皇帝’，其非别发端可见。”陈直先生指出：

> 秦权后段，有补刻秦二世元年诏书者，文云：“元年制诏丞相斯、去疾，法度量，尽秦始皇为之，皆有刻辞焉。今袭号而刻辞不称始皇帝，其于久远也，如后嗣为之者，不称成功盛德，刻此诏，故刻左，使毋疑。”与本文前段相同，而峄山、琅邪两石刻，后段与本文完全相同（之罘刻石今所摹存者为二世补刻之诏书，泰山刻石，今所摹存者，亦有二世补刻之诏书）。知太史公所记，本于《秦纪》，完全正确。[①]

马非百先生也曾经指出：“至二世时，始皇原刻石后面皆加刻有二世诏书及大臣从者名。今传峄山、泰山、琅邪台、之罘、碣石刻石拓本皆有‘皇帝曰’与大臣从者名，即其明证。”[②]以文物遗存证史，可以得到真确无疑的历史认识。史念海先生很早以前论述秦汉交通路线时就曾经指出：“东

① 陈直：《史记新证》，天津人民出版社1979年版，第26页。
② 马非百：《秦集史》，中华书局1982年版，下册第768页。

北诸郡濒海之处，地势平衍，修筑道路易于施工，故东出之途此为最便。始皇、二世以及武帝皆尝游于碣石，碣石临大海，为东北诸郡之门户，且有驰道可达，自碣石循海东行，以至辽西、辽东二郡。”[①]秦二世元年东巡，往复两次循行并海道路[②]，三次抵临碣石。所谓“碣石宫”遗迹，应当也有这位秦王朝最高统治者活动的遗存。

秦二世的辽东之行，是其东巡何以行程如此遥远的关键。史念海先生曾经说：“始皇崩后，二世继立，亦尝遵述旧绩，东行郡县，上会稽，游辽东。然其所行，率为故道，无足称者。”[③]其实，秦二世“游辽东”，并不曾循行始皇“故道”。然而秦始皇三十七年出巡，“至平原津而病”，后来在沙丘平台逝世，乘舆车队驶向往咸阳的归途。可是这位志于“览省远方”“观望广丽”（《史记·秦始皇本纪》）的帝王，在“至平原津”之前，是不是已经有巡察辽东的计划呢？此后帝车“遂从井陉抵九原”，“行从直道至咸阳”，只不过行历了北疆长城防线即所谓“北边”的西段，要知道如果巡视整个“北边”，显然应当从其东端辽东起始。或许在秦始皇最后一次出巡时曾追随左右的秦二世了解这一计划，于是有自会稽北折，辗转至于辽东的行旅实践。倘若如此，秦二世“游辽东”的行程，自然有“遵述旧绩”的意义。[④]

从秦二世东巡经历所体现的行政节奏，可以反映这位据说“辩于心而诎于口”（《史记·李斯列传》）的新帝对秦人好慕远行的文化传统的继

① 史念海：《秦汉时期国内之交通路线》，《文史杂志》第3卷第1、2期，《河山集》四集，陕西师范大学出版社1991年版，第573页。

② 王子今：《秦汉时代的并海道》，《中国历史地理论丛》1988年第2期。

③ 史念海：《秦汉时期国内之交通路线》，《文史杂志》第3卷第1、2期，《河山集》四集，陕西师范大学出版社1991年版，第546页。

④ 司马迁在《史记·秦始皇本纪》中有这样的记述：“三十七年十月癸丑，始皇出游。左丞相斯从，右丞相去疾守。少子胡亥爱慕请从，上许之。”于是才有“〔赵〕高乃与公子胡亥、丞相〔李〕斯阴谋破去始皇所封书赐公子扶苏者，而更诈为丞相斯受始皇遗诏沙丘，立子胡亥为太子，更为书赐公子扶苏、蒙恬，数以罪，赐死”（《史记·秦始皇本纪》）的政变。可以说，秦二世的地位是随从秦始皇出巡方得以确立的。而秦二世即位之后，东巡也成为他最重要的政治活动之一。由于有随从秦始皇出巡的经历，秦二世元年东巡于是有轻车熟路的便利。而李斯曾经多次随秦始皇出巡，当然也可以使秦二世东巡路线的择定更为合理，日程安排和行旅组织也表现出更高的效率。

承[①]，对秦始皇所谓“勤劳本事”“夙兴夜寐”“朝夕不懈”“视听不怠”，以及“至以衡石量书，日夜有呈，不中呈不得休息”（《史记·秦始皇本纪》）的勤政风格的继承，同时也说明了秦帝国最高统治者对东海风物的特殊偏爱，可能并不是基于个人性格特征的偶然的心血来潮，而是透露出某种内在规律的具有一定文化意义的值得重视的心理现象。

百年之后，历史上又出现了一位满怀热望、频繁奔赴东方海滨的帝王，这就是汉武帝。

司马迁在《史记·封禅书》中记录了汉武帝出巡海上的经历。他第一次东巡前往海滨，是在元封元年（公元前110年）：

> 上遂东巡海上，行礼祠“八神”。齐人之上疏言神怪奇方者以万数，然无验者。乃益发船，令言海中神山者数千人求蓬莱神人。公孙卿持节常先行候名山，至东莱，言夜见大人，长数丈，就之则不见，见其迹甚大，类禽兽云。群臣有言见一老父牵狗，言“吾欲见巨公”，已忽不见。上即见大迹，未信，及群臣有言“老父”，则大以为仙人也。宿留海上，予方士传车及间使求仙人以千数。

“四月，还至奉高。”在泰山行封禅之礼。随后又再次东行海上：

> 天子既已封泰山，无风雨灾，而方士更言蓬莱诸神若将可得，于是上欣然庶几遇之，乃复东至海上望，冀遇蓬莱焉。奉车子侯暴病，

① 秦国国君多有不辞辛劳，跋涉山川，蒙犯霜露，远行频繁的历史记录。例如：秦惠文王曾会蜀王于褒汉之谷（《汉唐地理书钞》辑《蜀王本纪》），“与魏王会应”，又曾“游至北河”（《史记·秦本纪》），或称“北游戎地，至河上”（《史记·六国年表》），又见魏襄王“于蒲坂关”（《水经注·河水四》引《竹书纪年》）。秦武王曾经与魏会应（《史记·六国年表》），又“竟至周，而卒于周”（《史记·樗里子甘茂列传》）。秦昭襄王曾“与楚王会黄棘”，又“之宜阳”，“之汉中，又之上郡、北河”，“与楚王会宛，与赵王会中阳”，“与魏王会宜阳，与韩王会新城”，“与楚王会鄢，又会穰”，“与韩王会新城，与魏王会新明邑”（《史记·秦本纪》），与赵“会渑池”（《史记·六国年表》），或称与赵惠文王“遇西河外”（《史记·赵世家》），又“与楚王会襄陵”（《史记·秦本纪》），而且又曾“之南郑”（《史记·六国年表》）。

> 一日死。上乃遂去，并海上，北至碣石，巡自辽西，历北边至九原。五月，反至甘泉。

司马迁记述，第二年，即元封二年（公元前109年）：

> 其春，公孙卿言见神人东莱山，若云“欲见天子”。天子于是幸缑氏城，拜卿为中大夫。遂至东莱，宿留之数日，无所见，见大人迹云。复遣方士求神怪采芝药以千数。

元封五年（公元前106年），汉武帝又“巡南郡，至江陵而东，登礼天柱山，号曰南岳，浮江，自寻阳出枞阳，过彭蠡，礼其名山川”。随后又行至海滨：

> 北至琅邪，并海上。

汉武帝又一次东巡海上，是在太初元年（公元前104年）：

> 东至海上，考入海及方士求神者，莫验，然益遣，冀遇之。……临勃海，将以望祀蓬莱之属，冀至殊廷焉。

同年作建章宫，“其北治大池，渐台高二十余丈，命曰‘太液池’，中有蓬莱、方丈、瀛洲、壶梁，象海中神山龟鱼之属”。太初三年（公元前102年），汉武帝又有海上之行：

> 东巡海上，考神仙之属，未有验者。

汉武帝东巡海上的交通实践，有些司马迁是亲身随从直接参与的，他在《史记·封禅书》中总结说：“太史公曰：余从巡祭天地诸神名山川而封禅焉。入寿宫侍祠神语，究观方士祠官之意，于是退而论次自古以来用事于鬼神者，具见其表里。后有君子，得以览焉。”汉武帝“东巡海上，行礼祠‘八神’”，司马迁很可能也是主要“从祭”官员之一。

《汉书·武帝纪》也记载：汉武帝元封元年（公元前110年），“行自泰山，复东巡海上，至碣石”。元封二年（公元前109年），“春，幸缑氏，遂至东莱”。元封五年（公元前106年），由江淮“北至琅邪，并海，所过礼祠其名山大川”。同年四月，诏曰：“朕巡荆扬，辑江淮物，会大海气，以合泰山。上天见象，增修封禅。其赦天下。”颜师古注：“集江淮之神，会大海之气，合致于太山，然后修封，总祭飨也。”又引郑氏曰：“会合海神之气，并祭之。”《汉书·武帝纪》又记载：太初元年（公元前104年），“东临勃海，望祠蓬莱。”“三年春正月，行东巡海上。”

除了《史记·封禅书》中这5次记录外，《汉书·武帝纪》还记载了晚年汉武帝4次出行至于海滨的情形：

〔天汉〕二年春，行幸东海。

〔太始三年〕行幸东海，获赤雁，作《朱雁之歌》。幸琅邪，礼日成山。[①]登之罘，浮大海。

〔太始四年〕夏四月，幸不其[②]，祠神人于交门宫[③]，若有乡坐拜者。作《交门之歌》。

〔征和〕四年春正月，行幸东莱，临大海。

汉武帝最后一次行临东海，已经是68岁的高龄。

秦汉帝王沿并海道巡行的重要目的之一，是祭祀天地山川鬼神。

原本属于齐人神秘主义文化系统中的崇拜对象的所谓“八神”，包括天地之神、阴阳之神、日月之神、四时之神、兵战之神，结成了比较完备

① 颜师古注引孟康曰：“礼日，拜日也。”如淳曰：“祭日于成山也。”

② 颜师古注引应劭曰：“东莱县也。”王先谦《汉书补注》：“不其，在今莱州府即墨县西南。”

③ 颜师古注：“应劭曰：‘神人，蓬莱仙人之属也。’晋灼曰：‘琅邪县有交门宫，武帝所造。”

的祭祀体系。尤其值得注意的是，“八神”之中，有六神完全位于海滨。

《汉书·郊祀志上》说，汉初定天下，“悉召故秦祀官，复置太祝、太宰，如其故礼仪”。刘邦下诏宣布：“吾甚重祠而敬祭，今上帝之祭及山川诸神当祭者，各以其时礼祠之如故。”事实是承袭了秦时祭祀制度，又在长安招致各地巫人，如“梁巫”“晋巫”“秦巫”“荆巫”“河巫”等，分别主持不同的祭祀典礼，“越巫”及“胡巫”的活动，也相当活跃。然而当时长安神祀系统中，却似乎没有“齐巫”的地位。

这是为什么呢？

这并不说明最高执政集团对齐地神祀礼俗不予重视，或许恰恰相反，正说明了他们对自己始终怀有神秘感觉的东方信仰传统的一种特殊的崇敬。

事实上，西汉时期，秦地和齐地，在当时正统礼祀体系中，形成了一西一东两个宗教文化的重心。

《汉书·地理志》中所记录的各地正式的祀所，共计352处，然而仅右扶风雍县就有“太昊、黄帝以下祠三百三所”。滨海郡国有24所，占全国总数的6.82%。如果不计右扶风雍县的祀所，则滨海郡国占48.98%之多。

全国列有正式祀所的县，共37个，滨海郡国有15个，占40.54%，比重也是相当大的。

《汉书·地理志》所列滨海郡国神祠，计有：

齐　郡	临朐	有逢山祠
东莱郡	腄县	有之罘山祠
	黄县	有莱山松林莱君祠
	临朐	有海水祠
	曲成	有参山万里沙祠
	㡉县	有百支莱王祠
	不夜	有成山日祠

琅邪郡	不其	有太一、仙人祠九所
	朱虚	有三山、五帝祠
	琅邪	有四时祠
	长广	有莱山莱王祠
	昌县	有环山祠
临淮郡	海陵	有江海会祠
胶东国	即墨	有天室山祠
广陵国	江都	有江水祠

此外，临淮郡山阴“有历山，春申君岁祠以牛”，山阴“会稽山在南，上有禹冢、禹井，扬州山”等，虽然没有正式确定为祀所，但是作为传统礼祀中心的影响，仍然是存在的。

“始皇梦与海神战”

《史记·秦始皇本纪》关于这位建立了第一个大一统的专制主义帝国的帝王第四次海上之行，有一段颇具神奇色彩的故事：

> 还过吴，从江乘渡。并海上，北至琅邪。方士徐市等入海求神药，数岁不得，费多，恐谴，乃诈曰：“蓬莱药可得，然常为大鲛鱼所苦，故不得至，愿请善射与俱，见则以连弩射之。”始皇梦与海神战，如人状。问占梦博士，曰：“水神不可见，以大鱼蛟龙为候。今上祷祠备谨，而有此恶神，当除去，而善神可致。”乃令入海者赍捕巨鱼具，而自以连弩候大鱼出射之。自琅邪北至荣成山，弗见。至之罘，见巨鱼，射杀一鱼。遂并海西。

秦始皇所梦“海神”或者占梦博士所谓“水神”，前者据说“如人状”，后者则称“不可见”，其具体形象已经不得而知。

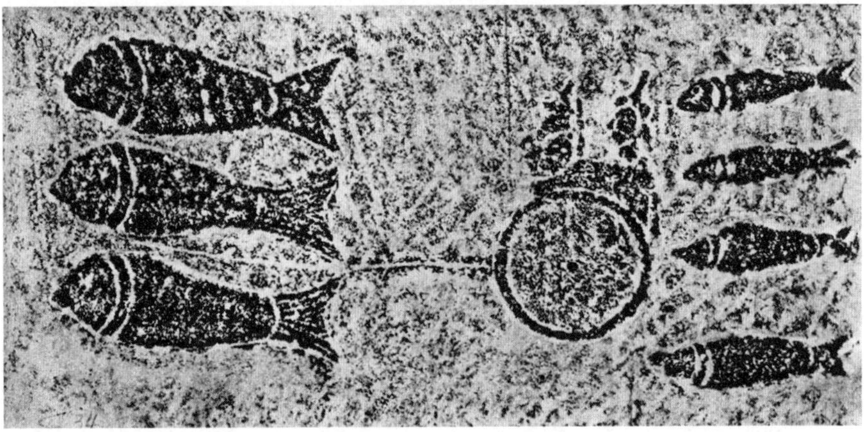

图3-2　河南出土汉画像石疑似“海神”形象

《山海经·大荒东经》说：

> 东海之渚中，有神，人面鸟身，珥两黄蛇，名曰“禺虢”。黄帝生禺虢，禺虢生禺京，禺京处北海，禺虢处东海，是为海神。

屈原《楚辞·远游》描述天海壮行的情景，则写道：

> 使湘灵鼓瑟兮，令海若舞冯夷。

王逸注：“百川之神，皆谣歌也。”“河海之神，咸相和也。海若，海神名也。冯夷，水仙人。《淮南》言冯夷得道，以潜于大川也。①”洪兴祖补注：“此湘灵乃湘水之神，非湘夫人也。”“海若，《庄子》所称北海若也②。冯夷，河神也。”

① 《庄子·大宗师》：“冯夷得之，以游大川。”《淮南子·齐俗》：“昔者冯夷得道，以潜大川。”高诱注：“冯夷，河伯也，华阴潼乡堤首里人，服八石，得水仙。”屈原《九歌·河伯》洪兴祖补注引《抱朴子·释鬼》：“冯夷以八月上庚日渡河溺死，天帝署为河伯。”

② 《庄子·秋水》：“〔河伯〕顺流而东行，至于北海，……望洋向若而叹。”“北海若曰：‘井蛙不可以语于海者，拘于虚也。’”

“河海之神”似乎有神性“相和”的特点，秦始皇身边占梦博士称之为“水神”，不是没有道理的。

屈原《九歌·河伯》自述“与河伯为友，俱游九河之中”[1]的幻想，有“与女游兮九河，冲风起兮横波。乘水车兮荷盖，驾两龙兮骖螭。”王逸注：“言河伯以水为车，骖驾螭龙而戏游也。”洪兴祖补注：“《括地图》云：冯夷常乘云车，驾二龙。《史记》曰：水神不可见，以大鱼蛟龙为候。《博物志》曰：水神乘鱼龙。”洪兴祖注说“河伯”，引《史记》海上“水神”之说，也暗示当时人以为河海之神是通类之神。

汉代画像所见驾乘鱼车的形象，研究者或释为“河伯”，或释为“海神”，其出行形式的相类，也说明了同样的情形。

冯夷，《淮南子·齐俗》高诱注以为华阴人。以华阴人而成为河伯，估计可能属于秦人神系。

值得注意的还有，秦人虽居西北内陆，然而对于海神，也有虔敬崇拜的意识。《史记·封禅书》列数秦雍地神祠时说道：“雍有日、月、参、辰、南北斗、荧惑、太白、岁星、填星、辰星、二十八宿、风伯、雨师、四海、九臣、十四臣、诸布、诸严、诸逑之属，百有余庙。”所谓“四海”之神，赫然列于其中。

清人屈大均《广东新语》卷六说到“海神”出现时的情形：“溟海吞吐百粤，崩波鼓舞百十丈，状若雪山。尝有海神临海而射，故海浪高者既下，下者乃复高，不为民害。父老云：凡渡海，……风波不起，岛屿晴明，忽见朱旗绛节，骖驾双螭，海女人鱼，先后导从，是海神游也。”其描写有声有色，然而已经是后世人对海神的想象，可能与秦汉人的认识并不相同。不过，所谓“骖驾双螭”，则仍然沿袭了战国秦汉前后“驾两龙兮骖螭”，“骖驾螭龙而戏游也”一类传说。

秦始皇出巡，尽管有所谓“大乐之”，甚至有因此在琅邪“留三月”的情形，然而途中也曾经多次经历险厄与不利。仅据司马迁在《史记·秦

---

① 屈原《九歌·河伯》王逸注。

始皇本纪》中的记载，我们就可以看到：

> 二十八年，始皇东行郡县，……上泰山，立石，封，祠祀，下，风雨暴至。
>
> 〔二十八年〕浮江，至湘山祠。逢大风，几不得渡。
>
> 二十九年，始皇东游。至阳武博浪沙中，为盗所惊。求弗得。
>
> 〔三十七年〕临浙江，水波恶，乃西百二十里从狭中渡。

另一次，就是三十七年北至琅邪，“梦与海神战”，这里所谓“海神”，被占梦博士解释为应当“除去”的“恶神”。

对于以农耕定居生活为基本生活形式的人们来说，出行，特别是远程出行，是富有神异色彩的生活内容。江绍原先生在《中国古代旅行之研究：侧重其法术的和宗教的方面》一书中讨论“行途遭逢的神奸（和毒恶生物）”时，曾经指出：

> 由种种确证，我们知道古中国人把无论远近的出行认为一桩不寻常的事；换句话说，古人极重视出行。夫出行必有所为，然无论何所为，出田，出渔，出征，出吊聘，出亡，出游，出贸易……总是离开自己较熟悉的地方而去之较不熟习或完全陌生的地方之谓。古人，原人，儿童，乃至禽兽，对于过分新奇过分不习见的事物和地方，每生恐惧之心；此乃周知之事实，自不劳我们多费笔墨。熟习的地方，非无危险——来自同人或敌人的，自然的或“超自然”的——然这宗危险，在或种程度内是已知的，可知的，能以应付的。陌生的地方却不同：那里不但是必有危险，这些危险而且是更不知，更不可知，更难预料，更难解除的。言语风尚族类异于我，故对我必怀有异心的人们而外，虫蛇虎豹，草木森林，深山幽谷，大河急流，暴风狂雨，烈日严霜，社坛邱墓，神鬼妖魔，亦莫不欺我远人，在僻静处，在黑暗时，伺隙而动，以捉弄我，恐吓我，伤害我，或致我于死地为莫上之

> 乐。他们之所以如此，而且是不得不如此：因为他们于我固为陌生的，可怕的，然我于他们也同样是陌生的，可怕的啊。我固不能不自卫，但他们也不得不对我讲求自卫啊。我之命运，已握在彼等之掌中；我能否完成出行目的，安然归去，或跋涉既毕，入彼新居，无他，全看我能否逃脱或战胜沿路上这千千万万的危险困难而已。这些危险，异于平日家居所也不免的危险；它们并没来寻我，乃是我自己去找它们，去尝试它们的罗网，去给它们一个加害于我的机会。既然如此，谓出行非一大事得乎？可无故而以身去尝试危险乎？苟因为实有重大的理由，迫切的需要，不能不去惊动它们和甘心去和它们一拼矣，周密的戒备，有效的应付，焉可无乎？①

在交通条件相对落后的古代，如《抱朴子·登涉》所说，行旅不免灾异，除了“令人遭虎狼毒虫犯人”之外，又有“或被疾病及伤刺，及惊怖不安；或见光影，或闻异声；或令大木不风而自摧折，岩石无故而自堕落，打击煞人；或令人迷惑狂走，堕落坑谷”等情形。木折、石落、伤刺、堕谷等，都是行旅生活中威胁安全的常见的险情，而在陌生的环境中“或见光影，或闻异声”引起的所谓“惊怖不安”“迷惑狂走”，可能也是颇为常见的情形。

海上交通的经历，对于长期居于内陆的人们来说，当然更富有神秘主义的意味。

秦始皇出行途中所遇到的险厄，自然也属于意料之中的“千千万万的危险困难”，除了“必怀有异心的人们”的敌意，如“至阳武博浪沙中，为盗所惊”而外，“虫蛇虎豹，草木森林，深山幽谷，大河急流，暴风狂雨，烈日严霜，社坛丘墓，神鬼妖魔”，也处处形成巡行的严重阻难。作为身为天下之尊的帝王，自然具备优越的“自卫”条件，有“周密的戒备，有效的应付”。然而，更值得我们注意的，是秦始皇对于行旅险情，

---

① 江绍原：《中国古代旅行之研究：侧重其法术的和宗教的方面》，商务印书馆1935年版，第5页至第6页。

采取了一种积极勇进的态度。

秦始皇不仅不远万里，频繁出行，“以身去尝试危险”，“自己去找它们，去尝试它们的罗网”，而且在面临风险时，敢于以人力和神力对抗。当“浮江，至湘山祠，逢大风，几不得渡”时，“大怒，使刑徒三千人皆伐湘山树，赭其山”，是一个例子。另一个更为典型的例子，是梦见海上“恶神”时，敢与之“战”，并决心“除去”之：

> 乃令入海者赍捕巨鱼具，而自以连弩候大鱼出射之。自琅邪北至荣成山，弗见。至之罘，见巨鱼，射杀一鱼。遂并海西。

秦始皇，可能是历史上唯一一位能够在海上“自以连弩”“射杀”“巨鱼”的帝王。

山东嘉祥武氏祠后室画像石“海神出击”图所表现的海上战争场面，是威武生动的。由此可以想见秦始皇敢于“与海神战”的气概，在当时体现出何等勇决无畏的精神。

另一件与秦始皇“自以连弩”“射杀”海上“巨鱼”事迹相类同的史

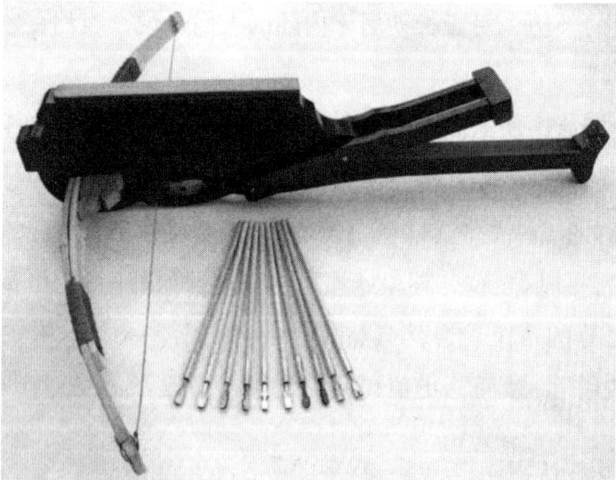

图3–3　连弩复原模型

事，是汉武帝江上射蛟。《汉书 · 武帝纪》：

〔元封〕五年冬，行南巡狩，至于盛唐，望祀虞舜于九嶷。登灊天柱山，自寻阳浮江，亲射蛟江中，获之。舳舻千里，薄枞阳而出，作《盛唐枞阳之歌》。遂北至琅邪，并海，所过礼祠其名山大川。

颜师古注："许慎云：'蛟，龙属也。'郭璞说其状，云似蛇而四脚，细颈，颈有白婴，大者数围，卵生，子如一二斛瓮，能吞人也。"

汉武帝"亲射蛟江中，获之"，所杀获的，应当是扬子鳄。[①]

秦始皇射杀巨鱼后"遂并海西"，汉武帝射获江蛟后，"遂北至琅邪"。看起来他们这一行为，似乎有某种厌胜的意义。行旅的危厄，以此可以辟除，于是又能够朝向既定目的地大步前行了。

《抱朴子 · 登涉》所谓"被疾病"，是江绍原先生列数行旅"千千万万的危险困难"时所没有说到的。出行时暴病猝死，即所谓"疾病物故之变"[②]，也就是汉代人习用语之所谓"行道物故"[③]的情形，其实并非罕见。秦始皇本人就是在出行海上的途中染病丧生的。《史记 · 秦始皇本纪》记载："至平原津而病。始皇恶言死，群臣莫敢言死事。上病益甚。……七月丙寅，始皇崩于沙丘平台。"汉武帝的御者也是在出巡海滨时突然去世的，《史记 · 封禅书》记载："奉车子侯暴病，一日死，上乃遂去。"

这些意外事件，使海上之行益发具有一种特殊的神秘色彩。

狂热的求仙运动

秦汉帝王东巡海上，其深层心理，还有接近并探求神仙世界的期望。

秦始皇出巡时，曾经屡屡在东方宣示威德，应当说，其远行除了"东

① 龙的原型，有的学者以为与鳄有关。参看本书第八章中"龙蛇神话"一节。

② 《荀子·君道》："人主不能不有游观安燕之时，则不能不有疾病物故之变焉。"

③ 居延汉简中有关于远行戍卒"行道物故"的记述，如："●最凡行道物故□"（283.32）。

抚东土”的目的之外，还有“兴利致福”的企求。秦始皇《琅邪刻石》还写道：“古之五帝三王，知教不同，法度不明，假威鬼神，以欺远方，实不称名，故不久长。”“今皇帝并一海内，以为郡县，天下和平。昭明宗庙，体道行德，尊号大成。”所谓“假威鬼神”，张守节《正义》说：“言五帝、三王假借鬼神之威以欺远方之民，若苌弘之比也。”苌弘事迹见《左传·哀公三年》，历来以为“忠未必信”[①]的屈死者的典型。秦始皇以古来“远方”委屈之国自比，以为因武力平定天下，终于可以“昭明宗庙，体道行德，尊号大成”了。《史记·秦始皇本纪》记载：

> 既已，齐人徐市等上书，言海中有三神山，名曰蓬莱、方丈、瀛洲，仙人居之。请得斋戒，与童男女求之。于是遣徐市发童男女数千人，入海求仙人。

秦始皇时代狂热的求仙运动，由此而开始。

张守节《正义》引《汉书·郊祀志》云：“此三神山者，其传在渤海中，去人不远，盖曾有至者，诸仙人及不死之药皆在焉。其物禽兽尽白，而黄金白银为宫阙。未至，望之如云；及至，三神山乃居水下；临之，患且至，风辄引船而去，终莫能至云。世主莫不甘心焉。”又引《括地志》云：“亶洲在东海中，秦始皇使徐福将童男女入海求仙人，止在此洲，共数万家，至今洲上人有至会稽市易者。吴人《外国图》云亶洲去琅邪万里。”

传说中的海中“三神山”，所谓“未至，望之如云；及至，三神山乃居水下；临之，患且至，风辄引船而去，终莫能至”，表现出海市蜃楼的特征。而东海中传说“秦始皇使徐福将童男女入海求仙人”所至亶洲，则有可能是日本群岛、琉球群岛、台湾岛或者澎湖列岛。

徐市第一次出海求仙人，是秦始皇二十八年（公元前219年）的事。

---

① 《庄子·外物》：“人主莫不欲其臣之忠，而忠未必信，故伍员流于江，苌弘死于蜀，藏其血三年，而化为碧。”

《史记·秦始皇本纪》说：

> 三十二年，始皇之碣石，使燕人卢生求羡门、高誓。

在记录《碣石刻石》“皇帝奋威，德并诸侯，初一泰平”，“地势既定，黎庶无繇，天下咸抚”，“惠被诸产，久并来田，莫不安所”诸语之后，司马迁接着又写道：

> 因使韩终、侯公、石生求仙人不死之药。始皇巡北边，从上郡入。燕人卢生使入海还，以鬼神事，因奏录图书，曰“亡秦者胡也”。始皇乃使将军蒙恬发兵三十万人北击胡，略取河南地。

秦始皇三十五年（公元前212年），有方士建议秦始皇改变有关的行为习惯，以利于“求芝奇药仙者”：

> 卢生说始皇曰：“臣等求芝奇药仙者常弗遇，类物有害之者。方中，人主时为微行以辟恶鬼，恶鬼辟，真人至。人主所居而人臣知之，则害于神。真人者，入水不濡，入火不爇，陵云气，与天地相久长。今上治天下，未能恬倓。愿上所居宫毋令人知，然后不死之药殆可得也。”于是，始皇曰：“吾慕真人，自谓‘真人’，不称‘朕’。”乃令咸阳之旁二百里内宫观二百七十复道甬道相连，帷帐钟鼓美人充之，各案署不移徙。行所幸，有言其处者，罪死。

中国传统政治形态由于历史文化方面的种种原因，与具备完备的政治组织、密集的政治人才、成熟的政治权术同时，还体现出引人注目的内在封闭性的特质。

自从大一统的高度集权的专制主义王朝建立之后，政治形态的内在封闭性特征表现得更为明显。

这种政治文化特质的主要表现之一，即政治活动的隐秘性。

秦始皇听从卢生“愿上所居宫毋令人知”的建议，严密宫禁制度的做法，就是极具典型性的史例。据说秦始皇曾行幸梁山宫，从山上望见丞相车骑甚众，“弗善也”。身边侍从或有人私告丞相，丞相随即减损车骑。于是，“始皇怒曰：‘此中人泄吾语。’案问莫服。当是时，诏捕诸时在旁者，皆杀之。自是后莫知行之所在。听事，群臣受决事，悉于咸阳宫”。复道，是类似天桥的高架道路，通过立体交叉形式使御用道路与公用道路分离①，甬道则两侧筑壁，也是为了使行踪不为臣民所知而出现的特殊的道路形式②。

行为力求隐秘，后来成为历代帝王多所遵行的传统。深居简出，曾经成为专制时代最高统治者的行为惯例。③

在由此而导致形成的这种高度密闭而毫无公开性的政治传统的影响

---

① 王子今、马振智：《秦汉复道考》，《文博》1984年第3期。

② 王子今：《秦汉甬道考》，《文博》1993年第2期。

③ 在中国古代高度集权的专制制度下，历来“宫禁至重”（《后汉书·皇后纪上·和熹邓皇后》）。汉律规定，如果泄露宫禁之内秘事，要处以重刑。据《汉书·元帝纪》记载，建昭二年（公元前37年），淮阳王舅张博与魏郡太守京房由于“窥道诸侯王以邪意，漏泄省中语”，前者被腰斩，后者被处以弃市之刑。据《汉书·朱博传》及《陈万年传》，汉元帝任命的御史中丞陈咸也曾以“坐漏泄省中语，下狱”，后来“减死，为城旦”。《汉书·贾捐之传》又说，贾捐之也因为“漏泄省中语”，“竟坐弃市”。《汉书·百官公卿表下》又可见汉成帝河平元年（公元前28年）京兆尹宋登“坐漏泄省中语，下狱自杀”一事。《后汉书·袁安传》也记载，汉安帝元初四年（公元117年），袁敞“坐子与尚书郎张俊交通，漏泄省中语，策免”，后自杀。所谓“漏泄省中语”，本来原指私传宫禁中议政的内容，然而实际上又扩衍至于宫廷生活的几乎一切方面。据《汉书·孔光传》，汉成帝时代，孔光任尚书令等职，“典枢机十余年”，“周密谨慎”，休假日与家人闲谈时，仍“终不及朝省政事”。有人问他：“温室省中树皆何木也?”孔光“嘿然不应，更答以他语，其不泄如是”。“温室”，是未央宫中殿名。“周密谨慎”其实是从政者严格自律而形成的典型性格。模范地遵行这种言行规范的臣子，竟然连宫中所植树木也不能随便向家人透露。《汉书·京房传》记载，京房“漏泄省中语”一案，是在御前议论西周幽厉之君用人得失，后“出为御史大夫郑弘言之”，于是京房竟然被处以弃市之刑，郑弘也因此“坐免为庶人”。《汉书·郑弘传》记述此案，写作“坐与京房议论免”。可见，虽然以严刑治罪，其“漏泄”的内容，却往往并不足以动摇政体。刑罚严厉的意义，在于明确某种政治规范，维护某种政治秩序。《后汉书·郑弘传》说，东汉章帝时，又有一位也叫作郑弘的重臣，当时任大司农，因为与权臣窦宪有隙，“〔窦〕宪奏〔郑〕弘大臣漏泄密事，帝诘让弘，收上印绶，弘自诣廷尉”。以“漏泄”相指控，常常成为攻讦政敌的武器。《汉书·孔光传》记载，汉哀帝时，有诏书谓“侍中驸马都尉〔傅〕迁巧佞无义，漏泄不忠，国之贼也，免归故郡”。“漏泄”，是指斥为“国之贼也”的主要罪状，是与封建政治道德的基本规范“忠”相违背的。《唐律》曾经有明确规定：“诸漏泄大事应密者，绞。非大事应密者，徒一年半；漏泄于蕃国使者，加一等。仍以初传者为首，传至者为从。 （转下页）

下，中国古代的基本政治形式长期体现出极端专断的性质，只有帝王和极少数权臣能够决定政治生活的方向和国家的命运。与这种现象相关，还曾经多次出现了后妃外戚政治与宦官政治交替作用于政治史进程的文化奇观。中国传统政治形态内在封闭性特征的另外两种表现，即政治参与的有限性和政治机构的隔闭性，也都与政治活动的隐秘性有关。而深究这种政治文化现象的渊源，竟然可以发现秦始皇时代求仙运动的重要影响。

在卢生等人对秦始皇当面进行“今上治天下，未能恬倓”的政治批评之后，又有私下进行的政治批评。司马迁在《史记·秦始皇本纪》中记载：

> 侯生、卢生相与谋曰：“始皇为人，天性刚戾自用，起诸侯，并天下，意得欲从，以为自古莫及己。专任狱吏，狱吏得亲幸。博士虽七十人，特备员弗用。丞相诸大臣皆受成事，倚辨于上。上乐以刑杀为威，天下畏罪持禄，莫敢尽忠。上不闻过而日骄，下慑伏谩欺以取容。秦法，不得兼方，不验，辄死。[①]然候星气者至三百人，皆良士，畏忌讳谀，不敢端言其过。天下之事无小大皆决于上，上至以衡石量书，日夜有呈，不中呈不得休息。[②]贪于权势至如此，未可为求仙药。”于是乃亡去。

（接上页） 即转传大事者，杖八十；非大事，勿论。”《疏议》以为“大事”指有关重要军政情报的内容。而所谓“非大事应密者”则范围极宽。“转传”非大事者，虽不予追究法律责任，而“初传者为首”，仍当治罪。沈家本在《汉律摭遗》中指出：“所漏泄者如关于军事国政自当重论，否则寻常燕私之语，乌可遂以杀人哉?”可惜这是近代人的认识，在古代专制制度下，事实上处置之严厉，又往往更超过法律条文。《汉书·赵充国传》说，赵“宴语”时说到车骑将军张安世“始尝不快上，上欲诛之”，赵充国以为“宜全度之”，“安世用是得免”，然而就因为这番话，竟然导致赵“下吏自杀”。《汉书·外戚恩泽表》说：大司马高乐侯师丹“建平元年坐漏泄免”。然而据《汉书·师丹传》记载，师丹使吏书写奏章，吏私自转抄其草稿，被告发“上封事行道人遍持其书”，汉哀帝令朝臣讨论，皆对曰：“忠臣不显谏，大臣奏事不宜漏泄，令吏民传写流闻四方。‘臣不密则失身’，宜下廷尉治。”廷尉于是判定为“大不敬”罪。官员个人的政见，也归于严禁“漏泄”之列。

① 张守节《正义》：“言秦施法不得兼方者，令民之有方伎不得兼两齐，试不验，辄赐死。言法酷。”

② 张守节《正义》：“衡，秤衡也。言表笺奏请，秤取一石，日夜有程期，不满不休息。”

关于所谓"天下之事无小大皆决于上，上至以衡石量书，日夜有呈，不中呈不得休息"，《汉书·刑法志》说："〔秦始皇〕专任刑罚，躬操文墨，昼断狱，夜理书，自程决事，日县石之一。"服虔有这样的解释："县，称也。石，百二十斤也。始皇省读文书，日以百二十斤为程。"

对于秦始皇这种难能可贵的勤政风格，卢生等人却从滨海地区"恬倓""舒缓"的文化传统出发[①]，以"贪于权势"予以指责，并且断定如此是不可能求得仙药的。

通过卢生等人的话，可以看到秦人"狭厄""酷烈""褊急""很刚"的文化风格与东方文化"恬倓""舒缓"的节奏特色的矛盾和对立。

《荀子·议兵》："秦人其生民以狭厄，其使民以酷烈。"郝懿行《荀子补注》："狭厄犹狭隘也。""酷烈"体现政治文化的风格，可以与《史记·商君列传》所谓"商君，其天资刻薄人也"对照读。《商君书·垦令》又说到"褊急之民""很刚之民"。秦以国势之强盛、军威之勇进以及民气之急烈，于东方得"虎狼之国"的恶名[②]。所谓"虎狼之秦"，以其暴烈与贪戾[③]，形成了严重威胁东方列国的所谓"秦患"[④]。

《史记·刺客列传》有"以雕鸷之秦，行怨暴之怒"的说法，社会生活节奏的急骤，影响到政治心理的特质，而政治心理的特质，又决定了政治形式的特色。即所谓"心忿含怒"（《史记·张仪列传》），决定了秦为"苛政"（《史记·孝文本纪》），执"苛法"（《史记·淮阴侯列传》），行"苛仪法"（《史记·刘敬叔孙通列传》）。

卢生等海上方士出亡的事件，可以看作两种不同的文化传统再次碰撞迸射的火花。

---

① 《史记·货殖列传》说："〔齐地〕其俗宽缓阔达。"《汉书·朱博传》也说："齐郡舒缓养名。"颜师古注："言齐人之俗，其性迟缓，多自高大以养名声。"

② 《史记·苏秦列传》苏秦语、楚威王语，《樗里子甘茂列传》游腾语，《孟尝君列传》苏代语，《屈原贾生列传》屈平语。又《楚世家》：昭雎曰："秦虎狼，不可信。"《项羽本纪》：樊哙曰："秦王有虎狼之心。"

③ 《史记·赵世家》："秦暴"，《郦生陆贾列传》："暴秦"，《苏秦列传》："秦之行暴"，《刺客列传》："秦王之暴"，"秦王贪"，《秦始皇本纪》："秦王怀贪鄙之心"，《穰侯列传》："秦贪戾之国也"。

④ "秦患"之说，见《史记·楚世家》《魏世家》《苏秦列传》《张仪列传》《孟尝君列传》。

这一火花随即又引发了文化史上震惊千古的爆炸性的事变。

《史记·秦始皇本纪》写道：

> 始皇闻亡，乃大怒曰："吾前收天下书不中用者尽去之。悉召文学方术士甚众，欲以兴太平，方士欲练以求奇药。今闻韩众去不报，徐市等费以巨万计，终不得药，徒奸利相告日闻。卢生等吾尊赐之甚厚，今乃诽谤我，以重吾不德也。诸生在咸阳者，吾使人廉问，或为妖言以乱黔首。"
>
> 于是使御史悉案问诸生，诸生传相告引，乃自除。犯禁者四百六十余人，皆坑之咸阳，使天下知之，以惩后。益发谪徙边。
>
> 始皇长子扶苏谏曰："天下初定，远方黔首未集，诸生皆诵法孔子，今上皆重法绳之，臣恐天下不安。唯上察之。"始皇怒，使扶苏北监蒙恬于上郡。

这就是令后世文化人痛心不已的所谓"坑儒"惨案。

如果我们认真研读司马迁的记载，就可以发现，历来一直并提的所谓"焚书坑儒"，其实是应当进行进一步的深入分析的。

第一，"焚书"事件发生在秦始皇三十三年（公元前214年），所谓"坑儒"事件，发生在秦始皇三十五年（公元前212年），在此期间的两年之中，秦始皇并没有取缔儒学，迫害儒生，而相反对于东方文士采取了比较宽松的政策，以谋求两种文化传统的融并。这就是秦始皇所谓"吾前收天下书不中用者尽去之。悉召文学方术士甚众，欲以兴太平"。

第二，触怒秦始皇的，是方术之士。即秦始皇所谓"方士欲练以求奇药。今闻韩众去不报，徐市等费以巨万计，终不得药，徒奸利相告日闻。卢生等吾尊赐之甚厚，今乃诽谤我，以重吾不德也"。

第三，受到严酷处置的"诸生"，其学术身份是并不明确的。司马迁说：秦始皇要求进行清查，"诸生在咸阳者，吾使人廉问，或为妖言以乱黔首"，"于是使御史悉案问诸生，诸生传相告引，乃自除犯禁者四百六十余人，皆坑之咸阳，使天下知之，以惩后。益发谪徙边”。这里所说的“诸生”，很可能只是秦始皇所谓“方术士”“方士”。①

第四，扶苏谏辞中说道：“天下初定，远方黔首未集，诸生皆诵法孔子，今上皆重法绳之，臣恐天下不安。唯上察之。”这可能是人们以为所坑皆儒生的主要根据。然而，所谓“诸生皆诵法孔子”，虽然能够说明他们的文化倾向，却似乎还不足以判定他们的文化立场。

事实上，秦始皇所坑杀的，可能主要是所谓“诽谤我，以重吾不德也”，“或为妖言以乱黔首”的政治反对派。“为妖言”，是他们从事政治活动的主要方式，暗示其身份可能大多是虽然也“诵法孔子”，但是其行为却与“子不语怪力乱神”（《论语·述而》）②的原则不合的方术之士。

对于这一事件，泷川资言《史记会注考证》引述了如下几种意见：

> 胡三省曰：“传相告引”者，谓甲引乙，乙复引丙也。
>
> 方苞曰：引他人，乃得自除己罪也。
>
> 郑樵曰：陆贾，秦之巨儒也。郦食其，秦之儒生也。叔孙通，秦时以文学召，待诏博士数岁。陈胜起，二世召博士诸儒生三十余人而问其故，皆引《春秋》之义故对。③是秦时未尝不用儒生与经学也。

---

① 顾颉刚先生说：“当时的儒生和方士本是同等待遇，这件事又是方士闯下的祸，连累了儒生；后人往往把这件事与‘焚书’作一例看，实在错误。焚书是一种有计划的政治手段，也是他们的时代使命，坑儒则不过是始皇个人的发脾气而已。”《秦汉的方士和儒生》，群联出版社1955年修正版，第12页。

② 孔子学说的这一原则，又体现于《礼记·中庸》：“子曰：素隐行怪，后世有述焉，吾弗为之矣。”《荀子·荣辱》：“君子道其常，而小人道其怪。”《荀子·天论》：“万物之怪，书不说。”《淮南子·主术》：“孔子作为《春秋》，不道鬼神。”

③ 《史记·刘敬叔孙通列传》：“叔孙通者，薛人也。秦时以文学征，待诏博士。数岁，陈胜起山东，使者以闻，二世召博士诸儒生问曰：‘楚戍卒攻蕲入陈，于公如何？’博士诸生三十余人前曰：‘人臣无将，将即反，罪死无赦。愿陛下急发兵击之。’二世怒，作色。叔孙通前曰：‘诸生言皆非也。夫天下合为一家，毁郡县城，铄其兵，示天下不复用。且明主在其上，法令具于下，使人人奉职，四方辐辏，安敢有反者！此特群盗鼠窃狗盗耳，何足置之齿牙间。郡守尉今捕论，何足忧。’二世喜曰：‘善。’尽问诸生，诸生或言反，或言盗。于是二世令御史案诸生言反者下吏，非所宜言。诸言盗者皆罢之。乃赐叔孙通帛二十匹，衣一袭，拜为博士。叔孙通已出宫，反舍，诸生曰：‘先生何言之谀也？’通曰：‘公不知也，我几不脱于虎口！’乃亡去。”

> 况叔孙通降汉时，有弟子百余人，齐鲁之风，亦未尝替。故项羽既亡之后，而鲁为守节礼义之国。则知秦时未尝废儒。而始皇所坑者，盖一时议论不合者耳。
>
> 敖英曰：始皇坑儒，说者谓设为陷阱而杀之，余谓只是掩其不知而加害也，非真掘土为坑也。不尔，白起坑赵降卒四十万于长平，设使掘土为坑，若是其广大，彼降卒宁不知之，又宁肯帖然束手而就死乎？

胡三省和方苞对“传相告引”的解释，使人联想到中国攻讦告密这种特殊的政治文化现象其由来之久。敖英“始皇坑儒”“非真掘土为坑也”的说法，可能是切近历史真实的。郑樵所谓“秦时未尝废儒”，“始皇所坑者，盖一时议论不合者耳”的意见尤其值得重视。也就是说，着重从政治的角度，而不是从文化的角度认识所谓“坑儒”事件，可能是适宜的。

宋人萧参《希通录》有“始皇非坑儒”条，其中写道，“焚书”一事，“前辈尝论之”，而“‘坑儒’一事，未有究极之者”。他说：“仆按史书，所坑特侯生、卢生四百六十余人，非能尽坑天下儒者，为其所坑，又非儒者。”也就是说，秦始皇所谓“坑儒”，所坑“特方技之流耳”，“岂所谓儒者哉？”“古今相承，皆曰‘坑儒’，盖惑于扶苏之谏。扶苏曰：‘诸生皆诵法孔子，今上皆重法绳之，臣恐天下不安。’呜呼！若卢生者，何尝诵法孔子？自扶苏言之，误使儒者蒙不韪之名。自我一洗，亦万世之快也。”“仆故曰：卢生四百六十余人，皆方术之士也。”非“吾儒中人”。[①]

钱锺书先生指出，其“盖未省‘术士’指方士亦可指儒生”。[②]

钱锺书先生所举两例，即：“《汉书·儒林传》明曰：‘及至秦始皇，兼天下，燔《诗》《书》，杀术士’，王符《潜夫论·贤难》亦曰：‘此亡秦所以诛偶语而坑术士也。’”

《汉书·儒林传》一例，其实先见于《史记·儒林列传》：

---

① 《说郛》卷一七。

② 钱锺书：《管锥编》第1册，中华书局1979年版，第262页。

> 及至秦之季世，焚《诗》《书》，坑术士，《六艺》从此缺焉。陈涉之王也，而鲁诸儒持孔氏之礼器往归陈王。于是孔甲为陈涉博士，卒与涉俱死。陈涉起匹夫，驱瓦合適戍，旬月以王楚，不满半岁竟灭亡，其事至微浅，然而缙绅先生之徒负孔子礼器往委质为臣者，何也？以秦焚其业，积怨而发愤于陈王也。

司马迁使用“术士”称谓的类似例子，其实还有《史记·淮南衡山列传》：

> 昔秦绝圣人之道，杀术士，燔《诗》《书》，弃礼义，尚诈力，任刑罚，转负海之粟致之西河。

不过，我们从这几例文字看，显然还不能说“术士”就是“儒生”，不能说这两个概念可以完全等同。

秦汉时期人称“术士”者，也有明确是指方士，或者至少是指儒学之士中特别重视阴阳灾异的一派人的情形①。

例如，《汉书·夏侯胜传》有这样的记载：夏侯胜“说灾异”，“为学精孰”。“会昭帝崩，昌邑王嗣立，数出。胜当乘舆前谏曰：‘天久阴而不雨，臣下有谋上者，陛下出欲何之？’王怒，谓胜为妖言，缚以属吏。”当时，霍光和车骑将军张安世谋废昌邑王，霍光于是责备张安世泄漏密谋，而张安世其实从未泄漏。两人召问夏侯胜，夏侯胜说明由《洪范五行传》推定“臣下有谋”的根据，“光、安世大惊，以此益重经术士”。汉宣帝本始四年（公元前70年），“夏，关东四十九郡同日地动，或山崩，坏城郭室屋，杀六千余人。上乃素服，避正殿，遣使者吊问吏民，赐死者棺钱。下诏曰：‘盖灾异者，天地之戒也。朕承洪业，托士民之上，未能和群生。曩者地震北海、琅邪，坏祖宗庙，朕甚惧焉。其与列侯、中二千石博问术

---

① 《汉书·眭两夏侯京翼李传》赞，称其为“推阴阳言灾异者”。

士，有以应变，补朕之阙，毋有所讳’”。此后，夏侯胜等益“亲信之”。

昌邑王“谓〔夏侯〕胜为妖言”，使人联想到秦始皇所谓“诸生在咸阳者，吾使人廉问，或为妖言以乱黔首”。同样应当引起我们注意的是，“术士”，又称“经术士”，而《汉书·夏侯胜传》汉宣帝本始四年诏“其与列侯、中二千石博问术士”，《汉书·宣帝纪》写作“其与列侯、中二千石博问经学之士”。

这样的人，又自称“天士”，以为“知天道者”①。他们自称其学为“经术”②，也正与“术士”“经术士”的称谓相应。

东汉人牟融《理惑论》又写道：“牟子常以《五经》难之，道家术士，莫敢对焉。”可见，当时“术士”称谓的内涵，可能是比较复杂的。③

方士的表演和方术的普及

秦始皇使方士入海“求仙人不死之药”“求芝奇药仙者”，曾经一时掀起了求仙的热潮。秦始皇二十八年（公元前219年），东巡途中，“齐人徐市等上书，言海中有三神山，名曰蓬莱、方丈、瀛洲，仙人居之。请得斋戒，与童男女求之。于是遣徐市发童男女数千人，入海求仙人”。有人以为徐市一去而不复返，历史事实却并非如此。《史记·秦始皇本纪》中，此后就另有两次说到徐市：

> 〔秦始皇三十五年〕徐市等费以巨万计，终不得药。

---

① 《汉书·李寻传》：“宜急博求幽隐，拔擢天士，任以大职。”颜师古注引李奇曰：“天士，知天道者也。”

② 《汉书·夏侯胜传》：“胜每讲授，常谓诸生曰：‘士病不明经术；经术苟明，其取青紫如俯取地芥耳。……’”

③ 有人强调，“秦始皇坑杀的是‘术士’而不是‘方士’”，“不能用秦始皇所坑的儒生其中许多是方士，来开脱他杀害无辜儒生的罪责”，并引西汉末人卫宏《诏定古文尚书序》所谓秦始皇“密种瓜于骊山陵谷中温处”以诱杀“博士诸生”的说法，以为“这是中国历史上最大的一次阴谋暗杀事件，是秦朝历史上可耻的记录”（参看陆永品：《司马迁研究》，江苏人民出版社1983年版，第87页）。然而，这一论点的史料基础还有必要充实。例如，卫宏所记录的传说所具有的历史可靠性就值得进一步讨论。

〔秦始皇三十七年〕方士徐市等入海求神药，数岁不得，费多，恐谴，乃诈曰："蓬莱药可得，然常为大鲛鱼所苦，故不得至，愿请善射与俱，见则以连弩射之。"

《史记·淮南衡山列传》又有这样的记载：

又使徐福入海求神异物，还为伪辞曰："臣见海中大神，言曰：'汝西皇之使邪?'"臣答曰："然。""汝何求?"曰："愿请延年益寿药。"神曰："汝秦王之礼薄，得观而不得取。"即从臣东南至蓬莱山，见芝成宫阙，有使者铜色而龙形，光上照天。于是臣再拜问曰："宜何资以献?"海神曰："以令名男子若振女与百工之事，即得之矣。"

可见，徐市入海，确实有往有还，是在多次往复之后，终于远行不归的。

秦始皇三十七年（公元前210年）最后一次出巡时，所谓"自以连弩候大鱼出射之。自琅邪北至荣成山，弗见，至之罘，见巨鱼，射杀一鱼"，可以看作曾经亲自进行海上求神的努力。

不久，秦始皇"至平原津而病"，后来病逝于沙丘平台。

有人认为，"秦始皇帝短命的原因恰在于他对永生的追求"。"促使秦始皇早死的根本原因乃是他纵欲过度，殚精而亡。"而这正是由方士所引发。"方士们向秦始皇帝兜售的'长生'之术，必然包括房中术在内，是无庸置疑的。""秦始皇帝之死，原因乃在于纵欲过度。"①

这样的论点，或许还应当有充备的史料以为证明。不过，秦始皇其生涯的最后几年和方士的活动有紧密的联系，却是确定的历史事实。

对于秦始皇承袭滨海文化区的传统，殷勤于海上求仙的事迹，《史记·封禅书》又有这样的记述：

---

① 张文立：《秦始皇帝评传》，陕西人民教育出版社1996年版，第333页至第343页。

> 自威、宣、燕昭使人入海求蓬莱、方丈、瀛洲。此三神山者，其傅在勃海中，去人不远；患且至，则船风引而去。盖尝有至者，诸仙人及不死之药皆在焉。其物禽兽尽白，而黄金银为宫阙。未至，望之如云；及到，三神山反居水下。临之，风辄引去，终莫能至云。世主莫不甘心焉。及至秦始皇并天下，至海上，则方士言之不可胜数。始皇自以为至海上而恐不及矣，使人乃赍童男女入海求之。船交海中，皆以风为解，曰未能至，望见之焉。其明年，始皇复游海上，至琅邪，过恒山，从上党归。后三年，游碣石，考入海方士，从上郡归。后五年，始皇南至湘山，遂登会稽，并海上，冀遇海中三神山之奇药。不得，还至沙丘崩。

似乎秦始皇东巡实践的动机，明确与海上求仙的希冀有关。

汉武帝时代，又迷信海上神仙。东海方士于是再次活跃于朝廷。

方士李少君自称："臣尝游海上，见安期生，安期生食巨枣，大如瓜。安期生仙者，通蓬莱中，合则见人，不合则隐。"于是天子"遣方士入海求蓬莱安期生之属"。后李少君病死，"求蓬莱安期生莫能得，而海上燕齐怪迂之方士多更来言神事矣"。后又有胶东宫人栾大求见言方，大言曰："臣常往来海中，见安期、羡门之属。""其后装治行，东入海，求其师云。"栾大数月之间，大受信用，"佩六印，贵震天下，而海上燕齐之间，莫不扼腕而自言有禁方，能神仙矣"。"入海求蓬莱者，言蓬莱不远，而不能至者，殆不见其气。上乃遣望气佐候其气云。"后栾大"使不敢入海"，被汉武帝处死。

汉武帝也有亲身往海上求仙的经历："上遂东巡海上，行礼祠八神。"据说，一时"齐人之上疏言神怪奇方者以万数，然无验者"。汉武帝直接派遣求仙的人数，往往多至数千人：

> 乃益发船，令言海中神山者数千人求蓬莱神人。
>
> 宿留海上，予方士传车及间使求仙人以千数。

在封泰山之后，汉武帝又有海上之行：

> 天子既已封泰山，无风雨灾，而方士更言蓬莱诸神若将可得，于是上欣然庶几遇之，乃复东至海上望，冀遇蓬莱焉。奉车子侯暴病，一日死。上乃遂去，并海上，北至碣石，巡自辽西，历北边至九原。

又汉武帝元封二年（公元前109年）“其春，公孙卿言见神人东莱山，若云‘欲见天子’。天子于是幸缑氏城，拜卿为中大夫。遂至东莱，宿留之数日，无所见，见大人迹云。复遣方士求仙怪采芝药以千数”。元封五年（公元前106年），“至琅邪，并海上”。太初元年（公元前104年），再次“东至海上，考入海及方士求神者，莫验，然益遣，冀遇之”。

汉武帝营造建章宫时，还特意在其中的人工水面“太液池”中，筑有“蓬莱、方丈、瀛洲、壶梁，象海中神山龟鱼之属”。后来，汉武帝又再一次行至于海滨，“东巡海上，考神仙之属，未有验者”。汉武帝晚年时，“方士之候祠神人，入海求蓬莱，终无有验”。司马迁说：

> 天子益怠厌方士之怪迂语矣，然羁縻不绝，冀遇其真。自此之后，方士言神祠者弥众，然其效可睹矣。

秦皇汉武以强力有为、卓识远见著名，然而都为探寻虚无缥缈的海上神仙传说，进行了毕生的追求。[①]

滨海文化以神奇的伟力，竟然可以使“威振四海”（《史记·秦始皇本纪》）、“雄材大略”（《汉书·武帝纪》）的帝王们迷醉终生！

这真可以说是一种文化的奇迹。

---

① 这种现象的文化影响其实十分深远。有的学者认为，三国时期，孙权遣将军率甲士万人去东海中求夷州和亶州，其性质“不是单纯的探险，其背后存在着流传江南的东海仙岛的传承”。[日]小南一郎：《中国的神话传说与古小说》，孙昌武译，中华书局1993年版，第313页。

这种文化现象能够发生，有东海方士们竭力促进的作用。

顾颉刚先生对东海方士们鼓吹的神仙迷信发生的原因，有十分精辟的分析。

他说：“这种思想是怎样来的？我猜想，有两种原因。其一是时代的压迫。战国是一个社会组织根本变动的时代，大家感到苦闷，但大家想不出解决的办法。苦闷到极点，只想‘哪里躲开了这恶浊的世界呢’？可是一个人吃饭穿衣总是免不了的，这现实的世界紧紧跟在你的后头，有何躲开的可能。这问题实际上既不能解决，那么还是用玄想去解决罢，于是‘吸风饮露，游乎四海之外’的超人就出来了。《楚辞·远游》云：‘悲时俗之迫厄兮，愿轻举而远游。质菲薄而无因兮，焉托乘而上浮。免众患而不惧兮，世莫知其作如’，真写出了这种心理。其二是思想的解放。本来天上的阶级即是人间的阶级，而还比人间多出了一个特尊的上帝，他有最神圣的地位，小小的人间除了信仰而后顺从之外再有什么敢想。但到战国时，旧制度和旧信仰都解体了，‘天地不仁’‘其鬼不神’的口号喊出来了，在上帝之先的‘道’也寻出来了，于是天上的阶级跟了人间的阶级而一齐倒坏。个人既在政治上取得权力，脱离了贵族的羁绊，自然会想在生命上取得自由，脱离了上帝的羁绊。做了仙人，服了不死之药，从此无拘无束，与天地相终始，上帝再管得着吗！不但上帝管不着我，我还可以做上帝的朋友，所以《庄子》上常说‘与造物者（上帝）游’，‘与造物者为人’。这真是一个极端平等的思想！有了这两种原因做基础，再加以方士们的点染，旧有的巫祝们的拉拢，精深的和浅薄的，哲学的和宗教的，种种不同的思想杂糅在一起，神仙说就具有了一种出世的宗教的规模了。”

顾颉刚先生分析了神仙学说出现的时代背景。应当说，这种文化现象发生的地域渊源也值得注意。

顾颉刚先生还写道：“鼓吹神仙说的叫做方士，想是因为他们懂得神奇的方术，或者收藏着许多药方，所以有了这个称号。《封禅书》说‘燕、齐海上之方士’，可知这班人大都出在这两国。当秦始皇巡狩到海上时，怂恿他求仙的方士便不计其数。他也很相信，即派韩终等去求不死之药，但去了没有下文。又派徐市（即徐福）造了大船，带了五百童男女去，花费了好几万斤黄金，但是还没有得到什么。反而同行嫉妒，互相拆破了所说的谎话。”①

战国秦汉时期“燕、齐海上之方士”的活跃，是有特定的文化条件的。

沿海地区的自然景观较内陆有更奇瑰的色彩，有更多样的变幻，因而自然能够引发更丰富、更活跃、更浪漫的想象，于是海上神仙传说久已表现出神奇的魅力。

除了《史记·封禅书》海上“三神山”之说而外，又有海上“五神山”之说。如《列子·汤问》：

> 渤海之东不知几亿万里，有大壑焉，实惟无底之谷，其下无底，名曰“归墟”。八纮九野之水，天汉之流，莫不注之，而无增无减焉。其中有五山焉：一曰“岱舆”，二曰“员峤”，三曰“方壶”，四曰“瀛洲”，五曰“蓬莱”。其山高下周旋三万里，其顶平处九千里。山之中间相去七万里，以为邻居焉。其上台观皆金玉，其上禽兽皆纯缟。珠玕之树皆丛生，华实皆有滋味；食之皆不老不死。所居之人皆仙圣之种；一日一夕飞相往来者，不可数焉。而五山之根无所连箸，常随潮波上下往还，不得暂峙焉。

海上多彩的风光和神秘的景趣，曾经吸引了许多博物好奇之士。

《韩非子·十过》说：“昔者田成子游于海而乐之，号令诸大夫曰：‘言归者死。’”《说苑·正谏》也写道：“齐景公游于海上而乐之，六月不归，令左右曰：‘敢有先言归者致死不赦！’”秦始皇二十八年（公元前219年）“南登琅邪，大乐之，留三月”，甚至“乃徙黔首三万户琅邪台下，复十二岁”（《史记·秦始皇本纪》），也使人联想到海上风景的神奇魅

① 顾颉刚:《秦汉的方士与儒生》,群联出版社1955年修正版,第10页至第11页。

力。

在这样的条件下，以神秘主义为主要特征的方术文化是很容易产生，同时也很容易形成广泛的影响。

从滨海地区的历史传统看，其文化积累是相当富厚的。

《汉书》有传者338人，除去皇族41人，外戚25人，前代人如范蠡、子赣等6人，计有266人，而其中出身于滨海地区的多达46人，占17.29%，与这一地区人口在全国人口中的比例大体相当。然而《汉书·儒林传》中记载当世著名文士共212人，其中籍贯可考者191人，而滨海郡国独占60人，占31.41%，竟然接近1/3。可见这一地区在文化上的优势。

在当时全国文化界颇有名望的这191人中，各郡国人士以鲁国人最为集中，多达31人，其次即为：琅邪郡19人，东海郡17人，齐郡12人。仅琅邪、东海、齐郡这滨海三郡，就合计48人，占总数191人的25.13%。可见，此三郡在当时已经形成了重要的文化中心。

《汉书·地理志下》说，“汉兴以来，鲁、东海多至卿相”，正反映了滨海地区以这种特殊的人才构成在全国文化格局中占据重要地位的情形。

除儒学学者而外，滨海地区还曾经出现一代名医扁鹊、淳于意等。《史记·扁鹊仓公列传》说：“扁鹊者，勃海郡郑人也。”淳于意作为临淄人，“少而喜医方术”，后来又从师于同郡阳庆，“〔阳〕庆使意尽去其故方，更悉以禁方予之，传黄帝、扁鹊之脉书，知人死生，决嫌疑，定可治，及药论，甚精。受之三年，为人治病，决死生多验”。淳于意在汉文帝时“坐法当刑”，有其女缇萦上书感动文帝致使废除肉刑的著名故事。《史记·扁鹊仓公列传》记述：

> 意家居，诏召问所为治病死生验者几何人也，主者为谁。
>
> 诏问故太仓长臣意：“方伎所长，及所能治病者？有其书无有？皆安受学？受学几何岁？尝有所验，何县里人也？何病？医药已，其病之状皆何如？具悉而对。”

正如医学史家所指出的，“意所作答复，必记存于内宫档案，太史公方能详阅并加以引用；传世医案即所谓《诊籍》，共25个病例记录，方能至今班班可考”。[①]关于所谓“尝有所验，何县里人也”，我们看到有：

齐侍御史成	齐王中子诸婴儿小子	齐郎中令循
齐中御府长信	齐王太后	齐章武里曹山跗
齐中尉潘满如	阳虚侯相赵章	济北王
齐北宫司空命妇	故济北王阿母	济北王女子侍者竖
齐中大夫	淄川王美人	齐丞相舍人奴
淄川王	齐王后弟宋建	济北王侍者韩女
临淄氾里女子薄吾	齐淳于司马	齐中郎破石
齐王侍医遂	齐王故为阳虚侯时	安阳武都里成开方
安陵阪里公乘项处		

所记录的病例23例为齐人，占92%，可以说明齐地人对列为“方伎”的医学的重视。其中济北王女子侍者竖一例，淳于意追忆病案可见这样的内容：

> 臣意言王曰：“才人女子竖何能？”王曰：“是好为方，多伎能，为所是案法新，往年市之民所，四百七十万，曹偶四人。”

普通民女而“好为方”，也反映民间方术的普及。所谓“为所是案法新”，司马贞《索隐》的解释是：“谓于旧方技能生新意也。”对于这一病例，陈直先生有重要的说明：

① 马伯英：《中国医学文化史》，上海人民出版社1994年版，第255页。

直按：女子竖是济北王才人，兼通医药方技。四百七十万，是曹偶四人之买价。每人平均价一百十七万有奇，与汉代通常奴婢价值，每人二万计之（见《居延汉简释文》卷三，四十八页），相差五十八倍有奇，其原因是擅长方技关系，此段重要史料，一般学者所未注意及之。[①]

《史记·扁鹊仓公列传》还记述：“问臣意曰：‘吏民尝有事学意方，及毕尽得意方不？何县里人？”所述从淳于意学医方的，有临淄人宋邑，济北王太医高期、王禹，淄川王遣太仓马长冯信，高永侯家丞杜信，临淄召里唐安等，也都是齐人。

《汉书·游侠传》也记载，楼护，齐人，“父世医也，护少随父为医长安，出入贵戚家，护诵医经、本草、方术数十万言，长者咸爱重之”。

体现齐地文化成就的《管子》一书中，有医药学知识的总结。《管子·地员》中记载了40余种药物，《管子·入国》还记述了“问疾”、“养疾”等医事制度。[②]陈寅恪先生《天师道与滨海地域之关系》一文曾说到，“今所传《黄帝内经素问》，虽出后人伪造，实为中国医术古籍，而与天师道有关。”这些事实，都反映滨海地区医学有悠久的传统。汉代官印，又可见“琅邪医长”（《后四源堂古印零拾》）以及“齐典医丞”《顾氏集古印谱》），作为罕见的地方医官之印，也使人联想到滨海地区医学的水平。

众所周知，医药学的早期发展，和方术有难以分割的密切的关系。正如有的学者指出的：“作为先秦文化的很重要的实践形式，自然科学门类的笃行者几乎最后都加入了方士的行列。医学掌握在方士手中。方士不少就是医生。方士文化影响医学甚深。重要的医学著作和一些著名医生都与

① 陈直：《史记新证》，天津人民出版社1979年版，第163页至第164页。

② 参看李良松、郭洪涛：《中国传统文化与医学》，厦门大学出版社1990年版，第95页至第97页。

方士文化有很深的瓜葛。”[①]

陈寅恪先生在著名论文《天师道与滨海地域之关系》中，曾经指出，汉时所谓“齐学”，“即滨海地域之学说也”。他认为，神仙学说之起源及其道术之传授，必然与滨海地域有关，自东汉顺帝起至北魏太武帝、刘宋文帝时代，凡天师道与政治社会有关者，如黄巾起义、孙恩作乱等，都可以“用滨海地域一贯之观念以为解释”，“凡信仰天师道者，其人家世或本身十分之九与滨海地域有关”。

陈寅恪先生所提出的论点，无疑是一项重要的文化发现。[②]

东海方术之学的鼎盛时代，在汉武帝以后即宣告结束。

《汉书·郊祀志下》记载谷永谏汉成帝语，大致反映了秦至西汉方术文化的概况：

> 秦始皇初并天下，甘心于神仙之道，遣徐福、韩终之属多赍童男童女入海求神采药，因逃不还，天下怨恨。汉兴，新垣平、齐人少翁、公孙卿、栾大等，皆以仙人黄冶祭祠事鬼使物入海求神采药贵幸，赏赐累千金。大尤尊盛，至妻公主，爵位重累，震动海内。元鼎、元封之际，燕、齐之间方士瞋目扼腕，言有神仙祭祀致福之术者以万数。其后，平等皆以术穷诈得，诛夷伏辜。至初元中，有天渊玉女、钜鹿神人、轑阳侯师张宗之奸，纷纷复起。夫周秦之末，三五之隆，已尝专意散财，厚爵禄，竦精神，举天下以求之矣。旷日经年，

① 马伯英：《中国医学文化史》，上海人民出版社1994年版，第248页。马伯英先生还注意到，《史记·扁鹊仓公列传》说：“扁鹊以其伎见殃，仓公乃匿迹而当刑。”推断说，“看来扁鹊之死，是以后医生匿迹、师徒传授而结成秘密团体的动因。司马迁作此结论，当时医生匿迹自隐者必不少。两汉时代医生之名少见于史册，恐即此原因。涪翁出世与仓公有类似之处。尤其医学传授中，公孙光与阳庆均曾反复叮咛：‘毋以教人’；‘慎毋令我子孙知若学我方也’。‘若非其人’则不传。淳于意答：‘意死不敢妄传人。’阳庆甚至不愿自己子女知道，其秘传性的严密可知”。其传授方式是相当神圣、神秘而严格的，“由这样一种近乎巫术仪式结合而成的师徒关系，应该认为即是秘密医学团体”。马伯英先生还认为，“仓公师徒秘密团体与黄帝师徒秘密团体在构成和功能上有相似之处”。见同书第256页至第257页。

② 陈寅恪：《天师道与滨海地域之关系》，《中央研究院历史语言研究所集刊》第3本第4分册，收入陈寅恪文集之二《金明馆丛稿初编》，上海古籍出版社1980年版，第1页至第40页。

靡有毫氂之验，足以揆今。经曰："享多仪，仪不及物，惟曰不享。"《论语》说曰："子不语怪神。"唯陛下距绝此类，毋令奸人有以窥朝者。

谷永以为方士即"奸人"，应予"距绝"。班固记载："上善其言。"他的意见得到汉成帝的理解和赞同。

方士虽然大体退出了上层政治生活，却并没有在民间绝迹，相反，在社会上又有更活跃的表现。

方术得以普及的另一重要迹象，是燕、齐地区以外的方士大量出现。《后汉书·方术列传》中记录45名方士的事迹，其出身地域分布大致如下：

任文公	巴郡阆中人	郭　宪	汝南宋人
许　杨	汝南平舆人	高　获	汝南新息人
王　乔	河东人	谢夷吾	会稽山阴人
郭　凤	勃海人	杨　由	蜀郡成都人
李　南	丹阳句容人	李　郃	汉中南郑人
段　翳	广汉新都人	廖　扶	汝南平舆人
折　像	广汉雒人	樊　英	南阳鲁阳人
唐　檀	豫章南昌人	公沙穆	北海胶东人
许　曼	汝南平舆人	赵　彦	琅邪人
樊志张	汉中南郑人	单　飏	山阳湖陆人
韩　说	会稽山阴人	董　扶	广汉绵竹人
郭　玉	广汉雒人	华　佗	沛国谯人
泠寿光	？	唐　虞	不其人
鲁女生	长乐人[①]	徐　登	闽中人

① 《后汉书·方术列传下》不著出身地域，李贤注引《汉武内传》曰："鲁女生，长乐人。"

费长房	汝南人	蓟子训	?
刘　根	颍川人	左　慈	庐江人
计子勋	?	上成公	密县人
解奴辜	?	张　貂	?
麹圣卿	河南人	编盲意	?
寿光侯	?	甘　始	?
东郭延年	?	封君达	陇西人[1]
王　真	上党人	郝孟节	上党人
王和平	北海人		

45人中，可以看作齐人的，可能只有郭凤（勃海人）[2]、赵彦（琅邪人）、唐虞（不其人）、王和平（北海人）4人，只占8.89%。即使除去出身地域不名的9例，也只占11.11%。

显然，方术文化的中心，已经由燕、齐地区向西转移。特别是中原地区（汝南等地）和巴蜀地区（广汉等地）方士的活跃，尤其引人注目。

《博物志》卷五《方士》说："魏武帝好养性法，亦解方药，招引四方之术士如左元放、华佗之徒无不毕至。"又列有16人的著名"四方之术士"的名单：

上党王真	陇西封君达	甘陵甘始	鲁女生
谯国华佗字元化	东郭延年	唐雩	冷寿光
河南卜式	张貂	蓟子训	汝南费长房
鲜奴辜	魏国军吏河南赵圣卿[3]		
阳城郗俭字孟节	庐江左慈字元放		

① 《后汉书·方术列传下》不著出身地域，李贤注引《汉武帝内传》曰："封君达，陇西人。"

② 严格说来，勃海郡其实是不宜归为齐地的。

③ "赵"，当作"麹"。

《博物志》又写道："右十六人魏文帝、东阿王、仲长统所说，皆能断谷不食，分形隐没，出入不由门户。左慈能变形，幻人视听，厌胜鬼魅，皆此类也。《周礼》所谓'怪民'[①]，《王制》称挟'左道'者也[②]。"

曹操努力招致各地著名方术之士的目的，据《三国志·魏书·华佗传》裴松之注引曹植《辩道论》的说法，在于"诚恐斯人之徒，接奸宄以欺众，行妖慝以惑民"，担心他们以持不同政见者的身份掀动政治风潮，而绝不是为了谋求延寿登仙，由此我们也可以体会当时政治文化与方术文化之间的微妙关系。

张华在《博物志》中还写道，曹魏时期的方士，甘陵有甘始，庐江有左慈，阳城有郄俭。甘始能够行气导引，左慈通晓房中之术，郄俭善于辟谷不食，都号称已有300岁。凡是这样的人，曹操都招集于魏，不让他们游散于他国。甘始虽然年纪老迈，而容貌如少年，曹植私下询问其修行方式，方透露其本师姓韩，字世雄，曾经与其师在南海制作黄金，曾投入海中数万斤。又取两条鲤鱼，其中一条涂搽药物，一起投入沸腾的油膏中，有药者奋尾鼓鳃，悠然游行，沉浮自如，如同处于渊池之中，而无药者已经煎熟，可以食用了。据说这种药物的出产地远在万里之外，而如果甘始不能亲自前往，也无法得到此药。

皇甫隆遇到青牛道士姓封名君达者，所论述的养性之法可以仿效而行。其主要的原则是："体欲常劳，食欲常少，劳无过极，少勿过虚，食去肥浓，节酸咸，减思虑，损喜怒，除驰逐，慎房室。春夏泄泻，秋冬闭藏。"就是说，身体必须经常活动，饮食必须注意节制，活动不要超过限度，节制也不要走向极端。饮食要注意避免肥腻，减少酸咸。而且应当防止思虑过度，克服情绪激动，废戒驰逐，慎于房事。春夏之季，应当发挥释放其精力，秋冬之季，则应当予以养护封藏。又说，魏武帝曹操曾遵行这些原则，可以看到明显的效验。

---

① 《周礼·天官·阍人》："奇服怪民不入宫。"郑玄注："怪民，狂易。"

② 《礼记·王制》："执左道以乱政，杀。"郑玄注："左道，若巫蛊及俗禁。"又《汉书·郊祀志下》："及言世有仙人服食不终之药"，"皆奸人惑众，挟左道，怀诈伪，以欺罔世主"。

魏文帝曹丕《典论》写道：陈思王曹植《辩道论》说，世有方术之士，吾王尽数招致之，甘陵有甘始，庐江有左慈，阳城有郄俭。甘始可以行气，郄俭善于辟谷，都号称为300岁人。自王与太子以及我的兄弟，都不过以此作为谈笑之资，而并不完全相信。不过，有人曾经测试郄俭所谓辟谷百日，亲自与其共寝处，确实看到他行步起居安然自若。一般人七日不食就会死亡，可是郄俭却能作到百日不食。左慈修炼房中之术，大致可以健康长久，但是如果情志不能专精，也不可以仿行其术。甘始则年龄已老而面容体态一如少年之时。

可以看到，方术之学发展到当时，可能已经更为注重比较实用的养生祛病的效能。我们还看到，方士活动的主要地域，大致是中原地区。燕、齐海上方士至少已经不再活跃于上层社会了。

回顾中国古代学术史，可以发现文化创造和文化积累有两个大的方向，一种是上层社会予以较多关心的以治国平天下为终极目标的方向，我们这里姑且将其收纳的主要内容概称为政治文化，一种是下层社会予以较多关心的以实用技术为主要侧重的方向，我们姑且将其收纳的主要内容概称为方术文化。

正如有的学者所指出的，“过去，学界对中国古代文化的认识往往注意的只是从百家争鸣到儒家定于一尊这一过程，而很少考虑在先秦诸子‘之前’和‘之下’还有以数术方技之学为核心的各种实用文化。特别是他们还从这种发展的结果看问题，即汉以后的儒学一直是扮演着官方意识形态的角色，影响着官僚士大夫的一举一动；而儒学又是以人文教育为内容，‘不语怪神，罕言性命’（《后汉书·方术列传》）。因此，人们往往把中国文化理解为一种纯人文主义的文化。但近年来随着考古发现的增多，我们已日益感觉到其片面。在我们看来，中国文化还存在着另外一条线索，即以数术方技为代表，上承原始思维，下启阴阳家和道家，以及道教文化的线索”①。

---

① 李零:《中国方术考》,人民中国出版社1993年版,第13页至第14页。

方术文化作为民间文化的强大潜流，实际上对于中国文化的主体内涵和表层形态一直有着有力的影响。要全面深刻地认识和理解中国文化，是不能不重视方术文化的研究的。

司马迁所处的时代，是中国方术文化发展的重要阶段。司马迁凭借他敏锐的学术眼光和深厚的文化资质，生动记录了有关的文化信息。应当说，我们面前的《史记》一书，是发掘方术文化历史资料的一座富矿。

这真是中国文化学者和中国历史学者的幸运！

第四章　天文与人文的映合

咸阳宫规划的“象天”模式

司马迁在《史记》中,对于秦人的建筑营造曾经有所记述,并且由此透露出秦文化的某些重要特色。

秦人有重视宫室建设的传统。不惜耗用民力营造富丽宏大的宫室，被看作秦人风习的突出特色之一。

渭水上游和嘉陵江上游一带，曾经是秦人早期文化的发祥地。当年居住在这里的秦部族，曾经为自己的首领修筑了著名的“西垂宫”。后来秦部族七百名精锐士卒沿渭水河道东进，来到汧水和渭水交汇的地方，开始营筑城防工事。他们又连年征伐关中的戎人部族，控制了以岐地为中心的大片土地。秦武公曾经居平阳封宫。又经过几代人的努力，公元前677年，秦人开始在雍地营筑规模宏阔的都城，雍城最初建造的那座宫殿，叫作“大郑宫”。这就是《史记·秦本纪》所记载的：

> 文公元年，居西垂宫。三年，文公以兵七百人东猎。四年，至汧渭之会。曰：“昔周邑我先秦嬴于此，后卒获为诸侯。”乃卜居之，占曰吉，即营邑之。……宁公二年，公徙居平阳。……武公元年，伐彭戏氏，至于华山下，居平阳封宫。……德公元年，初居雍城大郑宫。

“大郑宫”得名，据说与西周晚期郑桓公所居故地有关。[①]考古工作者根据三批共64件青铜建筑构件的出土和凌阴遗址的发掘，[②]推定陕西凤翔姚家岗即大郑宫遗址所在。雍城后来历经许多代的经营，逐渐形成了雄伟壮观的宫殿群。到了秦穆公时代，秦国的军队已经能够与东方大国晋国一争高下，秦公的宫殿当时也以奢华壮美著称于世。《史记・秦本纪》写道：

> 戎王使由余于秦。由余，其先晋人也，亡入戎，能晋言。闻缪公贤，故使由余观秦。秦缪公示以宫室、积聚。由余曰：“使鬼为之，则劳神矣。使人为之，亦苦民矣。”[③]

《史记・秦本纪》说，“三十九年，缪公卒，葬雍”。裴骃《集解》引《皇览》曰：“秦缪公冢在橐泉宫祈年观下。”张守节《正义》引《庙记》云：“橐泉宫，秦孝公造。祈年观，德公起。”《史记・秦始皇本纪》记载，秦王政九年（公元前238年），长信侯嫪毐“矫王御玺及太后玺发县卒及卫卒、官骑、戎翟君公、舍人，将欲攻蕲年宫为乱”。[④]陕西凤翔“橐泉宫当”、“蕲年宫当”、“棫阳”瓦当、“年宫”瓦当的出土，有助于判定战国秦宫殿区的位置。[⑤]

自从商鞅推行新法，实行改革之后，秦国一跃而成为雄踞西方的大

① 参看尚志儒：《奠井国铜器及其史迹之研究》，《中国考古学研究论集——纪念夏鼐先生考古五十周年》，三秦出版社1987年版；王学理主编：《秦物质文化史》，三秦出版社1994年版，第74页至第75页。

② 凤翔县文化馆、陕西省文管会：《凤翔先秦宫殿试掘及其铜质建筑构件》，《考古》1976年第2期；杨鸿勋：《凤翔出土春秋秦宫铜构——金釭》，《考古》1976年第2期；陕西省雍城考古队：《陕西凤翔春秋秦国凌阴遗址发掘简报》，《文物》1978年第3期。

③ 柯维骐《史记考要》卷二说：“李善注《西京赋》，引《史记》谓穆公示之以宫室，引之登三休之台，由余曰：‘臣国土阶三尺，茅茨不剪，寡君犹谓作之者劳，居之者逸，此台若鬼’云云，其语比此为详。今所传《史记》本无之，岂为后人所删省，或指秦时之史乎？”

④ 事又见《史记・吕不韦列传》。

⑤ 陕西省雍城考古队：《1982年凤翔雍城秦汉遗址调查简报》，《考古与文物》1984年第2期；韩钊、焦南峰：《新编秦汉瓦当图录》，三秦出版社1986年版；马振智、焦南峰：《蕲年、棫阳、年宫考》，《陕西省考古学会第一届年会论文集》，《考古与文物》丛刊第3号（1983年10月）；王学理主编：《秦物质文化史》，三秦出版社1994年版，第75页至第79页。

图4-1 秦咸阳宫1号宫殿复原模型

国，秦的都城迁到咸阳。商鞅“作为筑冀阙宫庭于咸阳”，“大筑冀阙，营如鲁卫矣”（《史记·商君列传》）[①]，咸阳宫的规模，更远远超过了雍城。

《史记·秦始皇本纪》记载：

> 诸庙及章台、上林皆在渭南。秦每破诸侯，写放其宫室，作之咸阳北阪上，南临渭，自雍门以东至泾、渭，殿屋复道周阁相属。所得诸侯美人钟鼓，以充入之。

张守节《正义》：

> 《庙记》云：“北至九嵕、甘泉，南至长杨、五柞，东至河，西至汧渭之交，东西八百里，离宫别馆相望属也。木衣绨绣，土被朱紫，宫人不徙。穷年忘归，犹不能遍也。”
>
> 《三辅旧事》云：“始皇表河以为秦东门，表汧以为秦西门，表中外殿观百四十五，后宫列女万余人，气上冲于天。”

---

① 《史记·秦本纪》：“〔秦孝公〕十二年，作为咸阳，筑冀阙，秦徙都之。”

“始皇表河以为秦东门”的说法，可能是起初的规划。司马迁写道：秦始皇三十五年（公元前212年），即实现统一的第10年，“于是立石东海上朐界中，以为秦东门”。

秦始皇经营的宫室建设，特别是作为统治中枢权力象征的咸阳宫，取“象天”的原则。《史记·秦始皇本纪》：

> 〔二十七年〕焉作信宫渭南，已更命信宫为极庙，象天极。自极庙道通郦山，作甘泉前殿。筑甬道，自咸阳属之。

对于所谓“已更命信宫为极庙，象天极”，司马贞《索隐》：“为宫庙象天极，故曰‘极庙’。《天官书》曰‘中宫曰天极’是也。”

八年之后，秦始皇又组织了工程更为宏大的，堪称规模空前的宫殿建设：

> 〔三十五年〕于是始皇以为咸阳人多，先王之宫廷小，吾闻周文王都丰，武王都镐，丰镐之间，帝王之都也。乃营作朝宫渭南上林苑中。先作前殿阿房，东西五百步，南北五十丈，上可以坐万人，下可以建五丈旗。周驰为阁道，自殿下直抵南山。表南山之颠以为阙。为复道，自阿房渡渭，属之咸阳，以象天极阁道绝汉抵营室也。阿房宫未成；成，欲更择令名名之。作宫阿房，故天下谓之阿房宫。

对于阿房宫和咸阳宫之间修建复道相互联系，“以象天极阁道绝汉抵营室也”，司马贞《索隐》解释说：“谓为复道，渡渭属咸阳，象天文阁道绝汉抵营室也。常考《天官书》曰：‘天极紫宫后十七星绝汉抵营室，曰阁道。’”今按：“十七”当作“六”。《史记·天官书》：“紫宫左三星曰‘天枪’，右五星曰‘天棓’，后六星绝汉抵营室，曰‘阁道’。”司马贞《索隐》：“《乐汁图》云：‘阁道，北斗辅。’石氏云：‘阁道六星，神所乘也。’”张守节《正义》:“汉，天河也。直度曰绝。抵，至也。营室七星，天子之宫，亦为玄宫，亦为清庙，主上公，亦天子离宫别馆也。王者道被草木，营室历九象而可观。阁道六星在王良北，飞阁之道，天子欲游别宫之道。占：一星不见则辇路不通，动摇则宫掖之内起兵也。”

司马迁在《史记》中说到的秦宫，有：

(1) 西垂宫 (《秦本纪》《秦始皇本纪》)

(2) 平阳封宫 (《秦本纪》《秦始皇本纪》)

(3) 大郑宫 (《秦本纪》《秦始皇本纪》)

(4) 蕲年宫 (《秦本纪》《秦始皇本纪》)

(5) 甘泉宫 (《秦始皇本纪》)①

(6) 信宫 (《秦始皇本纪》)

(7) 咸阳宫 (《秦始皇本纪》《刺客列传》《李斯列传》)

(8) 朝宫 (《秦始皇本纪》)

(9) 阿房宫 (《秦始皇本纪》《六国年表》《李斯列传》《淮南衡山列传》)

(10) 梁山宫 (《秦始皇本纪》)

(11) 望夷宫 (《秦始皇本纪》)

(12) 阳宫 (《秦始皇本纪》)

(13) 左宫 (《秦始皇本纪》)

(14) 宜春宫 (《司马相如列传》)②

其中(7)咸阳宫有可能是咸阳秦宫的统称，(8)朝宫和(9)阿房宫可能并非正式的宫名。而(5)至(11)及(14)诸宫，应当都属于以咸阳宫

① 《史记·外戚世家》:“夫人死云阳宫。”张守节《正义》:“《括地志》云:‘云阳宫，秦之甘泉宫，在雍州云阳县西北八十里。秦始皇作甘泉宫，去长安三百里，黄帝以来祭圜丘处也。”

② 张守节《正义》:“《括地志》云:‘秦宜春宫在雍州万年县西南三十里。宜春苑在宫之东，杜之南。《始皇本纪》云葬二世杜南宜春苑中。’”

为中心的最基本的宫殿群之中，其规划，自然是都要服从“象天极”的原则的。

《史记·秦始皇本纪》说：“关中计宫三百，关外四百余”，又说，“咸阳之旁二百里内宫观二百七十”，大约司马迁笔下所保留的秦宫殿名，其实只是“自雍门以东至泾、渭，殿屋复道周阁相属”，“东西八百里，离宫别馆相望属”，“穷年忘归，犹不能遍也”的宏大的宫殿区的部分遗存。

《汉书·地理志上》“右扶风”条说到多处秦宫：

渭城　有兰池宫。①

鄠　有萯阳宫，秦文王起。②

盩厔　有长杨宫，有射熊馆，秦昭王起。

美阳　有高泉宫，秦宣太后起也。

雍　橐泉宫，孝公起。祈年宫，惠公起。棫阳宫，昭王起。

陈仓　有羽阳宫，秦武王起也。③

好畤　有梁山宫，秦始皇起。

虢　虢宫，秦宣太后起也。

《三辅黄图》卷一“秦宫”条下列数宫名中，不见于《史记》的，还有“萯阳宫，秦文王所起，在今鄠县西南二十三里”④；“棫阳宫，秦昭王所作，在今岐州扶风县东北”；“步高宫，在新丰县，亦名市丘城”；“虢宫，在今岐州虢县界”；“长杨宫，本秦旧宫，至汉修饰之以备行幸”；“兴乐宫，秦始皇造，汉修饰之，周回二十余里，汉太后常居之”；“兰池宫，始皇三十一年，为微行咸阳，与武士四人俱，夜出逢盗兰池”；“钟宫，在鄠

① 《史记·秦始皇本纪》：“〔三十一年〕始皇为微行咸阳，与武士四人俱，夜出逢盗兰池，见窘，武士击杀盗，关中大索二十日。”王先谦《汉书补注》引钱坫曰：“士人往往于故址得宫瓦，文作‘兰池宫当’四字。”

② 《汉书·东方朔传》写作“倍阳”。

③ 王先谦《汉书补注》引钱坫曰：“宫在今陈仓故城，人或于此得‘羽阳千岁’瓦当也。”

④ 又见《汉书·宣帝纪》：“〔甘露二年〕冬十二月，行幸萯阳宫属玉观。”颜师古注引应劭曰：“宫在鄠，秦文王所起。”亦见《水经注·渭水下》。

县东北二十五里，始皇受天下兵销为钟鐻，此或其处也”；“林光宫，胡亥所造，纵广各五里，在云阳县界”等。

《三辅黄图》卷一“咸阳故城”条下也写到宫殿区规划的“象天”意识：

> 二十七年，作信宫渭南，已而更命信宫为极庙，象天极。自极庙道骊山，作甘泉前殿，筑甬道，自咸阳属之。
>
> 始皇穷极奢侈，筑咸阳宫，因北陵营殿，端门四达，以则紫宫，象帝居。渭水贯都，以象天汉；横桥南渡，以法牵牛。

“秦宫”条下又写道：“周驰为复道，度渭属之咸阳，以象太极阁道抵营室也。”

有的学者指出，秦王朝的都城规划，首要因素“还是来自上天绝对权威的天文依据”。“从秦王朝〔都城〕建设的总体构架看，它是要营建一个‘天朝’。虽然这字眼的使用要晚近得多。它以咸阳为中心，象征天之‘紫微宫’，以渭水象征银河——‘天汉’，修驰道以象‘阁道’，建阿房以象‘离宫’，分三十六郡以象群星灿灿，拱卫北极。更具匠心的是，每到十月，天象恰恰与这一都城乃至整个‘天朝’的布局完全吻合。这时的‘银河’与渭水相应，‘离宫’与阿房宫同经，‘阁道’与经由牵牛桥通达阿房的驰道交相辉映，形成了一个天地人间一体化的神奇世界。置身其中，使人油然生发上合天意，下顺民心，天命在我，‘二世、三世以至万世，传至无穷’（《史记·秦始皇本纪》）的自信。秦以十月为岁首，正是借此吉兆以为王朝的新纪元。以十月为岁首这一历法现象也就成为这个王朝建设总体构想中的一个有机组成部分。”“无论皇朝的总体建设、皇宫本身的布局以及帝王归宿的设计，都以一条天文的红线总领着。‘天’在秦王朝意识形态中受到了特别的重视。从文化发展的角度分析，这其中既有传统的继承，又有传统的突破。我们叹服秦人的想象力和创造力，因为这种突破归根到底是秦人对自己本质力量的一种充分肯定。”[①]

“帝王归宿的设计”与天文的联系，体现于《史记·秦始皇本纪》关于秦始皇陵结构的记述：

> 始皇初即位，穿治郦山，及并天下，天下徒送诣七十余万人，穿三泉，下铜而致椁，宫观百官奇器珍怪徙臧满之。令匠作机弩矢，有所穿近者辄射之。以水银为百川江河大海，机相灌输，上具天文，下具地理。以人鱼膏为烛，度不灭者久之。[②]

其中“以水银为百川江河大海，机相灌输”的记载，已经考古学者和地质学者用新的地球化学探矿方法——汞量测量技术测定地下汞含量的结论所证实。[③]所谓“上具天文，下具地理”，可能确实体现了中国传统建筑设计思想“天地相应，人神一体”[④]的原则。

---

① 陈江风：《天文与人文——独异的华夏天文文化观念》，国际文化出版公司1988年版，第132页至第134页。

② 《水经注·渭水下》也记载：“斩山凿石，下锢三泉，以铜为椁，旁行周回三十余里，上画天文星宿之象，下以水银为四渎、百川、五岳、九州，具地理之势。宫观百官，奇器珍宝，充满其中。令匠作机弩，有所穿近，辄射之。以人鱼膏为灯烛，取其不灭者久之。”

③ 常勇、李同《秦始皇陵中埋藏汞的初步研究》一文指出：“由于汞及其化合物的高度挥发性，所以它们的扩散、迁移能力极强，它们可以从深部的矿床及邻近围岩中主要以气体状态向地表迁移，并以气体状态保留在土壤间隙中，或者被固着在土壤颗粒上，这样就在深部埋藏矿床的上方地表形成汞的异常。”另外汞在土壤中的迁移有“各向异性”的特点，“即在垂直方向上扩散较大而侧向扩散较小”。“使用勘察地球化学中的汞量测量方法在秦始皇陵墓封土表层中发现了很强的汞异常，面积达12000M^2，据考古钻探的资料，该异常位于秦始皇陵的内城中央，这证明了《史记》中关于始皇陵中有大量埋藏汞的记载是可靠的。对封土中砷、碲、铋等在自然界矿化过程中经常与汞伴生的元素进行了分析，从结果来看，这些元素均无像汞那样有异常含量，其含量变化与汞没有相关关系。对秦始皇陵取土的可能地点——鱼池水库的土壤进行的分析发现汞含量很低，这些都表明始皇陵封土中的汞异常含量不是封土固有的，而是封土堆积后，由陵墓中人工埋藏汞挥发而叠加于其中的。”《考古》1983年第7期。

④ 何汉南：《汉唐长安城建筑设计思想初探》，《汉唐文史漫论》，陕西人民出版社1986年版，第48页。

宫室建筑，是“重威”“四海”的精神统治的一种工具[①]，也是展抒自信的心理充实的一种形式。秦都咸阳宫殿区“象天”的规划思想，是反映当时正统政治文化观念的重要迹象之一。

讨论秦人宫室建筑和陵墓建筑的传统形式，还有一种现象引起我们的注意，这就是宫室与陵墓关系极密切的情形。

通过司马迁的记载，我们看到，秦襄公“葬西垂”，“文公立，居西垂宫，五十年死，葬西垂”（《史记·秦始皇本纪》），“西垂”和“西垂宫”虽然不能确指为一地，但是一定是有密切关系的。又《史记·秦始皇本纪》说秦武公“居平阳封宫”，而《秦本纪》记载：“武公卒，葬雍平阳。”“有子一人，名曰白。白不立，封平阳。”这位没有实现继承权的太子白得到的封地，就是父亲的葬地。《秦始皇本纪》又说，秦德公“葬阳”，又秦宣公“居阳宫，葬阳”，秦成公“葬阳”。我们还看到秦公所居称“寝”的情形，如：

> 康公享国十二年，居雍高寝。
>
> 共公享国五年，居雍高寝。
>
> 桓公享国二十七年，居雍太寝。
>
> 景公享国四十年，居雍高寝。……
>
> 躁公享国十四年，居受寝。

“寝”，很可能是与陵有关的建筑。《汉书·韦玄成传》：“园中各有寝、便殿。日祭于寝，月祭于庙，时祭于便殿。”颜师古注：“寝者，陵上正殿，若平生露寝矣。”另一种解释，“寝”应当是宗庙的后殿。《礼记·月令》郑玄注：“凡庙，前曰庙，后曰寝。”《续汉书·祭祀志下》：“说者以为古

---

① 《史记·高祖本纪》：“萧丞相营作未央宫，立东阙、北阙、前殿、武库、太仓。高祖还，见宫阙壮甚，怒，谓萧何曰：‘天下匈匈，苦战数岁，成败未可知，是何治宫室过度也？’萧何曰：‘天下方未定，故可因遂就宫室。且夫天子以四海为家，非壮丽无以重威，且无令后世有以加也。’高祖乃说。”

宗庙前制庙，后制寝。”固然也有称君王宫室曰“寝”的情形[①]，然而这种“寝”是指较具体的规模较小的居处，所居称“寝”而不称“宫”，已属异常，特别是所谓“太寝”等名称，更使人联想到先祖祭祀建筑。《吕氏春秋·季春纪》：“执爵于太寝。”高诱就解释说：“太寝，祖庙也。”[②]

即使不将“西垂”理解为“西垂宫”，不将“阳”理解为“阳宫”，仍然有如“夷公不享国，死，葬左宫”这样的明确记载。《史记·秦始皇本纪》还记载：“二世皇帝享国三年，葬宜春。”“以黔首葬二世宜春苑中。”“宜春”“宜春苑”，或说即“宜春宫”。《史记·秦本纪》写道：“三十九年，缪公卒，葬雍。”裴骃《集解》：“《皇览》曰：‘秦缪公冢在橐泉宫祈年观下。’”似乎秦国有些君主的确竟然安葬在宫中。

《后汉书·明帝纪》李贤注引应劭《汉官仪》说：“古不墓祭。”《论衡·四讳》说：“古礼庙祭，今俗墓祀。”对于墓上祭祀制度演变的不同理解，曾经引起争论。[③]

但是一般认为，在秦始皇时代，有关制度曾经发生历史性的变化。[④]

从这一角度来认识秦始皇陵和阿房宫同时营筑的历史事实，可能会有新的理解。《史记·秦始皇本纪》记载：

---

① 如《左传·哀公十四年》《公羊传·庄公三十二年》《周礼·天官·宫人》等都说到宫室中的“寝”。

② 在其他文化系统的历史遗存中，也可以看到类似的情形。例如玛雅文化，“巨大的金字塔形神庙建筑中，有一部分也用作陵墓。帕兰克遗址的‘铭文神庙’是最突出的例子。1952年墨西哥考古学家阿尔贝托·鲁兹在神庙室内的地面上发现了一个甬道入口，沿甬道的阶梯向下约20米，就到了有石棺的墓室。墓室9米长，7米宽，四壁的人形浮雕被认为是玛雅神话中的9个夜神的形象。一块大型雕刻石板盖在石棺之上。石棺中有1具人骨，有大量精美的玉雕制品随葬。其中有玉镶嵌的面具、玉和珍珠母片的耳饰，以及管状玉珠的项链、指环等等。在墓主的双手和口中各有玉块，两个太阳神的玉雕放置在尸体两侧。陶器置于棺外的地面。石棺等处的铭文表明：墓主是帕兰克最大的统治者帕考。铭文记载他去世的时间是9.12.11.5.18，也就是公元684年8月30日。”参看蒋祖棣：《玛雅与古代中国》，中国社会科学出版社1993年版，第57页。

③ 杨鸿勋：《关于秦代以前墓上建筑的问题》，《考古》1982年第4期；杨宽：《先秦墓上建筑问题的再探讨》，《考古》1983年第7期；杨鸿勋：《〈关于秦代以前墓上建筑的问题〉要点的重申——答杨宽先生》，《考古》1983年第8期。

④ 蔡邕《独断》：“古不墓祭，至秦始皇出寝，起之于墓侧，汉因而不改。”《后汉书·明帝纪》李贤注引应劭《汉官仪》：“秦始皇起寝于墓侧，汉因而不改。”

〔秦始皇三十五年〕作宫阿房，故天下谓之阿房宫。隐宫徒刑者七十余万人，乃分作阿房宫，或作丽山。

〔秦二世元年〕四月，二世还至咸阳，曰："先帝为咸阳朝廷小，故营阿房宫。为室堂未就，会上崩，罢其作者，复土郦山。郦山事大毕，今释阿房宫弗就，则是章先帝举事过也。"复作阿房宫。

郦山未毕，复作阿房。

秦始皇时服役者70余万"乃分作阿房宫，或作丽山"，阿房宫"为室堂未就，会上崩，罢其作者，复土郦山"，而"郦山事大毕"之后，遂"复作阿房宫"。丽山即秦始皇陵工程和阿房宫工程似乎一直属于一项工程。司马迁的记述提供了秦始皇陵复土工程的工期，由经考古调查所知基本土方量，借用汉代算术书《九章算术》中所见土方工程劳动生产率的定额，经过估算，可以推知当时用工人数正是70万人左右。[①]

是不是有这种可能，阿房宫和秦始皇陵从营造的出发点来说，存在着某种内在的联系呢？

《史记·六国年表》写道，秦始皇"二十八年，为阿房宫"，"为太极庙"。阿房宫和太极庙是什么关系呢？

所谓"阿房宫未成，成，欲更择令名名之。作宫阿房，故天下谓之阿房宫"，这里所说的"作宫阿房"，或以为"阿房"即"那傍""那边"，以为是以渭北咸阳宫为基点而言。现在看来，"那傍""那边"，似乎也有可能是以秦始皇陵为基点而言。

"天齐祠"发现的文化意义

陕西省文物保护技术中心研究员、文物学者张在明在一次由延安往西安的工作旅行中，当乘坐的民航班机飞临陕西三原嵯峨乡上空时，发现一

① 参看王子今:《秦始皇陵复土工程用工人数论证》,《文博》1987年第1期。

处形制异常的，显然非天然形成的巨型盆状圆坑。

这一发现以及随即进行的考古调查工作，获得了重要的发现。有关发现使中国地理学史、中国测量学史、中国建筑史乃至中国思想文化史的研究，都得到了全新的资料。

后来经往三原嵯峨乡天井岸村实地勘察，发现这处巨型盆状圆坑口径达260米、深32米、底径170米，坑的南侧和西侧发现大量人工堆积土层，其间杂有坚硬踏面层，踏面层由人工堆积区通往坑沿，证实此坑确有人工开挖的痕迹。

经局部钻探，可知原坑最大深度可达42米，整个工程土方量约150万立方米。

考古工作者进行调查时，在坑内及缺口台地上采集到少量汉代绳纹残瓦。坑北侧80米处曾出土大量汉代绳纹瓦，坑西北方向200米处冲沟边缘暴露有部分绳纹瓦砾和人工堆积层。在坑北侧1.5公里范围内，另外还有5处汉代绳纹残瓦密集区，并有陶器残片和散水石发现的可能属于汉代建筑遗址的文化遗存。

在坑的东部，发现有一组汉代大型建筑遗址，现存5座呈十字形分布的夯土台。研究者初步推测为汉代“五帝祠”。“五帝祠”最西一座夯土台距大坑中心约480米。两者之间的关系，还有待于进一步的研究。

在坑的西侧，嵯峨山的最高峰顶，也发现有相当数量的汉代绳纹筒瓦和板瓦残片。嵯峨山有五峰，又名五台山。研究者依据地望和地形，判断这些发现应是汉代“五床山祠”的遗存。①

很显然，这是一处汉代礼祀建筑比较集中的地点。

《汉书·地理志上》“左冯翊”条下关于“谷口”县的内容中，说到当地祠所的密集：

> 谷口，九嵕山在西。有“天齐公”“五床山”“仙人”“五帝祠”

① 秦建明、张在明、杨政：《陕西发现以汉长安城为中心的西汉南北向超长建筑基线》，《文物》1995年第3期。

> 四所。莽曰“谷喙”。

王先谦《汉书补注》：“吴卓信曰：《长安志》云：《昭陵图》有天齐公祠，在陵东北。又有仙人祠，在巴水谷东。又云：武将山在醴泉县西北五十里。‘五床’疑‘武将’。‘武’‘五’声近，‘将’‘床’形近。先谦曰：‘齐’同‘脐’，云‘公’，尊之也。”

“‘五床’疑‘武将’”的推想似难以成立。其地不当远至“醴泉县西北五十里”。应当说，“五床山”即“嵯峨山”的观点可能是正确的。

“天齐公”“五床山”“仙人”“五帝祠”四处祠所，其中后三处，又见于《汉书·郊祀志下》：

> 京师近县鄠，则有“劳谷”“五床山”“日月”“五帝”“仙人”“玉女祠”。

“五床山”“仙人”“五帝祠”在鄠县的说法，显然是错误的。或许“鄠”字衍，或许“五床山”等处祠所前有阙文。①

“天齐”，见于《史记·封禅书》记载的秦始皇东游海上时行礼祠名山大川及“八神”。“八神”中列于第一位的，就是“天齐”：

> “八神”将自古而有之，或曰太公以来作之。“齐”所以为“齐”，以“天齐”也。其祀绝莫知起时。“八神”：一曰“天主”，祠“天齐”。天齐渊水，居临淄南郊山下者。

“‘齐’所以为‘齐’，以‘天齐’也”，裴骃《集解》：“苏林曰：‘当天中央祠。’”“八神”所谓“一曰‘天主’”，司马贞《索隐》解释说：“谓主祠天。”又写道：“顾氏案：解道彪《齐记》云：‘临淄城南有天齐泉，

① 王先谦《汉书补注》：“先谦曰：《地理志》冯翊谷口有五床山、仙人、五帝祠，扶风陈仓有明星祠，即‘玉女祠’矣。”

五泉并出，有异于常，言如天之腹齐也。’”

陕西三原嵯峨乡天井岸村的巨型圆坑，被判定为《汉书·地理志上》所谓“天齐公”祠遗址。

《元和郡县图志》卷一《关内道一》“三原县”条下写道：“天齐原，在县西北二十五里，上有天齐祠。”宋敏求《长安志》卷二〇也说：“天齐原，在〔三原〕县西北二十里，连巀嶭山，上有天齐祠。”巀嶭山就是嵯峨山。

乾隆四十八年《三原县志》说：“天齐原一名七里原，计其里也。”今天井岸村巨型圆坑所在之塬即称“七里塬”，塬东西长度正大约7华里。巨型圆坑今当地人俗称“天井”，坑旁村名“天井岸”。秦建明、张在明等先生推断，“天井”也许是“天齐”之讹称。

其实，村名“天井岸”，按照当地方言，也许可以推想是“天脐眼”之讹称。秦建明、张在明等先生指出：“巨坑之时代、地望、形状及地名均与史志记载相合，所以应定名为汉初所修建的‘天齐’祠遗址，即《汉书·地理志》所称之‘天齐公’祠。为一处祭天的大型礼制建筑主体部

图4-2　天齐祠遗址

分，其北侧汉瓦密集分布区是今后很有探索价值的地域。”

“天齐”，即“天脐”。这一巨坑的形制，正合于“脐”义。

对于“天之腹齐（脐）”，或曰“天中央”的礼祀，本来是齐地的传统崇拜形式，据说“自古而有之”，“太公以来作之”。甚至据说“齐”所以称之为“齐”，就是因为“天齐（脐）”崇拜的缘故。

西汉王朝在关中设置象征“天之腹齐（脐）”即“天中央”的祀所，一方面体现了收纳各地不同源流礼俗制度的宽宏的文化精神，另一方面又表明随着政治权力中枢确定在长安，“天中央”也转移到都城附近了。

据研究，“天井岸村”的巨型圆坑，和西汉都城长安以及一系列人文和地理现象，构成了一种体现上天崇拜的建筑体系。

秦建明、张在明等先生经过认真的考察研究，发现几组西汉大型建筑群的轴线竟与汉长安城南北轴线相合。“调查结果证实，西汉时期曾经存在一条超长距离的南北向建筑基线。这条基线通过西汉都城长安中轴线延伸，向北至三原县北塬阶上一处西汉大型礼制建筑遗址；南至秦岭山麓的子午谷口，总长度达74公里，跨纬度47′07″。”“该基线设立的时代为西汉初期。”他们还指出，“这条基线不仅长度超过一般建筑基线，而且具有极高的直度与精确的方向性，与真子午线的夹角仅0.33°”。

这条基线最南端为子午谷，向北依次为汉长安城、汉长陵、清河大回转段、天井岸礼制建筑遗址。

自子午口至天井岸礼制建筑中心连线上最大水平偏离点为汉长安城南面中央的安门，东偏约160米，偏距与总长度的比例为万分之二十二。

秦建明、张在明等先生还发现：“基线上各点间的距离也存在一定的比例关系，天井岸礼制建筑至清河大回转北端约5公里，清河大回转北端至南端也约5公里，其间似乎存在一个不足5公里的固定长度单位。在基线74.24公里的总长中含有15个这样的长度单位。以此衡量全线，则子午口至安门、安门至长陵、长陵至天井岸礼制建筑间比例大致为6∶3∶6，若以汉长安城安门为中心点，则其南段与北段之比约为6∶9。”

经过测算，似乎只有安门的位置略微偏南。秦建明、张在明等先生指

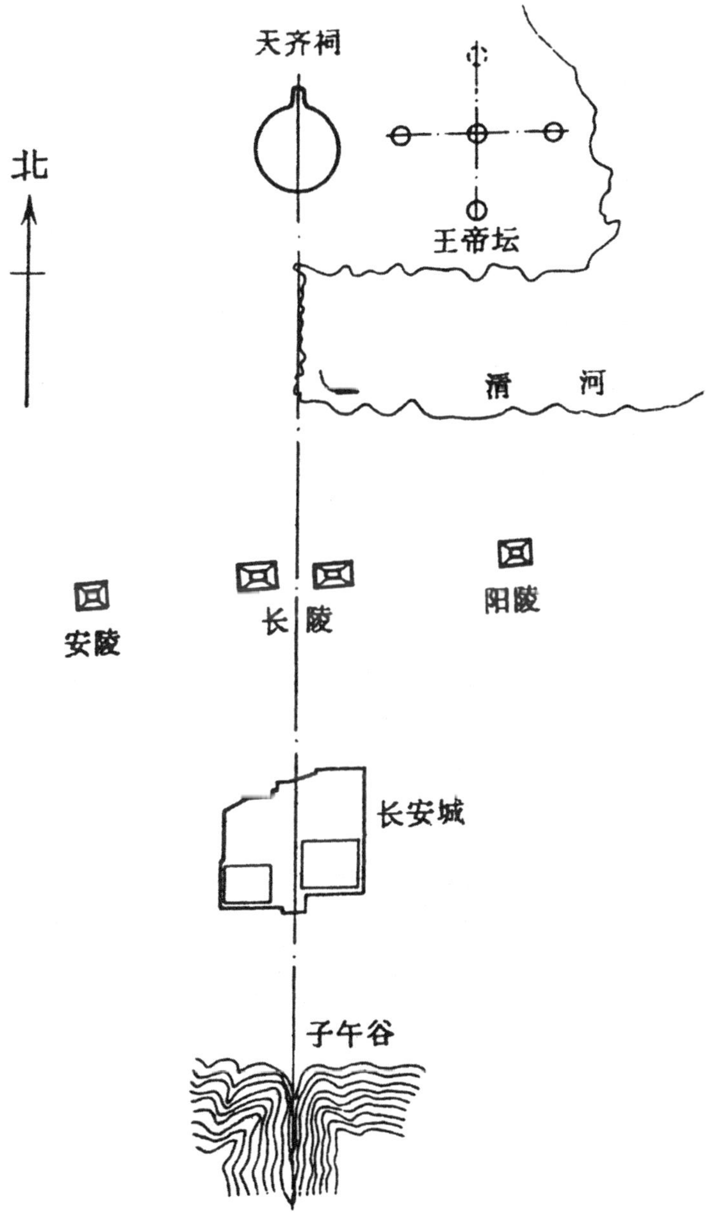

图4-3　西汉长安南北建筑基线示意图(据秦建明、张在明等)

出，“以安门作为汉长安城的点位是我们主观指定的，若将点位北移至长安城东西两宫之间，则全部段落长度将更合乎比例。两宫之间是长安城武库所在地。武库这一地点在历史上颇负盛名。秦昭王七年，号称秦国智囊的樗里子卒，葬于此地，并且预言：‘后百岁，是当有天子之宫夹我墓。’汉兴建宫室，果然未央宫在其西，长乐宫在其东，将其墓夹于两宫之间。因此，在秦汉堪舆学中，武库所在地一直很受重视，此点作为长安城基点的可能性是很大的”。

秦惠王异母弟樗里子，名疾[①]，以“滑稽多智”，“秦人号为‘智囊’”。樗里子多有军功，受封为“严君”，秦武王二年“初置丞相”时就任左丞相[②]，后又任右丞相[③]，曾“以车百乘入周，周以卒迎之，意甚敬”，以致引起楚王震怒。秦昭襄王时代，“樗里子又益尊重”。他关于后“当有天子之宫夹我墓”的预言，见于《史记·樗里子甘茂列传》：

> 昭王七年，樗里子卒，葬于渭南章台之东。曰：“后百岁，是当有天子之宫夹我墓。”樗里子疾室在于昭王庙西渭南阴乡樗里，故俗谓之樗里子。至汉兴，长乐宫在其东，未央宫在其西，武库正直其墓。秦人谚曰：“力则任鄙，智则樗里。”

不过，秦人“智囊”之喻和“智则樗里”之谚，并不是由来于百年之后预言的证实，而反映了樗里子工于机谋的特点。《韩非子·外储说右上》关于樗里子“凿穴于王之所常隐语者”以陷害犀首的故事，就是例证之

① 《史记·樗里子甘茂列传》司马贞《索隐》：“《纪年》则谓之‘楮里疾’也。”

② 《史记·秦本纪》：“〔秦武王〕二年，初置丞相，樗里疾、甘茂为左右丞相。”

③ 司马迁还记述，樗里子“母，韩女也”（《史记·樗里子甘茂列传》），“樗里疾善乎韩”（《楚世家》），秦武王二年，“樗里子相韩”（《秦本纪》）。

一。[①]

《汉书·刘向传》记载刘向上疏议帝陵建置，也说到“樗里子葬于武库”，并以为“贤知”的典型。《论衡·实知》中也有关于樗里子选择葬地的讨论，可见汉代人对于这一故事的重视：

> 秦昭王七年，樗里子卒，葬于渭南章台之东，曰：“后百年，当有天子宫挟我墓。”至汉兴，长乐宫在其东，未央宫在其西，武库正值其墓，竟如其言。先知之效，见方来之验也。如以此效圣，樗里子圣人也。如非圣人，先知见方来，不足以明圣。然则樗里子见天子宫挟其墓也，亦犹辛有知伊川之当戎。昔辛有过伊川，见被发而祭者，曰：“不及百年，此其戎乎！”其后百年，晋迁陆浑之戎于伊川焉。竟如其言。辛有之知当戎，见被发之兆也。樗里子之见天子宫挟其墓，亦见博平之基也。韩信葬其母，亦行营高敞地，令其旁可置万家。其后竟有万家处其墓旁。故樗里子之见博平土有宫台之兆，犹韩信之睹高敞万家之台也。先知之见方来之事，无达视洞听之聪明，皆案兆察迹，推原事类。

王充以为樗里子预言的应验，并不是因为“有独见之明，独听之聪”，而是“案兆察迹，推原事类”得出的推论。王充是在批判儒学关于圣人“前知千岁，后知万世”的迷信宣传时说这番话的。也就是说，樗里子择定葬地的预言，王充是以为有现实根据，经过逻辑推理而作出的。

关于所谓“韩信葬其母，亦行营高敞地，令其旁可置万家。其后竟有

---

① 《韩非子·外储说右上》：“犀首，天下之善将也，梁王之臣也。秦王欲得之与治天下，犀首曰：‘衍其人臣者也，不敢离主之国。’居期年，犀首抵罪于梁王，逃而入秦，秦王甚善之，樗里疾，秦之将也，恐犀首之代之将也，凿穴于王之所常隐语者。俄而王果与犀首计，曰：‘吾欲攻韩，奚如？’犀首曰：‘秋可矣。’王曰：‘吾欲以国累子，子必勿泄也。’犀首反走而再拜曰：‘受命。’于是樗里疾也道穴听之矣。郎中皆曰：‘兵秋起攻韩，犀首为将。’于是日也，郎中尽知之；于是月也，境内尽知之。王召樗里疾曰：‘是何匈匈也，何道出？’樗里疾曰：‘似犀首也。’王曰：‘吾无与犀首言也，其犀首何哉？’樗里疾曰：‘犀首也羁旅，新抵罪，其心孤，是言自嫁于众。’王曰：‘然。’使人召犀首，已逃诸侯矣。”

万家处其墓旁”，原本也出自司马迁《史记·淮阴侯列传》：

> 太史公曰：吾如淮阴，淮阴人为余言，韩信虽为布衣时，其志与众异。其母死，贫无以葬，然乃行营高敞地，令其旁可置万家。余视其母冢，良然。

韩信初归汉时，“坐法当斩，其辈十三人皆已斩，次至信，信乃仰视，适见滕公，曰：‘上不欲就天下乎？何为斩壮士！’滕公奇其言，壮其貌，释而不斩”。司马迁“壮其貌”三字，被理解为面有异相，《论衡·骨相》：“韩信为滕公所鉴，免于斧质，亦以面状有异。”滕公看来善相，而他选定葬地，也有和樗里子、韩信相类似的传说。《史记·樊郦滕灌列传》司马贞《索隐》：“案：姚氏云：《三辅故事》曰：‘滕文公墓在饮马桥东大道南，俗谓之马冢。’《博物志》曰：‘公卿送婴葬，至东都门外，马不行，踣地悲鸣，得石椁，有铭曰：佳城郁郁，三千年见白日，吁嗟滕公居此室。乃葬之。’”[①]《西京杂记》卷四的记述则以为是滕公夏侯婴生前事：

> 滕公驾至东都门，马鸣，跼不肯前，以足跑地久之。滕公使士卒掘马所跑地，入三尺所，得石椁。滕公以烛照之，有铭焉，乃以水洗写其文，文字皆古异，左右莫能知。以问叔孙通，通曰：“科斗书也。”以今文写之，曰：“佳城郁郁，三千年见白日。吁嗟滕公居此室。”滕公曰：“嗟乎，天也！吾死其即安此乎？”死遂葬焉。

滕公故事所谓“佳城郁郁”，与樗里子“有天子之宫夹我墓”，韩信“行营

① 《水经注·渭水下》：“〔昆明〕故渠东北径汉太尉夏侯婴冢西，葬日，柩马悲鸣，轻车罔进，下得《石椁铭》云：于嗟滕公居此室。故遂葬焉。冢在城东八里饮马桥南四里，故时人谓之‘马冢’。”

高敞地”等，颇有相似之处。[①]

王充以樗里子择墓和韩信葬母相比拟，都看作“阴见默识，用思深秘”而“先知之见方来之事”的实例。其实，韩信“行营高敞地”，自是以人口增殖、市邑扩展的眼光，利用了择定居地的常识，而“樗里子疾室在于昭王庙西”，“樗里子卒，葬于渭南章台之东”，生死之居也都附依君王死生之居，可能也是富有深意的。

武库，吕后时改称“灵金藏”，惠帝时名“灵金内府”。经发掘探查，可知有建筑遗址七处，其位置正当未央宫和长乐宫之间[②]，“在秦汉堪舆学中，武库所在地一直很受重视，此点作为长安城基点的可能性是很大的”这一推论，应当是可以成立的。

秦建明和张在明先生还提请人们注意，经过武库的这条建筑基线“恰巧将陕西关中盆地中分为左右比较匀称的两部分，而且基线穿越的地点又是关中盆地最宽阔处”。

研究者还试将这条建筑基线南北延长，发现西汉汉中郡治和朔方郡治也在其延长线上。如果这两座汉城选址时确实与这条基线有关，则基线长度实际上长达870余千米，更加宏伟可观。[③]《史记·秦始皇本纪》说，秦始皇曾经“立石东海上朐界中，以为秦东门”。将这一记载与经过天齐祠与长安城的建筑基线相联系，“我们似乎可以绘出一幅秦汉时期地理坐

① 看来从当时人的意识出发，选择墓地有厌冷寂而慕繁华的倾向。杜邺“生作葬文”，有“骨肉归于后土，气魂无所不至”语（《西京杂记》卷三），也体现了死后不甘寂寞的心理。张衡《冢赋》写道：“修隧之际，亦有掖门，掖门之西，十一余半。下有直渠，上有平岸，舟车之道，交通旧馆。”还写道：“希而望之方以丽，践而行之巧以广。”（《艺文类聚》卷四〇引）陵墓普遍随葬车马，可能也与这样的心理有关。

② 中国社会科学院考古研究所汉城工作队：《汉长安城武库遗址发掘的初步收获》，《考古》1978年第4期。

③ 秦建明和张在明先生还说：“距汉长安城450公里的南北朝赫连勃勃所建大夏国都城——统万城（俗称白城子），其地理坐标为东经108°42′50″左右，与基线似乎也有关系。统万城虽建于公元413年，距汉初约600年，两者时空相去较远，但《晋书》卷一三〇《统万城铭》称，建城时曾‘爰构崇明，仰准乾仪’，进行过规测。西汉以后，前赵、前秦、后秦均以长安为都城。古来以长安为天下之中的思想，可能对一心要‘统一天下，君临万邦’的赫连勃勃带来影响，该城与基线相合，恐非偶然。”《陕西发现以汉长安城为中心的西汉南北向超长建筑基线》，《文物》1995年第3期。

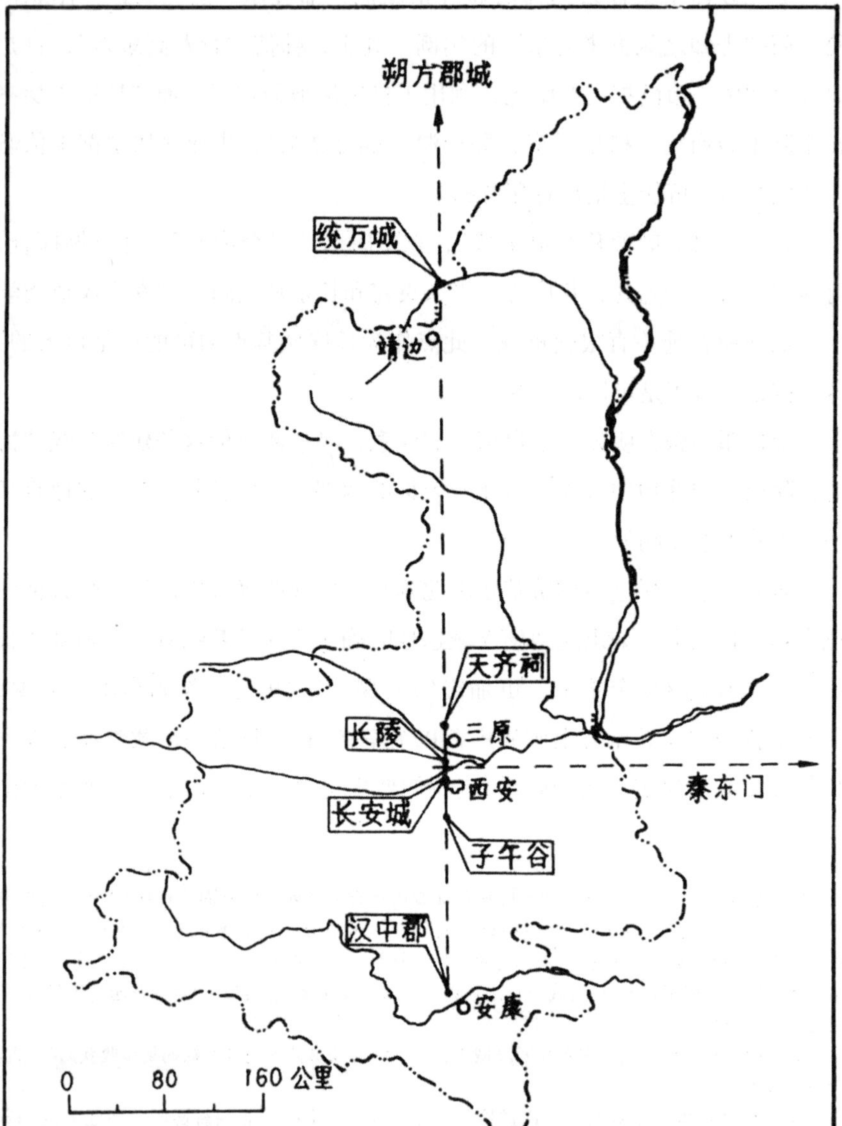

图 4–4　西汉长安南北建筑基线宏观形势图一：朔方郡·天齐祠·长安城·汉中郡（据秦建明、张在明等）

标图，这幅图的坐标点为长安城（或咸阳），其纵轴上方指向朔方郡，下方指向汉中郡，其横轴东方指向上朐秦东门。这个坐标系与今经纬坐标相较，轴南端偏西约1°，轴东端偏北约1°，轴南端偏东约30′。其纵轴较直，与横轴又相垂直，与今日子午卯酉坐标系有1°左右的逆时针偏转。这一现象很难仅以巧合揣度”。于是秦建明和张在明等先生以为，大致可以推定，秦汉时期在掌握长距离方位测量技术的基础之上，可能已初步具备了建立大面积地理坐标的能力。

许多资料表明，秦汉以前乃至秦汉时期，已经产生多种空间坐标系。如天文方面的北斗、二十八宿（四象）、十二辰（次）、周天坐标系，地理方面的五行、四象、八卦、四方、十干、十二辰及经纬坐标系等。所谓“天地之经纬”（《左传·昭公二十九年》），“凡地，东西为经，南北为纬”（《大戴礼记·易本命》）等，已经成为比较普及的观念。一些考古文物资料也可以说明这一事实，例如，1987年陕西省文物局郑国渠调查组发现战国时期秦国修筑的郑国渠拦河大坝，全长2650米，坝体轴线重合于卯酉线；陕西省区域地质调查队于秦始皇陵又发现长2200米之南北轴线与真子午线夹角不超过30′。

秦建明和张在明等先生在讨论这条建筑基线的发现所展示的考古价值时，曾经指出这一重要人文现象与天文秩序之间的关系：

> 基线北端天齐祠遗址，便是当时众多祭天形式中的一种。而整个基线上的建筑安排，则充分体现了古代的天人合一的法天意识。法天的重要形式，便是仿效天象。《天官书》云：“中宫，天极星，其一明者，太一常居也。”认为北天极就是太一（上帝）常居之所。可能以北为天位的思想即源于此。北天极在天空中的旋枢特征，则可能是天圆和天脐的出处，由此，进一步演化出以北为贵的礼制。天齐祠居于基线最北，即表示上天高高在上之意，后代唐东都洛阳城北两个名“曜仪”“圆壁”的小城及北京故宫西北的团城，大约就是这种制度的遗子，只不过受天位于乾位思想的影响移位于西北方而已。

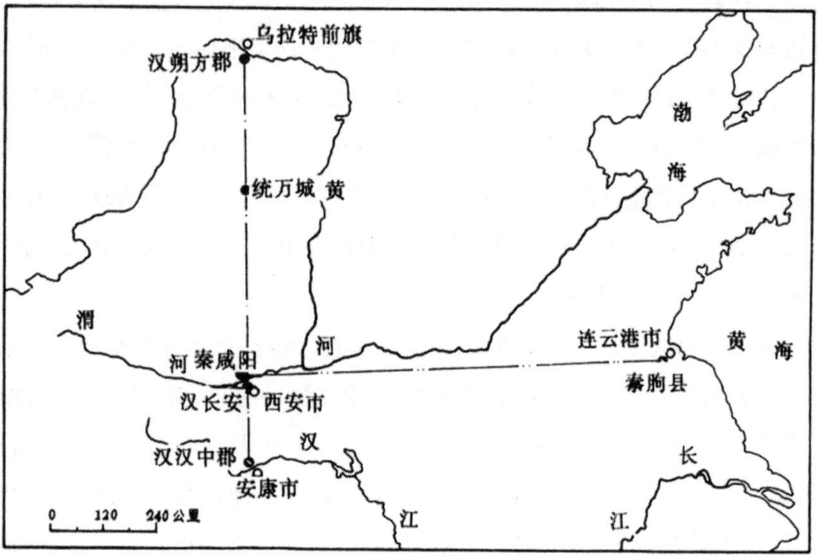

图4–5　西汉长安南北建筑基线宏观形势图二:朔方—天齐祠—长安—汉中基线与秦东门(据秦建明、张在明等)

如果认识到天齐是象征天极以法天的话，那么，清河大回转便是象征天空中的北斗，北斗斗口两颗名“天枢”“天旋”的星联线直指天极，古称指极星，而清河大回转南北向河段也直对天井（天齐）。如此，自泾阳县李家庄以下曲折形状的河段便是象征北斗星座，实际上二者也是非常相像的。《三辅黄图》称：“〔汉长安城〕城南为南斗形，北为北斗形，至今人呼汉旧京为‘斗城’。”这一千古难解之谜，也许从此可以释然。

我们推测，天齐祠东侧五帝坛可能是法象天象中三垣二十八宿中的“太微垣”，太微垣中最亮和居中的星为五帝星座（狮子座β）。与此相对处也许存在法象天市垣的遗址。秦人曾以渭水象天汉（银河），汉人可能也因袭这一象征。据以上情况推论，长安城南应也有类似象征性建筑。轴线所经之灞水及其北周家庄一带，发现不少汉瓦，应是

> 值得注意的地方。至于子午谷口左右山峰，则可以与天上南门星相对。这些，尚有待于进一步研究。
>
> 以长安城为中心，北至天井与南至子午口距离为9∶6，这种比例，恰合阳九阴六的格局，阳九为天，阴六为地，即法乎象，也合乎数，是十分严格的法天体系。
>
> 这条建筑基线，将天、地、山川、陵墓、都城一以贯之，使之协调为一整体；自北而南，以天、先王、王、地为序的宗教意味排列；其间充满法天意识，使这一庞大的建筑体系，表现出天与地、阴与阳、死与生、尊与卑，以及南与北、子与午等多种对应关系，充分体现了古人的缜密构思。其在中国科技史上的意义和考古学上的价值，都是不言而喻的。[①]

关于“天齐祠”的方位以及与汉高祖长陵、汉长安城、子午谷的关系的认识，是极有价值的文化发现。这一发现有利于从新的角度认识和理解当时作为精神文化之基本构成内容的有关天人关系的意识，相关的地理思想和宗教观念，也可以由此得到说明。

“齐”其实就是“脐”。《左传·庄公六年》：“若不早图，后君噬齐。”杜预注：“若啮腹齐，喻不可及。”杨伯峻注：“‘齐’，假为‘脐’，今言肚脐。”《素问·腹中论》：“居齐上为逆，居齐下为从。”这里所说的“齐”就是“脐”。又：“肓之原在齐下。”“齐”一本作“脐”。《释名·释形体》：“脐，剂也。肠端之所限制也。”《太平御览》卷三七一引作：“齐，剂也。”

“齐”即“脐”，被看作天地的中心，是以人体比喻天地的实例。

《尔雅·释言》：“齐，中也。”《尚书·吕刑》：“天齐于民。”陆德明《经典释文》引马融云：“齐，中也。”“齐”，也就是“脐”，意味着中央。《太平御览》卷三七一引《春秋元命苞》：“齐者，下流并会合为齐腹。”宋均注：“齐，中也，四方并凑者也。”《列子·周穆王》：“四海之齐，谓中

① 秦建明、张在明、杨政：《陕西发现以汉长安城为中心的西汉南北向超长建筑基线》，《文物》1995年第3期。

央之国。”陶鸿庆《读列子札记》曰：“齐，中央也。”《列子·黄帝》：“不知斯齐国几千万里。”张湛注：“齐，中也。”[①]

天文的“中”，地理的“中”，和人事的“中”之间，有着重要的联系。从先秦典籍中的有关论述看，似乎当时这一观念已经形成一种文化共识。例如，《荀子·大略》写道：

> 君人者，隆礼尊贤而王。……欲近四旁，莫如中央；故王者必居天下之中，礼也。

《管子·度地》也说：

> 天子有万诸侯也，其中有公侯伯子男焉，天子中而处。

《周礼·地官·大司徒》中有这样的内容：

> 日至之影，尺有五寸，谓之“地中”。天地之所合也，四时之所交也，风雨之所会也，阴阳之所和也。然则百物阜安，乃建王国焉。制其畿方千里，而封树之。

《吕氏春秋·慎势》也明确地写道：

> 古之王者，择天下之中而立国，择国之中而立宫，择宫之中而立庙。

又如贾谊《新书·属远》：

---

① 以“齐”为“中”，又有引申至于中正平和之例。如《诗·小雅·小宛》：“人之齐圣”，郑玄笺：“中正通知之人。”

古者天子地方千里，中之而为都，输将徭使，其远者不在五百里而至。

《白虎通义·京师》也强调：

王者京师必择土中，何？所以均教道，平往来，使善易以闻，明当惧慎，损于善恶。《尚书》曰："王来绍上帝，自服于土中。"

萧兵先生曾经对于"世界各民族几乎都有自己的'世界中心'"发表了精辟的论述，并且讨论了与周王朝政治中心转移相应的"周人'世界中心'之转移"[①]。到了秦汉时期，随着大一统集权政治的成立，有关文化意识的政治色彩更为浓重。《太平御览》卷一五六引《五经要义》曰："王者受命创始，建国立都，必居中土，所以总天地之和，据阴阳之正，均统四方，以制万国者也。"又引谯周《法训》曰："王者居中国，何也？顺天地之和而同四方之统也。"在《论衡·须颂》中，也有"圣者垂日月之明，处在中州"的文句。

司马迁在《史记·五帝本纪》中写道："尧崩，三年之丧毕，舜让辟丹朱于南河之南。诸侯朝觐者不之丹朱而之舜，狱讼者不之丹朱而之舜，讴歌者不讴歌丹朱而讴歌舜。舜曰：'天也'，夫而后之中国践天子位焉，是为帝舜。"[②]所谓"之中国践天子位"，裴骃《集解》引刘熙曰："帝王所都为中，故曰'中国'。"

司马迁在《史记》中还曾经多次使用过"天下之中"一语。

《史记·周本纪》写道：

成王在丰，使召公复营洛邑，如武王之意。周公复卜申视，卒营

---

① 萧兵：《中国神话里的世界中心——兼论周人"世界中心"之转移》，《淮阴师专学报》1995年第1期。

② 大体相同的内容，见于《孟子·万章上》。

筑，居九鼎焉。曰："此天下之中，四方入贡道里均。"作《召诰》《洛诰》。

《史记·刘敬叔孙通列传》也写道：

成王即位，周公之属傅相焉，乃营成周洛邑，以此为天下之中也，诸侯四方纳贡职，道里均矣。

《史记·货殖列传》中也有这样的内容：

昔唐人都河东，殷人都河内，周人都河南。夫三河在天下之中，若鼎足，王者所更居也，建国各数百千岁，土地小狭，民人众，都国诸侯所聚会，故其俗纤俭习事。

《史记·越王勾践世家》又有以陶为"天下之中"的说法：

范蠡浮海出齐，变姓名，自谓鸱夷子皮，耕于海畔，苦身戮力，父子治产。居无几何，致产数十万。齐人闻其贤，以为相。范蠡喟然叹曰："居家则致千金，居官则至卿相，此布衣之极也。久受尊名，不祥。"乃归相印，尽散其财，以分与知友乡党，而怀其重宝，间行以去，止于陶，以为此天下之中，交易有无之路通，为生可以致富矣。于是自谓"陶朱公"。复约要父子耕畜，废居，候时转物，逐什一之利。居无何，则致赀累巨万。天下称"陶朱公"。

同样的记载又见于《史记·货殖列传》：

范蠡既雪会稽之耻，乃喟然而叹曰："计然之策七，越用其五而得意。既已施于国，吾欲用之家。"乃乘扁舟浮于江湖，变名易姓，适齐为鸱夷子皮，之陶为朱公。朱公以为陶天下之中，诸侯四通，货物所交易也。乃治产积居。与时逐而不责于人。故善治生者，能择人而任时。十九年之中三致千金，再分散与贫交疏昆弟。此所谓富好行其德者也。后年衰老而听子孙，子孙修业而息之，遂至巨万。故言富者皆称“陶朱公”。

关于以洛阳为“天下之中”[①]或所谓“三河在天下之中”，以及“以为陶天下之中”的历史背景和历史过程，已经有学者专门论述[②]。顾颉刚先生曾经论述中国古代神话中的两个很重要的大系统，即昆仑神话系统和蓬莱神话系统[③]，古时“昆仑为天地之齐”的传说[④]，应当就是昆仑神话系统文化影响的表现；而《淮南子·地形》所谓“扶木在阳州，日之所曊，建木在都广，众帝所自上下，日中无景，呼而无响，盖天地之中也”，或许体现了蓬莱神话系统的遗存[⑤]。按照《史记·封禅书》的说法，齐国的定名，也是因为“天齐”所在的缘故。“‘齐’所以为‘齐’，以‘天齐’也。”齐地的文化地位，在战国秦汉时期表现出逐渐衰落的趋势。于是在《史记》中，可以看到不同的说法。例如：

温良而能断者宜歌《齐》。……《齐》者，三代之遗声也，齐人志之，故谓之《齐》。……明乎《齐》之诗者，见利而让也。……见利而让，义也。（《乐书》）

① 《论衡·谈天》也说：“雒阳，九州之中也。”

② 唐嘉弘：《论洛阳“为天下之中”》，《洛阳——丝绸之路的起点》，中州古籍出版社1992年版；史念海：《释〈史记·货殖列传〉所说的“陶为天下之中”兼论战国时代的经济都会》，《河山集》，生活·读书·新知三联书店1963年版。

③ 顾颉刚：《〈庄子〉和〈楚辞〉中昆仑和蓬莱两个神话系统的融合》，《中华文史论丛》1979年第2辑。

④ 《黄庭内景经·肺部》：“外应中岳鼻齐位。”梁丘子注：“中岳者，鼻也；又为脐也。脐为昆仑之山，鼻为七气之门位犹主也。”《酉阳杂俎》前集卷二《玉格》：“名山三百六十，福地七十二，昆仑为天地之齐。”

⑤ “扶木”，高诱注：“扶桑也。”《太平御览》卷三六引《淮南子》则写作：“扶桑之上，众帝所自上下，日中无景，呼而无响，盖天地之中也。”

> 天下并争于战国，儒术既绌焉，然齐鲁之间，学者独不废也。……夫齐鲁之间于文学，自古以来，其天性也。(《儒林列传》)

这是充分肯定齐人文化素养的记载，另一方面，我们又可以看到完全不同的评价，例如：

> 齐人多诈而无情实。(《平津侯主父列传》)
>
> 齐地多变诈，不习于礼义。(《三王世家》褚少孙补述)

同样以儒学礼义为尺度比量齐地的道德文化，竟然有截然相反的结论。这或许说明因为政治重心的西移，导致文化的总体倾向也发生了历史性的变化。

西汉初年“天齐祠”设置在谷口，实际上意味着新的“天下之中”的确定。西汉“天齐祠”的定位，象征着天文秩序、地理秩序和人文秩序的重新统一，得到了正统神学意识的肯定而郑重宣告于世。

秦宫规划有“象天极”的指导原则。《论衡·谈天》：“天极为天中。”应当说，西汉长安的经营，在某种意义上体现了对秦帝国缔造者有关思想的继承。

唐宋时期，随着政治文化中心的东移，位于东方的泰山之神，又相继得到“天齐君”“天齐王”“东岳天齐仁圣王”“东岳天齐仁圣帝”的封号①。在当时的形势下，以正统政治观念为出发点，“天齐”所象征的天地中心的位置，又有了新的改变。

《太平广记》卷三一三“葛氏妇”条引《玉堂闲话》：“兖之东钞里泗水上有亭，亭下有天齐王祠。中有三郎君祠神者，巫云：天齐王之爱子，其神甚灵异。相传岱宗之下，樵童牧竖，或有逢羽猎者，骑从华丽，有如侯王，即此神也。鲁人畏敬，过于天齐。”“朱梁时”贵族女子葛氏妇与其

---

① 《三教搜神大全》卷一。

神遇合的故事，也反映了“天齐”在唐宋前后重新东移至鲁地“岱宗之下”的历史事实。

直道和子午道

反映秦王朝最高统治集团都城建设规划思想的重要史例之一，还有直道的开通。

司马迁在《史记·秦始皇本纪》中记载，秦始皇三十二年（公元前215年），“巡北边，从上郡入。燕人卢生使入海还，以鬼神事，因奏录图书，曰：‘亡秦者胡也。’始皇乃使将军蒙恬发兵三十万人北击胡，略取河南地。”三十三年（公元前214年）又有“西北斥逐匈奴”的大规模的军事行动，并且积极进行了相应的边地建设：“自榆中并河以东，属之阴山，以为四十四县，城河上为塞。又使蒙恬渡河取高阙、阳山、北假中，筑亭障以逐戎人。徙谪，实之初县。”三十四年（公元前213年），又组织了大规模“筑长城”的工程。司马迁还记述：

> 三十五年，除道，道九原抵云阳，堑山堙谷，直通之。

司马迁接着还写道：“于是始皇以为咸阳人多，先王之宫廷小，吾闻周文王都丰，武王都镐，丰镐之间，帝王之都也。乃营作朝宫渭南上林苑中。先作前殿阿房，东西五百步，南北五十丈，上可以坐万人，下可以建五丈旗。周驰为阁道，自殿下直抵南山。表南山之颠以为阙。”可见，直道的修筑和咸阳宫殿区的规划建设，是有密切联系的工程，直通北边的直道，很可能又与所谓“表南山之颠以为阙”有着相对应的关系。

《史记·秦始皇本纪》还记载，始皇长子扶苏就坑杀方士事件提出直接的批评，“始皇怒，使扶苏北监蒙恬于上郡”。这虽然是惩罚性的举措，但是也反映了秦王朝对北边防务和直道工程的特殊重视。

秦始皇病逝于出巡途中，赵高、李斯发动沙丘政变，使公子胡亥取得太子的地位。"为上崩在外，恐诸公子及天下有变，乃秘之，不发丧。棺载辒辌车中。""行，遂从井陉抵九原。会暑，上辒车臭，乃诏从官令车载一石鲍鱼，以乱其臭。行从直道至咸阳，发丧。太子胡亥袭位，为二世皇帝。"

司马迁在《史记》中对于直道工程有比较详尽的记载。

《史记·六国年表》：秦始皇三十五年（公元前212年），"为直道，道九原，通甘泉"。《蒙恬列传》也记载：

> 始皇欲游天下，道九原，直抵甘泉，乃使蒙恬通道，自九原抵甘泉，堑山堙谷，千八百里。道未就。

似乎直道工程在蒙恬生前并没有完成。然而秦始皇灵车却"行从直道至咸阳"，当时这条道路通行帝王乘舆浩荡车队的条件应大体已经具备。司马迁本人也曾经行经直道。他在《史记·蒙恬列传》中写道：

> 太史公曰：吾适北边，自直道归，行观蒙恬所为秦筑长城亭障，堑山堙谷，通直道，固轻百姓力矣。

使者受秦二世诏逼杀蒙恬，"蒙恬喟然太息曰：'我何罪于天，无过而死乎？'良久，徐曰：'恬罪固当死矣。起临洮属之辽东，城堑万余里，此其中不能无绝地脉哉？此乃恬之罪也。'乃吞药自杀"。秦王朝经营的交通大道的建设，多利用战国原有道路，只有直道是在秦统一后规划开工，开拓出可以集中体现秦帝国行政效率的南北大通道。工程异常艰巨，耗费民力惊人。司马迁于是针对蒙恬"绝地脉"的说法感叹道：

> 夫秦之初灭诸侯，天下之心未定，痍伤者未瘳，而恬为名将，不以此时强谏，振百姓之急，养老存孤，务修众庶之和，而阿意兴功，此其兄弟遇诛，不亦宜乎！何乃罪地脉哉？

《论衡·祸虚》就蒙恬之死和司马迁否定其“绝地脉”之说的议论，有这样一段文字：“秦二世使使者诏杀蒙恬，蒙恬喟然叹曰：‘我何过于天，无罪而死？’良久，徐曰：‘恬罪固当死矣。夫起临洮属之辽东，城径万里，此其中不能毋绝地脉。此乃恬之罪也。’即吞药自杀。太史公非之曰：‘夫秦初灭诸侯，天下心未定，夷伤未瘳，而恬为名将，不以此时强谏，救百姓之急，养老矜孤，修众庶之和，而阿意兴功，此其兄弟遇诛，不亦宜乎！何与乃罪地脉也？’夫蒙恬之言既非，而太史公非之亦未是。何则？蒙恬绝地脉，罪至当死，地养万物，何过于人，而蒙恬绝其脉？知己有绝地脉之罪，不知地脉所以绝之过，自非如此，与不自非何以异？太史公为非恬之为名将，不能以强谏，故致此祸。夫当谏不谏，故致受死亡之戮。身任李陵，坐下蚕室。如太史公之言，所任非其人，故残身之戮，天命而至也。非蒙恬以不强谏，故致此祸，则己下蚕室，有非者矣。己无非，则其非蒙恬非也。”

陈直先生曾经说，“此王充评论太史公《蒙恬传》赞语，已启后代《东莱博议》《读通鉴论》论史方式”①。王充批评司马迁的论说方式有合理的地方，也有无理的地方。我们以为在这里更值得注意的，是在王充的时代，天命、地脉与人功之间，仍然有如此强劲的文化规范在影响着人们的意识。

秦汉时期医学重视切脉、诊脉之法，即所谓“诊切其脉”，《史记·扁鹊仓公列传》说到当时通行的“传黄帝、扁鹊之脉书”，“古圣人为之脉法”以及所谓“诊脉法”。李学勤先生指出，湖南长沙马王堆汉墓出土帛书医学经典《五十二病方》卷前佚篇，马王堆汉墓帛书整理小组曾经试划为四篇，分题为《足臂十一经脉灸经》《阴阳十一脉灸经甲本》《脉法》《阴阳脉死候》等，后来湖北江陵张家山汉简出土，可知四篇中的后三篇即简中的《脉书》。《脉书》各部分和《内经·灵枢》的《经脉》篇有密切

---

① 陈直：《史记新证》，天津人民出版社1979年版，第148页。

的关系，是《经脉》篇的一种祖本，而帛书被题为《足臂十一经脉灸经》的一篇又是另一种祖本。[①]看来，有关“地脉”和“绝地脉”的观念，很可能也是以对于人体的知识说明地理地质的一例。

贡禹曾经批评“今汉家铸钱，及诸铁官皆置吏徒卒，攻山取铜铁”，导致“凿地数百丈，销阴气之精，地臧空虚，不能含气出云”（《汉书·贡禹传》）。可见当时“攻山”工程有损害地气的顾虑。《后汉书·顺帝纪》记载，汉顺帝永建四年（公元129年）“二月戊戌，诏以民入山凿石，发泄藏气，敕有司检察所当禁绝，如建武、永平故事”，说明汉光武帝和汉明帝时代，都曾因“发泄藏气”，严厉“禁绝”“民入山凿石”的工程。汉安帝延光年间，杨震上书也曾经对所谓“今盛夏土王，而攻山采石”事提出指责（《后汉书·杨震传》）。结合湖北云梦睡虎地秦简《日书》中“土忌”颇为繁密，“土攻”“土事”受到严重限制的事实[②]，也可以有助于我们理解蒙恬“绝地脉”“罪固当死”之喟叹的心理背景。

著名历史地理学者史念海教授曾经由秦汉甘泉宫遗址北上对直道进行实地考察，发表了题为《秦始皇直道遗迹的探索》的论文[③]。此后又有靳

---

① 李学勤：《〈二十世纪出土中国古医书集成〉导言》，魏启鹏、胡翔骅：《马王堆汉墓医书校释（壹）》，成都出版社1992年版；高大伦：《张家山汉简〈脉书〉校释》，成都出版社1992年版。

② 睡虎地秦简《日书》甲种有明确的“土忌”日，规定“不可为土攻”，“不可兴土攻”，“不可起土攻”。例如，在“土忌”题下有这样的内容：“土徼正月壬，二月癸，三月甲，四月乙，五月戊，六月己，七月丙，八月丁，九月戊，十月庚，十一月辛，十二月乙，不可为土攻。”（一〇四正壹）“春三月寅，夏巳，秋三月申，冬三月亥，不可兴土攻，必死。●五月、六月不可兴土攻，十一月、十二月不可兴土攻，必或死。申不可兴土攻。”（一〇六正）在“作事”题下又有这样的内容：“二月利兴土西方，八月东方，三月南方，九月北方。”（一一〇正壹）在另一处“土忌”题下，又有：“土良日，癸巳、乙巳、甲戌，凡有土事必果。”（一二九背）“土忌日，戊、己及癸酉、癸未、庚申、丁未，凡有土事弗果居。”（一三〇背）“正月寅、二月巳、三月未、四月亥、五月卯、六月午、七月酉、八月子、九月辰、十月未、十一月戌、十二月丑，当其地不可起土攻。”（一三一背）“正月亥、二月酉、三月未、四月寅、五月子、六月戌、七月巳、八月卯、九月丑、十月申、十一月午、十二月辰，是胃（谓）土神，毋起土攻，凶。”（一三二背～一三三背）“春三月戊辰、己巳，夏三月戊申、己未，秋三月戊戌、己亥，冬三月戊寅、己丑，是胃（谓）地冲，不可为土攻。”（一三四背～一三五背）“春之乙亥，秋之辛亥，冬之癸亥，是胃（谓）牝日，百事不吉。以起土攻，有女丧。”（一三六背）“正月申，四月寅，六月巳，十月亥，是胃（谓）地杓，神以毁宫，毋起土攻，凶。”（一三八背）

③ 《陕西师大学报》（哲学社会科学版）1975年第3期，《文物》1979年第10期。

之林教授、王开教授等相继对直道进行考察，得到了新的收获。[①]《陕西交通史志通讯》1986年第5期还曾经刊出《秦直道实地考察专辑》。然而对于秦直道的走向，认识仍然存在严重的分歧。[②]不过，对于秦直道的规模，学者有比较一致的认识。笔者1991年与焦南峰、张在明、周苏平等一同进行秦直道南段的实地考察，仍然可以清晰地看到至今保存较好的直道路面遗迹，往往宽达50米左右。

对于秦直道走向的分歧意见，主要体现在对子午岭北部的路段存在着不同的认识。但是对于这条道路总的方向“道九原，直抵甘泉”，大致是没有异议的。

秦直道从秦甘泉宫北上，经过马栏河川道，即登上作为陕西、甘肃省界的子午岭，循岭脊北行。

“子午”，是确定正南正北的方位基线。“子午”和“直”，后者可以理解为前者的快读合音。而“子午”和“直”的方位定义，既是对甘泉而言的，而且基本上也是对咸阳—长安而言的。

值得注意的是，秦始皇规划咸阳的建设时，曾经有“周驰为阁道，自〔阿房〕殿下直抵南山，表南山之颠以为阙”的设想。

“表南山之颠以为阙”，是特别值得重视的构想。这说明秦都咸阳有南行的重要通路，也说明当时的建筑蓝图包含有贯通南北（子午）的意识。

在咸阳、长安以南，确实有“子午道”通往汉中巴蜀。

《史记·高祖本纪》说，汉王之国，“从杜南入蚀中”。程大昌《雍录》说：“此之蚀中，若非骆谷，即使子午谷。”《资治通鉴》胡三省注、《读史方舆纪要》、《史记会注考证》等都据《司隶校尉杨君孟文石门颂序》所谓“高祖受命，兴于汉中，道由子午，出散入秦”，以为“蚀中”可能就是子

① 参看《画家靳之林徒步三千里考察秦始皇直道》，《光明日报》1984年8月19日；王开：《“秦直道”新探》，《西北史地》1988年第2期；贺清海、王开：《毛乌素沙漠中秦汉“直道”遗迹探寻》，《西北史地》1988年第2期；孙相武：《秦直道调查记》，《文博》1988年第4期；延安地区文物普查队：《延安境内秦直道调查报告之一》，《考古与文物》1989年第1期。

② 参看史念海：《直道和甘泉宫遗迹质疑》，《中国历史地理论丛》1988年第3辑；吕卓民：《秦直道歧义辨析》，《中国历史地理论丛》1990年第1辑。

午谷。《三国志·蜀书·魏延传》记述魏延向诸葛亮建议，“欲请兵万人，与亮异道会于潼关，如韩信故事”。裴松之注引《魏略》说，其具体路线是“直从褒中出，循秦岭而东，当子午而北”，直抵长安。由所谓“韩信故事”，可知“道由子午，出散入秦”或许是刘邦而出，北定三秦的路线。

看来，子午道在秦汉之际已经通行大致是没有疑义的。

《汉书·王莽传上》又写道，

> 〔元始四年〕其秋，〔王〕莽以皇后有子孙瑞，通子午道。子午道从杜陵直绝南山，径汉中。

皇后，即汉平帝王皇后。《汉书·外戚传下》：“孝平王皇后，安汉公太傅大司马〔王〕莽女也。平帝即位，年九岁，成帝母太皇太后称制，而莽秉政。莽欲依霍光故事，以女配帝，太后意不欲也。莽设变诈，令女必入，因以自重”，“太后不得已而许之”。道路的开通和“皇后有子孙瑞”有什么关系呢？颜师古注：

> 张晏曰：“时年十四，始有妇人之道也。子，水；午，火也。水以天一为牡，火以地二为牝，故火为水妃，今通子午以协之。”
>
> 师古曰：“子，北方也。午，南方也。言通南北道相当，故谓之‘子午’耳。今京城直南山有谷通梁、汉道者，名‘子午谷’。又宜州西界，庆州东界，有山名‘子午岭’，计南北直相当。此则北山者是‘子’，南山者是‘午’，共为‘子午道’。”

颜师古说“子”位当北方，“午”位当南方，“言通南北道相当，故谓之‘子午’耳”，说明了子午道得名的缘由。张晏说取五行天地水火相应之义，应当更直接切近王莽当时正式开通此道的动机。黄盛璋先生说，“此次开凿或即沿汉高祖由汉中之旧路，但本意并非为交通之便而开”[①]。《元和郡县图志》卷一《关内道一》说：“子午关，在县东南百里。王莽通子午道，因置此关。”看来，王莽“通子午道”，当是修整了通行道路，加强了交通管理。

一般所说“子午道”，是指长安南山通往汉水流域的道路。东汉末年，关中流民多由子午道南下汉中[②]。曹魏军也曾经由子午道伐蜀[③]。李之勤先生曾经对子午道的历史变迁进行过深入的考证[④]。我们在对子午道秦岭北段遗迹进行实地考察时，也发现了相当丰富的古栈道的遗存[⑤]。

颜师古应当引起我们重视的意见，还有将直道所循子午岭和子午道所循子午谷“计南北直相当”者联系在一起的说法，即所谓“此则北山者是‘子’，南山者是‘午’，共为‘子午道’。”

确实，如我们在前面所说到的，秦直道循子午岭北行，而“直”正是“子午”的快读合音，由杜陵南行直通梁、汉的子午道也有类似的情形。宋敏求《长安志·万年》写道：

> 福水即交水也。《水经注》曰：“上承樊川、御宿诸水，出县南山石壁谷（今案：亦作石鳖谷，今称石砭峪）南三十里，与直谷（今案：今子午谷）水合，亦曰子午谷水。”[⑥]

---

① 黄盛璋：《川陕交通的历史发展》，《历史地理论集》，人民出版社1982年版。

② 《三国志·魏书·张鲁传》：“韩遂、马超之乱，关西民从子午谷奔之者数万家。”

③ 《三国志·魏书·曹真传》：“〔曹〕真以八月发长安，从子午道南入。”《三国志·魏书·华歆传》：“太和中，遣曹真从子午道伐蜀。”《三国志·魏书·陈群传》：“〔曹〕复表从子午道，〔陈〕群又陈其不便，并言军事用度之计，诏以群议下真，真据之遂行。”《三国志·魏书·夏侯渊传》注引《魏略》和《三国志·魏书·王基传》注引司马彪《战略》都说到“子午之役”。《三国志·蜀书·后主传》：建兴八年（公元230年），“秋，魏使司马懿由西城，张郃由子午，曹真由斜谷，欲取汉中”。《三国志·魏书·钟会传》记载景元四年（公元263年）伐蜀之役，也写道：“魏兴太守刘钦趣子午谷，诸军数道平行，至汉中”。

④ 李之勤：《历史上的子午道》，《西北大学学报》（哲学社会科学版）1981年第2期。

⑤ 王子今、周苏平：《子午道秦岭北段栈道遗迹调查简报》，《文博》1987年第4期。

⑥ 今本《水经注》无此文。《太平寰宇记》文与此同，而不云出《水经注》。

又《长安志·长安》:

> 豹林谷(今案:今称抱龙峪)水出南山,北流三里有竹谷水自南来会,又北流二里有子午谷水自东(今案:疑当作“西”)来会,自北以下亦谓之子午谷水。

“直谷”应当也是“子午谷”的快读合音。[①]另外,还特别值得我们注意的是,汉魏子午道秦岭南段又曾经沿池河南下汉江川道。“池”或为“直”之音转。也就是说,很可能子午道循行的河道,也曾经被称作“直河”。

子午岭—直道,子午道—直河,在咸阳—长安正北正南形成了纵贯千里的轴线。这一现象,应当看作秦汉都城规划的基本构成内容之一。其中所体现的有关天文地理与人事关系的观念,也是我们认识和理解秦汉历史文化时,不能不予以充分重视的。

《天官书》的文化史内涵

《史记》八书,《天官书》列为第五。

“天官”,在当时是当政者不敢须臾忽视,历史积累也相当丰厚的显学。《史记·太史公自序》说:“太史公学天官于唐都。”[②]司马迁还谈到写作《天官书》的宗旨:“星气之书,多杂禨祥,不经;推其文,考其应,不殊。比集论其行事,验于轨度以次,作《天官书》第五。”

对于“天官”的解释,司马贞《索隐》说:“案:天文有五官。官者,星官也。星座有尊卑,若人之官曹列位,故曰‘天官’。”张守节《正义》则写道:“张衡云:‘文曜丽乎天,其动者有七,日月五星是也。日者,阳

① 《咸宁县志》卷一《南山诸谷图》中,“石鳖峪”旁侧标注“竹”,由此可以推想“竹谷”或许也应从音读的线索考虑与“子午谷”的关系。

② 张守节《正义》:“《天官书》云‘星则唐都’也。”

精之宗；月者，阴精之宗；五星，五行之精。众星列布，体生于地，精成于天，列居错峙，各有所属，在野象物，在朝象官，在人象事。其以神著有五列焉，是有三十五名；一居中央，谓之北斗；四布于方各七，为二十八舍；日月运行，历示吉凶也。”

“天官”，实际上是一种体现出天文秩序的代号。[①]

《汉书·宣元六王传·东平思王刘宇》记述，刘宇上疏求《太史公书》，“上以问大将军王凤”，王凤答道：“《太史公书》有战国从横权谲之谋，汉兴之初谋臣奇策，天官灾异，地形厄塞：皆不宜在诸侯王。”看来，《天官书》很早就被看作《史记》的主要内容之一。

《史记·天官书》据清人王元启说，大致有七个部分：“按《书》分七章：一，经星；二，五纬；三，二曜；四，异星；五，云气；六，候岁；七，总论。”[②]其实，司马迁通过记述的次序，还首先说明了“星座有尊卑”“众星列布”“各有所属”的关系。天官等级秩序的最高中枢，实际上有与世间专制主义王朝相对应的关系：

> 中宫天极星，其一明者，太一常居也；旁三星三公，或曰子属。后句四星，末大星正妃，余三星后宫之属也。环之匡卫十二星，藩臣。皆曰“紫宫”。

秦咸阳宫的规划，就是仿拟“中宫天极星”的形式而设计的。特别是司马迁所谓“后六星绝汉抵营室，曰‘阁道’”，成为秦王朝宫室建设的重要原则。当时以渭河象征天汉，两岸宫殿形成了十分严格整齐的“象天”的结构。

关于“北斗七星”，司马迁写道：

---

① 《汉书·谷永传》：“〔谷〕永于经书，泛为疏达”，“其于天官、《京氏易》最密，故善言灾异。”《后汉书·崔瑗传》：“〔崔〕因留游学，遂明天官、历数、《京房易传》、六日七分。”这里，“天官”大致是指当时的天文学理论。

② 泷川资言《史记会注考证》引。王元启还说：“此书叙周天列宿，于其句圜隋兑之形，前后向背之势，纵横指划，宛列目前，又无一语为近今人所能道，决其为史公亲笔无疑。”

> 北斗七星，所谓“旋、玑、玉衡以齐七政”。杓携龙角，衡殷南斗，魁枕参首。用昏建者杓；杓，自华以西南。夜半建者衡；衡，殷中州河、济之间。平旦建者魁；魁，海岱以东北也。

司马迁又强调：

> 斗为帝车，运于中央，临制四乡。分阴阳，建四时，均五行，移节度，定诸纪，皆系于斗。

所谓“北斗七星，所谓‘旋、玑、玉衡以齐七政’”，司马贞《索隐》有这样的解释：“案：《尚书大传》云：‘七政，谓春、秋、冬、夏、天文、地理、人道，所以为政也。人道政而万事顺成。’又马融注《尚书》云：‘七政者，北斗七星，各有所主：第一曰正日；第二曰主月法；第三曰命火，谓荧惑也；第四曰煞土，谓填星也；第五曰伐水，谓辰星也；第六曰危木，谓岁星也；第七曰剽金，谓太白也。日、月、五星各异，故曰七政也。’”

所谓“斗为帝车，运于中央，临制四乡”，在汉代画像石中可以看到生动的画面。

天文史学者陈遵妫指出，《史记·天官书》所记载的星座配列，“北极有太一、天一和阴德。东官为苍龙。南官为朱鸟，其旁有黄龙。西官为白虎。北官为玄武。这在《淮南子·天文训》作为东、南、西、北、中央的五兽，分属为五星。把黄龙设在南官之侧，是和《礼记·月令》《淮南子·时则训》《吕氏春秋·十二纪》等把它附载于季夏之后、孟秋之前，作为中央黄帝的企图是一样的。这些星座树立了一切星座组织的基础，其名称都是按阴阳五行的理论来定的。使天上世界的名称，都反映了地下人间社会的事物，这样看了属于某星座中的变化现象，就可以占和它相应的人间社会事物的吉凶祸福。”[①]

《史记·天官书》中，司马迁还列数了多种星象变化，以及这种“天文”现象与“人道”的对应关系。值得注意的是，这种“人道”，大多是指属于政治生活的人文现象。例如：

中宫太极[②]：

（1）魁下六星，两两相比者，名曰三能。三能色齐，君臣和；不齐，为乖戾。

（2）辅星明近，辅臣亲强；斥小，疏弱。

（3）有句圜十五星，属杓，曰贱人之牢。其牢中星实则囚多，虚则开出。

（4）天一、枪、棓、矛、盾动摇，角大，兵起。

东宫苍龙：

（5）心为明堂，大星天王，前后星子属。不欲直，直则天王失计。

（6）旗中四星曰天市；中六星曰市楼。市中星众者实；其虚则耗。

（7）亢为疏庙，主疾。

（8）氐为天根，主疫。

（9）尾为九子，曰君臣；斥绝，不和。

（10）箕为敖客，曰口舌。

（11）火犯守角，则有战。

（12）房、心，王者恶之也。

南宫朱鸟：

（13）门内六星，诸侯。其内五星，五帝坐。后聚一十五星，蔚然，曰郎位；傍一大星，将位也。月、五星顺入，轨道，司其出，所

---

① 陈遵妫：《中国天文学史》第2册，上海人民出版社1982年版，第280页。

② 因为司马贞《索隐》有“案：天文有五官，官者，星官也”的说法，泷川资言《史记会注考证》引钱大昕说，以为《天官书》中“中宫”“东宫”“南宫”“西宫”“北宫”等，“五‘宫’字皆当作‘官’”。陈遵妫《中国天文学史》第2册采用此说，上海人民出版社1982年版，第265页。

守，天子所诛也。其逆入，若不轨道，以所犯命之；中坐，成形，皆群下从谋也。金、火尤甚。廷藩西有隋星五，曰少微，士大夫。权，轩辕。轩辕，黄龙体。前大星，女主象；旁小星，御者后宫属。月、五星守犯者，如衡占。

（14）火守南北河，兵起，谷不登。

（15）长沙星，星不欲明；明与四星等，若五星入轸中，兵大起。

（16）车星角若益众，及不具，无处车马。

西宫咸池：

（17）五潢，五帝车舍。火入，旱；金，兵；水，水。中有三柱；柱不具，兵起。

（18）附耳摇动，有谗乱臣在侧。

（19）昴、毕间为天街。其阴，阴国；阳，阳国。

（20）狼角变色，多盗贼。

（21）老人见，治安；不见，兵起。

（22）附耳入毕中，兵起。

北宫玄武：

（23）北落若微亡，军星动角益希，及五星犯北落，入军，军起。火、金、水尤甚；火，军忧；水，水患；木、土，军吉。

（24）王良策马，车骑满野。

（25）江星动，人涉水。

（26）匏瓜，有青黑星守之，鱼盐贵。

我们在这里不能详细分析所谓“众星列布，体生于地”，“日月运行，历示吉凶”的具体对应形式，然而可以通过占星者所主要关心的世事范畴，了解有关的社会文化倾向。我们看到，上述星象体现的人世变化，主要为：

权争：（1）（2）（5）（9）（10）（12）（13）（18）（19）

兵战：（4）（11）（14）（15）（17）（21）（22）（23）

刑罚：(3)(19)(21)

农功：(14)(17)

市货：(6)(26)

交通：(16)(24)(25)

疾疫：(7)(8)

其中与政事有关的9例，占31.03%，与军事有关的8例，占27.59%。二者相合，计17例，占58.62%。

这正可以反映当时星象之学的基本研究内容和主要服务对象。

司马迁还写道：

> 察日、月之行以揆岁星顺逆。曰东方木，主春，日甲乙。义失者，罚出岁星。岁星赢缩，以其舍命国。所在国不可伐，可以罚人。其趋舍而前曰赢，退舍曰缩。赢，其国有兵不复；缩，其国有忧，将亡，国倾败。其所在，五星皆从而聚于一舍，其下之国可以义致天下。

从其内容看，这种天文学思想，很可能形成于战国时期。《吕氏春秋·荡兵》说："天下无诛伐，则诸侯之相暴也立见。"称以实现"天下"一统为目的的战争形式为"义兵"。"争斗之所自来者久矣，不可禁，不可止"，"古圣王有义兵而无有偃兵"，"古之贤王有义兵而无有偃兵"，"欲偃天下之兵，悖。""义兵之为天下良药也亦大矣。"长沙马王堆汉墓出土帛书中成书于战国晚期的体现道家以所谓"自然""无为"为中心的政治思想的《十六经》中，也明确肯定了在"今天下大争"（《观》）的形势下，应当坚持"为义"的"兵道"，"伐乱禁暴"，取得成功。《史记·天官书》所谓"其下之国可以义致天下"，是和当时占主导地位的政治思想相合的。

这样的分析，也是与为了表示岁星的位置而创立的"十二次"制定于战国时期的论点[①]相一致的。

《史记·天官书》关于岁星运行的内容中，也多说到世间相应的军事，如：

> 敦牂岁：……炎炎有光。偃兵；唯利公王，不利治兵。
>
> 叶洽岁：……昭昭有光。利行兵。
>
> 大渊献岁：……起师旅，其率必武；其国有德，将有四海。
>
> 困敦岁：……江池其昌，不利起兵。

关于星象与兵事的对应，我们还看到司马迁这样的文字："谨视其所见之国，不可举事用兵。""〔其出〕如沈如浮，其野亡。""迎角而战者，不胜。""与太白斗，其野有破军。"

关于"荧惑"，司马迁又写道：

> 礼失，罚出荧惑，荧惑失行是也。出则有兵，入则兵散。以其舍命国。荧惑为勃乱，残贼、疾、丧、饥、兵。反道二舍以上，居之，三月有殃，五月受兵，七月半亡地，九月太半亡地。因与俱出入，国绝祀。居之，殃还至，虽大当小；久而至，当小反大。其南为丈夫丧，北为女子丧。若角动绕环之，及乍前乍后，左右，殃益大。与他星斗，光相逮，为害；不相逮，不害。五星皆从而聚于一舍，其下国可以礼致天下。

张守节《正义》："凡五星斗，皆为战斗。兵不在外，则为内乱。""三星若合，是谓惊立绝行，其国外内有兵与丧，人民饥乏，改立侯王。四星若合，是为大阳，其国兵丧暴起，君子忧，小人流。"司马迁又写道：

① 郭沫若《甲骨文字研究·释支干》认为："十二次乃制定于刘歆。"陈遵妫则根据《汉书·律历志》的有关记载论定"十二次制定于战国时代"。参看陈遵妫：《中国天文学史》第2册，上海人民出版社1982年版，第414页至416页。

> 其行东、西、南、北疾也。兵各聚其下；用战，顺之胜，逆之败。荧惑从太白，军忧；离之，军却。出太白阴，有分军；行其阳，有偏将战。当其行，太白逮之，破军杀将。其入守犯太微、轩辕、营室，主命恶之。

“当其行，太白逮之，破军杀将”一句，司马贞《索隐》：“宋均云：‘太白宿，主军来冲拒也。’”荧惑，即火星。太白，即金星。岁星，即木星。此外，又有水星（辰星）、土星（填星）。这五星的关系，在《史记·天官书》中，竟然也涂抹有兵战的血色：

> 木星与土合，为内乱，饥，主勿用战，败……火与水合为淬，与金合为铄，为丧，皆不可举事，用兵大败。土为忧，主孽卿；大饥，战败，为北军，军困，举事大败。土与水合，穰而拥阏，有覆军，其国不可举事。出，亡地；入，得地。金为疾，为内兵，亡地。三星若合，其宿地国外内有兵与丧，改立公王。四星合，兵丧并起，君子忧，小人流。

长沙马王堆汉墓出土帛书《五星占》，其有关内容可以与《史记·天官书》的这段文字对照读：

> 凡五星五岁而一合，三岁而遇。其遇也美，则白衣之遇也；其遇恶，则下□□□□□□□□□□□□□□□毋兵不吉。视其相犯也：相
> 者木 六四
> 也，般者金，金与木相正，故相与般相犯，天下必遇兵。般者金也，故〔与〕□〔星遇，兴兵举，〕事大败，□〔春〕必甲戌，夏必丙戌，秋必庚戌，冬必 六五
> 壬戌。大白与荧惑遇，金、火也，命曰乐（铄），不可用兵。营

惑与辰星遇，水、火〔也，命曰焠，不可用兵，〕举事大败。〔岁〕与大〔小〕白斗，杀大将，用之搏之，贯 六六

之，杀偏将。荧惑从大白，军忧；离之，军〔却〕；出其阴，有分军；出其阳，有〔偏将之战〕。〔当其〕行，大白遝（逮）之，〔破军杀〕将。凡大星趋相犯也，必战。大白 六七

始出以其国，日观其色，色美者胜。当其国日，独不见，其兵弱；三有此，其国〔可击，必得其将〕。不满其数而入，入而〔复出〕，□□其入日者国兵死：入一日，其兵死 六八

十日；入十日，其兵死百日。当其日而大，以其大日利；当其日而小，以小之〔日不利〕。当其日而阳，以其阳之日立。当其日以阴，以阴日不利。上旬 六九

为阳国，中旬为中国，下旬为阴国。审阴阳，占其国兵；太白出辰，阳国伤；〔出巳，亡扁地；出西南维，在日月〕之阳，阳国之将伤，在其阴〔利。〕大白〔出戌 七〇

入未〕，是胃（谓）反（犯）地邢（刑），绝天维，行过，为围小，〔有〕暴兵将多，大白出于未，阳国伤；〔出甲，亡扁地；出西〕南维，在日月之阳，阳国之将伤，在其阴〔利。大白〕 七一

出于戌，阴国伤；出亥，亡扁地；出西北维，在日月之阴，阴国之将伤，在其阳利。〔出辰入丑〕□□□。大白出于丑，亡扁地；出东北维，在日月之阴，阴国之 七二

将伤，在其阳利；出寅，阴国伤。大白出于酉入卯，而兵□□□□在从之〔南，阳国胜；在从〕之北，阴国伤。日冬至，〔大白〕在日北，至日夜分（春分），阳国胜；春分在 七三

日南，阳国胜；夏分〔至〕在日南，至日夜分（秋分），阴国胜；秋分在日〔北〕，阴国胜；越、齐〔韩、赵、魏者〕，荆、秦之阳也；齐者，燕、赵、魏之阳也； 七四

韩者，秦、赵之阳也；秦者，翟之阳也，以南北进退占之。大白出恒以〔辰戌，入以丑未〕，候之不失。其时秋，其日庚辛，月立失，

西方国有　七五

之。司天献不教之国驾之央（殃），其咎亡师。　七六[①]

《史记·天官书》中与此大体相应的内容，我们还可以看到："当出不出，未当入而入，天下偃兵，兵在外，入。未当出而出，当入而不入，〔天〕下起兵，有破国。""小以角动，兵起。始出大，后小，兵弱；出小，后大，兵强。出高，用兵深吉，浅凶；庳，浅吉，深凶。日方南金居其南，日方北金居其北，曰赢，侯王不宁，用兵进吉退凶。日方南金居其北，日方北金居其南，曰缩，侯王有忧，用兵退吉进凶。用兵象太白；太白行疾，疾行；迟，迟行。角，敢战。动摇躁，躁。圜以静，静。顺角所指，吉；反之，皆凶。出则出兵，入则入兵。赤角，有战；白角，有丧。""其已出三日而复，有微入，入三日乃复盛出，是谓耎，其下国有军败将北。其已入三日又复微出，出三日而复盛入，其下国有忧；师有粮食兵革，遗人用之；卒虽众，将为人虏。其出西失行，外国败；其出东失行中国败。""其圜大赤，兵盛不战。"

司马迁还写道："五星皆从太白而聚乎一舍，其下之国可以兵从天下。""上复下，下复上，有反将。""金、木星合，光，其下战不合，兵虽起而不斗；合相毁，野有破军。""其与列星相犯，小战；五星，大战。其相犯，太白出其南，南国败；出其北，北国败。"

关于水星即辰星的星象，也有比较集中的与战争相应的内容。

这里，我们可以只读其中涉及战事的文字："其时宜效不效为失，追兵在外不战。""其当效而出也，……赤为兵。""出东方，大而白，有兵于外，解。常在东方，其赤，中国胜；其西而赤，外国利。无兵于外而赤，兵起。其与太白俱出东方，皆赤而角，外国大败，中国胜；其与太白俱出西方，皆赤而角，外国利。五星分天之中，积于东方，中国利；积于西方，外国用〔兵〕者利。五星皆从辰星而聚于一舍，其所舍之国可以法致

① 马王堆汉墓出土帛书整理小组：《马王堆汉墓帛书〈五星占〉释文》，《中国天文学史文集》，科学出版社1978年版。

天下。”“出而与太白不相从，野虽有军，不战。出东方，太白出西方；若出西方，太白出东方，为格[①]，野虽有兵不战。”“当出不出，是谓击卒，兵大起。其入太白中而上出，破军杀将，客军胜；下出，客亡地。辰星来抵太白，太白不去，将死。正旗上出[②]，破军杀将，客胜；下出，客亡地。视旗所指，以命破军。其环绕太白，若与斗，大战，客胜。兔过太白，间可椷剑，小战，客胜。兔居太白前，军罢；出太白左，小战；摩太白，有数万人战，主人吏死；出太白右，去三尺，军急约战。青角，兵忧。”“赤行穷兵之所终。”

《史记·天官书》中关于彗星及其他异常星象，也多见与兵争相应的内容。例如：

> 国皇星，……所出，其下起兵，兵强；其冲不利。
>
> 昭明星，……所出国，起兵，多变。
>
> 狱汉星，……出非其方，其下有兵，冲不利。
>
> 天鼓，……其所往者，兵发其下。
>
> 天狗，……其下圜如数顷田处，上兑者则有黄色，千里破军杀将。[③]
>
> 蚩尤之旗，……见则王者征伐四方。
>
> 长庚，……此星见，兵起。

司马迁还指出了他所生活的时代“蚩尤之旗”与战争的关系：

> 元光、元狩，蚩尤之旗再见，长则半天。其后京师师四出，诛夷

---

① 司马贞《索隐》：“太白，金也。水生〔于〕金，母子不相从，故(上)〔主〕有军不战。今母子各出一方，故为格。格谓不和同，故野虽有兵不战然也。”

② 张守节《正义》：“旗，星名，有九星。言辰星上则破军杀将，客胜也。”

③ 《隋书·长孙晟传》：“夜见赤虹，光照数百里，天狗陨，雨血三日，流星坠其营内。”《绥寇纪略》卷一二：“〔明崇祯十七年〕五月，天狗下，尾长白竟天。”梅尧臣《八月十三日观长星》诗：“长星彗云出，天狗欲堕鸣。狗扫不见迹，昭昭河汉横。”顾炎武《秋山》诗之二：“天狗下巫门，白虹属军垒。可怜壮哉县，一旦生荆杞。”

狄者数十年，而伐胡尤甚。

长沙马王堆汉墓出土帛书《天文气象杂占》中的有关图像和文字，可以与此对应理解。例如，其中可见：

蚩〔尤〕出，
下又（有）流血。

又如：

蚩又（尤）旗，
兵在外归。

其中所谓“天狱”，据说：“毋云，不雷不雨，谊然而讙，是谓天狱，有大兵且起而凶。”[①]推想或许与《史记·天官书》“狱汉星”有某种关系。

司马迁所继承的成熟于战国时期的星象之学，在某种意义上简直可以称作一种军事天文预测学。

我们还应当注意到，所谓“五星皆从〔荧惑〕而聚于一舍，其下国可以礼致天下”，“五星皆从〔填星〕而聚于一舍，其下之国可〔以〕重致天下”[②]“五星皆从太白而聚乎而一舍，其下之国可以兵从（致）天下”，

① 国家文物局古文献研究室：《西汉帛书〈天文气象杂占〉释文》，《中国文物》第1期，文物出版社1979年版。

② 泷川资言《史记会注考证》：“王念孙曰：‘《开元占经》引石氏曰：可以重德致天下。与岁星、荧惑、太白、辰星句法一例。’又曰：‘重，重厚也。土德重厚，故五星从填星，则其下之国可以厚重之德致天下也。’”《汉书·天文志》：“凡五星所聚宿，其国王天下：从岁以义，从荧惑以礼，从填以重，从太白以兵，从辰以法。”“从填以重”，颜师古注：“韦昭曰：‘谓以威重得。’”其实，“重德”、“威重”之解，似乎都不确切。“重厚”一语，或许近司马迁原意。“重”，在这里很可能是指财政经济方面的优势。《管子》“轻重”之所谓“重”，与此义近。而司马迁是相当重视《管子》“轻重”之学的，《史记》中就多次予以肯定，如：“齐桓公用管仲之谋，通轻重之权。”（《平准书》）“桓公既得管仲，设轻重鱼盐之利。”（《齐太公世家》）“管仲既任政相齐，……贵轻重，慎权衡。”“吾读管氏《牧民》《山高》《轻重》《九府》，详哉其言之也。”（《管晏列传》）“管子……设轻重九府。”（《货殖列传》）

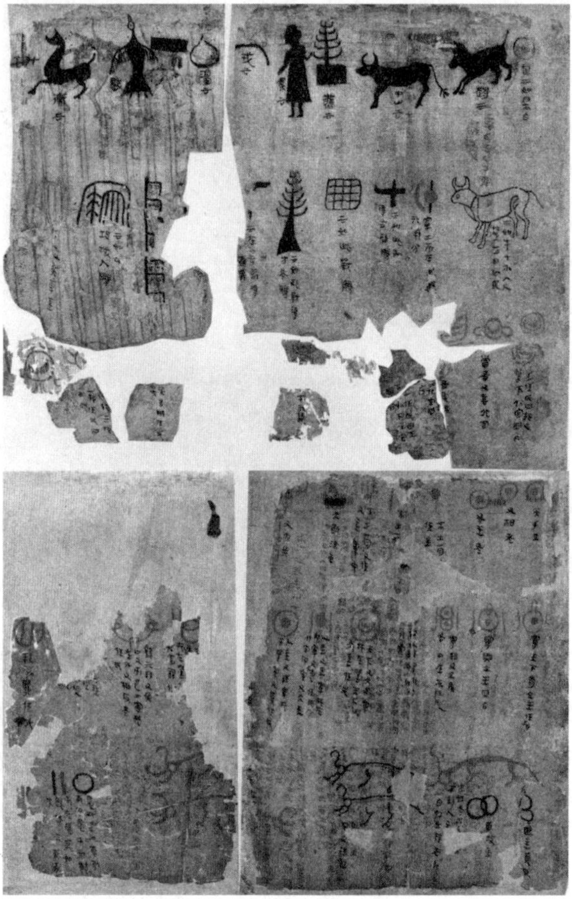

图4-6　湖南长沙马王堆汉墓帛书《天文气象杂占》

“五星皆从辰星而聚于一舍，其所舍之国可以法致天下”等，与我们前面讨论过的“五星皆从〔岁星〕而聚于一舍，其下之国可以义致天下”同样，都体现了战国时期以“礼”“义”“法”“重”“兵”，特别是以“兵”即以战争形式统一“天下”的政治史和文化史的大趋势。

其他如所谓“王者征伐四方”，“其国福厚”，“掩有四方”，“其国有德，将有四海”，也反映了由扩张而据有“四方”，统一“四海”的与历史进步方向相一致的政治规划。所谓“天下偃兵”，“天下革政”，“运于中央，临制四乡”，则体现出一种对新的政治文化格局的时代要求。

《史记·天官书》写道：

> 太史公曰：自初生民以来，世主曷尝不历日月星辰？及至五家、三代，绍而明之，内冠带，外夷狄，分中国为十有二州，仰则观象于天，俯则法类于地。天则有日月，地则有阴阳。天有五星，地有五行。天则有列宿，地则有州域。三光者，阴阳之精，气本在地，而圣人统理之。

这实际上是申明“观象于天”“法类于地”的文化精神的宣言。其中还使我们体会到“自初生民以来”的政治史和天象的神秘关系。“日月星辰”的运行，“阴阳之精”的变化，都受到“世主”们和“圣人”们的重视。

“太史公曰”这段话以及司马迁紧接着关于“天运”之考、“天变”之验的生动的史事说明，有的学者以为是《天官书》序而错简误置于后①。这一说法虽然未必能够得到证实，但是司马迁这段论述对于阐明其探索“天人之际”之“天人之符”的志向的意义，确实是值得充分重视的。

“苍天”崇拜

汉代人对于“天”的信仰，体现于社会生活的各个层面。民间影响极其广泛的“苍天”崇拜，就是表现之一。

“苍天”的语源，一说因于天色苍苍。《诗·王风·黍离》：“悠悠苍天，此何人哉！”毛亨传：“‘苍天’，以体言之，……据远视之苍苍然，则称‘苍天’。”孔颖达疏引李巡注：“春，万物始生，其色苍苍，故曰‘苍天’。”

李巡注，则又合于突出强调“天”给予万物以生机的另一种解释。《尔雅·释天》：“春为苍天。”郭璞注：“万物苍苍然生。”《白虎通义·四

① 泷川资言《史记会注考证》：“陈锡仁曰：《天官书》独无序，何也？岂后世缺亡之耶？篇末有太史公论‘自初生民以来’至‘天官备矣’一章，盖本书之首序，而错简在后耳。”

时》也说，“春曰苍天”。这样的意见或许可以通过《史记·天官书》中的这一说法得到助证：

> 苍帝行德，天门为之开。

司马贞《索隐》：“案：谓王者行春令，布德泽，被天下，应灵威仰之帝，而天门为之开，以发德化也。”张守节《正义》：“苍帝，东方灵威仰之帝也。春，万物开发，东作起，则天发其德化，天门为之开也。”

对于“苍天”的另一种解释，直接指为“东方”之天。《吕氏春秋·有始》说：“东方曰‘苍天’。”高诱注：“东方二月建卯，木之中也。木色青，故曰‘苍天’。”《淮南子·天文》也说：“东方曰‘苍天’。”《史记·天官书》又有“东宫苍龙”之说。司马贞《索隐》：“案：《文耀钩》云：‘东宫苍帝，其精为龙。’”

通过《诗·王风·黍离》李巡注、《史记·天官书》张守节《正义》、《吕氏春秋·有始》高诱注可以看出，不同的解释之间，又有一定的联系。

《史记》中还有两处说到“苍天”。

如《吕太后本纪》记载，“七年正月，太后召赵王友。友以诸吕女为后，弗爱，爱他姬，诸吕女妒，怒去，谗之于太后，诬以罪过，曰：‘吕氏安得王！太后百岁后，吾必击之。’太后怒，以故召赵王。赵王至，置邸不见，令卫围守之，弗与食。其群臣或窃馈，辄捕论之。赵王饿，乃歌曰：‘诸吕用事兮刘氏危，迫胁王侯兮强授我妃。我妃既妒兮诬我以恶，谗女乱国兮上曾不寤。我无忠臣兮何故弃国？自决中野兮苍天举直！于嗟不可悔兮宁蚤自财[①]。为王而饿死兮谁者怜之！吕氏绝理兮托天报仇。’丁丑，赵王幽死，以民礼葬之长安民冢次。”

赵王刘友歌：“我无忠臣兮何故弃国？自决中野兮苍天举直！”泷川资言《史记会注考证》：“颜师古曰：‘举直’，言己之理直，冀天临鉴之。”

---

① 泷川资言《史记会注考证》：“钱大昕曰：‘财’与‘裁’同，‘宁蚤自裁’，悔不早自引决也。”

赵王刘友又感叹道：“吕氏绝理兮托天报仇。”这里“天”与“苍天”应是一义。

司马迁记述，赵王刘友“为王而饿死”十二天之后，果然有异常天象出现，并因此在吕后内心形成了深重的阴影：

> 己丑，日食，昼晦。太后恶之，心不乐，乃谓左右曰：“此为我也。”①

出现“苍天”一语的另一例，即《龟策列传》褚少孙补述博士卫平对宋元王语：

> 天与不受，天夺之宝。今龟周流天下，还复至所，上至苍天，下薄泥涂，未尝愧辱，无所稽留。

“苍天”，即指天，而“苍”为青色，“苍天”，一如后来所说“青天”。②

“苍天”是汉代人的习用语。

《淮南子·览冥》：“女娲炼五色石以补苍天。”《论衡·谈天》写作：“女娲销炼五色石以补苍天。”又作“消炼五石补苍天”。《论衡·顺鼓》也说“女娲消炼五色石以补苍天”，又说：“本有补苍天、立四极之神，天气不和，阳道不胜，傥女娲以精神助圣王止雨湛乎？”“苍天”，在这里又被理解为世间万物的基本生存条件。

“盛夏之时，雷电迅疾”，世俗以为“隆隆之声，天怒之音”。《论衡·雷虚》写道：“所谓怒者，谁也？天神邪？苍苍之天也？如谓大神，神怒无声。如谓苍苍之天，天者体，不怒，怒用口。”《论衡·变动》又说：

---

① 梁玉绳《史记志疑》卷七：“案：《汉书》作‘己丑，晦，日有食之。’司马光《通鉴目录》七年正月庚申朔，则己丑是晦日。”

② 关于“苍”色，《史记·天官书》写道：“以摄提格岁”“正月，〔岁星〕与斗、牵牛晨出东方，名曰‘蓝德’，色苍苍有光。”“大渊献岁”“以十月与角、亢晨出，曰‘大章’，苍苍然，星若跃而阴出旦。”

> 夫大人之德，则天德也。贤者之言，则天言也。大人刺而贤者谏，是则天谴告也；而反归告于灾异，故疑之也。六经之文，圣人之语，动言天者，欲化无道，惧愚者之言；言非独吾心，亦天意也。及其言天，犹以人心，非谓上天苍苍之体也。

东汉墓葬中出土镇墓文也有这样的内容：

> 上天苍苍，地下茫茫，死人归阴，生人归阳，〔生〕〔人〕〔有〕里，死人有乡。①

汉代人的精神生活中，其信仰的形式，有比较复杂的构成，而“苍天”，曾经是比较普遍的崇拜对象。

《淮南子·览冥》说：“夏桀之时，主暗晦而不明，道澜漫而不修”，“至德灭而不扬，帝道掩而不兴，举事戾苍天，发号逆四时。”于是政风猥陋，世事败坏，甚至生态条件也走向凋敝，“山无峻干，泽无洼水”。“苍天”，被看作一种不能违逆的，不能抗拒的自然秩序的象征。“苍天”，又被理解为世间万物的基本生存条件。

《隶释》卷一《韩敕修孔庙后碑》，汉桓帝永寿三年（公元157年）立，记述鲁相韩敕修孔庙并谒庙拜墓事。其中说到所谓“孔圣素王”和“仓天”“大帝”的关系：

> 孔圣素王，受象乾坤。生于周冲，匡政天文。德参耀□，作应星神。稽《易》制《孝》，升出大人。征苻洞虚，论要道根。赤书黄字，蜚于仓天。北落复下，大帝开门。龙□□□，精历星官。雷动玄紫，声隐□震。《春秋》既成，效以获麟。功定道立，封禅□□。

---

① 罗振玉:《古器物识小录》,《辽居杂著丙编》。

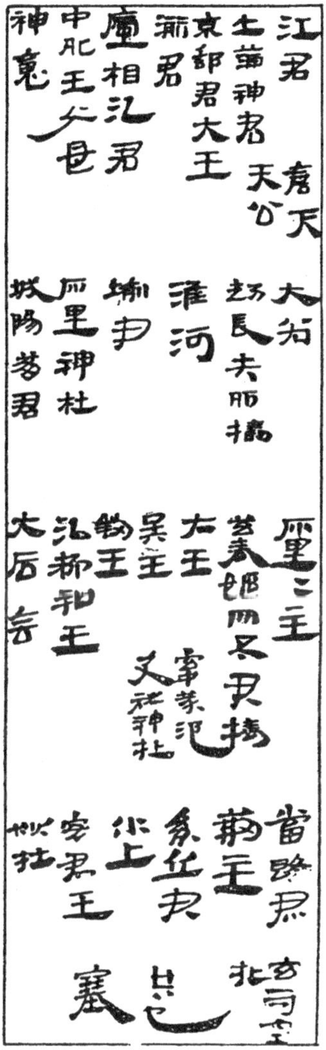

图4–7　江苏邗江胡场5号汉墓出土列有“仓天”的神灵名位牍

“仓天”即“苍天”。孔子的文化功绩，被理解为以“仓天”等为代表的“天文”体系授意和佑护下的创造。

在体现汉代民间神学观念的文字遗存中，可以明确看到“仓天”字样。

1980年清理的江苏邗江胡场5号汉墓，出土木牍13件，据清理简报介绍，“长约23、宽3.5—7厘米。1件出于男棺盖板北部，余者出于侧厢。有文字可辨的6件，能识读的仅5件”。

据清理者报道，能够识读的5件木牍可大致分为4类，即“神灵名位牍”1件，“日记牍1件”，“文告牍”2件，“丧葬物品牍”1件。所谓“神灵名位牍”所提供的历史文化资料，具有可贵的价值。[①]

所谓“神灵名位牍”列记34种以空格间隔的辞语，可能大多是当时当地人以为具有神性与神力的崇拜对象。书写行列如次：

江 君　　仓 天　大 翁

石里里主　　当路君　宫司空

① 扬州博物馆、邗江县图书馆：《江苏邗江胡场五号汉墓》，《文物》1981年第11期。

上蒲神君	天公	赵长夫所祷	宫春姬所为君祷		荆主	社
高邮君大王		淮河	大王	宫中蒙池	系丘君	□□
满君			吴王	□□神社	水上	
卢相氾君		榆君	□王			
中外王父母		石里神社	氾□神王		客君王	塞
神魂		城阳若君	大后	合	□社	

因前有“高邮君大王”，则后见“大王”可能即“太王”。而所谓“大后”似应读为“太后”。“宫司空”与次行“社”或许可以连读，“社”字可能因书写字形字距控制不当以致挤入下行。

所崇拜的神灵，除了目前尚不能判明的以外，可知有天神、山川神、地方神、君王神、社神、鬼神等。由此可以看到，汉代民间的神灵崇拜体系是何等的纷乱庞杂。

而“仓天”与“天公”并列，是耐人寻味的。

对于“天”，汉代社会又有与“苍天”相类的通行称谓，即“穹苍”，又写作“穹仓”。

《诗·大雅·桑柔》：“靡有旅力，以念穹苍。”毛亨传：“‘穹苍’，苍天也。”孔颖达疏引李巡曰：“古时人质仰视天形，穹窿而高，色苍苍然，故曰‘穹苍’。”“穹苍”或“穹仓”，在汉代碑刻文字中是多见的习用语，例如：

岩岩西岳，峻极穹苍。奄有河朔，遂荒华阳。（《隶释》卷二《西岳华山庙碑》）

于何穹仓，布命授朝。有生有死，天实为之。（《隶释》卷六《北海相景君碑》）

表贡王庭，望极爵位。何辜穹仓，官宠不遂。（《隶释》卷八《孝廉柳敏碑》）

门徒小子，丧兹师范。悲将焉告，卬叫穹仓。（《隶释》卷一一

《高阳令杨著碑》）

《隶释》的编者洪适写道："'穹仓'为'穹苍'。"

《尔雅·释天》："穹苍，苍天也。"郭璞注："天形穹隆，其色苍苍，因名云。"

《隶续》卷一九《张休崖涘铭》写道："太山虽高，无得而拟。剑道虽险，孰可为比。吁嗟此山，高且险只。上眠彼苍，相去能几？"这里"彼苍"的"苍"，也是指"苍天"。

《隶释》卷一《济阴太守修尧庙碑》："功绩炳焕，恩如浩仓"，洪适说："'浩仓'为'昊苍'。"《隶释》卷一七《益州太守无名碑》："远近伤切，痛于仓乾"，洪适说："'仓'为'苍'。""昊苍""苍乾"诸语，也都反映了"苍天"崇拜的普及。汉碑又可见所谓"穹旻"[①]"旻穹"[②]"旻天"[③]"昊天"[④]"皓天"[⑤]"昊乾"[⑥]等，也都反映了同样的文化现象。

甘肃玉门花海汉代烽燧遗址出土的简牍中，有一件七面棱形觚，前半部分是一篇诏书的抄件，计133字：

制诏：皇大子，朕体不安，今将绝矣！与地合同，众（终）不复起。谨视皇天之笥（嗣），加曾（增）朕在，善禺（遇）百姓，赋敛以理；存贤近圣，必聚谞士；表教奉先，自致天子。胡侅（亥）自汜（圮），灭名绝纪。审察朕言，众（终）身毋久，苍苍之天不可得久视，堂堂之地不可得久履，道此绝矣！告后世及其孙子，忽忽锡锡，恐见故里，毋负天地，更亡更在，去如舍庐，下敦闾里。人固当死，慎毋敢佞（佞）。

---

① 《隶释》卷九《广汉属国侯李翊碑》。

② 《隶释》卷九《繁阳令杨君碑》，卷一七《赵相刘衡碑》，《富春丞张君碑》，《隶续》卷一九《封丘令王元宾碑》。

③ 《隶释》卷九《堂邑令费凤碑》，卷一二《浚仪令衡立碑》，《隶续》卷一《平舆令薛君碑》。

④ 《隶释》卷一一《绥民校尉熊君碑》，卷一九《魏公卿上尊号奏》，《范式碑》。

⑤ 《隶续》卷一九《封丘令王元宾碑》。

⑥ 《隶续》卷一《平舆令薛君碑》。

有学者分析，这可能是汉武帝后元二年（公元前87年）二月临终遗诏之一。[①]大体是说，朕染重病，势将不起，希望皇太子今后谨慎使用皇天赋予的权力，较朕在位时更加善待百姓，赋敛有度，接近贤能，集合才士，遵奉名教，躬行祖制，靠自身的道德和才能管理天下。秦二世自取灭亡，又使先祖的帝业走向崩溃，这一教训应当牢记。诏书中又多感伤之词，如“苍苍之天不可得久视，堂堂之地不可得久履，道此绝矣”出自一位一生都勇健豪放、自信有为的雄主之口，体现出任何人在步履生命末途时都难以避免的凄切哀怨的心态。

其中“苍苍之天”一语，应当是汉代社会上下通行的语汇。

这一语汇，又透露出反映当时社会思想和时代精神的重要信息。

说到“苍天”，人们自然想到东汉末年黄巾起义的口号“苍天已死，黄天当立，岁在甲子，天下大吉”（《后汉书·皇甫嵩传》）[②]。对这一口号如何理解，历来有不同的意见。吕思勉先生认为：“〔张〕角言苍天已死，黄天当立（《后汉书·皇甫嵩传》），自称‘黄天泰平’（《三国志·孙坚传》）。苍天疑当作赤天，汉人讳而改之。然则角所依托者，实当时五德终始之说。”[③]“赤天”因讳而改为“苍天”之说，似乎只是推想，目前还没有发现证据。熊德基先生认为：“这个‘苍天’只不过是自古流传的口头语的‘老天爷’（如《诗·黍离》‘悠悠苍天’，《诗·巷伯》‘苍天苍天’，《楚辞·惜诵》‘指苍天以为正’），影射统治者。”[④]方诗铭先生说：“这个意见是正确的。出土于安徽亳县曹操宗族墓中的32号墓砖，即

---

① 嘉峪关市文物保管所：《玉门花海汉代烽燧遗址出土的简牍》，《汉简研究文集》，甘肃人民出版社1984年版。这枚觚，在《敦煌汉简》（中华书局1991年版）和《敦煌汉简释文》（甘肃人民出版社1991年版）中编号为1448。

② 方诗铭先生认为，《三国志·吴书·孙坚传》的“黄天泰平”，应是这个口号的简称。

③ 《吕思勉读史札记》乙帙《秦汉·太平道、五斗米道》，上海古籍出版社1982年版，第778页。

④ 熊德基：《〈太平经〉的作者和思想及其与黄巾和天师道的关系》，《历史研究》1962年第4期。

有‘但持汝属，仓天乃死’的刻辞[1]。墓砖的时代在汉灵帝建宁三年（170年），正是黄巾起义前十余年。从这些作砖工人口中吐露出‘仓天乃死’的呼声，说明黄巾起义所提出的口号‘苍天已死’，正是反映了民间多少年来对东汉统治者的憎恨和诅咒。因此，‘苍天已死，黄天当立’，黄巾起义的这个口号与统治者信奉的五德终始学说毫无共通之处，应该从民间信仰加以考虑……”[2]

所谓“应该从民间信仰加以考虑”，确实指出了正确理解“苍天”一语的一把钥匙。

《诗·小雅·巷伯》：“苍天苍天，视彼骄人，矜此劳人。”孔颖达疏写道：“彼骄人好好然而喜，而我劳人草草然而忧。故仰告苍天，苍天何不视察彼人之虚妄而矜哀此劳人？”汉代民间“苍天”崇拜的观念背景，仍然是在寻求一种在社会矛盾和社会摩擦中陷于无助无救无望的状态时的一种精神依托，期望有一种超然的力量能够“视察”“骄人”的“虚妄”，“矜哀”“劳人”之“草草”。

亳县曹操宗族墓葬出土的字砖共299件（元宝坑1号墓145件，董园村1号墓154件），其中表现制砖工人当时心境的文字，有：

> 岁不得睹。人谓壁所乐，作壁正独苦，却来却行壁，反是怒皇天。壁长契。（元30）
>
> 王复汝使玪（我）作此大壁，径冤，玪（我）人不知也。但持汝属，仓天乃死，当□□。（元32）
>
> 当奈何（元34）
>
> 为将奈何，吾真愁怀（元39）

其他如“私心不白，别有区衷”，“勤苦暑热，岂□知沽息”，“五内若伤，

① 安徽省亳县博物馆：《亳县曹操宗族墓葬》，《文物》1978年第8期。

② 方诗铭：《曹操·袁绍·黄巾》，上海社会科学院出版社1995年版，第240页至第241页。

何所感起”等，也都体现出愁苦愤懑的心绪。[①]

看来，“苍天”（“仓天”），或许可以理解为社会下层民众普遍寄托社会公平与社会安定的希想的万能的神。

当人们对“苍天”也终于绝望的时候，社会大动乱就将不可避免地来临了。

“苍”写作“仓”的情形是颇为多见的。如《诗·王风·黍离》：“悠悠苍天，此何人哉!”陆德明《经典释文》：“‘苍’本亦作‘仓’。”《诗·唐风·鸨羽》：“悠悠苍天，曷其有所!”《韩诗外传》卷二第二十六章引作“悠悠仓天，曷其有所”!《淮南子·览冥》：“举事戾苍天，发号逆四时。”《北堂书钞》卷二一引“苍天”作“仓天”。《史记·龟策列传》褚少孙补述：

春仓夏黄，秋白冬黑。

“春仓”，《太平御览》卷七二五引作“春苍”。至于“穹苍”写作“穹仓”等例，是我们在上文已经说到的。

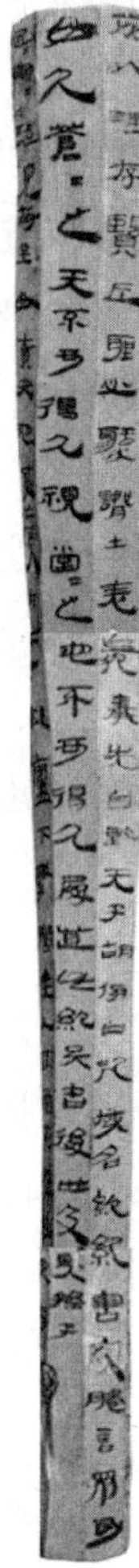

图4-8　甘肃玉门花海出土汉简

（简文可见：苍苍之天不可得久视，堂堂之地不可得久履）

① 安徽省亳县博物馆：《亳县曹操宗族墓葬》，《文物》1978年第8期；田昌五：《读曹操宗族墓砖刻辞》，《文物》1978年第8期。

第五章　封禅典礼的文化内涵

司马谈的遗恨

司马迁在《史记·太史公自序》中陈述了自己家世的历史渊源及学术背景之后，说到司马谈最后竟然是因为未能追随汉武帝封禅泰山，以致“发愤”而去世的，即汉武帝元封元年（公元前110年），“是岁，天子始建汉家之封，而太史公留滞周南，不得与从事，故发愤且卒”。

司马迁当时奉使西行巴蜀以南，经历西南夷之地，“还报命”时，与父亲相见于河洛之间。父子两代历史学家之间，有一段悲切感人的对话：

> 太史公执迁手而泣曰：“余先周室之太史也。自上世尝显功名于虞夏，典天官事。后世中衰，绝于予乎？汝复为太史，则续吾祖矣。今天子接千岁之统，封泰山，而余不得从行，是命也夫，命也夫！余死，汝必为太史；为太史，无忘吾所欲论著矣。且夫孝始于事亲，中于事君，终于立身。扬名于后世，以显父母，此孝之大者。夫天下称诵周公，言其能论歌文、武之德，宣周、邵之风，达太王、王季之思虑，爰及公刘，以尊后稷也。幽、厉之后，王道缺，礼乐衰，孔子修旧起废，论《诗》《书》，作《春秋》，则学者至今则之。自获麟以来四百有余岁，而诸侯相兼，史记放绝。今汉兴，海内一统，明主贤君

> 忠臣死义之士，余为太史而弗论载，废天下之史文，余甚惧焉，汝其念哉！”
>
> 迁俯首流涕曰：“小子不敏，请悉论先人所次旧闻，弗敢阙。”

我们看到，一种文化的传承、文化的接替，是通过这样的心与心的交孚感会而实现的。我们还看到，事实上，司马迁史学志向的确定，是与司马谈未能随汉武帝封禅泰山的遗恨有直接关系的。

王国维在《太史公行年考》中写道：“考《汉书·武帝纪》：元鼎六年，定西南夷，以为武都、牂柯、越巂、沈黎、文山郡。史公奉使西南，当在置郡之后。其明年（元封元年）春正月，行幸缑氏，登崇高，遂东巡海上。夏四月癸卯，还登封泰山。复东巡海上，自碣石至辽西，历北边九原归于甘泉。盖史公自西南还报命，当在春间，时帝已东行，故自长安赴行在。其父谈当亦扈驾至缑氏崇高间。或因病不得从，故留滞周南。适史公使反，遂遇父于河洛之间。”①

对于司马迁所谓“太史公留滞周南，不得与从事，故发愤且卒”的记述所体现的司马谈对于汉武帝封禅的态度，理解或有不同。

梁玉绳《史记志疑》卷三六说：

> 此及下述谈语不免失言，封禅之诬，君子嗤之，即《封禅书》亦深讥焉，而乃以其父不与为恨乎？

以为《史记·太史公自序》的这一记述与《封禅书》“深讥”封禅的态度截然不同，于是有“不免失言”的批评。

方苞《书太史公自序后》则指出：

> 子长作《封禅书》，著武帝愚迷，而序其父之死，则曰：“是岁天

① 《观堂集林》卷一一。

子方建汉家之封，而太史公留滞周南，不得与从事，故发愤且卒。”又记其言曰：“今天子接千岁之统，封泰山而余不得从行，是命也夫！”余少读而疑焉。及读《封禅书》至“群儒不能辨明封禅事”，然后得其意。盖封禅用事虽希旷，其礼仪不可得而详。然以是为合不死之名，致怪物，接仙人，蓬莱士之术，则夫人知其妄矣。子长恨群儒不能辨明，为天下笑，故寓其意于《自序》，以明其父未尝与此。而所为发愤以死者，盖以天子建汉家之封，接千岁之统，乃重为方士所愚迷。恨己不得从行而辨明其事也。所祀群祀，惟太畤、后土二祠，自著其名而寓其意于篇末，曰‘五宽舒之祠’。示太畤、后土二祠而外，皆宽舒成之，而己不与其议也。独其《自序》曰：“奉使适反，见父于河洛之间”，则是岁封禅，其父子皆未与明矣。而《封禅书》后论则自谓从行，其所重者，乃其后五年一修之封欤！①

他认为，司马谈是以批判的态度看待汉武帝封禅的，他内心所遗恨，“盖以天子建汉家之封，接千岁之统，乃重为方士所愚迷，恨己不得从行而辨明其事也”。而司马迁主要用意在于“著武帝愚迷”的《封禅书》，才代表着司马迁对封禅的基本态度。另一种理解，或许可以以《史记志疑》卷三六引慵讷居士《咫闻录》的说法作为代表：

太史谈且死，以不及与封禅为恨。相如且死，遗《封禅书》以劝②。当时不独世主有侈心，士大夫皆有以启之。杜子美天宝十三载

① 《望溪先生文集》卷二。

② 《史记·司马相如列传》：“相如既病免，家居茂陵。天子曰：‘司马相如病甚，可往从悉取其书；若不然，后失之矣。’使所忠往，而相如已死，家无书。问其妻，对曰：‘长卿固未尝有书也。时时著书，人又取去，既空居。长卿未死时，为一卷书，曰有使者来取书，奏之。无他书。’其遗札书言封禅事，奏所忠。忠奏其书，天子异之。”传说汉以前相继封禅于泰山者七十有二君，司马相如写道：“续《昭夏》，崇号谥，略可道者七十有二君。”“揆厥所元，终都攸卒，未有殊有绝迹可考于今者。”“大汉之德，逢涌原泉”，“获周余珍收龟于岐，招翠黄乘龙于沼。鬼神接灵圉，宾于闲馆。奇物谲诡，俶傥穷变。钦哉，符瑞臻兹，犹以为薄，不敢道封禅。盖周跃鱼陨杭，休之 （转下页）

献《封西岳赋》，劝玄宗封华山[①]，帝未及行，明年禄山反，天下大乱。文人孟浪类如此。

《偲闻录》的作者承认“太史谈且死，以不及与封禅为恨”是真实的心理记录。他还分析了士大夫启导“世主”“侈心”的所谓“文人孟浪”的历史惯例。

对司马迁所谓“太史公留滞周南，不得与从事，故发愤且卒”的记述的这样两种理解，应以后者较为接近历史的真实。

对于王国维《太史公行年考》中司马谈“或因病不得从，故留滞周南”的推想，有的学者是持不同意见的。泷川资言《史记会注考证》引中井积德的说法：

按《封禅书》，武帝初与诸儒议封事，命草其仪，及且封，尽罢诸儒不用。谈之滞周南，以罢不用之故也，非疾。

《史记·封禅书》关于汉武帝封禅“尽罢诸儒不用”的记载，原文是这样的：“自得宝鼎，上与公卿诸生议封禅。封禅用希旷绝，莫知其仪礼，而群儒采封禅《尚书》《周官》《王制》之望祀射牛事。齐人丁公年九十余，曰：‘封禅者，合不死之名也。秦皇帝不得上封。陛下必欲上，稍上即无风雨，遂上封矣。’上于是乃令诸儒习射牛，草封禅仪。数年，至且行。天子既闻公孙卿及方士之言，黄帝以上封禅，皆致怪物与神通，欲放黄帝以上接神仙人蓬莱士，高世比德于九皇，而颇采儒术以文之。群儒既已不能辨明封禅事，又牵拘与《诗》《书》古文而不能骋，上为封禅祠器示群

（接上页） 以燎，微夫斯之为符也，以登介丘，不亦恧乎！进让之道，其何爽与？”“意者泰山、梁父设坛场望幸，盖号以况荣，上帝垂恩储祉，将以荐成，陛下谦让而弗发也。挈三神之欢，缺王道之仪，群臣恧焉。或谓且天为质暗，珍符固不可辞；若然辞之，是泰山靡记而梁父靡几也。亦各并时而荣，咸济世而屈，说者尚何称于后，而云七十二君乎？夫修德以锡符，奉符以行事，不为进越。”“皇皇哉斯事！天下之壮观，王者之丕业，不可贬也。愿陛下全之。”司马迁写道：“司马相如既卒五岁，天子始祭后土。八年而遂先礼中岳，封于太山，至梁父禅肃然。”

① 杜甫《封西岳赋并序》，载《全唐文》卷三五九。

儒，群儒或曰：‘不与古同。’徐偃又曰：‘太常诸生行礼不如鲁善。’周霸属图封禅事。于是上绌偃、霸，而尽罢诸儒不用。”

中井积德以为，司马谈留滞周南，是因为汉武帝决意“尽罢诸儒不用”。而《史记·封禅书》记载，司马谈确实曾经热心于祭祀仪礼的制定与说明。元鼎四年（公元前113年），他曾经与祠官宽舒议立后土祠。元鼎五年（公元前112年），他又与祠官宽舒议立太畤坛。两次建议均得到采纳。由此我们可以理解，在封禅“且行”时“而尽罢诸儒不用”的这种强烈反差下，他痛感失落，悲怨积郁于胸，终于“发愤且卒”，其实是很自然的情形。

中井积德又说，“封禅出于术士之妄，岂儒者所可言哉？谈罢可谓幸矣。乃发愤至死，何惑之甚！虽迁亦未知封禅之为非也，是汉儒之通病矣”。按照王国维的说法，司马迁就在和司马谈相会于河洛之间后，立即就东行追行汉武帝乘舆，司马谈去世时，司马迁可能正在汉武帝身边服务。[①]

司马谈是一位极有识见的历史学者。

俞正燮《癸巳类稿》卷一一《太史公释名义》说，“《史记》之事，大半谈著，至其驰骋议论，谈无与焉”。顾颉刚先生《司马谈作史》一文指出：“《史记》一书，其最精彩及价值最高部分有二，一为楚、汉之际，一为武帝之世。武帝时事为迁所目睹，其史料为迁所搜集，精神贯注，光照千古”，“若楚、汉之际，当为谈所集材。谈生文帝初叶，其时战国遗黎、汉初宿将犹有存者，故得就其口述，作为多方面之记述。此一时期史事之保存，惟谈为其首功。其笔力之健，亦复震撼一时，叱咤千古。如闻董生辈转述夏无且语而写荆轲，生龙活虎，绘声绘色，其文学造诣之高可知。其书有传文，有赞语，开创作之一体，为二千年来史家所共遵，其史

---

① 王国维《太史公行年考》："史公见父后，复从封泰山，故《封禅书》曰：'余从巡祭天地诸神名山川而封禅焉。'后复从帝海上自碣石至辽西，故《齐太公世家》曰：'吾适齐，自泰山属之琅邪，北被于海。'又历北边九原，归于甘泉，故《蒙恬传》曰：'吾适北边，自直道归。''直道'者，自九原抵云阳（即甘泉）之道，《秦始皇本纪》所谓'除道，道九原抵云阳，堑山堙谷，直通之'也。父谈之卒，当在是秋或在史公扈驾之日矣。"

学见解之深辟亦可知。故《史记》之作，迁不得专美，凡言吾国之大史学家与大文学家，必更增一人焉曰‘司马谈’。”①

王国维《太史公行年考》说，“史公交游，据《史记》所载，《屈原贾生列传》有贾嘉，《刺客列传》有公孙季重、董生，《樊郦滕灌列传》有樊它广，《郦生陆贾列传》有平原君子（朱建子），《张释之冯唐列传》有冯遂（字王孙，《赵世家》亦云‘余闻之冯王孙’），《田叔列传》有田仁，《韩长孺列传》有壶遂，《卫将军票骑列传》有苏建，《自序》有董生。而公孙季重、董生（非仲舒）曾与秦夏无且游，考荆轲刺秦王之岁，下距史公之生年凡八十有三年，二人未必能及见史公道荆轲事。又樊它广及平原君子辈行亦远在史公前。然则此三传所纪，史公或追纪父谈语也”。

顾颉刚先生则说，“按此非或然，乃必然也。谈于赞中自称‘余’，《荆轲传》曰‘为余道之如是’，《朱建传》曰‘平原君子与余善’，《樊哙传》曰‘余与他广通’，著传文之来源，作一篇之总结，则此三传成于谈手无疑。谈之为史，有传，有赞，则《史记》之体例创定于谈亦可知。及迁继作，因仍其文，盖与尔后班固之袭父彪作者同”。

对于王国维以为“皆与公同时”的“史公交游”关系，顾颉刚先生也提出若干异议。例如：

> 《张释之冯唐列传》记唐事，曰：“武帝立，求贤良，举冯唐，唐时年九十余，不能复为官，乃以唐子冯遂为郎。遂字王孙，亦奇士，与余善。”按武帝初立，唐年九十余，推其生年，当在秦王政十年左右，犹是战国末人。其子遂生年虽不可知，而补父官职，当是长子，父年三十而生之，至是亦六十余矣，迁时尚未生也。及迁生而长，遂已耄耋矣，岂真有此忘年之交耶？是亦其父谈之事也。

又一例，则是所谓“视郭解”事：

---

① 顾颉刚：《史林杂识初编》，中华书局1963年版，第232页至第233页。

又《汉书·武帝纪》：元朔二年（公元前127年）徙豪富于茂陵。《史记·游侠传》载郭解被徙入关，关中贤豪知与不知，闻其声争与交欢。旋以杀杨季主事受捕，御史大夫公孙弘议解大逆无道，遂族之。按《汉兴以来将相名臣表》，公孙弘为御史大夫在元朔三至四年。而《游侠传》赞云："吾视郭解，状貌不及中人"，计其年，解之入长安，迁不及十岁，疑其不及见解，见解者其父谈也。[①]

第二例或许有可能少年司马迁曾得以见郭解，而第一例，顾颉刚先生之说无疑是可以成立的。

我们还可以举出如下一例，《史记·孝文本纪》："太史公曰：'孔子言：必世然后仁。善人之治国百年，亦可以胜残去杀。诚哉是言！汉兴，至孝文四十有余载，德至盛也。廪廪乡改正服封禅矣，谦让未成于今。呜呼，岂不仁哉！"所谓"封禅"诸事"谦让未成于今"，可知应当也是未曾参与"封禅"的太史公司马谈的文笔。

所谓"封禅之诬，君子嗤之"，其实是后人的感觉。

在当时浓厚的神秘主义文化氛围下，"封禅"迷信席卷社会上下，以致比较清醒的知识分子亦不能避免所谓"汉儒之通病"。司马相如临终所著"言封禅事"书最后写道：

披艺观之，天人之际已交，上下相发允答。圣王之德，兢兢翼翼也。

封禅，被看作象征"天人之际已交"的文化符号，被看作体现"圣王"之德政的文化仪礼。封禅，是与当时儒学精神相融汇的神学内容之一，所谓"封禅出于术士之妄，岂儒者所可言哉"，其实是绝对化的不符合历史真实

① 顾颉刚:《史林杂识初编》,中华书局1963年版,第227页至第228页。

的说法。《史记·封禅书》所谓“上与公卿诸生议封禅。封禅用希旷绝，莫知其仪礼，而群儒采封禅《尚书》《周官》《王制》之望祀射牛事”，“上于是乃令诸儒习射牛，草封禅仪”，“〔天子〕欲放黄帝以上接神仙人蓬莱士，高世比德于九皇，而颇采儒术以文之。群儒既已不能辨明封禅事，又牵拘与《诗》《书》古文而不能骋，上为封禅祠器示群儒，群儒或曰：‘不与古同。’徐偃又曰：‘太常诸生行礼不如鲁善。’周霸属图封禅事。于是上绌偃、霸，而尽罢诸儒不用”都说明当时封禅并不与儒学正统相矛盾，当时的儒者大都曾经是积极参与封禅事的。

至于《偲闻录》批评的“文人孟浪”，则是可以从当时知识人的文化性格和文化品质等方面进行更深层的分析的。

泰山：中华早期神秘主义文化的纪念碑

秦汉时期关于“封禅”的理论，都是以泰山作为确定的“封禅”地点的。泰山，可以看作以“封禅”作为主体仪礼的思想体系的地理支点。

泰山，很早就在正统文化体系中具有神秘主义的意义。

《尔雅·释山》说：“泰山为东岳。”列为五岳之首。按照《尚书·舜典》中说到的制度，“岁二月，东巡守，至于岱宗，柴”。孔安国解释说：“诸侯为天子守土，故称‘守’，巡行之既班瑞之。明月乃顺春东巡。岱宗泰山为四岳所宗，燔柴祭天告至。”曾经“亦从〔孔〕安国问故”的司马迁采用了这一说法[①]，或许因此《史记·五帝本纪》而有“岁二月，东巡狩，至于岱宗，祡，望秩于山川，遂见东方君长”的内容[②]。

《左传·隐公八年》：“郑伯请释泰山之祊而祀周公，以泰山之祊易许田。三月，郑伯使宛来归祊，不祀泰山也。”杜预解释说，周成王营建王城，有迁都的规划，所以赐周公许田，作为鲁国朝宿之邑，后世在这里营

① 《汉书·儒林传·孔安国》：“司马迁亦从安国问故。迁书载《尧典》《禹贡》《洪范》《微子》《金縢》诸篇。”

② 张守节《正义》：“案：既班瑞群后即东巡者，守土之诸侯会岱宗之岳，焚柴告至也。”

建了周公别庙。而郑国有助祭泰山汤沐之邑在祊，“郑以天子不能复巡狩，故欲以祊易许田，各从本国所近之宜，恐鲁以周公别庙为疑，故云已废泰山之祀，而欲为鲁祀周公，孙辞以有求也”。《公羊传·隐公八年》也有这样的记载：“三月，郑伯使宛来归邴。宛者何？郑之微者也。邴者何？郑汤沐之邑也。天子有事于泰山，诸侯皆从泰山之下，诸侯皆有汤沐之邑焉。”《穀梁传·隐公八年》也说：“三月，郑伯使宛来归邴。名宛，所以贬郑伯，恶与地也。庚寅，我入邴。入者，内弗受也。日入，恶入者也。邴者，郑伯所受命于天子而祭泰山之邑也。”《穀梁传·桓公元年》又写道：“邴者，郑伯之所受命而祭泰山之邑也。用见鲁之不朝于周，而郑之不祭泰山也。”

看来，西周时期，可能确实实行过“天子有事于泰山，诸侯皆从泰山之下”的制度。

所谓“天子有事于泰山”，当是指郊祀之事。同样的句式，又如《礼记·礼器》：“鲁人将有事于上帝，必先有事于頖宫。晋人将有事于河，必先有事于恶池。齐人将有事于泰山，必先有事于配林。”①

可见齐人也有祭祀泰山的礼俗。

《诗·鲁颂·閟宫》：“泰山岩岩，鲁邦所詹。奄有龟蒙，遂荒大东。至于海邦，淮夷来同。莫不率从，鲁侯之功。”②

在齐鲁地区，有人又用泰山来类比文化行为和精神境界的高尚。如《孟子·公孙丑上》：

> 子贡曰：“见其礼而知其政，闻其乐而知其德，由百世之后，等百世之王，莫之能违也。自生民以来，未有夫子也。”有若曰：“岂惟

---

① 《风俗通义·山泽·林》：“谨按《诗》云：‘殷商之旅，其会如林。’传曰：‘山林之士，往而不能反。’《礼记》：‘将至泰山，必先有事于配林。’林，树木之所聚生也。今配林在泰山西南五六里。予前临郡，因侍祀之行，故往观之。树木盖不足言，犹七八百载间有衰索乎！”

② “鲁邦所詹”，《风俗通义·山泽·五岳》引作“鲁邦所瞻”。泰山，也是鲁国的神山，是鲁人以为最崇高最神圣的象征之一。所以孟子说：“孔子登东山而小鲁，登泰山而小天下。”（《孟子·尽心上》）

> 民哉？麒麟之于走兽，凤凰之于飞鸟，太山之于丘垤，河海之于行潦，类也。圣人之于民，亦类也。出于其类，拔乎其萃，自生民以来，未有盛于孔子也。”

泰山事实上正是这样，象征着圣德，同时也具有了神性。

《淮南子·地形》论述四方形势，其中说到各地物产之美。如：“东方之美者，有医毋闾之珣玗琪焉。东南方之美者，有会稽之竹箭焉。南方之美者，有梁山之犀象焉。西南方之美者，有华山之金石焉。西方之美者，有霍山之珠玉焉。西北方之美者，有昆仑之球琳、琅玕焉。北方之美者，有幽都之筋角焉。东北方之美者，有斥山之文皮焉。”最后又写道：

> 中央之美者，有岱岳，以生五谷桑麻，鱼盐出焉。

高诱注：“岱岳，泰山也，王者禅代所祠，因曰‘岱岳’也。五谷、桑麻、鱼盐，所养人者。”《淮南子·地形》这段文字，与《尔雅·释地》略同，只是后者作“中有岱岳，与其五谷、鱼盐生焉。九府”[①]。

以泰山为“中央”，是齐鲁之地渊源久远的观念。其“东方”之山所谓“医毋闾”者，《淮南子》高诱注：“医毋闾，山名，在辽东属国。”《尔雅》郭璞注：“医毋闾，山名，今在辽东。”由此可知，以泰山为“中央”的地理观，很可能是将海域包括在内的。

《史记·货殖列传》说，“泰山之阳则鲁，其阴则齐”[②]。然而泰山在神秘世界中的特殊地位，使得其文化影响远远超过了齐鲁地域，而早已成为华夏文明共同的信仰对象。

比如，成书于战国时期的《韩非子》一书中，即数见有关“泰山”的

① 另一处细微差别，即《淮南子·地形》“西方之美者，有霍山之珠玉焉”，《尔雅·释地》作“西方之美者，有霍山之多珠玉焉”。

② 《史记·高祖本纪》也说：“夫齐，东有琅邪、即墨之饶，南有泰山之固，西有浊河之限，北有勃海之利。”又《史记·苏秦列传》也写道：“齐南有泰山，东有琅邪，西有清河，东有勃海，此所谓四塞之国也。”

文字：

> 昔者黄帝合鬼神于泰山之上，驾象车而六蛟龙，毕方并辖，蚩尤居前，风伯进扫，雨师洒道，虎狼在前，鬼神在后，腾蛇伏地，凤皇覆上，大合鬼神，作为清角。（《十过》）
>
> 古之能致功名者，众人助之以力，近者结之以成，远者誉之以名，尊者载之以势。如此，则太山之功长立于国家，而日月之名久著于天地。此尧之所以南面而守名，舜之所以北面而效功也。（《功名》）
>
> 使匠石以千岁之寿操钩，视规矩，举绳墨，而正太山；使贲、育带干将而齐万民；虽尽力于巧，极盛于筹，太山不正，民不能齐。故曰：古之牧天下者，不使匠石极巧以败太山之体，不使贲、育尽威以伤万民之性，因道全法，君子乐而大奸止。（《大体》）
>
> 破家以便国，杀身以安主，以其主为高天泰山之尊。（《说疑》）

《韩非子》一书中的理论，传播最广泛，实践最成功，当首数秦国。可以推知，战国时期东方名山“泰山”，在西土民间应当已经有了相当深远的影响。

《孟子·梁惠王上》中，曾经有以“挟太山以超北海”为“不能”的说法。“泰山”以高峻重威，在汉代则更普遍地成为指代和比喻宏伟重大的习用语。①

司马迁在《史记·高祖功臣侯者年表》中记载，西汉帝国建立之初，刘邦封功臣时，曾经以“泰山”为誓语：

> 封爵之誓曰：“使河如带，泰山若厉，国以永宁，爰及苗裔。”

---

① 类似“挟太山以超北海”语，有《后汉书·冯衍传》田邑所谓“摇太山而荡北海”。

裴骃《集解》："应劭曰：'封爵之誓，国家欲使功臣传祚无穷。带，衣带也；厉，砥石也。河当何时如衣带，山当何时如厉石，言如带厉，国乃绝耳。"也就是说，当黄河枯瘦如衣带，泰山销颓如砺石时，功臣的封国才可能被取缔。

扬雄《解嘲》写道："夫萧规曹随，留侯画策，陈平出奇，功若泰山，响若坻隤。"也以"泰山"形容功绩的显赫。

《淮南子》说，"太山之容，巍巍然高。"（《说山》）又说："九州不可顷亩也，八极不可道里也，太山不可丈尺也，江海不可斗斛也。"还写道："登泰山，履石封，以望八荒，视天都若盖，江、河若带。"（《泰族》）《史记·李斯列传》也说：

> 泰山之高百仞。

又《论衡》："泰山之高巍然。"（《书虚》）"夫天之高下，犹人之察太山也。"（《说日》）都宣扬泰山的高伟。

泰山的神性，在汉代人的意识中也有深刻的文化印痕。例如，《淮南子·说林》说："太山不上小人。"高诱注："太山，东岳也，王者所封禅处，不令凶乱小人得上其上也。"其他如《论衡·宣汉》："凤凰集于太山。"也都反映了这样的观念。

汉诗《步出夏门行》："过谒王父母，乃在太山隅。离天四五里，道逢赤松俱。"陈直先生联系《小校经阁金文》卷一五"上太山"镜铭："上太山，见神人，食玉英，饮醴泉，驾交龙，乘浮云，宜官秩，保子孙，贵富昌，乐未央"，以为可作为说明汉诗中之习俗语与古器物之联系的一例。①东王父、西王母、赤松子，都是汉代传说中的神人仙人。神仙居于太山，太山与天相近，反映了汉代人对于泰山神性的认识。

《公羊传·僖公三十一年》："……然则曷祭？祭泰山河海。曷为祭泰

① 陈直：《汉诗中之习俗语与古器物之联系》，《文史考古论丛》，天津古籍出版社1988年版，第46页。

山河海？山川有能润于百里者，天子秩而祭之。触石而出，肤寸而合，不崇朝而遍雨乎天下者，唯泰山尔。……”这样的说法暗示泰山崇拜与农耕业的早期发展有关。同样的传说在汉代更为普及。如《论衡·说日》：

> 如实论之，雨从地上，不从天下。见雨从上集，则谓从天下矣；其实地上也。然其出地起于山。何以明之？《春秋传》曰：“触石而出，肤寸而合，不崇朝而遍雨天下，惟太山也。”太山雨天下，小山雨一国，各以小大为近远差。雨之出山，或谓云载而行，云散水坠，名为雨矣。夫云则雨，雨则云矣；初出为云，云繁为雨，犹甚而泥露濡污衣服，若雨之状。非云与俱，云载行雨也。

《论衡·效力》又说：

> 山大者云多，泰山不崇朝辨雨天下。

又《论衡·明雩》：

> 如云雨者气也，云雨之气，何用歆享？触石而出，肤寸而合，不崇朝而辨雨天下，泰山也。泰山雨天下，小山雨国邑。

《风俗通义·山泽·五岳》也写道：

> 东方泰山。《诗》云：“泰山岩岩，鲁邦所瞻。”泰山，山之尊者，一曰“岱宗”。“岱”者，始也；“宗”者，长也。万物之始，阴阳交代。云触石而出，肤寸而合，不崇朝而遍雨天下，其惟泰山乎。故为五岳之长。王者受命易姓，改制应天，功成封禅，以告天地。孔子曰：“封泰山，禅梁父，可得而数七十有二。”

所谓"'岱'者，始也"，《续汉书·祭祀志上》刘昭注补引《风俗通》作："'岱'者，胎也。""胎"更近于"始"之古义。

泰山的神秘形象，泰山的神奇影响，泰山的神圣地位，可能正是因"万物之始，阴阳交代"而形成的。

儒学学者虽然对于"封禅"礼仪的具体形式曾经有不同于最高统治集团的认识，但是却仍然承认"封禅"本身其意义的神圣性，与此相应，同时也承认"泰山"地位的神圣性。

《春秋繁露》卷四《王道》：

> 〔五帝三王〕郊天祀地，秩山川，以时至，封于泰山，禅于梁父。

同篇还批评"鲁舞八佾，北祭泰山，郊天祀地，如天子之为"的僭越行为。又《春秋繁露》卷七《三代改质文》说："有一谓之三代，庙位祝牲犹列于郊号，宗于代宗。"同卷《尧舜不擅移汤武不专杀》又写道：

> 封泰山之上，禅梁父之下，易姓而王，德如尧舜者七十二人。

西汉时期的儒学大师，大都是以崇敬的口吻说到"封禅"，说到"泰山"的。

司马迁在《史记》中也多次说到"泰山"。文中所见"泰山""太山""泰""岱""岱宗"等凡五十余例。

《史记·封禅书》说到自古受命帝王无不封禅于泰山：

> 自古受命帝王，曷尝不封禅？盖有无其应而用事者矣，未有睹符瑞见而不臻乎泰山者也。虽受命而功不至，至梁父矣而德不洽，洽矣而日有不暇给，是以即事用希。《传》曰："三年不为礼，礼必废；三年不为乐，乐必坏。"每世之隆，则封禅答焉。

司马迁还就春秋时期齐桓公计划“封禅”一事，记述了管仲对古来封禅泰山历史的回顾：

> 秦缪公即位九年，齐桓公既霸，会诸侯于葵丘，而欲封禅。管仲曰：“古者封泰山禅梁父者七十二家，而夷吾所记者十有二焉。昔无怀氏封泰山，禅云云；虙羲封泰山，禅云云；神农封泰山，禅云云；炎帝封泰山，禅云云；黄帝封泰山，禅亭亭；颛顼封泰山，禅云云；帝俈封泰山，禅云云；尧封泰山，禅云云；舜封泰山，禅云云；禹封泰山，禅会稽；汤封泰山，禅云云；周成王封泰山，禅社首：皆受命然后得封禅。”

齐桓公说：“寡人北伐山戎，过孤竹；西伐大夏，涉流沙，束马悬车，上卑耳之山；南伐至召陵，登熊耳山以望江汉。兵车之会三，而乘车之会六，九合诸侯，一匡天下，诸侯莫违我。昔三代受命，亦何以异乎？”管仲看到难以说服齐桓公，只得以封禅具体条件不具备为辞，又说：“今凤皇麒麟不来，嘉谷不生，而蓬蒿藜莠茂，鸱枭数至，而欲封禅，毋乃不可乎？”于是齐桓公乃止。①

司马迁还写道：

> 孔子论述六艺，传略言易姓而王，封泰山禅乎梁父者七十余王矣，其俎豆之礼不章，盖难言之。……《诗》云纣在位，文王受命，政不及泰山。武王克殷二年，天下未宁而崩。爰周德之洽维成王，成王之封禅则近之矣。及后陪臣执政，季氏旅于泰山，仲尼讥之。②

---

① 司马贞《索隐》：“案：今《管子》书其《封禅》篇亡。”《史记·齐太公世家》也记载：“〔齐〕桓公称曰：‘寡人南伐至召陵，望熊山；北伐山戎、离枝、孤竹；西伐大夏，涉流沙，束马悬车登太行，至卑耳山而还。诸侯莫违寡人。寡人兵车之会三，乘车之会六，九合诸侯，一匡天下。昔三代受命，有何以异于此乎？吾欲封泰山，禅梁父。’管仲固谏，不听，乃说桓公以远方珍怪物至乃得封，桓公乃止。”

② 《论语·八佾》：“季氏旅于泰山，子谓冉有曰：‘女弗能救与？’对曰：‘不能。’子曰：‘呜呼，曾谓泰山不如林放乎？’”

图5-1 宋代重刻秦始皇秦二世东巡峄山刻石

裴骃《集解》:“马融曰:‘旅,祭名。礼,诸侯祭山川在封内者。陪臣祭泰山,非礼也。”

司马迁还记述了“始皇之上泰山”,秦二世“历泰山”,汉武帝“用事泰山”“祠泰山”“封泰山”故事。《史记·汉兴以来诸侯王年表》写道,在汉武帝元封五年(公元前106年),鲁王二十三年,“朝泰山”。济北王四十六年,“朝泰山”。这可能就是所谓“礼,诸侯祭山川在封内者”。

秦汉时期,“泰山”,在民间意识中还有另外的神秘含义。

《乐府诗集》卷四一《相和歌辞十六》有《泰山吟》二首,其题解曰:

《乐府解题》曰:“《泰山吟》,言人死精魄归于泰山,亦《薤露》《蒿里》之类也。”

说《泰山吟》通常以“言人死精魄归于泰山”为主题，类同于《薤露》《蒿里》一类丧歌、挽歌。晋人崔豹《古今注》卷中《音乐》写道：“《薤露》《蒿里》，并丧歌也。出田横门人，横自杀，门人伤之，为之悲歌。[①] 言人命如薤上之露，易晞灭也；亦谓人死，魂魄归于蒿里。”“至孝武时，李延年乃分为二曲，《薤露》送王公贵人，《蒿里》送士大夫庶人，使挽柩者歌之，世呼为‘挽歌’。”[②]《乐府诗集》卷二七《相和歌辞二·薤露》题解又引谯周《法训》：“‘挽歌’者，汉高帝召田横，至尸乡自杀。从者不敢哭而不胜哀，故为‘挽歌’以寄哀音。”[③]《乐府解题》所录《泰山吟》二首：

泰山吟　［晋］陆　机

泰山一何高，迢迢造天庭。
峻极周已远，层云郁冥冥。
梁甫亦有馆，蒿里亦有亭。
幽途延万鬼，神房集百灵。
长吟泰山侧，慷慨激楚声。

泰山吟　［刘宋］谢灵运

岱宗秀维岳，崔萃刺云天。

---

① 对于田横之死，司马迁在《史记·田儋列传》有极富感情色彩的记述。张守节《正义》引崔豹《古今注》与《乐府诗集》所引略同。而作：“《薤露》《蒿里》，送哀歌也。”“《薤露》送王公贵人，《蒿里》送士大夫庶人，使挽逝者歌之，亦呼为‘挽歌’。”

② 《乐府诗集》卷二七《相和歌辞二·薤露》题解引崔豹《古今注》曰：“《薤露》《蒿里》，泣丧歌也。本出田横门人，横自杀，门人伤之，为作悲歌。言人命奄忽，如薤上之露，易晞灭也；亦谓人死，魂魄归于蒿里。至汉武帝时，李延年分为二曲，《薤露》送王公贵人，《蒿里》送士大夫庶人，使挽柩者歌之，亦谓之‘挽歌’。”

③ 陈金生先生以为，“这种说法不大可信。挽歌是自古就有的，而且《对楚王问》中提到的歌曲，有的明确见于先秦典籍，不可能到汉初才被创作出来”。《“下里巴人”解》，《文史》第13辑，中华书局1982年版。

峠崿既崄巇，触石辄千眠。
登封瘗崇坛，降禅藏肃然。
石闾何晻霭，明堂秘灵篇。

泰山，在诗人笔下极富神秘色彩。泰山，既“迢迢造天庭”，又“层云郁冥冥”；既有“幽途延万鬼”，又有“神房集百灵”。

《乐府诗集》卷二七《相和歌辞二》录有古辞《薤露》：

薤上露，
何易晞。
露晞明朝更复落，
人死一去何时归？

曹操曾经作《薤露》诗，记述东汉末时事，语极凄切。他是借挽歌形式，寄托对汉家天下走向“荡覆”的“哀伤”。[①]曹植也有《薤露》诗，其中“天地无穷极，阴阳转相因；人居一世间，忽若风吹尘”句，也继承了挽歌风格。

《乐府诗集》卷二七《相和歌辞二》又录有古辞《蒿里》：

蒿里谁家地，
聚敛魂魄无贤愚。
鬼伯一何相催促，
人命不得少踟蹰。

曹操也有题为《蒿里》的名作，辞中吟诵忧国之情，透露豪壮之气，然而

① 曹操《薤露》诗：“惟汉二十二世，所任诚不良。沐猴而冠带，知小而谋强。犹豫不敢断，因狩执君王。白虹为贯日，己亦先受殃。贼臣持国柄，杀主灭宇京。荡覆帝基业，宗庙以燔丧。播越西迁徙，号泣而且行。瞻彼洛城郭，微子为哀伤。”

主旋律仍然是对于“死”的深切哀伤：“关东有义士，兴兵讨群凶。初期会盟津，乃心在咸阳。军合力不齐，踌躇而雁行。势利使人争，嗣还自相戕。淮南弟称号，刻玺于北方。铠甲生虮虱，万姓以死亡。白骨露于野，千里无鸡鸣。生民百遗一，念之断人肠。”“白骨露于野”“生民百遗一”“万姓以死亡”，展现在读者面前的死亡世界，正和《蒿里》诗题相应。

《隶释》卷八《淳于长夏承碑》写道：“夙世殒祚，早丧懿宝。抱器幽潜，永归蒿里。痛矣如之，行路感动。党魂有灵，垂后不朽。”陕西西安和平门外4号汉墓出土汉初平四年王氏陶瓶，朱书文字有“蒿里”字样：

> 慈告丘丞墓柏地下二千石蒿里君墓

汉张叔敬陶瓶，朱书文字也有相类的内容：

> 敢告移丘丞墓柏，地下二千石，东冢侯，西冢伯，地下击犆卿，秏里伍长等，今日吉良，非用佗故，但以死人张叔敬薄命蚤死，当来下归丘墓。

“秏里”，应即“蒿里”。

传说“蒿里”原是山名，其地位于泰山之南，当地以为死者葬地，后来成为墓地与阴间的代语。《汉书·武五子传·广陵厉王刘胥》记载，刘胥临死，“自歌曰：‘欲久生兮无终，长不乐兮安穷！奉天期兮不得须臾，千里马兮驻待路。黄泉下兮幽深，人生要死，何为苦心！何用为乐心所喜，出入无悰为乐亟。蒿里召兮郭门阅，死不得取代庸，身自逝’”。其中“蒿里召兮郭门阅”句，颜师古注：“蒿里，死人里。”

《初学记》卷九引《汉书》：“元狩五年，禅蒿里。”注曰：“蒿里，山名也。”今按《汉书·武帝纪》：“〔太初元年〕十二月，禅高里，祠后

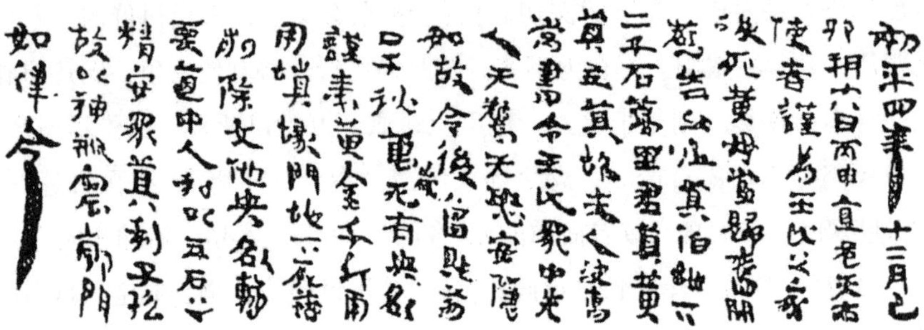

图5-2 陕西西安出土汉初平四年王氏陶瓶朱文(有“蒿里君”字样)

土。”[①]所谓“高里”，伏俨注：“山名，在泰山下。”颜师古注：“此‘高’字自作‘高下’之‘高’，而死人之里谓之‘蒿里’，或呼为‘下里’者也，字则为‘蓬蒿’之‘蒿’。或者既见太山神灵之府，高里山又在其旁，即误以‘高里’为‘蒿里’。混同一事，文学之士共有此谬，陆士衡尚不免，况其余乎？今流俗书本此‘高’字有作‘蒿’者，妄加增耳。”王先谦《汉书补注》引沈钦韩说，与颜师古见解不同：

> 《元和志》：“高里山在兖州乾封县西北二十五里，亦曰‘蒿里山’。”《一统志》：“在泰安府西南三里，又名亭禅山。”颜谓死人之里自作“蓬蒿”之“蒿”。案《玉篇》：“薨里，黄泉也。死人里也。”《说文》：“呼毛反。”《经典》为“鲜”“薨”之字。《内则》注：“薨，干也。”盖死则槁干矣。[②]以“蓬蒿”字为“蒿里”，乃流俗所作耳。

大约“高里”也就是“蒿里”的说法，是可以成立的。也就是说，“蒿里”在泰山神山系统之内，在西汉时期就受到最高统治集团的重视。

① 《汉书·郊祀志下》也写道：“十二月甲午朔，上亲禅高里，祠后土。”

② 陈直先生在《汉诗中之习俗语与古器物之联系》及《汉诗作品之断代》文中对这种观点提出反对意见，以为：“近人有解蒿里为薨里者，恐非。”“近人解者，谓蒿里为槁里之假借，殊未可信。”《文史考古论丛》，天津古籍出版社1988年版，第42页，第22页。

颜师古"'蒿里'，或呼为'下里'"之说则可以得到证实。闻一多先生曾经论证"下里"即"蒿里"的别名，"《下里》当即《蒿里》之曲"。[①]陈直先生也曾经指出："在西汉时蒿里或称为下里"，"《韩延寿传》：'卖偶车马下里伪物者，弃之市道。'是其明证。"[②]

汉武帝太初元年（公元前104年），是司马迁文化生涯中极重要的一年。一般学者认为，他在这一年与上大夫壶遂等合作制定律历，又在这一年任太史令，开始撰著《太史公书》即《史记》[③]。有人认为，司马迁当年还曾"随汉武帝至泰山"[④]。然而，此说似乎还缺乏足够的论证。不过，在当时受到信用，文化激情相对亢奋的时期，汉武帝"亲禅高里"之行，司马迁即使没有亲身随从，也一定会予以充分重视的。

《薤露》歌名初见于宋玉《对楚王问》[⑤]，可知流行较早[⑥]。刘胥罪死在汉宣帝时，推想在司马迁所处的时代，有关《蒿里》的文化信息的流传也应当已经比较普遍。

蒿里山在泰山之南，是值得重视的线索。

泰山和"死"的联系，可能最早和孔子以"泰山其颓"作为自己将要去世的比喻有关。《礼记·檀弓上》："孔子蚤作，负手曳杖，消摇于门，歌曰：'泰山其颓乎！梁木其坏乎！哲人其萎乎！'既歌而入，当户而坐。

① 《乐府诗笺》，《闻一多全集·辛集》。

② 陈直：《汉诗作品之断代》，《文史考古论丛》，天津古籍出版社1988年版，第21页至第22页。陈直先生引《汉书·周亚夫传》："为父买工官尚方甲盾五百被，下里可以葬者"则有误，原文无"下里"二字。

③ 参看王国维：《太史公行年考》，《观堂集林》卷一一；郑鹤声：《司马迁年谱》，商务印书馆1956年版。

④ 吉春：《司马迁年谱新编》，三秦出版社1989年版，第70页。

⑤ 《文选》卷四五宋玉《对楚王问》："客有歌于郢中者，其始曰《下里》《巴人》，国中属而和者数千人；其为《阳阿》《薤露》，国中属而和者数百人；其为《阳春》《白雪》，国中属而和者不过数十人。"以颜师古《汉书·武帝纪》注"死人之里谓之'蒿里'，或呼为'下里'者也"之说联系宋玉所谓郢中歌《下里》"国中属而和者数千人"，也可以发人深思。

⑥ 陈金生先生认为，"《对楚王问》这篇东西，显然不是宋玉本人的作品，而是后来(很可能是西汉初)的人对战国流传下来的有关楚国的历史传说的追记。"然而又说，"尽管如此，我们仍应相信《对楚王问》中提到的歌曲，基本上是先秦流传下来的旧曲，因为其中有些是明确见于先秦典籍的。"《"下里巴人"解》，《文史》第13辑，中华书局1982年版。

子贡闻之，曰：‘泰山其颓，则吾将安仰？梁木其坏[1]，哲人其萎，则吾将安放？夫子殆将病也！’遂趋而入。”汉代学者郑玄解释说：“泰山，众山所仰。”“梁木，众木所放。”“哲人亦众人所仰放也。”

泰山之神称“泰山府君”，后世又俗称“东岳大帝”。一般以为，魏晋以来，道教传说人死魂皆归泰山，以泰山神为地下之主。其实，这一观念的形成，要早得多。《博物志》卷一《山水总论》：

> 《援神契》曰：五岳之神圣，四渎之精仁，河者水之伯，上应天汉。太山，天帝孙也，主召人魂。东方万物始成，故知人生命之长短。

《太平御览》卷八八六引《博物志》曰：

> 《援神契》曰：五岳之神圣，四渎之精仁，太山，天帝孙也，主召人魂。东方万物始，故主人生命之长短。

前者称“知”人生命之长短，后者称“主”人生命之长短。当以后者为是。

《三国志·魏书·袁绍传》记述董卓遣执金吾胡母班赍诏书谕袁绍而被袁绍使河内太守王匡所杀事，裴松之注：“班尝见太山府君及河伯，事在《搜神记》，语多不载。”[2]《搜神记》卷四记录了这一传说：

> 胡母班字季友，泰山人也。曾至泰山之侧，忽于树间逢一绛衣

---

① 宋代学者谢枋得说：“刘尚书美家藏《礼记》，‘梁木其坏’下有‘则吾将安仗’五字。”清人孙希旦《礼记集解》则以为：“注疏并不解此句，殆后人所增耳。”

② 《三国志·魏书·袁绍传》裴松之注引《汉末名士录》：“（胡母）班……太山人。”又引谢承《后汉书》：“班，王匡之妹夫。”而据《三国志·魏书·武帝纪》裴松之注引《英雄记》，王匡亦“泰山人”。裴注引谢承《后汉书》还说，王匡“其年为（董）卓军所败，走还泰山，收集劲勇得数千人”，“匡先杀执金吾胡母班，班亲属不胜愤怒，与太祖并势，共杀匡”。王匡与胡母班的生死恩怨在以泰山为中心的舞台展开，或许只是巧合，或许又与泰山之神主人生死的传说有某种内在的关联。

> 驺，呼班云："泰山府君召。"班惊愕，逡巡未答。复有一驺出，呼之。遂随行数十步，驺请班暂瞑目。少顷，便见宫室，威仪甚严。班乃入阁拜谒，主为设食。

泰山府君嘱胡母班附书致其女河伯妇，胡母班于是因以见河伯。后来的故事即体现了泰山府君"主人生命之长短"的神性：

> 遂于长安经年而还。至泰山侧，不敢潜过。遂扣树，自称姓名："从长安还，欲启消息。"须臾，昔驺出，引班如向法而进。因致书焉。府君谓曰："当别遣报。"班语讫，如厕。忽见其父著械徒作，此辈数百人。班进拜流涕，问："大人何因及此？"父云："吾死不幸，见谴三年，今已二年矣，困苦不可处。知汝今为明府所识，可为吾陈之，乞免此役，便欲得社公耳。"班乃依教，叩头陈乞。府君曰："生死异路，不可相近，身无所惜。"班苦请，方许之。于是辞出，还家。岁余，儿子死亡略尽。班惶惧，复诣泰山，扣树求见。昔驺遂引之而见。班乃自说："昔辞旷拙，及还家，儿死亡至尽，今恐祸故未已，辄来启白，幸蒙哀救。"府君拊掌大笑曰："昔语君'死生异路，不可相近'故也。"即敕外召班父。须臾，至庭中，问之："昔求还里社，当为门户作福，而孙息死亡至尽，何也？"答云："久别乡里，自欣得还，又遇酒食充足，实念诸孙，召而食之耳。"于是代之，父涕泣而出。班遂还。后有儿皆无恙。

《太平广记》卷二九三记述了情节略同的同一故事[①]，称"出《搜神记》"。胡母班是东汉后期的文化名人，是时称"八厨"的八位"天下名士"之

① 《搜神记》卷四"又遇酒食充足，实念诸孙，召之"，《太平广记》卷二九三引作"又遇酒食充足，实念诸孙，召而食之耳"。

一[①]。我们当然不能因为胡母班是汉代人，就推定这一以他为主人公的故事必定发生在汉代。不过，我们可以以此作为其他有关资料的助证。

反映泰山神在民间信仰中作为阴间主司的文物资料，有汉墓出土镇墓文的有关内容。例如：

> 生人属西长安，死人属东太山。[②]
>
> 生属长安，死属太山，死生异处，不得相防（妨）。[③]

有学者指出，东汉都城不在长安，则所谓“生人属长安，死人属东太山”的说法，当是从西汉时流传下来的。[④]

《风俗通义・正失》有“封泰山禅梁父”条，也说到类似的传说：

> 俗说岱宗上有金箧玉策，能知人年寿修短。武帝探策得“十八”，因读曰“八十”，其后果用耆长。

《初学记》卷五及《太平御览》卷三九均引作“因倒读曰‘八十’，其后果寿长八十”。[⑤]

李白《赠僧崖公》诗：“晚谒太山君，亲见日没云。”王琦注：“太山君，主太山之神也。《广博物志》：东岳太山君，领群神五千九百人，主治死生，百鬼之主帅也。太山君服青袍，戴苍璧七称之冠，佩通阳太平之

① 《后汉书·党锢列传》：党锢之祸起，“自是正直废放，邪枉炽结，海内希风之流，遂共相标榜，指天下名士，为之称号。上曰‘三君’，次曰‘八俊’，次曰‘八顾’，次曰‘八及’，次曰‘八厨’，犹古之‘八元’、‘八凯’也。”“度尚、张邈、王考、刘儒、胡母班、秦周、蕃向、王章为‘八厨’。厨者，言能以财救人者也。”《三国志·魏书·袁绍传》裴松之注引《汉末名士录》：“〔胡母〕班，字季皮，太山人，少与山阳度尚、东平张邈等八人并轻财赴义，振济人士，世谓之‘八厨’。”《风俗通义·愆礼》又有胡母班与河南尹太山羊陟为曾临太山的封子衡齐衰，“首倡导犯礼违制，使东岳一郡朦朦焉”的事迹。

② 罗振玉：《古器物识小录》，《辽居杂著丙编》。

③ 罗振玉：《贞松堂集古遗文》卷一五。

④ 吴荣曾：《镇墓文中所见到的东汉道巫关系》，《文物》1981年第3期。

⑤ 《初学记》卷五“倒”写作“到”。

印，乘青龙。”这里所说的“太山君”，已经为道教文化所妆饰，然而仍然有“主治死生”的神能。

民间又曾经流行这样的说法，“汉明帝封泰山元帅，掌人世居民贵贱高下之分禄，科长短之事，十八地狱，六案簿籍，七十五司，生死之期”[①]。这显然是后世的传说。不过，考其起源，正如钱锺书先生所说，“以泰山为治鬼之府，死者魂魄所归，其说亦昉起于汉。”[②]

《三国志·魏书·乌丸传》裴松之注引《魏书》：“贵兵死，敛尸有棺，始死则哭，葬则歌舞相送。肥养犬，以采绳婴牵，并取亡者所乘马、衣物、生时服饰，皆烧以送之。特属累犬，使护死者神灵归乎赤山。赤山在辽东西北数千里，如中国人以死之魂神归泰山也。”《后汉书·乌桓传》也采用了这一记载，写道：“俗贵兵死，敛尸以棺，有哭泣之哀，至葬则歌舞相送。肥养一犬，以彩绳缨牵，并取死者所乘马、衣物，皆烧而送之，言以属累犬，使护死者神灵归赤山。赤山在辽东西北数千里，如中国人死者魂神归岱山也。”

《后汉书·方术列传·许曼》：“〔许峻〕善卜占之术，多有显验，时人方之前世京房。自云少尝笃病，三年不愈，乃谒太山请命，行遇道士张巨君，授以方术。”李贤注：“太山主人生死，故诣请命也。”许曼，桓帝时人，许峻是许曼祖父，其少时当在东汉中期。

古乐府《怨诗行》写道：“天道悠且长，人命一何促。百年未几时，奄若风吹烛。嘉宾难再遇，人命不可续。齐度游四方，各系太山录。”曹植《驱车篇》写道：“驱车挥驽马，东到奉高城。神哉彼泰山，五岳专其名。”“魂神所系属，逝者感斯征。王者以归天，效厥元功成。”刘桢《赠五官中郎将》诗：“自夏涉玄冬，弥旷十余旬。常恐游岱宗，不复见故人。”又应璩《百一》诗：“年命在桑榆，东岳与我期。长短有常会，迟速不得辞。”都说泰山是管理人生长短，“魂神所系属”“迟速不得辞”的神山。

---

① 《三教搜神大全》卷一。

② 钱锺书：《管锥编》第1册，中华书局1979年版，第289页。

《三国志·魏书·蒋济传》裴松之注引《列异传》说："〔蒋〕济为领军，其妇梦见亡儿涕泣曰：'死生异路，我生时为卿相子孙，今在地下为泰山伍伯，憔悴困辱，不可复言。今太庙西讴士孙阿，今见召为泰山令，愿母为白侯，属阿令转我得乐处。'"后来其子果然转为"录事"。

泰山，是统理地下秩序的管制中枢。

顾炎武《日知录》卷三〇有"泰山治鬼"条，谓"尝考泰山之故，仙论起于周末，鬼论起于汉末"，"三代以上无仙论"，"元、成以上无鬼论"。所谓"泰山治鬼"民俗，其始当与《盐铁论》"今富者祈名岳，望山川"风习有关，"自哀、平之际而谶纬之书出，然后有如《遁甲开山图》所云泰山在左，亢父在右，亢父知生，梁父主死"。

赵翼《陔余丛考》卷三五也有"泰山治鬼"条，论述"泰山治鬼"之说，汉魏间已盛行。

又俞樾《茶香室丛钞》卷一六有"渿河桥"条，考论"死者魂归泰山"传说的由来。俞樾说，泰山西南有水曰渿河，有桥跨之，曰"渿河桥"。"世传人死魂不得过而曰'奈何'，此如汉高帝云柏人者迫于人也。"[①]又引顾炎武《山东考古录》说，"俗传蒿里山者，高里因之讹"。《史记·封禅书》和《汉书·武帝纪》都说到"禅高里"，乃若"蒿里"之名见于古挽歌，不言其地，"自晋陆机《泰山吟》始以梁父、蒿里并列[②]，而后之言鬼者山之，遂令古昔帝王降禅之坛变而为阎王、鬼伯之祠矣"。俞樾还写道：

> 余谓后世言神言鬼，皆托之泰山。虽虚诞之说，而未始无理，盖因天事天，因地事地，此封禅之所自起也。《史记正义》云："泰山上筑土为坛以祭天，报天之功，故曰'封'。""泰山下小山上除地，报

① 《史记·高祖本纪》："高祖之东垣，过柏人，赵相贯高等谋弑高祖，高祖心动，因不留。"《张耳陈余列传》："汉八年，上从东垣还，过赵，贯高等乃壁人柏人，要之置厕。上过欲宿，心动，问曰：'县名为何？'曰：'柏人。''柏人者，迫于人也！'不宿而去。"

② 即"梁甫亦有馆，蒿里亦有亭；幽途延万鬼，神房集百灵"句。

地之功，故曰‘禅’。”神道属天，王者既封泰山以报天，则泰山有神道矣；鬼道属地，王者既禅泰山下小山，如云云、亭亭、梁父、高里诸山以报地，则云云、亭亭、梁父、高里诸山有鬼道矣。《遁甲开山图》云梁父主死，然则高里何不可以主死乎？“高里”之变为“蒿里”，古字相通。师古注《汉书·武五子传》曰：“蒿里，死人里。”此不得其说而强为之说，死人之里，果安在乎？高里山左有渿河桥，而世俗遂附会为奈何桥，虽似可笑，亦未谬，但谓高里诸山治鬼则可，谓泰山治鬼则并不可。《三国志·管辂传》曰：“但恐至泰山治鬼，不得治生人。”[①]则当时已失其义矣。

又按《封禅书》：泰山有天主、地主之祠。[②]其义即缘封禅而起，王者于此报天，故有天主祠，王者于此报地，故有地主祠。死者魂归泰山，即归于地主耳。

顾炎武以为泰山“鬼论起于汉末”，而俞樾则以为与泰山“地主之祠”的早期形成有关，则显然年代要早得多。

唐宋时期，泰山之神曾屡屡得到皇帝的封赠。据《三教搜神大全》卷一：

武后垂拱二年七月初一日，封东岳为神岳天中王。

武后万岁通天元年四月初一日，尊为天齐君。

玄宗开元十三年加封天齐王。

宋真宗大中祥符元年十月十五日诏封东岳天齐仁圣王。

祥符四年五月×日尊为帝号东岳天齐仁圣帝。

① 《三国志·魏书·方技传·管辂》：“正元二年，弟辰谓辂曰：‘大将军待君意厚，冀当富贵乎？’辂长叹曰：‘吾自知有分直耳，然天与我才明，不与我年寿，恐四十七八之间，不见女嫁儿娶妇也。若得免此，欲作洛阳令，可使路不拾遗，枹鼓不鸣。但恐至太山治鬼，不得治生人，如何？’”后来果然在第二年去世，年四十八。

② 《史记·封禅书》：“八神：一曰天主，祠天齐。天齐渊水，居临淄南郊山下者。二曰地主，祠泰山梁父。盖天好阴，祠之必于高山之下，小山之上，名曰‘畤’；地贵阳，祭之必于泽中圜丘云。”是“天主”不在泰山。

名号由“君”而“王”而“帝”，体现出对泰山的尊崇不仅丝毫未衰减反而逐渐升级的倾向。

泰山，既“峻极周已远”，又“层云郁冥冥”；既有“集百灵”之“神房”，又有“延万鬼”之“幽途”；既有所谓“云阙”“天门”①，又被看作“鬼神之府”②；既是“东方万物始”的新生的起点，又是“人死精魄归”的性命的终极；既象征着“万物始成”的希望，又体现出“聚敛魂魄”的威力。谢灵运“石闾何晻霭，明堂秘灵篇”的诗句，表现出了这座名山富有神秘主义特色的文化形象。

可能正是因为上造天庭，下临地界，泰山于是具有了交通天、地、人的特殊的作用。

正是因为如此，泰山成为“封禅”这一奇异的文化表演的特殊的舞台。

秦始皇封禅和汉武帝封禅

所谓七十二家先古圣王封禅泰山的传说，其实并没有太多的根据。

《文献通考》卷八四《郊社考十七》有《封禅》条，其中以秦始皇封禅起首，并且有关于先秦封禅传说的辨析：

> 按：《文中子》曰：封禅非古也，其秦汉之侈心乎！而太史公作《封禅书》则以为古受命帝王未尝不封禅，且引管仲答齐桓公之语以为古封禅七十二家，自无怀氏至三代俱有之。盖出于齐鲁陋儒之说，《诗》《书》所不载，非事实也。当以《文中子》之言为正。故今叙封

---

① 《初学记》卷五引袁山松《后汉书》曰：“光武封泰山，云气成宫阙。”又引《汉官仪》：“泰山东上七十里至天门。”

② 《史记·秦始皇本纪》张守节《正义》引道书《福地记》曰：“泰山高四千九百丈二尺，周回二千里，多芝草玉石，长津甘泉，仙人室。又有地狱六，曰鬼神之府，从西上，下有洞天，周回三千里，鬼神考谪之府。”

> 禅，以秦始皇为首，而管仲所言古七十二家，则姑存其说，附始皇封禅之后。

这样的处理，是比较妥当的。其实可以说，司马迁是第一位在史书中记录“封禅”这一特殊文化现象的学者。

“古封禅七十二家”“非事实也”的说法，大抵可信，不过，这应当是以秦始皇、汉武帝封禅仪式为标准而言。此前古代君王曾经以较原始、较朴陋的形式“封禅”，也是可能的。

关于秦始皇封禅和汉武帝封禅的记述，是司马迁《史记·封禅书》最富有文化深意的内容。

秦始皇既并天下而称帝，有人说，黄帝得土德，所以当时黄龙地蚓现；夏得木德，所以当时青龙止于郊，草木畅茂；殷得金德，所以当时银自山溢；周得火德，所以当时有赤乌之符；今秦变革周制，当水德之时，以往秦德公出猎时，获黑龙，这正是水德之瑞。“于是秦更命河曰‘德水’，以冬十月为年首，色上黑，度以六为名，音上大吕，事统上法。”同样的史实，《史记·秦始皇本纪》是这样记述的：

> 始皇推终始五德之传，以为周得火德，秦代周德，从所不胜。方今水德之始，改年始，朝贺皆自十月朔。衣服旄旌节旗皆上黑。数以六为纪，符、法冠皆六寸，而舆六尺，六尺为步，乘六马。更名河曰德水，以为水德之始。刚毅戾深，事皆决于法，刻削毋仁恩和义，然后合五德之数。于是急法，久者不赦。

对于“度以六为名”或“数以六为纪”的解释，《史记·封禅书》张守节《正义》：“张晏云：‘水，北方，黑。水终数六，故以方六寸为符，六尺为步。’”《史记·秦始皇本纪》裴骃《集解》：“瓒曰：‘水数六，故以六为名。’”①

也就是说，秦王朝一建立，就彻底转换了文化象征，重新规定了文化符号，完全更新了文化形象。

“封禅”，也是表现这种新的政治体制成立的文化形式之一。

司马迁关于秦始皇封禅的记录，《史记·秦始皇本纪》与《史记·封禅书》略有不同。《秦始皇本纪》：

> 二十八年，始皇东行郡县，上邹峄山。立石，与鲁诸儒生议，刻石颂秦德，议封禅望祭山川之事。乃遂上泰山，立石，封，祠祀。下，风雨暴至，休于树下，因封其树为五大夫。禅梁父。刻所立石。②

《封禅书》则写道：

> 即帝位三年，东巡郡县，祠驺峄山，颂秦功业。于是征从齐鲁之儒生博士七十人，至乎泰山下。诸儒生或议曰：“古者封禅为蒲车，恶伤山之土石草木；扫地而祭，席用菹秸，言其易遵也。”始皇闻此议各乖异，难施用，由此绌儒生。而遂除车道，上自泰山阳至巅，立石颂秦始皇帝德，明其得封也。从阴道下，禅于梁父。其礼颇采太祝之祀雍上帝所用，而封藏皆秘之，世不得而记也。
>
> 始皇之上泰山，中阪遇暴风雨，休于大树下。诸儒生既绌，不得与用于封禅之礼，闻始皇遇风雨，则讥之。

① 《史记·秦始皇本纪》裴骃《集解》：“谯周曰：‘步以人足为数，非独秦制然。’”又司马贞《索隐》：“《管子》《司马法》皆云六尺为步。谯周以为步以人足，非独秦制。又按：《礼记·王制》曰：‘古者八尺为步’，今以周尺六尺四寸为步，步之尺寸亦不同。”是虽秦以前也有以六尺为步的，但秦制“六尺为步”实行了新的统一，同时自有特定的文化意义。

② 刻石文字关于此行只写道：“二十有六年，初并天下，罔不宾服。亲巡远方黎民，登兹泰山，周览东极。”并没有“封禅”字样。

秦始皇“中阪遇暴风雨”的尴尬以及和齐鲁儒生博士的文化矛盾，在《封禅书》中有更鲜明的体现。

总的说来，秦始皇封禅泰山时，“其礼颇采太祝之祀雍上帝所用”，仍然使用了秦地传统礼仪，也就是说，封禅泰山本身，在某种意义上可以说是向东方文化的一种礼拜，秦始皇有心这样做，然而却又不能十分彻底。

秦始皇的文化性格和秦王朝的文化特色，于是可以由此得到片段的体现。

司马迁还写道，“二世元年，东巡碣石，并海南，历泰山，至会稽，皆礼祠之”，步秦始皇故迹，再次礼祠泰山，然而，“其秋，诸侯畔秦，三年而二世弑死”。“始皇封禅之后十二岁，秦亡。诸儒生疾秦焚《诗》《书》，诛僇文学，百姓怨其法，天下畔之，皆讹曰：‘始皇上泰山，为暴风雨所击，不得封禅。’此岂所谓无其德而用事者邪？”

《封禅书》序说，“自古受命帝王，曷尝不封禅？盖有无其应而用事者矣，……”司马贞《索隐》以为，“无其德而用事者”也就是“无其应而用事者”，“此当有所本，太史公再引以为说”。

司马迁虽然判定“诸儒生”的说法是出于“疾”“怨”之偏激的“讹”言，但是内心似乎也疑惑其中或许也具有一定的合理性。

汉武帝封禅，是司马迁亲身经历的文化史上的重要事件。

《史记·封禅书》写道：

> 今天子初即位，尤敬鬼神之祀。
>
> 元年，汉兴已六十余岁矣，天下艾安，缙绅之属皆望天子封禅改正度也，而上乡儒术，招贤良，赵绾、王臧等以文学为公卿，欲议古立明堂城南，以朝诸侯。草巡狩封禅改历服色事未就。会窦太后治黄老言，不好儒术，使人微伺得赵绾等奸利事，召案绾、臧，绾、臧自杀，诸所兴为皆废。

《史记·儒林列传》也记载：

> 太皇窦太后好老子言，不说儒术，得赵绾、王臧之过以让上，上因废明堂事，尽下赵绾、王臧吏，后皆自杀。

窦太后本人“治黄老言，不好儒术”①，而以个人政治文化倾向影响心向儒术的年轻的新帝，以致迫使“赵绾、王臧等以文学为公卿”等自杀，他们所精心策划的包括“封禅”等仪礼的制度草案，都化为泡影。从某种意义上说，赵绾、王臧，其实是没有成功的董仲舒，董仲舒不过是在有利的时势下得以成功的赵绾、王臧。

窦太后的这一行为，是中国历史上有权势的政治老人以暮年之力影响历史方向的典型的一例。②

幸而文化史的进程不久就发生了重要的转折。

司马迁写道：“后六年，窦太后崩。其明年，征文学之士公孙弘等。”

相应的记载，即《汉书·武帝纪》：“元光元年冬十一月，初令郡国举

---

① 《史记·外戚世家》：“窦太后好黄帝、老子言，帝及太子不得不读《黄帝》《老子》，尊其术。”《史记·儒林列传》：“及至孝景，不任儒者，而窦太后又好黄老之术，故诸博士具官待问，未有进者。”另一则著名的事例，即：“窦太后好《老子》书，召辕固生问《老子》书。固曰：‘此是家人言耳。’太后怒曰：‘安得司空城旦书乎？’乃使固入圈击豕。景帝知太后怒而固直言无罪，乃假固利兵，下圈刺豕，正中其心，一刺，豕应手而倒。太后默然，无以复罪，罢之。”

② 汉景帝时，窦太后就曾经多次干预朝政。例如，《史记·楚元王世家》：“汉已平吴楚，孝景帝欲以德侯子续吴，以元王子礼续楚。窦太后曰：‘吴王，老人也，宜为宗室顺善。今乃首率七国，纷乱天下，奈何续其后！’不许吴，许立楚后。”《绛侯周勃世家》：“窦太后曰：‘皇后兄王信可侯也。’景帝让曰：‘始南皮、章武侯先帝不侯，及臣即位乃侯之。信未得而封也。’窦太后曰：‘人主各以时行耳。自窦长君在时，竟不得侯，死后乃其子彭祖顾得侯。吾甚恨之。帝趣侯信也！’”《梁孝王世家》：“上废栗太子，窦太后心欲以梁王为后嗣。大臣及袁盎等有所关说于景帝，窦太后义格，亦遂不复言以梁王为嗣事由此。以事秘，世莫知。”《魏其武安侯列传》：“桃侯免相，窦太后数言魏其侯。”《韩长孺列传》：“梁孝王，景帝母弟，窦太后爱之，令得自请置相、二千石，出入游戏，僭于天子。”《酷吏列传》：“临江王征诣中尉府对簿，临江王欲得刀笔为书谢上，而〔郅〕都禁吏不予。魏其侯使人以间与临江王。临江王既为书谢上，因自杀。窦太后闻之，怒，以危法中都，都免归家。”《魏其武安侯列传》还写道：“魏其、武安俱好儒术，推毂赵绾为御史大夫，王臧为郎中令。迎鲁申公，欲设明堂，令列侯就国，除关，以礼为服制，以兴太平。举适诸窦宗室毋节行者，除其属籍。时诸外家为列侯，列侯多尚公主，皆不欲就国，以故毁日至窦太后。太后好黄老之言，而魏其、武安、赵绾、王臧等务隆推儒术，贬道家言，是以窦太后滋不说魏其等，及建元二年，御史大夫赵绾请无奏事东宫。窦太后大怒，乃罢逐赵绾、王臧等，而免丞相、太尉，以柏至侯许昌为丞相，武强侯庄青翟为御史大夫。魏其、武安由此以侯家居。”

孝廉各一人。”

西汉初期，逐步建立和健全了一系列选官制度和监察制度。在汉武帝时代，又大体完成了由功臣政治向贤臣政治的转变。中国古代选官制度的演进大体可以表现出“世官制”“察举制”“科举制”三个阶段。正是在汉武帝时代，察举制得以基本成为正统的政制。这一历史进步的意义十分重大。有的学者指出，汉武帝“初令郡国举孝廉各一人”的元光元年（公元前134年），是“中国学术史和中国政治史的最可纪念的一年”[①]。就是因为这一诏令表明察举制已经发展成为一种比较完备的仕进途径，察举制作为选官制度的主体的地位已经得以确立。

《史记·儒林列传》说，窦太后去世后，汉武帝“绌黄老、刑名百家之言，延文学儒者百余人，而公孙弘以《春秋》白衣为天子三公，封以平津侯”，于是“天下之学士靡然乡风矣”。公孙弘秉承汉武帝“详延天下方正博闻之士，咸登诸朝”的旨意，明确建议“劝学修礼，崇化厉贤，以风四方”，以实现“明天人分际，通古今之义，文章尔雅，训辞深厚，恩施甚美”的人文气象，主张确立“以文学礼义为官”的制度。这一建议得到汉武帝的赞许，于是“自此以来，则公卿士大夫吏斌斌多文学之士矣”。

正是在这样的文化背景下，汉武帝重新计划施行“封禅”大典。很可能因汉武帝的有意暗示，据《史记·封禅书》记载，汉武帝元狩元年（公元前122年）：

> 其明年，郊雍，获一角兽，若麃然。有司曰：“陛下肃祗郊祀，上帝报享，锡一角兽，盖麟云。”于是以荐五畤，畤加一牛以燎。锡诸侯白金，风符应合于天也。
>
> 于是济北王以为天子且封禅，乃上书献太山及其旁邑，天子以他县偿之。[②]常山王有罪，迁，天子封其弟于真定，以续先王祀，而以常山为郡，然后五岳皆在天子之郡。

---

① 劳榦：《汉代察举制度考》，《“中央研究院”历史语言研究所集刊》第17本（1948年4月）。

② 《史记·封禅书》系此事于元狩间，《资治通鉴》卷一九系此事于元狩元年。

“以常山为郡”事，裴骃《集解》引徐广曰：“元鼎四年事。”泷川资言《史记会注考证》：“王先谦曰：‘据《纪》《表》，元鼎三年，常山宪王舜子勃有罪，徙房陵，上更封宪王子平为真定王。”[①]

汉武帝为封禅事，进行了充分的准备。除了“风符应合于天”等舆论准备之外，汉武帝本人也进行了必要的精神准备。

在此期间，东方鬼神迷信再一次风靡宫廷。汉武帝的封禅愿望于是与长生追求交织在一起，形成了复杂的心理状况。

通过《史记·封禅书》的记述可以看到，从司马谈到司马迁，都对求仙思想干扰封禅事业，持否定的态度。然而在当时的文化背景下，《史记》的文化思想又不能与方术迷信分割得十分明确。

在汉武帝从长安走向泰山的漫长路途中，有四个人的生命路程印迭在帝王的车轨之下。他们从备受信用，极端显贵而意外猝死，荣辱与生死，都与汉武帝不寻常的心境有关。

前三个人，都是东方方士，即以方术震惊宫廷而“上尊之”的李少君、被封为“文成将军”的齐人少翁和被封为“五利将军”的胶东宫人栾大。

《史记·封禅书》记载：

> 是时李少君亦以祠灶、谷道、却老方见上，上尊之。少君者，故深泽侯舍人，主方。匿其年及其生长，常自谓七十，能使物，却老。其游以方遍诸侯。无妻子。人闻其能使物及不死，常馈遗之，常余金钱衣食。人皆以为不治生业而饶给，又不知其何所人，愈信，争事之。少君资好方，善为巧发奇中。尝从武安侯饮，坐中有九十余老人，少君乃言与其大父游射处，老人为儿时从其大父，识其处，一坐

① 周振鹤《西汉政区地理》：“武帝元鼎三年，常山王勃嗣。不久国除为郡，旋分常山郡三万户置真定国。”“武帝元鼎三年，置真定国。封常山宪王子平，是为真定顷王。”人民出版社1987年版，第92页，第93页。

> 尽惊。少君见上，上有故铜器，问少君。少君曰："此器齐桓公十年陈于柏寝。"已而案其刻，果齐桓公器。一宫尽骇，以为少君神，数百岁人也。

李少君识汉武帝宫中故铜器，可以看作早期文物鉴别和文物研究的例证。只要熟悉战国时期的齐器形制，认识战国时期的齐国文字，判别是否齐国铜器是不困难的。不过，李少君所谓"此器齐桓公十年陈于柏寝"，仍然出现纰漏。梁玉绳《史记志疑》卷一六指出："齐景公新成柏寝之台，见《晏子春秋·杂下》篇，桓公时安得有此台乎？少君甚妄。"

李少君敏锐地发现汉武帝对"封禅"的向往，于是及时以"封禅"和求仙、炼金等方术密切联系，诱导汉武帝沉迷其中：

> 少君言上曰："祠灶则致物，致物而丹沙可化为黄金。黄金成以为饮食器则益寿，益寿而海中蓬莱仙者乃可见，见之以封禅则不死，黄帝是也。臣尝游海上，见安期生，安期生食巨枣[①]，大如瓜。安期生仙者，通蓬莱中，合则见人，不合则隐。"于是天子始亲祠灶，遣方士入海求蓬莱安期生之属，而事化丹沙诸药齐为黄金矣。

司马迁在《史记·田儋列传》中说到蒯通事迹时写道，"〔蒯通〕善齐人安期生，安期生尝干项羽，项羽不能用其策"。可见所谓"安期生仙者"，只是方士传播的流言，其身份应当与李少君一类相当。[②]

李少君"匿其年及其生长"，自称能"却老"，善于制造"数百岁人也"的假象，然而却在富贵中病死。《史记·封禅书》：

---

① 司马贞《索隐》："包恺云：'巨'，或作'臣'。"梁玉绳《史记志疑》卷一六也说："既言'巨'，则不得复言'大'，必是误文。《汉志》作'食臣枣'。"

② 梁玉绳《史记志疑》卷一六："考《田儋列传》论安期生与蒯通相善，尝以策干项羽，则辩士之流，即其时见存，亦不过八九十岁人，安得以为古之真仙哉！言食安期大枣，犹言以九十余老人之大父游射也。《韩子·外储左》篇云：郑人有相与争年者，其一人曰我与黄帝之兄同年。少君其类是欤？"

居久之，李少君病死。天子以为化去不死，而使黄锤史宽舒受其方。求蓬莱安期生莫能得，而海上燕齐怪迂之方士多更来言神事矣。

李少君虽然已经病死，汉武帝仍然执迷不悟，“以为化去不死”，所谓“而使黄锤史宽舒受其方”，《史记·孝武本纪》裴骃《集解》引《汉书音义》曰：“二人皆方士。”[①]张守节《正义》：“姓史，名宽舒。”泷川资言《史记会注考证》引徐孚远曰：“少君已死，何所从受，当是修其遗方。”

值得注意的是，这位宽舒，就是《史记》中所见后来曾经在元鼎四年冬和太史公司马谈一同议立后土祠，在元鼎五年十一月和太史公司马谈一同议立太畤坛的“祠官宽舒”。我们还看到，《史记·封禅书》又记载，元鼎五年秋，“为伐南越”，“为兵祷，则太史奉以指所伐国”。这一服务于战争的神学仪礼，司马谈当时至少也是曾经参与的。

据司马迁在《史记·封禅书》中的记述，李少君之后，又有齐人少翁以方术对汉武帝施行了直接的影响：

〔元狩二年〕，齐人少翁以鬼神方见上。上有所幸王夫人，夫人卒，少翁以方盖夜致王夫人及灶鬼之貌云，天子自帷中望见焉。于是乃拜少翁为文成将军，赏赐甚多，以客礼礼之。文成言曰：“上即欲与神通，宫室被服非象神，神物不至。”乃作画云气车，及各以胜日驾车辟恶鬼。又作甘泉宫，中为台室，画天、地、太一诸鬼神，而置祭具以致天神。居岁余，其方益衰，神不至。

随即又有骗局被直接揭穿：

乃为帛书以饭牛，详不知，言曰此牛腹中有奇。杀视得书，书言

① 《汉书·郊祀志上》颜师古注引孟康曰：“二人皆方士也。”

甚怪。天子识其手书，问其人，果是伪书，于是诛文成将军，隐之。

以帛书置于牛饲料中，而佯装不知，称此牛腹中有异象。然而终以笔迹败露。少翁之死一节，《史记·孝武本纪》写道："杀而视之，得书，书言甚怪，天子疑之。有识其手书，问之人，果伪书。于是诛文成将军而隐之。"

文成为汉武帝"以方盖夜致王夫人"事，《史记·孝武本纪》作"以方术盖夜致王夫人"。裴骃《集解》："桓谭《新论》云，'武帝有所爱幸王夫人，窈窕好容，质性嬛佞。'"《北堂书钞》卷一三二引桓子《新论》曰："武帝所幸王夫人死，帝痛惜之。方士李少君言能致其魂魄，乃夜设烛张幄，令帝居于它帐中，遥望见好女似夫人。"[1]同一事，"武帝所幸王夫人"，班固《汉书》则记作"李夫人"。《汉书·外戚传上·孝武李夫人》："上思念李夫人不已，方士齐人少翁言能致其神。乃夜张灯烛，设帷帐，陈酒肉，而令上居他帐，遥望见好女如李夫人之貌，还幄坐而步。又不得就视，上愈益相思悲感，为作诗曰：'是邪，非邪？立而望之，偏何姗姗而来迟！'令乐府诸音家弦歌之。上又自为赋，以伤悼夫人。"其辞多达330余字。[2]

对于《史记》"王夫人"而《汉书》"李夫人"之不同，梁玉绳《史记志疑》卷一六指出："李夫人卒时，少翁之死已久，必《汉书》误。"

夜致王夫人之貌，很可能是使用了某种幻术。

《史记·封禅书》还记载，元鼎四年（公元前113年），"其春，乐成侯上书言栾大。栾大，胶东宫人，故尝与文成将军同师，已而为胶东王尚方。""栾大因乐成侯求见言方，天子既诛文成，后悔其蚤死，惜其方不

---

① 梁玉绳《史记志疑》卷一六说："又《拾遗记》谓是李少君致李夫人于纱幕中，唐陈鸿《长恨歌传》亦作'李少君'，皆误以少翁为李少君耳。而《拾遗》之误从桓谭《新论》来。"

② 《文选》卷二三潘安仁《悼亡诗》："独无李氏灵，仿佛睹尔容。"李善注："桓子《新论》曰：'武帝所幸李夫人死，方士李少君言能致其神，乃夜设烛张幄，令帝居他帐，遥见好女，似夫人之状，还帐坐也。'"《太平御览》卷六九九引桓谭《新论》曰："李少君置武帝李夫人神影于帐中，令帝观见之。"

尽，及见栾大，大说。”栾大骤而显贵，体现出当时神仙迷信已经达到极致。司马迁说：“〔栾〕大为人长美，言多方略，而敢为大言，处之不疑。”他自称经常往来海上，见海上仙人，仙人以为地位低微，不足与方。“臣之师曰：‘黄金可成，而河决可塞，不死之药可得，仙人可致也。’然臣恐效文成，则方士皆奄口，恶敢言方哉！”汉武帝于是说：“文成食马肝死耳。[①]子诚能修其方，我何爱乎！”

汉武帝又“使验小方”，让栾大表演其术，“斗棋，棋自相触击”。司马贞《索隐》：“顾氏案：《万毕术》云：‘取鸡血杂磨针铁杵，和磁石棋头，置局上，即自相抵击也。’”

也就是说，栾大使汉武帝信服的这种奇技表演，其实是利用当时磁学知识的小实验。

司马迁说，当时汉武帝为河决所忧虑，又因黄金不就，于是拜栾大为五利将军，不过月余，连授四印，除五利将军外，又佩天士将军、地士将军、大通将军印。汉武帝又宣布：“朕临天下二十有八年，天若遗朕士而大通焉。”以二千户封栾大为乐通侯。[②]“赐列侯甲第，僮千人，乘舆斥车马帷幄器物以充其家。又以卫长公主妻之，赍金万斤，更命其邑为当利公主[③]。天子亲如五利之第。使者存问供给，相属于道。自大主将相以下，皆置酒其家，献遗之。于是天子又刻玉印曰‘天道将军’，使使衣羽衣，夜立白茅上，五利将军亦衣羽衣，夜立白茅上受印，以示不臣也。而佩‘天道’者，且为天子道天神也。于是五利常夜祠其家，欲以下神。神未至而百鬼集矣，然颇能使之。其后装治行，东入海，求其师云。大见数月，佩六印，贵震天下，而海上燕齐之间，莫不搤腕而自言有禁方，能神仙矣。”

---

① 《史记·扁鹊仓公列传》：“淳于司马曰：‘我至王家食马肝，食饱甚，见酒来，即走去，驱疾至舍，即泄数十出。’”医秦信以为“法当后九日死”。《史记·儒林列传》：“景帝曰：‘食肉不食马肝，不为不知味。’”《论衡·言毒》：“火困而气热，气热而毒盛，故食走马之肝伤人，气困为热也。”可见当时人普遍以为食马肝伤人。

② 《汉书·武帝纪》：“封方士栾大为乐通侯，位上将军。”

③ 司马贞《索隐》：“案：《地理志》东莱有当利县。”

所谓“衣羽衣，夜立白茅上受印”，张守节《正义》：“喻有洁白之意。”泷川资言《史记会注考证》：“颜师古曰：‘羽衣，以羽为衣，取其神仙飞翔之意。”这一形式，可以与汉代文物资料中多见的“羽人”形象联系起来分析。

元鼎五年（公元前112年），“五利将军使不敢入海，之泰山祠。上使人随验，实毋所见。五利妄言见其师，其方尽，多不雠。上乃诛五利”。《史记·孝武本纪》张守节《正义》引《汉武故事》云：“东方朔言栾大无状，上发怒，乃斩之。”梁玉绳《史记志疑》卷一六于是以为：“非尽因其方不雠之故也。”

《汉书·武帝纪》的记载则是：“乐通侯栾大坐诬罔要斩。”

元鼎四年春，栾大封侯。元鼎五年九月，就被处死。这位曾经被汉武帝看作“天若遗朕士”的方士，虽一时“贵震天下”，然而只风光了一年半左右，就终于全面败露，而陷于死地。

与汉武帝“封禅”实践有关的另一位神秘去世的特殊人物，是汉武帝身边的奉车子侯。

《史记·封禅书》记载，汉武帝元封元年（公元前110年），即正式开始了“封禅”的步骤。“其来年冬，上议曰：‘古者先振兵泽旅，然后封禅。’乃遂北巡朔方，勒兵十余万，还祭黄帝冢桥山，释兵须如。”①“既至甘泉，为且用事泰山，先类祠太一。”汉武帝策划“封禅”已经数年，因为“封禅用希旷绝，莫知其仪礼，而群儒采封禅《尚书》《周官》《王制》之望祀射牛事”。汉武帝又令诸儒“草封禅仪”，而群儒或以“不与古同”否定汉武帝的“封禅”规划，汉武帝于是“尽罢诸儒不用”。三月，“遂东幸缑氏，礼登中岳太室”。又东上泰山，“泰山之草木叶未生，乃令人上石立之泰山巅”。汉武帝于是先东巡海上，行礼祀八神。据《史记·封禅书》记述：

① 裴骃《集解》：“徐广曰：‘须’，一作‘凉’。”“释兵须如”即作“释兵凉如”。《汉书·郊祀志上》正作“释兵凉如”。颜师古注引李奇曰：“地名也。”今陕西淳化汉甘泉宫遗址有地名“梁武帝”，推想当是“凉如地”古音的遗存。

> 四月，还至奉高。上念诸儒及方士言封禅人人殊，不经，难施行。天子至梁父，礼祠地主。乙卯，令侍中儒者皮弁荐绅，射牛行事。封泰山下东方，如郊祀太一之礼。封广丈二尺，高九尺，其下则有玉牒书，书秘。[①]礼毕，天子独与侍中奉车子侯上泰山，亦有封，其事皆禁。明日，下阴道。丙辰，禅泰山下址东北肃然山，如祭后土礼。天子皆亲拜见，衣上黄而尽用乐焉。江淮间一茅三脊为神藉。五色土益杂封。纵远方奇兽蜚禽及白雉诸物，颇以加礼。兕牛犀象之属不用。皆至泰山祭后土。封禅祠；其夜若有光，昼有白云起封中。

汉武帝从禅还，宣布赐民酒食布帛，当地四县无出今年租税，大赦天下。并且重申“古者天子五载一巡狩，用事泰山，诸侯有朝宿地”的制度，要求“诸侯各治邸泰山下”。《史记·封禅书》还写道：

> 天子既已封泰山，无风雨灾，而方士更言蓬莱诸神若将可得，于是上欣然庶几遇之，乃复东至海上望，冀遇蓬莱焉。奉车子侯暴病，一日死。上乃遂去，并海上，北至碣石，巡自辽西，历北边至九原。五月，反至甘泉。有司言宝鼎出为元鼎，以今年为元封元年。

奉车子侯，是汉武帝亲信的名将霍去病的儿子。张守节《正义》：“霍嬗，子侯，去病子也。”《史记·卫将军骠骑列传》：

> 骠骑将军自四年军后三年，元狩六年而卒。天子悼之，发属国玄甲军，陈自长安至茂陵，为冢象祁连山。谥之，并武与广地曰景桓侯。子嬗代侯。嬗少，字子侯，上爱之，幸其壮而将之。居六岁，元封元年，嬗卒，谥哀侯。无子，绝，国除。

---

① 泷川资言《史记会注考证》引方苞曰：“《太乙明堂赞飨》具载其文，而此书独秘，盖以登仙礼也。”

《汉书·霍去病传》说，“子嬗嗣。嬗字子侯，上爱之，幸其壮而将之。为奉车都尉，从封泰山而薨。无子，国除”。关于“奉车子侯暴病，一日死，上乃遂去”事的具体情形，长期有不同的理解。司马贞《索隐》：

> 《新论》云：“武帝出玺印石，财有朕兆，子侯则没印。帝畏恶，故杀之。”《风俗通》亦云然。顾胤按：“《武帝集》帝与子侯家语云：‘道士皆言子侯登仙，不足悲。’此说是也。”

《风俗通义·正失》的说法是：“武帝出玺印石，裁有兆朕，奉车子侯即没其印，乃止。武帝畏恶，亦杀去之。”梁玉绳《史记志疑》卷一六还说：

> 《梁书·许懋传》亦言霍嬗见杀，然不足信，《风俗通》已论其诬矣。

《梁书·许懋传》原文如此：“汉武帝宗信方士，广召儒生，皮弁搢绅，射牛行事，独与霍嬗俱上，既而子侯暴卒，厥足用伤。”并没有说“霍嬗见杀”。梁玉绳所谓“《风俗通》已论其诬矣”，当指《风俗通义·正失》“封泰山禅梁父”条下这样的说法：“奉车子侯骖乘弄臣，不预封事，何因操印没石？乃正暴病而死，悼惕无已。”

此外，又有泷川资言《史记会注考证》：“沈钦韩曰：《文心雕龙·哀吊》篇云：‘霍子侯暴亡，帝伤而作诗。’岂有杀之之理乎？”[①]

现在看来，否定汉武帝杀霍嬗的意见，似乎都不能以确证自圆其说。《风俗通义·正失》所谓“奉车子侯骖乘弄臣，不预封事，何因操印没石”之不能成立，因为汉武帝是“独与奉车子侯上泰山”的，霍嬗作为侍中，“不预封事”是不可能的。至于以所谓“《武帝集》帝与子侯家语

① 《文心雕龙·哀吊》：“暨汉武封禅，而霍子侯暴亡，帝伤而作诗，亦哀辞之类矣。”

云：'道士皆言子侯登仙，不足悲'"以及《文心雕龙·哀吊》："霍子侯暴亡，帝伤而作诗"否定"帝畏恶，故杀之"之说，则有不具备政治史的起码常识的嫌疑，对帝王复杂的阴暗心态和出色的表演技能也缺乏足够的了解。作为强健有为的雄主，汉武帝是可以无论是否"杀之"，都可以同时表现"悼惕无已"的。

很可能《新论》和《风俗通义》有关"帝畏恶，故杀之"，"武帝畏恶，亦杀去之"的说法，是有一定根据的。

司马迁虽然只是写道："奉车子侯暴病，一日死。上乃遂去。"但是由于有关记载《史记·封禅书》即自称"书秘""其事皆禁""其事秘，世莫知也""封藏皆秘之，世不得而记也"，因而可以推知涉及封禅典礼的某些情节，是司马迁不得不以隐秘方式小心处理的。

秦皇、汉武"封禅"故事所体现的文化内涵，有的学者称之为"封禅文化"，并以为："这一封禅文化，不仅在时间方面起源很早，空间方面分布亦甚广。"甚至"封禅文化的分布，不仅限于亚洲，它还东渡太平洋，远抵中美洲和南美洲"。分析所谓"太平洋区各地的封禅文化"[①]，当然是十分宏大的研究课题。

不死药和"长生无极"梦想

秦始皇和汉武帝的"封禅"活动受到正统儒学学者的批评，他们以为"不与古同""不如鲁善""无其德而用事者"，以致"讥之"，就是因为其形式和内容都与儒家理想的"封禅"仪礼不合。

儒学"封禅"主张具有浓重的"一者壹统"的政治文化色彩，且烦琐不一，秦皇、汉武于是以为"此议各乖异，难施用"，"言封禅人人殊，不经，难施行"。他们的"封禅"实践，则是和神仙迷信结合在一起的，于是其中明显掺和着个人的长生追求，正如《史记·封禅书》中所说到的：

---

① 凌纯声：《北平的封禅文化》，《中国边疆民族与环太平洋文化》，联经出版事业公司1979年版，第1378页至1384页。

“封禅者，合不死之名也。”（齐人丁公语）“上封则能仙登天矣。”（齐人申公语）“黄帝以上封禅，皆致怪物与神通，……接神仙人蓬莱士。”（齐人公孙卿语）

长生，是秦汉时期已经得到主宰天下权势的帝王们的最高追求。

秦汉宫廷陵墓建筑的瓦当文字，多见有关“长生”的祈祝。例如，我们经常看到：

延年	羽阳千秋	羽阳千岁	羽阳万岁	亿年无疆
万岁冢当	马氏万年	常生无极	长生无极	长生毋巫
千秋	万岁	千秋万年	千秋万岁	千秋万世
万岁千秋	千秋万万岁	千年万岁	万岁万岁	安世万岁
寿昌万岁	长乐万岁	万岁无极	长生未央	长乐未央
永年未央	万岁未央	寿老无极	延年延年	延年益寿
延寿千年	延寿万岁	延寿长久	高安万世	与天无极
与天毋极	与天久长	与地相长	千秋长安	千秋利君
长生吉利	长生乐哉	延寿长相思	长生毋敬（警）冢	
富贵万岁	亿年无疆	无极	八风寿存	千秋利君
永寿嘉福	益延寿宫	益延寿	鼎湖延寿宫	寿成

长乐毋极常安居	千秋万岁安乐无极
千秋万岁乐未央	千秋万岁余未央
千秋万世长乐未央昌	千秋万岁与天毋极
千秋万岁与地毋极	天子千秋万岁常乐未央
长乐未央千秋万世昌	长乐未央延年永寿昌
延年永寿长乐未央昌	千秋利君长延年
延寿万岁常与天久长	维天降灵延元万年天下康宁[①]

① 参看焦南峰、韩钊：《新编秦汉瓦当图录》，三秦出版社1986年版；傅嘉仪：《秦汉瓦当》，陕西人民美术出版社1985年版；徐锡台、楼宇栋、魏效祖：《周秦汉瓦当》，文物出版社1988年版；华非：《中国古代瓦当》，人民美术出版社1983年版。

汉“永保千秋”瓦当

汉“万岁”瓦当

汉“延年”瓦当

图5-3　汉代“千秋”“万岁”“延年”文字瓦当

秦汉镜铭中所常见的“长生”[①]“千秋万岁”[②]“延年益寿”[③]“延年益寿大乐未央”[④]、“尚方作镜真大好，上有仙人不知老，渴饮玉泉饥食枣，浮游天下遨四海，寿如金石长相保”[⑤]“上太山，见神人，食玉英，饮醴泉，驾交龙，乘浮云，宜官秩，保子孙，寿万年”[⑥]等习用句式，以及“长乐未央”“长生如石”“寿如东王公西王母”[⑦]等文字，又反映追慕“仙人”“神人”而求“长生”“延年”的意识已经在民间相当普及。

传说中的先古圣王往往长寿。通过《史记·五帝本纪》及有关记载我们可以看到：

> 黄帝崩，葬桥山。（裴骃《集解》：“皇甫谧曰：‘在位百年而崩，年百一十一岁。’”司马贞《索隐》：“案：《大戴礼》：‘宰我问孔子曰：荣伊言黄帝三百年，请问黄帝何人也？抑非人也？何以至三百年乎？’”今案：司马迁“尝西至空桐，北过涿鹿，东渐于海，南浮江淮矣，至长老皆各往往称黄帝、尧、舜之处”，当接触过此类传说，而不采此说，当别有深意。或许可能与《史记·封禅书》中汉武帝所谓“嗟乎！吾诚得如黄帝，吾视去妻子如脱𨁏耳”所表现的黄帝成仙迷信持谨慎的保留态度有关。[⑧]）
>
> 尧立七十年得舜，二十年而老，令舜摄行天子之政，荐之于天。

① 《小校经阁金文》卷一六。

② 《小檀栾室镜影》卷四，《藤花亭镜谱》卷一。

③ 《金石索》卷六，《古镜图录》卷下。

④ 《小檀栾室镜影》卷三，《小校经阁金文》卷一六。

⑤ 《宁寿鉴古》卷一五。

⑥ 《小校经阁金文》卷一五。

⑦ 《陶斋吉金录》卷七，《古镜图录》卷三，《浣花拜石轩镜铭集录》卷一。

⑧ 有的学者认为，“关于黄帝的事迹，历代都有种种子虚乌有的传闻，而秦皇汉武的求仙造神运动，更把黄帝神化成为乘龙登天的神仙，但司马迁以广博详实的野外考察材料为证据，提出了黄帝是人，‘黄帝崩，葬桥山’的新论断，推翻了鬼神论的历史起源说，树立起人文主义历史观”。（王成军：《司马迁史学思想新探》，《人文杂志》1996年第2期）对于司马迁记述黄帝事迹的意义，当然还可以讨论，但不言黄帝年寿，应当不是偶然的。

> 尧辟位二十八年而崩。[①]（裴骃《集解》：“徐广曰：‘尧在位凡九十八年。’”张守节《正义》：“皇甫谧云：‘尧即位九十八年，通舜摄二十八年也，凡年百一十七岁。’孔安国云：‘尧寿百一十六岁。’”）
>
> 舜年二十以孝闻，年三十尧举之，年五十摄行天子事，年五十八尧崩，年六十一代尧践帝位。践帝位三十九年，南巡狩，崩于苍梧之野。

五帝事迹，当然多传说色彩。《史记·周本纪》说：“西伯盖即位五十年。”张守节《正义》：“《帝王世纪》云：‘文王即位四十二年。’又《毛诗疏》云：‘文王九十七而终，终时受命九年，则受命之元年年八十九也。’”司马迁还写道：“穆王即位，春秋已五十矣。”“穆王立五十五年，崩。”这样的说法，当然也不能以为信史。不过，也应当看到，春秋战国时期的历史纪年已经比较准确，几位周天子长寿的说法，不能都看作无稽之谈。

《史记·十二诸侯年表》和《六国年表》包含有诸多文化史信息，而其中颇为引人注目的，又有春秋战国时期多长寿国君的事实。

《十二诸侯年表》记365年事，涉及252君，其中享国40年以上者24人，占9.52%；50年以上者有9人，占3.57%，即：卫武公和55年，齐庄公赎64年，周平王51年，秦文公50年，曹桓公终生55年，楚武王51年，齐景公杵臼58年，楚惠王章57年，宋景公头曼64年。其中享国60年以上者2人（齐庄公赎64年；宋景公头曼64年）。而晋文公享国虽然仅9年，亦为长寿君主。重耳出亡19岁而得入，时年已62矣。

《六国年表》记255年事，涉及92君，其中享国40年以上者8人，占8.70%；50年以上者，有5人，占5.43%，即：赵简子60年，楚惠王章57年（已见《十二诸侯年表》），齐宣公就匝51年，周赧王59年，秦昭襄王56年。其中享国60年以上者1人（赵简子60年）。

很显然，和后世统治者比较，当时长寿君主的数量和比率都是相当惊

---

① 在记述尧的事迹之前，关于颛顼和帝喾，裴骃《集解》引皇甫谧曰：“〔颛顼〕在位七十八年，年九十八。”“〔帝喾〕在位七十年，年百五岁。”亦为司马迁所不取，或当是为了与黄帝一致。

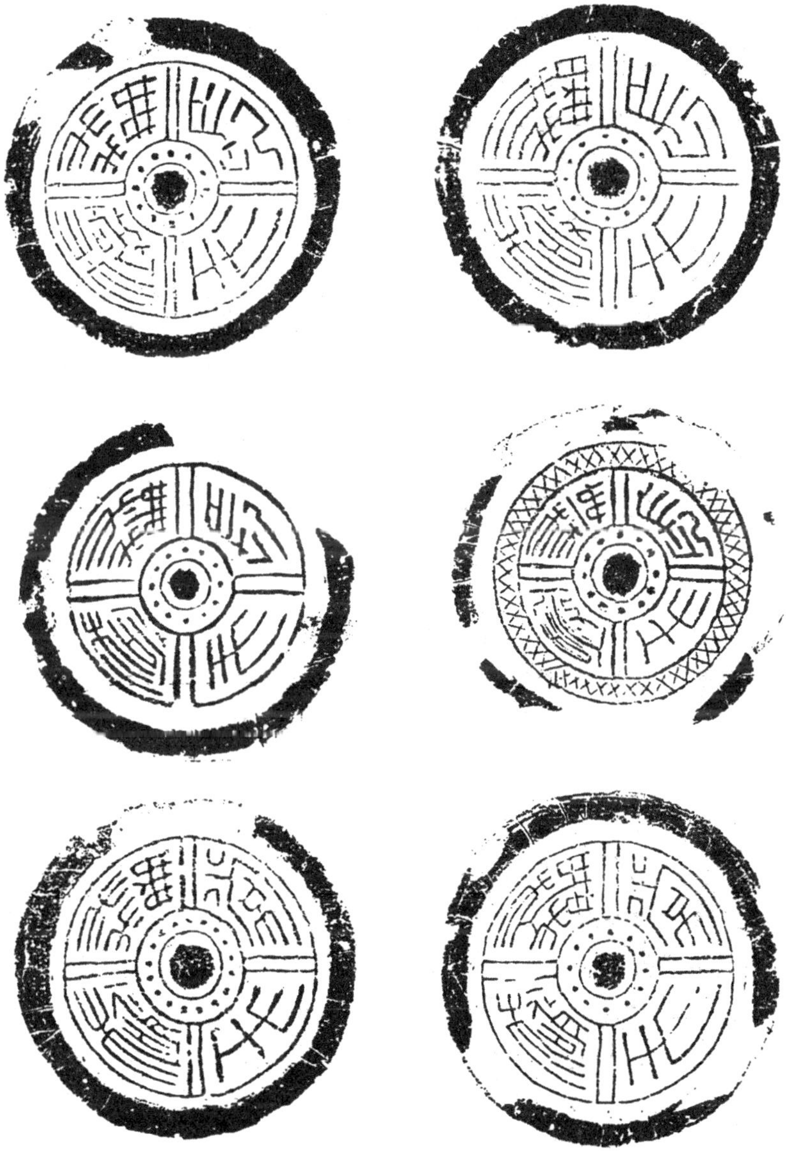

图5-4　汉代“长生无极”瓦当

人的。

应当说，秦皇、汉武将“封禅”仪礼和长生理想结合起来，是在一定历史文化背景下值得重视的现象。

《史记·封禅书》说，李少君言上曰：“益寿而海中蓬莱仙者乃可见，见之以封禅则不死，黄帝是也。”泷川资言《史记会注考证》：“茅坤曰：‘至是始以封禅为不死之术。’”钱锺书先生指出：

> 按茅言是也。秦始皇封禅，而不死之方术则别求之海上三山；《淮南衡山列传》中伍被述徐福“伪辞”，言之尤明，所谓“见海中大神，愿求延年益寿药”也。汉武乃二而一之，故下文公孙卿曰：“封禅七十二王，唯黄帝得上泰山封；申公曰：‘汉主亦当上封，上封则能登天矣’”，又丁公曰：“封禅者，合不死之名也。”是泰岱之效，不减蓬瀛，东封即可，无须浮海。[①]

对于方士所谓“益寿”—“海中蓬莱仙者”—“封禅”—“不死”这一观念体系中的神秘关系，据说曾登之罘，投其诗于海中，又痛哭而还的清代学者费锡璜，曾经痛斥为“方士之谬语”，他以为与秦汉时为官方认可的神话恰恰相反，海上三神山分别为死事之隐语，其实是死界的象征：

> “蓬莱”者，蓬蒿草莱也；曰“方壶”，曰“方丈”者，棺之形也；曰“圆峤”者，墓之象也；曰“瀛洲”，曰“弱水”者，黄泉也，至则溺矣，故曰“反居水下”；“其物尽白”者，丧之仪也。盖言世之好神仙者，必至于是而后甘心。其至未是，则可望而不可即也；及至是，则又与世人绝，是生人终不可至也。

章学诚《文史通义·外篇二》于《书〈贯道堂文集〉后》中引录此说，并

① 钱锺书：《管锥编》第1册，中华书局1979年版，第289页。

以为“虽近附会，然可为惑者解”。

费锡璜的说法，可以作幽默文字读，但是却反映了当时帝王期望借“封禅”以求长生的心理痴愚与迷妄。

不过，我们看到，即使在当时，儒学正统意识也是与这种以“封禅”为手段的长生追求明确划清界限的。

告太平于天·告成功于天

《春秋繁露》卷四《王道》说到“封禅”，以一种充满情感的笔调描画出所向往的理想政治形式：

> 《春秋》何贵乎元而言之？元者，始也，言本正也。王者，人之始也。王正则元气和顺、风雨时，景星见、黄龙下。王不正则上变天，贼气并见。五帝三王之治天下，不敢有君民之心。什一而税，教以爱，使以忠，敬长老，亲亲而尊尊，不夺民时，使民不过岁三日。民家给人足，无怨望忿怒之患，强弱之难，无谗贼妒疾之人。民修德而美好，被发衔哺而游，不慕富贵，耻恶不犯。父不哭子，兄不哭弟。毒虫不螫，猛兽不搏，抵虫不触。故天为之下甘露，朱草生，醴泉出，风雨时，嘉禾兴，凤凰麒麟游于郊。囹圄空虚，画衣裳而民不犯。四夷传译而朝，民情至朴而不文。郊天祀地，秩山川，以时至，封于泰山，禅于梁父，立明堂，宗祀先帝，以祖配天，天下诸侯各以其职来祭，贡土地所有。

“封禅”是政治成功的标志。而相反，桀纣等“骄溢妄行”，周衰，亦“天子微弱，诸侯力政，大夫专国，士专邑”，“强奄弱，富使贫，并兼无已”，是为“悖乱”，甚至“鲁舞八佾，北祭泰山，郊天祀地，如天子之为”，这种非法的“封禅”则是政治败乱的表现，“以此之故，弑君三十二，亡国五十二”。

董仲舒们又说："《春秋》立义，天子祭天地，诸侯祭社稷，诸山川不在封内不祭。"特别强调"封禅"这一"祭天地"的典礼其象征王权正统的性质。

《白虎通义》卷六《巡狩》说："岳之为言桷也，桷功德也。"《风俗通义·山泽·五岳》也说："岳者，桷功考德，黜陟幽明也。"因为泰山是"五岳之长"，所以成为"王者受命易姓，改制应天，功成封禅，以告天地"的地点。

《续汉书·祭祀志上》刘昭注补引袁宏的说法，也涉及对"封禅"以告"成功"的意义的理解：

> 夫揖让受终，必有至德于天下；征伐革命，则有大功于万物。是故王者初基，则有"封禅"之事，盖以其成功告于神明者也。夫东方者，万物之所始；山岳者，灵气之所宅。故求之物本，必于其始；取其所通，必于所宅。崇其坛场，则谓之"封"；明其代兴，则谓之"禅"。然则"封禅"者，王者开务之大礼也。德不周洽，不得辄议斯事；功不弘济，不得仿佛斯礼。旷代一有，其道至高。

他强调"德"与"功"同样是"封禅"的基本文化条件。"化洽天下，则功配于天地；泽流一国，则德合于山川。"至于"封禅"的具体形式，则应当讲究"诚素""易从"，"封禅之事，简易可也"。

对于"功成封禅"，《白虎通义》卷六《封禅》又有更明确的说明：

> 王者易姓而起，必升封泰山何？
>
> 报告之义也[①]。始受命之日[②]，改制应天，天下太平功成，封禅以告太平也。
>
> 所以必于泰山何？

① "报"或作"教"。
② "日"或作"时"。

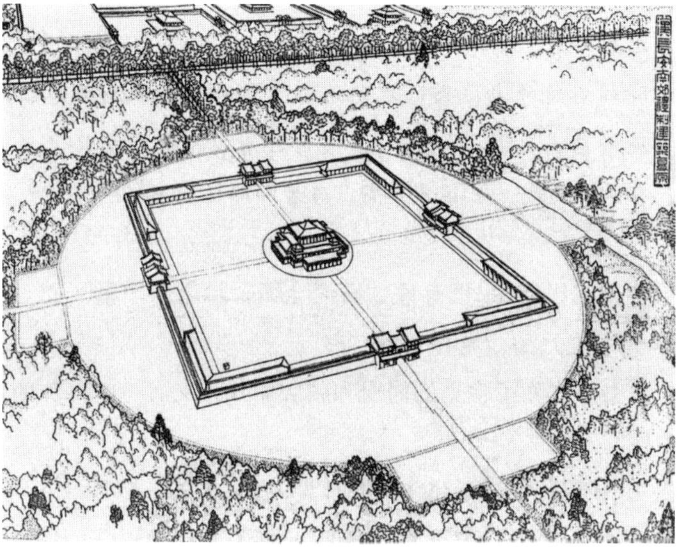

总体复原图

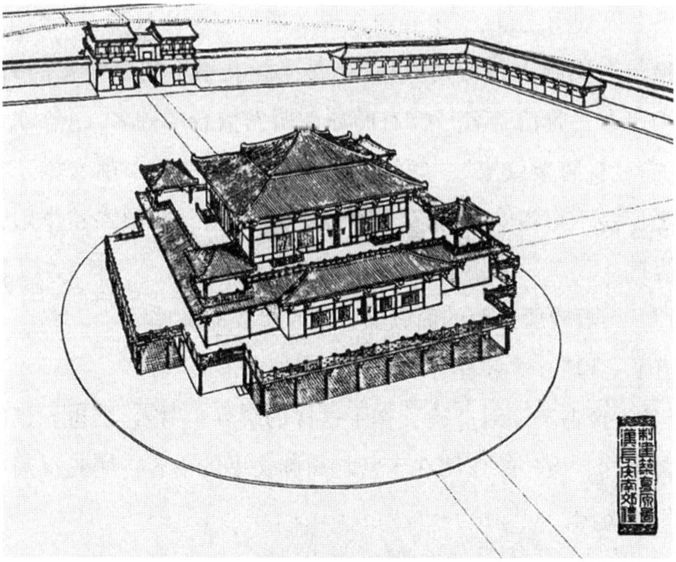

主体建筑复原图

图5-5　汉长安城南郊礼制建筑遗址复原图(据杨鸿勋)

万物之始，交代之处也。

必于其上何？

因高告高，顺其类也。故升封者，增高也。下禅梁甫之基，广厚也。皆刻石纪号者，著己之功迹以自效也。天以高为尊，地以厚为德。故增泰山之高以报天，附梁甫之基以报地。明天之功，功成事就，有益于天地，若高者加高，厚者加厚矣。

据说“封者金泥银绳”，也有说“石泥金绳，封之以印玺”的，都是以平时文书的“封”，理解“封禅”的“封”。

汉代文书形式除了常见的简册和牍版而外，又有一些特殊的形式，例如所谓“检”。

汉代文书所谓“封”，和“检”有关。

检，《说文·木部》解释为“书署”。段玉裁认为：“‘书署’，谓表署书函也。”那么，什么是“书函”呢？王筠《说文系传校录》：“以木为函，复题署函上以禁闭之也。”朱骏声《说文通训定声》又说：“藏之而标题之谓之‘检’。”实际上，所谓“检”，是简牍文书上用以封缄的另一简牍。上面的文字书写收信者名号，有的还注明发信者的姓名。《急就章》第十三章：“简札检署椠牍家”，颜师古注：“检之言禁也，削木施于物上，所以禁闭之，使不得辄开露也。”可见，所谓“检”的形式和作用，类似于今天的信封。

“检”，一般较所封覆的简牍文书的尺度要略宽些。

知道了“检”，才好理解当时的文书加密形式“封”。

《释名·释书契》对“检”作了这样的解释：“检，禁也。禁闭诸物使不得开露也。”“检”的作用在于密封简牍文书的内容。居延汉简中有这样的“检”的实例：

●□甲渠候官候□发　□　　（E.P.T51：440）

可以看到，这枚简有上中下三处封泥印匣。

因为有了“封”的形式，“封泥”这种文化遗存才得以为我们保留了许多重要的汉代文化信息。

不过，“封禅”的“封”，其初义可能并不类同于汉代文书封缄形式，即所谓“封者金泥银绳”或者“石泥金绳，封之以印玺”，而是一种土石建筑。《汉书·武帝纪》“登封泰山”句下，颜师古注引孟康曰：“王者功成治定，告成功于天。‘封’，崇也，助天之高也。”又应劭曰：“‘封’者，坛广十二丈，高二丈，阶三等，封于其上，示增高也。”服虔曰：“增天之高，归功于天。”张晏曰：“天高不可及，于泰山上立封，又禅而祭之，冀近神灵也。”《续汉书·祭祀志下》也写道：“‘封’者，谓封土为坛，柴祭告天，代兴成功也。”都大致反映了“封”的形式，实际上类似于与天对话的讲台。

古代世界不同的文化系统中多以坛台作为礼祀之所，也是值得重视的历史现象。

然而，以文书之“封”理解“封禅”之“封”的意见，也并非全无所据。秦始皇、汉武帝封禅的具体形式秘不可闻，但是我们知道东汉时期的封禅仪式的若干细节，其中有些内容竟确实与所谓“封者金泥银绳”或“石泥金绳，封之以印玺”相似。如《续汉书·祭祀志上》说，建武三十年，群臣上言宜封禅泰山。上许奏，乃求汉武帝元封时封禅故事，议封禅所施用。“有司奏当用方石再累置坛中，皆方五尺，厚一尺，用玉牒书藏方石。牒厚五寸，长尺三寸，广五寸，有玉检。又用石检十枚，列于石傍，东西各三，南北各二，皆长三尺，广一尺，厚七寸。检中刻三处，深四寸，方五寸，有盖。检用金缕五周，以水银和金以为泥。玉玺一方寸二分，一枚方五寸。”所施用的，完全是用“检”密封的文书制度，当然，这是皇帝致上天的书信。

我们看到，秦汉时代民间的“泰山”观与死界有密切的关系，泰山在他们心中是一座阴厉之山；而秦汉帝王的“封禅”表演则与求长生的梦想相联系，泰山在他们心中是一座幻异之山；秦汉正统儒学之士们的“封禅泰山”设计则并没有幽冷的色调，也没有游戏的嫌疑，而是一种治国纲领的严肃的封面，是一种理想政治的典型的象征，是一种天下大治的成功的信号。泰山，于是成为一座光明之山，一座权威之山，一座理想之山。

这几种观念显然是存在明显的矛盾的。然而司马迁个人的意念，似乎并没有明显的倾向，或许这体现出在当时的文化条件下，这样的矛盾可以兼容于一。

无论如何，我们能够在今天片段了解有关“封禅”的不同文化反映，对于这位伟大的史家，无疑应当表示由衷的感念。

图5-6　泰山无字碑

第六章　鬼神的世界

"通乎鬼神"与"质诸鬼神"

吕思勉先生在分析汉代社会文化时曾经指出，汉代"为一迷信之世界"，又说，"若两汉，固仍一鬼神数术之世界也"。[①]

这样的论断，是确当的。

司马迁生活在这样的时代，他的历史思想和文化观念不可能不受到世风的影响。他的伟大著作《史记》，也难免在若干内容中弥荡有因当时意识形态中鬼神世界的影响而生成的神秘云雾。

司马迁《史记》中的有关内容，为我们描绘出秦汉时期鬼神世界的写真。

《史记》中"鬼"字凡106见，其中"鬼神"连称计55见。

"鬼神"，一般以为是"鬼"与"神"的合称。《易·谦》说："鬼神害盈而福谦，人道恶盈而好谦。"可以看到"鬼神"和"人道"的对立。至于"鬼"和"神"的区别，则有不同的解释。例如：

1.天神人鬼

《周礼·春官宗伯·大宗伯》说到"建邦之天神人鬼地示之礼"，郑玄注："建，立也，立天神地祇人鬼之礼者，谓祀之，祭之，享之。"又《周礼·春官宗伯·大司乐》："若乐九变，则人鬼可得而礼矣。"郑玄注："天

---

① 吕思勉:《秦汉史》,上海古籍出版社1983年版,第810页。

神则主北辰，地祇则主昆仑，人鬼则主后稷。”《周礼·春官宗伯·神仕》又说：“以冬日至，致天神人鬼。”《礼记·仲尼燕语》：“鬼神得其飨，丧纪得其哀。”孔颖达疏：“‘鬼神得其飨’者，谓天神人鬼各得其飨食也。”《史记·五帝本纪》说：“〔帝喾高辛〕取地之财而节用之，抚教万民而利诲之，历日月而迎送之，明鬼神而敬事之。”对于“鬼神”，张守节《正义》解释说：“天神曰‘神’，人神曰‘鬼’。”所谓“人神曰‘鬼’”，是汉代人的意识。《论语·为政》：“子曰：‘非其鬼而祭之，谄也。’”[①]何晏《集解》：“郑曰：‘人神曰鬼。非其祖考而祭之者，是谄求福也。”郑玄的解释，体现了汉代人一般的认识，也可以说明在司马迁所处的时代对于“鬼神”的通常理解。

2.圣神贤鬼

对于《史记·五帝本纪》所谓“历日月而迎送之，明鬼神而敬事之”，张守节《正义》除“天神人鬼”外，又有另外的解释：“又云圣人之精气谓之‘神’，贤人之精气谓之‘鬼’。”

3.阳神阴鬼

《论衡·论死》写道：“鬼神，阴阳之名也。阴气逆物而归，故谓之‘鬼’；阳气导物而生，故谓之‘神’。”

4.鬼之灵者曰神

《史记·五帝本纪》：“〔帝颛顼高阳〕养材以任地，载时以象天，依鬼神以制义，治气以教化，洁诚以祭祀。”张守节《正义》说：“鬼之灵者曰神也。鬼神曰山川之神也。”

鬼，按照《说文·鬼部》的说法，即：“人所归为鬼。从儿，田象鬼头，从厶。鬼阴气贼害，故从厶。”段玉裁注：“以叠韵为训，《释言》曰：‘鬼之为言归也。’郭注引《尸子》：‘古者谓死人为归人。’《左传》：‘子产曰：鬼有所归，乃不为厉。’《礼运》曰：‘魂气归于天，形魄归于地。’”

---

① 《礼记·曲礼下》：“非其所祭而祭之，名曰淫祀，淫祀非福。”《左传·僖公十年》：“神不歆非类，民不祀非族。”又《僖公三十一年》：“鬼神非其族类，不歆其祀。”这种说法，是世间宗法制度影响鬼神观念的反映。

对于所谓“鬼阴气贼害，故从厶”，段玉裁又解释说：“神阳鬼阴，阳公阴私。”

大约“鬼”“神”之间确实是存在差异的。《史记》中可以看到“鬼”与“神”不同的实例。最典型的或许如《封禅书》：

〔栾大〕而佩“天道”者，且为天子道天神也。于是五利常夜祠其家，欲以下神。神未至而百鬼集矣，然颇能使之。

当然也有“鬼”与“神”并不表现明显区别的情形，同样在《封禅书》中记述了这样一则鬼神故事：

文成死明年，天子病鼎湖甚，巫医无所不致，不愈。游水发根言上郡有巫，病而鬼神下之。上召置祠之甘泉。及病，使人问神君。神君言曰：“天子无忧病，病少愈，强与我会甘泉。”于是病愈，遂起，幸甘泉，病良已。大赦，置寿宫神君，寿宫神君最贵者“太一”，其佐曰“大禁”“司命”之属，皆从之。非可得见，闻其言，言与人音等。时去时来，来则风肃然。居室帷中。时昼言，然常以夜。天子祓，然后入。因巫为主人，关饮食。所以言，行下。又置寿宫、北宫，张羽旗，设供具，以礼神君。神君所言，上使人受书其言，命之曰“画法”。其所语，世俗之所知也，无绝殊者，而天子心独喜。其事秘，世莫知也。

所使用的能使“鬼神下之”又代“神君”言的巫术，有与萨满法术相近的痕迹。值得注意的是，《封禅书》所谓“病而鬼神下之”，《孝武本纪》记同一事，则作“病而鬼下之”。

《史记·秦本纪》说，戎王派由余出使秦国，以探察秦国的国情和国君的品性。由余是逃亡至戎地的晋人的后代，“能晋言”。“秦缪公示以宫室、积聚。由余曰：‘使鬼为之，则劳神矣。使人为之，亦苦民矣。’”所谓“使鬼为之，则劳神矣”，也体现出当时人的观念中“鬼”和“神”的同一性。

司马迁心际和笔端的鬼神，是和上帝、天地、山川、宗庙等一同构成神界权威体系的。例如《史记》中可以看到这样的内容：

> 祠天神上帝百鬼。
>
> 皆尝亨觞上帝鬼神。
>
> 令祠官所常奉天地名山大川鬼神可得而序也。
>
> 至如他名山川诸鬼及八神之属，上过则祠。
>
> 作甘泉宫，中为台室，画天、地、太一诸鬼神，而置祭具以致天神。（《封禅书》）
>
> 祭其先、天地、鬼神。（《匈奴列传》）
>
> 兵权山川鬼神。（《太史公自序》）
>
> 万国和，而鬼神山川封禅与为多焉。（《五帝本纪》）
>
> 春秋郊祀，奉宗庙鬼神。（《李斯列传》）

当时的鬼神崇拜，和其他神秘主义信仰相结合，形成了秦汉人精神世界中的主要支柱之一。

《史记》关于鬼神的内容中，可以看到当时鬼神崇拜的文化映象，同时，也可以看到司马迁作为有识见的思想家对这一社会文化现象的深沉思考。

《史记·乐书》说到礼乐文化的实质：

> 乐者，天地之和也；礼者，天地之序也。和，故百物皆化；序，故群物皆别。乐由天作，礼以地制。过制则乱，过作则暴。明于天地，然后能兴礼乐也。论伦无患，乐之情也；欣喜欢爱，乐之官也。中正无邪，礼之质也；庄敬恭顺，礼之制也。若夫礼乐之施于金石，越于声音，用于宗庙社稷，事于山川鬼神，则此所以与民同也。

裴骃《集解》引王肃曰："自天子至民人，皆贵礼之敬，乐之和，以事鬼神先祖也。"张守节《正义》："言四者施用祭祀，随世而异，则前王所不专，故又云则此所以与民同，言随世也。"

"礼"与"乐"的结合，曾经形成形式层次比较典雅，道德风格比较高尚的文化，同时也成为儒学文化主体的基本标志之一。[①]所谓"与民同"，所谓"随世"，则又体现其内容实际上有与民俗文化共同的特质。按照司马迁的说法，礼乐文化的构成，又表现出浓重的神秘主义色彩，其终极目的，竟主要是"用于宗庙社稷，事于山川鬼神"。

《史记·乐书》中还有一段生动的故事，记述了"鬼神"之"乐"感应人世文化的异闻：

> 卫灵公之时，将之晋，至于濮水之上舍。夜半时闻鼓琴声，问左右，皆对曰"不闻"。乃召师涓曰："吾闻鼓琴音，问左右，皆不闻。其状似鬼神，为我听而写之。"师涓曰："诺。"因端坐援琴，听而写之。明日，曰："臣得之矣，然未习也，请宿习之。"灵公曰："可。"因复宿。明日，报曰："习矣。"即去之晋，见晋平公。平公置酒于施惠之台。酒酣，灵公曰："今者来，闻新声，请奏之。"平公曰："可。"即令师涓坐师旷旁，援琴鼓之。未终，师旷抚而止之曰："此亡国之声也，不可遂。"平公曰："何道出？"师旷曰："师延所作也。与纣为靡靡之乐，武王伐纣，师延东走，自投濮水之中，故闻此声必于濮水之上，先闻此声者国削。"平公曰："寡人所好者音也，愿遂闻之。"师涓鼓而终之。
>
> 平公曰："音无此最悲乎？"师旷曰："有。"平公曰："可得闻

① 杨向奎先生在《宗周社会和礼乐文明》一书中写道："如果我们说孔子于《诗》止于正乐，仍未达一间，最终目的是以乐配礼。《论语》有'子所雅言，《诗》《书》执礼'，《诗》即《诗三百》，《书》即《尚书》，孔子是要使《诗》《书》与礼结合起来，作为礼乐文明的源泉。"人民出版社1992年版，第424页。

乎?”师旷曰:“君德义薄,不可以听之。”平公曰:“寡人所好者音也,愿闻之。”师旷不得已,援琴而鼓之。一奏之,有玄鹤二八集于廊门;再奏之,延颈而鸣,舒翼而舞。

平公大喜,起而为师旷寿。反坐,问曰:“音无此最悲乎?”师旷曰:“有。昔者黄帝以大合鬼神,今君德义薄,不足以听之,听之将败。”平公曰:“寡人老矣,所好者音也,愿遂闻之。”师旷不得已,援琴而鼓之。一奏之,有白云从西北起;再奏之,大风至而雨随之,飞廊瓦,左右皆奔走。平公恐惧,伏于廊屋之间。晋国大旱,赤地三年。

“鬼神”之“乐”的文化内涵和情感倾向,竟然可以在数百年后仍然产生震撼人心的影响。

对于礼乐文化和“鬼神”的关系,司马迁又写道:

乐者敦和,率神而从天;礼者辨宜,居鬼以从地。故圣人作乐以应天,作礼以配地。礼乐明备,天地官矣。

对于这段文字,张守节《正义》解释说:“此释仁近乐之义。言乐之为体,敦厚和同,因循圣人之神气而从顺于天。”“此解义近礼之由。居鬼犹循神也。鬼谓先贤也。礼之为体,尊卑殊别,各有其宜,因居先贤鬼气而从顺于地,分别体分。”所谓“礼乐”“仁义”的原则,都是要循鬼神之气而从顺于天地的。

从《史记》的内容看,司马迁所肯定与赞许的鬼神观,或许可以用“通乎鬼神”和“质诸鬼神”来概括。《史记·乐书》说:

……及夫礼乐之极乎天而蟠乎地,行乎阴阳而通乎鬼神,穷高极远而测深厚,乐著太始而礼居成物。

所谓“行乎阴阳而通乎鬼神”，是一种相当高的文化境界。张守节《正义》对这一说法的解释是：“言阴阳和，四时顺，以应礼乐，礼乐与鬼神并助天地而成化也。”“质诸鬼神”之说则见于《史记·孔子世家》：

> 季康子曰：“孔子何如人哉？”对曰：“用之有名；播之百姓，质诸鬼神而无憾。……”

“通乎鬼神”和“质诸鬼神”，体现出一种兼有圆通与方正两种特色的文化风格，同时又体现出一种对鬼神既仰视而又能够正视的文化立场。

“明鬼神而敬事之”

汉代鬼神崇拜在一定层次以上即具有政治文化色彩。

也正是由于统治阶层的教示，使得当时社会上下鬼神迷信的渗透达到空前的广度和深度。

司马迁在《史记》中总结历史时不能不说到思想史，于是也不能不涉及鬼神信仰的演进过程，特别是历代帝王有关所谓“鬼神事”与“事鬼神”的言行，尤其受到这位文化眼光极其敏锐的史学家的重视。

《史记·五帝本纪》中写道：黄帝时代“万国和，而鬼神山川封禅与为多焉”[①]。帝颛顼高阳“依鬼神以制义”[②]。帝喾高辛“明鬼神而敬事之”[③]。

又据《夏本纪》，禹“薄衣食，致孝于鬼神”[④]。

这些先古圣王的政治成功，似乎都与“敬事”鬼神有关。

---

① 司马贞《索隐》：“言万国和同，而鬼神山川封禅祭祀之事，自古以来帝皇之中，推许黄帝以为多。多犹大也。”

② 司马贞《索隐》：“鬼神聪明正直，当尽心敬事，因制尊卑之义，故《礼》曰‘降于神庙之谓仁义’是也。”张守节《正义》：“鬼之灵者曰神也。鬼神谓山川之神也。能兴云致雨，润养万物也，故己依冯之制义也。”

③ 张守节《正义》：“言明识鬼神而敬事也。”

④ 裴骃《集解》：“马融曰：‘祭祀丰絜。’”

相反的例子，则有《夏本纪》所谓："帝孔甲立，好方鬼神，事淫乱。夏后氏德衰，诸侯畔之。"

"好方鬼神，事淫乱"，《史记·三代世表》又写作："帝孔甲，不降子。好鬼神，淫乱不好德。"

司马迁指为极端的对于"鬼神"的恶劣态度，是《史记·殷本纪》所记载的帝纣"慢于鬼神"："〔帝纣〕于是使师涓作新淫声，北里之舞，靡靡之乐。厚赋税以实鹿台之钱，而盈钜桥之粟。益收狗马奇物，充仞宫室。益广沙丘苑台，多取野兽蜚鸟置其中。慢于鬼神。大聚乐戏于沙丘，以酒为池，县肉为林，使男女倮相逐其间，为长夜之饮。"

《史记》关于黄帝时代早期鬼神崇拜的记载，除了《五帝本纪》中所谓"万国和，而鬼神山川封禅与为多焉"之外，又有《乐书》中师旷为晋平公言"乐"的作用时所谓"昔者黄帝以大合鬼神"。司马迁特别写道："太史公曰：夫上古明王举乐者，非以娱心自乐，快意恣欲，将欲为治也。"①也就是说，黄帝"大合鬼神"的意义，其实是为了政治成功，为了"治"。司马迁还说道："明则有礼乐，幽则有鬼神，如此则四海之内合敬同爱矣。"裴骃《集解》引郑玄曰："助天地成物者也。《易》曰'知鬼神之情状'②。然则圣人之精气谓之神，贤智之精气谓之鬼也。"

此外，反映黄帝有关"鬼神"的表演资料，又有《封禅书》中齐人公孙卿转述所谓曾经"受黄帝言"的齐人申公的这样一段话：

> 申公曰："汉主亦当上封，上封则能仙登天矣。黄帝时万诸侯，而神灵之封居七千。天下名山八，而三在蛮夷，五在中国。中国华山、首山、太室、泰山、东莱，此五山黄帝之所常游，与神会。黄帝且战且学仙。患百姓非其道者，乃断斩非鬼神者。百余岁然后得与神通。黄帝郊雍上帝，宿三月。……其后黄帝接万灵明廷。明廷者，甘

① 《史记·乐书》还写道："乐者敦和，率神而从天；礼者辨宜，居鬼而从地。故圣人作乐以应天，作礼以配地。礼乐明备，天地官矣。"

② 《易·系辞上》："精气为物，游魂为变，是故知鬼神之情状。"

泉也。”

后来有龙下迎黄帝，黄帝骑龙上天。“后世因名其处曰鼎湖。”齐人关于黄帝的传说中涉及“雍”“甘泉”“鼎湖”等秦地地名，说明其说晚成，至少已经部分继承接受了秦地的鬼神体系。不过，其中有些内容则可能源出较早。所谓“神灵之封居七千”以及黄帝“常游”“五山”而“与神会”的说法，当是原始时代山神崇拜和山鬼崇拜的一种遗存。

从黄帝“与神会”到“与神通”，再到“既上天”，所经历的过程，公孙卿所言即多带有方术文化色彩的解释。不过，其中有的内容或许可以排除方士妄诞之语的嫌疑，例如所谓：“黄帝且战且学仙。患百姓非其道者，乃断斩非鬼神者。百余岁然后得与神通。”

“黄帝且战且学仙”，是说黄帝部族的宗教文化实践，是和军事征服实践相统一的。

“患百姓非其道者，乃断斩非鬼神者”，又反映黄帝部族当时是以强力手段维护宗教文化统一的。[①]

“百余岁然后得与神通”，则暗示这种信仰体系扩张和兼并的过程，是相当漫长的。[②]

这样的过程，其实是大体符合文化史进程的基本规律的。

《史记·鲁周公世家》说，“武王克殷二年，天下未集，武王有疾，不豫”，“周公于是乃自以为质”，告于太王、王季、文王，希望能够以自身

---

① 泷川资言《史记会注考证》引凌稚隆曰：“卿见武帝好征伐好神仙，则曰：‘黄帝且战且学仙’；惧人攻其邪妄，则曰：‘断斩非鬼神者’。此小人极意逢迎之态，专权固宠之术也。”这样的意见可能切中方士心理，但是却没有考虑到鬼神崇拜亦可能保留若干重要的远古文化信息。

② 钱锺书先生指出：“公孙卿曰：‘黄帝且战且学仙。……百余岁然后得与神通’；《考证》：‘何焯曰：恐其言不验被诛，故远其期于百余岁。’按即同《韩非子·内储说》下宋人棘端削猴之谲智，此远其期限而彼严其禁忌耳。夫学仙所以求长寿，今乃谓长寿然后得学仙；汉武若非妄想颠倒，必能遁词知其所穷。《赵飞燕外传》夷人曰：‘学吾术者，要不淫与谩言’，樊嫕嗤之曰：‘阳华李姑蓄斗鸭池下，苦獭啮鸭，芮姥献捕獭狸，语姑曰：是狸不他食，当饭以鸭。……今夷术真似此也！’公孙卿语洵可以芮姥之狸喻之。”《管锥编》第1册，中华书局1979年版，第290页。然而考虑到公孙卿未必以为汉武帝已经“妄想颠倒”的前提，“百余岁然后得与神通”之说很可能确实属于黄帝传说。

图6-1　河南洛阳七里河出土汉代百花陶灯所表现的神仙境界

替代武王，祝者宣读的策书中，有这样的话：

> 旦巧能，多材多艺，能事鬼神。乃王发不如旦多材多艺，不能事鬼神。

这一史事，原出于《尚书·金縢》。周公自称："予仁若考，能多材多艺，能事鬼神。乃元孙不若旦多材多艺，不能事鬼神。"[①]似乎"多材多艺，能事鬼神"，即能够得到先祖们的欣赏，而尽早招致身边。

① 《尚书·金縢》孔安国传："我周公仁能顺父，又多材多艺，能事鬼神，言可以代武王之意。""汝元孙受命于天庭，为天子布其德教以佑助四方，言不可以死。"

对于《尚书·金縢》中的这一著名故事的真实性，明人王廉、张孚敬及清人袁枚等相继提出怀疑，近代学者也有人以为不可信。刘起釪先生曾著文《〈金縢〉故事的真实性》就此进行讨论。他写道："要知流传到汉代的《金縢》，虽然被弄得非常错歧纷杂，其实并不影响这篇文件的原件是真实的，它所记载的故事也是真实的。因为在古代的奴隶制统治者，是纯靠宗教迷信和暴力来维持它的统治的，它的一切活动都要通过尊神事鬼来进行。至上神、宗祖神以及各种事物的鬼神都是他们膜拜的对象，所以吉凶祸福都要向鬼神祈祷和禳祓。而最高的奴隶主统治者，他的吉凶祸福又是高于一切的，最好的幸福要集中到他一人身上，而有了灾祸则是要他的臣下替他分担、替他受过的。所以古代的帝王遇到灾祸和疾病时，往往要向鬼神禜禳，叫他左右的亲人或大臣来代他承担。周公《金縢》的故事就是这样的事件，因为他所处的正是武王的最亲的亲人和最重要的大臣的地位，他是必须扮演这一角色的。"

刘起釪先生举出《左传·哀公六年》中楚昭王不愿把灾祸转移于大臣的故事，指出"古代的统治者把灾祸移给左右的人是经常的和正常的做法"。《左传》的作者是这样记述的：

秋七月，楚子在城父，将救陈，卜战不吉，卜退不吉。王曰："然则死也！再败楚师，不如死。弃盟逃仇，亦不如死。死一也，其死仇乎！"……将战，王有疾。庚寅，昭王攻大冥，卒于城父。……

是岁也，有云如众赤鸟，夹日以飞，三日。楚子使问诸周大史。周大史曰："其当王身乎。若禜之，可移于令尹、司马。"王曰："除腹心之疾，而置诸股肱，何益？不穀不有大过，天其夭诸？有罪受罚，又焉移之！"遂弗禜。

初，昭王有疾。卜曰："河为祟。"王弗祭。大夫请祭诸郊。王曰："三代命祀，祭不越望。江、汉、睢、漳，楚之望也。祸福之至，不是过也。不穀虽不德，河非所获罪也。"遂弗祭。

孔子曰："楚昭王知大道矣！其不失国也，宜哉！……"

“若禜之，可移于令尹、司马”，是周大史的建议，当反映了周人的传统做法，于是正可与周公《金縢》故事相印证。

这位被孔子称赞为“知大道”的楚昭王不愿意把灾祸移于臣下，最后自己竟然真的去世了。

另一个年代较晚近的例子，原载于《元秘史》卷一五，曾经为顾颉刚先生《〈金縢篇〉今译》所引录：

> 兔儿年，斡歌歹皇帝征金国，命者别为头哨，遂败金兵。过居庸关，斡歌歹驻军龙虎台，分命诸将攻取各处城池。
>
> 斡歌歹忽得疾，昏愦失音。命师巫卜之，言乃金国山川之神，为军马掳掠人民，毁坏城郭，以此为祟。许以人民财宝等物禳之，卜之不从。其病愈重。惟以亲人代之则可。
>
> 疾少间，忽开眼索水饮。言说，“我怎生来?”其巫说，“此是金国山川之神为祟；许以诸物禳之皆不从，只要亲人代之。”
>
> 斡歌歹说，“如今我根前有谁?”当有大王拖雷说，“洪福的父亲将咱兄弟内选着，教你做了皇帝。令我在哥哥根前行，忘了的提醒，睡着时唤醒。如今若失了皇帝哥哥呵，我谁行提说着，唤醒着，多达达百姓教谁管着；且快金人之意。如今我代哥哥，有的罪孽都是我造来！我又生的好，可以事神。师巫，你咒说着！”
>
> 其师巫取水咒说了。拖雷饮毕，略坐间，觉醉，说，“比及我醒时，将我孤儿寡妇抬举教成立者！皇帝哥知者！”说罢，出去，遂死了。其缘故是这般。
>
> （右见《元秘史》卷十五。斡歌歹即元太宗窝阔台，元太祖第三

子；拖雷，太祖第四子。）①

顾颉刚先生称拖雷是“一个生于蛮荒，不甚给人知道的周公”。他指出，“这件事和《金縢篇》的故事真是像极了。斡歌歹与武王正在创业之际而不能死，这个时势是一样的。亲人可以替代，这种见解也是一样的。弟愿代兄，这件事实也是一样的。拖雷说，‘如今我代哥哥，有的罪孽都是我造来’，与《史记》所载‘奸神命者乃旦也’何等相像！拖雷说，‘我又生的好，可以事神’，更是活灵活现的‘予仁若考，能多材多艺，能事鬼神’的一句话了！所可惜的，这是敌国的山川之神而不是他们的祖宗，所以他是真的死了。更可惜的，蒙古族中没有像孔子一般的圣人来替他表章，所以他终于湮没了。”②

① 《元史·睿宗传》记载：“五月，太宗不豫。六月，疾甚。拖雷祷于天地，请以身代之，又取巫觋祓除衅涤之水饮焉。居数日，太宗疾愈，拖雷从之北还，至阿剌合的思之地，遇疾而薨，寿四十有□。”《元史·太宗本纪》则说：“九月，拖雷薨。”是距“请以身代之”已二三月。[波斯]拉施特主编《史集》第二卷《窝阔台合罕纪》写道：“拖雷汗请求允许前行，〔但〕他在途中突然去世了。据说是这样的：在此之前，合罕病了几天并开始有了好转；拖雷汗来到了他的床头，珊蛮便按他们的习俗施行了巫术，在一木钵水中洗涤了他的病身。拖雷汗由于对其兄所怀有的炽爱，便拿起了那只钵，诚挚地祷告道：‘长生天神啊！你无所不管，并且知道，如果有罪的话，那也是我作的最多，因为在征服各地区之时杀害了那么多人，俘虏了他们的妻子、儿女，使他们痛心。如果你是为了〔他的〕善良和英勇要把窝阔台取去，那么，我更善良，也更英勇些。请饶了他，不要召去他，把我召去吧！’他说了这些话后，诚挚地祷告着，喝掉了那洗病的水。窝阔台合罕痊愈了，〔拖雷汗〕便在得到允许之后动身了。过了几天，他就得病去世了。这是众所周知的一个故事。”同卷《成吉思汗的儿子拖雷汗传》又写道：“拖雷汗从上述战争中回来以后，到达了其兄窝阔台合罕处，由于出征历时已久，所以合罕为了结束对阿勒坛汗的战事，留下秃忽勒忽和全部军队，〔自己〕回去了。他〔拖雷汗〕仍然和兄长一起。合罕突然得了一种病。按照他们的习俗，珊蛮们集合起来施行了巫术，他们对他的病念了咒语，用〔念过咒的〕水洗他的病。这时，拖雷汗进去了，他极其诚挚地对合罕说：‘长生天！如果你对罪恶发怒，那么，我的罪恶比他更多：我在战争中杀的人更多，我掳走他们的妻子儿女，迫使他们的父母洒泪，如果你是为了面貌美丽、体态优雅，为了经验和技能，想把自己的奴隶带到自己的驻所去，那么，我也更相称、更为适合；把我代替窝阔台合罕取走吧，让他病愈，把他的病加于我吧。’他说完这些话后，以极诚恳的祷告把珊蛮用咒语在其中洗过合罕病的那杯水，拿过来喝掉了。由于上帝的万能，合罕复元了，拖雷汗已预先请得允许，前往自己的辎重处去。他在路上生了病，并在莫孩亦勒，即相当于伊斯兰教历630年〔公元1232年10月18日至1233年10月6日〕的蛇年〔1233年〕去世了。”

② 顾颉刚：《〈金縢篇〉今译》，《古史辨》第二册上编，上海古籍出版社1982年版，第74页至第75页。

刘起釪先生分析说，由此可知周公《金縢》的故事是完全符合当时历史实际的。而篇中所载周公册祝之文，不论是它的思想内容，还是一些文句语汇，也都基本与西周初年的符合。因此这篇文件的主要部分确是西周初年的作品，应该是肯定无疑的。[①]

《史记·鲁周公世家》除了周公乃自以身为质，欲代武王而外，又有极类似的欲代成王以应鬼神的故事，顾颉刚先生所引“奸神命者乃旦也”语，即出于此：

> 初，成王少时，病，周公乃自揃其蚤[②]沈之河，以祝于神曰：“王少未有识，奸神命者乃旦也。”亦藏其策于府。成王病有瘳。及成王用事，人或谮周公，周公奔楚。成王发府，见周公祷书，乃泣，反周公。

同一事，又见于《史记·蒙恬列传》。周公此事，既言代武王，又言代成王，明人邵宝《学史》说，“公前事武王，后事成王，病也，祷也，藏册而祝也，谗且谮而居东与奔楚也，天动威发书以泣而反之也，何其同也？史氏之附会，一至于是。”或以为“缘《金縢》之文而误分为二，遂两出耳”，或断为后者“妄”记。[③]其实，在当时鬼神迷信占统治地位的阶段，周公执政多年，“前事武王，后事成王”，有前后相似的祷祝鬼神，欲自身以代的情形，也并不是不可能的。

从周公和拖雷的故事可以知道，实际上，在一般情况下，“能事鬼神”，“可以事神”，曾经是执政者必须具备的素质，是执政者必须承担的责任。

在这一类代君主受鬼神召命的故事中，周公和拖雷事迹并非历史文献

① 刘起釪：《〈金縢〉故事的真实性》，《古史续辨》，中国社会科学出版社1991年版，第370页至第372页。

② “蚤”，《史记·蒙恬列传》作“爪”。

③ 梁玉绳《史记志疑》卷一八、卷三一。

所仅见。例如，我们还看到，《魏书·献文六王列传·彭城王勰》：

> 高祖不豫，〔元〕勰内侍医药，外总军国之务，遐迩肃然，人无异议。……勰乃密为坛于汝水之滨，依周公故事，告天地、显祖请命，乞以身代。高祖翊日有瘳损。[①]

类似的情形，如果细检史籍，可能还会有所发现。

《史记·宋微子世家》记载，宋湣公九年，宋国发生水灾。“湣公自罪曰：‘寡人以不能事鬼神，政不修，故水。’”由于君主“不能事鬼神”，甚至可以直接导致国家的灾祸。

《史记·李斯列传》记录李斯上书谏逐客的著名文字，其中写道：“臣闻地广者粟多，国大者人众，兵强则士勇。是以太山不让土壤，故能成其大；河海不择细流，故能就其深；王者不却众庶，故能明其德。是以地无四方，民无异国，四时充美，鬼神降福，此五帝、三王之所以无敌也。”在当时的政治活动家看来，“鬼神降福”是政治成功的必要条件。

秦王朝建立新的专制主义政权之后，对于以往的鬼神崇拜和鬼神祭祀体系又予以重新确认或者重新规定。《史记·封禅书》说，“及秦并天下，令祠官所常奉天地名山大川鬼神可得而序也”。

汉初帝王对鬼神系统的关注，最典型的事例，是《史记·屈原贾生列传》中著名的故事。贾谊以少年多才而为汉文帝欣赏，然而不久“天子后亦疏之，不用其议，乃以贾生为长沙王太傅”。贾谊“意不自得”，伤悼自叹。司马迁接着写道：

> 后岁余，贾生征见。孝文帝方受釐，坐宣室。上因感鬼神事，而问鬼神之本。贾生因具道所以然之状。至夜半，文帝前席。既罢，曰：“吾久不见贾生，自以为过之，今不及也。”居顷之，拜贾生为梁

① 《北史·献文六王列传·彭城王勰传》：“〔元〕勰乃密为坛于汝水滨，依周公故事，告天地及献文，为帝请命，乞以身代。帝瘳损。”

怀王太傅。梁怀王，文帝之少子，爱，而好书，故令贾生傅之。

于是唐代诗人李商隐《贾生》诗写道：

宣室求贤访逐臣，贾生才调更无伦。
可怜夜半虚前席，不问苍生问鬼神。

汉文帝遗诏说："朕之不德，无以佐百姓；今崩，又使重服久临，以离寒暑之数，哀人之父子，伤老幼之志，损其饮食，绝鬼神之祭祀，以重吾不德也，谓天下何！"他对于"使重服久临"而扰民的忧虑，主要出发点之一，即所谓"绝鬼神之祭祀"，于是在这篇遗诏中又宣布："毋禁取妇嫁女祠祀饮酒食肉者。""祠祀"，就是"鬼神之祭祀"。

鬼神迷信最为泛滥，而鬼神迷信又与政治生活联系最为紧密的历史阶段，是汉武帝时代。

司马迁在《史记·封禅书》说：

今天子初即位，尤敬鬼神之祀。

在汉武帝执政期间，鬼神信仰被抬高到空前的程度。甚至当时方士以方术影响汉武帝，也被记载作"以鬼神方见上"[①]。

司马迁曾经有追随汉武帝祭祀各地鬼神的实践，他又是第一位总结历代鬼神信仰的史学家。《史记·封禅书》："太史公曰：余从巡祭天地诸神名山川而封禅焉。入寿宫侍祠神语，究观方士祠官之意，于是退而论次自古以来用事于鬼神者，具见其表里。后有君子，得以览焉。"

在司马迁时代已经形成并且在学界流行的儒学经典中，鬼神崇拜已经成为政治文化的基本构成之一。

① 《史记·封禅书》："齐人少翁以鬼神方见上。"

《易·乾》说："大人者，与天地合其德，与日月合其明，与四时合其序，与鬼神合其吉凶。先天而天弗违，后天而奉天时。天且弗违，而况于人乎？况于鬼神乎？"执政者"大人"对于"鬼神"，与"天地""日月""四时"同样，必须持与之"合"而"弗违"的原则。

《易·丰》又从政治哲学和历史哲学的角度陈述了"宜日中"的原理。其中也说到"鬼神"："丰，大也。明以动，故丰。'王假之'，尚大也。'勿忧，宜日中'，宜照天下也。日中则昃，月盈则食，天地盈虚，与时消息，而况于人乎？况于鬼神乎？"王弼注："丰之为用，困于昃食者也。施于未足则尚丰，施于已盈则方溢，不可以为常，故具陈消息之道者也。"孔颖达疏："天地日月尚不能久，况于人与鬼神而能长保其盈虚乎？""鬼神"和"天地""人"同样，也是适用于盈虚无常的政治哲学规律的。

《易·系辞上》还说："天数五，地数五，五位相得而各有合。天数二十有五[①]，地数三十[②]，凡天地之数五十有五，此所以成变化而行鬼神也。"王弼注："变化以此成，鬼神以此行。""鬼神"之所以行，遵守着天数和地数，也体现着天数和地数。

《周礼·天官冢宰·小宰》说，小宰"以官府之六职辨邦治"，即治职、教职、礼职、政职、刑职、事职。其中"礼职"即包括："以和邦国，以谐万民，以事鬼神。"

《周礼·地官司徒·大司徒》又说，"荒政十有二"，其中，"十有一曰'索鬼神'"。郑玄注："索鬼神求废祀而修之。《云汉》之诗所谓'靡神不举，靡爱斯牲'者也。"救荒的行政措施之一，包括仔细检察是不是有曾经怠慢的鬼神，"求废祀以修之"。《诗·大雅·云汉》："靡神不举，靡爱斯牲。""上下奠瘗，靡神不宗。""靡神不举"一句，郑玄笺：靡，无也。"言王为旱之故求于群神，无不祭也。无所爱于三牲。""上下奠瘗"一句，毛亨传："上祭天，下祭地，奠其礼，瘗其物。'宗'，尊也，国有凶荒则索鬼神而祭之。"

---

① 王弼注："五奇合为二十五。"

② 王弼注："五耦合为三十。"

《周礼·地官司徒·党正》还写道："国索鬼神而祭祀，则以礼属民，而饮酒于序，以正齿位。"

鬼神祭祀与国家政治的密切关系，以《周礼·春官宗伯·大宗伯》中的这一段话表现最为明确：

> 大宗伯之职，掌建邦之天神、人鬼、地示之礼，以佐王建保邦国。以吉礼事邦国之鬼神示。……

郑玄注："'事'谓祀之、祭之、享之。"《周礼·春官宗伯·大宗伯》规定的其他祭祀对象，还有"昊天上帝""日月星辰""司中司命风伯雨师""社稷五祀五岳""山林川泽""四方百物"以及"先王"等。可见，在可以"佐王建保邦国"的所有祭祀系统之中，"鬼神"居于十分重要的地位。①

《周礼·春官宗伯·大宗伯》说，"以礼乐合天地之化，百物之产，以事鬼神，以谐万民，以致百物"。《周礼·春官宗伯·大司乐》又说，"以六律、六同、五声、八音、六舞，大合乐以致鬼神示，以和邦国，以谐万民，以安宾客，以说远人，以作动物"。"事鬼神""致鬼神"与"和邦国""谐万民""致百物"的关系，也反映在当时人的意识中，"鬼神"崇拜对于政治文化的重要意义。

《礼记·曲礼上》在讨论卜筮的作用时说道："卜筮者，先圣王之所以使民信时日，敬鬼神，畏法令也；所以使民决嫌疑，定犹与也。""圣王"之治的关键，在于"使民信时日，敬鬼神，畏法令"。

《左传·昭公七年》："侯主社稷，临祭祀，奉民人，事鬼神，从会朝。"所谓"事鬼神"，被列为君主的主要行政内容之一。

《左传·昭公十三年》记载，吴灭州来，楚令尹子期建议伐吴，楚平王不许，说："吾未抚民人，未事鬼神，未修守备，未定国家，而用民力，

① 对于所谓"天神、人鬼、地示之礼"，或者"以吉礼事邦国之鬼神示"，《周礼·春官宗伯·大宗伯》又称作"祀大神，享大鬼，祭大示"。

败不可悔。”“未事鬼神”，是可能招致败亡的。

据《左传·隐公十一年》，郑人伐许，郑伯说：“天祸许国，鬼神实不逞于许君，而假手于我寡人。”国运衰败，是鬼神的惩罚。《昭公二十六年》：“不知天之弃鲁耶，抑鲁君有罪于鬼神，故及此也?”也说到同样的情形。当时的当政者，都努力“上下说于鬼神，顺道其欲恶”，从而“使神无有怨痛”于本国（《国语·楚语下》）。

“鬼神”，是政治生活中一种超然的力量。“鬼神”以最高政治道德要求“德”为准则，甚至不受亲情的干扰，《左传·僖公五年》：“鬼神非人实亲，惟德是依。故《周书》曰：‘皇天无亲，惟德是辅。’又曰：‘黍稷非馨，明德惟馨。’又曰：‘民不易物，惟德繄物。’如是，则非德民不和，神不享矣。神所冯依，将在德矣。”“鬼神”，还被看作外交盟誓时的见证[①]，也就是说，实际上在国际政治交往中也成为一种公正的象征[②]。

《战国策·秦策四》黄歇说秦昭襄王语，形容与秦国作战的韩、魏两国的情形：“本国残，社稷坏，宗庙隳，刳腹折颐，首身分离，暴骨草泽，头颅僵仆，相望于境；父子老弱系虏，相随于路；鬼神狐祥无所食，百姓不聊生，族类离散，流亡为臣妾，满海内矣。”其中说到“鬼神”的物质待遇其实是和“百姓”同样，也受到战争灾祸的威胁。这一情形，是讨论战国秦汉鬼神崇拜这一文化现象时应当重视的。“鬼神狐祥”，鲍彪本注：“狐之为妖者。”吴师道正曰：“《史》‘狐伤’是。《新序》作‘潢洋’二字。”不过，我们今天看到的《史记·春申君列传》写作“鬼神孤伤，无所血食”。从“鬼神狐祥”“鬼神狐伤”的说法，可以分析中国民间狐精狐

① 《左传·定公元年》：仲几对士弥牟说起旧时之盟，“纵子忘之，山川鬼神其忘诸乎?”杜预《集解》：“山川鬼神，盟所告。”

② 又如《国语·吴语》：“将盟，越王又使诸稽郢辞曰：‘以盟为有益乎？前盟口血未干，足以结信矣。以盟为无益乎？君王舍甲兵之威以临使之，而胡重于鬼神而自轻也?’吴王乃许之，荒成不盟。”

妖迷信的早期形成。[①]

据说孔子本人是十分重视“鬼神”崇拜的意义的。《孝经·感应章》引述孔子的话，强调“宗庙致敬，鬼神著矣”是实现“通于神明，光于四海，无所不通”的境界的重要条件。《论语·泰伯》赞美禹的言辞中，也包括对于禹敬事“鬼神”的肯定：“子曰：‘禹，吾无间然矣。菲饮食而致孝乎鬼神；恶衣服而致美乎黻冕；卑宫室而尽力乎沟洫。禹，吾无间然矣。’”

不过，孔子又有对狂热的“鬼神”崇拜持保留态度的言论。

例如，《论语·雍也》说：“樊迟问知。子曰：‘务民之义，敬鬼神而远之，可谓知矣。’”《礼记·表记》又写道：“子曰：‘夏道尊命，事鬼神敬而远之，近人而忠焉；殷人尊神，率民以事神，先鬼而后礼；周人尊礼尚施，事鬼神敬而远之，近人而忠焉。’”又如《论语·先进》：“季路问事鬼神。子曰：‘未能事人，焉能事鬼！’”[②]

据《礼记·中庸》：“子曰：素隐行怪，后世有述焉，吾弗为之矣。”《论语·述而》说：“子不语：怪、力、乱、神。”《荀子·荣辱》：“君子道其常，而小人道其怪。”[③]《淮南子·主术》也说：“孔子作为《春秋》，不道鬼神。”

对于这一思想倾向，司马迁是欣赏的。

《史记·孔子世家》采用了前引“质诸鬼神而无憾”的说法，同时也写道：

---

① 《史记·陈涉世家》：“吴广之次所旁丛祠中，夜篝火，狐鸣呼曰‘大楚兴，陈胜王’。”起义前的宣传鼓动方式，也说明狐之有神性的传说起源甚早。有人认为，“狐狸被仙化并受到人们的供奉始于唐”（姚立江：《中国北方的狐仙崇拜》，《文史知识》1996年第5期），可能结论偏于保守。不过，《战国策·秦策四》“鬼神狐祥”，其中“狐祥”，王念孙《广雅疏证》卷六上《释训》取《新序·善谋》“潢洋”说，以为与《楚辞·九辩》所谓“潢洋”、司马相如《上林赋》所谓“潢漾”、《史记·老子韩非列传》记庄子事迹所谓“洸洋”等同。《汉语大词典》以为应当释作“彷徨”。其文意，其实还可以讨论。

② 与这一思想一脉相承的论点，有《左传·庄公三十二年》：“国将兴，听于民；将亡，听于神。”《左传·僖公十九年》：“民，神之主也。是以圣王先成民而后致力于神。”

③ 《荀子·天论》又写道：“万物之怪，书不说。”

子不语：怪、力、乱、神。

裴骃《集解》："王肃曰：'……神谓鬼神之事。'李充曰：'力不由理，斯怪力也；神不由正，斯怪神也。怪力、乱神，有与于邪，无益于教，故不言也。'"

对于《礼记·表记》所谓孔子关于夏"事鬼神敬而远之"，"殷人尊神，率民以事神，先鬼而后礼"，周人又"事鬼神敬而远之"的说法，司马迁在《史记》中是这样表述的，《高祖本纪》：

太史公曰：夏之政忠。忠之敝，小人以野，故殷人承之以敬。敬之敝，小人以鬼，故周人承之以文。文之敝，小人以僿，故救僿莫若以忠。

对于所谓"小人以鬼"，裴骃《集解》："郑玄曰：'多威仪，如事鬼神。'"泷川资言《史记会注考证》："中井积德曰：'鬼，尚鬼信禨祥也。"[1]实际上，"小人以鬼"，是说民间"尚鬼"之俗已经泛滥至极。

对于"鬼神"崇拜中迷信成分的怀疑，又体现于《史记·夏本纪》和《三代世家》对帝孔甲"好方鬼神，事淫乱""好鬼神，淫乱不好德"的批评。

此外，我们还看到，《史记·封禅书》揭露方士的骗局时，曾经说到"齐人少翁以鬼神方见上"。《龟策列传》中又写道：

君子谓夫轻卜筮，无神明者，悖；背人道，信祯祥者，鬼神不得其正。故《书》建稽疑，五谋而卜筮居其二，五占从其多，明有而不专之道也。

---

① 据《史记会注考证》,《集解》引郑玄所谓"多威仪，如事鬼神"，有的版本作"多威仪，而事鬼神"。

背逆“人道”而过于迷信“鬼神”之道，反而“鬼神不得其正”。似乎司马迁以为，对“鬼神”的信仰，大约正应当是“有而不专”。

《史记·李斯列传》记载，赵高和胡亥阴谋以伪造秦始皇玺书形式发动政变，夺取帝位时，胡亥起初犹疑不定。赵高劝胡亥说：“顾小而忘大，后必有害；狐疑犹豫，后必有悔。断而敢行，鬼神避之，后有成功。愿子遂之!”后来胡亥果然接受了赵高的建议。所谓“断而敢行，鬼神避之，后有成功”，说明在鬼神迷信相当盛行的秦人的观念中，对于鬼神也存有一定的实用主义的态度，而且其心底深处，是相信人的努力，甚至是可以强使“鬼神避之”的。

司马迁对于赵高的人格是鄙弃的，然而对于这样的心理倾向，却并没有予以否定。

《战国策·宋卫策》说：宋康王得到被解释为“小而生巨，必霸天下”的祥兆，大喜，于是兴兵出征，灭滕伐薛，取淮北之地，“乃愈自信，欲霸之亟成，故射天笞地，斩社稷而焚灭之，曰：‘威服天下鬼神。’”后来终于国破身亡。对于这种所谓“威服天下鬼神”的狂妄言行，司马迁以史家的角度，也是持批判的态度的。《史记·宋微子世家》写道：“君偃十一年，自立为王。东败齐，取五城；南败楚，取地三百里；西败魏军，乃与齐、魏为敌国。盛血以韦囊，悬而射之，命曰‘射天’。淫于酒、妇人。群臣谏者辄射之。于是诸侯皆曰‘桀宋’，‘宋其复为纣所为，不可不诛’。告齐伐宋。王偃立四十七年，齐湣王与魏、楚伐宋，杀王偃，遂灭宋而三分其地。”

“恶鬼辟，真人至”

秦始皇三十六年（公元前211年），有陨石下落东郡。“黔首或刻其石曰：‘始皇帝死而地分。’始皇闻之，遣御史逐问，莫服，尽取石旁居人诛之，因燔销其石。”《史记·秦始皇本纪》又记载：

始皇不乐，使博士为《仙真人诗》，及行所游天下，传令乐人歌弦之。

秋，使者从关东夜过华阴平舒道，有人持璧遮使者曰："为吾遗滈池君。"因言曰："今年祖龙死。"使者问其故，因忽不见，置其璧去。使者奉璧具以闻。始皇默然良久，曰：'山鬼固不过知一岁事也。'退言曰：'祖龙者，人之先也。'使御府视璧，乃二十八年行渡江所沈璧也。

班固在《汉书·五行志中之上》中也引述了这一故事，情节则与司马迁所记略有不同，并且将东郡陨石一并看作异象：

史记秦始皇帝三十六年，郑客从关东来，至华阴，望见素车白马从华山上下，知其非人，道住止而待之。遂至，持璧与客曰："为我遗镐池君。"因言"今年祖龙死"。忽不见。郑客奉璧，即始皇二十八年过江所湛璧也。与周子晁同应。是岁，石陨于东郡，民或刻其石曰："始皇死而地分。"此皆白祥，炕阳暴虐，号令不从，孤阳独治，群阴不附之所致也。一曰，石，阴类也，阴持高节，臣将危君，赵高、李斯之象也。始皇不畏戒自省，反夷灭其旁民，而燔烧其石。是岁始皇死，后三年而秦灭。

所谓"史记"，当是出自司马迁《史记》。而为了与"今年祖龙死"相合，记作"是岁始皇死"，竟修改了司马迁的记述。

"今年祖龙死"，梁玉绳《史记志疑》卷五说："'今年'，当依《搜神记》作'明年'为确。各处并误作'今年'。"又引《潜丘札记》论之云："'今'字必'明'字之讹，证有二焉：一果三十七年七月始皇崩，其言验。一始皇曰'山鬼固不过知一岁事'，讥其伎俩仅知今年，若明年之事彼岂能预知乎？幸其言不验。李白《古风》云：'璧遗镐池君，明年祖龙死。秦人相谓曰：吾属可去矣。一往桃花源，千春隔流水。'乃知太白唐时所见《史记》本尚无讹也。”梁玉绳还写道：“余又得一证，《文选》潘岳《西征赋》注及《初学记》卷五引《史记》正作‘明年’，可补阎氏所未及。”钱锺书先生也指出：“刘延世《孙公谈圃》卷中记一蓬头小青衣送王安石以白杨木笏，‘荆公恶甚，弃之墙下，曰：明年祖龙死！’可参印。”又说，“事亦见《水经注》卷一九《渭水》及《后汉书·襄楷传》章怀注所引《春秋后传》”，“与《史记》《搜神记》情节不同，波折似胜也”。[①]《水经注·渭水下》：

> 《春秋后传》曰：使者郑容入柏谷关，至平舒置，见华山有素车白马，问郑容安之？答曰：之咸阳。车上人曰：吾华山君使，愿托书致鄗池君，子之咸阳过鄗池，见大梓下有文石，取以款列梓，当有应者，以书与之，勿妄发，致之得所欲。郑容行至鄗池。见一梓下果有文石，取以款梓，应曰：诺。郑容如睡觉而见宫阙，若王者之居焉。谒者出，受书入。有顷，闻语声言祖龙死。神道茫昧，理难辨测，故无以精其幽致矣。[②]

《搜神记》卷四“华山使”条与此类同：“秦始皇三十六年，使者郑容从关东来，将入函关。西至华阴，望见素车白马，从华山上下。疑其非人，道住，止而待之。遂至，问郑容曰：‘安之？’答曰：‘之咸阳。’车上人曰：‘吾华山使也。愿托一牍书，致镐池君所。子之咸阳，道过镐池，见一大梓，有文石，取款梓，当有应者，即以书与之。’容如其言，以石款梓树，果有人来取书。明年，祖龙死。”

可能《史记·秦始皇本纪》“今年祖龙死”确实当作“明年祖龙死”。

---

① 钱锺书：《管锥编》第1册，中华书局1979年版，第264页。

② 《后汉书·襄楷传》：“昔秦之将衰，华山神操璧以授郑客，曰：‘今年祖龙死’，始皇逃之，死于沙丘。”李贤注：“祖龙谓秦始皇也。”又引乐资《春秋后传》曰：“使者郑客入函谷，至平舒，见素车白马，曰：‘吾华山君，愿以一牍致滈池君。子之咸阳，过滈池，见一大梓树，有文石，取以扣树，当有应者，以书与之。’郑客如其言，见宫阙如王者居，谒者出受书，入有顷，云‘今年祖龙死’。”

有学者判断，《搜神记》“明年，祖龙死”之前当有阙文。[①]

“素车白马”，是神仙所乘。此说最先出于《汉书》，又称“此皆白祥”，而实际上正与《史记·封禅书》所记方士语三神山“其物禽兽尽白”相一致。白色，当是云气之色。三神山传说，也有所谓“未至，望之如云”的说法。

秦始皇说“山鬼固不过知一岁事也”，所谓“山鬼”，当是说华山之鬼神。《史记·秦始皇本纪》只说“华阴”而未说“华山”，可能也有阙文。

《史记·秦始皇本纪》和《汉书·五行志中之上》持璧致镐池君的说法[②]，在《春秋后传》和《搜神记》中已经演变为致书镐池君。虽然钱锺书先生说《春秋后传》“情节不同，波折似胜也”，但是《史记》山鬼持璧致镐池君，而此璧乃八年前秦始皇渡江时所沉以致江神者的传说，似乎更富有志怪色彩。

不过，江神何以致璧山鬼，“明年祖龙死”这样的重要的政治预言如何在山川神之间作为秘密信息传递，可能当时还有情节更生动而富有“波折”的传说。

秦始皇对“山鬼”的预言持疑畏参半的态度。我们还看到，秦始皇所抱敌视态度的“鬼神”，还有所谓“恶鬼”。

《史记·秦始皇本纪》记载：

> 卢生说始皇曰：“臣等求芝奇药仙者常弗遇，类物有害之者，方中，人主时为微行以辟恶鬼，恶鬼辟，真人至。”

卢生又说：“人主所居而人臣知之，则害于神。”劝秦始皇深居简出，隐秘行在，“愿上所居宫毋令人知，然后不死之药殆可得也”。

秦始皇说：“吾慕真人，自谓‘真人’，不称‘朕’。”并且从“辟恶

① 《搜神记》汪绍楹校注：“按《史记》《汉志》《春秋后传》，此二句系容与书时所闻鬼神语。‘明年’上当有脱文。”

② 《后汉书·襄楷传》也说“昔秦之将衰，华山神操璧以授郑客”。

鬼”的目的出发，随即进行了宫廷制度的重要改造。《史记·秦始皇本纪》记载，秦始皇“乃令咸阳之旁二百里内宫观二百七十复道甬道相连，帷帐钟鼓美人充之，各案署不移徙。行所幸，有言其处者，罪死”。秦始皇曾行幸梁山宫，从山上望见丞相车骑甚众，“弗善也”。身边侍从或有人私告丞相，丞相随即减损车骑。于是，“始皇怒曰：‘此中人泄吾语。’案问莫服。当是时，诏捕诸时在旁者，皆杀之。自是后莫知行之所在。听事，群臣受决事，悉于咸阳宫”。“甬道”，是封闭式的专用道路。“复道”，也是以立体交叉形式与公用道路相分隔的特殊道路。这些形制独异的交通道路形式的出现，竟然有以鬼神崇拜为特征的神秘主义文化的背景。

司马迁在《史记》中再一次使用“恶鬼”称谓，是在《封禅书》关于汉武帝事迹的记述中：

> 文成言曰：“上即欲与神通，宫室被服非象神，神物不至。”乃作画云气车，及各以胜日驾车辟恶鬼。

“作画云气车”句，司马贞《索隐》：“案：乐产云：‘谓画青车以甲乙，画赤车丙丁，画玄车壬癸，画白车庚辛，画黄车戊己。将有水事则乘黄车，故下云驾车辟恶鬼是也。’”

《史记·孝武本纪》有同样的记述[①]，裴骃《集解》引《汉书音义》对“胜日”的解释为：“如火胜金，用丙与丁日，不用庚辛。”

“胜日”，即五行家所谓金、木、水、火、土相克之日。泷川资言《史记会注考证》：“‘胜日’，谓甲乙五行相克之日也。例如庚辛日驾赤车，丙丁日驾黑车也。”又引林伯桐曰：“‘作画云气车’，此一事也。‘各以胜日驾车辟恶鬼’，此又一事也。《索隐》似误。”

其实，即使如林伯桐说“作画云气车，及各以胜日驾车辟恶鬼”为二事，仍然都以同样作为交通形式而受到重视。

---

① 只是略有不同，《封禅书》“宫室被服非象神”，《孝武本纪》作“宫室被服不象神”。

秦汉时期民间鬼神崇拜在交通形式方面的影响，还可以举出传说中“神车”的实例。

在汉代文物资料中，常常可以看到以神车作为表现主题的画像。

山东滕县、安丘、嘉祥等地表现出齐鲁地区文化风格的汉画像石以及江苏徐州等地体现滨海地区文化风格的汉画像石多有神车画面，河南南阳等地代表中原地区文化风格的汉代画像中也有类似资料，兼有北边地区和关中地区文化风格的陕北汉画像石中也可见内容类同的画面。而出产地分布相当广阔的汉代铜镜也多可看到神车纹饰。看来，神车所体现的文化意识在汉代民间的流布已经周遍四方。而不同等级规格的汉墓多可见神车画像出土，也可以说明这种文化意识在不同社会层次间的普及。

飞龙牵引云车，是汉代神车画像中较为多见的造型。山东嘉祥武氏祠后石室画像石中可见前有龙骑导引，后有龙骑拥护的龙车画面。龙车以云纹为饰，御者、乘者皆生羽翼。车列超越飞鸟，象征飞驰神速。山东安丘董家庄汉墓出土的画像石也发现类似的画面。有研究者记述说，“画面右段，三龙驾羽翅形云车，车上树建鼓，一御者，一乘者，二仙人骑虎前导，三仙人骑兽和三兽跟从”[①]。林巳奈夫先生以为此图左侧描绘的鱼鸟为鲲与鹏，又据《列子・汤问》所谓“终北之北有溟海者，天池也，有鱼焉，其广数千里，其长称焉，其名为鲲。有鸟焉，其名为鹏，翼若垂天之云，其体称焉。世岂知有此物哉？大禹行而见之”[②]，推定龙车上乘坐的尊者是禹。此说未得确证。不过，从日本东急美术馆藏汉镜所见龙车纹饰看，同一画面组合中其他图案则为玉兔捣药、仙人抚琴、羽人献芝、飞虎噬魅、仙人骑鹿等，似乎一般情况下，龙车乘者未必专指具体的神祇。

汉代画像中又多见被称作“河伯出行”的画面，大多以游鱼作为引车动力。河南南阳王庄汉墓出土画像石就有类似内容。据有的研究者描述，“画面中央刻四鱼驾车疾驰白浪间，车中间高撑华盖，乘车者为河伯。车

① 山东省博物馆、山东省文物考古研究所编:《山东汉画像石选集》,齐鲁书社1982年3月版,第51页。

② 鲲鹏神话又见《庄子・逍遥游》。

前有执盾者开道，左右有骑鱼扈从尾随”[①]。山东嘉祥武氏祠画像石内容类同的画面，林巳奈夫则定名为“海神出行”与“海神出击”[②]。

这种画面多以云团象征车轮，车列前后随护相迎者又可见羽人、羽鱼形象，并多以云纹相衬托以体现所行高远，似乎画面背景未必限于河海水域。河南南阳唐河县针织厂出土画像石可见三鱼引车、四鱼从护的情形。研究者或释为“河伯”乘“水车”出行，并引《九歌·河伯》所谓“与女游兮九河，冲风起兮横波，乘水车兮荷盖，驾两龙兮骖螭”以为证。[③]然而驾龙骖螭明言并非鱼车。不过，《河伯》随即又有“登昆仑兮四望，心飞扬兮浩荡”之辞，注家或释为上溯河源，然而一“登”字，已可以理解为神车脱离水域，由此或可使人消减鱼车云纹的疑惑。此外，《河伯》中所谓“乘白鼋兮逐文鱼”，也似乎可以在汉代画像中找到图解。江苏铜山汉画像石可见龙车上方又有三鱼引车，车轮用云纹表现，车上立乘者头戴鱼形冠，车舆以一巨型鳖腹甲为主体，可能即象征“白鼋”之车。鱼车或白鼋之车竟然凌于龙车之上，可以体现其相互间的关系。前者作为神车，在当时人的观念中，于行水之外，可能也可以行陆、行空。

《史记·秦始皇本纪》记载方士为秦始皇言入海求神药事，说道：“水神不可见，以大鱼蛟龙为候。”《博物志·异闻》也说：“冯夷，华阴潼乡人也，得仙道，化为河伯，岂道同哉？仙夷乘龙虎，水神乘鱼龙，其行恍惚，万里如室。”大约以“鱼龙”为乘，其义相近，都用以表现仙游遨怡，“神高驰之邈邈”[④]的意兴。据《史记·河渠书》，汉武帝曾经亲临视察瓠子河决处，指挥塞决口御水，为“钜野溢”而“鱼沸郁”情景作歌，辞曰：

延道弛兮离常流，蛟龙骋兮方远游。

---

① 王儒林、李陈广：《南阳汉画像石》，河南美术出版社1989年6月版，第200页。
② 林巳奈夫：《漢代の神神》，臨川书店1989年版，第179页至第180页。
③ 王建中、闪修山：《南阳两汉画像石》，文物出版社1990年6月版，图152。
④ 屈原：《离骚》。

归旧川兮神哉沛，不封禅兮安各外！

为我谓河伯兮何不仁，泛滥不止兮愁吾人？

由此可知在当时的历史文化条件下“水神”“河伯”在神界中的地位。而所谓“蛟龙骋兮方远游”，又说明龙车也是想象中的河伯乘车。有学者曾指出屈原自沉汨罗有“以水死作为手段，以求永生（成仙，即可不死），达到‘身既死兮神以灵’的境界”的意义，即以求所谓“水解成仙”。[①]有的学者又指出，“从民俗神话学的观点来看”，“诗人的‘水死’也许别有一层意味”。“如果从所谓‘永恒回归’的神话原型理论来看”，投水自杀，“是以死亡求取新生，如同‘太阳历天又复入西海’，‘杳冥冥兮以东行’那样从水底再次升起，体现着‘诞生—死亡—复活’的生命循环”[②]。从这一观点出发，分析汉墓画像多见水神龙鱼之车的背景，或许可能得到接近历史实际的认识。

《博物志·异闻》所谓“仙夷乘龙虎”，注家或以为“仙夷”应即“仙人”[③]，然而，“仙夷乘龙虎”句与“水神乘鱼龙”句对应，“仙夷”或指山神。《九歌·山鬼》：“乘赤豹兮从文狸，辛夷车兮结桂旗。”王逸注：“言山鬼出入，乘赤豹，从文狸，结桂与辛夷以为车旗。”汉代画像中正可以看到虎豹牵引的神车。江苏铜山洪楼汉画像石身饰斑纹的翼虎曳车，车上有神兽击鼓的画面，可以作为实例。河南南阳英庄出土汉画像石可见三虎牵车，虎亦有翼，腾跃飞驰，车轮以飞云为象征，御者与乘者皆为羽人。车上立竿悬鼓，或以为即“雷公车”画像。[④]

汉镜纹饰有龙车、虎车与鸟车共同构成一组画面的情形，车舆下均以云气托拥。可见以飞鸟作为牵引动力，也是汉代人观念中神车的形式之一。山东嘉祥武氏祠后石室画像石可见先以三条飞龙、继以三匹飞马为前卫

---

① 龚维英：《屈原自沉汨罗探隐》，《辽宁大学学报》1984年第3期。

② 萧兵：《楚辞的文化破译——一个微宏观互渗的研究》，湖北人民出版社1991年11月版。第112页。

③ 范宁：《博物志校证》，中华书局1980年1月版，第87页。

④ 王建中、闪修山：《南阳两汉画像石》，文物出版社1990年6月版，图156。

的三只飞鸟所驾车辆，车轮以云气作表现形式，鸟则神化为四足。陕北汉画像石所见被看作东王公的神人所乘车辆，则以三只飞燕作为牵引动力。

山东嘉祥武氏祠汉画像石所提供的资料中，可以看到北斗七星组成的神车，上乘坐峨冠广袖者，面目庄严，前后人众均虔诚礼拜。这幅画面可以看作《史记·天官书》所谓“斗为帝车”的图解。据说：“斗为帝车，运于中央，临制四乡，分阴阳，建四时，均五行，移节度，定诸纪，皆系于斗。”

河南南阳七一乡王庄汉墓出土的画像石有所谓“天帝出行”画面[①]，三神人合力曳引一车，车以五星为车轮，中央一星象征车轴，周围四星象征车辋。《韩非子·十过》说，黄帝出行时，“蚩尤居前，风伯进扫，雨师洒道”。画面所反映的大约正是类似情形。“雨师洒道”神话的产生，是以当时交通道路一般均为土质路面，行车时不免扬起飞尘作为认识基础的。《汉书·礼乐志》载《郊祀歌·练时日》写道：“灵之车，结玄云，驾飞龙，羽旄纷。灵之下，若风马，左仓龙，右白虎。灵之来，神哉沛，先以雨，般裔裔。”颜师古解释说：“先以雨，言神欲行，令雨先驱也。般读与班同。班，布也。裔裔，飞流之貌。”神来先雨的想象，也源起于现世交通生活中对路尘的厌畏。

以神人牵曳的神车又见于山东嘉祥武氏祠画像。一幅画面为五位神人并力輓车，另一幅輓车则六位神人，神车腾云而起。车上乘者以锤击鼓，论者或以为即雷公形象。这类画面反映当时以人力作为车辆动力仍十分普遍。《说文·车部》：“輓，引车也。”汉初人时常追述秦始皇时代令“天下蜚刍輓粟”，“转输北河”（《史记·平津侯主父列传》），发卒远征。“中国内郡輓车而饷之”（《淮南子·人间》），“輓辂首路死者，一旦不知千万之数”（《淮南子·兵略》）的情景。然而《史记·刘敬叔孙通列传》说，娄敬建议刘邦定都关中，即“脱輓辂”而进言。《盐铁论·未通》说到当时民间“服輓输”之役致使“老弱负辂于路”形成的沉重负担。《淮

① 《南阳两汉画像石》题作“天帝出行”。《南阳汉画像石》题作“帝车·风伯、雨师”。

南子·说山》有“引车者二六”的说法，高诱注以为“辕三人，两辕六人”。《九章算术·商功》关于土方工程中“载土”的算题，也说到人力引车的普遍情形是“六人共车”。山东嘉祥武氏祠汉画像石两幅神人挽神车的画面中，一幅六位挽车神人者，恰与文献记载相符，另一幅如果于上列扶促挽车神人的羽人也归入“引车者”之中，则亦与实际运输劳动中“引车者二六”，“六人共车”的情形一致。

汉代神车画像中又多见以鹿作为车辆牵引动力的画面。例如河南南阳魏公桥汉墓出土的画像石，有研究者描述说：“画像为墓主人乘鹿车升仙。右方二鹿驾云气之车奔腾飞升，车上二人，前为驭者，后面端坐墓主人，斜树招引旗帜。二仙人执灵芝驱一鹿追赶鹿车。”[①]江苏铜山洪楼地区汉画像石也有表现鹿车的画面。鹿，在汉代人意识中具有某种神秘主义意味。鹿与交通以及车辆相关，有时被看作神异之象。《后汉书·郑弘传》李贤注引《谢承书》说：“弘消息徭赋，政不烦苛。行春天旱，随车致雨。白鹿方道，侠毂而行。”郑弘不知“鹿为吉为凶”，请教主簿黄国，黄国回答说：“闻三公车輴画作鹿，明府必为宰相。”后来郑弘果然得以升迁，位列三公。屈原《天问》：“撰体协胁，鹿何膺之？”王逸的解释以为反映了“神鹿”传说。《后汉书·西南夷列传》及《华阳国志·南中志》也都说到所谓“神鹿”[②]。《太平御览》卷九〇六引《春秋历命序》说：“神驾六飞鹿，化三百岁。”又引《神仙传》说，有鲁女生修行于华山，“乘白鹿车，从者玉女数十人”。可见鹿车“神驾”之外，又往往仙人所乘。前引汉画像石两例如若称作“仙车画像”，或许也是适宜的。

《说文·匕部》：“眞，仙人变形而登天也。从匕从目乚八，所乘载也。”所谓“真人”，也是“仙人”。

战国时期已经出现关于“真人”的说法。《庄子·大宗师》说：“有‘真人’而后有真知。”那么何谓“真人”呢？庄子学派的学者又写道：“古之‘真人’，不逆寡，不雄成，不谟士。若然者，过而弗悔，当而不自

① 王儒林、李陈广：《南阳汉画像石》，河南美术出版社1989年6月版，第199页。

② 《太平御览》卷九〇六引《博物志》所述略同。

得也。若然者，登高不栗，入水不濡，入火不热[1]，是知之能登假于道者也若此。古之‘真人’，其寝不梦，其觉无忧，其食不甘，其息深深……古之‘真人’，不知说生，不知恶死，其出不䜣，其入不距；翛然而往，翛然而来而已矣。不忘其所始，不求其所终。受而喜之，忘而复之。是之谓不以心捐道，不以人助天，是之谓‘真人’。”《吕氏春秋·先己》也说：“精气日新，邪气尽去，及其天年。此之谓‘真人’。”对于“真人”，高诱注：“真德之人。”

这里所说的“真人”，按照顾颉刚先生的说法，是“颇有仙人的意味”的。顾颉刚先生还说，关于“真人”迷信的思想，其发生，大致有两种原因。“其一是时代的压迫。”[2]“其二是思想的解放。”[3]“有了这两种原因作基础，再加以方士们的点染，旧有的巫祝们的拉拢，精深的和浅薄的，哲学的和宗教的，种种不同的思想糅杂在一起，神仙说就具有了一种出世的宗教的规模了。”[4]

《史记·屈原贾生列传》载贾谊《服鸟赋》：

> 真人淡漠兮，独与道息。[5]

---

① 《史记·秦始皇本纪》：卢生说秦始皇：“‘真人’者，入水不濡，入火不爇，陵云气，与天地久长。”是用《庄子》之说。

② 顾颉刚先生说：“战国是一个社会组织根本变动的时代，大家感到苦闷，但大家想不出解决的办法。苦闷到极度，只想‘哪得躲开了这恶浊的世界呢’？可是一个人吃饭穿衣总是免不了的，这现实的世界紧紧跟在你的后头，有何躲开的可能。这问题实际上既不能解决，那么还是用玄想去解决罢，于是‘吸风饮露，游乎四海之外’的超人就出来了。《楚辞·远游》云：‘悲时俗之迫厄兮，愿轻举而远游。质菲薄而无因兮，焉托乘而上浮。……免众患而不惧兮，世莫知其所如。’正写出了这种心理。”

③ 顾颉刚先生说：“本来天上的阶级即是人间的阶级，而还比人间多出了一个特尊的上帝，他有最神圣的地位，小小的人间除了信仰和顺从之外再有什么敢想？但到战国时，旧制度和旧信仰都解体了，‘天地不仁’‘其鬼不神’的口号喊出来了，在上帝之先的‘道’也寻出来了，于是天上的阶级跟了人间的阶级而一齐倒坏。个人既在政治上取得权力，脱离了贵族的羁绊，自然会想在生命上取得自由，脱离了上帝的羁绊。做了仙人，服了不死之药，从此无拘无束，与天地相终始，上帝再管得着吗！不但上帝管不着我，我还可以做上帝的朋友，所以《庄子》上常说‘与造物者（上帝）游’，‘与造物者为人’。这真是一个极端平等的思想！”

④ 顾颉刚：《秦汉的方士与儒生》，上海古籍出版社1978年版，第10页至第11页。

⑤ 贾谊说到“怵迫之徒”与“大人”的对比，“拘士”与“至人”的对比，“众人”与“真人”的对比，在“大人”“至人”与“真人”中，“真人”是精神境界与道德层次最高的。

《淮南子·本经》又说：

> 莫生莫死，莫虚莫盈，是谓“真人”。

王逸《九思·守志》也写道：“随真人兮翱翔，食元气兮长存。”当然，方士卢生所谓“恶鬼辟，真人至”，秦始皇所谓“吾慕真人，自谓‘真人’，不称‘朕’”，其中与“恶鬼”对立的“真人”似乎又有政治权力者的色彩。《史记·秦始皇本纪》写道：“〔赵〕高死之后，宾婚未得尽相劳，餐未及下咽，酒未及濡唇，楚兵已屠关中，‘真人’翔霸上，素车婴组，奉其符玺，以归帝者。”这里所说的“真人”与张衡《南都赋》所谓“方今天地之雎剌，帝乱其政，豺虎肆虐，‘真人’革命之秋也”的“真人”意近。

“鬼”与“物”

《史记·留侯世家》记述思想与实践多有神秘色彩，作为西汉开国名臣，晚年则决心“愿弃人间事，欲从赤松子游”，于是“乃学辟谷，道引轻身”的张良的事迹，最后又写道：

> 太史公曰：“学者多言无鬼神，然言有物。至如留侯所见老父予书，亦可怪矣。”

司马贞《索隐》：“按：‘物’谓精怪及药物也。”对于这样的说法，司马迁看来是理解的。

精怪鬼物，是民间普遍迷信的诸种系统不严整的杂神。其本质，其实也应当归入“鬼神”崇拜体系之中。

《史记·天官书》：“幽、厉以往，尚矣。所见天变，皆国殊窟穴，家占物怪，以合时应，其文图籍机祥不法。”所谓“家占物怪，以合时应”，可以体现“物”的性质。按照当时人的认识，“物”也是“神”。

汉武帝元封五年（公元前106年），行南巡狩，至于盛唐，望祀虞舜于九嶷。又登天柱山，从寻阳浮江，“亲射蛟江中，获之”。一行舳舻千里，薄枞阳而出，于是作《盛唐枞阳之歌》。继而北至琅邪，并海行，“所过礼祀其名山大川”，春三月，还至泰山，增封。甲子，祠高祖于明堂，以配上帝。这实际上似乎是一次以礼祀为主要目的的宗教性游行。《汉书·武帝纪》记录了汉武帝当时颁布的诏书：

> 朕巡荆扬，辑江淮物，会大海气，以合泰山。上天见象，增修封禅。其赦天下。

如淳解释说：“‘辑’，合也。‘物’犹神也，《郊祀志》所祭祀事也。”颜师古注：“‘辑’与‘集’同。”“集江淮之神，会大海之气，合致于太山，然后修封，总祭飨也。”

可见在最高级的政治公文中，也以“物”称“神”。

《史记》中说到神异之“物”的情形相当多，例如：

> 夫王人者，将导利而布之上下者也。使神人百物无不得极。（《周本纪》）
>
> 卢生说始皇曰：“臣等求芝奇药仙者常弗遇，类物有害之者。……”（《史记·秦始皇本纪》）
>
> 十五年，黄龙见成纪，……下诏曰：“有异物之神见于成纪，无害于民，岁以有年。”（《孝文本纪》）[①]
>
> 苌弘以方事周灵王，诸侯莫朝周，周力少，苌弘乃明鬼神事，设

① 事又见《史记·封禅书》。

射《狸首》。《狸首》者，诸侯之不来者。依物怪欲以致诸侯。[①]

〔李少君〕匿其年及其生长，常自谓七十，能使物，却老。其游以方遍诸侯。无妻子。人闻其能使物及不死，更馈遗之。[②]

宫室被服非象神，神物不至。

黄帝以上封禅，皆致怪物与神通。

修祠太一，若有象景光，屑如有望，震于怪物，欲止不敢，遂登封泰山，至于梁父，而后禅肃然。

其后令〔公玉〕带奉祠候神物。（《封禅书》）

出其怀中药予扁鹊："饮是以上池之水，三十日当知物矣。"[③]（《扁鹊仓公列传》）

追怪物，出宇宙，弯繁弱，满白羽，射游枭，栎蜚虡。[④]（《司马相如列传》）

至《禹本纪》《山海经》所有怪物，余不敢言之也。（《大宛列传》）

《史记·吕太后本纪》还写道，吕后"持鸩饮之"，害死赵王如意之后，遇日食、昼晦一类异象，常以为"此为我也"。"〔七年〕三月中，吕后祓，还过轵道，见物如苍犬，据高后掖，忽弗复见。卜之，云赵王如意为祟。高后遂病掖伤。"这里所说的"见物如苍犬"，也是一种神怪之"物"。它代表着一种复仇力量，使遭遇者深感恐惧。

《史记·封禅书》说到"百鬼""诸鬼"，然而具体的鬼，似乎只有所谓"灶鬼"一例，即："〔元狩二年〕，齐人少翁以鬼神方见上。上有所幸王夫人，夫人卒，少翁以方盖夜致王夫人及灶鬼之貌云，天子自帷中望见

---

① 泷川资言《史记会注考证》："钱大昕曰：'苌弘所行，乃是古礼，战国后礼废，乃疑其神怪尔。'"

② 泷川资言《史记会注考证》："物，鬼物也。"

③ 司马贞《索隐》："案：旧说云上池水谓水未至地，盖承取露及竹木上水，取之以和药，服之三十日，当见鬼物也。"

④ 张守节《正义》："'怪物'，谓游枭飞虡也。"裴骃《集解》："郭璞曰：'枭，枭羊也。似人，长唇，反踵，被发，食人。蜚虡，鹿头龙身，神兽。"

焉。于是乃拜少翁为文成将军，赏赐甚多，以客礼礼之。”

主管“灶”的鬼神，其地位虽然未必很高，但是崇祀却相当普及。《论语·八佾》：“与其媚于奥，宁媚于灶。”《淮南子·氾论》说：“故炎帝于火而死为灶。”高诱注：“炎帝神农，以火德王天下，死托祀于灶神。”《礼记·祭法》说，“王为群姓立七祀”，“王自为立七祀”，都包括“灶”。又说：“庶士、庶人立一祀，或立户，或立灶。”郑玄注：“此非大神所祈报大事者也，小神居人之间，司察小过，作谴告者尔。”“‘灶’，主饮食之事。”而灶神（灶鬼）在汉武帝时代受到特殊重视，又是有一定的历史原因的。

《史记·封禅书》说：“是时李少君亦以祠灶、谷道、却老方见上，上尊之。”李少君用以迷惑汉武帝的方术中，“祠灶”列为第一。司马迁还写道：

> 少君言上曰：“祠灶则致物，致物而丹沙可化为黄金，黄金成以为饮食器则益寿，益寿而海中蓬莱仙者乃可见，见之以封禅则不死，黄帝是也。……”于是天子始亲祠灶，遣方士入海求蓬莱安期生之属，而事化丹沙诸药齐为黄金矣。

原来李少翁在汉武帝面前夜致“灶鬼之貌”，是有一定的文化意义的。汉武帝对“祠灶”的重视，是基于方士们所设计的这样一条迷信链的影响：

> 祠灶—致物—朱砂炼金—黄金作饮食器—益寿—可见蓬莱仙者—封禅—不死

这一富有奇妙诱惑力的神学方程式，吸引这位多欲而有为的最高统治者不惜搁置政务，而努力寻求其最后的解。于是汉武帝亲自“祠灶”，“事化丹沙诸药齐为黄金”这种方士进行的早期化学实验，成为皇帝亲自关注的事。

中国科技史学者李约瑟先生曾经论述这一现象在世界文化史中的意义。他写道：“长生术和炼金术这两种思想，从公元前4世纪的邹衍（约公元前305—前240）时代开始，在中国炼金术士的思想中结合在一起，这似乎是所有文明中的第一次。正如我们将会看到的，中国也有变金术，并曾广泛地传播，以致引起皇帝在公元前144年发布敕令，严禁未经许可就私下铸造或制造‘假黄金’[①]。如果这些原始的冶金化学家没有其他方面的兴趣的话，他们的确不是我们所谓的炼丹家。但是，仅仅在几十年以后，到公元前133年，当李少君（汉武帝时人）请求皇帝支持他的研究时[②]，以及到公元前125年，当刘安（公元前177—前122）门下的自然科学哲学家小组编辑《淮南子》一书时，炼金术和长生术（可能发源于邹衍较早的学说）之间的结合就可以清楚地证实了。就这样，制造不朽的金属——金，和达到尘世的人的不朽，开始结合在一起，在其后几个世纪中，这一思想传播到全世界。”

据分析，“最初的形式是，人造金被制成杯、盘等器皿，它们具有赋予用它们饮食的人以长生不老的神奇性质”。

李约瑟还写道：“人造金或天然金不应当仅被限于制造不生锈的容器，而且应当被真正服食，使它们以某种形式进入人体的思想，也开始发展起来。[③]服食金的最早记录之一，见诸于约公元前80年的《盐铁论》[④]。到公元一世纪，封君达（公元一世纪或二世纪）开始服食汞[⑤]，而王兴（公

① 《汉书·景帝纪》:“〔六年十二月〕定铸钱伪黄金弃市律。”颜师古注:“应劭曰:‘文帝五年，听民放铸，律尚未除。先时多作伪金，伪金终不可成，而徒损费，转相诳耀，穷则起为盗贼，故定其律也。’孟康曰:‘民先时多作伪金，故其语曰:金可作，世可度。费损甚多而终不成。民亦稍知其意，犯者希，因此定律也。’师古曰:‘应说是。’”今按:民间“作伪金”应当只是出于经济追求，与长生理想似乎没有直接的关系。

② 李约瑟引《史记·孝武本纪》，其实应即前引《封禅书》所谓:“少君言上曰:‘祠灶则致物，致物而丹沙可化为黄金，黄金成以为饮食器则益寿，益寿而海中蓬莱仙者乃可见，见之以封禅则不死，黄帝是也。……’于是天子始亲祠灶，遣方士入海求蓬莱安期生之属，而事化丹沙诸药齐为黄金矣。”

③ 《抱朴子内篇·金丹》:“夫金丹之为物，烧之愈久，变化愈妙。黄金入火，百炼不销，埋之，毕天不朽。服此二物，炼人身体，故能令人不老不死。”又《抱朴子内篇·仙药》:“《玉经》曰:‘服金者寿如金。’”关于“金”可以将不朽的内质带给人的意识，可能在汉代已经产生。

④ 《盐铁论·散不足》:“当此之时，燕、齐之士释锄耒，争言神仙方士，于是趣咸阳者以千数，言仙人食金饮珠，然后寿与天地相保。”

⑤ 《后汉书·方术列传下》李贤注引《汉武帝内传》:“封君达，陇西人。初服黄连五十余年，入鸟举山，服水银百余年，还乡里，如二十者。”

元一世纪）却服食某些难以描述的‘金液之丹’的制剂。较早的术士们曾经试图服食粉末状的朱砂，连同其他矿物或金属物质。对于这种实践，我们比道家的神仙传拥有更好的证据，因为一位名叫淳于意（公元前216—前147）的医生曾正式谈到，他曾怎样医治过另一位因服过量矿物药而致病的医生。”①

淳于意的病案，见于《史记·扁鹊仓公列传》：

> 齐王侍医遂病，自练五石服之，臣意往过之，遂谓意曰：“不肖有病，幸诊遂也。”臣意即诊之，告曰：“公病中热。论曰：‘中热不溲者，不可服五石。’石为药精悍，公服之不得数溲，亟勿服。色将发臃。”遂曰：“扁鹊曰：‘阴石以治阴病，阳石以治阳病。’夫药石者有阴阳水火之齐，故中热，即为阴石柔齐治之；中寒，即为阳石刚齐治之。”臣意曰：“公所论远矣。扁鹊虽言若是，然笔审诊，起度量，立规矩，称权衡，合色脉表里有余不足顺逆之法，参其人动静与息相应，乃可以论。……”意告之后百余日，果为疽发乳上，入缺盆，死。

通过遂的病例，或许可以发现魏晋人服食五石散风习的先声。

秦汉时期民间的鬼神崇拜，实际上是具有极其庞杂内容的文化存在。我们在今天这样的条件下，要从这一角度准确地复原秦汉人精神世界的风貌，还是相当困难的。不过，幸而有考古工作者所不断取得的新收获，可以帮助我们逐步接近历史文化的真知。

1975年底在湖北云梦睡虎地11号秦墓中发现了完整而有原文标题的秦简《日书》，其中有关当时民俗文化的资料，能够使我们对民间鬼神迷信的大体形式和若干特征有所了解。

《日书》，是古代用以选择时日、趋吉避凶的数术书。

在古代学术文化中，数术，是一重要的门类。在《汉书·艺文志》中

① 李约瑟：《东西历史中所见之炼丹思想与化学药物》，《李约瑟文集》，辽宁科学技术出版社1984年版，第696页至第698页。

与六艺、诸子、诗赋、兵书和方技并列的数术，即使以今天的知识水准看，其中也是蕴含有若干合理的因素的。许多学者都已经指出，古代的科学，往往存在于对于数术的文化记录当中。对于数术的研究，可以使我们更清楚地认识中国古代文化的真实风貌。

睡虎地秦简《日书》中多有关于鬼神信仰的内容。其中涉及“鬼”的文字，尤其引人注目。

《日书》甲种有篇名题为“诘”的内容，讲制服鬼、怪、妖、神的各种方术。其开篇就写道：

> ●诘咎，鬼害民罔行，为民不羊（祥），告如诘之，召　二四背壹
>
> 道（导）令民毋丽（罹）凶央（殃）。鬼之所恶，彼窋卧箕　二五背壹
>
> 坐，连行奇立[①]　二六背壹

篇名为“诘”而开篇即称“诘咎”，理解或有不同。诘，《周礼·天官冢宰·大宰》说：大宰掌建邦六典，以佐王治邦国，其中，“五曰刑典，以诘邦国”。郑玄注：“‘诘’，犹禁也。”陆德明《经典释文》引干宝曰：“诘，弹正纠察。”《尚书·周官》“司寇掌邦禁，诘奸慝，刑暴乱”所谓“诘”，也有类似的含义。

对于睡虎地秦简《日书》甲种中的《诘》篇，有的学者以“诘咎鬼”连读，以为：“‘诘咎鬼’，即制服恶鬼，本篇全篇讲如何制鬼。”[②]而有的学者则指出：“本篇所讲的除了如何制服鬼外，还讲到如何对付各种妖、怪、神等，以‘诘咎鬼’为句显然不能包含全篇内容。”[③]

---

① “窋卧”，作为一种民俗特征，有值得重视的意义。秦人蜷曲特甚的屈肢葬的葬俗传统，其意识渊源很可能与此有关。参看王子今：《秦人屈肢葬仿象“窋卧”说》，《考古》1987年12期。

② 郑刚：《论睡虎地秦简日术的结构特征》，《中山大学学报》1993年第3期。

③ 刘乐贤：《睡虎地秦简日书研究》，文津出版社1994年版，第232页至第233页。

不过，我们分析这一篇的内容时，以为可以暂且将所谓“各种妖、怪、神等”，也归入一般所理解的“鬼”的范畴之中。①

《诘》篇中关于“鬼”的称谓就有21种。如：

刺鬼　人毋故而鬼攻之不已，是是刺鬼。（二七背壹）

丘鬼　人毋故而鬼昔（藉）其宫，是是丘鬼。（二九背壹）

䜌鬼　人毋故而鬼惑之，是䜌鬼。（三二背壹）②

哀鬼　人毋故而鬼取为胶，是是哀鬼。（三四背壹）③

棘鬼　一宅中毋故而室人皆疫，或死或病（三七背壹），是是棘鬼在焉。（三八背壹）

𠣾鬼　一宅之中毋故室人皆疫，多瞢（梦）米（寐）死（四〇背壹）④，是是𠣾鬼狸（埋）焉。（四一背壹）⑤

阳鬼　灶毋故不可以孰（熟）食，阳鬼取其气。（五四背壹）⑥

欲鬼　人之六畜毋故而皆死，欲鬼之气入焉。（五六背壹）

故丘鬼　故丘鬼恒畏人。（二四背贰）

诱鬼　鬼恒召（诏）人曰：玺（尔）必以某月日死，是诱鬼伪为（二五背贰）鼠，入人醯、酱、滫、将（浆）中。（二六背贰）

① 刘乐贤《睡虎地秦简日书研究》对于所谓“作祟于人的鬼神”的分类是，“鬼，主要指人死后所变成的鬼魂。”“妖，指能说话的鸟兽。”“精怪，指一些神怪。”“神，指神灵。”“动物，指一些鸟兽，包括神狗、幼茎、女(母)鼠、地虫、神虫、鸟兽虫豸等。”“自然现象，包括雷、云气、野火、寒风、票(飘)风等。”同时又指出，“当然，那时对这些加害于人的几类东西的分别是很粗疏和不确定的。例如‘上神’在三一背贰至三三背贰中是指与鬼有别的‘神’，可是在三九背叁至四〇背叁‘鬼恒胃(谓)人：鼠(予)我而女。不可辞，是上神下取妻，𣪠以苇，则死矣。弗御，五来，女子死矣。’中却显然属于鬼的范围。又如据六〇背壹‘□鸟兽能言’则为妖，但五二背壹却说‘野兽若六畜逢人而言，是票(飘)风之气’。《日书》中有这种现象是不足为怪的。因为从古代典籍所反映的情况看来，古人对鬼、神、妖、怪、精等词从来就没有进行过严格的区别。实际上，它们对于老百姓来说并没有什么实质性的区别。老百姓往往只注意它们的共性，即都能作祟害人，袭扰人类。因此，我们不妨把这些具有神性、能加害于人的东西统称为鬼神。”文津出版社1994年版，第251页至第252页。

② 睡虎地秦墓竹简整理小组注：“䜌，读为诱，迷惑。”

③ 睡虎地秦墓竹简整理小组注：“胶，读为摎，纠结。”

④ 睡虎地秦墓竹简整理小组注：“寐，梦魇，《说文》：‘寐而厌也。’字亦作眯。”

⑤ 睡虎地秦墓竹简整理小组注：“𠣾，疑即‘包’字。一说，即‘孕’字。”

⑥ 又如：女子不狂痴，歌以生商，是阳鬼乐从之。（四七背贰）

凶鬼　鬼恒夜鼓人门，以歌若哭，人见之，是凶（二九背贰）鬼。（三〇背贰）

暴鬼　鬼恒责人，不可辞，是暴（暴）鬼。（四二背贰）[①]

游鬼　鬼恒逆人，入人宫，是游鬼。（五一背贰）

不辜鬼　人生子未能行而死，恒然，是不辜鬼处之。（五二背贰）[②]

粲迓之鬼　人毋故室皆伤，是粲迓之鬼处之。（五七背贰）[③]

饿鬼　凡鬼恒执匴以入人室，曰“气（饩）我食”云，是是饿鬼。（六二背贰）

遽鬼　凡邦中之立丛，其鬼恒夜呼焉，是遽鬼执人（六七背贰）以自伐（代）也。（六八背贰）[④]

□鬼　一室中卧者眯也，不可以居，是□鬼居之。[⑤]（二四背叁）

哀乳之鬼　鬼婴儿恒为人号曰：“鼠（予）我食。”是哀乳之鬼。（二九背叁）

夭鬼　人毋故而鬼有鼠（予），是夭鬼。（三二背叁）

疠鬼　一室人皆养（痒）体，疠鬼居之。（五二背叁）

“鬼”的命名，各不相一，有的以致死原因命名（如饿鬼），有的以外貌特征命名（如粲迓之鬼），有的以行为风格命名（如游鬼），有的以性格倾向命名（如暴鬼），可见其体系的构成是并不十分严密的。

从睡虎地秦简《日书》甲种的内容看，“鬼”作祟的最严重的危害，是人身的伤害。例如：“一宅中毋故而室人皆疫，或死或病”，“人毋故室皆伤”等。此外，则有财产的损失，例如：“人之六畜毋故而皆死”等。

---

① 又如：鬼恒襄（攘）人之畜，是暴鬼。（三七背叁）

② 又如：鬼恒宋傷人，是不辜鬼。（三六背叁）睡虎地秦墓竹简整理小组注：“宋傷，疑读为耸惕，意为恐吓。”

③ 睡虎地秦墓竹简整理小组注：“迓，疑读为牙。粲牙，露齿。”

④ 又如：鬼恒召人出宫，是是遽鬼毋所居。（二八背叁）

⑤ 据睡虎地秦墓竹简整理小组注，□字从马。

不过，我们看到更多的是“戏人”“责人”“执人”“攻之”“惑之”“从之”，以及“鼓人门”“入人宫”“从人游”等。

似乎可以说，“鬼”对于现世社会生活的最普遍的影响，与其说是一种破坏，毋宁说是一种骚扰；与其说是一种残害，毋宁说是一种捉弄。

有的学者曾经分析道，从“鬼”的所作所为可以看出，秦人观念中的鬼具有鲜明的人的特征，他们有男女之情，口腹之欲，喜怒哀乐之性，具有人的形象，人的思维，并能直接与人言谈，和人一起游玩。甚至鬼作祟的心理与动机，与人的思维逻辑也是一致的。[①]有的学者也注意到“鬼”的性情与人的相似，也就是说它们既有低层次的生理需要，也有较高层次的精神需要，又从衣、食、住、行以及交友、爱情婚姻及性生活等方面分析了“鬼”的特质，证明鬼神世俗化乃是睡虎地秦简《日书》所反映的秦人宗教思维的最大特征。[②]

除了21种较明确的鬼名而外，《日书》甲种中还可见“图夫”（四四背贰）、“祖□”（四九背贰）等，研究者也以为鬼名[③]。其他作祟于人的神、妖、精、怪，还有：“幼蚩（龙）”（五〇背壹）、“神狗”（四八背壹）、“神虫”（三四背贰）、“会虫”（三九背贰）、“地虫”（五三背叁）、“地辥”（三一背叁）、“恙气”（六〇背贰）、“大祙（魅）”（二七背叁）、“大神”（二七背贰）、“上神”（三一背贰、三九背叁）等。其中“神狗”“神虫”“大神”“上神”诸以“神”为名的称谓，颇为引人注目。此外，人对某些自然现象的恐惧，也体现为神怪力量对人的侵扰，于是有对“野火”（三五背叁）、“天火”（四一背叁）、“雷”（四二背叁、四三背叁）、“云气”（四四背叁）等的防范。

引起我们注意的，还有“风”的神秘作用：

野兽若六畜逢人而言，是票（飘）风之（五二背壹）气，击以桃

① 李晓东、黄晓芬：《从〈日书〉看秦人鬼神观及秦文化特征》，《历史研究》1987年第4期。

② 吴小强：《论秦人宗教思维特征》，《江汉考古》1992年第1期。

③ 刘乐贤：《睡虎地秦简日书研究》，文津出版社1994年版，第252页。

丈（杖），绎（释）屦而投之，则已矣。（五三背壹）

寒风入人室，独也，它人莫为，洒以沙，则已矣。（五八背壹）

凡有大票（飘）风害人，择（释）[①]以投之，则止矣。（六四背贰）

票（飘）风入人宫而有取焉，乃投以屦，得其所，（五七背叁）取盎之中道；若弗得，乃弃其屦于中（五八背叁）道，则亡恙矣。不出壹岁，家必有恙。（五九背叁）

中国古代有关“风”的迷信源远流长，“风后”[②]“风伯”[③]“风师”[④]“风姨”[⑤]等在神话系统中都位望高大，我们从睡虎地秦简《日书》的有关内容，可以发现古代风神崇拜的民俗基础。

---

① 睡虎地秦墓竹简整理小组注：“‘释’字下疑脱‘屦’字。”今按：前句云：“是是饿鬼，以（六二背贰）屦投之，则止矣。（六三背贰）”此句似当与前句连读。

② 《史记·五帝本纪》说，黄帝举风后以治民。裴骃《集解》：“郑玄曰：‘风后，黄帝三公也。’”张守节《正义》引《帝王世纪》：“黄帝梦大风吹天下之尘垢皆去，……帝寤而叹曰：‘风为号令，执政者也。垢去土，后在也。天下岂有姓风名后者哉？’”于是依其占而求之，“得风后于海隅，登以为相”。又引《艺文志》云：“《风后兵法》十三篇，图二卷。”郑玄云：“风后，黄帝之三公也。”案，黄帝仰天地置列侯众官，以风后配上台。《太平御览》卷一五引《志林》：“黄帝与蚩尤战于涿鹿之野。蚩尤作大雾弥三日，军人皆惑。黄帝乃令风后法斗机，作指南车以别四方，遂擒蚩尤。”司马迁在《史记·封禅书》中也写道：“黄帝时虽封泰山，然风后、封巨、岐伯令黄帝封东泰山，禅凡山，合符，然后不死焉。”又《拾遗记》卷一：“帝使风后负书……”

③ 《韩非子·十过》：“昔者黄帝合鬼神于西泰山之上，……风伯进扫，雨师洒道。”《山海经·大荒北经》：“蚩尤请风伯、雨师，纵大风雨。”《淮南子·氾论》：“羿除天下之害。”高诱注：“风伯坏人屋室，羿射中其膝。”又《淮南子·本经》：尧之时，“大风”“为民害”，尧使羿“缴大风于青丘之泽”。高诱注：“大风，风伯也，能坏人屋舍。”“羿于青丘之泽缴遮，使不为害也。一曰：以缴系矢射杀之。青丘，东方之泽名也。”王念孙云：“青丘之泽，泽本作野，《时则》篇云‘东至青丘树木之野’是也。”如此，理解羿在青丘之野“缴遮”风伯，“使不为害”，或许可以看作以防护林阻遏风势，以减轻灾害的早期努力。“羿射中其膝”，也暗示风伯已不能畅行为害。所谓“缴遮”，“缴”有缠绕之义。《广雅·释诂四》：“缴，缠也。”《史记·太史公自序》：“名家苛察缴绕。”裴骃《集解》引如淳曰：“缴绕谓缠绕，不通大体也。”吴忠匡《史记太史公自序注说会纂》：“缴不长，不能得鸟，长则屈折缠绕之，故缠绕者，其意盖谓论议蜂起为无畔岸，无涯涘矣。”黑龙江人民出版社1985年版，第32页。

④ 《风俗通义·祀典》：“《周礼》‘风师’者，箕星也；箕主簸扬，能致风气”，“养成万物，有功于人，王者祀以报功也。”《文选》卷一五张衡《思玄赋》：“属箕伯以函风兮。”李善注：“《风俗通》曰：‘风师者，箕星也，主簸物，能致风气也。’《易》曰：‘巽为长女。’长者伯之，故曰‘风伯’也。”

⑤ 《北堂书钞》卷一四四引《太公金匮》记述七神助周伐纣事，称：“风伯名姨。”

曾经受到《史记》一书重要影响的法国文化人类学者列维-布留尔[①]在《原始思维》一书中写道："经常占据着原始人的思维的那些看不见的力量可以简略地分成三类（其实这三类常常是彼此重复的）：这首先是死人的鬼魂；其次是使自然物（动物、植物），非生物（河流、岩石、海洋、山、人制造的东西，等等）赋有灵性的最广义的神灵；最后是以巫师的行动为来源的妖术或巫术。有时候，这三类的分界线是划得很清的。""在其他地方，这种区分是比较不大明确的（或者是观察不太准确），从死人的鬼魂向其他看不见的存在物的转化似乎是不知不觉进行的。但是，在低等民族中，这些神秘的影响处处是或者差不多处处是直接发生作用的，而把它们作为占优势的因素包括进去的前关联则又把自己强加给集体表象。"[②]

图6-2 河南济源出土汉代红绿釉桃都树

睡虎地秦简《日书》所体现的战国晚期至秦代的民间鬼神观念，作为值得珍视的文化遗存，可以看到有明显的原始思维特征。

关于鬼神作祟的驱避方式，睡虎地秦简《日书》中可以看到有多种形式为当时人所利用：

桃　二七背壹，三六背壹，五三背壹，

---

① 《〈原始思维〉译后记》写道："有趣的是，列维-布留尔是在读过了司马迁的《史记》法文译本以后才萌发了要研究'原始人'思维的念头。他对于《史记》中关于星象与人事直接有关的记述大为震惊。由于有了《史记》的'启发'，列维-布留尔十分热心地进一步注意有关旧中国的材料，他研究了长期在旧中国传教的一位传教士德·格罗特撰写的一部巨著《中国的宗教制度》，列维-布留尔经常在下结论前的关键时刻引用这些材料。"《原始思维》，丁由译，商务印书馆1981年版，第498页。

② ［法］列维-布留尔：《原始思维》，丁由译，商务印书馆1981年版，第377页。

五四背贰，二四背叁，二七背叁

棘　二八背壹，三六背壹，五一背壹，六六背壹，四二背贰，二五背叁，三六背叁

桑　三二背壹，四八背壹，四五背贰

沙人[①]　四六背壹

莠　六三背壹

莎芾　六五背壹

桂　六七背壹

白茅　五三背贰，五七背贰，五六背叁

苇　三八背叁，三九背叁

箬　四八背叁，四九背叁

生桐　五二背叁

莤[②]　六六背贰

瓦　五七背壹

沙　五八背壹，四一背叁

灰　三一背壹，六贰背壹，四八背贰，五〇背贰，五三背贰，六五背贰

黄土　五八背贰，三〇背叁，三一背叁

水　三二背叁

人火　三五背叁，四四背叁

豕矢　五四背壹，五一背叁

刍矢　二四背贰，三〇背贰，三七背叁

犬矢　二七背贰，三八背叁

鼓　三二背贰

铎　三三背贰

屦　五三背壹，六一背贰，六四背贰，六三背贰，五七背叁，五

① 睡虎地秦墓竹简整理小组注："沙人，即砂仁。"

② 睡虎地秦墓竹简整理小组注："莤，即茜草，见帛书《五十二病方》。"

八背叁

剑　三五背贰

铁椎　四〇背贰

伞　四五背叁

厌鬼驱鬼的器物，有草木、土灰、兵器、随身用物，以至粪便等，其中桃、棘所具有的神性，已经多有专家论及。这里引起我们特别注意的，是“伞”的避邪功用。睡虎地秦墓竹简整理小组注：“‘伞’字一般以为晚出，据简文秦代已在使用。”①

《封神演义》第八十四回：“准提同孔雀明王在阵中现二十四头，十八只手”，“来战通天教主”时，手中执定的，就有“伞盖”等物。“伞”在传说中确实有驱鬼祛邪的功用。

许多民俗资料又表明，在民间意识中，“伞”也有神秘的功能。

贵州苗族风习，出丧时，用竹篙抬死者，孝子撑伞在侧，遮住死者的脸，不使见天。②广西苗族婚嫁过门时，新娘“手里拿一把伞，半开的遮着头”，“陪嫁的人在男家睡两夜”，“回家时每人拿一份‘伞把肉’”③。伞在侗族生活中被用作宗教器物。侗家人用伞，除了避雨遮阳而外，还有避邪的作用。镇远报京侗家人结婚时，接亲的人中，要有两个青少年，每人扛两把用绳子捆在一起的伞，去时用右手拿，右肩扛，不能换肩换手，不能回头看，一直走到女家。回来时，用左手拿，左肩扛，不能换肩换手，不能回头看，一直走回男家。在有的地方，女子出嫁时，自己带一把伞，到男家进门时，把伞半张开，遮住头和脸然后进门。④《庆远府志》写道：“婚姻女巫为导，新妇支伞徒行。”“新妇以伞自覆，步行至婿家。”

---

① 睡虎地秦墓竹简整理小组：《睡虎地秦墓竹简》，文物出版社1990年版，第218页。

② 杨通儒等：《凯里县舟溪地区苗族的生活习俗》，《苗族社会历史调查》(二)，贵州民族出版社1987年版，第289页。

③ 严学窘等：《龙胜伶人情况调查》，《广西苗族社会历史调查》，广西民族出版社1987年版，第94页至第95页。

④ 《中国各民族宗教与神话大词典》，学苑出版社1990年版，第102页。

民国三十一年《全县志》记述瑶族婚俗："结婚之日，新郎新妇各衣红衣，女家无奁具，婿家亦无舆马来迎，女子手持一伞以蔽，有多数女伴送至男家。""伞"的作用，可能和爆竹、跨火等婚礼风俗类似，也有驱除邪气的意义。看来，睡虎地秦简《日书》中的有关内容即已反映的关于"伞"的迷信意识，在民间可能有相当久远的历史文化影响。

《史记·太史公自序》说："齐、楚、秦、赵为日者，各有俗所用。"[①]李学勤先生曾经在引用此语后指出："秦简《日书》则含有楚、秦两个系统的数术。"[②]睡虎地秦简《日书》中关于鬼神迷信的材料，既与班固《汉书·地理志下》楚地"信巫鬼，重淫祀"的说法一致，又正可以与司马迁《史记·秦始皇本纪》中所引述贾谊《过秦论》的如下论点相印证：

> 秦俗多忌讳之禁。

死界的幽光

我们把《史记》看作一册秦汉时人精神世界的写真，这当然主要是因为司马迁用天才的笔法真切描绘了当时精神文化的万象。另外，如同反映真实的艺术作品通过取舍剪裁等手法可以体现出艺术家的思想一样，《史记》也展示出作为当时文化创造者最杰出的代表之一的司马迁的历史观念和文化倾向。

死亡意识，是文化构成中的重要内容之一。

对于人生最终的归宿，很早以前就是人们思考的重要命题。

---

① 司马贞《索隐》："案《日者传》亡，无以知诸国之俗，今褚先生唯记司马季主之事也。"方苞《史记注补正》："'各有俗所用'为句，言日者因其国俗各有所用卜筮之法。《天官书》'国殊窟穴，家占物怪'，即'各有俗所用'之谓。"所谓"无以知诸国之俗"的遗憾，则可以借助如睡虎地秦简这样的考古发现，通过研究而得以弥补。

② 李学勤：《〈睡虎地秦简日书研究〉序》，《睡虎地秦简日书研究》，文津出版社1994年版，第2页。

17世纪的法国伦理学家拉罗什富科（La Rochefoucauld，1613—1680）曾经说："太阳与死均无法正视。""死"，确实是严峻而沉重的文化命题。

先秦思想家们曾经就"死"的问题发表过不少论述。

据《庄子·知北游》，孔子向老子请教"至道"，老子说，"人生天地之间，若白驹之过隙，忽然而已。注然勃然，莫不出焉；油然漻然，莫不入焉。已化而生，又化而死。生物哀之，人类悲之。解其天弢，堕其天袠。纷乎宛乎，魂魄将往，乃身从之。乃大归乎！不形之形，形之不形，是人之所同知也，非将至之所务也，此众人之所同论也。彼至则不论，论则不至；明见无值，辩不若默；道不可闻，闻不若塞：此之谓大得"。

生死是短暂的忽然的。由生而死，是生命过程的必然。而死，其实不过是解除了一种束缚，死如"大归"。由无形转有形，由有形又转而无形，这一过程，是人所共知的，其意义也是常人所乐于讨论的，然而追求"至道"的人却不应当热衷于此。[①]死即"大归"，生死出于必然，非人为所能定[②]，认识到这一点，即可以称为"大得"。

《论语·先进》记述了孔子对生死鬼神的态度：

> 季路问事鬼神。子曰："未能事人，焉能事鬼！"
> 敢问死。子曰："未知生，焉知死！"

似乎孔子是视人重于鬼，视生重于死的。《说苑·辨物》中，可以看到孔子关于生死与鬼神的一段充满智慧和幽默的谈话：

> 子贡问孔子，死人有知无知也？孔子曰："吾欲言死者有知也，恐孝子顺孙妨生以送死也；欲言无知，恐不孝子孙弃不葬也。赐欲知死人有知将无知也，死徐自知之，犹未晚也。"

① 《庄子·达生》也说："达生之情者，不务生之所无以为；达命之情者，不务知之所无奈何。"

② 《庄子·达生》又说："生之来不能却，其去不能止。"

《论衡·薄葬》说，厚葬风习的意识基础，在于“以为死人有知，与生人无以异”，又说：“孔子非之，而亦无以定实然。而陆贾之论，两无所处。”“孔子非不明死生之实，其意不分别者，亦陆贾之语指也。”王充所谓“孔子非之，而亦无以定实然”，应当就是孔子的这段话。而所谓“陆贾之论”“陆贾之语”，我们在今本陆贾《新语》中却没有看到记载。

《庄子·知北游》又说到孔子以为生死一体的主张：仲尼曰：“不以生生死，不以死死生。死生有待邪？皆有所一体。”

《庄子》是对生死问题予以较多重视的文化名著。

《庄子·大宗师》说，“古之‘真人’，不知说生，不知恶死”。其生的时候并不欢喜，死的时候并不抗拒，以超然自由的态度面对生来死往。“不忘其所始，不求其所终。受而喜之，忘而复之。是之谓不以心捐道，不以人助天，是之谓‘真人’。”

庄子妻死，鼓盆而歌的著名故事，见于《庄子·至乐》：

> 庄子妻死，惠子吊之，庄子则方箕踞鼓盆而歌。惠子曰：“与人居，长子、老、身死，不哭亦足矣，又鼓盆而歌，不亦甚乎！”庄子曰：“不然。是其始死也，我独何能无概！然察其始而本无生；非徒无生也，而本无形；非徒无形也，而本无气。杂乎芒芴之间，变而有气，气变而有形，形变而有生。今又变而之死。是相与为春秋冬夏四时行也。人且偃然寝于巨室，而我嗷嗷然随而哭之，自以为不通乎命，故止也。”

这一故事，后来屡经文人增作，化生女子淫放情节[①]，衍变为民间伦理教材，虽然也讲“清心寡欲”“逍遥无碍”，仍大异《庄子》原义。这一故事的历史演变，本身也可以作为民俗文学史研究的对象。

《庄子·至乐》中庄子与空骷髅的一段对话，也是关于生死与鬼神问

① 比较著名的有《警世通言》第二卷《庄子休鼓盆成大道》。

题的精彩论说。如骷髅对庄子言“死之说”[①]：

> 髑髅曰：“死，无君于上，无臣于下，亦无四时之事，从然以天地为春秋，虽南面王乐，不能过也。”庄子不信，曰：“吾使司命复生子形，为子骨肉肌肤，反子父母、妻子、闾里、知识，子欲之乎？”髑髅深瞑蹙頞曰：“吾安能弃南面王乐而复为人间之劳乎？”[②]

郭象注：“旧说云庄子乐死恶生，斯说谬矣！若然，何谓‘齐’乎？所谓‘齐’者，生时安生，死时安死，生死之情既‘齐’，则无为当生而忧死耳。此庄子之旨也。”

《史记·司马相如列传》也说到所谓“乐死恶生”是异常的情形。不过，司马迁在《史记》中也多次申明了生死必然的道理。汉文帝遗诏写道：

> 朕闻盖天下万物之萌生，靡不有死。死者天地之理，物之自然者，奚可甚哀。当今之时，世咸嘉生而恶死，厚葬以破业，重服以伤生，吾甚不取。（《孝文本纪》）

对汉文帝的这一观点，司马迁是持赞许态度的。此外，又如：

> 生者必有死，物之必至也。（《孟尝君列传》）
>
> 死者，人之所必不免也。（《范雎蔡泽列传》）
>
> 死者不可复生。（《孝文本纪》《扁鹊仓公列传》《太史公自序》）

司马迁对所谓“始皇恶言死”[③]含讥讽之意。他肯定的是对于“死”的清

---

① 成玄英疏：“欲明死生之理均齐，故寄髑髅寓言答问也。”

② 同篇“人之生也，与忧俱生，寿者惛惛，久忧不死，何苦也”说明的是同一思想。

③ 《史记·秦始皇本纪》：“始皇恶言死，群臣莫敢言死事。”

醒的态度，是为了“义”能够“视死如归”的精神[①]，是“知死必勇”的境界[②]。

司马迁在《报任少卿书》中曾经发表不朽的名言：“人固有一死，或重于太山，或轻于鸿毛。”《文选》卷四一李善注引《燕丹子》：“荆轲谓太子曰：‘烈士之节，死有重于太山，有轻于鸿毛者，但问用之所在耳。’”很显然，司马迁在赞美“刺客”和“游侠”们重义轻死的精神时，所倾注的是真诚的感情。[③]

《史记·五帝本纪》在称颂黄帝的政治成功时，有这样一段话：

> 顺天地之纪，幽明之占，死生之说，存亡之难。

对于这一并列句式，注家有详尽的解释：

> 顺天地之纪——张守节《正义》：“言黄帝顺天地、阴阳、四时之

---

① 《史记·范雎蔡泽列传》：“君子以义死难，视死如归；生而辱不如死而荣。士固有杀身以成名，唯义之所在，虽死无所恨。”

② 《史记·廉颇蔺相如列传》：“太史公曰：‘知死必勇，非死者难也，处死者难。方蔺相如引璧睨柱，及叱秦王左右，势不过诛，然士或怯懦而不敢发。相如一奋其气，威信敌国，退而让颇，名重太山，其处智勇，可谓兼之矣！”

③ 《史记·刺客列传》：“太史公曰：‘……自曹沫至荆轲五人，此其义或成或不成，然其立意较然，不欺其志，名垂后世，岂妄也哉！”《史记·游侠列传》：“今游侠，其行虽不轨于正义，然其言必信，其行必果，已诺必诚，不爱其躯，赴士之厄困，既已存亡死生矣，然不矜其能，羞伐其德，盖亦有足多者焉。”“其私义廉洁退让，有足称者，名不虚立，士不虚附。”所谓“存亡死生”，泷川资言《史记会注考证》引李笠谓“当作‘存亡生死’，谓亡者存之，死者生之也。《左传·襄公二十二年》‘生死而肉骨也’与此同。”又驳之曰：“出入存亡生死间也，自游侠言之，李说非。”钱锺书先生《管锥编》则以为“李说多事，泷川亦未得的解。观本传记郭解‘身所杀甚众’，即‘死生’也，杀生人使之死也；又记解‘既振人之命’，即‘存亡’也，拯垂亡者俾得存也。二事相反相成，而游侠锄强助弱之道不外乎此。如仿《左传》以改《史记》语，则重言拯命，既病堆叠，漏置杀众，一患偏枯，一举而两失矣。《后汉书·郑太传》：‘孔公绪高谈清论，嘘枯吹生’（《三国志·魏书·武帝纪》裴注又《郑浑传》裴注均引张燔《汉纪》作‘能高谈清论’），章怀注：‘枯者嘘之使生，生者吹之使枯。’‘存亡死生’与‘嘘枯吹生’句法正等。”中华书局1979年版，第1册第374页至第375页。其实，从前后语意看，似乎仍不排除“存亡死生”还是对游侠个人而言的可能，即指先存立而后危亡，先处于死境而后得生。也可能“存亡死生”语序只是司马迁个人的习惯，并无特别的深意，如《史记·五帝本纪》所谓“死生之说，存亡之难”。

纪也。”泷川资言《史记会注考证》:“李笠曰:‘顺字,蒙下三句。’《尔雅·释诂》:‘顺,陈也。’”

幽明之占——张守节《正义》:“幽,阴;明,阳也。占,数也。言阴阳五行,黄帝占数而知之。此文见《大戴礼》。”①

死生之说——张守节《正义》:“说谓仪制也。民之生死。此谓作仪制礼则之说。”

存亡之难——司马贞《索隐》:“存亡犹安危也。《易》曰:‘危者安其位,亡者保其存’是也。”“上文有‘死生之说’,故此云‘存亡之难’。”张守节《正义》:“存亡犹生死也。黄帝之前,未有衣裳屋宇。及黄帝造屋宇,制衣服,营殡葬,万民故免存亡之难。”②

其实,这些说法,似乎都没有得其正解。我们看到,所谓“天地之纪,幽明之占,死生之说,存亡之难”,天地—明幽—生死—存亡之间,似乎存在着对应的关系:

天 ⟷ 明 ⟷ 生 ⟷ 存

地 ⟷ 幽 ⟷ 死 ⟷ 亡

地界,幽府,死境,亡地,都大致是指与“生”相对的另一个世界。司马迁论黄帝功德的原义,可能是说当时文化的进步,表现在人的世界与鬼神世界之间,生的世界与死的世界之间,已经完成了某种特别的会晤,已经实现了某种神秘的沟通。

与“神”之间的际会,有时是通过“死”而实现的。

《史记·封禅书》记载汉武帝元光二年(公元前133年)事:“是时上

① 泷川资言《史记会注考证》据《孔子家语·五帝德》:“‘占’作‘故’。”又引李笠曰:“‘占’疑是‘故’之烂文。”

② 泷川资言《史记会注考证》引李笠曰:“《家语》云:‘以顺天地之纪,知幽明之故,达生死存亡之说。’曰‘知’,曰‘达’,亦即陈顺之意。”

求神君，舍之上林中蹏氏观。神君者，长陵女子，以子死，见神于先后宛若。宛若祠之其室，民多往祠。平原君往祠，其后子孙以尊显。及今上即位，则厚礼置祠之内中。闻其言，不见其人云。”

“长陵女子”是“以子死”而得以“见神”，于是成为“神君”的。

《史记·太史公自序》中司马谈关于道家文化的评论中，说到“神”与“形”共同成为生命存在的基本形式，“神者生之本也，形者生之具也”的道理：

> 凡人所生者神也，所托者形也。神大用则竭，形大劳则敝，形神离则死。死者不可复生，离者不可复反，故圣人重之。由是观之，神者生之本也，形者生之具也。

那么，“神”离开“形”之后，将去往哪里呢？

宋玉《招魂》：“魂兮归来！君无下此幽都些。”东汉学者王逸解释说：“幽都，地下后土所治也。地下幽冥，故称‘幽都’。”

《尚书·尧典》：“申命和叔宅朔方，曰幽都。”孔安国传：“北称幽，则南称明，从可知也。都，谓所聚也。”蔡沈《书经集传》解释说：“朔方，北荒之地”，“日行至是，则沦于地中，万象幽暗，故曰幽都。”《淮南子·修务》：“北抚幽都。”高诱注：“阴气所聚，故曰幽都。”所谓“幽都”与北方的联系，和汉代镇墓瓶文字所谓“黄神北斗”是一致的。《史记·天官书》写道：

> 斗魁戴匡六星，曰文昌宫：……四曰司命，……六曰司禄……

吴荣曾先生指出，有的汉代镇墓文在说到幽冥官司时，也提到“上司命，下司禄”[①]，有的镇墓文有“死人北，生人南”的文辞。所谓“死人北”，

① 陕西省文管会：《长安县三里村东汉墓发掘简报》，《文物参考资料》1958年第7期。

意思是人死后归天上北斗管属。北斗下的“司命”“司禄”具有治理幽灵的职责。由于汉人迷信天上的斗星和人的死生有关系，故汉以后人常向北斗祭祷以求延命，如《三国志·吴书·吕蒙传》说吕蒙病危之际，孙权曾“命道士于星辰下为之请命”。类似的例子又有《魏书·崔浩传》“浩父疾笃，浩乃剪爪截发，夜在庭中仰祷斗极，为父请命，求以身代”，《梁书·庾黔娄传》父“遘疾”，“至夕，稽颡北辰，求以身代”等。陈寅恪先生指出，《道藏》中有《北斗七星灯仪》《北斗本命延寿灯仪》等[①]。说明向北斗禳祈以延寿，后来便成了道教中一项传统性的重要宗教仪式。[②]

生命结束之后，其“神”即灵魂的归宿，是所谓“地”“幽”“死”“亡”的世界，又可以称为“地下”世界。正如《史记·乐书》所说：“地者，沈夺万物气也。”[③]

司马迁在《史记》中两次说到这一“地下”世界。《吕太后本纪》：

太后称制，议欲立诸吕为王，问右丞相王陵。王陵曰：“高帝刑白马盟曰‘非刘氏而王，天下共击之’。今王吕氏，非约也。”太后不说。问左丞相陈平、绛侯周勃。勃等对曰：“高帝定天下，王子弟，今太后称制，王昆弟诸吕，无所不可。”太后喜，罢朝。王陵让陈平、绛侯曰：“始与高帝啑血盟，诸君不在邪？今高帝崩，太后女主，欲王吕氏，诸君从欲阿意背约，何面目见高帝地下？”

又《绛侯周勃世家》；

居无何，条侯子为父买工官尚方甲楯五百被可以葬者。取庸苦之，不予钱。庸知其盗买县官器，怒而上变告子，事连污条侯。书既

---

① 陈寅恪：《天师道与滨海地域之关系》，《金明馆丛稿初编》，上海古籍出版社1980年版，第15页。陈寅恪先生还说：“《佛藏·密教部》亦有《北斗七星延命经》，及其他类似之经殊多。”

② 吴荣曾：《镇墓文中所见到的东汉道巫关系》，《文物》1981年第3期。

③ 张守节《正义》：“‘沈’，一作‘洗’。”

> 闻上，上下吏。吏簿责条侯，条侯不对。景帝骂之曰："吾不用也。"召诣廷尉。廷尉责曰："君侯欲反邪？"亚夫曰："臣所买器，乃葬器也，何谓反邪？"吏曰："君侯纵不反地上，即欲反地下耳！"吏侵之益急。初，吏捕条侯，条侯欲自杀，夫人止之，以故不得死，遂入廷尉。因不食五日，呕血而死。国除。

所谓"君侯纵不反地上，即欲反地下耳"固然是苛厉之辞，但是也反映在当时人的意识中，在"地上"世界之外，又有一"地下"世界。

汉墓普遍出土形象凶狞的镇墓兽，似乎也与这样的观念有关。

所谓"黄泉"，就是这一"地下"世界的象征。

《史记·郑世家》记载：

> 庄公元年，封弟段于京，号太叔。祭仲曰："京大于国，非所以封庶也。"庄公曰："武姜欲之，我弗敢夺也。"段至京，缮治甲兵，与其母武姜谋袭郑。二十二年，段果袭郑，武姜为内应。庄公发兵伐段，段走。伐京，京人畔段，段出走鄢。鄢溃，段出奔共。于是庄公迁其母武姜于城颍，誓言曰："不至黄泉，毋相见也。"居岁余，已悔思母。颍谷之考叔有献于公，公赐食。考叔曰："臣有母，请君食赐臣母。"庄公曰："我甚思母，恶负盟，奈何？"考叔曰："穿地至黄泉，则相见矣。"于是遂从之，见母。

裴骃《集解》："服虔曰：'天玄地黄，泉在地中，故曰黄泉。'"事本《左传·隐公元年》。杜预《集解》："地中之泉，故曰黄泉。"《孟子·滕文公下》："夫蚓，上食槁壤，下饮黄泉。"黄泉，应当是指地下水，借以喻深土中的墓葬。光和七年（公元184年）樊利家买地铅券有"田比根土著，上至天，下至黄，皆并"的文字[1]。"下至黄"，应当就是"下至黄泉"。

① 罗振玉：《贞松堂集古遗文》卷一五。原件现藏日本中村书道博物馆。

《史记·秦始皇本纪》："始皇初即位，穿治郦山，及并天下，天下徒送诣七十余万人，穿三泉，下铜而致椁。"正说明了墓葬深及地下水的情形。

在阐发"死"与"生"的辩证关系时，司马迁又有"黄泉"隐喻生机的说法。例如《史记·律书》写道：

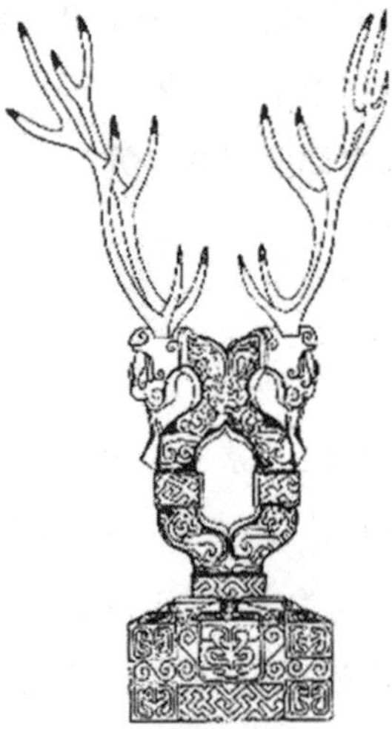

图6-3　楚墓中的镇墓兽

图6-4　河南南阳汉墓出土镇墓兽画像石

图6-5　东汉墓出土镇墓兽

十一月也，律中黄钟。黄钟者，阳气踵黄泉而出也。

阊阖风居西方。阊者，倡也；阖者，藏也。言阳气道万物，阖黄泉也。其于十母为庚辛。庚者，言阴气庚万物，故曰庚；辛者，言万物之辛生，故曰辛。

“黄泉”，又是“阴”“阳”和“死”“生”间的转折点。

“地下”世界即死界，是和“地上”世界即生界其形式、结构和秩序完全相似的世界。所以诘问周亚夫的吏人才有“君侯纵不反地上，即欲反地下耳”的断言。

1970年至1976年发掘的陕西咸阳杨家湾4号汉墓和5号汉墓，根据《水经注》所记载的方位[①]和墓中出土的银缕玉衣片推测，这两座墓可能是周勃、周亚夫父子的墓葬。4号墓的墓道填土中和墓道外有7个陪葬坑，另有11个陪葬坑位于4号墓南70米处。这11个陪葬坑，有6个放置骑兵俑，共500多个；有4个放置步兵俑，共1800多个；另有1个放置战车。这批送葬俑群，应是当时军阵的真实形象，其作用和意义与秦始皇陵兵马俑群是同样的，只是军阵规模较小，陶俑造型也较小罢了。[②]由此可以推知，所谓“条侯子为父买工官尚方甲盾五百被可以葬者”的情节，在当时可能确实会产生“欲反地下”的嫌疑。

我们还看到，汉墓出土文字资料中，多有仿拟“地上”官员致“地下”官员的文书，似乎墓主入葬，要经历“地上”与“地下”的交接手续。

例如，湖北江陵凤凰山168号汉墓出土竹牍，有“十三年五月庚辰江陵丞敢告地下丞”语[③]。陈直先生分析说：“这是由江陵丞代告遂少言冢墓

① 《水经注·渭水下》：“〔故渠〕又东径长陵南，亦曰长山也。”“又东径汉丞相周勃冢南，冢北有亚夫冢。故渠东南谓之周氏曲。”

② 陕西省文管会、博物馆、咸阳市博物馆杨家湾汉墓发掘小组：《咸阳杨家湾汉墓发掘简报》，《文物》1977年第10期。

③ 纪南城凤凰山168号汉墓发掘整理组：《湖北江陵凤凰山168号汉墓发掘简报》，《文物》1975年第9期。

之地下丞，要求地下丞从事照料的告墓牍。这种用江陵丞名义发出此类文告手续，与后来过所性质相似。”用江陵丞的口吻发出，与通行公文语气一致，成为一种通常的例行公事。“这是在葬事中照人间的‘公事公办’，所以用了当世官吏名义致模拟活人的‘地下丞’了。”[①]

江陵凤凰山10号汉墓出土的竹简，也可见“平里五大夫张偃敢告地下主”等文字[②]。

延熹四年（公元161年）钟仲游妻买地铅券写道：

> ……黄帝告丘丞墓伯、地下二千石、墓左墓右主墓狱吏、墓门亭长，莫皆不在。……

1935年出土于山西同蒲路工程工地的熹平二年（公元173年）张叔敬朱书陶瓶有陶文：

> ……三丘五墓、墓左墓右、中央墓主、冢丞冢令、主冢司命、魂门亭长、冢中游徼等敢告移丘丞墓柏、地下二千石、东冢侯西冢伯、地下击犆、秏里伍长等……[③]

文书最后，又说到“令地吏勿复烦扰”，可知所谓“丘丞墓柏地下二千石东冢侯西冢伯地下击犆秏里伍长等”，可以通称为“地吏”。1957年西安和平门外4号汉墓出土的初平四年（公元193年）王氏朱书陶瓶，也有“告丘丞莫（墓）伯地下二千石蒿里君”等文字。[④]陈直先生指出：“汉人在一

---

① 陈直：《关于“江陵丞”告“地下丞”》，《文物》1977年第12期。

② 长江流域第二期文物考古工作人员训练班：《湖北江陵凤凰山西汉墓发掘简报》，《文物》1974年第6期。释文从吴荣曾：《镇墓文中所见到的东汉道巫关系》，《文物》1981年第3期。

③ 陈直：《汉张叔敬朱书陶瓶与张角黄巾教的关系》，《文史考古论丛》，天津古籍出版社1988年版，第391页。

④ 唐金裕：《汉初平四年王氏朱书陶瓶》，《文物》1980年第1期。

区冢墓范围之内，假设各官吏之名，与生人官衔相类。”[①]河北望都2号汉墓出土买地券也有类似的文字，可见这一礼俗在当时的普及。

吴荣曾先生曾经指出：“汉人以为在地下也有由冥吏所构成的地下官僚体制。见于镇墓文中所说的‘地吏’，将其名称抄录于后：

地下二千石	冢丞冢令	丘丞墓伯	陌上游徼	主墓狱史
陌门卒史	墓皇墓主	西冢公伯	东冢侯	西冢伯
墓门亭长	魂门亭长	蒿里君	蒿里父老	中蒿长

所谓地下二千石、冢丞冢令，大约相当于汉制的郡守和县之令丞。亭长、父老、伍长则相当于汉的乡里小吏。其他还有游徼、狱史、卒史等，表明汉人所构想出的地下阴曹，除一般官吏外，还有从事于刑狱和镇压的法官和武吏。以上这些官名，多为汉人以汉官制度为范母扣制而成。”“镇墓文中也有所谓冢公、冢伯、墓伯者，这些名称和汉代官名无关。在汉或汉以前，公、伯是对神的尊称，如称河神、风神为‘河伯’‘风伯’，宋玉称土神为‘土伯’。汉人称社神为‘社公’。”

关于地下幽冥世界的政治秩序，吴荣曾先生还指出：“按照汉人的观念，死人在地下要接受阴间官吏统治，还要承担租税等。镇墓文中说：‘黄豆、瓜子，死人持给地下赋。’有的还说：‘今故上复除之药，欲令后世无有死者。’所谓‘复除’，并非免去死者之徭役，而是免除死者子孙来到泉下，这是一种很奇特的想法。地下吏胥也敲诈勒索，如镇墓文说：‘传到，约敕地吏，勿复烦扰张氏之家。’[②]这是说死者有了冥府的传牒等文书，就不受地下吏胥的骚扰了。汉人想象中的幽冥世界，基本上是以人

① 陈直：《汉初平四年王氏朱书陶瓶考释》，《文史考古论丛》，天津古籍出版社1988年版，第394页。

② 郭沫若：《奴隶制时代》，《郭沫若全集·历史编》第3卷，人民出版社1984年版，第94页；陈直：《汉张叔敬朱书陶瓶与张角黄巾教的关系》，《文史考古论丛》，天津古籍出版社1988年版，第391页。

图6-6　秦始皇陵巨型夔纹瓦当

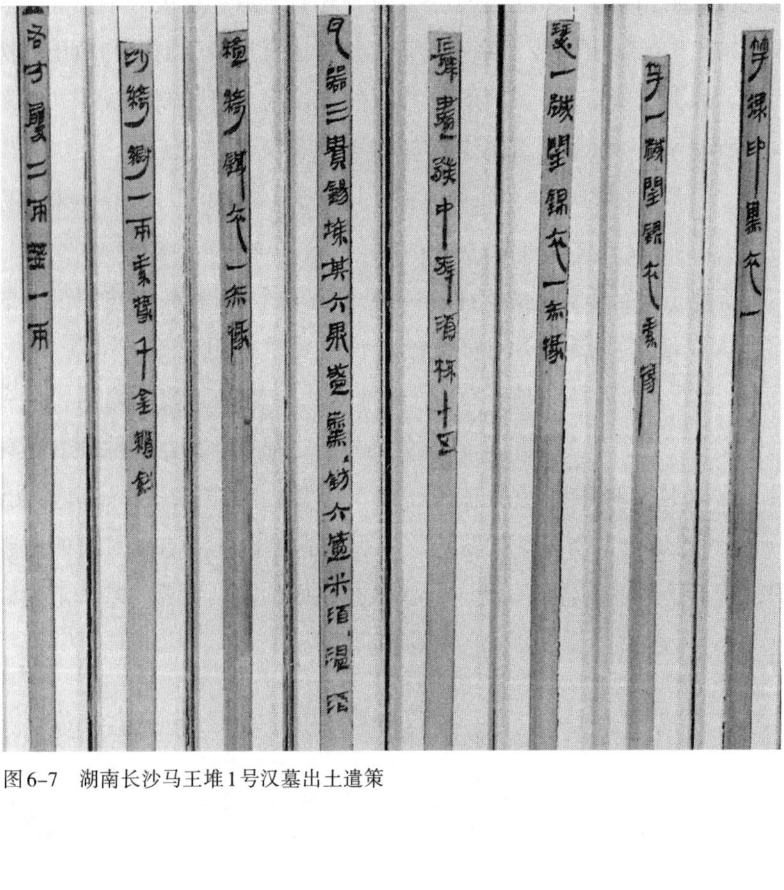

图6-7　湖南长沙马王堆1号汉墓出土遣策

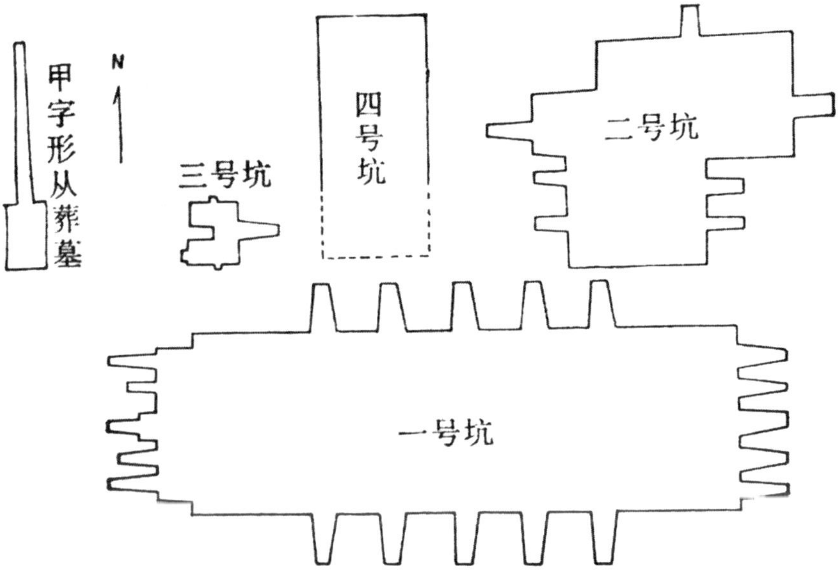

图6-8　秦始皇陵兵马俑坑形势图

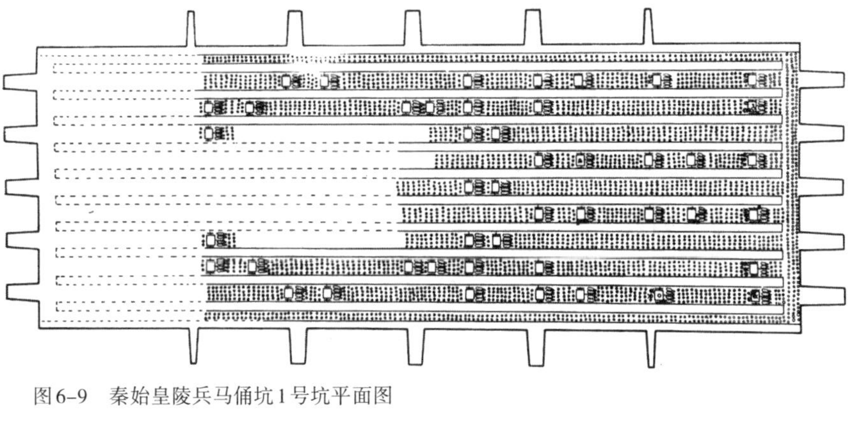

图6-9　秦始皇陵兵马俑坑1号坑平面图

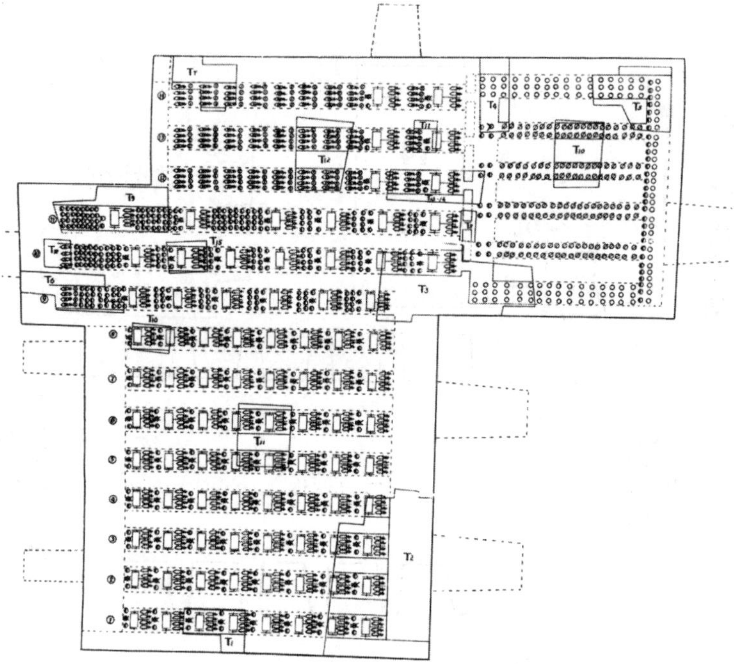

图6-10 秦始皇陵兵马俑坑2号坑平面图

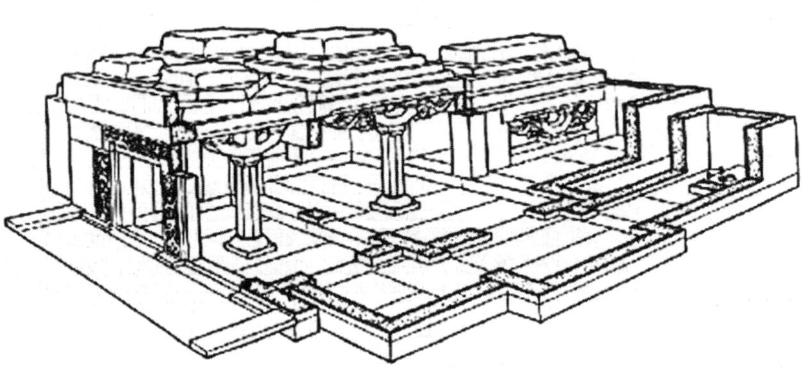

图6-11 山东沂南汉画像石墓剖视图

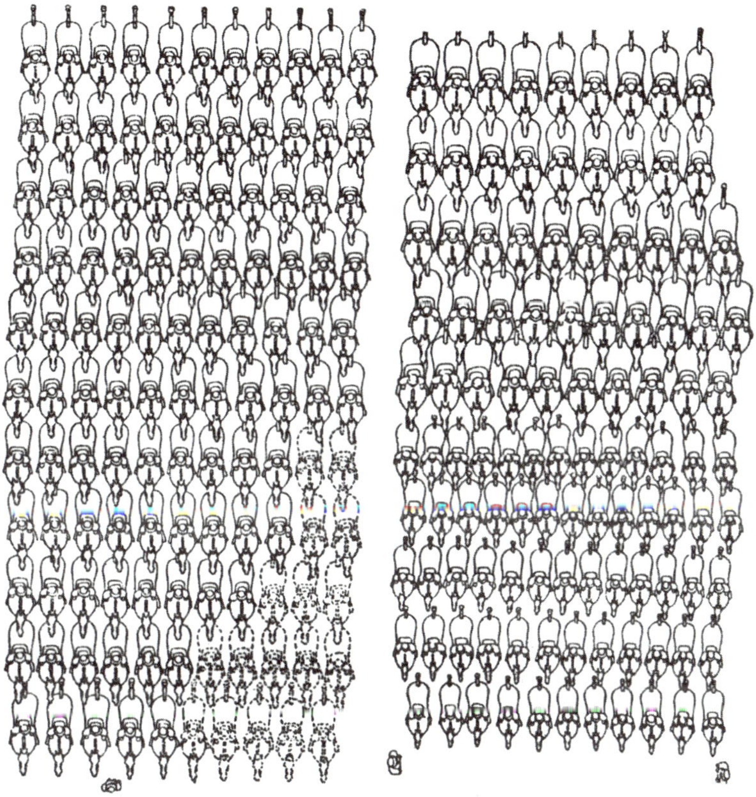

骑兵俑队列

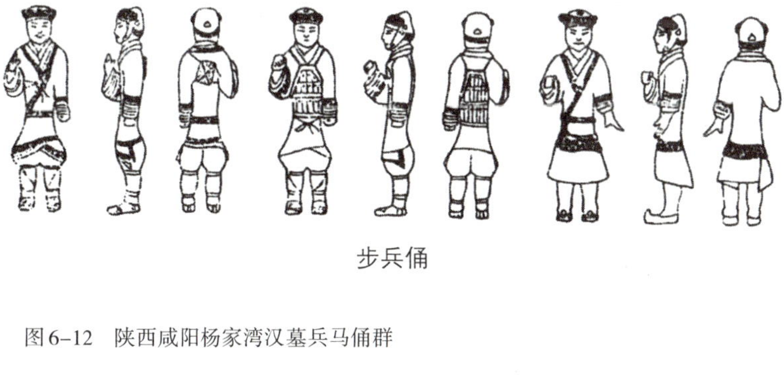

步兵俑

图6-12　陕西咸阳杨家湾汉墓兵马俑群

世间为蓝本，因而人间官场中的种种弊病，在幽冥中也不例外。”①

值得注意的是，人世间的人身奴役关系，在地下也仍然得以保留。如建宁四年（公元171年）孙成买地铅券写道：

> 田中若有尸死，男即当为奴，女即当为婢，皆当为孙成趋走给使。②

又如光和元年（公元178年）曹仲成买地铅券写道：

> 田中有伏尸，既□男当作奴，女当作婢，皆当为仲成给使。③

中平五年（公元188年）房桃枝买地铅券也说：

> 田中有伏尸，男为奴，女为婢。④

墓主由于拥有墓地的所有权，于是也拥有了死于这片土地的新鬼的所有权，可以以使役奴婢的形式使役他们。看来，似乎在鬼界中也有鬼主与鬼奴、鬼婢的阶级区分。

镇墓文多有“天帝”派遣“使者”安排冥界事务的内容，又有“冢中先人，无惊无恐，安隐（稳）如故”、“安冢莫（墓），利子孙”诸语。传世汉印有“天帝杀鬼之印”⑤，当是镇鬼驱邪用物。1960年江苏高邮邵家沟汉代遗址出土的文物中，有“天帝使者”封泥，朱书陶罐残存字迹可见“玉池坤神”语，又发现一方木牍，上书劾鬼文字：

---

① 吴荣曾：《镇墓文中所见到的东汉道巫关系》，《文物》1981年第3期。

② 罗振玉：《芒洛冢墓遗文续编》。

③ 现藏日本中村书道博物馆。

④ 罗振玉：《贞松堂集古遗文》卷一五，原件现藏日本中村书道博物馆。

⑤ 罗福颐：《汉印文字征》第九·六。

> 乙巳日死者鬼名为天光，天帝使者已知汝名，疾去三千里，汝不即去，南山□□令来食汝，急如律令。[①]

在原始思维中，名字具有令人难以理解的神秘性。“涉及到谁的名字，就意味着涉及他本人或者涉及起这个名字的存在物。这意味着谋害他，对他这个人施加暴力，强迫他献身，这可能成为一种巨大的危险。”“名字的神秘属性与它们所标记的存在物的神秘属性是分不开的。”印第安人相信，“由于恶意地使用他的名字，他就一定会受苦”，“这个信仰在从大西洋到太平洋之间的各种各样部族那里都能见到。”在西非沿岸，“存在着对人与其名字之间的实在的和肉体上的联系的信仰”，“使用人的名字，可以伤害这个人”，“帝王的真名始终保持秘密”。[②]中国古代的避讳礼俗[③]，依稀表现出这种原始思维习惯的遗存。“天帝使者已知汝名”，于是形成对鬼的严重威胁。

《史记·封禅书》：“古者天子常以春秋解祠。”司马贞《索隐》：“谓祠祭以解殃咎，求福祥也。”司马迁习惯用语，“解”字，《史记》中可见“解难”（《高祖功臣侯者年表》《礼书》）、“解纷”（《历书》《滑稽列传》）、“解患”（《太史公自序》）、“解纷乱”（《鲁仲连邹阳列传》）等，可知“解殃咎”之说得其正解。《论衡·解除》中说到汉代民间流行的“解除”风习：

> 世信祭祀，谓祭祀必有福；又然解除，谓解除必去凶。……解逐之法，缘古逐疫之礼也。……岁终事毕，驱逐疫鬼，因以送陈、迎新、内吉也。世相仿效，故有解除。

① 江苏省文物管理委员会：《江苏高邮邵家沟汉代遗址的清理》，《考古》1960年第10期。

② [法]列维-布留尔：《原始思维》，丁由译，商务印书馆1981年版，第42页，第44页。

③ 陈垣先生《史讳举例》曾经写道：“民国以前，凡文字上不得直书当代君主或所尊之名，必须用其他方法以避之，是之谓避讳。避讳为中国特有之风俗，其俗起于周，成于秦，盛于唐宋，其历史垂二千年。”《燕京学报》第4期（1928年12月）。

汉代镇墓文多见“解適”语，“適”，即“谪”。所谓“为死人解谪”“为死者解谪”文式，其内容可以与“解除”礼俗联系起来理解。

河南洛阳西郊汉墓出土一件陶瓶，发掘者称：“〔陶瓶〕腹部周壁有朱书符箓一道，箓录意义不解，符文后有‘解注瓶，百解去（长?），如律令’九字，因即名此瓶为‘解注瓶’。”①有学者以为：“‘注’可能即‘疰’，疰，病也。‘解疰’即解除疾病。”②有的学者则分析说：“‘注’的意思是裁除或裁削。”并以《史记·春申君列传》为证。司马迁写道：

> 王壹善楚，而关内两万乘之主注地于齐，齐右壤可拱手而得也。

司马贞《索隐》：“‘注’谓以兵裁之也。”于是以为“洛阳解注瓶之‘注’也当为此种用法，指裁除百邪。”③

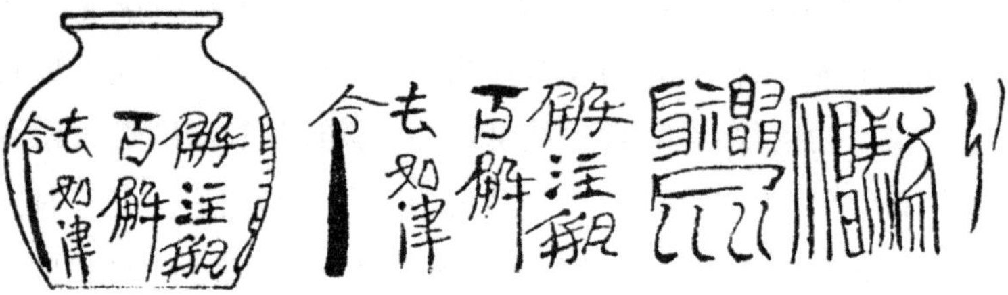

图6–13 洛阳西郊东汉遗址出土解注瓶

“注”，或许应当解释为传染病。《释名·释疾病》：“注病，一人死，一人复得，气相灌注也。”毕沅《释名疏证》卷八：“注，《御览》引作‘疰’。”“叶德炯曰：‘《神农本草经上》：石龙刍，味苦微寒，主风湿鬼注。’鬼注，即此症也。《御览》疾病六引《范汪方》曰：‘凡九十种寒尸疰，此病随月盛衰，人有三百六十余脉，走入皮中，或右或左，如人所

① 郭宝钧等：《1954年春洛阳西郊发掘报告》，《考古学报》1956年第2期。

② 吴荣曾：《镇墓文中所见到的东汉道巫关系》，《文物》1981年第3期。

③ 王育成：《东汉道符释例》，《考古学报》1991年第1期。

刺，遂至于死，死尸相注，或至灭门。’”所谓“解注”，是对这种严重传染病的厌劾。

人们还会注意到，汉代镇墓文中的“解谪”文字，既说到为死者“以除百谪”，又说到为“生人”去凶除殃。例如：

> 立冢墓之□，为生人除殃，为死人解谪。①
>
> 谨以铅人金玉，为死人解谪，生人除罪过。②

《古诗为焦仲卿妻作》：“生人作死别，恨恨那可论！”“生人”“死人”对称，汉代所习见。《论衡·论死》：“人见鬼若生人之形。以其见若生人之形，故知非死人之精也。”“夫死人不能假生人之形以见，犹生人不能假死人之魂以亡矣。”“磷，死人之血也，其形不类生人之形也。”“人见鬼也皆象死人之形，则可疑死人为鬼，或反象生人之形。”“天地之性……能更生人，不能令死人复见。”③

镇墓文所谓“为生人除殃”，“〔为〕生人除罪过”，其含义其实是要避除“死人”所带来的灾祸。

原始思维的一个重要特点，是关于死和死人的观念与我们不同。“死人至少在一定时期内被认为是活着的；这是与我们自己不同的活人，在他们身上某些互渗断绝了，或者至少是削弱了，但他们只是逐渐逐渐才终止了属于自己的社会集体。”“假如灵魂最后离开了身体，假如死亡已经实现，死人也绝不因此而与自己的亲人们分开。相反的，他的灵魂还留在自己身体的近旁。活人们为他的遗体操心，也是因为感觉到它的在场，如果不按照通常的仪式来对待他的遗体，就会引起危险。”“对于刚死的人尤其有必要尽到风俗所规定的义务，因为他们一般都是心怀恶意而且存心让活

---

① 邹安：《艺术丛刊》第2册，仓圣明智大学刊行。

② 河南省博物馆：《灵宝张湾汉墓》，《文物》1975年第11期。

③ 《论衡·讥日》也说：“鬼者，死人之精也。”“推生事死，推人事鬼，见生人有饮食，死为鬼，当能复饮食，感物思亲，故祭祀也。”

人遭殃的。即使他们生前和蔼而善良，但也无济于事。在新环境中，他们的性情根本不同，他们容易动怒而且好报复，这多半是因为他们在身体腐烂以前的时期中是不幸、衰弱而且是痛苦的。”“鬼的凶恶影响可以以千百种不同的形式表现出来。活人特别害怕它力图把他们中的一个或几个人带走；鬼感到自己孤独，被抛弃，他失去自己的亲人，所以他需要使他们靠近自己。假如正在这时候，亲人当中的什么人患病了或者死了，那么，大家都知道这个新的灾难是从哪儿来的。此外，新近死了的人对一切自然现象，尤其是对那些与社会集体有密切关系的自然现象，也有着神秘的影响。”“因此，必须不惜一切代价来让鬼感到心满意足。”“在死人由于自己的力量，由于他个人的邪气而产生的影响中，还应当加上他作为鬼的地位而使他具有的神秘而可怕的威力。他能够给活人带来许多损害，相反的，活人对他却毫无办法。”①

在汉代人的观念中，“生人”对“死人”也是深怀戒心的。他们对死人灵魂的“凶恶影响”，因为“因为感觉到它的在场”而表示畏惧，所以才总是提醒“死人”应当尽快离开“生人”，于是我们看到的汉代镇墓文中多有这样的文字：

> 生人上就阳，死人下归阴；生人上就高台，死人深自藏。
>
> 上天苍苍，地下茫茫，死人归阴，生人归阳，〔生〕〔人〕〔有〕里，死人有乡。
>
> 生属长安，死属太山，死生异处，不得相防（妨）。

《论衡·死伪》也说：“生死异路，人鬼殊处。”也体现了同样的保留若干原始思维特征的观念。

镇墓文中的这些内容强调“生人”“死人”应各有所“归”，“死生异处，不得相防（妨）”，即死者的魂灵不得侵扰活着的人。

① ［法］列维-布留尔：《原始思维》，丁由译，商务印书馆1981年版，第382页至第387页。

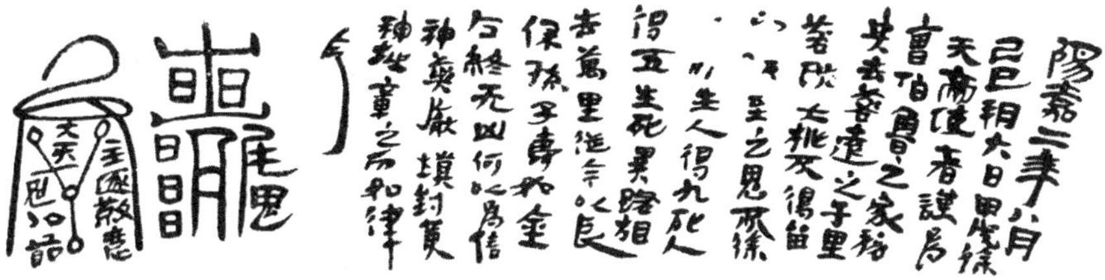

图6-14　陕西户县曹氏瓶朱书解除文、画符

陕西户县朱家堡汉墓出土的陶瓶上，除画符外，又有朱书文字，比较典型地表达了这样的观念：

> 阳嘉二年八月己巳朔六日甲戌，徐。天帝使者，谨为曹伯鲁之家移央（殃）去咎，远之千里。咎□大桃不得留。□□至之鬼所，徐□□。生人得九，死人得五，生死异路，相去万里。从今以长保孙子，寿如金石，终无凶。何以为信？神药厌（压）填（镇），封黄神越章之印。如律令！①

镇墓文的主题，是“为曹伯鲁之家移央（殃）去咎，远之千里”，以所谓“生人得九，死人得五，生死异路，相去万里”，警告死者“不得留”，“至之鬼所”，从而实现“从今以长保孙子，寿如金石，终无凶”的目的。

睡虎地秦简《日书》甲种中“病”字条下，除了“外鬼为祟”（七六正贰）、“外鬼伤（殇）死为祟”（七四正贰）外，又有“父母为祟”（六八正贰）、“王父为祟”（七〇正贰）、“王母为祟”（七二正贰）的内容。

“王父”即祖父，“王母”即祖母。父母及祖父母作祟危害家人，可以使他们患病以至致死。《日书》乙种也有类似的内容，作祟于生人家属的，有“父”“母”“王父”“高王父”。

① 禚振西：《陕西户县的两座汉墓》，《考古与文物》1980年创刊号；王育成：《东汉道符释例》，《考古学报》1991年第1期。

有的学者注意到这个问题，并且将这一现象与反映殷周人鬼神观的资料进行了比较，于是以为殷人有关祖宗神作祟的意识在甲骨文资料中反映相当普遍，而周人的鬼神观中却没有这样的情形。[①]“死人”尊长作祟于“生人”子孙的说法，是与原始思维中“鬼的凶恶影响”可以严重威胁活着的亲人的意识相一致的。然而，有关周文化的历史资料中目前虽然还没有发现类似事实，但是却并不能否定周人的观念中没有这种意识的遗存，很可能只是我们现在还没有完成对有关资料的发掘和理解罢了。

图6-15　黄神印

图6-16　汉墓出土解殃瓶

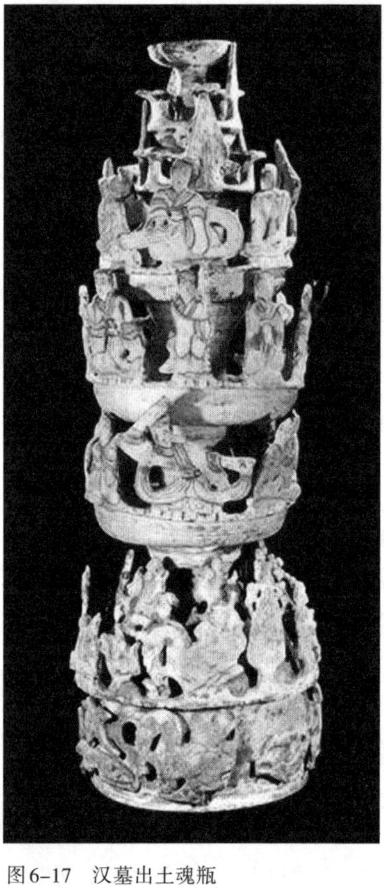

图6-17　汉墓出土魂瓶

① 李晓东、黄晓芬:《秦人鬼神观与殷周鬼神观比较》,《人文杂志》1989年第5期。

第七章　巫风与蛊道

巫者为鬼巫

鲁迅《中国小说史略》第五篇说："汉末又大畅巫风，而鬼道愈炽。"其实，在司马迁的时代，巫风和鬼道就全面影响着社会生活的各个方面。"巫"，是交通鬼神与人的专门神职人员。

《说文·巫部》："巫，巫祝也。"段玉裁注："按：'祝'乃'觋'之误。'巫''觋'皆'巫'也。故'觋'篆下总言其义。《示部》曰：'祝，祭主赞辞者。'《周礼》祝与巫分职，二者虽相须为用，不得以'祝'释'巫'也。"确实《说文·巫部》又写道：

> 觋，能齐肃事神明者也。在男曰觋，在女曰巫。

"在男曰觋，在女曰巫"，而所谓"能齐肃事神明者也"[①]，即以诚一肃敬的态度服务于神明者，被理解为"总言其义"。

《周礼》中说到的"神仕"一职，有人就理解为"巫"。《周礼·春官宗伯·神仕》：

---

① 段玉裁《说文解字注》引《国语·楚语下》："民之精爽不携贰者，而又能齐肃衷正，其智能上下比义，其圣能光远宣朗，其明能光照之，其聪能听彻之，如是则明神降之，在男曰'觋'，在女曰'巫'。是使制神之处位次主，而为之牲器时服。"又因韦昭注："齐，一也；肃，敬也。""'巫''觋'见鬼者。"并且指出："今《说文》'齐'作'斋'，非。"

> 凡以神仕者，掌三辰之法，以犹鬼神示之居，辨其名物。以冬日至，致天神人鬼，以夏日至，致地示物彪，以禬国之凶荒，民之札丧。

东汉学者郑玄的解释，说到所谓“神仕”与交通“天神人鬼地祇”这一神职的关系，又说：“在男曰‘觋’，在女曰‘巫’”。唐人贾公彦疏则明确说：“此‘神仕’是巫。”

所谓“巫”“仕”于“神”，“巫”“能齐肃事神明者”，说明了“巫”的社会职任和文化内质。对于“巫”的身份所具有的神秘性，王充在《论衡·实知》中表述为：

> 世间圣神，以为巫与？鬼神用巫之口告人。

《论衡·订鬼》又说，“天地之气为妖者，太阳之气也。”“龙，阳物也，故时变化；鬼，阳气也，时藏时见。阳气赤，故世人尽见鬼，其色纯朱。”“巫为阳党，故鲁僖遭旱，议欲焚巫[①]。巫含阳气，以故阳地之民多为巫。巫党于鬼，故巫者为鬼巫。鬼巫比于童谣，故巫之审者，能处吉凶。”

在秦汉人的意识中，“巫”，具有能够审知鬼神世界诸情事的特殊能力。

《史记·魏其武安侯列传》记述了同为当朝显贵的魏其侯窦婴、将军灌夫与武安侯田蚡之间的争争斗斗。窦婴、灌夫相继以罪致死，而不久，就发生了“蚡疾，见魏其、灌夫鬼杀之”[②]的异闻。司马迁写道：

---

① 《左传·僖公二十一年》:“夏大旱，公欲焚巫尪。臧文仲曰：‘非旱备也。修城郭，贬食省用，务穑劝分，此其务也。巫尪何为？天欲杀之，则如勿生。若能为旱，焚之滋盛。’公从之。是岁也，饥而不害。”杜预《集解》:“巫尪，女巫也，主祈祷请雨者。”

② 《史记·魏其武安侯列传》裴骃《集解》引徐广曰。

五年十月，悉论灌夫及家属。……〔窦婴〕以十二月晦，论弃市渭城。

其春，武安侯病，专呼服谢罪。使巫视鬼者视之，见魏其、灌夫共守，欲杀之。竟死。

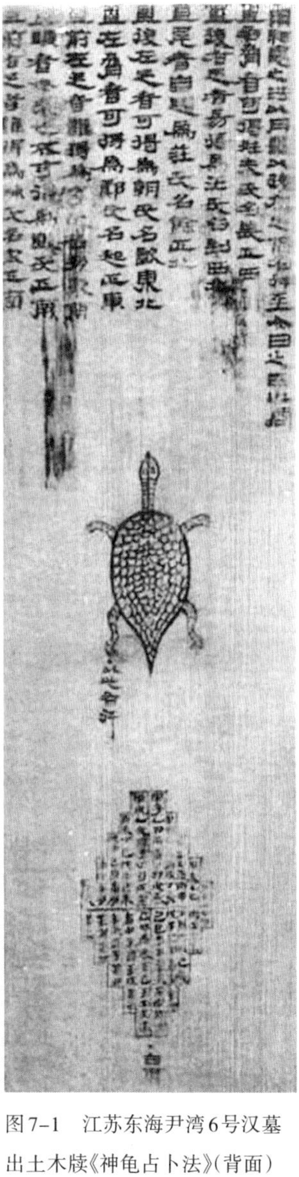

图7-1 江苏东海尹湾6号汉墓出土木牍《神龟占卜法》(背面)

张守节《正义》：“其春，即四年春也。元光四年十月，灌大弃市。十二月末，魏其弃市。至三月乙卯，田蚡薨。则三人死同在一年明矣。汉以十月为岁首故也。”

所谓“巫视鬼者”，看来是当时“巫”职中特殊的专业人员。

虽然段玉裁明确强调了“《周礼》祝与巫分职，二者虽相须为用，不得以‘祝’释‘巫’也”的意见，可是我们看到，司马迁在《史记》中多次以“祝巫”或“巫祝”并称。例如：

亡国乱君相属，不遂大道而营于巫祝。(《孟子荀卿列传》)

〔祠“八神”〕皆各用一牢具祠，而所损益，圭币杂异焉。(《封禅书》)

〔江都王刘建〕而又信巫祝，使人祷祠妄言。(《五宗世家》)

《史记·滑稽列传》“河伯娶妇”情节中，也多见“巫祝”、“祝巫”、“大巫祝”等称谓。

又《史记·封禅书》写道：

> 乃令越巫立越祝祠，安台无坛，亦以天神、上帝、百鬼，而以鸡卜。

“越巫立越祝祠”，也说明了“巫”与“祝”的关系。

《史记·周本纪》记载：“王行暴虐侈傲，国人谤王。召公谏曰：‘民不堪命矣。’王怒，得卫巫，使监谤者，以告则杀之。其谤鲜矣，诸侯不朝。”卫巫，应当是出身于卫地的巫者。

在服务于西汉政权的神祠系统中，可以看到文化渊源与文化背景不同的“巫”的活动。所谓“梁巫”“晋巫”“秦巫”“荆巫”等，都被西汉王朝以兼容的态度予以利用。

《史记·封禅书》记载：

> 长安置祠祝官、女巫。
>
> 其梁巫，祠天、地、天社、天水、房中、堂上之属；
>
> 晋巫，祠五帝、东君、云中〔君〕、司命、巫社、巫祠、族人、先炊之属；
>
> 秦巫，祠社主、巫保、族累之属；
>
> 荆巫，祠堂下、巫先、司命、施糜之属。

是梁、晋、秦、荆等地的很可能代表不同文化传统的巫者，当时“皆以岁时祠宫中”，共同服务于中央政权，以不同的文化背景，构成了一个新的维护大一统专制政权的巫术之网。

《周礼·春官宗伯·神仕》郑玄注，说到所谓“神仕”与服务于“天神人鬼地祇”的“巫”的关系，也说道：“在男曰‘觋’，在女曰‘巫’。”

郑玄接着还指出："是之使制神之处位次，主而为之牲器时服。巫既知神如此，又能居以天法，是以圣人祭之。"随后郑玄则感叹道：

> 今之巫祝，既暗其义，何明之见，何法之行，正神不降，或于淫厉，苟贪货食，遂诬人神，令此道灭。痛矣！

汉代学者认为，"今之巫祝"的文化内质和活动形式，和先古圣人时代已经大不相同。这自然是文化史进程中的正常现象。不过我们今天看来，在司马迁撰著《史记》的时代，社会依然巫风盛行，其基本特征也表现出许多原始文化的遗痕。

西汉长安的胡巫

西汉神祀系统中，有"胡巫"的存在。

《史记·封禅书》记述汉初"天下已定"，"长安置诸祠祝官、女巫"，确定了新的祠祀制度。在列述分别任用"梁巫""晋巫""秦巫""荆巫"等之后，又说道："九天巫，祠九天。""九天巫"与服务于皇家祠祀系统的"梁巫""晋巫""秦巫""荆巫"等同样，"皆以岁时祠宫中"。对于所谓"九天巫"，司马贞《索隐》解释说："案《孝武本纪》云：立九天庙于甘泉。《三辅故事》云：'胡巫事九天于神明台。'"

如果"九天巫"解作"胡巫事九天"之说能够成立，则足见当时正统神学体系中，"胡巫"即出身于北方少数民族的巫者，曾经占有重要的地位。

对于"九天"，有不同的解释。或以为中央八方之天，或以为九重之天。[①]

---

① 司马贞《索隐》："《淮南子》云'中央曰钧天，东方曰苍天，东北旻天，北方玄天，西北幽天，西方皓天，西南朱天，南方炎天，东南阳天'也。"而张守节《正义》："《太玄经》云'一中天，二羡天，三徒天，四罚更天，五睟天，六郭天，七咸天，八治天，九成天'也。"《汉书·郊祀志下》颜师古注所谓"九大"与司马贞《索隐》同，只是司马贞"西方皓天"，颜师古作"西方浩天"。 （转下页）

我们现在还不能明确地判定所谓“九天巫，祠九天”究竟是指哪一种“九天”，但是，可以推知这种以最高神主“天”作为祠祀对象的仪礼，其主持人员的选择和行礼地点的确定，大约都是有较深刻的文化含义的。

司马贞《索隐》引《孝武本纪》：“立九天庙于甘泉”，又引《三辅故事》：“胡巫事九天于神明台。”然而据《三辅黄图》卷三，神明台在建章宫。[①]于是“九天”祠所，似乎就有甘泉和长安两种说法。然而，建章宫建于汉武帝太初元年（公元前104年），汉高祖确定在此以“九天巫，祠九天”的制度是不可能的。据说神明台确有与“九天”有关的祠祀活动[②]，但是这样的记载，如果不是后人误记，就只能理解为汉武帝时代礼祀制度繁缛化的反映。

甘泉，秦代筑有林光宫[③]，在西汉时经刻意经营，出现了更为宏丽的宫殿群。甘泉宫及所在的云阳，成为当时仅次于长安的准政治文化中心。

（接上页） 颜师古还写道：“其说见《淮南子》。”并且又说：“一说云东方昊天，东南阳天，南方赤天，西南朱天，西方成天，西北幽天，北方玄天，东北变天，中央钧天也。”我们看到的《淮南子·天文》所说“九天”与司马贞《索隐》及颜师古注引文略异，而与《吕氏春秋·有始》所谓天有九野完全相同，作：“中央曰钧天”，“东方曰苍天”，“东北曰变天”，“北方曰玄天”，“西北方曰幽天”，“西方曰颢天”，“西南方曰朱天”，“南方曰炎天”，“东南方曰阳天”。今本扬雄《太玄·太玄数》所说“九天”也与张守节《正义》引文不尽相同，写作：“九天：一为中天，二为羡天，三为从天，四为更天，五为睟天，六为廓天，七为减天，八为沈天，九为成天。”郑万耕《太玄校释》说：“《太玄》八十一首，每九首为一‘天’，表示一年四季的变化过程。而以每九首之第一首的首名命名。”（北京师范大学出版社1989年版，第327页）屈原《离骚》写道：“指九天以为正兮，夫唯灵修之故也。”汉代人王逸解释说：“‘九天’，谓中央八方也。”《吕氏春秋》“九天”与《淮南子》“九天”都指“中央八方”之天。而《太玄》“九天”与下文所谓“九地”“九人”“九体”“九属”等对照，似乎是指“天”的九个等级、九个层次。

① 《三辅黄图》卷三“建章宫”条下：“神明台，《汉书》曰：‘建章有神明台。’《庙记》曰：‘武帝造，祭仙人处，上有承露盘，舒掌捧铜盘玉杯，以承云表之露，以露和玉屑服之，以求仙道。’”又《三辅黄图》卷五：“神明台，见建章宫。”

② 《汉书·郊祀志下》：“作建章宫，度为千门万户。”“立神明台，井干楼，高五十丈，辇道相属焉。”颜师古注：“《汉宫殿疏》云：‘神明台高五十丈，上有九室，恒置九天道士百人。”《艺文类聚》卷六四及《太平御览》卷一七四引《汉宫殿名》均写作：“神明台，武帝造，高五丈，上有九室，今人谓之‘九天台’。武帝求神仙，恒置九天道士百人。”《水经注·渭水下》也写道：“《三辅黄图》曰：神明台在建章宫中，上有九室，今人谓之‘九子台’。”“九子台”，或作“九天台”。

③ 《三辅黄图》卷一：“林光宫，胡亥所造，纵广各五里，在云阳县界。”同书卷二又引《关辅记》：“林光宫亦曰甘泉宫，秦所造。”《文选》卷一班固《西都赋》：“……陪以甘泉，乃有灵宫起乎其中，秦汉之所极观。”李善注：“《汉宫殿疏》曰：‘甘泉林光宫，秦二世造。’”

图7-2　以"巫"为原型的西安汉城出土铜羽人像

云阳，曾经被称为"云阳都"。[①]

而云阳甘泉又有特殊的神学文化的背景，即传说曾经是匈奴人祭天的处所。

《史记·匈奴列传》记述，骠骑将军霍去病出击匈奴，"破得休屠王祭天金人"。

裴骃《集解》："《汉书音义》曰：'匈奴祭天处本在云阳甘泉山下，秦夺其地，后徙之休屠王右地，故休屠有祭天金人，象祭天人也。'"司

① 《汉书·武帝纪》：元封二年六月，"诏曰：'甘泉宫内中产芝，九茎连叶。上帝博临，不异下房，赐朕弘休。其赦天下，赐云阳都百户牛酒。'作《芝房之歌》"。《汉书·礼乐志》载其歌："歌云：'玄气之精，回复此都。'"颜师古注："言天地之精，回旋反复于此云阳之都，谓甘泉也。"陈直先生指出："西汉未央、长乐二宫规模阔大之外，则数甘泉宫。甘泉在云阳，比其他县为重要，故称以'云阳都'。"《汉书新证》，天津人民出版社1979年版，第35页。此外，居延汉简10.27及5.10关于改火的文书中，可见"别火官先夏至一日以除隧取火，授中二千石、二千石在长安、云阳者，其民皆受以日至易故火"的内容，也说明云阳仅次于长安的地位。

马贞《索隐》对《汉书音义》"匈奴祭天处本在云阳甘泉山下"的说法提出异议，以为："事恐不然。案：得休屠金人，后置之甘泉也。"张守节《正义》则指出："《括地志》云：'径路神祠在雍州云阳县西北九十里甘泉山下，本匈奴祭天处，秦夺其地，后徙休屠右地。'"

值得注意的是，《汉书·武帝纪》元封二年关于因"甘泉宫中产芝，九茎连叶，不异下房，赐朕弘休"，于是"赐云阳都百户牛酒"的诏令，颜师古注引晋灼曰："云阳、甘泉，黄帝以来祭天圆丘处也。武帝常以避暑，有宫观，故称'都'也。"

可见，无论说匈奴祭天处也好，还是说黄帝以来祭天处也好，都重视云阳甘泉作为祭天圣地的地位。

其实，所谓"匈奴祭天处本在云阳甘泉山下，秦夺其地"，很可能确实是历史事实。

匈奴民族有上天崇拜的意识。《汉书·匈奴传上》说："单于姓挛鞮氏，其国称之曰'撑犁孤涂单于'。匈奴谓天为'撑犁'，谓子为'孤涂'，单于者，广大之貌也，言其象天单于也。"匈奴人称"天"为"撑犁"，有学者以为，所谓"撑犁"，即古圣王黄帝一系的传说人物"重黎"[①]。而古有"重""黎"各为一人的说法，"重"即"司天以属神"[②]。"重黎"与"撑犁"的关系，也可以与"匈奴，其先祖夏后氏之苗裔也"的说法相印合。

匈奴又重视祭天之礼，有完备严格的祠祀制度。《史记·匈奴列传》写道：

> 岁正月，诸长小会单于庭，祠。

---

① 《史记》中多次说到"重黎"。如《楚世家》："高阳者，黄帝之孙，昌意之子也。高阳生称，称生卷章，卷章生重黎。重黎为帝喾高辛居火正，甚有功，能光融天下，帝喾命曰'祝融'。共工氏作乱，帝喾使重黎诛之而不尽。帝乃以庚寅日诛重黎，而以其弟吴回为重黎后，复居火正，为祝融。"《历书》："尧复遂重黎之后，不忘旧者。"又《太史公自序》："重黎业之，吴回接之。"

② 《史记·历书》："少皞氏之衰也，九黎乱德，民神杂扰，不可放物，祸灾荐至，莫尽其气。颛顼受之，乃命南正重司天以属神，命火正黎司地以属民，使复旧常，无相侵渎。"

五月，大会茏城，祭其先、天地、鬼神。

秋，马肥，大会蹛林，课校人畜计。

“茏城”，司马贞《索隐》：“《汉书》作‘龙城’，亦作‘茏’字。崔浩云：‘西方胡皆事龙神，故名大会处为龙城。’《后汉书》云：‘匈奴俗，岁有三龙祠，祭天神。’”对于所谓“秋，马肥，大会蹛林”，注家也多以为与祭祀有关。

裴骃《集解》：《汉书音义》曰：“匈奴秋社八月中皆会祭处。蹛音带。”

司马贞《索隐》：服虔云：“音带。匈奴秋社八月中皆会祭处。”郑氏云：“地名也。”晋灼曰：“李陵与苏武书云‘相竞趋蹛林’”，则服虔说是也。又韦昭音多蓝反。姚氏案：《李牧传》“大破匈奴，灭襜褴”，此字与韦昭音颇同，然“林”“褴”声相近，或以“林”为“褴”也。

张守节《正义》：颜师古云：“蹛者，绕林木而祭也。鲜卑之俗，自古相传，秋祭无林木者，尚竖柳枝，众骑驰绕三周乃止，此其遗法也。”

《史记·廉颇蔺相如列传》写道：“〔单于〕大率众来入。李牧多为奇阵，张左右翼击之，大破杀匈奴十余万骑。灭襜褴，破东胡，降林胡，单于奔走。其后十余岁，匈奴不敢近赵边城。”裴骃《集解》：“‘襜’，都甘反。‘褴’，路谈反。徐广曰：‘一作临。’骃又案：如淳曰：‘胡名也，在代北。’”如淳以为非地名而为部族名，不妨聊备一说。徐广所谓音“临”，则正与“林”同。

匈奴确定祭天场所时重视林木象征生命力的意义，与汉地某些风习似乎有相近之处。[①]作为常年生活在罕见高大林木的草原戈壁的民族，这样的文化倾向当然有更突出的更典型的反映。而甘泉所筑秦宫名“林光宫”，或许当地林区当时又有与其他山地不同的更为光焕华美的自然风貌。

从诸戎部族在春秋战国以来为华夏人不断压迫而北迁的历史看，云阳甘泉可能是他们活动地域偏在南界，然而愈近晚世则愈少登临，于是具有某种神性的山林胜境。民族文化记忆中印迹极其深刻的先祖传说与以这处山林为中心的故地的联系[②]，在注重“祭其先、天地、鬼神”的民族心理中，也使得云阳甘泉很自然地可以成为一处宗教圣地。

据班固在《汉书·地理志上》中记载，左冯翊云阳有三处与匈奴文化有关的神祠：

> 云阳。有休屠、金人及径路神祠三所。

休屠神祠以匈奴部族名命名，金人神祠显然与《史记·匈奴列传》所谓“汉使骠骑将军〔霍〕去病将万骑出陇西，过焉支山千余里，击匈奴，得胡首虏万八千余级，破得休屠王祭天金人”及《卫将军骠骑列传》所谓“过焉支山千有余里，合短兵，杀折兰王，斩卢胡王，诛全甲，执浑邪王子及相国、都尉，首虏八千余级，收休屠祭天金人”事有关。径路神祠，《汉书·郊祀志下》：“云阳有径路神祠，祭休屠王也。”颜师古注：“休屠，

---

① 《论语·八佾》：“哀公问‘社’于宰我，宰我对曰：‘夏后氏以松，殷人以柏，周人以栗。’”《庄子·人间世》说到“栎社树”。又多有将神社建于丛林中的情形，称作“丛社”。《吕氏春秋·怀宠》：“问其丛社大祠，民之所不欲废者而复兴之，曲加其祀礼。”扬雄《太玄·聚》也说到“牵羊示于丛社”。祠祀之所设于丛林中，又称作“丛祠”。《史记·陈涉世家》写道：“令吴广之次所旁丛祠中，夜篝火，狐鸣呼曰：‘大楚兴，陈胜王。’”裴骃《集解》引张晏曰：“丛，鬼所凭依。”司马贞《索隐》引《墨子》：“建国必择木之修茂者以为丛位。”又引《战国策》高诱注：“丛祠，神祠也。丛，树也。”唐人李亢《独异志》卷上可见“社林”，也是古俗遗存。宁可先生指出：“社神的标识一般是一株大树或丛木，称为‘社树’‘社木’或‘社丛’；也有进一步封土为坛的，称为‘社坛’，其上或为树，或奉木或石的‘社主’。”《汉代的社》，《文史》第9辑，中华书局1980年版。

② 《史记·匈奴列传》记载所谓“秦昭王时，义渠戎王与宣太后乱，有二子，宣太后诈而杀义渠戎王于甘泉，遂起兵伐残义渠”，就是值得重视的历史事实。

匈奴王号也。径路神，本匈奴之祠也。”[①]

又据说，“径路”，是匈奴宝刀名。《汉书·匈奴传下》记载，汉使韩昌、张猛与匈奴单于“共饮血盟”，“昌、猛与单于及大臣俱登匈奴诸水东山，刑白马，单于以径路刀金留犁挠酒”。颜师古注引应劭曰：“径路，匈奴宝刀也。”《汉书·地理志上》王先谦《补注》则说：“《郊祀志》：‘云阳有径路神祠，祭休屠王也。’则‘径路’是休屠王名，没而为神，故匈奴祠而汉因之。非祠宝刀也。其神遗有宝刀，因名‘径路刀’耳。”

显然，云阳甘泉所谓“有休屠、金人及径路神祠三所”，当时应当都是出身匈奴的“胡巫”所主持的祀所。

前说所谓“胡巫事九天于神明台”在甘泉宫之说不确，自汉武帝时代起，胡巫在甘泉宫祭天之所，有可能是“通天台”。

《汉书·武帝纪》：元封二年（公元前109年），“作甘泉通天台。”颜师古注：“‘通天台’者，言此台高，上通天也。《汉旧仪》云高二十丈，望见长安城。”“通天台”得名，有可能如颜师古说，“言此台高，上通天也”，也有可能是用于祭天的缘故。《长安志》引《关中记》说：“左有通天台，高三十余丈，祭天时于此候天神下也。”

“通天台”似乎曾经成为甘泉宫的主体建筑之一，甚至宫殿区的进一步规划扩建，是以这座高台作为设计基准的。《史记·封禅书》：“乃作通天茎台，置祠具其下，将招来仙神人之属。于是甘泉更置前殿，始广诸宫室。”后来甘泉殿中生芝，也被看作“通天台”的神应。[②]

《三辅黄图》卷五写道：“通天台，武帝元封二年作甘泉通天台。《汉旧仪》云：‘通天者，言此台高通于天也。’《汉武故事》：‘筑通天台于甘泉，去地百余丈，望云雨悉在其下，望见长安城。’‘武帝时祭泰乙，上通天台，舞八岁童女三百人，祠祀招仙人。祭泰乙，云令人升通天台，以候

① 据《汉书·郊祀志下》，汉元帝初年，“径路”祠以“不应礼”罢。

② 《史记·封禅书》：“夏，有芝生殿房内中。天子为塞河，兴通天台，若见有光云，乃下诏：‘甘泉房中生芝九茎，赦天下，毋有复作。’”《汉书·郊祀志下》：“夏，有芝生甘泉殿房内中。天子为塞河，兴通天，若有光云，乃下诏赦天下。”颜师古注：“为塞河及造通天台而有神光之应，故赦天下也。”

天神，天神既下祭所，若大流星，乃举烽火而就竹宫望拜。上有承露盘，仙人掌擎玉杯，以承云表之露。元凤间，自毁，椽桷皆化为龙凤，从风雨飞去。'《西京赋》云：'通天眇而竦峙，径百常而茎擢，上瓣华以交纷，下刻峭其若削。'亦曰候神台，又曰'望仙台'，以候神明、望神仙也。"

《汉书·王温舒传》说："上方欲作通天台而未有人，温舒请覆中尉脱卒，得数万人作。上说，拜为少府。"可知通天台工程动用人力之多。[①]史念海先生考察甘泉宫遗址曾经发现："今淳化县梁武帝村旁的遗址中犹有高十米的高台，伫立地上，巍峨高耸，虽土质已渐剥落，无复台阁模样，然就此遗址而论，气象实为非凡，当系通天台旧址无疑。"[②]

陈直先生曾经指出："西安汉城出土有'泰灵嘉神'瓦，疑为武帝祭泰乙神祠中之物。又陈沈炯有《经通天台奏汉武帝表》，足证在北朝时遗址犹存。"[③]

西汉帝王与上天之间的联系曾经借"胡巫"之力实现，是耐人寻味的文化现象。

西汉长安地区"胡巫"的活跃，有特殊的历史文化背景。

考察这一背景，我们可以试从三个方面进行分析。

第一，我们首先注意到的历史现象，是西汉神祀制度大体继承了秦王朝的原有体制，而秦文化又有吸取西北民族文化影响的传统。

《史记·封禅书》说：

> 〔汉高帝二年〕悉召故秦祝官，复置太祝、太宰，如其故仪礼。

刘邦颁布诏书，宣布：

> 今上帝之祭及山川诸当祠者，各以其时礼祠之如故。

---

① 参看何清谷《三辅黄图校注》，三秦出版社1995年版，第273页。

② 史念海：《直道和甘泉宫遗迹质疑》，《中国历史地理论丛》1988年第3辑。

③ 陈直：《三辅黄图校证》，陕西人民出版社1980年版，第109页。

所谓“如故”“如其故”，说明秦王朝的神祀制度得以沿袭。

秦人的传统文化形态，是以曾经长期从事畜牧业经济为背景的。秦立国之初，就承担了维护西北游牧民族与中原农耕民族文化过渡区的任务。秦国的建国史，就是和诸戎交往和斗争的历史。中原人对秦人“夷翟遇之”（《史记·秦本纪》），视之为“夷狄也”（《史记·天官书》），即所谓“诸夏宾之，比于戎翟”（《史记·六国年表》），以为“秦戎翟之教”（《史记·商君列传》），“秦与戎翟同俗”（《史记·魏世家》），并不是全无根据的诋詈之词。这一特殊的文化信号，也体现出秦人与西北草原游牧民族相互间曾经有较密切的文化交往，彼此又具有一定的文化共同性。①

“胡巫”的作用，很可能体现出秦礼祀文化的遗存。

第二，西汉统治中心地区“胡巫”活动的另一因素，是长安接近北方草原民族军事文化影响的地理条件。

前引“匈奴祭天处本在云阳甘泉山下，秦夺其地”，以及“径路神祠在雍州云阳县西北九十里甘泉山下，本匈奴祭天处，秦夺其地”等说法，正反映了这样的情形。

《史记·匈奴列传》说，周武王时，“放逐戎夷泾、洛之北”，至周道衰，犬戎曾经“居于泾渭之间，侵暴中国”，“秦襄公伐戎至岐，始列为诸侯”。秦穆公时代，“自陇以西有绵诸、绲戎、翟、貊之戎，岐、梁山、泾、漆之北有义渠、大荔、乌氏、朐衍之戎”。秦昭襄王时，“宣太后诈而杀义渠戎王于甘泉，遂起兵伐残义渠，于是秦有陇西、北地、上郡，筑长城以拒胡”。可能正是在这样的历史过程中，云阳甘泉山下的祭天祠所由匈奴手中转入秦人控制之下。

而按照司马迁在《史记·匈奴列传》中开篇即强调的“匈奴，其先祖夏后氏之苗裔也”的说法，则所谓“云阳、甘泉，黄帝以来祭天圆丘处

① 参看王子今：《应当重视秦人与西方北方部族文化交往的研究》，《秦陵秦俑研究动态》1991年第3期。

也”与所谓“匈奴祭天处本在云阳甘泉山下，秦夺其地”也并不矛盾。

又如，司马迁在《史记·封禅书》中写道：

> 文成死明年，天子病鼎湖甚，巫医无所不致，不愈。游水发根言上郡有巫，病而鬼神下之。上召置祠之甘泉。及病，使人问神君。神君言曰：“天子无忧病，病少愈，强与我会甘泉。”于是病愈，遂起，幸甘泉，病良已。大赦，置寿宫神君，寿宫神君最贵者“太一”，其佐曰“大禁”、“司命”之属，皆从之。非可得见，闻其言，言与人音等。时去时来，来则风肃然。居室帷中。时昼言，然常以夜。天子祓，然后入。因巫为主人，关饮食。所以言，行下。又置寿宫、北宫，张羽旗，设供具，以礼神君。神君所言，上使人受书其言，命之曰“画法”。其所语，世俗之所知也，无绝殊者，而天子心独喜。其事秘，世莫知也。

据《史记·匈奴列传》记载，秦二世执政时，中原动乱，北边残破：

> 蒙恬死，诸侯畔秦，中国扰乱，诸秦所徙適戍边者皆复去，于是匈奴得宽，复稍度河南与中国界于故塞。

而冒顿确立领袖的地位之后，匈奴的实力又有增强：

> 悉复收秦所使蒙恬所夺匈奴地者，与汉故河南塞，至朝那、肤施。

也就是说，上郡除深受戎狄之风影响而外，在秦亡后又曾经直接为匈奴所占有。因而，游水发根所推荐的上郡之巫很可能是胡巫。汉武帝或许因为病重而汉地“巫医无所不致，不愈”，不得已乃起用胡巫。“上郡有巫，病而鬼神下之”，又能代“神君”言，所使用的特殊巫术，似与萨满法术有某种渊源关系。

《史记·封禅书》所谓“置寿宫神君，寿宫神君最贵者‘太一’”，其中“太一”，补《孝武本纪》则写作“大夫”。泷川资言《史记会注考证》引俞樾的论证：“‘神君’乃巫之神，以巫为主人，居帷幄中与人言，即所谓‘上郡有巫，病而鬼神降之’[①]者也。‘太一’乃天神之最贵者，汉祀‘太一’有二，其一则天子三年亲郊祀，如雍郊之礼，其一则亳人谬忌所奏祠，谓之‘薄忌太一’。是二者均与‘神君’无涉也。‘太一’之佐曰‘五帝’，亦非‘太禁’‘司命’之属也。然则此‘太一’当作‘大夫’。‘大夫’盖巫神之贵者，曰‘大夫’耳。秦时民俗相称，尊之则曰‘大夫’。若萧何称沛中吏是也。巫觋鄙俚，亦沿此称，非谓‘太一’也。当以《纪》为长。”

所谓“若萧何称沛中吏是也”，例见《史记·高祖本纪》：“单父人吕公善沛令，避仇从之客，因家沛焉。沛中豪桀吏闻令有重客，皆往贺。萧何为主吏，主进，令诸大夫曰：‘进不满千钱，坐之堂下。’高祖为亭长，素易诸吏，乃绐为谒曰‘贺钱万’，实不持一钱。谒入，吕公大惊，起，迎之门。”对于“萧何为主吏，主进，令诸大夫曰”，张守节《正义》：“大夫，客之贵者总称之。”

应当说，“秦时民俗相称，尊之则曰‘大夫’”，而“巫觋鄙俚，亦沿此称”的说法，是有一定道理的。如果“太一”不是胡巫语音译，则俞樾“大夫”之说可以参考。

还有一种值得重视的现象，即所谓“上召置祠之甘泉”，“神君言曰：‘天子无忧病，病少愈，强与我会甘泉’”，“遂起，幸甘泉，病良已”，都说到“甘泉”曾经成为巫术表演的重要舞台。

“甘泉”这一地点，对于上郡之巫所借假的“神君”法术的发挥似乎具有特殊的意义。

联系前面说到的云阳甘泉“休屠、金人及径路神祠三所”的设立，可

① 《史记·封禅书》作“病而鬼神下之”，《孝武本纪》作“病而鬼下之”。

知甘泉很可能原先是匈奴巫文化的一个特殊基地，在汉武帝时代，又成为匈奴巫文化与汉地巫文化相融汇的一个特殊的交合点。

第三，长安“胡巫”活跃的另一历史文化条件，是西汉帝国和匈奴长期的战争关系。

克劳塞维茨曾经说：“战争是一种人类交往的行为。”[①]马克思和恩格斯也曾经指出：战争本身“是一种经常的交往形式”[②]。

战争双方在激烈较量的同时，也实现了密切的文化接触和文化交往。

可以作为说明这一历史事实的另一例证的，是西汉王朝正规军编制之中“胡骑”的存在。[③]“胡骑”也确曾在长安地区屯驻，并且成功地发挥了卫戍效能。[④]

“胡巫”在以长安为中心的西汉政治文化中枢地区的活动，曾经发生重要的历史影响。

可以说明这一事实的最典型的实例，当然是“巫蛊之祸”中“胡巫”所起的特殊作用。

“巫蛊之祸”是发生于汉武帝统治晚期的一场剧烈的政治风暴，其结果，导致了汉帝国统治上层严重的政治危机，都城长安在这次政治动乱中致死者之多竟数以万计。

据《资治通鉴》卷二二“汉武帝征和二年”记载，汉武帝“体不平，遂苦忽忽善忘”，而“性仁恕温谨”“宽厚”“守文”，与汉武帝政治风格多

---

① 克劳塞维茨：《战争论》，中国人民解放军军事科学院译，解放军出版社1964年版，第1卷第179页。

② 马克思、恩格斯：《德意志意识形态》，《马克思恩格斯全集》第1卷，人民出版社1972年版，第72页。

③ 如《汉书·宣帝纪》：“〔神爵元年〕西羌反，发……胡、越骑……诣金城”，“击西羌”。《汉书·霍光传》：“〔霍〕山奉车都尉侍中，领胡、越兵。”“……诸领胡、越骑……悉易以所亲信许、史子弟代之。”《汉书·赵充国传》：“〔赵卬〕将……胡越骑为支兵，至令居。”

④ 《汉书·百官公卿表上》：“长水校尉掌长水宣曲胡骑。又有胡骑校尉，掌池阳胡骑。”《汉书·刘屈氂传》：“〔刘据〕使长安囚如侯持节发长水及宣曲胡骑，皆以装会。侍郎莽通使长安，因追捕如侯，告胡人曰：‘节有诈，勿听也。’遂斩如侯，引骑入长安。”颜师古注：“长水，校名。宣曲，宫也。并胡骑所屯。”《汉书·金日磾传》：“〔金涉〕成帝时为侍中骑都尉，领三辅胡、越骑。”颜师古注：“胡、越骑之在三辅者，若长水、长杨、宣曲之属是也。”

有不同的太子刘据“宾客多以异端进者”，对汉武帝“用法严，多任深刻吏”的做法“多所平反”，于是“得百姓心，而用法大臣皆不悦”。

在这种极特殊的政治背景下，具有极敏感的政治嗅觉，又有投机之心，受到汉武帝特殊信任并赋予重要权力的直指绣衣使者江充利用汉武帝父子政治倾向不同的矛盾，制造了太子宫中埋木人行“巫蛊”的冤案。

汉武帝指令江充在长安大规模调查“巫蛊”一案时，“胡巫”曾经有十分活跃的表现。

据《汉书·江充传》记载：汉武帝病重，“〔江充〕奏言上疾祟在巫蛊，于是上以充为使者治巫蛊。充将胡巫掘地求偶人，捕蛊及夜祠，视鬼染污令有处，辄收捕验治”。“〔江充〕奏言上疾祟在巫蛊”句下，颜师古注：

> 《三辅旧事》云〔江〕充使胡巫作而埋之。

对于所谓“将胡巫掘地求偶人”，又可见颜师古注：

> 张晏曰：“〔江〕充捕巫蛊及夜祭祠祝诅者，令胡巫视鬼，诈以酒醊地，令有处也。”师古曰：“捕夜祠及视鬼之人，而〔江〕充遣巫污染地上，为祠祭之处，以诬其人也。”

“胡巫”当时受江充之命，在调查“巫蛊”时制造假现场，导致冤案。所以少傅石德在劝太子刘据起兵诛江充时说：

> 前丞相父子、两公主及卫氏皆坐此，今巫与使者掘地得征验，不知巫置之邪，将实有也，无以自明。

《汉书·武五子传·戾太子刘据》还记载，于是刘据采取了激烈措施：

乃斩〔江〕充以徇，炙胡巫上林中。

对于“胡巫”，颜师古注：“服虔曰：‘作巫蛊之胡人也。炙，烧也。’师古曰：‘胡巫受〔江〕充意指，妄作蛊状，太子特忿，且欲得其情实，故以火炙之，使毒痛耳。’”

“胡巫”作为“巫蛊之祸”这一政治变局中的重要的角色，在思想文化史上写下了具有神秘主义特征的外来文化因素通过介入上层权争，显著影响汉文化主体的引人注目的一页。

还有一种现象值得注意，即“巫蛊”的形式之一，就是在道路上埋设象征物以恶言祝诅。《汉书·武帝纪》：天汉二年（公元前99年），“秋，止禁巫祠道中者。大搜”。文颖解释说：“始汉家于道中祠，排祸咎移之于行人百姓。以其不经，今止之也。”颜师古则指出：“文说非也。祕祝移过，文帝久已除之。今此总禁百姓巫觋于道中祠祭者耳。”对于所谓“大搜”，臣瓒以为：“‘搜’，谓索奸人也。”晋灼则以为：“搜巫蛊也。”汉武帝天汉二年的这一严厉的行政禁令当确实与“巫蛊”有关，而“于道中祠”“于道中祠祭”等解释也应当以“巫蛊”为出发点方可能接近史实。

征和二年（公元前91年），有人举报丞相公孙贺的儿子公孙敬声与阳石公主私通，“及使人巫祭祠诅上，且上甘泉当驰道埋偶人，祝诅有恶言”，于是“父子死狱中，家族”。（《汉书·公孙贺传》）《汉书·武帝纪》记载：“二年春正月，丞相贺下狱死。”数月后，卫皇后女“诸邑公主、阳石公主皆坐巫蛊死”。是为“巫蛊之祸”发生的标志。

所谓“当驰道埋偶人，祝诅有恶言”，有助于理解天汉二年即被禁止的“当驰道埋偶人，祝诅有恶言”的巫术形式。

据《汉书·西域传下》，汉武帝著名的“轮台诏”中说道：“重合侯得虏候者，言：‘闻汉军当来，匈奴使巫埋羊牛所出诸道及水上以诅军。单于遗天子马裘，常使巫祝之。缚马者，诅军事也。’”所谓“匈奴使巫埋羊牛所出诸道及水上以诅军”，颜师古解释说，“于军所行之道及水上埋牛羊”。实际上，“埋羊牛所出诸道”与“当驰道埋偶人”有类似的作用，公孙敬声“埋偶人”类同于匈奴“埋羊牛”。也就是说，长安地区当时所盛行的“巫蛊”的有些形式，其实是匈奴巫风的模拟。

这可能也是江充任用“胡巫”办理“巫蛊”大狱的主要原因之一。

“胡巫”的神秘技能，曾经长期在与匈奴对抗的西汉王朝的最高统治者的心中造成深重的阴影。除了汉武帝对“单于遗天子马裘，常使巫祝之”有所警觉而外，《汉书·匈奴传下》记载：“建平四年，单于上书愿朝五年。时哀帝被疾，或言匈奴从上游来厌人，自黄龙、竟宁时，单于朝中国辄有大故。”汉哀帝于是犹疑，让公卿讨论，后来终于拒绝单于来朝。“大故”，颜师古注：“谓国之大丧。”两年之后，元寿二年（公元前1年），“单于来朝，上以太岁厌胜所在，舍之上林苑蒲陶宫。告之以加敬于单于，单于知之”。《汉书·哀帝纪》记载，正月匈奴单于来朝，“二月归国，单于不说”。单于不悦的原因，当是知道了汉哀帝令居蒲陶宫是取“太岁厌胜”之效用的目的。就在四个月之后，汉哀帝崩，再一次证明了“单于朝中国辄有大故”的说法。这当然只是偶然的巧合，不过我们可以推想，当时人对于“胡巫”神力的迷信，可能因此又有了进一步流播的条件。

越巫与建章宫规划

与“胡巫”同样，“越巫”也曾经受到汉王朝最高统治者的重视，在汉代文化生活中表现出特殊的作用。

据《汉书·地理志上》，左冯翊云阳除了“有休屠、金人及径路神祠三所”以外，又有“越巫䄍鄹祠三所”。颜师古注引孟康曰：“‘䄍’，音辜磔之‘辜’，越人祠也。”

汉武帝时代越祠越巫受到重视事，见于《史记·封禅书》：

> 是时既灭两越，越人勇之乃言：“越人俗鬼，而其祠皆见鬼，数有效。昔东瓯王敬鬼，寿百六十岁。后世怠慢，故衰耗。”乃令越巫立越祝祠，安台无坛，亦祠天神上帝百鬼，而以鸡卜。上信之，越祠

鸡卜始用。

汉武帝用“越祠”，是典型的强权者征服了一个民族，然而又为这一民族的某种文化所征服的史例。

“越人俗鬼”的文化倾向对汉武帝的影响，也体现了这位多欲而有为的帝王雄视四方而博采诸家的文化性格。

当然，最能打动汉武帝的，是“越人俗鬼”而“数有效”，“敬鬼”而得长寿的传说。

对于“鸡卜”的理解，《史记·孝武本纪》裴骃《集解》：“《汉书音义》曰：‘持鸡骨卜，如鼠卜。’”张守节《正义》则解释说：“鸡卜法用鸡一，狗一，生，祝愿讫，即杀鸡狗煮熟，又祭，独取鸡两眼，骨上自有孔裂，似人物形则吉，不足则凶。今岭南犹此法也。”

所谓“今岭南犹此法也”，有唐人诗文可以补证。

张说《广州都督岭南按察五府经略使宋公遗爱碑颂》写道：

降王宰兮远国灵，歌北户兮舞南溟。

……

金鼓愁兮旌旆好，来何暮兮去何早。

爆牛牲兮菌鸡卜，神降福兮公寿考。

柳宗元的《柳州峒氓》诗中，也可以看到“鹅毛御腊缝山罽，鸡骨占年拜水神”的名句。

唐人段公路《北户录》卷二有“鸡卵卜”条，记述了这种卜筮方法的形式和源流：“邕州之南，有善行禁咒者，取鸡卵墨画，祝而煮之，剖为二片，以验其黄，然后决嫌疑，定祸福，言如响答。据此乃古法也，《神仙传》曰：人有病，就茅君请福，煮鸡子十枚，以内帐中。须臾，茅君悉掷出，中无黄者病多愈，有黄者不愈，常以此为候。”崔龟图注引《风土记》也说“南人重鸡卵”。

同卷又有“鸡骨卜”条，写道：“南方逐除夜及将发船，皆杀鸡择骨而卜，传古法也。”崔龟图注则有较详尽的说明：“《汉书·郊祀志》云：‘越祠鸡卜，如鼠也。’[①]今南人凭之，颇有神灵。每取雄鸡一只，以香米祝之后，即生析其腹，削去皮肉，或烹取之，卜男左，卜女右，看之其有二窍，或七八窍，左为人，右为鬼，取阴阳之理也。乃以竹簪刺于窍中，而审其兆。如人在上，鬼在下，为吉；人在下，鬼在上，为凶。如人鬼头相背，事迟缓；相就，事疾速。”

宋人周去非《岭外代答》卷一〇《志异》有“鸡卜”条，其中写道：“南人以鸡卜。其法，以小雄鸡未孳尾者，执其两足，焚香祷所占而扑杀之，取腿骨洗净，以麻线束两骨之中，以竹梃插所束之处，俾两腿骨相背于竹梃之端，执梃再祷。左骨为‘侬’，‘侬’者，我也。右骨为‘人’，‘人’者，所占之事也。乃视两骨之侧所有细窍，以细竹梃长寸余者遍插之，或斜或直，或正或偏，各随其斜直正偏而定吉凶。其法有一十八变。大抵直而正或附骨者多吉，曲而斜或远骨者多凶。亦有用鸡卵卜者，焚香祷祝，书墨于卵，记其四维而煮之，熟，乃横截当墨之处，辨其白之厚薄，而定‘侬’‘人’吉凶焉。然则或以骨，或以卵，备此二说，鸡卜之法乃备。昔汉武奉越祠鸡卜，其法无传，今始记之。”

俞樾《茶香室丛钞》卷一〇引录周去非的记述后说：“此虽小事，亦可补史注之阙。”

宋人蔡絛《铁围山丛谈》卷四则更详细地说明了鸡卵卜的形式：“《汉郊祀志》言，粤人信鬼，而以鸡卜。李奇注谓‘持鸡骨卜’也。唐子厚亦言‘鸡骨占年’。考之今粤俗且不然，实用鸡卵尔。其法先祭鬼，乃取鸡卵，墨画其表，以为外象。画皆有重轻，类分我别彼，犹《易》卦所谓世与应者。于是北面诏鬼神而道厥事，然后誓之，投卵铛中，烹之熟，则以刀横断鸡卵。既中破焉，其黄白厚薄处为内象，配用外象之彼我，以求其侵克以否。凡卜病卜行人，雅殊有验。”

---

① 《汉书·郊祀志下》：“越祠鸡卜自此始用。”颜师古注引李奇注：“持鸡骨卜，如鼠卜。”

“鸡卜”，是流行年代十分长久的古俗。江应梁先生说，“鸡骨占卜”，“这是从古代直到今天都盛于属于越人这一族属间的”。[①]这一论点，看来是符合历史事实的。

宋代地理书《太平寰宇记》卷一六一《岭南道五》说：“贺州俗重鬼，常以鸡骨卜。”《方舆胜览》也写道：“象州俗好淫祀，以鸡骨卜吉凶。”《粤东笔记》：“永安俗尚师巫，人有病，以八字问巫。巫始至，破一鸡卵，视其中黄白若何，以知其病之轻重。”

鸡骨卜和鸡卵卜，可能都曾经在不同的部族中流行。司马迁《史记·太史公自序》所谓“四夷各异卜”，在这里得到了更具体的说明。

其实，《史记·龟策列传》褚少孙补述曾经说到鸡卵在当时中原地区的传统卜筮形式中也有神秘的意义：

> 常以月旦祓龟，先以清水澡之，以卵祓之，乃持龟而遂之，若常以为祖。人若已卜不中，皆祓之以卵，东向立，灼以荆若刚木，土卵指之者三，持龟以卵周环之，祝曰：“今日吉，谨以粱卵焍黄祓去玉灵之不祥。”玉灵必信以诚，知万事之情，辩兆皆可占。

就是说，应当在确定的时间以特殊的形式祓去占卜所使用龟板的“不祥”。包括用清水洗濯龟板，用鸡卵摩之而咒。如果卜而不中，也祓之以卵。所谓“常以月旦祓龟，先以清水澡之，以卵祓之”，司马贞《索隐》说：“拂洗之以水，鸡卵摩之而咒。”张守节《正义》也解释说：“以常月朝清水洗之，以鸡卵摩而祝之。”所谓“土卵指之者三”，张守节《正义》：“言卜以不中，以土为卵，三度指之，三周绕之，用厌不祥也。”“土卵”，应当是泥质或陶质的鸡卵的模型。所谓“以粱卵焍黄祓去玉灵之不祥”，司马贞《索隐》说：“‘粱’，米也。‘卵’，鸡子也。‘焍’，灼龟木也。”“‘黄’者，以黄绢裹粱卵以祓龟也。必以黄者，中之色，主土而信，故用鸡也。”

---

① 江应梁：《越族的形成》，《思想战线》1985年第1期，收入《江应梁民族研究文集》，民族出版社1992年版，第555页。

张守节《正义》则解释说："言以粱米鸡卵袚去龟之不祥，令灼之不焦不黄。若色焦及黄，卜之不中也。"

鸡卜的两种形式，也有同时施行的。如近世壮族民间就通行鸡骨卜和鸡卵卜，鸡卵卜又有特殊的形式。"鸡骨卜，其卜法是取刚会啼的雄鸡一只，杀死后即折断鸡翅膀，剔除皮肉，视翅骨纹路，如明亮则主吉，暗淡则主凶；或者将鸡煮熟，折断鸡腿，用竹签拨视腿骨纹路，也以明暗断吉凶。凡预言兵战胜负、猎物多寡、村寨安危、人畜兴衰，多用鸡蛋卜，其法是于碗内装大米或玉米粒，用比筷子略粗、有七八寸长的棍子插于碗中，棍子顶端立置一个生鸡蛋，以鸡蛋能立住且慢慢转动而不掉下来为吉，掉下来为凶。另一种鸡蛋卜法是由行卜者对鸡蛋画符念咒，将鸡蛋煮熟，然后剖成二片，验视蛋黄，以断吉凶，此卜法多用于选择坟地。"[①]

水族则盛行称作"蛋卜"的占卜方式。"先由巫师将鸡蛋一个用木炭在蛋壳上画上鬼符，置于盛有白米的碗中再念咒词"，"念毕，将蛋置于锅中用清水煮熟，取出用刀按画线割去小半，取出蛋黄，对着日光观察，按《水书》[②]所载蛋卜法则，以蛋白中斑点所处的位置判断是何鬼作祟，用何物祭鬼才能解脱"。[③]瑶族巫师也使用称作"蛋卦"的占卜方式。[④]

"鸡卜"，又有以鸡内脏决吉凶的特殊形式。《太平寰宇记》卷一六七《岭南道十一》说："白州俗重卜，吉凶取决于鸡脾。《汉书·郊祀志》云'越巫鸡卜'也。"

越巫对社会文化表现出更重要影响的史例，是汉武帝时代对于建章宫规划的建议。

汉武帝太初元年（公元前104年）十一月，长安柏梁台发生火灾，汉武帝一度因此"朝受计甘泉"，甘泉一时成为朝会中心。而越巫勇之又以

① 顾有识、陆炬烈：《壮族原始宗教的封建化》，《中国少数民族宗教初编》，云南人民出版社1985年版，第309页。

② 《水书》，水族传世占卜用书。又分"白书""黑书"两种。

③ 陈国安：《水族的宗教信仰》，《中国少数民族宗教初编》，云南人民出版社1985年版，第359页。

④ 张有隽：《瑶族原始宗教探源》，《中国少数民族宗教初编》，云南人民出版社1985年版，第392页。

越人习俗建议建设更宏丽的宫殿区，以取厌胜火灾之用。于是有建章宫的规划：

> 上还，以柏梁灾故，朝受计甘泉。公孙卿曰："黄帝就青灵台，十二日烧，黄帝乃治明廷。明廷，甘泉也。"方士多言古帝王有都甘泉者。其后天子又朝诸侯甘泉，甘泉作诸侯邸。勇之乃曰："越俗有火灾，复起屋必以大，用胜伏之。"于是作建章宫，度为千门万户。前殿度高未央。其东则凤阙，高二十余丈。其西则唐中，数十里虎圈。其北治大池，渐台高二十余丈，命曰"太液池"，中有蓬莱、方丈、瀛洲、壶梁，象海中神山龟鱼之属。其南有玉堂、璧门、大鸟之属。乃立神明台、井干楼，度五十丈，辇道相属焉。

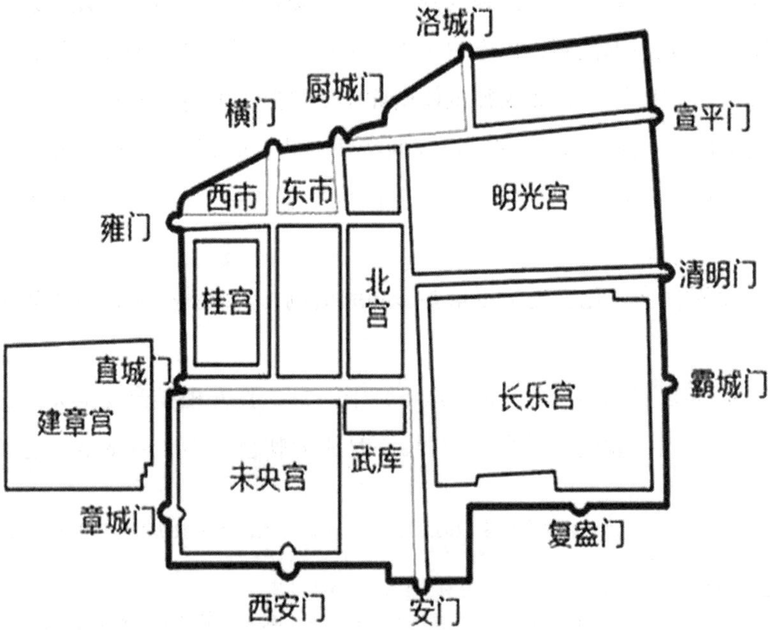

图7–3　建章宫形势图

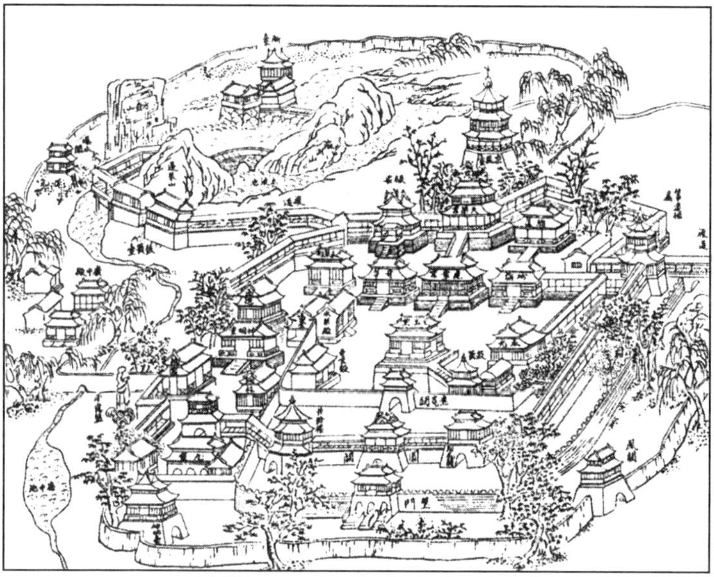

图7-4 《关中胜迹图志》汉建章宫图

张衡《西京赋》写道：

> 柏梁既灾，越巫陈方，建章是经，用厌火祥，营宇之制，事兼未央。

薛综注："'兼'，犹'倍'也。所以顺巫言也。"

两越不过是汉王朝军队新近平定不久的边僻地区，"越俗"对都城长安宫廷建设的这种显著影响，于是成为令人震惊的文化现象。由此我们可以看到"越巫"在汉帝国统治中枢的重要文化作用，也可以看到汉武帝以"开放"为显著倾向的文化性格。

《文选》卷二张衡《西京赋》又有"东海黄公，赤刀粤祝，冀厌白虎，卒不能救，挟邪作蛊，于是不售"语，李善注引《西京杂记》说："东海人黄公，少时能幻，制蛇御虎，常佩赤金刀。及衰老，饮酒过度，有白虎见于东海，黄公以赤刀往厌之，术不行，遂为虎所食。"按照薛综的解释，

“东海有能赤刀禹步，以越人祝法厌虎者，号‘黄公’。”“‘蛊’，惑也。‘售’，犹行也。谓怀挟不正道者，于是时不得行也。”所谓“赤刀粤祝”，一时成为主要的巫术表演形式，也说明当时民间“越巫”的活跃。

晚年汉武帝与巫蛊之祸

汉武帝晚年，行政苛烦，为法严厉，而且迷信方士神巫，年迈多疑，喜怒无常。《汉书·武五子传·戾太子刘据》说：“上春秋高，意多所恶”[①]，又多病，“以为左右皆为蛊道祝诅”。

“巫蛊”，本来是以民间迷信作为观念基础而施行的加害于人的邪术。

“蛊”的原义，大约是以毒虫让人食用，使人陷于病害。《说文·虫部》写道：“蛊，腹中虫也。《春秋传》曰：皿虫为蛊，晦淫之所生也。”汉武帝时代所通行的巫蛊形式，大致是用桐木削制成仇人的形象，有的插刺铁针，埋入地下，用恶语诅咒，以为能够使对方罹祸。巫蛊曾经是妇女相互仇视时发泄私愤的通常方式之一。

《六韬·上贤》说：“伪方异伎，巫蛊左道，不祥之言，幻惑良民，王者必止之。”

可见，所谓“巫蛊”，是与“王者”为政的文化原则相抵触的巫术形式。

宫廷妇女和贵族妇女中因嫉妒而使用巫蛊之术，使得这种迷信意识严重侵入上层社会生活。

《史记·外戚世家》记载：“〔陈皇后〕闻卫子夫大幸，恚，几死者数矣。上愈怒。陈皇后挟妇人媚道，其事颇觉，于是废陈皇后，而立卫子夫为皇后。”所谓“挟妇人媚道”，司马贞《索隐》：“《汉书》云：‘女子楚

---

① 洪迈《容斋续笔》卷二“巫蛊之祸”条写道：“是时帝春秋已高，忍而好杀，李陵所谓法令无常，大臣无罪夷灭者数十家。”而“心术既荒，随念招妄”，“迷不复开”，也是巫蛊之祸发生的原因之一。

服等坐为皇后咒诅，大逆无道，相连诛者三百人。'"[①]

汉武帝晚年，曾经指使酷吏清查巫蛊，严刑逼供，形成空前的大狱，有数万人冤死，史称"巫蛊之祸"。

汉武帝时代巫风大盛。《汉书·武帝纪》记载：天汉二年（公元前99年）秋，曾经"止禁巫祠道中者，大搜"。所谓"大搜"，按照晋灼的解释，即"搜巫蛊也"。

征和二年（公元前91年），有丞相公孙贺子公孙敬声与阳石公主私通一案，《汉书·公孙贺传》说，据举报，又有"使人巫祭祠诅上，且上甘泉当驰道埋偶人[②]，祝诅有恶言"的情节，于是"父子死狱中，家族"。《汉书·武帝纪》记载，于是"丞相〔公孙〕贺下狱死"。数月后，卫皇后所生女"诸邑公主、阳石公主皆坐巫蛊死"。

"巫蛊"大案的兴起，是和汉武帝年老恍惚，"体不平，遂苦忽忽善忘"，而太子刘据身边已经集合了一些持不同政见者，"宾客多以异端进者"，甚至对酷吏政治"多所平反"，于是"得百姓心"（《资治通鉴》卷二二"汉武帝征和二年"）。

为人深险的江充于是乘时而出，利用了这一矛盾，制造了太子刘据在宫中埋木人暗行"巫蛊"的冤案。《汉书·武五子传·戾太子刘据》：

> 〔江〕充典治巫蛊，既知上意，白言宫中有蛊气，入宫至省中，坏御座掘地。上使按道侯韩说、御史章赣、黄门苏文等助充。充遂至太子宫掘蛊，得桐木人。

---

① 泷川资言《史记会注考证》："沈钦韩曰：《周官·内宰》：'禁其奇衺'，郑云：'若今媚道。'贾氏云：'郑举汉法证经。《列女传》：夏姬美好无匹，内挟伎术，盖老而复状者三。此类也。'愚按《汉外戚传》：使有司赐皇后策曰：'皇后失序，惑于巫祝。'所谓'惑于巫祝'，即媚道也。《周官》贾疏非也。"今按《汉书·外戚传上·孝武陈皇后》："后又挟妇人媚道，颇觉。元光五年，上遂穷治之，女子楚服等坐为皇后巫蛊祠祭祝诅，大逆无道，相连及诛者三百余人。楚服枭首于市。使有司赐皇后策曰：'皇后失序，惑于巫祝，不可以承天命。其上玺绶，罢退居长门宫。"似乎"媚道"与"巫蛊"前后各为一事，泷川资言"所谓'惑于巫祝'，即媚道也"之说不确。

② 颜师古注："甘泉宫在北山，故欲王皆言上也。刻木为人，象人之形，谓之'偶人'。"

王先谦《汉书补注》:“朱一新曰:《礼记·王制》疏云:掘得桐人六枚,尽以针刺之。”

“时上疾,辟暑甘泉宫”,长安“独皇后、太子在”。太子刘据处于极被动的形势下,召问少傅石德,石德说:“前丞相父子、两公主及卫氏皆坐此,今巫与使者掘地得征验,不知巫置之邪,将实有也,无以自明,可矫以节收捕〔江〕充等系狱,穷治其奸诈。且上疾在甘泉,皇后及家吏请问皆不报,上存亡未可知,而奸臣如此,太子将不念秦扶苏事耶?”

刘据于是下决心起兵杀江充。“征和二年七月壬午,乃使客为使者收捕〔江〕充等。”“具白皇后,发中厩车载射士,出武库兵,发长乐宫卫,告令百官曰江充反。乃斩充以徇,炙胡巫上林中。”动员数万市民与政府军战于长安城中,汉代最严重的政治动乱“巫蛊之祸”于是爆发。

当时在甘泉宫休养的汉武帝命令严厉镇压太子军,又具体指示:“捕斩反者,自有赏罚。以牛车为橹,毋接短兵,多杀伤士众。坚闭城门,毋令反者得出。”并且回到长安城西建章宫,“诏发三辅近县兵”,亲自进行现场指挥。太子军与政府军“合战五日,死者数万人”(《汉书·刘屈氂传》),后兵败出城东逃,在追捕中自杀。

事变之后,汉武帝接受一些臣下的劝谏,内心有所悔悟。他在刘据去世的地方筑作思子宫与归来望思之台,以示哀念,并且利用汉王朝西域远征军战事失利的时机,开始了基本政策的转变。征和四年(公元前89年),他宣布:“朕即位以来,所为狂悖,使天下愁苦,不可追悔。自今事有伤害百姓,糜费天下者,悉罢之!”(《资治通鉴》卷二二“汉武帝征和四年”)又正式颁布了被誉为“仁圣之所悔”的轮台诏,深陈既往之悔,否定了部分朝臣将西域战争继续升级的计划,表示“当今务在禁苛暴,止擅赋,力本农”,决意把行政重心转移到和平生产方面来。又封丞相田千秋为富民侯,“以明休息,思富养民也”。(《汉书·西域传下》)

司马光在《资治通鉴》卷二二“汉武帝征和四年”中,曾经这样评价汉武帝,他说:“孝武穷奢极欲,繁刑重敛,内侈宫室,外事四夷,信惑神怪,巡游无度,使百姓疲敝,起为盗贼,其所以异于秦始皇无几矣。然秦以之亡，汉以之兴者，孝武能尊先王之道，知所统守，受忠直之言，恶人欺蔽，好贤不倦，诛赏严明，晚而改过，顾托得人，此其所以有亡秦之失而免亡秦之祸乎！”所谓“受忠直之言，恶人欺蔽，好贤不倦”，“晚而改过，顾托得人”，不仅反映出汉武帝个人性格的有关特征，也反映出西汉政治体制的重要进步，即与秦王朝僵冷而毫无弹性的行政制度不同，政府的重大政治缺误已经可以在一定程度上进行自我修补。

巫蛊之祸这种在王朝都城的市中心发生的大规模流血事件，又以正规军武装平定政治动乱的情形，在历史上是绝无仅有的，而汉武帝在事后的处理方式，在历史上也是绝无仅有的。中国古代帝王能够意识到自己的政治失误并且致力于扭转补救，已经是难能可贵的，其方式有许多种，一般情况下，往往尽管在实际上对失误有所纠正，然而在口头上对于失误却并不愿意公开承认。如汉武帝轮台诏这样正式沉痛地向全民公开承认自己的重大失误，在历史上是极其罕见的。

正如有的历史学家在分析巫蛊之祸前后的历史过程时所指出的：“历史动向向我们昭示，汉武帝作为早期的专制皇帝，实际上是在探索统治经验，既要尽可能地发展秦始皇创建的专制主义中央集权的统一国家，又要力图不蹈亡秦覆辙。在西汉国家大发展之后继之以轮台罪己之诏，表明汉武帝的探索获得了相当的成功。汉武帝罪己之诏虽然不能像所谓‘禹汤罪己，其兴也勃焉’那样，臻汉室于鼎盛，毕竟挽回了将颓之局。不过，轮台诏能够奏效，是由于它颁行于局势有可挽回之际，而且有可挽回之方。”“所以汉武帝虽然提供了专制帝王收拾局面的先例，而直到有清之末为止的王朝历史中，真能成功地效法汉武帝以‘罪己’诏取得成效的皇帝，却不多见。”①

人们自然会关心这样一个问题：司马迁是否经历了“巫蛊之祸”这场政治动乱呢？

对于司马迁卒年，尚存在不同认识。

---

① 田余庆：《论轮台诏》，《秦汉魏晋史探微》，中华书局1993年版，第51页。

王鸣盛《十七史商榷》卷一《史记一》“子长游踪”条写道：

〔司马迁〕既腐刑，乃卒述黄帝至太初，则书成时，必六十余矣。后为中书令，卒必在武帝之末。《曹参世家》末言参之五世孙宗以征和二年坐太子死，即戾太子也。又田仁、任安二人皆坐戾太子事诛，而《史记·田叔传》及仁死事，且云‘予与仁善，故述之’。又《报安书》作于安下狱将论死之时。则巫蛊之狱，戾太子之败，迁固亲见之。又四年，武帝崩，《汉书》本传于《报任安书》后言迁卒，则在武帝末或更至昭帝也。

王国维先生在《观堂集林》卷一一《太史公行年考》中写道：

案史公卒年，绝不可考。……要之，史公卒年虽未可遽知，然视为与武帝相终始，当无大误也。……今观《史记》中最晚之记事，得信为出自公手者，唯《匈奴列传》之李广利降匈奴事征和三年，余皆出后人续补。

也说司马迁是亲身经历了“巫蛊之祸”这一政治大变故的。

张惟骧《太史公疑年考》说：“张守节《正义》于《自序》为太史令‘五年而当太初元年’下云，‘案：迁年四十二岁。’谓史公寿止四十二，是《索隐》《正义》所引之年，均不误也。据此推之，史公卒于后元元年癸巳。《行年考》云史公卒年不可考，视为与武帝相终始，无大误也。是知史公卒于武帝末年，而未悟《正义》所云迁年四十二岁，即其年寿也。”

郑鹤声《司马迁年谱》以为“王说是也”，“张氏谓迁年寿四十二，虽属附会，然视为迁卒武帝末则同”。[①]

有的学者指出，前引王国维的案语符合逻辑规律，是能够成立的，但

① 郑鹤声：《司马迁年谱》，商务印书馆1956年版，第106页至108页。

是王国维推论的证据不足，还需要进一步完善。[①]

大约司马迁是确实经历了“巫蛊之祸”的，然而他当时的具体境况已经难以明确。此外，或许由于一些十分微妙的原因，使得我们无法看到他对于这场政治大变局的记述和评论，这实在是史学史上的一大憾事。

《太平御览》卷七三五引《史记》：“江充见上年老，恐晏驾后为太子所诛，因奏上言曰：‘疾祟在巫蛊。’以充为使者治巫蛊。充将胡巫掘地求木偶，至遂掘得蛊，于太子宫得桐木人。太子惧，不能自明，收充，自临斩之。”然而我们看到的《史记》并无此文[②]，《汉书·江充传》文字则略同[③]。现在还难以判断《太平御览》引语是否是司马迁《史记》的佚文。

班固在《汉书》中的多处论述，是将“巫蛊之祸”的责任归于江充的。例如：

有卫太子事，事自赵人江充起。（《五行志下之上》）

江充作乱，京师纷然。（《五行志下之下》）

江充造蛊，太子杀。（《蒯伍江息夫传》赞）

〔江充〕衔至尊之命以迫蹴皇太子，造饰奸诈。（《武五子传·戾太子刘据》）

戾太子为江充所谮。（《刘屈氂传》）

卫太子为江充所谮败。（《车千秋传》）

巫蛊事起，江充为奸。（《外戚传上·孝武卫皇后》）

〔江〕充、〔息夫〕躬罔极，交乱弘大。（《叙传》下）

---

① 张大可：《司马迁评传》，南京大学出版社1994年版，第374页。

② 《史记》中两次出现“江充”姓名。《五宗世家》：“〔赵王彭祖〕其太子丹与其女及同产姊奸，与其客江充有郤。充告丹，丹以故废。赵更立太子。”《汉兴以来将相名臣年表》：“〔征和二年〕七月壬午，太子发兵，杀游击将军说、使者江充。”前者梁玉绳《史记志疑》卷二六以为“与其女”，“‘女’下缺‘弟’字”。后者裴骃《集解》与司马贞《索隐》均以为“褚先生所补也”。

③ 《汉书·江充传》：“〔江〕充见上年老，恐晏驾后为太子所诛，因是为奸。”“言宫中有蛊气，先治后宫希幸夫人，以次及皇后，遂掘蛊，于太子宫得桐木人。太子惧，不能自明，收充，自临斩之。”

然而，事实上，其实是先起“巫蛊之祸”，而后有江充“为奸”的。《汉书·武帝纪》说：“〔征和元年冬十一月〕巫蛊起。二年春正月，丞相〔公孙〕贺下狱死。夏四月，大风发屋折木。闰月，诸邑公主、阳石公主皆坐巫蛊死。夏，行幸甘泉。秋七月，按道侯韩说、使者江充等掘蛊太子宫。壬午，太子与皇后谋斩充，以节发兵与丞相刘屈氂大战长安，死者数万人。”《武五子传·戾太子刘据》也写道：“是时，上春秋高，意多所恶，以为左右皆为蛊道祝诅，穷治其事。丞相公孙贺父子、阳石、诸邑公主，及皇后弟子长平侯卫伉皆坐诛。语在公孙贺、江充传。”可见，所谓“会巫蛊事起，〔江〕充因此为奸”的说法，应当是符合历史真实的。

《武五子传》赞则将“巫蛊之祸”的发生归结为“天时”的作用，并以星象进行分析：

> 巫蛊之祸，岂不哀哉！此不唯一江充之辜，亦有天时，非人力所致焉。建元六年，蚩尤之旗见，其长竟天。后遂命将出征，略取河南，建置朔方。其春，戾太子生。自是之后，师行三十年，兵所诛屠夷灭死者不可胜数。及巫蛊事起，京师流血，僵尸数万，太子子父皆败。故太子生长于兵，与之终始，何独一嬖臣哉！

以为导致“巫蛊事起，京师流血，僵尸数万，太子子父皆败”的历史责任，江充“独一嬖臣”，其实是不可以全部承当的。

如果我们从文化考察的角度理解“巫蛊之祸”的发生，应当是有意义的。

《汉书·车千秋传》说，高寝郎车千秋讼太子之冤，合汉武帝之心，“乃大感寤”，谓曰：“此高庙神灵使公教我，公当遂为吾辅佐。”于是先拜为大鸿胪，不过数月，又任命为丞相，“〔车千秋〕见上连年治太子狱，诛罚尤多，群下恐惧，思欲宽广上意，尉安众庶。乃与御史、中二千石共上寿颂德美，劝上施恩惠，缓刑罚，玩听音乐，养志和神，为天下自虞乐”。汉武帝的回答，为“巫蛊之祸流及士大夫”表示痛心，同时又说道：

> 今丞相亲掘兰台蛊验，所明知也。至今余巫颇脱不止，阴贼侵身，远近为蛊，朕愧之甚，何寿之有？

可见，在震惊天下的“巫蛊之祸”发生后，即使在长安宫廷中，“巫蛊”行为依然禁断不绝。这种迷信行为作为一种文化现象，并没有因戾太子刘据悲剧的发生而终止。

女巫的文化表演

《说文·巫部》在解释“巫”的意义时说：“女能事无形，以舞降神者也。象人两袖舞形。”在“觋”字条下又写道：“在男曰觋，在女曰巫。”

《周礼·春官宗伯·神仕》贾公彦疏：“此‘神仕’是巫。”“在男曰‘觋’，在女曰‘巫’者，男子阳，有两称，名‘巫’名‘觋’，女子阴，不变，直名‘巫’，无称‘觋’。”

司马迁在《史记》中曾经多次说到女巫。

《史记·封禅书》记述汉初刘邦时代神祠制度的制定：

> 天下已定，诏御史，令丰谨治枌榆社，常以四时春以羊彘祠之。令祝官立蚩尤之祠于长安。长安置祠祝官、女巫。

在西汉王朝最初建立神权秩序时，“女巫”曾经作为正式神职人员服务于都城长安的皇家神祠。

《三辅黄图》卷五引《汉武故事》：“武帝时祭泰乙，上通天台，舞八岁童女三百人，祠祀招仙人。”甘泉通天台“祠祀”时使用“八岁童女三百人”，令“舞”以“招仙人”，也可以说明“女巫”在当时神祠制度中的作用。

民间，其实是女巫活动的最广大的舞台。

《史记·滑稽列传》褚少孙补述，说到著名的西门豹治邺的故事：

魏文侯时，西门豹为邺令。豹往到邺，会长老，问之民所疾苦。长老曰："苦为河伯娶妇，以故贫。"豹问其故，对曰："邺三老、廷掾常岁赋敛百姓，收取其钱得数百万，用其二三十万为河伯娶妇，与祝巫共分其余钱持归。当其时，巫行视小家女好者，云是当为河伯妇，即娉取。洗沐之，为治新缯绮縠衣，闲居斋戒；为治斋宫河上，张缇绛帷，女居其中。为具牛酒饭食，十余日。共粉饰之，如嫁女床席，令女居其上，浮之河中。始浮，行数十里乃没。其人家有好女者，恐大巫祝为河伯取之，以故多持女远逃亡。以故城中益空无人，又困贫，所从来久远矣。民人俗语曰'即不为河伯娶妇，水来漂没，溺其人民'云。"西门豹曰："至为河伯娶妇时，愿三老、巫祝、父老送女河上，幸来告语之，吾亦往送女。"皆曰："诺。"

至其时，西门豹往会之河上。三老、官属、豪长者、里父老皆会，以人民往观之者三二千人。其巫，老女子也，已年七十。从弟子女十人所，皆衣缯单衣，立大巫后。西门豹曰："呼河伯妇来，视其好丑。"即将女出帷中，来至前。豹视之，顾谓三老、巫祝、父老曰："是女子不好，烦大巫妪为入报河伯，得更求好女，后日送之。"即使吏卒共抱大巫妪投之河中。有顷，曰："巫妪何久也？弟子趣之！"复以弟子一人投河中。有顷，曰："弟子何久也？复使一人趣之！"复投一弟子河中。凡投三弟子。西门豹曰："巫妪、弟子是女子也，不能白事，烦三老为入白之。"复投三老河中。西门豹簪笔磬折，向河立待良久。长老、吏傍观者皆惊恐。西门豹顾曰："巫妪、三老不来还，奈之何？"欲复使廷掾与豪长者一人入趣之。皆叩头，叩头且破，额血流地，色如死灰。西门豹曰："诺，且留待之须臾。"须臾，豹曰："廷掾起矣。状河伯留客之久，若皆罢去归矣。"邺吏民大惊恐，从是以后，不敢复言为河伯娶妇。

“其巫，老女子也，已年七十。从弟子女十人所，皆衣缯单衣，立大巫后。”形成了一个女巫团体。这种所谓“巫妪、弟子是女子也”，在发生这一故事的战国时期和流传这一故事的西汉时期，可能是并不鲜见的情形。

女巫主持的“三老、官属、豪长者、里父老皆会，以人民往观之者三二千人”的宗教活动举行于“河上”，除了借“河伯”以张其威势而外，还透露出某种文化传统的线索可以追寻。

《风俗通义·祀典》说，“谨按《周礼》：‘男巫掌望祀、望衍，旁招以茅。女巫掌岁时以祓除衅浴。’禊者，洁也。春者，蠢也，蠢蠢摇动也。《尚书》：‘以殷仲春，厥民析。’言人解析也。疗生疾之时，故于水上衅洁之也。巳者，祉也，邪疾已去，祈介祉也。”

《续汉书·礼仪志上》：“〔三月〕上巳，官民皆絜于东流水上，曰洗濯祓除去宿垢病为大洁。洁者，言阳气布畅，万物讫出，始洁之矣。”南朝梁人刘昭注补则有较丰富的内容：

《风俗通》曰：“《周礼》：‘女巫掌岁时以祓除疾病。’[①]禊者，洁也。春者，蠢也，蠢〔蠢〕摇动也。《尚书》：‘以殷仲春，厥民析。’言人解析也。”

蔡邕曰：“《论语》：‘暮春者，春服既成，冠者五六人，童子六七人，浴乎沂，风乎舞雩，咏而归。’[②]自上及下，古有此礼。今三月上巳，祓禊于水滨，盖出于此。”

杜笃《祓禊赋》曰：“巫咸之徒，秉火祈福。’则巫祝也。

一说云，后汉有郭虞者，三月上巳产二女，二日中并不育，俗以为大忌，至此月日讳止家，皆于东流水上为祈禳自洁濯，谓之“禊祠”。引流行觞，遂成曲水。

《韩诗》曰：“郑国之俗，三月上巳，之溱、洧两水之上，招魂续

① 《文选》卷四六颜延年《三月三日曲水诗序》李善注、《艺文类聚》卷四、《初学记》卷四、《太平御览》卷三〇“衅浴”均作“疾病”。

② 《论语·先进》。

> 魂，秉兰草，祓除不祥。”
>
> 《汉书》“八月祓灞水”，亦斯义也。后之良史，亦据为证。

刘昭接着又分析说：

> 郭虞之说，良为虚诞。假有庶民旬内夭其二女，何足惊彼风俗，称为世忌乎？杜笃乃称“王侯公主，暨于富商，用事伊雒，帷幔玄黄”。本传大将军梁商，亦歌泣于雒禊也。

据刘昭说，“自魏不复用三日水宴者焉”。

今案《汉书》无“八月祓灞水”句[①]，“祓灞水”事，见于《汉书·元后传》：“〔王莽〕令太后四时车驾巡狩四郊”，“春幸茧馆，率皇后列侯夫人桑，遵霸水而祓除。”颜师古注：“遵，循也。谓缘水边。”

所谓“祓灞水”事，《史记》中可见两例：

《史记·吕太后本纪》：

> 三月中，吕后祓，还过轵道，见物如苍犬，据高后掖，忽弗复见。卜之，云赵王如意为祟。高后遂病掖伤。

“祓，还过轵道”，“祓”的地点应当在灞水。《汉书·五行志中之上》正写作“高后八年三月，祓霸上，还过轵道”。颜师古注：“‘祓’者，除恶之祭也。”祓禊之后有“赵王如意为祟”，应是吕后本人的幻觉。由此我们也可以推测她“祓霸上”时所要祓除的主要对象，可能是她以往杀害的冤死者的鬼魂。而《史记·吕太后本纪》说，吕后召赵王如意，“孝惠帝慈仁，知太后怒，自迎赵王霸上”。“霸上”，又正是刘如意短暂生涯中的关键一站。

---

① 刘昭引述，可能是《汉书·五行志中之上》“高后八年三月，祓霸上”脱写“年三”二字。

又如《史记·外戚世家》:

> 武帝初即位,数岁无子。平阳主求诸良家子女十数人,饰置家。武帝祓霸上还,因过平阳主。主见所侍美人,上弗说。既饮,讴者进,上望见,独说卫子夫。

裴骃《集解》引徐广曰:“三月上巳,临水祓除谓之‘禊’。《吕后本纪》亦云‘三月祓还过轵道’。”司马贞《索隐》:“谓祓禊之,游水自洁,故曰‘祓除’。”

《史记·封禅书》:“夏四月,文帝亲拜霸渭之会,以郊见渭阳五帝。五帝庙南临渭,北穿蒲池沟水。”所谓“霸渭之会”在渭南,而“渭阳五帝庙”在渭北,张守节《正义》更提出“蒲池”可能是“兰池”之误的怀疑[①],秦兰池宫遗址在陕西咸阳秦咸阳宫遗址以东的柏家嘴、杨家湾一带,汉兰池宫遗址则据说在秦兰池宫遗址东南[②],都临近泾渭之交。于是,汉文帝这次郊拜行为的地点处于“霸渭之会”,同时又可以北望临近“泾渭之会”的“渭阳五帝庙”。

就在距兰池宫不远,同样临近泾水的望夷宫,秦二世死于赵高发动的军事政变之前,曾经有准备“祠泾”的计划。《史记·秦始皇本纪》说:

> 二世梦白虎啮其左骖马,杀之,心不乐,怪问占梦。卜曰:“泾水为祟。”二世乃斋于望夷宫,欲祠泾,沉四白马。

可以看到在秦汉人神秘主义观念中,水神崇拜的深刻影响。秦穆公更名

---

① 张守节《正义》:“颜师古云:‘蒲池,为池而种蒲也。蒲字或作满,言其水满。’恐颜说非。按:《括地志》云:‘渭北咸阳县有兰池,始皇逢盗兰池者也。’言穿沟引渭水入兰池也。疑‘兰’字误作‘蒲’,重更错失。”

② 参看徐卫民、呼林贵:《秦建筑文化》,陕西人民教育出版社1994年版,第65页至第66页。

“兹水”为“霸水”，“以章霸功，视子孙”[①]，或许也有同样的意识在起作用。“霸陵”县名，王莽更名“水章”，也使人联想到秦穆公故事。

所谓“杜笃乃称‘王侯公主，暨于富商，用事伊雒，帷幔玄黄’”，见于《艺文类聚》卷四引杜笃《祓禊赋》：“王侯公主，暨乎富商，用事伊雒，帷幔玄黄。于是旨酒嘉肴，方丈盈前，浮枣绛水，酹酒酦川。若乃窈窕淑女，美媵艳姝，戴翡翠，珥明珠，曳离挂，立水涯，微风掩埴，纤縠低回，兰苏肸蠁，感动情魂。”

所谓“本传大将军梁商，亦歌泣于雒禊也”，事见《后汉书·周举传》：“六年三月上巳日，〔梁〕商大会宾客，宴于洛水”，“酣饮极欢，及酒阑倡罢，继以《薤露》之歌，坐中闻者，皆为掩涕”。[②]

《后汉书·袁绍传》：“三月上巳，大会宾徒于薄落津。”李贤注：“《历法》：‘三月建辰，己卯退除，可以拂除灾也。’”《三国志·魏书·袁绍传》裴松之注引《英雄记》记述此事，写作：“〔袁〕绍既破〔公孙〕瓒，引军南到薄落津，方与宾客诸将共会……”可见，按照当时礼俗，三月上巳，已经成为集会的既定时间，而集会的既定地点，应当在水滨。

《文选》卷四六颜延年《三月三日曲水诗序》李善注引述了《续齐谐记》中记载的关于“三月曲水”意义的讨论：

> 晋武帝问尚书挚虞曰：“三月曲水，其义何？”答曰：“汉章帝时，平原徐肇以三月初生三女，至三日而俱亡，一村以为怪，乃招携至水滨盥洗，遂因水以泛觞。‘曲水’之义起于此。”帝曰：“若所谈非好事。”尚书郎束皙曰：“仲治小生，不足以知。臣请说其始。昔周公成洛邑，因流水以泛酒。故逸《诗》曰：‘羽觞随流波。’又秦昭王三日置酒河曲，见有金人出，奉水心剑，曰：‘令君制有西夏。’乃因其

① 《汉书·地理志上》：“霸水亦出蓝田谷，北入渭。古曰‘兹水’，秦穆公更名以章霸功，视子孙。”

② 《后汉书·周举传》说：“太仆张种时亦在焉，会还，以事告〔周〕举。举叹曰：‘此所谓哀乐失时，非其所也。殃将及乎？’〔梁〕商至秋果薨”。

处，立为曲水。二汉相沿，皆为盛集。”帝曰：“善。”赐金五十斤。左迁仲治为阳城令。

事又见《晋书·束皙传》，文句略有不同[①]。

对于这一礼俗的意义，《南齐书·礼志上》又引录了另外一种说法：“史臣曰：案‘禊’与‘曲水’，其义参差。”“一说，三月三日，清明之节，将修事于水侧，祷祀以祈丰年。”或以为可以说明“这一礼仪与农耕礼仪有关系”[②]，这样的说法是有一定道理的。

这种风习的由来，按照《宋书·礼志二》中提出的观点，应当从更古远的时代寻求。“此则其来甚久，非起郭虞之遗风、今世之度水也。《月令》：暮春，天子始乘舟。[③]蔡邕《章句》曰：‘阳气和暖，鲔鱼时至，将取以荐寝庙，故因是乘舟禊于名川也。《论语》：暮春，浴乎沂。[④]自上及下，古有此礼。今三月上巳，祓于水滨，盖出此也。’邕之言然。张衡《南都赋》‘祓于南滨’又是也。”

《宋书·礼志二》又说，除了春祓外，还有秋祓的情形，“或用秋。《汉书》：八月祓于霸上。刘桢《鲁都赋》：‘素秋二七，天汉指隅，人胥祓除，国子水嬉。’又是用七月十四日也”。所引《汉书》不确。《鲁都赋》“国子水嬉”，《艺文类聚》卷六一引作“国于水游”。关于“素秋”“祓除”的礼俗，其形式和意义还可以探讨。然而“水嬉”“水游”的说法，说明也是在水滨进行的。

所谓“后汉有郭虞者，三月上巳产二女，二日中并不育，俗以为大

① 《晋书·束皙传》：“武帝尝问挚虞三月曲水之义，虞对曰：‘汉章帝时，平原徐肇以三月初生三女，至三日俱亡，村人以为怪，乃招携之水滨洗祓，遂因水以泛觞。其义起此。’帝曰：‘必如所谈，便非好事。’皙进曰：‘虞小生，不足以知。臣请言之。昔周公成洛邑，因流水以泛酒。故逸《诗》曰：羽觞随波。又秦昭王以三日置酒河曲，见金人奉水心之剑，曰：令君制有西夏。乃霸诸侯，因此立为曲水。二汉相缘，皆为盛集。’帝大悦，赐皙金五十斤。”

② ［日］小南一郎：《中国的神话传说与古小说》，孙昌武译，中华书局1993年版，第276页。

③ 《礼记·月令》：“季春之月，……天子始乘舟，荐鲔于寝庙。”

④ 《论语·先进》：“暮春者，春服既成，冠者五六人，童子六七人，浴乎沂，风乎舞雩，咏而归。”

忌”以及所谓“汉章帝时，平原徐肇以三月初生三女，至三日而俱亡，一村以为怪”，两说事主姓名有异，前者二女二日不育，后者三女三日俱亡，其说不同，所本当出于一。[①]女婴夭折，“皆于东流水上为祈禳自洁濯”，“招携至水滨盥洗”，“招携之水滨洗祓”，暗示女巫与河水的神秘关系似乎有相当古远的文化渊源。

《晋书·束皙传》说：“秦昭王以三日置酒河曲，见金人奉水心之剑，曰：‘令君制有西夏。’乃霸诸侯。”则使人很自然地推想可能与《汉书·地理志上》所谓“霸水……古曰‘兹水’，秦穆公更名以章霸功，视子孙”有某种关系。

特别值得注意的，是女性的活跃，长期以来一直是“三月曲水”场面最明艳的景致。

《艺文类聚》卷四引汉杜笃《祓禊赋》所谓“窈窕淑女，美媵艳姝，戴翡翠，珥明珠”，《文选》卷四张衡《南都赋》所谓“微眺流睇，蛾眉连卷”，“修袖缭绕而满庭，罗袜蹑蹀而容与”，《艺文类聚》卷四引晋成公绥《洛禊赋》所谓“妖童媛女，嬉游河曲，或振纤手，或濯素足”，晋夏侯湛《禊赋》所谓“服焕罗縠，翠翳连盖，荣香丸于素襟，结九龄乎时外”等，可能并不宜理解为士人某种浪漫意趣的反映，而体现了早期的“三月曲水”，确实几乎是妇女的节日。美艳香媛云集河滨，是不是如同“浮枣绛水，酹酒酦川”一样，有取悦于河神的含义呢？是不是还可以进一步理解为早期女巫祠祭形式的一种微茫的映象呢？

因为所谓“祓禊”“祈禳”以及所谓“招魂续魄，秉兰草，祓除不祥”等，正是“巫”的职任。

女巫的社会文化职能，在先秦文献中已经多见记载。

《周礼·春官宗伯》：

① 《宋书·礼志二》说法又略有不同：“旧说后汉有郭虞者，有三女。以三月上辰产二女，上巳产一女。二日之中，而三女并亡。俗以为大忌。至此月此日，不敢止家，皆于东流水上为祈禳，自洁濯，谓之‘禊祠’，分流行觞，遂成曲水。”

司巫中士二人，府一人，史一人，胥一人，徒十人。

男巫无数，女巫无数，其师中士四人，府二人，史四人，胥四人，徒四十人。

“司巫”，郑玄注：“司巫，巫官之长。”“男巫”“女巫”句下，郑玄注：“巫能制神之处位次主者。”

《周礼·春官宗伯·司巫》写道：“司巫掌群巫之政令。若国有大旱，则帅巫而舞雩。国有大灾，则帅巫而造巫恒。”在祭祀仪礼中也有重要责任。《周礼·春官宗伯·男巫》：“男巫掌望祀，望衍，授号，旁招以茅。冬堂赠，无方无算。春招弭，以除疾病。王吊则与祝前。”《周礼·春官宗伯·女巫》：

女巫掌岁时祓除衅浴，旱暵则舞雩。若王后吊则与祝前。凡邦之大灾，歌哭而请。

可知司巫“若国有大旱，则帅巫而舞雩”，所“帅”者女巫。女巫以“歌”“舞”形式行巫术，颇为引人注目。关于女巫“舞雩”，郑玄有如下注语：

使女巫舞，旱祭崇阴也。郑司农云：“求雨以女巫，故《檀弓》曰：‘岁旱，缪公召县子而问焉，曰：吾欲暴巫而奚若？曰：天则不雨，而望之愚妇人，无乃已疏乎？’”

郑司农引语，今本《礼记·檀弓下》写作：“岁旱，穆公召县子而问然。曰：‘天久不雨，吾欲暴尪而奚若？’曰：‘天久不雨，而暴人之疾子，虐，毋乃不可与。’‘然则吾欲暴巫而奚若？’曰：‘天则不雨，而望之愚妇人，于以求之，毋乃已疏乎？’”

穆公所谓“巫”，县子所谓“愚妇人”，曾经在“岁旱”时被考虑“暴”之以求雨，可见“求雨以女巫”，确实曾经作为民俗礼仪施行。

《左传·僖公二十一年》："夏大旱，公欲焚巫尪。"杜预《集解》："巫尪，女巫也，主祈祷请雨者。"也是女巫在大旱时应当承当献身求雨这一神职责任的证明。

齐地曾经流行一种特殊的风习，据《汉书·地理志下》记载："始桓公兄襄公淫乱，姑姊妹不嫁，于是令国中民家长女不得嫁，名曰'巫儿'，为家主祠，嫁者不利其家，民至今以为俗。"

这种"巫儿"，当然也是女巫。

《左传·庄公二十三年》："二十三年夏，公如齐观社，非礼也。曹刿谏曰：'不可。夫礼所以整民也，故会以训上下之则，制财用之节，朝以正班爵之义，帅长幼之序，征伐以讨其不然。诸侯有王，王有巡守，以大习之。非是，君不举矣。君举必书，书而不法，后嗣何观？'"鲁庄公到齐国观览"社"这一民间集会庆典，受到曹刿的严厉批评。

《公羊传·庄公二十三年》："夏，公如齐观社。何以书？讥。何讥尔？诸侯越竟观社，非礼也。"何休注："'观社'者，观祭社，讳淫。"唐人徐彦疏："谓实以淫佚大恶，不可言，因其有事于观社，故以观社讥耳。"

《穀梁传·庄公二十三年》也写道："如齐观社。常事曰'视'，非常曰'观'。观无事之辞也。以是为尸女也。"范宁《集解》解释"观无事之辞"："言无朝会之事。"对于所谓"尸女"，则解释说："尸，主也。主为女，往尔以'观社'为辞。"

清人袁枚《随园随笔》卷二四《诗文著述类》"尸女"条说：范宁注，语意不明，或读"女"为"汝"，尤属牵强，于是联系《汉书·地理志下》齐地长女不嫁以为"巫儿"的习俗，分析道："大概遇社会之日，则巫儿皆出，妖冶喧阗，故庄公往观，曹刿以为非礼。'尸女'或即'巫儿'。"[①]

有的学者曾经指出，民间自发的民众庆典活动，"占统治地位的母题是游戏，而其主导动机则是社交"。[②]有的学者分析了庆典的独异的社会化

---

① 《穀梁传》文，袁枚《随园随笔》写作"《公羊》云'观无事之辞也'，误"。

② [美]约翰·J.麦克阿隆：《政治庆典中的社会性及社交性》，[美]维克多·特纳编：《庆典》，方永德译，上海文艺出版社1993年版，第352页。

功能。“庆典的参与对象一般是该文化群落的全体成员。在庆典这一特殊的时空‘场’中，原先的社会、经济、职业、地位等差异和等级暂时消失，取而代之的是肤色、民族、种族、宗教信仰的同一性，以及庆典中使用的服饰、物品以及进行的歌舞、游行、仪式、创作、狂欢、痛饮等活动的同一性。此时，阻隔人际交往的差异、等级樊篱暂时拆除，人们取下了平时一直戴着的社会角色之‘面具’（意味深长的是，在一些狂欢节里，人们特意戴上面具来取代原先的角色面具）。平日已淡化或忘怀的群体认同意识得以重新唤醒，从而周期性地强化了群体的凝聚力。”据说，庆典参与者受到庆典气氛的激发，“会不由自主地共同处于一种高度兴奋状态，这是一种有别于正常状态的‘狂喜’群体心理。”“这时参与者会表现出高歌、狂舞、强烈的认同欲、表现欲和参与欲。”研究者同时还指出，庆典中的一种特殊的文化现象是“角色的颠倒”，“南美洲一些拉丁族狂欢节中，平时的达官贵人，此时却脱下楚楚衣冠，换上褴褛的衣衫，装扮成乞丐、妓女、小丑、贫民等角色，而庆典中的王者、领袖，则是平时处于社会下层的贫民扮演的。他们可以尽情地嘲弄、奚落、挖苦、作弄平日的统治阶级。在庆典这一有限的时空场内，这种角色的颠倒能在一定程度上宣泄社会内部的紧张情绪。这一作用对社会具有一定的危险性，但它同时又能产生稳定因素。”①

曹刿当时所忧虑的，以及后来公羊、穀梁，以至何休、范宁们所谴责的所谓“非礼”，其实质，或许正在于这一作用对社会所具有的“一定的危险性”。

我们现在不能明确知道当时鲁庄公所谓“如齐观社”时所看到的情形是否有角色颠倒的现象，但是“在庆典这一特殊的时空‘场’中，原先的社会、经济、职业、地位等差异和等级暂时消失”，应当是必然的。

应用于“整民”的“礼”的作用的暂时消失，“上下之则”“长幼之序”的暂时破坏，被正统派鲁国官员看作严重的文化危机。可以想象，在

---

① 参看方永德：《〈庆典〉译者序》，[美]维克多·特纳编：《庆典》，方永德译，上海文艺出版社1993年版，第6页至第7页。

全民狂欢的气氛中，齐国独身女子“巫儿”的活跃，必然会形成“妖冶喧阗”的对正常道德秩序的冲击。

所谓“〔齐〕襄公淫乱，姑姊妹不嫁，于是令国中民家长女不得嫁，名曰‘巫儿’，为家主祠”的说法，其实是不可能符合史实的。春秋时期的齐国，国君个人的情感倾向不至于形成规范全民的法令，而行政力量对民间礼俗的强制性干预，也不可能至于班固的时代仍然“民至今以为俗”。

有学者研究，这其实是一种原始习俗的遗存。

这种习俗曾经传衍至于相当晚近的时代。徐珂编《清稗类钞·婚姻类》有“青州长女不嫁”条，其中写道：“《史记》山东有长女不嫁之说，固始于汉也。至本朝，青州犹有此风。”

秋浦先生曾经将这一风习与萨满主义相比较，以为所谓“巫儿”是较晚近的巫教形式：“我国北方地区几个原始社会末期的民族，萨满平素还没有脱离生产，没有特殊的权势，萨满的职务也没有家族内世袭的惯例。”然而封建社会里的巫，却有过“国中民家长女不得嫁，名曰‘巫儿’，为家主祠，嫁者不利其家，民至今以为俗”的社会风气，也有过母传女、婆传媳的现象。旧时多通过许愿、还愿充当巫职。他认为，“这都是巫教在阶级社会中不断变化的反映。”①

不过，将“民家长女不得嫁，名曰‘巫儿’，为家主祠”，简单理解为“巫职”“家族内世袭”并且与“母传女、婆传媳的现象”相比类，可能是并不确当的。

第一，《汉书·地理志下》所说齐地这一“民家长女不得嫁，名曰‘巫儿’，为家主祠”的风习，是说“民家”，并非“巫家”。因此这一民俗不宜于理解为“巫职”“世袭”之例。

第二，就现在见到的汉代史料看，“巫职”的承继，似乎并不是“家族内世袭”或者“母传女、婆传媳”。前引《史记·滑稽列传》褚少孙补述所谓：“其巫，老女子也，已年七十。从弟子女十人所，皆衣缯单衣，

---

① 秋浦主编：《萨满教研究》，上海人民出版社1985年版，第142页。

立大巫后。”所谓“巫姬弟子是女子也”，正说明当时“巫职”承继可能有非“家族内世袭”的惯例。巫人之女出嫁的情形，可见于《汉书·循吏传·黄霸》：

> 始〔黄〕霸少为阳夏游徼，与善相人者共载出，见一妇人，相者言：“此妇人当富贵，不然，相书不可用也。”霸推问之，乃其乡里巫家女也。霸即取为妻，与之终身。

虽然我们不知道此“巫家女”是不是长女，但是从“霸即取为妻”看，“巫家女”似乎是没有出嫁的禁忌的。

此外，以汉代齐地“巫儿”之俗与我国北方地区民族风俗比较而以为格格不入的观点，可能也不尽符合事实。据满族史研究学者定宜庄教授见告，直到相当晚近的时代，满族仍然有类似“长女不嫁”，以所谓“大姑奶奶”持家的风习。徐珂编《清稗类钞·风俗类》有“旗俗重小姑”条，其中内容，或许与古齐地“巫儿”之俗有某种联系：“旗俗，家庭之间，礼节最繁重，而未字之小姑，其尊亚于姑，宴居会食，翁姑上坐，小姑侧坐，媳妇则侍立于旁，进盘匜，奉巾栉惟谨，如仆媪焉。京师有谚语曰：‘鸡不啼，狗不咬，十八岁大姑娘满街跑。’[①]盖即指小姑也。小姑之在家庭，虽其父母兄嫂，亦皆尊称之为‘姑奶奶’。因此之故，而所谓‘姑奶奶’者，颇得不规则之自由。南城外之茶楼、酒馆、戏园、球房，罔不有姑奶奶。衣香鬓影，杂沓于众中。每值新年，则踪迹所到之处，为厂甸、香厂、白云观等处，‘姑奶奶’盛装艳服，杂坐于茶棚。光、宣间，巡警厅谕令男女分座，未几，而又禁止妇女品茶，此风乃因之稍戢。”

有人认为所谓“旗俗重小姑”情形在《红楼梦》中也有反映，如探春

① 据说纳兰性德的这样一阕《点绛唇》词就描写了这一情形：“一半残阳下小楼，朱帘斜控软金钩，倚栏无绪不能愁。有个盈盈骑马过，薄妆浅黛亦风流，见人羞涩却回头。”

理家就是一例。①

当然，尽管齐地古俗往往在同属于先古“岛夷”文化区的东北地区有所映现，讨论此两者的关系，还需要进行更深入的研究。

不过，通过“萨满”的文化特征来认识秦汉时期“巫”的风格，确实是有一定帮助的。

南宋学者徐梦莘《三朝北盟会编》卷三最早明确说到“珊蛮”（萨满）：“珊蛮者，女真语巫妪也。以其变通如神，粘罕以下皆莫能及。”

北方少数民族中“萨满”多为女性，正和古来“在女曰巫”“女能事无形，以舞降神者也”的情形一致。女萨满的普遍存在，是一种十分突出的现象。锡伯族传说中萨满的始祖，就是一位身披神衣，手持神鼓的女萨满。许多其他民族也有类似的传说。据说，堪察加尔人没有专职的萨满，他们的宗教活动全都是由老年妇女主持的。据不完全的调查资料统计，从1900年至1945年间，鄂伦春族两个地区共出现39名萨满，其中男萨满15名，女萨满竟多达24名。②有学者指出，“直至解放前后，鄂温克人的女萨满，还占据相当的数量。他们常说：‘九十个女萨满，七十个男萨满。’在鄂伦春地区进行的民族调查表明，当地女萨满的数量也超过了男萨满。女萨满的重要地位，在满族、蒙古族中也仍然保留着。有清一代，满族宫廷中的萨满祭祀，执祭者均为女性，称为‘萨满妈妈’，蒙古族制作‘翁衮’和举行某些仪式时，一般也由女萨满主持”。

“满族的萨满大致有家萨满（索龙子萨满）和职业萨满（屋渥特）两种。家萨满就是氏族萨满，每个姓氏一名，主要职责是主持本姓氏内的祭祖、祭神等活动。”汉代齐地的“巫儿”，或许就类似于所谓“家萨满”即“氏族萨满”。

关于“萨满”的继承形式，研究者指出：“萨满寻找接替人的方式，在新、佛满洲中也不尽相同。佛满洲多用跳神仪式的办法来寻找，首先让

---

① 吕冬雷：《略论满族民俗中的女性观》，《长白山文化论说》，吉林文史出版社1994年版，第152页。

② 秋浦主编：《萨满教研究》，上海人民出版社1985年版，第56页。

青年男女聚于一室，男青年坐于南炕，女青年坐于北炕，然后由老萨满举香在两炕间摇晃，使烟溢满全室，这时如出现全身发抖乃至昏厥者，就会被选中作为接替他的萨满。而在新满洲中，多是在老萨满死后寻找，这时如有小孩患病延请萨满跳神，家人就会许愿孩子病愈后当萨满，若孩子的病果然痊愈，就成为老萨满的接替人。”[①]

《史记》关于“丁夫人”以方祠诅匈奴、大宛的记述，或许也可以作为说明当时女巫作用的史例。

《封禅书》和《孝武本纪》都有这样的记载：“太初元年，是岁，西伐大宛，蝗大起，丁夫人、雒阳虞初等以方祠诅匈奴、大宛焉。”

又《汉书·郊祀志下》，也沿承《史记》的记载。

也就是说，有称“丁夫人”者，在太初元年（公元前104年）西汉王朝征伐大宛的战争中，以随军方士的身份，用方术诅咒匈奴和大宛的军队。

关于“丁夫人”的身份，裴骃《集解》引韦昭的说法：“丁，姓；夫人，名也。”颜师古则引述应劭的解释说：丁夫人，其先人名叫丁复，本来是越人，被封为阳都侯。“夫人”是他的后代，以诅军为功。周寿昌《汉书注校补》卷一八又说，这与战国时期著名的“善为匕首者”徐夫人同样，也是“男而女名也”。张孟伦《汉魏人名考》一书，于是举为“男子女名”的一例[②]。不过，所谓“徐夫人”事，见于《史记·刺客列传》：

> 于是太子豫求天下之利匕首，得赵人徐夫人匕首，取之百金，使工以药淬之，以试人，血濡缕，人无不立死者。乃装为遣荆轲。

所谓“徐夫人”，司马贞《索隐》：

> 徐，姓；夫人，名。谓男子也。

① 刘小萌、定宜庄：《萨满教与东北民族》，吉林教育出版社1990年版，第170页，第148页至第149页。

② 张孟伦：《汉魏人名考》，兰州大学出版社1988年版，第73至74页。

然而泷川资言《史记会注考证》引中井积德曰：

> 徐夫人，非女子未可知也。且其命匕首，非必工名，或所贮之人名盛，则亦以命焉。

这样的分析，是有一定道理的。而且，汉代“夫人”称谓已经明确是指女性。“范夫人城”的史事也可以作为证明[①]。现在看来，关于“丁夫人”的性别，仍然只可以存疑。如果“丁夫人”与“范夫人”同样是女性，当然可以作为女巫服务于战争的史例。

女巫兵祷事，又见于《后汉书·刘盆子传》：

> 〔樊崇〕军中常有齐巫鼓舞祠城阳景王，以求福助。

李贤解释说：“以其定诸吕，安社稷，故郡国多为立祠焉。盆子承其后，故军中祠之。”

《太平御览》卷七三五引《幽明录》说：

> 董卓信巫，军中常有巫。[②]

又如《三国志·魏书·董卓传》裴松之注引《献帝起居注》记载董卓主要将领李傕事迹：

① 《汉书·匈奴传上》记载，汉军击败匈奴，“乘胜追北，至范夫人城”。颜师古注引应劭的解释，说本来是一位汉将筑造此城，这位汉将阵亡，他的妻子率余众固守，最终击败进犯之敌，使此城得以保全。王先谦《汉书补注》引述沈钦韩的说法，认为“范夫人城”“在喀尔喀界内”。而据历史地理学者考证，其地在今蒙古国达兰札达加德西北。

② 董卓军中巫往往“祷求福利”，又曾经预言吕布之祸：“从卓求布，仓卒无布，有手巾，言曰：‘可用耳。’取便书巾上，如作两口，一口大，一口小，相累以举，谓卓曰：‘慎此也！’卓后为吕布所杀，后人则知况吕布也。”

〔李〕傕性喜鬼怪左道之术，常有道人及女巫歌讴击鼓下神，祠祭六丁，符劾厌胜之具，无所不为。

后来被任为大司马，“傕自以为得鬼神之力，乃厚赐诸巫”。

汉代“巫蛊”之案往往首发于后宫。汉武帝回顾“巫蛊之祸”的历史时，谈到“巫蛊始发”的情形，曾经说道：“昔者，江充先治甘泉宫人，转至未央椒房。”（《汉书·车千秋传》）而宫中行“巫蛊”者多为女子。《汉书·外戚传上·孝武陈皇后》可见“女子楚服等坐为皇后巫蛊祠祭祝诅，大逆无道，相连及诛者三百余人”事。“女子楚服等”的身份，可能就是女巫。在“巫蛊之祸”这一历史悲剧中，作为事件起因的被察验的行“巫蛊”事者，也确实多有女子。《史记·卫将军骠骑列传》：

将军公孙敖，……坐妻为巫蛊，族。

《汉书·公孙敖传》也写道，公孙敖“凡四为将军”，“坐妻为巫蛊，族”。又如《匈奴传上》：“贰师妻子坐巫蛊收”，《张汤传》：“治陈皇后巫蛊狱”等，都反映女子为巫蛊的情形。

“巫蛊”大案涉及最高权力斗争，于是“巫”的行为表现出浓重的政治色彩。其他巫者的活动，也有明显影响政治生活的。如《后汉书·刘盆子传》所谓“〔樊崇〕军中常有齐巫鼓舞祠城阳景王，以求福助”事后，又写道：

巫狂言景王大怒，曰：“当为县官，何故为贼？”[①]有笑巫者辄病，军中惊动。时方望弟阳怨更始杀其兄，乃逆说（樊）崇等曰：“更始荒乱，政令不行，故使将军得至于此，今将军拥百万之众，西向帝城，而无称号，名为群贼，不可以久。不如立宗室，挟义诛伐。以此

① 李贤注：“‘县官’，谓天子也。”

> 号令，谁敢不服?”崇等以为然，而巫言益甚。前及郑，乃相与议曰：“今迫近长安，而鬼神如此，当求刘氏共尊立之。”六月，遂立盆子为帝，自号建世元年。

樊崇军中巫的活动，终于使刘盆子取得了皇帝的称号。“巫言”与方望弟阳等的主张的一致，令人怀疑背后可能有政治阴谋的作用。

《后汉书·方术传下·徐登》说：“徐登者，闽中人也。本女子，化为丈夫，善为巫术。”可见原本也是女巫。“巫”以“女子”之身“化为”“丈夫”之身，恰恰正可以作为巫者先以女性为多而后方逐渐以男性为多的演化趋势的象征。

女巫所以能够在早期巫术文化中有较活跃的表演，有较重要的作用，可能和女子较易进入恍惚癫狂状态，从而能够与鬼神相交流有关。

高山族平埔人社会中主持祭仪、占卜、行巫术的女性专业巫师，具有相当高的地位。据C.E.S.《被忽视的台湾》记载，“其宗教仪式分为二：即献祭与诸神降临，皆在公廨由女巫举行”，“其仪式如下：首先献祭，祭物有由社人宰杀的若干只猪，煮熟的米饭，以及大量的酒与果实等。女巫将这些祭物堆叠于公廨事先悬挂的鹿与猪头前面”。“此处居民由女巫担任司祭，其职务乃分为祈祷与牺牲两种，牺牲以宰众多的猪，与米、烈酒一并供奉于公廨，然后由一、二女巫行长时间的说教，而后睁眼向上，大声呼神出现。此时女巫进入恍惚状态，躺于床上，一如死人，有四五人，拼命使女巫清醒。如此以后，女巫以世界最大痛苦状敲打，众人悲哭哀歌，继续约一小时后，女巫登上公廨屋顶，向公众全裸，向神显示裸体。”“众男人祈祷后，不断饮烈酒。”这些女巫据说能预言未来，能驱除妖魔。驱魔时一面挥刀，一面“发出可怕的喊声或时改阴森声音喊叫”。

有的研究者指出：“这里所说的专职女巫，应指在台湾西南的西拉雅人的女巫。”并且以为：“当时平埔人社会采取以母系为中心，故女巫在社会上享有崇高地位。因此，平埔人中的女巫，远较山地高山族女巫的职权为大。”①

通过类似的民族学资料，可以推想司马迁《史记》时代女巫活动的实际情状与文化背景。

《续汉书·五行志五》记述了这样一则“人化”异事：

> 灵帝时，江夏黄氏之母，浴而化为鼋，入于深渊，其后时出见。初浴簪一银钗，及见，犹在其首。

同一事又见于《搜神记》卷一四，写作：“汉灵帝时，江夏黄氏之母，浴盘水中，久而不起，变为鼋矣，婢惊走告。比家人来，鼋转入深渊。其后时时出现。初浴簪一银钗，犹在其首。于是黄氏累世不敢食鼋肉。”同卷又记有三国时期类似的两则传说：“魏黄初中，清河宋士宗母，夏天于浴室里浴，遣家中大小悉出，独在室中良久。家人不解其意，丁壁穿中窥之，不见人体，见盆水中有一大鳖。遂开户，大小悉入，了不与人相承。尝先著银钗，犹在头上。相与守之啼泣，无可奈何。意欲求去，永不可留。视之积日，转懈，自捉出户外，其去甚驶，逐之不及，遂便入水。后数日，忽还。巡行宅舍，如平生，了无所言而去。时人谓士宗应行丧治服。士宗以母形虽变，而生理尚存，竟不治丧。此与江夏黄母相似。”另一则故事，情节同样“与江夏黄母相似”：“吴孙皓宝鼎元年六月晦，丹阳宣骞母，年八十矣，亦因洗浴，化为鼋。其状如黄氏。骞兄弟四人，闭户卫之。掘堂上作大坎，泻水其中。鼋入坎游戏，一二日间，恒延颈外望。伺户小开，便轮转自跃，入于深渊。遂不复还。”②

神秘主义文化的重要中介职任“巫”，应当具备若干特殊的心理条件，而一般认为，女子的资质比较接近于这一条件。女子化身为鼋、鳖的传说，是和这种传统观念有一定关系的。

① 田富达、陈国强：《高山族民俗》，民族出版社1995年版，第279页至第281页。

② 清河宋士宗母及丹阳宣骞母事，均载《晋书·五行志下》及《宋书·五行志五》。后一事，写作：“与汉灵帝时黄氏母同事（《宋书·五行志五》作‘事同’），吴亡之象也。”

《史记·龟策列传》褚少孙补述："灵龟卜祝曰：'假之灵龟，五巫五灵，不如神龟之灵，知人死，知人生。'"联想到鼋、鳖与龟外形的某些相近，女子化身为鼋、鳖的传说也是发人深思的。

以农业为主体经济形式的民族不能不重视天时对于耕作收成的决定性作用。女巫在诸如求雨等农耕巫术中也有形式特殊的表演。

董仲舒精于《春秋》之学，并应用于灾异的解说和推验，司马迁在《史记·儒林列传》写道：

> 今上即位，为江都相。以《春秋》灾异之变推阴阳所以错行，故求雨闭诸阳，纵诸阴，其止雨反是。行之一国，未尝不得所欲。

《春秋繁露·求雨》说：

> 春旱求雨，令县邑以水日祷社稷山川，家人祀户。无伐名木，无斩山林。暴巫，聚尪。……择巫之洁清辩利者以为祝。……
>
> 季夏祷山陵以助之。令县邑十日一徙市，于邑南门之外。五日禁男子无得行入市。……聚巫市傍，为之结盖。……
>
> 秋暴巫尪至九日，无举火事。……
>
> 四时皆以庚子之日，令吏民夫妇皆偶处。凡求雨之大体，丈夫欲藏匿，女子欲和而乐。

所谓"求雨闭诸阳，纵诸阴"，其典型形式是"暴巫"，或写作"曝巫"[①]。其形式，很可能与高山族"女巫登上公廨屋顶，向公众全裸，向神显示裸体"的形式相近。其极端形式则可能是《左传·僖公二十一年》所谓"焚巫尪"。《艺文类聚》卷一〇〇引《神农求雨书》也说："……开北门，取人骨埋之，如此不雨，命巫祝而曝之，曝之不雨，神山积薪，击鼓而焚

① 《艺文类聚》卷一〇〇引董仲舒曰："春旱求雨，令县邑以水日今(令)民祷社，家人祀户，无斩山林，曝巫聚尪。"

之。”

《艺文类聚》卷一〇〇引董仲舒曰：“广陵女子诸巫，毋小大皆相聚其郭门外，为小坛，以脯酒祭，便移市，市使门者无内丈夫，丈夫无得相从饮食，又令吏各往视其夫，皆言到即赴，雨澍而已。”这一说法，不见于《春秋繁露》。所谓“女子诸巫，毋小大皆相聚其郭门外”的集体请雨形式，与后世成书于明正德十一年（公元1516年）的阿里·阿克巴尔《中国纪行》第11章《妓院和妓女》中说到的如下情形有相近之处。阿里·阿克巴尔写道：官员犯了罪，本人斩首，儿子充军，妻女贬入妓院。妓女除了供人寻欢取乐以外，还有另一个职务：为公众祷雨。如果久旱不雨，官员启奏皇帝，皇帝就命令妓女祷雨。奉派祷雨的妓女不准申诉。她们要同所有的相识者诀别，并留下遗言，因为求不下雨来，统统斩首。祷雨的作法是：妓女分组坐下，唱歌，奏乐；然后一组人起来，在十二个地点跳舞，并做出一些奇怪的表演；一组演完，退出，另一组进来，在菩萨面前跳舞，演戏。她们敲打着自己的脑袋，痛哭流涕。这样轮流表演很长的时间，一个个担心自己的性命，不吃，不睡，不休息，不论白天、黑夜，发出令人心碎的哭声。巫人说：伤心的眼泪能带来雨水。碰巧下了雨，她们就高兴。否则，天不下雨，发生了饥馑，几千名妓女都被杀头。

季羡林先生说，这种利用妓女求雨的办法，在中国史籍中还没有读到过。然而他联系印度传播很广的以妓女祈祷下雨的故事，以为《中国纪行》所记载的可能是真实的情况。

印度史诗《罗摩衍那》中有十车王请鹿角仙人主持求子大祭的故事，《童年篇》写道：

鹿角仙人住在森林中，
虔修苦行，学习吠陀。
他不懂得女人的幸福，
也不懂得感官享乐。

国王于是派妓女到山林里引诱鹿角仙人：

> 这高贵尊严的婆罗门，
> 被她们引诱走了以后，
> 天老爷立刻就下了雨，
> 全世界都精神抖擞。

《大唐西域记》卷二也说到“昔独角仙人所居之处”，又说，“仙人为淫女诱乱，退失神通”。汉译佛典中也有类似的故事，如《大智度论》一七说，一角仙人诅咒，天久不雨，五谷五果尽皆不生。国王令淫女扇陀到山中去引诱一角仙人，“女受柔软，触之心动，欲心转生，遂成淫事，即失神通。天为大雨，七日七夜。”

季羡林先生以为，“中国的妓女求雨故事与汉译佛典中的故事蛛丝马迹有密切的联系。”“这种利用妓女祷雨的办法不会是中国的发明创造，而是有所因袭，有所模仿，而因袭、模仿的对象就是印度。印度的佛典传入中国，这个故事跟着佛典传了进来，这是顺理成章的。至于有否中国影响印度的可能，现在还没有证据支持这种看法。”但是，汉译佛典又不是传播这个故事的唯一途径。“既然这个故事在世界上流传这样广，而又不是通过佛教，中国何独不然呢？通过其他途径不是没有可能。印度寓言故事传遍全世界，这是世界各国绝大多数学者所公认的。这种传播在大多数情况下不是通过佛教，也是大家所公认的。但是，话又说回来，既然佛典传入中国，而佛典中又确实有这个故事，说它是通过佛教传入中国，一直影响了明代（或元代）妓女求雨的办法，则又决非无稽之谈了。”

季羡林先生还指出：“值得我们特别注意的是，农业巫术从它的起源来看是属于妇女的本分职业的。因为密宗（Tantrism）起源于农业宗教仪式，所以密宗的仪式最初只有妇女参加。雨对于农业是绝对不可缺少的。而求雨的巫术也完全是妇女，特别是女巫干的事。许多文明古国中都可以找到这样的记载。在中国古代，女巫也起过作用。”

为什么妇女总是同农业巫术，其中也包括求雨的活动，有密切的联系呢？季羡林先生分析说，第一，最早的劳动分工，即确定了妇女管农耕的定局；第二，妇女的生育能力，使人联想到可以促进农耕收成的丰裕。“在这样的情况下，原始人把农业生产和农业求雨统统与妇女联系起来，也就完全可以理解了。这种原始风俗之所以能流行全世界同样能完全理解了。”[①]

季羡林先生关于女子与农耕巫术的关系及其原因的分析，是有根据的。然而，所谓“这种利用妓女祷雨的办法不会是中国的发明创造，而是有所因袭，有所模仿，而因袭、模仿的对象就是印度”的分析，则似乎还可以讨论。既然“农业巫术从它的起源来看是属于妇女的本分职业的”，那么，似乎未必可以断言这种文化现象肯定是以外来文化因素为蓝本而“有所因袭，有所模仿”。

齐地“巫儿”之俗与“淫乱”行为有关，其实是发人深省的。而女巫“能事无形，以舞降神”（《说文·巫部》），以歌舞为主要祈禳形式[②]，又是既可以悦神，又可以娱人的。《尚书·伊训》：

> 敢有恒舞于宫，酣歌于室，时谓“巫风”。
> 敢有殉于货色，恒于游畋，时谓“淫风”。

“巫风”竟然与“淫风”并列。对于“巫风”，孔安国传：

> 常舞则荒淫，乐酒曰“酣”，酣歌则废德。事鬼神曰“巫”，言无政。

“巫”与“淫”的关系，已经说得相当明确了。

---

① 季羡林：《原始社会风俗残余——关于妓女祷雨的问题》，《世界历史》1985年第10期。

② 如《周礼·春官宗伯·女巫》：“女巫……旱暵则舞雩，……凡邦之大灾，歌哭而请。”《三辅黄图》卷五引《汉武故事》：“武帝时祭泰乙，上通天台，舞八岁童女三百人，祠祀招仙人。”

《山海经·海外西经》写道："女丑之尸，生而十日炙杀之。在丈夫北。以右手鄣其面。十日居上，女丑居山之上。"

袁珂先生在解说这段文字时说，"所谓'炙杀'，疑乃暴巫之象。'女丑'，疑即女巫也。古天旱求雨，有暴巫焚巫之举。……暴巫焚巫者，非暴巫焚巫也，乃以女巫饰为旱魃而暴之焚之以攘灾也，暴巫即暴魃也。"①

他还指出："古代求雨有暴巫焚巫之法，巫通常由女性担任，扮作旱魃的模样，暴之焚之，以为如此即可以除去旱魃的为祟，使天降雨。"②

有的学者还认为，"所谓'焚巫祷雨'就是把女巫献给日神的意思"。③

《楚辞·天问》有"启棘宾商"句，多以为"商"字当作"帝"，即"宾商"当作"宾帝"。学者又多以为《山海经·大荒西经》所谓"开上三嫔于天"可能可以说明其神话背景。而郭璞的解释是："嫔，妇也。言献美女于天帝。"

萧兵先生指出，"'宾'字，据郭沫若《甲骨文字研究·释祖妣》的意见，原应从匕，或从女；看甲骨文，似乎是女巫或女奴跪伏止息在帷幄之中以敬神的样子。宾，后来写作傧、嫔，最初的宫嫔可能只是'官妾'，是性之女奴"。或称作"性的奴隶"。④

早期的女巫曾经兼为"性之女奴""性的奴隶"，这种在某种意义上所具有的双重身份，有助于我们理解后世妓女祷雨现象的文化渊源。

季羡林先生说，"中国、印度还有其他国家利用妓女求雨这种活动的根源在原始迷信中"，"最初这个任务要由女巫去完成。到了后代，女巫没有了，就转到了妓女身上。《中国纪行》中描绘的妓女的活动实际上就是原始巫术的继承"⑤。事实上，"巫"与"妓"一身而双职，本身就是一种"原始"文化现象。

① 袁珂：《山海经校注》，上海古籍出版社1988年版，第218页。

② 袁珂：《中国古代神话》，中华书局1981年版，第178页。

③ 陈炳良：《说崇山》，《大陆杂志》第41卷第10期（1971年）。

④ 萧兵：《楚辞新探》，天津古籍出版社1988年版，第622页至第626页。

⑤ 季羡林：《原始社会风俗残余——关于妓女祷雨的问题》，《世界历史》1985年第10期。

第八章　朱雁与白麟

“获麟”的文化意义

在中国古代丰富的历史文化现象中，存在着动物神崇拜的内容。

有的学者注意到，在中国古籍有关动物的记述中，多体现人和动物的亲近关系，有些则又表现出对动物深怀疑畏的心态。中国古代的动物神崇拜，中国古代宗教中动物的地位，是讨论中国古代文化史不能不注意的问题。[①]通过对中国古代动物神话及其文化背景的分析，我们还可以了解当时人的自然观。

在《史记》的有关内容中，我们特别注意到关于所谓“获麟”传说的记载。

孔子作《春秋》，以鲁哀公十四年（公元前481年）“获麟”事终笔。《史记・十二诸侯年表》说：

> 孔子明王道，干七十余君，莫能用，故西观周室，论史记旧闻，兴于鲁而次《春秋》，上记隐，下至哀之获麟，约其辞文，去其烦重，以制义法，王道备，人事浃。

① ［日］中钵雅量：《中国古代の動物神崇拜について》，《东方学》第62辑。

“下至哀之获麟”，《春秋·哀公十四年》：“十有四年，春，西狩获麟。”《左传·哀公十四年》：“十四年春，西狩于大野，叔孙氏之车子阻商获麟，以为不祥，以赐虞人。仲尼观之，曰：‘麟也。’然后取之。”《公羊传》和《穀梁传》都终于鲁哀公十四年。[①]

孔子作《春秋》而终于“哀之获麟”，于是《春秋》有“麟史”之称[②]，其意义受到儒学各家的重视，尽管理解有所不同。

《公羊传·哀公十四年》：“十有四年，春，西狩获麟。何以书？记异也。何异尔？非中国之兽也。然则孰狩之？薪采者也。薪采者，则微者也。曷为以‘狩’言之？大之也。曷为大之？为获麟大之也。曷为‘为获麟大之’？麟者，仁兽也。有王者则至，无王者则不至。有以告者曰：‘有麇而角者。’孔子曰：‘孰为来哉，孰为来哉！’反袂拭面，涕沾袍。颜渊死，子曰：‘噫，天丧予！’子路死，子曰：‘噫，天祝予！’西狩获麟，孔子曰：‘吾道穷矣！’”

《穀梁传·哀公十四年》：“十有四年，春，西狩获麟。引取之也。狩地，不地不狩也。非‘狩’而曰‘狩’，大获麟，故大其适也。其不言‘来’，不外麟于中国也。其不言‘有’，不使麟不恒于中国也。”

《春秋·哀公十四年》：“十有四年，春，西狩获麟。”杜预《集解》：“麟者，仁兽，圣王之嘉瑞也。时无明主，出而遇获。仲尼伤周道之不兴，感嘉瑞之无应，故因《鲁春秋》而修中兴之教，绝笔于‘获麟’之一句，所感而作，固所以为终也。冬猎曰‘狩’，盖虞人修常职，故不书狩者；大野在鲁西，故言‘西狩’。得用曰‘获’。”

司马迁对于“西狩获麟”事也是予以特别重视的。

《史记》中除前引《十二诸侯年表》序所谓“下至哀之获麟”外，还

① 《左传》终于鲁哀公二十七年（公元前468年）。陆德明《经典释文》卷二〇《春秋左氏音义之六》“夏四月己丑孔丘卒”句下写道：“孔子作《春秋》，终于‘获麟’一句，《公羊》《穀梁经》是也，弟子欲记圣师之卒，故采鲁史记，以续夫子之《经》而终于此。丘明因随而作《传》，终于哀公。自此已下，无复《经》矣。”

② 如唐张说《崔司业挽歌》之二：“凤池伤旧草，麟史泣遗编。”又元稹《易家有归藏判》：“穆姜遇艮，足征麟史之文。”李商隐《贺相国汝南公启》：“仲尼麟史，不令游夏措辞。”

多次说到“获麟”事：

〔鲁哀公十四年〕西狩获麟。（《十二诸侯年表》）

鲁哀公十四年春，狩大野[①]。叔孙氏车子阻商获兽，以为不祥[②]。仲尼视之，曰：“麟也。”取之。曰：“河不出图，雒不出书，吾已矣夫！”颜渊死，孔子曰：“天丧予！”及西狩见麟，曰：“吾道穷矣！”喟然叹曰：“莫知我夫！”子贡曰：“何为莫知子？”子曰：“不怨天，不尤人，下学而上达，知我者其天乎！”（《孔子世家》）

西狩获麟，曰：“吾道穷矣！”故因史记作《春秋》，以当王法，以辞微而指博，后世学者多录焉。（《儒林列传》）

幽厉之后，王道缺，礼乐衰，孔子修旧起废，论《诗》《书》，作《春秋》，则学者至今则之。自获麟以来四百有余岁[③]，而诸侯相兼，史记放绝。（《太史公自序》）

“获麟”，不仅被看作孔子个体生命之强弱的象征，孔子学统事业之盛衰的象征，事实上还是一个历史时期的界点，一种文化符号的标记。

为什么“西狩获麟”竟致使孔子悲戚，发出“吾道穷矣！”的绝望喟叹呢？

据《史记·孔子世家》裴骃《集解》引何休的说法：

麟者，太平之兽，圣人之类也。时得而死，此天亦告夫子将殁之证，故云耳。

① 张守节《正义》：“《括地志》云：‘获麟堆在郓州钜野县东十二里。《春秋》哀公十四年《经》云：西狩获麟。《国都城记》云：钜野故城东十里泽中有土台，广轮四五十步，俗云获麟台。’去鲁城可三百余里。”

② 裴骃《集解》引服虔曰：“麟非时所常见，故怪之，以为不祥也。仲尼名之曰‘麟’，然后鲁人乃取之也。明麟为仲尼至也。”所谓“麟非时所常见，故怪之，以为不祥也”，并不确实。因为初“以为不祥”，在孔子确认是“麟”之前。

③ 裴骃《集解》：“骃案：《年表》鲁哀公十四年获麟，至汉元封元年三百七十一岁。”

何休甚至以为，颜渊之死对孔子的精神冲击，与“西狩获麟”也是类同的：“天生颜渊为夫子辅佐，死者是天将亡夫子之证者也。”

麟死去而为身份微贱者所得[1]，颜渊又英年早逝，孔子于是有悲观心绪。对于所谓“河不出图，雒不出书，吾已矣夫”裴骃《集解》引录孔安国的理解：“圣人受命，则河出图，今无此瑞。吾已矣夫者，〔伤〕不得见〔也〕。”

孔子关于“莫知我夫”“不怨天，不尤人，下学而上达，知我者其天乎”的一番话，裴骃《集解》引何晏曰：“圣人与天地合其德，故曰唯天知己。”泷川资言《史记会注考证》指出，孔子此语见于《论语·宪问》，然而“《论语》不言此语何为而发，史公牵合。”

我们看到，关于“不怨天，不尤人”，《礼记·中庸》说：“正己而不求于人，则无怨。上不怨天，下不尤人。”《孟子·公孙丑下》也说：“君子不怨天，不尤人。”《荀子·法行》：“怨人者穷，怨天者无识。”又《荀子·荣辱》：“自知者不怨人，知命者不怨天。怨人者穷，怨天者无志。”

关于“下学而上达”，《论语·宪问》：“子曰：‘君子上达，小人下达。’”《易·乾·文言》：“夫大人者，与天地合其德，与日月合其明，与四时合其序，与鬼神合其吉凶。先天而天弗违，后天而奉天时。天且弗违，而况于人乎？况于鬼神乎？”

很显然，从孟子、荀子直到汉代的文化人，对于孔子关于天人关系的思想，表现出充分的理解和自觉的继承。

所谓“《论语》不言此语何为而发，史公牵合”的说法，或许反映了司马迁领会孔子有关思想的独特思路。不过，司马迁可能并不是应当独自承当“牵合”二字的学者，刘向对于孔子有关言行的理解，就是与司马迁大体一致的。如《说苑·至公》：

> 夫子行说七十诸侯，无定处，意欲使天下之民各得其所，而道不

① 裴骃《集解》：“服虔曰：‘车子，微者也。’”司马贞《索隐》：“车子为主车车士，微者之人也。”张守节《正义》：“车子，御车之人也。”泷川资言《史记会注考证》：“车子，微者。”

行。退而修《春秋》，采毫毛之善，贬纤介之恶。人事浃，王道备，精和圣制上通于天而麟至，此天之知夫子也。于是喟然而叹，曰："天以至明为不可蔽乎？日何为而食？地以至安为不可危乎？地何为而动？天地而尚有动蔽，是故贤圣说于世而不得行其道，故灾异并作也。"夫子曰："不怨天，不尤人，下学而上达，知我者其天乎！"

值得注意的是，刘向说："精和圣制上通于天而麟至，此天之知夫子也。""获麟"一事，被解释为"天"对孔子道德事业理解和赞许的表示。

与《史记·孔子世家》关于"获麟"一事的记载和分析相关联，司马迁还有一段文字受到批评，这就是关于孔子作《春秋》的记述：

子曰："弗乎弗乎，君子病没世而名不称焉。吾道不行矣，吾何以自见于后世哉？"乃因史记作《春秋》，上至隐公，下讫哀公十四年，十二公。据鲁，亲周，故殷，运之三代。约其文辞而指博。故吴楚之君自称王，而《春秋》贬之曰"子"；践土之会实召周天子，而《春秋》讳之曰"天王狩于河阳"：推此类以绳当世。贬损之义，后有王者举而开之。《春秋》之义行，则天下乱臣贼子惧焉。

孔子在位听讼，文辞有可与人共者，弗独有也。至于为《春秋》，笔则笔，削则削，子夏之徒不能赞一辞。弟子受《春秋》，孔子曰："后世知丘者以《春秋》，而罪丘者亦以《春秋》。"

泷川资言《史记会注考证》引述了这样的意见：

中井积德曰："冀自见于后世而著作焉，是司马迁以下伎俩，非孔子事。"

崔述曰："其言似急于求名者，殊失圣人之意。"

或许我们从这一点，正可以看到司马迁在继承了孔子的文化精神之外，所表现出的更为积极的人生态度。其实，所谓“急于求名”“冀自见于后世而著作”等指责，并未仰见司马迁的伟大人格，在《史记》这部名著面前，于是不免“轻薄为文哂未休”“不废江河万古流”之讥。

所谓“麟者，太平之兽，圣人之类也”，是司马迁所处的时代比较流行的文化意识。

就在《史记·孔子世家》中，司马迁写道：

> 丘闻之也，刳胎杀夭则麒麟不至郊，竭泽涸渔则蛟龙不合阴阳，覆巢毁卵则凤皇不翔。何则？君子讳伤其类也。

麒麟和蛟龙、凤皇等同样，是太平盛世的象征。

《史记·封禅书》还记载，管仲谏止齐桓公“封禅”时曾经说：“今凤凰麒麟不至，嘉谷不生，而蓬蒿藜莠茂，鸱枭数至，而欲封禅，毋乃不可乎?”于是齐桓公乃止。

于是，麒麟被看作一种体现和平安定的文化符号。

现实中的“麒麟”是北方奇兽。《史记·司马相如列传》：

> 其北则盛夏含冻裂地，涉冰揭河；兽则麒麟角端，骟駼橐驼，蛩蛩驒騱，駃騠驴骡。

对于“麒麟”，司马贞《索隐》引录了几种解释：

> 张揖曰：“雄曰‘骐’，雌曰‘麟’。其状麇身，牛尾，狼蹄，一角。”
>
> 郭璞云：“骐似麟而无角。”
>
> 《毛诗疏》云：“麟黄色，角端有肉。”
>
> 京房《传》云：“有五采，腹下黄色也。”

实际上，这种具有某种神性的奇兽的原型，可能是某种鹿科动物。

《史记·司马相如列传》载司马相如《子虚赋》说到君王田猎的情景：

> 王驾车千乘，选徒万骑，田于海滨。列卒满泽，罘罔弥山，掩兔辚鹿，射麋脚麟。骛于盐浦，割鲜染轮。射中获多，矜而自功。

司马相如言封禅事的《封禅文》，也说到“麟”：

> 濯濯之麟，游彼灵畤。孟冬十月，君徂郊祀。驰我君舆，帝以享祉。三代之前，盖未尝有。

“濯濯之麟”，《史记·司马相如列传》作“濯濯之鳞”，《汉书·司马相如传》作“濯濯之麟”，应以后者为是。《史记·司马相如列传》司马贞《索隐》：“诗人云：‘麀鹿濯濯’，注云：‘濯濯，嬉游貌也。’”裴骃《集解》：“《汉书音义》曰：‘武帝祠五畤，获白麟，故言游灵畤。’”

司马贞《索隐》所引诗，即《诗·大雅·灵台》：“麀鹿濯濯，白鸟翯翯。”毛亨传：“濯濯，娱游也。翯翯，肥泽也。”郑玄笺：“鸟兽肥盛喜乐，言得其所。”“麀鹿濯濯，白鸟翯翯”，《孟子·梁惠王上》引作“麀鹿濯濯，白鸟鹤鹤”。

所谓“武帝祠五畤，获白麟”事，见于《史记·封禅书》关于汉武帝元狩元年（公元前122年）的记述：

> 其明年，郊雍，获一角兽，若麃然。有司曰：“陛下肃祗郊祀，上帝报享，锡一角兽，盖麟云。”于是以荐五畤，畤加一牛以燎。锡诸侯白金，风符应合于天也。

《史记·孝武本纪》裴骃《集解》：“楚人谓麋为麃。”又司马贞《索隐》：

韦昭曰："体若麋而一角，《春秋》所谓'有麇而角'是也。楚人谓麋为麃。"又《周书·王会》云："麃者若鹿。"《尔雅》云："麇，大鹿也。牛尾一角。"郭璞云"汉武获一角兽若麃，谓之麟"是也。

张守节《正义》："《汉书·终军传》云：'从上雍，获白麟。'一角戴肉，设武备而不为害，所以为仁。"

所谓"有麇而角"，出《公羊传·哀公十四年》。原文作："十有四年，春，西狩获麟。何以书？记异也。何矣尔？非中国之兽也。然则孰狩之？薪采者也。薪采者，则微者也，曷为以'狩'言之？大之也，曷为大之？为获麟大之也。曷为为获麟大之？麟者，仁兽也。有王者则至，无王者则不至。有以告者，曰：'有麇而角者。'孔子曰：'孰为来哉？孰为来哉？'反袂拭面，涕沾袍。"

所谓"麃者若鹿"，则《逸周书·王会》未见。

《尔雅·释兽》的原文是："麠麇，大麃，牛尾一角。"郭璞注："汉武帝郊雍得一角兽若麃，然谓之'麟'者，此是也。'麃'即'麠'。"

对于"锡诸侯白金，风符应合于天也"，裴骃《集解》："晋灼曰：'符瑞也。'瓒曰：'风示诸侯以此符瑞之应。'"

元狩元年获麟事，《汉书·武帝纪》写作：

元狩元年冬十月，行幸雍，祠五畤。获白麟，作《白麟之歌》。

颜师古注引应劭曰："获白麟，因改元曰'元狩'也。"颜师古又解释说："麟，麇身，牛尾，马足，黄色，圜蹄，一角，角端有肉。"

所谓《白麟之歌》，又称作《白麟歌》，《汉书·礼乐志》录"《郊祀歌》十九章"，其中有"《朝陇首》十七"：

朝陇首，览西垠，雷电尞，获白麟。

爰五止，显黄德，图匈虐，熏鬻殛。

辟流离，抑不祥，宾百僚，山河飨。

掩回辕，鬗长驰，腾雨师，洒路陂。

流星陨，感惟风，籋归云，抚怀心。

《朝陇首》十七，元狩元年行幸雍获白麟作

我们可以知道“获麟”的地点，当在雍地西北的陇山山地，汉武帝的车骑行进在当年秦人东进的陇山通路上，于是“览西垠”而益增击败匈奴，以令“熏鬻殛”之志。所谓“抚怀心”，颜师古解释说：“怀心，怀柔之心也。”正体现了定远安边的民族政策。《朝陇首》诗或《白麟之歌》的主题，是和西北地区的军事战略密切相关的。所谓“雷电尞”，颜师古注引臣瓒曰：“尞祭五畤，皆有报应，声若雷，光若电也。”尞祭而“声若雷，光若电”，殊不可解，而且已经行于“陇首”，又回叙“尞祭五畤”事亦不合文理，很可能“获白麟”时确实经历了雷雨，下文所谓“腾雨师，洒路陂”也反映了同样的事实。“冬十月”而遇雷雨，在秦陇山区并非绝对罕见，但是对于经常居于长安宫中的帝王来说，则有惊撼人心的作用，于是使得神秘主义气氛更为浓重。

所谓“爰五止”，颜师古注：“止，足也。时白麟足有五蹄。”于是有“显黄德”的意义。《诗·周南·麟之趾》：“麟之趾，振振公子。于嗟麟兮！麟之定，振振公姓。于嗟麟兮！麟之角，振振公族。于嗟麟兮！”麟作为瑞兽，其“趾”于是具有特殊的意义。毛亨传：“趾，足也。麟信而应礼，以足至者也。”郑玄笺：“喻今公子亦信厚，与礼相应，有似于麟。”汉武帝时，还曾经铸黄金仿麟趾以协祥瑞。《汉书·武帝纪》记载，在“获白麟”27年之后，太始二年（公元前95年）“春正月，行幸回中”，再次行经当年获麟旧地，于是为宣传祥瑞，铸行麟趾金与褭蹄金：“三月，诏曰：‘有司议曰，往者朕郊见上帝，西登陇首，获白麟以馈宗庙，渥洼水出天马，泰山见黄金，宜改故名。今更黄金为麟趾、褭蹄以协瑞焉。’因以班赐诸侯王。”颜师古注引应劭曰：“获白麟，有马瑞，故改铸黄金如麟趾、褭蹄以协嘉祉也。”[1]颜师古也说：“既云宜改故名，又曰更黄金为麟趾、褭蹄，是则旧金虽以斤两为名，而官有常形制，亦由今时吉字金挺之类矣。武帝欲表祥瑞，故普改铸为麟足、马蹄之形以易旧法耳。今人往往于地中得马蹄金，金甚精好，而形制巧妙。”颜师古说到唐代出土马蹄金实物的情形。《梦溪笔谈》卷二一《异事门》又说到宋代人“发土多得金麟趾、褭蹄”事。20世纪初长沙汉墓出土仿铸金泥饼，“面凸作钩勒缭绕线条华文，底平而中凹”，商承祚先生以为“麟趾金”明器，“以泥易金，殉而模仿其制，与所出泥半两、五铢相同”。[2]不过，现在看来，商承祚先生以为麟趾金者，可能仍然是褭蹄金。

在河北定县八角廊40号汉墓的出土物中，我们同时看到了麟趾金与褭蹄金的实物。

这两种金器都采用了金粒焊缀工艺，即将细如粟米的小金粒和金丝焊在金器表面构成装饰。出土麟趾金与褭蹄金镶有琉璃面，器壁上部都焊有用小金粒组成的连珠纹带。[3]其中麟趾金表现出“近似趾瓣的形状”。据从事发掘的考古工作者考定，这座墓的墓主，是中山怀王刘修。[4]这一现象，很可能与“今更黄金为麟趾、褭蹄以协瑞焉，因以班赐诸侯王”的记载有关。

《汉书·终军传》也记述了获麟而改元为“元狩”事：“从上幸雍祠五畤，获白麟，一角而五蹄。时又得奇木，其枝旁出，辄复合于木上。上异此二物，博谋群臣。”终军上对更具体地说明了“获白麟”一事的象征意义：

> 臣闻《诗》颂君德，《乐》舞后功，异经而同指，明圣德之所隆也。南越窜屏葭苇，与鸟鱼群，正朔不及其俗。有司临境，而东瓯内

① 应劭还写道：“古有骏马名‘要褭’，赤喙黑身，一日行万五千里。”

② 商承祚：《长沙古物闻见记》卷上（金陵大学中国文化研究所丛刊甲种之一），成都金陵大学中国文化研究所1939年版，第55页。

③ 孙机：《汉代物质文化资料图说》，文物出版社1991年版，第372页。

④ 河北省文物研究所：《河北定县40号汉墓发掘简报》，《文物》1981年第8期。

附，闽王伏辜，南越赖救。北胡随畜荐居，禽兽行，虎狼心，上古未能摄。大将军秉钺，单于奔幕；票骑抗旌，昆邪右衽。是泽南洽而威北畅也。若罚不阿近，举不遗远，设官俟贤，县赏待功，能者进以保禄，罢者退而劳力，刑于宇内矣。履众美而不足，怀圣明而不专，建三宫之文质，章厥职之所宜，封禅之君无闻焉。

夫天命初定，万事草创，及臻六合同风，九州共贯，必待明圣润色，祖业传于无穷。故周至成王，然后制定，而休征之应见。陛下盛日月之光，垂圣思于勒成，专神明之敬，奉燔瘗于郊宫，献享之精交神，积和之气塞明，而异兽来获，宜矣。昔武王中流未济，白鱼入于王舟，俯取以燎，群公咸曰："休哉!"今郊祀未见于神祇，而获兽以馈，此天之所以示飨，而上通之符合也。宜因昭时令日，改定告元，苴白茅于江淮，发嘉号于营丘，以应缉熙，使著事者有纪焉。

盖六鹢退飞，逆也。白鱼登舟，顺也。大明暗之征，上乱飞鸟，下动渊鱼，各以类推。今野兽并角，明同本也；众支内附，示无外也。若此之应，殆将有解编发，削左衽，袭冠带，要衣裳，而蒙化者焉。斯拱而俟之耳!

所获"麟"据说一角，与一般鹿科动物不同，终军竟然解释为"今野兽并角，明同本也"。"对奏，上甚异之，由是改元为'元狩'。后数月，越地及匈奴名王有率众来降者，时皆以〔终〕军言为中。"

司马迁其实正当其时，而班固所谓"时皆以〔终〕军言为中"者，在《史记》中却没有反映。

司马迁对获麟象征"今野兽并角，明同本也"的说法取相对冷漠的态度，但是并不意味着对"获白麟"一事本身不予重视。

事实上，司马迁是以"获白麟"作为一种重要的文化史的里程标记的。他又通过这一事件，和所崇敬的儒学圣人孔子，实现了某种心灵的文化沟通。

与孔子作《春秋》以鲁哀公"获麟"止笔同样，司马迁著《史记》也自称是至于汉武帝郊雍“获麟”而止笔的。

《史记·太史公自序》：

> 于是论次其文。七年而太史公遭李陵之祸，幽于缧绁。乃喟然而曰：“是余之罪也夫！是余之罪也夫！身毁不用矣。”退而深惟曰：“夫《诗》《书》隐约者，欲遂其志之思也。昔西伯拘羑里，演《周易》；孔子厄陈蔡，作《春秋》；屈原放逐，著《离骚》；左丘失明，厥有《国语》；孙子膑脚，而论兵法；不韦迁蜀，世传《吕览》；韩非囚秦，《说难》《孤愤》；《诗》三百篇，大抵贤圣发愤之所为作也。此人皆意有所郁结，不得通其道也，故述往事，思来者。”于是卒述陶唐以来，至于麟止，自黄帝始。

读者当然不会忽略，就在这段文字之前，司马迁所记述的司马谈向他交代著史遗愿时父子之间语意深沉的对话：

> “幽厉之后，王道缺，礼乐衰，孔子修旧起废，论《诗》《书》，作《春秋》，则学者至今则之。自获麟以来四百有余岁，而诸侯相兼，史记放绝。今汉兴，海内一统，明主贤君忠臣死义之士，余为太史而弗论载，废天下之史文，余甚惧焉，汝其念哉！”
>
> 迁俯首流涕曰：“小子不敏，请悉论先人所次旧闻，弗敢阙。”

从前次“获麟”到此次“获麟”，是一个具有特殊意义的文化史的阶段。《史记》所谓以汉武帝“获白麟”时止笔，其实是别有深意的。

这一点，其实长期受到历代学者的注意。太史公“至于麟止”语，裴骃《集解》引张晏曰：“武帝获麟，迁以为述事之端。上纪黄帝，下至麟止，犹《春秋》止于获麟也。”又司马贞《索隐》引服虔曰：“武帝至雍获白麟，而铸金作麟足形，故云‘麟止’。迁作《史记》止于此，犹《春秋》终于获麟然也。”

《汉书·扬雄传下》也说，“太史公记六国，历楚汉，讫麟止”。

对于司马迁著《史记》是否“至于麟止”，存在不同的认识。梁玉绳《史记志疑》卷三六说：“史公作史，终于太初，而成于天汉，其殁在征和间。一部《史记》惟《自序传》后定。其曰至太初而讫者，《史》作始于太初元年，即以太初终也。曰论次其文，七年遭祸者，明未遭祸以前已为《史记》，至是乃成也。若所称麟止者，取《春秋》绝笔获麟之意也。武帝因获白麟改号元狩，……而史公借以终其《史》，假设之辞耳。”崔适《史记探源》卷一则论定“至于麟止”之说，以八条证据“证成其说”。顾颉刚先生说：“予尝求其歧说所以发生之故，颇疑谈为太史令时，最可纪念之事莫大于获麟，故讫麟止者谈之书也；及元封而后，迁继史职，则最可纪念之事莫大于改历，故讫太初者迁之书也。”他还指出：“迁为《封禅书》云：‘郊雍，获一角兽，盖麟云’，对所谓麟者已作疑词，又云：‘于是以荐畤，畤加一牛以燎，锡诸侯白金，风符应合于天也’，云‘风’则明其为宣传之辞，云‘符应’则明其托于天以自重之辞。盖彼时正值卫青击匈奴得胜，淮南、衡山两王谋反，武帝为稳定政权与振奋人心计，故作《白麟之歌》以夸张其事，明己得受天命”，司马谈“其宗教思想之浓厚可知”，自然迷信“获麟”宣传，“若史迁者，少负不羁之才，获麟事正当其少年，曾不屑措意，二十而遨游全国，闻见既广，益不信鬼神，故其所作《封禅书》，凡武帝之受欺与其欺人者，咸出以讽刺揶揄之笔，欲其认获麟为一划时代之大事，非理性之所许也。”[①]金景芳先生否定《史记》“至于麟止”之说，他以为，“司马迁所以说这话，表明《史记》之作，乃是继承孔子，完成他的未竟之业”。“‘陶唐’‘麟止’是孔子的历史著作的起讫，而不是《史记》的起讫。‘麟’是春秋时鲁人所获的麟，而不是汉武帝所获的麟。”[②]吴忠匡先生则认为，《史记》“诸本纪、世家、列传所论载人物，皆属元狩以前，至麟止戛然而止”，而“书、表皆讫太初四年”。[③]

① 顾颉刚：《史林杂识初编》，中华书局1963年版，第230页至第231页。
② 金景芳：《读书札记》，《文史》第3辑，中华书局1964年版。
③ 吴忠匡：《史记太史公自序注说会纂》，黑龙江人民出版社1985年版，第94页。

我们在这里不便仔细论证《史记》所谓“至于麟止”的历史文献学的年代意义。我们只是希望从文化学研究的角度理解所谓“至于麟止”的文化象征意义。应当说，由此可以读到司马谈父子比照孔子《春秋》的深刻用心。所谓“史公借以终其《史》，假设之辞耳”，或许独得其味。顺便还应当说到，绝对地断定司马迁对“获麟”一事“不屑措意”之说，似乎缺乏充实的论证。现在看来，对于司马迁在当时的文化背景下“不信神鬼”的“理性”的估价，似不宜过高。

实际上，司马谈早就有“继《春秋》”的文化宏愿。《史记·太史公自序》写道：

> 太史公曰：“先人有言：‘自周公卒五百岁而有孔子。孔子卒后至于今五百岁，有能绍明世，正《易传》，继《春秋》，本《诗》《书》《礼》《乐》之际？’意在斯乎！意在斯乎！小子何敢让焉。”

顾颉刚先生就此讨论“司马谈作史”时写道：“是谈固斐然有继孔子而述作之意；首推《易传》者，以其受《易》于杨何也。”[①]

《史记·太史公自序》又记录了司马迁和壶遂关于《春秋》的文化价值以及司马迁所著书与《春秋》的关系的对话：

> 上大夫壶遂曰：“昔孔子何为而作《春秋》哉？”
>
> 太史公曰：“余闻董生曰：‘周道衰废，孔子为鲁司寇，诸侯害之，大夫壅之。孔子知言之不用，道之不行也，是非二百四十二年之中，以为天下仪表，贬天子，退诸侯，讨大夫，以达王事而已矣。’子曰：‘我欲载之空言，不如见之于行事之深切著明也。’夫《春秋》，上明三王之道，下辨人事之纪，别嫌疑，明是非，定犹豫，善善恶恶，贤贤贱不肖，存亡国，继绝世，补敝起废，王道之大者也。《易》

① 顾颉刚：《史林杂识初编》，中华书局1963年版，第229页。

著天地阴阳四时五行，故长于变；《礼》经纪人伦，故长于行；《书》记先王之事，故长于政；《诗》记山川溪谷禽兽草木牝牡雌雄，故长于风；《乐》乐所以立，故长于和；《春秋》辩是非，故长于治人。是故《礼》以节人，《乐》以发和，《书》以道事，《诗》以达意，《易》以道化，《春秋》以道义。拨乱世反之正，莫近于《春秋》。《春秋》文成数万，其指数千。万物之散聚皆在《春秋》。《春秋》之中，弑君三十六，亡国五十二，诸侯奔走不得保其社稷者不可胜数。察其所以，皆失其本已。故《易》曰：'失之豪厘，差以千里。'故曰：'臣弑君，子弑父，非一旦一夕之故也，其渐久矣。'故有国者不可以不知《春秋》，前有谗而弗见，后有贼而不知。为人臣者不可以不知《春秋》，守经事而不知其宜，遭变事而不知其权。为人君父而不通于《春秋》之义者，必蒙首恶之名。为人臣子而不通于《春秋》之义者，必陷篡弑之诛，死罪之名。其实皆以为善，为之不知其义，被之空言而不敢辞。夫不通礼义之旨，至于君不君，臣不臣，父不父，子不子。夫君不君则犯，臣不臣则诛，父不父则无道，子不子则不孝。此四行者，天下之大过也。以天下之大过予之，则受而弗敢辞。故《春秋》者，礼义之大宗也。夫礼禁未然之前，法施已然之后；法之所为用者易见，而礼之所为禁者难知。"

壶遂曰："孔子之时，上无明君，下不得任用，故作《春秋》，垂空文以断礼义，当一王之法。今夫子上遇明天子，下得守职，万事既具，咸各序其宜，夫子所论，欲以何明？"

太史公曰："唯唯，否否，不然。余闻之先人曰：'伏羲至纯厚，作《易》《八卦》。尧舜之盛，《尚书》载之，礼乐作焉。汤武之隆，诗人歌之。《春秋》采善贬恶，推三代之德，褒周室，非独刺讥而已也。'汉兴以来，至明天子，获符瑞，封禅，改正朔，易服色，受命于穆清，泽流罔极，海外殊俗，重译款塞，请来献见者，不可胜道。臣下百官力诵圣德，犹不能宣尽其意。且士贤能而不用，有国者之耻；主上明圣而德不布闻，有司之过也。且余尝掌其官，废明圣盛德

> 不载，灭功臣世家贤大夫之业不述，堕先人所言，罪莫大焉。余所谓述故事，整齐其世传，非所谓作也，而君比之于《春秋》，谬矣。”

司马迁这里对儒学经典的评价，是司马谈《论六家要旨》之后关于儒学部分的学术史的总结。他特别推崇《春秋》一书，以为“夫《春秋》，上明三王之道，下辨人事之纪”，《春秋》的政治文化原则，“王道之大者也”。“《春秋》辩是非，故长于治人。”“《春秋》以道义。拨乱世反之正，莫近于《春秋》。《春秋》文成数万，其指数千。万物之散聚皆在《春秋》。”“故有国者不可以不知《春秋》”，“为人臣者不可以不知《春秋》”。“《春秋》者，礼义之大宗也。”

所谓“万物之散聚皆在《春秋》”，“《春秋》者，礼义之大宗也”，当然是一种理想化的评价。其中，也可以隐约看到司马迁本人对《史记》一书的文化价值的自我期求。

还应该说到，司马迁这里所说的“汉兴以来，至明天子，获符瑞，封禅，改正朔，易服色，受命于穆清，泽流罔极，海外殊俗，重译款塞，请来献见者，不可胜道”，其中所谓“获符瑞”，其实是包括“获白麟”的。

《春秋》鲁哀公“获麟”和《史记》汉武帝“获麟”，两次“获麟”分别被作为醒目的文化坐标。

孔子和司马迁在两部伟大的史书中关于“获麟”的记载，并没有因司马迁的设想而发生同样的文化影响。在正统儒学学者的心目中，后者的深刻的文化含义，并不能被真正理解。后人有所谓“麟经”与“马史”之对[①]，反映即使在文化风格较为活跃的时代，在文化人看来，两者的文化地位也是明显不同的。

顺便还应当说到，东汉时也有获麟传说。如《后汉书·明帝纪》：“〔永平十一年〕是岁，漅湖出黄金，庐江太守以献。时麒麟、白雉、醴泉、嘉禾所在出焉。”《后汉书·安帝纪》：“〔延光三年秋七月〕颍川上言

① 如唐黄滔《与崔隐郎中书》：“诚以麟经下笔，诸生不合措辞；而马史抽毫，汉代还陈别录。”

……白鹿、麒麟见阳翟。”〔八月〕“戊子，颍川上言麒麟一、白虎二见阳翟。”“四年春正月壬午，东郡言黄龙二、麒麟一见濮阳。”不过，当时人只是作为一般祥瑞看待，其神秘的文化意义，已经显著淡化了。

朱雁之歌

据《汉书·武帝纪》，太始三年（公元前94年），“春正月，行幸甘泉宫，飨外国客”。接着，又有东海之行：

> 行幸东海，获赤雁，作《朱雁之歌》。幸琅邪，礼日成山。登之罘，浮大海，山称万岁。

其事不见于《史记·封禅书》，可能因此也为《汉书·郊祀志》不载。虽然司马迁《史记》没有记录“获赤雁”事及《朱雁之歌》，但是，有关文化信息，仍然有所透露。

《朱雁之歌》又称《赤雁歌》。

《汉书·礼乐志》记录了《朱雁之歌》，即“《郊祀歌》十九章”中的“《象载瑜》十八”：

> 象载瑜，白集西，食甘露，饮荣泉。
> 赤雁集，六纷员，殊翁杂，五采文。
> 神所见，施祉福，登蓬莱，结无极。
>
> 《象载瑜》十八，太始三年行幸东海获赤雁作

服虔以为“象载，鸟名也”，颜师古则释为“象舆”：“山出象舆，瑞应车也。瑜，美貌也。言此瑞车瑜然色白而出西方也。”王先谦《汉书补注》引刘攽说，则不同意这样的解释，以为：“此诗四句，先叙所见祥瑞之物也。‘象载瑜’，黑车也；‘白集西’，雍之麟也；‘甘露’‘荣泉’，天之所

图8-1　河南淅川出土画像砖鸿雁呈祥画面

降，地之所出也。注非。”应当承认，“‘白集西’，雍之麟也”的理解，是正确的。所谓“纷员”，应即纷纭[①]，颜师古说：“多貌也。”所获赤雁，应为六只，雁羽文色“五采”。前两句，颜师古解释说，“言西获象舆，东获赤雁，祥瑞多也”。后一句，则将此祥瑞理解为神意的昭示，并与蓬莱神仙世界的追求联系起来。[②]

① 王先谦《汉书补注》引钱大昭曰：“‘纷员’即‘纷纭’。‘员’‘云’古字通。”

② 王先谦《汉书补注》：“《武纪》所谓《朱雁之歌》也。上自此遂幸琅邪，礼日成山，登之罘，浮大海，故末云然。”

获雁的记载，已先见于司马迁《史记》关于周史的记述中，并且都赋予不寻常的含义。

《史记·管蔡世家》记载了曹国伯阳专政时导致亡国的政治变乱，其中涉及田弋获雁的传说：

> 伯阳三年，国人有梦众君子立于社宫谋欲亡曹；曹叔振铎止之，请待公孙强，许之。旦，求之曹，无此人。梦者戒其子曰："我亡，尔闻公孙强为政，必去曹，无离曹祸。"及伯阳即位，好田弋之事。六年，曹野人公孙强亦好田弋，获白雁而献之，且言田弋之说，因访政事。伯阳大说之，有宠，使为司城以听政。梦者之子乃亡去。
>
> 公孙强言霸说于曹伯。十四年，曹伯从之，乃背晋干宋。宋景公伐之，晋人不救。十五年，宋灭曹，执曹伯阳及公孙强以归而杀之。曹遂绝其祀。

曹伯阳三年即公元前499年，十五年即公元前487年。是国人一梦，所警示亡国的预兆，终于在12年后应验。司马迁以"太史公曰"的形式感叹道：

> ……及振铎之梦，岂不欲引曹之祀者哉？如公孙强不修厥政，叔铎之祀忽诸。[①]

公孙强"获白雁而献之"，成为曹国亡国的凶兆。

《史记·楚世家》又写道，楚顷襄王十八年（公元前281年），"楚人

① 对于"忽诸"一句的理解或有不同。张守节《正义》："至如公孙强不修霸道之政，而伯阳之子立，叔铎犹尚飨祭祀，岂合忽绝之载。"泷川资言《史记会注考证》引柯维骐曰："按《左氏·文公六年》：'臧文仲闻六与蓼灭，曰：皋陶庭坚，不祀忽诸，德之不建，民之无援，哀哉！'太史公之语本此。杜预注谓'忽诸'者，忽然而绝也。《正义》乃谓'岂合忽绝之哉'，是盖未读《左氏传》也。"又引王念孙曰："张说甚谬。'如'读为'而'，言叔铎非不欲引曹之祀，而无若公孙强之不修国政，以致绝祀何也。此云'知德之不建'，又云'叔铎之祀忽诸'，皆用《左氏》臧文仲语。"

有好以弱弓微缴加归雁之上者，顷襄王闻，召而问之。”这位射雁者回答道：

> 小臣之好射鶀雁，罗鸗，小矢之发也，何足为大王道也。且称楚之大，因大王之贤，所弋非直此也。昔者三王以弋道德，五霸以弋战国。故秦、魏、燕、赵者，鶀雁也；齐、鲁、韩、卫者，青首也；驺、费、郯、邳者，罗鸗也。外其余则不足射者。见鸟六双，以王何取？王何不以圣人为弓，以勇士为缴，时张而射之？此六双者，可得而囊载也。其乐非特朝昔之乐也，其获非特凫雁之实也。

他以射雁比喻战争，又建议说，“王朝张弓而射魏大梁之南”，“还射圉之东”，“缟缴兰台”，于是可以“定魏大梁”，“此一发之乐也”。他又说，“若王之于弋诚好而不厌，则出宝弓，碆新缴，射噣鸟于东海”，“朝射东莒，夕发浿丘，夜加即墨”，“北游目于燕之辽东而南登望于越之会稽，此再发之乐也。”如果继续进取，则“王出宝弓，碆新缴”，“待秦之倦”而南面称王。“故曰秦为大鸟，负海内而处，东面而立，左臂据赵之西南，右臂傅楚鄢郢，膺击韩魏，垂头中国，处既形便，势有地利，奋翼鼓翅，方三千里，则秦未可得独招而夜射也。”

以射雁喻军政之事，体现出早期兵战与田猎保持密切关系的传统。

司马迁在《史记》中两次说到“雁”，都表示了对以武力谋求霸权的行为的某种否定。

此外，我们在《史记》中还可以看到另一种关于“雁”的文化记录。《史记·封禅书》写道：

> 〔公孙〕卿有札书曰：“黄帝得宝鼎宛朐，问于鬼臾区。鬼臾区对曰：‘帝得宝鼎神策，是岁己酉朔旦冬至，得天之纪，终而复始。’于是黄帝迎日推策，后率二十岁复朔旦冬至，凡二十推，三百八十年，黄帝仙登于天。”

鬼臾区是黄帝时名臣。《史记·封禅书》又写道：

> 鬼臾区号大鸿，死葬雍，故鸿冢是也。

所谓“自华以西，名山七”中，第六即“鸿冢”。司马贞《索隐》：“黄帝臣大鸿葬雍，‘鸿冢’盖因大鸿葬为名也。”又《史记·五帝本纪》也说：

> 〔黄帝〕举风后、力牧、常先、大鸿以治民。

所谓“大鸿”，张守节《正义》：“《封禅书》云：‘鬼臾区号大鸿，黄帝大臣也。死葬雍，故鸿冢是。’《艺文志》云‘《鬼容区兵法》三篇’也。”《史记·孝武本纪》裴骃《集解》引《汉书音义》：“区，黄帝时人。”司马贞《索隐》：“郑氏云：‘黄帝臣也。’李奇曰：‘黄帝时诸侯。’”[①]裴骃《集解》又引苏林曰：“今雍有鸿冢。”

所谓“鸿”，一说天鹅[②]，一说大雁[③]。《说文·鸟部》段玉裁注：“学者多云雁之大者。”雁作为候鸟，对于以农业为主体经济形式的民族来说，具有标志季节、报告农时的作用，于是很早就受到重视。《礼记·月令》：“〔仲秋之月〕鸿雁来，玄鸟归。”由此我们也可以联想到“鸿雁”崇拜与“玄鸟”崇拜的关系。而“鬼臾区号大鸿，死葬雍，故鸿冢是也”的说法，正与秦人早期渊源与“玄鸟”的神秘关系相互印合。《史记·秦本纪》写道：“秦之先，帝颛顼之苗裔孙曰女修。女修织，玄鸟陨卵，女修吞之，生子大业。”

殷人关于其先祖的传说，也有类似的神话情节。《史记·殷本纪》：

---

① 李奇还说：“《艺文志》作‘鬼容区’是也。”

② 《说文·鸟部》：“鸿，鸿鹄也。”《诗·豳风·九罭》：“鸿飞遵渚。”郑玄笺：“鸿，大鸟也。”陆玑疏：“鸿鹄羽毛光泽纯白，似鹤而大，长颈，肉美如雁。”

③ 《易·渐》：“鸿渐于干。”虞翻注：“鸿，大雁也。”《楚辞·招魂》：“鹄酸臇凫，煎鸿鸧些。”王逸注：“鸿，鸿雁也。”

“殷契，母曰简狄，有娀氏之女，为帝喾次妃。三人行浴，见玄鸟堕其卵，简狄取吞之，因孕生契。”一般以为殷部族起源于东方[①]，于是有的学者认为，“从秦人和殷人的共同的图腾崇拜中，可以推断他们所属的这一氏族，最初可能活动于我国东方”。[②]

《史记·封禅书》关于“鬼臾区号大鸿，死葬雍，故鸿冢是也”的说法，以及三国魏人苏林所谓“今雍有鸿冢”，以往论述秦人先祖鸟崇拜的学者多未曾予以重视。其实，这是一则重要的文化信息。

《战国策·韩策一》说韩国有鸿台宫。《三辅黄图》卷二：“长乐宫有鸿台。”又卷“长乐宫”条：“鸿台，秦始皇二十七年筑，高四十丈，上起观宇，帝尝射飞鸿于台上，故号‘鸿台’。《汉书》惠帝四年，长乐宫鸿台灾。”[③]《艺文类聚》卷五七引汉刘梁《七举》：“鸿台百层，干云参差。”我们看到所谓“飞鸿延年”瓦当，画面中鸿的形象作飞翔状。一说出汉长安城，一说出土地点不详，以往或“订为秦鸿台观字瓦”，有的学者则以为汉代遗物。[④]

《淮南子·俶真》：“以鸿濛为景柱。”高诱注：“鸿濛，东方之野，日所出，故以为景柱。”又《淮南子·道应》：“东开鸿濛之光。”[⑤]或许也可以说明“鸿”与东方的关系。

传说“大鸿”是“黄帝大臣”，“黄帝时诸侯”，甚至有“大鸿即黄帝”的说法[⑥]，说明以“鸿”为图腾标志的东方部族的活动，当时曾经有重要

---

① 金景芳先生曾经提出殷部族起源于北方的论点（见《商文化起源于我国北方说》，《中华文史论丛》第7辑，上海古籍出版社1978年版），认为辽宁、吉林迤北一带发现的很多商代文物，可能与商文化的起源有关。《世本》说，“契居番”，“昭明居砥石”。《淮南子·地形》：“辽出砥石。”高诱注：“‘砥石’，山名，在塞外，辽水所出，南入海。”于是推定砥石在辽水发源处，今昭乌达盟克什克腾旗的白岔山。然而，这一地区的古文化，实际上仍然大体可以归入沿海文化体系之中，仍属于广义的“东方”。

② 林剑鸣：《秦史稿》，上海人民出版社1981年版，第16页。

③ 《汉书·惠帝纪》：“〔四年〕长乐宫鸿台灾。”

④ 焦南峰、韩钊：《新编秦汉瓦当图录》，三秦出版社1986年版，第167页。

⑤ 刘文典《淮南鸿烈集解》引王念孙曰：“‘东开鸿濛之光’，‘开’当为‘关’。”“二形相似，故‘关’误为‘开’。”“《太平御览》《楚辞补注》引此，作‘东开鸿濛之光’，则所见本已误。《论衡》作‘东贯澒濛之光’，《蜀志》注引此作‘东贯鸿濛之光’，‘贯’‘关’古字通，则‘开’为‘关’之误明矣。”

⑥ 《通志·氏族略四》：“鸿氏，大鸿氏之后也。大鸿即黄帝，亦谓帝鸿氏。”

图 8–2 "飞鸿延年"瓦当

的文化影响。

从这样的角度来理解《朱雁之歌》的文化意义，或许可以体会其作者汉武帝作为以"雄材大略"[①]而著称的帝王，当时在新的文化基点上胸怀"囊括四海之意"[②]，"以圣人为弓，以勇士为缴，时张而射之"，从而实现文化大一统的雄图。

《史记 · 滑稽列传》褚少孙补述，记录了这样一个关于"鹄"的故事：

> 昔者，齐王使淳于髡献鹄于楚。出邑门，道飞其鹄，徒揭空笼，造诈成辞，往见楚王曰："齐王使臣来献鹄，过于水上，不忍鹄之渴，出而饮之，去我飞亡。吾欲刺腹绞颈而死，恐人之议吾王以鸟兽之故令士自伤杀也。鹄，毛物，多相类者，吾欲买而代之，是不信而欺吾王也。欲附佗国奔亡，痛吾两主使不通。故来服过，叩头受罪大王。"楚王曰："善，齐王有信士若此哉！"厚赐之，财倍鹄在也。

① 《汉书·武帝纪》赞。

② 《史记·秦始皇本纪》："有席卷天下，包举宇内，囊括四海之意，并吞八荒之心。"又见《史记·陈涉世家》。

图8-3　河南洛阳西汉墓出土朱雀画像砖

司马贞《索隐》和梁玉绳《史记志疑》都说到同一故事又见于《韩诗外传》卷一〇及《说苑・奉使》。《说苑》中所说是献“鸿”。钱锺书先生又指出，《初学记》卷二〇、《太平御览》卷九一六引《鲁连子》载鲁君使展无所遗齐襄君鸿，中道失鸿，不肯“隐君蔽罪”。[①]

大约其事本原，是齐王遣使献鸿鹄于楚。

这类东方多见的禽鸟，似乎则为楚人所罕见。南国神鸟崇拜，或许应该属于另一文化系统。《史记・天官书》说：“南宫朱鸟。”我们看到的汉代代表四方的“四神”或“四灵”瓦当图案，东方青龙，西方白虎，北方玄武，南方则为朱雀。《三辅黄图》卷三“未央宫”条：“苍龙、白虎、朱雀、玄武，天之四灵，以正四方，王者制宫阙殿阁取法焉。”关于“朱雀”为“四灵”之一的说法，更早则见于《礼记・曲礼上》：“行，前朱鸟而后玄武，左青龙而后白虎。”及《吴子・治兵》：“必左青龙，右白虎，前朱雀，后玄武，招摇在上，从事于下。”贾谊《惜誓》写道：“飞朱鸟使先驱兮，驾太一之象舆；苍龙蚴虬于左骖兮，白虎骋而为右騑。”也遵循着这样的方位原则。

---

① 钱锺书:《管锥编》第1册，中华书局1979年版，第380页。

朱雀象征南方的观念在汉代已经相当普及。

《太平御览》卷八八一引《河图》："南方赤帝，神名赤熛怒，精名朱鸟。"《文选》卷一一王延寿《鲁灵光殿赋》："朱鸟舒翼以畤衡。"李周翰注："朱鸟，朱雀，南方神也。"[①]

一说"朱鸟"也就是"雁"。

扬雄《法言·向明》："朱鸟翾翾，归其肆矣。或曰：'奚取于朱鸟哉？'曰：'时来则来，时往则往，能来能往者，朱鸟之谓与！'"宋人宋咸注："朱鸟，随阳之鸟，谓'雁'也。"根据这样的说法，有助于对《史记》所谓汉武帝"获赤雁，作《朱雁之歌》"的理解。

一说"朱鸟"也就是"凤"。

《后汉书·张衡传》载《思玄赋》："前祝融使指麾兮，缅朱鸟以承旗。"李贤注："朱鸟，凤也。"

《史记·封禅书》记述齐桓公、管仲事迹，已经有"今凤凰麒麟不来"语。《史记·田敬仲完世家》记载：

> 齐懿仲欲妻完，卜之，占曰："是谓凤皇于蜚，和鸣锵锵。有妫之后，将育于姜。五世其昌，并于正卿。八世之后，莫之与京。"卒妻完。

事在齐桓公时代。同一事，《史记·陈杞世家》写作"凤皇于飞，和鸣锵锵"。《史记·孔子世家》说："楚狂接舆歌而过孔子，曰：'凤兮凤兮，何德之衰！往者不可谏兮，来者犹可追也！已而已而，今之从政者殆而！'孔子下，欲与之言。趋而去，弗得与之言。"

我们现在还不清楚"凤"的形象其最初出现的明确时代与具体地域。但是，"凤"的神话的故乡，其大致方位应当在东方。然而，战国时期的秦宫瓦当中已经能够看到"凤"的图像。至于西汉时期，"凤"的崇拜则

① 晋崔豹《古今注·舆服》："信幡，古之徽号也，所以题表官号以为符信，故谓之信幡也。……东方郡国以青龙幡，南方郡国以朱鸟幡。"

图8–4　朱雀瓦当

愈益表现出明显的文化印迹。

《史记·封禅书》说，汉武帝造建章宫，“前殿度高未央。其东则凤阙，高二十余丈”。说明帝王宫阙已经以“凤”作为象征吉祥和高伟的建筑标志。

司马迁曾经多次说到“凤”，并以为象征盛世的祥瑞。如：

> 四海之内，咸戴帝舜之功。于是禹乃兴《九招》之乐，致异物，凤皇来翔。天下明德皆自虞帝始。（《五帝本纪》）
>
> 舜德大明，于是夔行乐，祖考至，群后相让，鸟兽翔舞，《箫韶》九成，凤皇来仪，百兽率舞，百官信谐。（《夏本纪》）
>
> 覆巢毁卵则凤皇不翔。（《孔子世家》）

司马迁《史记》中，还可以看到年号用字中出现“凤”字的情形，即汉昭帝的“元凤”与汉宣帝的“五凤”。昭宣年号用“凤”字，见于《史记·建元以来侯者年表》《汉兴以来将相名臣年表》及《历书》后人补述的部分。

“凤”，又曾经被看作一种道德才智的象征。

前引《史记·孔子世家》有“凤兮凤兮，何德之衰”语，“凤”已经成为一种人格化身。类同的例子，又有《史记·日者列传》所记录司马季主的言辞：

> ……故骐骥不能与罢驴为驷，而凤凰不与燕雀为群，而贤者亦不与不肖同列。

《史记·屈原贾生列传》引录屈原《怀沙》之赋，其中有以“凤皇”比喻忠诚之士的名句：

> 变白而为黑兮，倒上以为下。
> 凤皇在笯兮，鸡雉翔舞。
> 同糅玉石兮，一概而相量。

司马迁又记述贾谊往长沙，“意不自得，及渡湘水，为赋以吊屈原”，其辞也多以“凤”自况。如：

> 呜乎哀哉，逢时不祥！
> 鸾凤伏窜兮，鸱枭翱翔。
> ……
> 已矣，国其莫我知，独堙郁兮其谁语？
> 凤漂漂其高逝兮，夫固自缩而远去。
> ……
> 凤皇翔于千仞之上兮，览德辉而下之；
> 见细德之险征兮，摇增翮逝而去之。

“凤”以其非凡的高贵，成为士人崇敬向往的文化象征。

图 8-5 汉阙凤凰形象

可是，在司马迁所处的时代，“凤”，可能并不仅仅是一种理想中的神圣之鸟，而同时也是动物世界中的实际存在。

《史记·李斯列传》中引述了那篇著名的《谏逐客书》。李斯所列数秦王喜好的各地宝物中，有用“凤”的翠羽装饰的旗帜：

> 今陛下致昆山之玉，有随、和之宝，垂明月之珠，服太阿之剑，乘纤离之马，建翠凤之旗，树灵鼍之鼓。此数宝者，秦不生一焉，而陛下说之，何也？

这里所列举的，必然都是秦王所熟知的现实生活中确实存在的宝物。其中“翠凤之旗”与“灵鼍之鼓”，可能都来自南国。

那么，现实世界中的“凤”，究竟是何种形象呢？

《史记·司马相如列传》记《上林赋》有“捎凤皇”语，张守节《正义》：

图8-6　山东汉画像石凤阙画面

> 京房《易传》云："凤皇，雁前麟后，鸡喙燕颔，蛇颈龟背，鱼尾骈翼，高丈二尺。"《东山经》云："其状如鹤，五采，而首文曰经，翼文曰顺，背文曰义，膺文曰仁，股文曰信。是鸟自歌自舞，雄曰'凤'，雌曰'皇'。"

《史记·屈原贾生列传》张守节《正义》又写道：

> 《应瑞图》云："黄帝问天老曰：'凤鸟何如？'天老曰：'鸿前而麟后，蛇颈而鱼尾，龙文而龟身，燕颔而鸡喙，首戴德，颈揭义，背负仁，心入信，翼俟顺，足履正，尾系武，小音金，大音鼓，延颈奋翼，五色备举。"

凤凰兼备道德的宣传当然是无稽之谈，我们应当注意的，是对于这种神奇之鸟形态的记述："其状如鹤，五采"，"延颈奋翼，五色备举"。考虑到这些特征，可以推想，凤凰神话的原型，很可能与孔雀一类南国禽鸟的形象有关。

《汉书·南粤传》记载，南越王赵佗致书汉文帝，其中说道："谨北面因使者献白璧一双，翠鸟千，犀角十，紫贝五百，桂蠹一器，生翠四十双，孔雀二双。昧死再拜，以闻皇帝陛下。"从进献的数量看，"孔雀"是南国珍奇之鸟。司马相如《长门赋》中也写道："孔雀集而相存兮，玄猿啸而长吟。"刘向《说苑·杂言》也说："夫君子爱口，孔雀爱羽，虎豹爱爪，此皆所以治身法也。"《汉书·西域传上》说罽宾国物产："出封牛、水牛、象、大狗、沐猴、孔爵……"《三国志·吴书·孙休传》："是岁使察战到交阯，调孔爵、大猪。""孔爵"，就是孔雀。

《史记·司马相如列传》"捎凤皇"句上，说到"遒孔鸾"，似乎孔雀本身与凤凰有异。可是，东方朔《七谏·谬谏》又写道："乱曰：鸾皇孔凤，日以远兮。"王逸注："孔，孔雀也。"可见孔雀与凤凰之相近，甚至可以互称。

有人提出凤凰的原型应是鸵鸟。以为"凤凰崇拜本来起源于上古石器时代的鸵鸟——太阳神图腾"。论者还指出："但在进入历史时期以后，由于鸵鸟的灭绝和凤凰的非图腾化，关于凤凰的传说遂愈演而愈复杂。商周秦汉之际，燕子和金（锦）鸡，曾先后为凤凰的替身。但唐宋以后，鸳鸯、鹤、天鹅、鹰雕、孔雀，都曾与凤凰发生或深或浅的关系。因之在同一语词符号下，注入了语义不同的动物学意象。这种演变，也反映在历代凤凰图的演变中。我们看先秦的凤凰图，多为蛇颈、高足，尚保留着鸵鸟的特征；而汉唐特别是明清以后，就逐渐发展为以锦（金）鸡的形态为主体，饰有孔雀式羽毛的综合形象了。"①

可是我们还应当注意到，就在司马迁之后不久，汉王朝的昭宣时代，屡有发现凤凰的记载留存，例如：

> 〔汉昭帝始元三年〕冬十月，凤皇集东海。（《汉书·昭帝纪》）

---

① 何新：《凤之谜——凤凰崇拜的起源和演变》，《诸神的起源——中国远古太阳神崇拜》，光明日报出版社1996年版，第351页。

〔汉宣帝本始元年〕五月，凤皇集胶东、千乘。

〔四年〕五月，凤皇集北海安丘、淳于。

〔地节二年〕夏四月，凤皇集鲁郡，群鸟从之。

〔元康元年〕三月，诏曰："乃者凤皇集泰山、陈留……"

〔二年三月〕凤皇甘露降集。

〔神爵元年三月〕诏曰："……南郡获白虎威凤为宝。……"

二年春二月，诏曰："乃者正月乙丑，凤皇甘露降集京师，群鸟从以万数。……"

四年春二月，诏曰："乃者凤皇甘露降集京师，嘉瑞并见。修兴泰一、五帝、后土之祠，祈为百姓蒙祉福。鸾凤万举，蜚览翱翔，集止于旁。……"

冬十月，凤皇十一集杜陵。

十二月，凤皇集上林。

〔五凤三年三月〕诏曰："……三月辛丑，鸾凤又集长乐宫东阙中树上，飞下止地，文章五色，留十余刻，吏民并观。……"

〔甘露二年春正月〕诏曰："乃者凤皇甘露降集，……"

〔三年二月〕诏曰："乃者凤皇集新蔡，群鸟四面行列，皆乡凤皇立，以万数。……"（《汉书·宣帝纪》）①

凤凰的发现，多在东方，而没有看到出于西方的记录。此外，即使汉代生态条件与现今有所不同，可是鸵鸟能够出现在东海、胶东、千乘、北海安丘、淳于等地，也是难以想象的。而且凤凰屡有降集京师、降集上林的记载，特别是五凤三年"鸾凤又集长乐宫东阙中树上，飞下止地，文章五色，留十余刻，吏民并观"，记述相当具体，予当时当地人的印象也一定

① 赵翼《廿二史札记》卷三有"两汉多凤凰"条，写道："两汉多凤凰，而最多者，西汉则宣帝之世，东汉则章帝之世。"又列举凤凰频见之例，指出："然抑何凤凰之多耶？"于是推测："得无二帝本喜符瑞，而臣下遂附会其事耶？案宣帝时，黄霸守颍川，颍川凤凰尤数见。后霸入为丞相，会有鹖鸟，自京兆尹张敞舍飞集丞相府，霸以为神爵，欲奏闻，后知从敞舍来，乃止。当日所谓'凤凰'者，毋乃亦鹖鸟之类耶？……郡国所奏符瑞，皆未必得实也。"这也是一种值得重视的推想。

图8-7 河北满城汉墓出土立凤双连杯

十分深刻。然而我们知道，当时长安地区是有鸵鸟生存的。《汉书·西域传下》写道：汉武帝时代，“明珠、文甲、通犀、翠羽之珍盈于后宫，蒲梢、龙文、鱼目、汗血之马充于黄门，钜象、师子、猛犬、大雀之群食于外囿。殊方异物，四面而至。”“大雀”，又写作“大爵”，就是鸵鸟。《后汉书·和帝纪》：永元十三年，“冬十一月，安息国遣使献师子及条枝大爵。”李贤注：“《西域传》曰：‘安息国居和椟城，去洛阳二万五千里。条支国临西海，出师子、大雀。’郭义恭《广志》曰：‘大爵，颈及身膺蹄都似橐驼，举头高八九尺，张翅丈余，食大麦，其卵如瓮，即今之鸵鸟也。’”长安地区的吏民不至于不认识“群食于外囿”的“大雀”，而看作是凤凰。

其实，中土人对鸵鸟的认识，在司马迁的《史记·大宛列传》中已经有所反映，他在记述张骞得自“传闻”，又“具为天子言之”的条支国国情时写道：

条支在安息西数千里，临西海。暑湿。耕田，田稻。有大鸟，卵如瓮。

张守节《正义》："《汉书》云：'条支出师子、犀牛、孔雀、大雀，其卵如瓮。和帝永元十三年，安息王满屈献师子、大鸟，世谓之安息雀。'《广志》云：'鸟，鸡鹰身，蹄骆，色苍，举头八九尺，张翅丈余，食大麦，卵大如瓮。'"张守节《正义》所引《汉书》，其实是《后汉书》。今本《后汉书·西域传》记载："〔条支国〕出师子、犀牛、封牛、孔雀、大雀。大雀其卵如瓮。""〔永元〕十三年，安息王满屈复献师子及条支大鸟，时谓之'安息雀'。"《汉书·西域传上》说，安息国"有大马爵"。颜师古注引《广志》与张守节《正义》引文略异："《广志》云：'大爵，颈及膺身，蹄四橐驼，色苍，举头高八九尺，张翅丈余，食大麦。'"

司马迁在《史记·大宛列传》中关于"大鸟"的文字，陈直先生指出："鸵鸟之纪载，始于此时，鸵鸟作画象题材，始于唐乾陵雕刻。"[①]这一论断，是准确的。

"大雀""大鸟""安息雀"，都是说鸵鸟，当时人看作奇禽，而不看作祥瑞。这些称谓与"凤凰""凤皇"同时，如果一物二称，则令人难以理解。

凤凰崇拜原型为鸵鸟说，看来还需要更充分的论证。

《艺文类聚》卷九二引班昭《大雀赋》：

大家同产兄西域都护定远侯班超献大雀，诏令大家作赋。曰：

嘉大雀之所集，生昆仑之灵丘。同小名而大异，乃凤皇之匹俦。怀有德而归义，故翔万里而来游。集帝庭而止息，乐和气而优游。上下协而相亲，听《雅》《颂》之雍雍。自东西与南北，咸思服而来同。

① 陈直：《史记新证》，天津人民出版社1979年版，第192页。

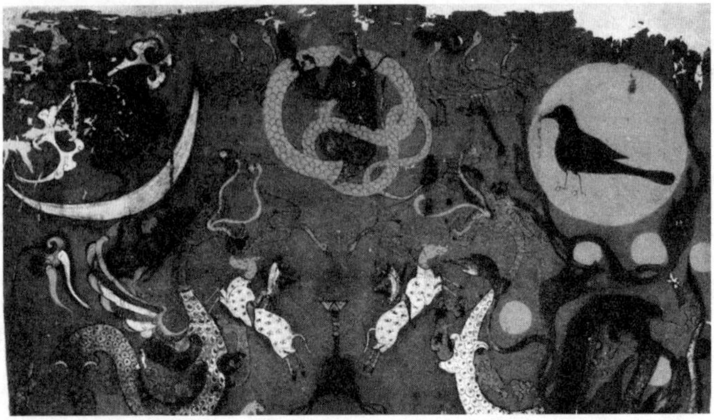

图8-8 马王堆汉墓出土帛画所见凤鸟

这里所谓“乃凤皇之匹俦”，也说“大雀”本身并不是“凤皇”。

东汉时出现的凤凰祥瑞，又有汉光武帝建武十七年“有五凤皇见于颍川之郏县”（《后汉书·光武帝纪下》），汉章帝元和二年二月“己未，凤皇集肥城”，“五月戊申，诏曰：‘乃者凤皇、黄龙、鸾鸟比集七郡，或一郡再见’”（《后汉书·章帝纪》），汉安帝延光三年二月“戊子，济南上言，凤皇集台县丞霍收舍树上”，赐“凤皇所过亭部，无出今年田租”，十月“壬午，新丰上言凤皇集西界亭”（《后汉书·安帝纪》），汉灵帝光和四年“秋七月，河南言凤皇见新城，群鸟随之”（《后汉书·灵帝纪》）。

天马追求

汉武帝建元二年（前139年），张骞在奉命出使大月氏以约共击匈奴的中途，被匈奴俘虏。在匈奴留居十年，后来逃脱，西行至大宛（今吉尔吉斯斯坦、乌兹别克斯坦费尔干纳盆地），经康居（今哈萨克斯坦锡尔河中游地区），抵达已经定居在今乌兹别克斯坦阿姆河北岸，又统领了大夏（今阿富汗北部）的大月氏。他又到大夏，然后改由南道回归。在归途中又被匈奴拘捕，一年之后，乘匈奴内乱，才返回长安。张骞向汉武帝详细报告了西域的情况。他在大夏时，得知由蜀地西南取道身毒（今印度）可以通往大夏，于是又建议汉武帝开西南夷道。元朔六年（前123年），张骞随大将军卫青击匈奴，有功，封博望侯。后来，张骞又建议汉武帝联合乌孙（主要活动地域在今伊犁河流域），汉武帝于是拜张骞为中郎将，率三百人，牛羊金帛以万数，出使乌孙。张骞抵达乌孙后，又派副使前往大宛、康居、月氏、大夏等国。乌孙遣使送张骞归汉，又献马报谢。后来终于与汉通婚，一起进军击破匈奴。

由于张骞的努力，西域与汉帝国建立了正式的联系。张骞因此在西域地区享有很高的威望。后来的汉使，多称"博望侯"以取信于诸国。传说许多西方物产，如葡萄、苜蓿、石榴、胡桃、胡麻等，都是由张骞经西域传入中土，这样的说法未必完全符合史实，但是张骞开辟丝绸之路的功绩，却是永远不能磨灭的。张骞事迹，司马迁在《史记·卫将军骠骑列传》中有这样的记述：

> 将军张骞，以使通大夏，还，为校尉。从大将军有功，封为博望侯。后三岁，为将军，出右北平，失期，当斩，赎为庶人。其后使通乌孙，为大行而卒，冢在汉中。

张骞"博望侯"的地位，是以军功和出使之功得封的。司马迁又有较为具体的记载：

> 张骞从大将军，以尝使大夏，留匈奴中久，导军，知善水草处，军得以无饥渴，因前使绝国功，封骞博望侯。

事实上，张骞的所谓军功，也基于出使时的经验。张骞为将军时，指挥战事不利而致罪，失侯后，又以对西域的熟悉，拜为中郎将，承担了出使乌孙的使命。汉武帝至此堪称才尽其用。张骞的历史功绩，主要是作为文化使者而创造的。司马迁说：

> 骞所遣使通大夏之属者皆颇与其人俱来，于是西北国始通于汉矣。然张骞凿空，其后使往者皆称博望侯，以为质于外国，外国由此信之。……自博望侯开外国道以尊贵，其后从吏卒皆争上书言外国奇怪利害，求使。天子为其绝远，非人所乐往，听其言，予节，募吏民毋问所从来，为具备人众遣之，以广其道。

一时掀起了中国历史上少有的向慕西方、往来中外的文化热潮。

《史记·大宛列传》中比较详尽地记载了张骞生平，其中说到匈奴“留骞十余岁，与妻，有子，然骞持汉节不失”，又说“骞为人强力，宽大信人，蛮夷爱之”，可见，张骞身为汉使，而其性情气度，已经受到西域民族的显著影响。司马迁写道，张骞陷于匈奴时，匈奴内乱，“骞与胡妻及堂邑父俱亡归汉”。其实张骞与苏武行事类同，扬雄《法言·渊骞》于是有“张骞、苏武之奉使也，执节没身”的说法。不过，班固在《汉书》中详细记载苏武居留北庭事，却没有明说“胡妻”事，只是在《苏武传》接近结尾的地方写道：“武年老，子前坐事死，上闵之，问左右：‘武在匈奴久，岂有子乎？’武因平恩侯自白：‘前发匈奴时，胡妇适产一子通国，有声问来，愿因使者致金帛赎之。’上许焉。后通国随使者至，上以为郎。”①张骞和苏武的性格特征的差别似乎因此有所透露。司马迁和班固的心理倾向的差别，似乎也因此有所透露。

《史记·大宛列传》说，汉武帝起初以《易》书卜问，得到兆示，说：“神马当从西北来。”接受乌孙所献良马后，命名为“天马”。后来又得到大宛的“汗血马”，更为骠壮，于是把乌孙马改称为“西极”，将大宛马称为“天马”。据说汉武帝为了追求西方的良马，使者往来西域，络绎不绝。司马迁的笔下，是这样记述这段历史事实的：

> 初，天子发书《易》，云：“神马当从西北来。”得乌孙马好，名

---

① 参看钱锺书:《管锥编》第1册，中华书局1979年版，第374页。

图8-9　洛阳西汉画像空心砖所见“天马”

曰“天马”。及得大宛汗血马，益壮，更名乌孙马曰“西极”，名大宛马曰“天马”云。而汉始筑令居以西，初置酒泉郡以通西北国。因益发使抵安息、奄蔡、黎轩、条支、身毒国。而天子好宛马，使者相望于道。诸使外国一辈大者数百，少者百余人，人所赍操大放博望侯时。其后益习而衰少焉。汉率一岁中使多者十余，少者五六辈，远者八九岁，近者数岁而反。

我们看到，汉武帝时代外交活动的空前高潮，竟然是附西北“天马”的骥尾而出现的。

汉武帝得到西域宝马之后，曾经兴致勃勃地作歌诗，欢呼这一盛事。司马迁在《史记·乐书》中记载：

……又尝得神马渥洼水中，复次以为《太一之歌》。歌曲曰：

太一贡兮天马下，

霑赤汗兮沫流赭。

骋容与兮跇万里，

> 今安匹兮龙为友。
>
> 后伐大宛得千里马，马名“蒲梢”，次作以为歌。歌诗曰：
>
> 天马来兮从西极，
> 经万里兮归有德。
> 承灵威兮降外国，
> 涉流沙兮四夷服。
>
> 中尉汲黯进曰：“凡王者作乐，上以承祖宗，下以化兆民。今陛下得马，诗以为歌，协于宗庙，先帝百姓岂能知其音邪？”上默然不说。丞相公孙弘曰：“黯诽谤圣制，当族。”

汲黯不能理解，与所谓“上以承祖宗，下以化兆民”的雍容平和的王者之乐不同，汉武帝得宝马而“诗以为歌”，他所以面对“先帝百姓”的，不是虚伪的礼仪表演，而是真诚的性情展露。应当看到，历代千千万万的所谓“王者作乐”之郊祀之歌，都如轻尘一般随着宗庙中袅袅的香烟散去，后人多已不屑一顾了，可是汉武帝的“天马”之歌，却有如天山雪顶和大漠雄风，永久保持着凝重而生动的伟力。

司马迁对汉武帝因得“天马”而作歌的心情是理解的。他在记述这两首诗歌之后，接着写道：“凡音之起，由人心生也。人心之动，物使之然也。”“乐者，音之所由生也，其本在人心感于物也。”

《汉书·武帝纪》记载，元鼎四年，“六月，得宝鼎后土祠旁。秋，马生渥洼水中。作《宝鼎》《天马之歌》。”“〔太初〕四年春，贰师将军广利斩大宛王首，获汗血马来。作《西极天马之歌》。”《汉书·礼乐志》载《郊祀歌》十九章中《天马》十，文句略有不同：

> 太一况，天马下，霑赤汗，沫流赭。
> 志俶傥，精权奇，籋浮云，晻上驰。
> 体容与，迣万里，今安匹，龙为友。
>
> 元狩三年马生渥洼水中作

天马徕，从西极，涉流沙，九夷服。
天马徕，出泉水，虎脊两，化若鬼。
天马徕，历无草，径千里，循东道。
天马徕，执徐时，将摇举，谁与期？
天马徕，开远门，竦予身，逝昆仑。
天马徕，龙之媒，游阊阖，观玉台。

太初四年诛宛王获宛马作

"太一况，天马下"一首所谓"元狩三年马生渥洼水中作"，《汉书·武帝纪》作元鼎四年作。其事可能与《汉书·武帝纪》所谓元狩二年"夏，马生余吾水中"有关。

司马迁说"得神马渥洼水中"，班固说"马生余吾水中""马生渥洼水

图8-10　河南洛阳西汉画像砖空心砖天马与神鸟画面

中”，《汉书·礼乐志》载《郊祀歌》十九章《天马》诗也写道：“天马徕，出泉水。”马生水中的神话，可能与“龙”的传说有关，所以汉武帝诗有“今安匹兮龙为友”句。这样的神话，其流传地域并非只限于西北。《华阳国志·南中志》：“章帝时，蜀郡王阜为益州太守，治化尤异，神马四匹出滇池河中。”事又见《先贤士女总赞上》“世公赋政，祥瑞来同”条：“〔王阜〕迁益州太守，神马出滇池河。”又《南中志》“滇池县”条也写道：“有泽水，周回二百里，所出深广，下流浅狭，如倒流，故曰‘滇池’。长老传言，池中有神马，或交焉，即生骏驹，俗称之曰‘滇池驹’，日行五百里。”《水经注·沔水》关于中庐县的记述中，也说道：“县故城南有水出西山，山有石穴出马，谓之‘马穴山’。汉时有数百匹马出其中，马形小，似巴、滇马。三国时，陆逊攻襄阳，于此穴又得马数十匹送建业。蜀使至，有家在滇池者，识其马毛色，云其父所乘马，对之流涕。其水东流百四十里迳城南，名曰‘浴马港’，言初得此马，洗之于此，因以名之。亦云乘出沔次浴之，又曰‘洗马厩’。渡沔宿处，名之曰‘骑亭’。”有的学者认为，“古人常说良马出于水中”，“应视为产于近水源的草地”。①

“龙马”神话的发生，已经不容易究溯其源。我们知道在汉代，其影响已经相当广泛。

《尚书·顾命》：“天球，河图，在东序。”孔安国《传》：“伏牺王天下，龙马出河。遂则其文，画八卦，谓之‘河图’。”二十八宿之一的房宿，也有“龙马”之称。《周礼·夏官·校人》：“春祭马祖。”郑玄注：“《孝经说》曰：‘房为龙马。’”汉代太仆属官也有“龙马”之职。《汉书·百官公卿表上》：“太仆，秦官，掌舆马，有两丞。属官有大厩、未央、家马三令，……又龙马、闲驹、橐泉、騊駼、承华五监长丞。……”有的学者指出，“这些都是厩的名称，或者因地命名，或者因马的来源以命名”。②《通典》卷二五说，太仆领五监、六厩。注云五监之中有“龙

① 谢成侠：《中国养马史》（修订版），农业出版社1991年版，第73页。
② 安作璋、熊铁基：《秦汉官制史稿》上册，齐鲁书社1984年版，第143页。

马”，六厩之中也有“龙马”。《汉书·百官公卿表上》王先谦《汉书补注》引沈钦韩曰：“《金日磾传》：武帝拜为马监。失其名。《黄图》：大宛厩在长安城外。疑此之龙马监也。”可能畜养大宛汗血马的皇家苑厩，就是“龙马”厩。

《史记·平准书》说：“天用莫如龙，地用莫如马。”司马贞《索隐》：“《易》云：‘行天莫如龙也。’”“《易》云：‘行地莫如马也。’”似乎“龙马”之称，又有兼行天地的喻义。

其实，又有一种说法，以为“龙马”的本义，只是骏马。《周礼·夏官·廋人》就说道：“马八尺以上为龙。”

称马为“龙”之例，又有《史记·司马相如列传》：“招翠黄乘龙于沼。”裴骃《集解》：“《汉书音义》曰：‘翠黄，乘黄也。龙翼马身，黄帝乘之而登仙。言见乘黄而招呼之。《礼乐志》曰：訾黄其何不来下。余吾渥洼水中出神马，故曰乘龙于沼。’”

可以看到，汉武帝渴求“天马”，并不是仅仅出于对珍奇宝物的一己私爱，而是借以寄托着一种骋步万里、降服四夷的雄心。

“天马”西来的汉武帝时代，正是当政者积极开拓中西交通，取得空前成功的历史时期。当时，“殊方异物，四面而至”，“赂遗赠送，万里相奉”（《汉书·西域传下》）。国外有的汉学家评价当时西域丝绸之路的开通时，曾经指出，“其在中国史的重要性，绝不亚于美洲之发现在欧洲史上的重要”。[①]新疆罗布泊地区出土的汉代锦绣图案中“登高明望四海”的文字，正体现了当时汉文化面对世界的雄阔胸襟。

《史记·大宛列传》记载，汉武帝为了追求大宛汗血马，还特意发动了对西域的远征：

〔张〕骞所至之大宛……具为天子言之，曰：“大宛在匈奴西南，在汉正西，去汉可万里。其俗土著，耕田，田稻麦。有蒲陶酒。多善

① 俄罗斯汉学家比楚林（Бичурин）语，见［苏］狄雅可夫、尼科尔斯基合编：《古代世界史》，日知译，中央人民政府高等教育部教材编审处1954年版，第224页。

马，马汗血，其先‘天马’子也。……”

对于所谓“天马子”，裴骃《集解》引述了《汉书音义》的解释：“大宛国有高山，其上有马，不可得，因取五色母马置其下，与交，生驹汗血，因号曰‘天马子’。”司马迁又写道：

> 西北外国使，更来更去。宛以西，皆自以远，尚骄恣晏然，未可诎以礼羁縻而使也。自乌孙以西至安息，以近匈奴，匈奴困月氏也，匈奴使持单于一信，则国国传送食，不敢留苦；及至汉使，非出币帛不得食，不市畜不得骑用。所以然者，远汉，而汉多财物，故必市乃得所欲，然以畏匈奴于汉使焉。宛左右以蒲陶为酒，富人藏酒至万余石，久者数十岁不败。俗嗜酒，马嗜苜蓿。汉使取其实来，于是天子始种苜蓿、蒲陶肥饶地。及天马多，外国使来众，则离宫别观旁尽种蒲陶、苜蓿极望。

司马迁还写道：

> 而汉使者往既多，其少从率多进熟于天子，言曰：“宛有善马在贰师城，匿不肯与汉使。”天子既好宛马，闻之甘心，使壮士车令等持千金及金马以请宛王贰师城善马。宛国饶汉物，相与谋曰：“汉去我远，而盐水中数败，出其北有胡寇，出其南乏水草。又且往往而绝邑，乏食者多。汉使数百人为辈来，而常乏食，死者过半，是安能致大军乎？无奈我何。且贰师马，宛宝马也。”遂不肯予汉使。汉使怒，妄言，椎金马而去。宛贵人怒曰：“汉使至轻我！”遣汉使去，令其东边郁成遮攻杀汉使，取其财物。于是天子大怒。诸尝使宛姚定汉等言宛兵弱，诚以汉兵不过三千人，强弩射之，即尽虏破宛矣。天子已尝使浞野侯攻楼兰，以七百骑先至，虏其王，以定汉等言为然，而欲侯宠姬李氏，拜李广利为贰师将军，发属国六千骑，及郡国恶少年数万

人，以往伐宛。期至贰师城取善马，故号“贰师将军”。赵始成为军正，故浩侯王恢使导军，而李哆为校尉，制军事。

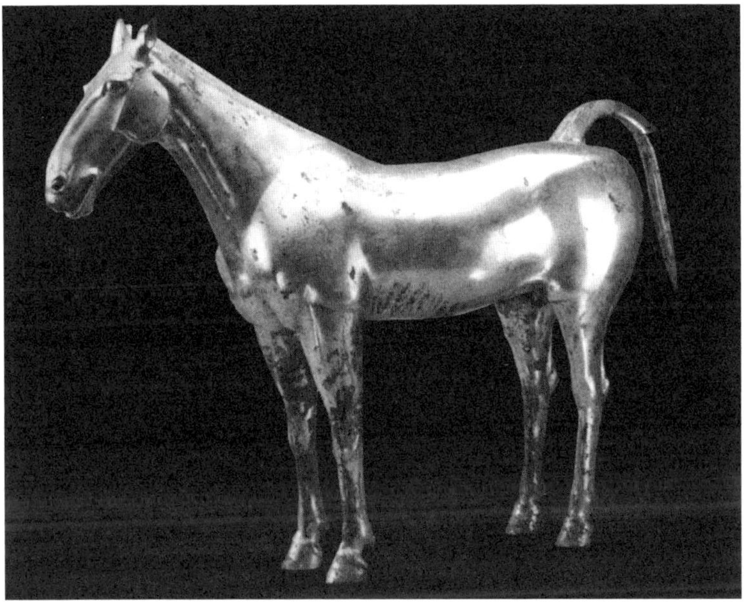

图8-11　陕西兴平茂陵附近出土鎏金铜马

这里所谓汉使椎破的“金马”，通过陕西茂陵出土的汉代鎏金铜马[①]，可以大体推想其形制。远程出军的原因，其实主要是“天子既好宛马，闻之甘心”。李广利在军中，还曾经“拜习马者二人为执驱校尉，备破宛择取其善马云”。

“天马”，实际上已经成为象征这一时代中西交通取得历史性进步的一种文化符号。魏晋人阮籍《咏怀》诗：“天马出西北，由来从东道。”唐人王维《送刘司直赴安西》诗：“苜蓿随天马，蒲桃逐汉臣。”清人黄遵宪《香港感怀》诗：“指北黄龙饮，从西天马来。”都反映“天马”悠远的蹄声，为西汉时期中西交通的成就，保留了永久的历史记忆。

① 参看张廷皓：《西汉鎏金铜马的科学价值》，《西北大学学报》1983年第3期。

《史记·乐书》裴骃《集解》引录了东汉学者应劭对大宛“天马”的解释：

> 大宛马汗血沾濡也，流沫如赭。
>
> 大宛旧有天马种，蹋石汗血，汗从前肩膊出如血，号一日千里。

《后汉书·光武十王传·东平宪王苍》记载汉章帝赐刘苍书，说到大宛“天马”：

> ……并遗宛马一匹，血从前髆上小孔中出。常闻武帝歌天马，“霑赤汗”，今亲见其然也。……

汉章帝“亲见其然”，使“天马”“汗血”的传说更增加了可信性。

值得我们特别注意的，还有司马迁关于“天马”的记述与“昆仑”神话的联系。《史记·大宛列传》写道：

> 而汉使穷河源，河源出于窴，其山多玉石，采来，天子案古图书，名河所出山曰昆仑。

可见，汉武帝对西北远方名物的探求，有心仪“昆仑”仙山神话的因素。

《史记·封禅书》也说到汉武帝对“昆仑”的迷信：

> 初，天子封泰山，泰山东北阯古时有明堂处，处险不敞。上欲治明堂奉高旁，未晓其制度。济南人公玉带上黄帝时明堂图。明堂图中有一殿，四面无壁，以茅盖，通水，圜宫垣为复道，上有楼，从西南入，命曰“昆仑”，天子从之入，以拜祠上帝焉。于是上令奉高作明堂汶上，如带图。及五年修封，则祠太一、五帝于明堂上坐，令高皇帝祠坐对之。祠后土于下房，以二十太牢。天子从“昆仑道”入，始

拜明堂如郊礼。礼毕，燎堂下。

祠泰山时所作明堂，建筑结构中就有所谓“昆仑道”。

当时人对于“昆仑”的意识，又见于《史记·司马相如列传》：

西望昆仑之轧沕洸忽兮，直径驰乎三危。排阊阖而入帝宫兮，载玉女而与之归。

又如《史记·龟策列传》褚少孙补述：

河虽神贤，不如昆仑之山；江之源理，不如四海，而人尚夺取其宝，诸侯争之，兵革为起。

汉武帝经营西域，其实有求仙心理的背景。《史记·大宛列传》记载，张骞向他介绍西域列国国情时，说道：“安息长老传闻条支有弱水、西王母，而未尝见。”正反映了汉武帝当时的兴奋点。

耐人寻味的是，当时许多中土之人对于西北神秘世界，似乎持一种欣赏而并非崇敬的态度。所谓“排阊阖而入帝宫兮，载玉女而与之归”，就反映了这种文化倾向。似乎中原汉文化的自尊，当时已经表现出比较广泛的影响。对于其他文化系统中的美好之物，人们一般只是愿意“夺取其宝”，取而玩之。昆仑帝宫玉女是如此，大宛汗血天马也是如此。汉武帝时代“求使”者们“皆争上书，言外国奇怪利害”，也表现了这一文化现象。这种意识，可能已经在民族心理的深层埋下了根。

司马迁对于“昆仑”神话，持一种比较审慎的态度。

他在《史记·大宛列传》最后写道：

太史公曰：《禹本纪》言：“河出昆仑。昆仑其高二千五百余里，日月所相避隐为光明也。其上有醴泉、瑶池。”今自张骞使大夏之后

> 也，穷河源，恶睹《本纪》所谓昆仑者乎？故言九州山川，《尚书》近之矣。至《禹本纪》《山海经》所有怪物，余不敢言之也。

可以看到，司马迁坚持着一种考实的原则。他努力使《史记》一书成为历史真实的客观记录，而并非“怪物”传说的无聊堆砌。

郭璞《注山海经叙》说：“世之览《山海经》者，皆以其闳诞迂夸，多奇怪俶傥之言，莫不疑焉。尝试论之曰，庄生有云：‘人之所知，莫若其所不知。’吾于《山海经》见之矣。”他又以汲冢出土竹书验证《山海经》中的记述：“案汲郡《竹书》及《穆天子传》：穆王西征见西王母，执璧帛之好，献锦组之属。穆王享王母于瑶池之上，赋诗往来，辞义可观。遂袭昆仑之丘，游轩辕之宫，眺钟山之岭，玩帝者之宝，勒石王母之山，纪迹玄圃之上。乃取其嘉木艳草奇鸟怪兽玉石珍瑰之器，金膏烛银之宝，归而殖养之于中国。穆王驾八骏之乘，右服盗骊，左骖騄耳，造父为御，犇戎为右，万里长骛，以周历四荒，名山大川，靡不登济。东升大人之堂，西燕王母之庐，南轹鼋鼍之梁，北蹑积羽之衢。穷欢极娱，然后旋归。案《史记》说穆王得盗骊、騄耳、骅骝之骥，使造父御之，以西巡狩，见西王母，乐而忘归，亦与《竹书》同。《左传》曰：‘穆王欲肆其心，使天下皆有车辙马迹焉。’《竹书》所载，则是其事也。而谯周之徒，足为通识瑰儒，而雅不平此，验之《史考》，以著其妄。司马迁叙《大宛传》亦云：‘自张骞使大夏之后，穷河源，恶睹《本纪》所谓昆仑者乎？至《禹本纪》《山海经》所有怪物，余不敢言也。’不亦悲乎！若《竹书》不潜出于千载，以作征于今日者，则《山海》之言，其几乎废矣。”

郭璞重视以出土古籍印证传世古籍的意见，是正确的。[①]对于司马迁

---

① 李学勤先生曾经指出：“中国有着悠久辉煌的文化，传世典籍数量很多，素有‘浩如烟海’之称，但历史上也有很多著作，由于种种原因遭到散失湮没，甚至书名都不为后人所知。还有不少古书，在千百年的传流过程中不免改易脱漏，已经不能保存原有面貌。这种情况对我们探讨古代的历史文化是很大的妨碍。地下发掘出土的简帛古籍，使人们直接看到用纸以前的书籍，为文化史研究提供了新的宝贵线索。”“一系列事例说明，前人对某些传世古书的见解不一定是可靠的。中国对古籍的辨伪工作，从宋代开始兴盛。清代以来更有不少学者作了很大努力，（转下页）

所谓“至《禹本纪》《山海经》所有怪物，余不敢言之也”之“不亦悲乎”的惋叹，也是可以理解的。不过，以司马迁所见，持“余不敢言之也”的态度，其实正体现出史家应当坚持的求实的立场。陈直先生曾经因此指出：“郭璞此言，讥太史公不信《山海经》，因言晋时所出竹书，与《山海经》可以互证，然讥前人以未见之书，其评论亦未见允当。”[①]

龙蛇神话

“龙”的神话，可能是中国古代神秘意识中起源最为迷离，形式最为复杂，传播最为广泛，影响最为久远的内容了。

大致正是在秦汉时期，“龙”的崇拜逐渐成为一种文化正统。

司马迁在《史记》中屡见关于“龙”的鲜明生动的文字，可以看作这一文化史的阶段性演变的时代坐标。

《史记·封禅书》有关于黄帝乘龙升天的记述。司马迁写道，齐人公孙卿对汉武帝言黄帝升天事：

> 申公曰：“汉主亦当上封，上封则能仙登天矣。……黄帝采首山铜，铸鼎于荆山下。鼎既成，有龙垂胡髯下迎黄帝。黄帝上骑，群臣后宫从上者七十余人，龙乃上去。余小臣不得上，乃悉持龙髯，龙髯拔，堕，堕黄帝之弓。百姓仰望黄帝既上天，乃抱其弓与胡髯号，故后世因名其处曰‘鼎湖’，其弓曰‘乌号’。”
>
> 于是天子曰：“嗟乎！吾诚得如黄帝，吾视去妻子如脱躧耳。”

乘龙可以“登天”“上天”的传说，又见于《史记·赵世家》：“乘飞龙上

(接上页)　去伪存真，成绩很多。不过他们对地下埋藏的原本古籍未能接触，关于文化发展和古书形成的看法不免有较大的局限性。我们应当根据简帛古籍的研究，对古籍辨伪从方法论到具体结论，进行一番科学的检讨，使我们对古代历史文化的认识进一步深入发展。”李学勤：《新发现简帛与秦汉文化史》，《李学勤集》，黑龙江教育出版社1989年版，第310页，第320页。

① 陈直：《史记新证》，天津人民出版社1979年版，第194页至第195页。

天，不至而坠。”

“龙”，是天界神物，又是交通人界与天界的中介。司马迁在《史记》中有这样的记载：

> 天降龙二……（《夏本纪》）
>
> 天用莫如龙。（《平准书》）
>
> 龙欲上天，……龙已升云，……（《晋世家》）
>
> 云从龙，风从虎，圣人作而万物睹。（《伯夷列传》）
>
> 圣人曰：“飞龙在天，利见大人。”（《范雎蔡泽列传》）

“龙”可以云天飞翔而外，又是水行神物：

> 始皇梦与海神战，如人状。问占梦，博士曰：“水神不可见，以大鱼蛟龙为候。……”（《秦始皇本纪》）
>
> 孔子曰：“……竭泽涸渔则蛟龙不合阴阳。……”（《孔子世家》）
>
> 袭九渊之神龙兮，沕深潜以自珍。（《屈原贾生列传》）
>
> 蛟龙赤螭，……揵鳍擢尾，振鳞奋翼，潜处于深岩。（《司马相如列传》）

卫聚贤曾经提出“龙即鳄鱼”的推想。[①]祁庆富先生也说：“最早的‘龙’是鳄鱼。”[②]这样的意见，有助于我们增进对所谓“蛟龙”神话的理解。

也有不少学者认为龙的原型是蛇。[③]

---

① 卫聚贤：《古史研究》第3辑，商务印书馆1934年版，第230页。

② 祁庆富：《养鳄与豢龙》，《博物》1981年第2期。

③ 参看闻一多：《从人首蛇身像谈到龙与图腾》，《人文科学学报》1942年第2期；孙作云：《敦煌画中的神怪图》，《考古》1960年第6期；李埏：《龙崇拜的起源》，《学术研究》1963年第9期；王昌正：《龙的研究》，《民间文学论坛》1964年第3期；刘敦愿：《马王堆西汉帛画中若干神话问题》，《文史哲》1978年第4期；秋浦：《说龙》，《民间文学论坛》1988年第1期。

图8–12　山东嘉祥武氏祠汉画像石“虹—龙”画面

山东嘉祥汉画像石可见取像干虹的龙的图形。龙身高拱凌天，两首分别垂地。山东沂水汉画像石类似的画面中，龙则更接近虹的形态，双头低垂，张口喷水，以象降雨之状，龙体的弧度与虹的角半径一致，均为42°，而新石器时代已经出现的玉璜，也往往表现为“双龙首”的形式，其弧度也与虹相近。

龙身拱屈的形象，很可能所表现的正是治水之神共工的儿子“句龙”。句，即弯曲。“鲧”接近“共工”的合音，“工”与“虹”音同，而“共”又通“拱”。传说鲧“化为黄龙”[①]，禹的神话中又有“神龙以尾画地”之说[②]。“共工—句龙”与“鲧—禹”两组神话间有极其相似之处，当时这些部族中大约都曾经盛行对雨后横天的虹的崇拜。虹，是阳光照射在空中密集的水滴中发生折射所形成的弧形彩带。由于人们对这种奇异的自然现象的无知，于是赋予其神性。龙的神话的由来，也可以从虹崇拜中发现线索。

许多民族都有虹崇拜的观念。墨西哥的印第安人、哥伦比亚的德萨纳

① 《山海经·海内经》郭璞注引《开筮》。

② 《天问》王逸注。

人、越南的摩伊人、印度的那加人以及印度尼西亚某些地区和太平洋许多岛国的居民中，一方面存在虹是“神灵之桥”“天之桥”的心理，另一方面又存在不允许用手指虹的严格的禁忌。①

英国人类学者爱德华·泰勒写道：“粗野的、彼此相距遥远的部落，在把虹看作是活妖魔的观点上是一致的。新西兰的神话，在描述暴风雨和森林之间的战斗时说，虹如何出现了，并把自己的开口转向了树木之父唐——玛古特，而且袭击它，直到它的主干被劈成两半，而被折断的枝条撒满地上为止。关于活彩虹的观念不仅产生出来这种自然神话，而且也产生了崇拜和恐惧。缅甸的克伦人说，它是精灵或恶魔。虹也能够毁灭人……”人的暴死，往往“是因为虹毁灭了他们的灵魂”。据说，“吃饱人肉之后，虹就感到口渴，于是就降下来畅饮。这时，人们就看到它在天空饮水。因此，当虹在天空出现的时候，人们就说：‘虹来饮水了。当心吧，有人一定遭惨死或横死。’父母对游玩的孩子们说：‘虹来喝水了，你们不要再玩了，免得发生什么不幸的事情。’假如虹同某人发生的某种死亡事件同时出现之后，人们就说，虹把他吃掉了。”爱德华·泰勒又说：“祖鲁人的思想与此显著类似。虹跟蛇住在一起，也就是哪里有虹，哪里也就有蛇。”“当虹从河或池塘里出来并停在地上的时候，它就毒害它所遇到的人。”

然而，在达荷美，虹则“是赐给人幸福的天蛇”。

古代希腊人认为，虹是“神和人之间的信使”。“太平洋岛上的居民们认为，这是天梯，古代的英雄们顺着它升降。”“在德意志民间传说中，这是一座桥，正直人们的灵魂在自己守护天使的保护下顺着这座桥可以到达天堂。”②

中国古代也存在对虹深怀敬畏之心的礼俗。《诗·鄘风·蝃蝀》：“蝃

---

① 参看[日]吉田祯吾：《宗教人类学》，王子今、周苏平译，陕西人民教育出版社1991年版，第190页至第212页。

② [英]爱德华·泰勒：《原始文化》，连树声译，上海文艺出版社1992年版，第295页至第296页，第299页。

图8-13　山东沂水韩家曲汉画像石“虹—龙”画面

蝀在东，莫之敢指。”蝃蝀，就是虹。

《太平御览》卷八二引《史记》曰：

> 昔夏后启筮：乘龙以登于天。枚占于皋陶，皋陶曰：“吉而必同，与神交通；以身为帝，以王四乡。”

这段文字未见于今本《史记》。①《山海经·海外西经》也有关于夏后启“乘两龙”的神话。《山海经》中又多见其他诸神“乘两龙”的传说。长沙马王堆3号汉墓出土帛书《天文气象杂占》中，关于虹的占文上方，所绘表现虹的图像均为身脊微拱的龙。其中有被称为“双虹”的图形，正体现了传说中一雄一雌的虹蜺。②蜺，即霓，是位于主虹外侧而颜色排列相反，并且强度弱于主虹的副虹。副虹的形成，是由于光在水滴内部经两次内部反射。此外，在紧靠主虹内侧，有时也因一次内部反射的光线又受到干扰效应而出现颜色模糊的附属虹。文物资料中这种表现“双虹”的双龙图

① 《史记》中说到“乘龙”的，只有《司马相如列传》：“招翠黄乘龙于沼。”裴骃《集解》：“《汉书音义》曰：‘翠黄，乘黄也。龙翼马身，黄帝乘之而登仙。言见乘黄而招呼之。’《礼乐志》曰：‘訾黄其何不来下’。余吾渥洼水中出神马，故曰乘龙于沼。”

② 《长沙马王堆三号汉墓出土西汉帛书〈天文气象杂占〉》，《中国文物》第1期，文物出版社1979年版。

形，可以帮助我们理解天神“乘两龙”神话的由来。[①]

关于“龙”的神话，司马迁在《史记》一书中突出了已经有人提出，但是似乎没有受到充分重视的“龙变”的观念。他写道：

> 今鼎至甘泉，光润龙变，承休无疆。（《封禅书》）
>
> 太史公曰：魏豹、彭越虽故贱，然已席卷千里，南面称孤，喋血乘胜日有闻矣。怀畔逆之意，及败，不死而虏囚，身被刑戮，何哉？中材以上且羞其行，况王者乎！彼无异故，智略绝人，独患无身耳。得摄尺寸之柄，其云蒸龙变，欲有所会其度，以故幽囚而不辞云。（《魏豹彭越列传》）

褚少孙补《史记·外戚世家》也写道：“丈夫龙变。《传》曰：‘蛇化为龙，不变其文；家化为国，不变其姓。’丈夫当时富贵，百恶灭除，光耀荣华，贫贱之时何足累之哉！”

龙蛇变化，寓政治地位高下演变之意。“龙”，是最高权力与最高权力者的象征。

《史记·晋世家》说到晋文公当政，赏赐政治流亡时代长期追随自己的臣子，而未及隐者介子推。于是：

> 介子推从者怜之，乃悬书宫门曰：“龙欲上天，五蛇为辅。龙已升云，四蛇各入其宇，一蛇独怨，终不见处所。”文公出，见其书，曰：“此介子推也。吾方忧王室，未图其功。”使人召之，则亡。

“龙”象征帝业，又见于《史记·封禅书》：

> 秦始皇既并天下而帝，或曰：“黄帝得土德，黄龙地螾见。夏得

---

① 参看王子今：《共工神话与远古虹崇拜》，《民间文学论坛》1988年Z1期；《龙与远古虹崇拜》，《文物天地》1989年第4期。

图8-14　安第斯山古代印第安人莫奇卡文化彩陶“虹神”画面

图8-15　安第斯山古代印第安人纳斯卡文化彩陶“虹神”画面

木德，青龙止于郊，草木畅茂。殷得金德，银自山溢。周得火德，有赤乌之符。今秦变周，水德之时。昔秦文公出猎，获黑龙，此其水德之瑞。”于是秦更命河曰“德水”，以冬十月为年首，色上黑，度以六为名，音上大吕，事统上法。

于是，黄龙、青龙、黑龙，分别成为“黄帝得土德”，“夏得木德”，“秦变周，水德之时”的符瑞。《史记·天官书》所谓“轩辕，黄龙体”[①]，也反映了同样的观念。

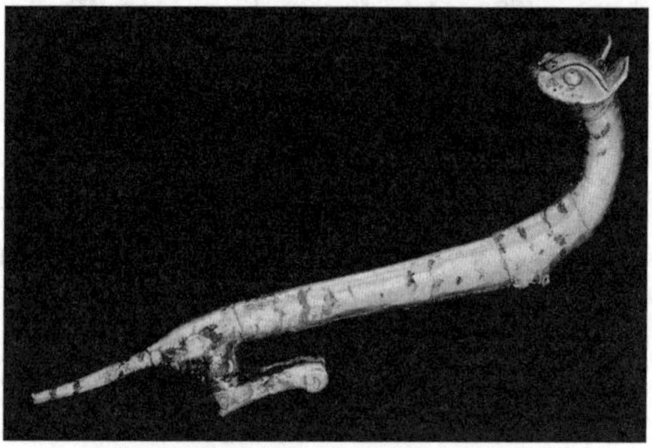

图8-16 甘肃礼县大堡子山秦墓出土金龙

《史记·封禅书》还记载：“鲁人公孙臣上书曰：‘始秦得水德，今汉受之，推终始传，则汉当土德，土德之应黄龙现。宜改正朔，易服色，色上黄。’”司马迁又写道：

后三岁，黄龙见成纪。文帝乃召公孙臣，拜为博士，与诸生草改历服色事。其夏，下诏曰：“异物之神见于成纪，无害于民，岁以有年。朕祈郊上帝诸神，礼官议，无讳以劳朕。”

同一事，又见于《史记·张丞相列传》：

① 裴骃《集解》：“孟康曰：‘形如腾龙。’”张守节《正义》：“轩辕十七星，在七星北，黄龙之体，主雷雨之神。”

鲁人公孙臣上书言汉土德时，其符有黄龙当见。诏下其议张苍，张苍以为非是，罢之。其后黄龙见成纪，于是文帝召公孙臣以为博士，草土德之历制度，更元年。

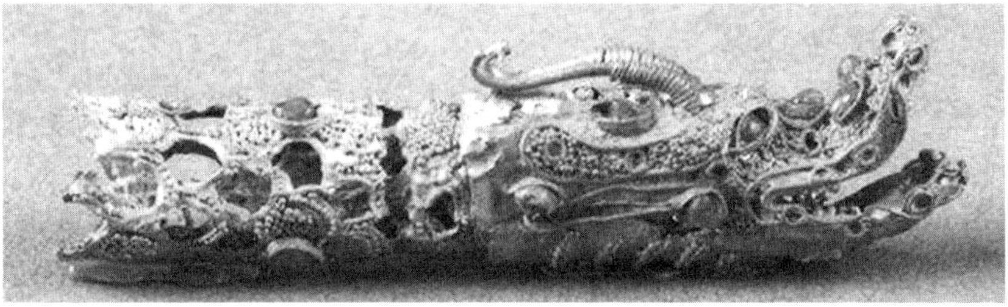

图8-17 河北定县北陵头村43号东汉墓出土金龙头

《史记·司马相如列传》记司马相如作颂，以“诗大泽之博，广符瑞之富”，其中说到“黄龙”：

宛宛黄龙，兴德而升；采色炫耀，熿炳辉煌。正阳显见，觉寤黎烝。于传载之，云受命所乘。

司马相如所歌颂的，正是“黄龙见成纪”一事。

“龙”作为帝王的人格象征，体现于司马迁引录韩非的一段话。《史记·老子韩非列传》：

夫龙之为虫也，可扰狎而骑也。然其喉下有逆鳞径尺，人有婴之，则必杀人。人主亦有逆鳞，说之者能无婴人主之逆鳞，则几矣。[①]

① 《韩非子·说难》：“夫龙之为虫也，柔可狎而骑也；然其喉下有逆鳞径尺，若人有婴之者，则必杀人。人主亦有逆鳞，说者能无婴人主之逆鳞，则几矣。”

司马迁接着感叹韩非个人经历的悲剧结局，写道：

> 余独悲韩子为《说难》而不能自脱耳！[①]

我们从司马迁长叹的余音中，似乎能够体味到他与自己亲身遭遇相联系而生发的某种沉痛的感受。[②]

《史记》中，又可以看到“祖龙”称谓。《秦始皇本纪》：

> 〔三十六年〕秋，使者从关东夜过华阴平舒道，有人持璧遮使者曰：“为吾遗滈池君。”因言曰：“今年祖龙死。”使者问其故，因忽不见，置其璧去。使者奉璧具以闻。始皇默然良久，曰：“山鬼固不过知一岁事也。”退言曰：“祖龙者，人之先也。”使御府视璧，乃二十八年行渡江所沉璧也。

对于所谓“祖龙”，裴骃《集解》：“苏林曰：‘祖，始也。龙，人君象。谓始皇也。’服虔曰：‘龙，人之先象也，言王亦人之先也。’应劭曰：‘祖，人之先。龙，君之象。’”

《后汉书·襄楷传》：“昔秦之将衰，华山神操璧以授郑客，曰：‘今年祖龙死。’始皇逃之，死于沙丘。”李贤注引乐资《春秋后传》述此事与《水经注·渭水下》引《春秋后传》情节大致略同，而曰：“郑客如其言，见宫阙如王者居，谒者出受书，入有顷，云：‘今年祖龙死。’”我们看到敦煌卷子本《春秋后语》，亦作：“有使者从关东来，夜过华阴山中平舒道，有人持璧遮使者曰：‘为我遗缟池君。’因言曰：‘今年祖龙死。’使者

---

① 司马迁还写道：“韩非知说之难，为《说难》书甚具，终死于秦，不能自脱。”

② 钱锺书先生说：“按《孙子吴起列传》：‘语曰：能行之者，未必能言；能言之者，未必能行。孙子筹策庞涓明矣，然不能蚤救患于被刑。吴起说武侯以形势不如德，然行之于楚，以刻薄少恩亡其躯。悲夫！’《白起王翦列传》：‘白起料敌合变，出奇无穷，声震天下，然不能救患于应侯。’皆工于谋人，拙于卫己；马迁反复致意于此，智不如葵之感深矣。”《管锥编》第1册，中华书局1979年版，第311页。

图8-18　诺颜乌拉12号墓出土龙纹绣

方问，因忽不见，置其璧而去。”

《史记·魏豹彭越列传》说，“陈胜、项梁之起，少年或谓〔彭〕越曰：‘诸豪桀相立畔秦，仲可以来，亦效之。’彭越曰：‘两龙方斗，且待之。’”可见，民间意识中，也以“龙”作为最高政治权力的象征。

“龙”象征皇权的意识，更突出地表现于《史记·高祖本纪》中关于刘邦的传说。司马迁写道：

> 其先刘媪尝息大泽之陂，梦与神遇。是时雷电晦冥，太公往视，则见蛟龙于其上。已而有身，遂产高祖。

司马贞《索隐》：“按：《诗含神雾》云：‘赤龙感女媪，刘季兴。’又《广雅》云：‘有鳞曰蛟龙。’”司马迁还写道：

> 高祖为人，隆准而龙颜，美须髯，左股有七十二黑子。……
>
> 常从王媪、武负贳酒，醉卧，武负、王媪见其上常有龙，怪之。

刘邦形表“龙颜”传说，张守节《正义》又写道：“《河图》云：‘帝刘季口角戴胜，斗胸，龟背，龙股，长七尺八寸。’《合诚图》云：‘赤帝体为朱鸟，其表龙颜，多黑子。'"[1]

《史记·夏本纪》写道："夏后氏德衰，诸侯畔之。天降龙二，有雌雄，孔甲不能食，未得豢龙氏。陶唐既衰，其后有刘累，学扰龙于豢龙氏，以事孔甲。孔甲赐之姓曰御龙氏，受豕韦之后。龙一雌死，以食夏后。夏后使求，惧而迁去。"班固在《汉书·高帝纪下》中，则将这一传说与刘邦先世相联系，得出"汉承尧运，德祚已盛，断蛇著符，旗帜上赤，协于火德，自然之应，得天统矣"的结论。可见，"龙"的神话和政治文化的密切关系。

所谓"断蛇著符"，说的是刘邦初起事时，在丰西泽中拔剑斩蛇的故事。《史记·高祖本纪》：

> 高祖以亭长为县送徒郦山，徒多道亡。自度比至皆亡之，到丰西泽中，止饮，夜乃解纵所送徒。曰："公等皆去，吾亦从此逝矣！"徒中壮士愿从者十余人。高祖被酒，夜径泽中，令一人行前。行前者还报曰："前有大蛇当径，愿还。"高祖醉，曰："壮士行，何畏！"乃前，拔剑击斩蛇。蛇遂分为两，径开。行数里，醉，困卧。后人来至蛇所，有一老妪夜哭。人问何哭，妪曰："人杀吾子，故哭之。"人曰："妪子何为见杀？"妪曰："吾子，白帝子也，化为蛇，当道，今为赤帝子斩之，故哭。"人乃以妪为不诚，欲告之，妪因忽不见。后人至，高祖觉。后人告高祖，高祖乃心独喜，自负。诸从者日益畏之。

这一传说，又见于《史记·封禅书》："汉兴，高祖之微时，尝杀大蛇。有物曰：'蛇，白帝子也，而杀者赤帝子。'"

蛇为天帝象征的传说，又见于《史记·封禅书》记载秦文公故事：

---

① 王者形貌如龙的传说，又见于《史记·赵世家》的记载：赵襄子得异人所与竹二节，剖之得朱书，预言"至于后世，且有伉王"，其特征即为"龙面"。

文公梦黄蛇自天下属地，其口止于鄜衍。文公问史敦，敦曰："此上帝之征，君其祠之。"于是作鄜畤，用三牲郊祭白帝焉。

龙蛇变化，是顺理成章的事。除了前引褚少孙补《史记·外戚世家》所谓"《传》曰：'蛇化为龙，不变其文'"而外，我们又看到《后汉书·襄楷传》中"好学博古，善天文阴阳之术"的襄楷上疏中的一段话：

……又七年六月十三日，河内野王山上有龙死，长可数十丈[①]……夫龙形状不一，小大无常，故《周易》况之大人，帝王以为符瑞。或闻河内龙死，讳以为蛇。夫龙能变化，蛇亦有神，皆不当死……王莽天凤二年，讹言黄山宫有死龙之异[②]，后汉诛莽，光武复兴。虚言犹然，况于实邪？

实际上，传言所谓"龙"，很可能多是"蛇"。

东汉时期仍然迷信"黄龙"之瑞。我们看到，汉光武帝建武十二年"六月，黄龙见东阿"（《后汉书·光武帝纪下》），汉章帝建初五年"有八黄龙见于泉陵"[③]（《后汉书·章帝纪》），汉安帝延光元年八月"辛卯，九真言黄龙见无功"，三年九月"辛亥，济南上言黄龙见历城"，"十二月乙未，琅邪言黄龙见诸县"，"四年春正月壬午，东郡言黄龙二、麒麟一见濮阳"（《后汉书·安帝纪》），汉桓帝建和元年二月"沛国言黄龙见谯"，元嘉二年"八月，济阴言黄龙见句阳，金城言黄龙见允街"，延熹八年二月"己酉，南宫嘉德署黄龙见"，永康元年秋八月"巴郡言黄龙见"（《后汉书·桓帝纪》），汉灵帝熹平五年"沛国言黄龙见谯"（《后汉书·灵帝纪》）。

① 李贤注："延熹七年也。《袁山松书》曰：'长可百余丈。'"

② 《汉书·王莽传中》："〔天凤二年〕讹言黄龙堕死黄山宫中，百姓奔走往观者有万数。〔王〕莽恶之，捕系问语所从起，不能得。"颜师古注："〔王〕莽自谓黄德，故有此妖。"

③ 李贤注引伏侯《古今注》曰："见零陵泉陵湘水中，相与戏。其二大如马，有角；六枚大如驹，无角。"

图 8–19　明天启刊本《新刻剑啸阁批评西汉演义传》“芒砀山刘季斩蛇”图

“黄龙见”虽然频繁，但是其中多有讹言可疑处。例如《后汉书·桓帝纪》所谓永康元年秋八月“巴郡言黄龙见”一事，李贤注引《续汉志》就说道：“时人欲就沱浴，见沱水浊，因戏相恐：‘此中有黄龙。’语遂行人间，闻郡，欲以为美，故上言之，时史以书帝纪。桓帝政化衰缺，而多言瑞应，皆此类也。先儒言瑞兴非时，则为妖孽，而人言生龙，皆龙孽也。”

有意或无意所制造的骗局，是祥瑞迷信这一文化现象的实质。

虎患与虎崇拜

虎患，曾经是秦汉时期危害民众生产和生活的严重灾害之一。司马迁在《史记》中，有关于虎患的记录。

《史记·李将军列传》向以对李广事迹的生动记述著名。其中可以看到有关当时虎患的文字：

〔李〕广居右北平，匈奴闻之，号曰“汉之飞将军”，避之数岁，不敢入右北平。

广出猎，见草中石，以为虎而射之，中石没镞，视之石也。因复更射之，终不能复入石矣。广所居郡闻有虎，尝自射之。及居右北平射虎，虎腾伤广，广亦竟射杀之。

李广曾经先后历任上谷、上郡、陇西、北地、雁门、代郡、云中、右北平等北边八郡太守。著名的射石饮羽故事，可能在任右北平太守前后。《西京杂记》卷五则写作：“李广与兄弟共猎于冥山之北，见卧虎焉。射之，一矢即毙。”“他日，复猎于冥山之阳，又见卧虎，射之，没矢饮羽。进而视之，乃石也，其形类虎。退而更射，镞破竿折而石不伤。”《日知录》卷二五“李广射石”条说：“《庄子》言：南行者至于郢，北面而不见冥山。[①]司马彪注：冥山，北海山名。是广之出猎，乃冥山，而非近郡之山也。”而《战国策·韩策一》：“韩卒之剑戟，皆出于冥山……”注家多以为冥山在河南信阳。

《淮南子·俶真》写道：“昔公牛哀转病也，七日化为虎。其兄掩户而入觇之，则虎搏而杀之。是故文章成兽，爪牙移易，志与心变，神与形化。方其为虎也，不知其尝为人也；方其为人，不知其且为虎也。二者代射舛驰，各乐其成形。”[②]高诱注：“转病，易病也。江、淮之间，公牛氏有易病，化为虎，若中国有狂疾者，发作有时也。其为虎者，便还食人，食人者因作真虎，不食人者更复化为人。”这一传说得以流行，说明虎“食人”是当时人十分熟悉的情形。分析这一故事的神奇情节，推想究竟，其实也不能排除虎入户食公牛哀，待其兄启户而“入觇之”时复食其兄的可能。

《后汉书·宋均传》记载，宋均迁九江太守，“郡多虎暴，数为民患，常募设槛阱而犹多伤害”。《后汉书·循吏列传·童恢》：童恢除东莱郡不其县令，“民尝为虎所害，乃设槛捕之”。《后汉书·儒林列传上·刘昆》又记载“崤、黾驿道多虎灾，行旅不通”事。《后汉书·法雄传》也说，法雄迁南阳太守，“郡滨带江沔，又有云梦薮泽，永初中，多虎狼之暴”。又《太平御览》卷八九一引谢承《后汉书》：“豫章刘陵，字孟高，为长沙安成长。先时多虎，百姓患之，皆徙他县。”

长江流域多虎患的记载，正与《续汉书·礼仪志中》刘昭注补引《汉旧仪》所谓“颛顼氏有三子，生而亡去为疫鬼，一居江水，是为虎”的传说相合。《三国志·吴书·张昭传》说：“〔孙〕权每田猎，常乘马射虎，虎常突前攀持马鞍。”后以张昭谏，“乃作射虎车，为方目间不置盖，一人为御，自于中射之。时有逸群之兽，辄复犯车，而权每手击以为乐”。又

---

① 《庄子·天运》。

② 《文选》卷一五张衡《思玄赋》：“牛哀病而成虎兮，虽逢昆其必噬。”李善注：“牛哀，鲁人牛哀也。昆，兄也。噬，食也。《淮南子》曰：‘牛哀病七日而化为虎，其兄启户而入，哀搏而杀之，不自知为虎也。’”

《三国志·吴书·吴主传》记载："〔孙权〕亲乘马射虎于庱亭，马为虎所伤，〔孙〕权投以双戟，虎却废，常从张世击以戈，获之。"也可以补证长江流域多虎的事实。《后汉书·宋均传》："江淮之有猛兽，犹北土之有鸡豚也。"似乎也可以说明由于当地经济开发落后于中原地区，当时华南虎分布的数量曾经十分惊人。总之，秦汉时期虎患危害的地域十分广阔，因而倭人居地无虎，时人曾经视为奇闻。[①]

虎患最为严重，大致在东汉时期。除上引与宋均、童恢、刘昆、法雄、刘陵等人事迹有关的史实外，《续汉书·五行志一》又记载："顺帝阳嘉元年十月中，望都蒲阴狼杀童儿九十七人。时李固对策，引京房《易传》曰：'君将无道，害将及人，去之深山以全身，厥妖狼食人。'陛下觉悟，比求隐滞，故狼灾息。[②]灵帝建宁中，群狼数十头入晋阳南城门啮人。"刘昭注补："《袁山松书》曰：'光和三年正月，虎见平乐观，又见宪陵上，啮卫士。蔡邕封事曰：政有苛暴，则虎狼食人。'"平乐观在洛阳城西近郊，《后汉书·邓骘传》记载，邓骘率军击羌，汉安帝曾"车驾幸平乐观饯送"。据《后汉书·张霸传》，平日高级官僚西行，"贵人公卿以下当出祖道于平乐观"。《后汉书·何进传》还记载，汉灵帝时，大将军何进曾"讲武于平乐观下"。可知这里曾经是洛阳车马会聚、人声喧腾的重要社交中心之一。宪陵是汉顺帝陵，《帝王世纪》："在雒阳西北，去雒阳十五里。"汉灵帝光和三年（180年）正月，距顺帝入葬不过35年，推想仍当维护精心，禁卫严密。战国时曾有"市有虎"的说法[③]，然而只见于游士危言耸听的论辩之辞，用以说明无中生有流言的危害，汉人王充《论衡·累害》称之为"市虎之讹"。而东汉时，虎患竟然确实危及京都附近的宫苑重地和皇家陵区，显然是极罕见的史例。此外，《论衡·遭虎》又说到"虎时入邑，行于民间"的情形，以为"其行都邑，乃为怪"，事

---

① 《三国志·魏书·东夷传》。

② 刘昭注补引《东观书》："诏曰：'灾暴缘类，符验不虚，政失厥中，狼灾为应，至乃残食孩幼，朝廷愍悼，思惟咎征，博访其故。'"

③ 《韩非子·内储说上七术》，《战国策·魏策二》。

图8-20 河南洛阳出土虎纹画像砖

虽属怪异，看来汉时确曾出现虎入“都邑之地”的现象。又《论衡·解除》：“虎狼入都，弓弩巡之，虽杀虎狼，不能除虎狼所为来之患。”也是值得重视的记载。《三国志·魏书·高柔传》裴松之注引《魏名臣奏》载高柔上疏，说道：“今禁地广轮且千余里，臣下计无虑其中有虎大小六百头，狼有五百头。”也可以反映当时虎的数量之多。

图8-21 邓州汉画像砖射虎图

《史记·司马相如列传》引录司马相如《子虚赋》有这样的辞句：

……其下则有白虎玄豹。……

“白虎”，曾经被看作祥瑞。《汉书·郊祀志下》记载，汉宣帝时，“南郡获白虎，献其皮牙爪，上为立祠”。这可能就是《汉书·宣帝纪》神爵元年三月诏所谓“南郡获白虎威凤为宝”。《后汉书·安帝纪》：延光三年八月，“戊子，颍川言麒麟一、白虎二见阳翟”。又《太平御览》卷八九二引《魏略》说，“文帝欲受禅，郡国奏白虎二十七见”。白虎以毛色异常被看作瑞兽，郡国奏见如若属实，也反映当时虎在各地分布的数量。

据《三国志·魏书·高柔传》，高柔上疏是针对当时“杀禁地鹿者身死，财产没官，有能觉告者厚加赏赐”的法令，以“群鹿犯暴，残食生苗，处处为害，所伤不赀”，建议“宽放民间，使得捕鹿”。裴松之注引《魏名臣奏》载高柔上疏曰：“臣深思陛下所以不早取此鹿者，诚欲使极蕃息，然后大取以为军国之用。然臣窃以为今鹿但有日耗，终无从得多也。”高柔说，禁地之中除虎狼外，还当有“狐万头”，他估算，“使大虎一头三日食一鹿，一虎一岁百二十鹿，是为六百头虎一岁食七万二千头鹿也。使十狼日共食一鹿，是为五百头狼一岁共食万八千头鹿。鹿子始生，未能善走，使十狐一日共食一子，比至健走一月之间，是为万狐一月共食鹿子三万头也。大凡一岁所食十二万头。”“以此推之，终无从得多，不如早取之为便也。”高柔的分析，可以看作较早的关于生态平衡的论说。从这一认识出发，有助于理解虎患和自然灾变之间的关系。

汉光武帝建武年间，刘昆任弘农太守。《后汉书·儒林列传·刘昆》记载：“先是崤、黾驿道多虎灾，行旅不通。〔刘〕昆为政三年，仁化大行，虎皆负子度河。帝闻而异之。二十二年，征代杜林为光禄勋。诏问昆曰：‘前在江陵，反风灭火[①]，后守弘农，虎北度河，行何德政而致是乎？’昆对曰：‘偶然耳。’左右皆笑其质讷。帝叹曰：‘此乃长者之言也。’顾命书诸策。”《后汉书·宋均传》说，建武年间，宋均任九江太守，“郡多虎暴，数为民患，常募设槛阱而犹多伤害。〔宋〕均到，下记属县曰：‘夫虎

① 《后汉书·儒林列传·刘昆》：“教授于江陵，光武闻之，即除为江陵令。时县连年火灾，昆辄向火叩头，多能降雨止风。”

豹在山，鼋鼍在水，各有所托。且江淮之有猛兽，犹北土之有鸡豚也。今为民害，咎在残吏，而劳勤张捕，非忧恤之本也。其务退奸贪，思进忠善，可一去槛阱，除削课制。’其后传言虎相与东游度江。”《太平御览》卷八九一引谢承《后汉书》说刘陵为长沙安成长时“多虎，百姓患之，皆徙他县”事，也写道：“〔刘〕陵之官，修德政逾月，虎悉出界去，民皆还。”蔡邕以“虎见平乐观，又见宪陵上，啮卫士”，上封事曰：“政有苛暴，则虎狼食人。”《风欲通义·正失》也说，虎“时为害者，乃其政使然也”。可见将虎患与政风政情相联系，是当时社会的普遍意识。

王充批评了这种观念。他在《论衡·初禀》中写道：“光禄大夫刘琨，前为弘农太守，虎渡河，光武皇帝曰：‘偶适自然，非或使之也。’”王充以为，这样的回答，“可谓合于自然也”。《后汉书·儒林列传·刘昆》所谓“偶然”，《论衡》所谓“偶适自然”，都说虎患是一种自然现象而与行政风格没有直接关系。《论衡·偶会》所谓“偶适然自相遭遇”，所谓“自然之道，适偶之数，非有他气旁物厌胜感动使之然也”，都说明了这种认识。[①]王充《论衡·遭虎》指出：“变复之家，谓虎食人者，功曹为奸所致也。其意以为功曹众吏之率，虎亦诸禽之雄也。功曹为奸，采渔于吏，故虎食人，以象其意。”其实，“虎出有时”，“动于林泽之中，遭虎搏噬之时，禀性狂勃，贪叨饥饿，触自来之人，安能不食？人之筋力，羸弱不适，巧便不如，故遇辄死。”王充还注意到，在发生战乱灾变的情况下，“仓卒之世，谷食乏贵，百姓饥饿，自相啖食，厥变甚于虎。”

虎患的发生，当与自然灾异有关。《淮南子》说，虎生存于“高山深林”[②]“茂草”[③]之中。《论衡·遭虎》也说：“山林草泽，虎所生出也。”《风俗通义·正失》：“《易》称：‘大人虎变，其文炳；君子豹变，其文蔚。’《传》曰：‘山有猛虎，草木茂长。’故天之所生，备物致用，非以伤

---

① 《论衡·解除》也说：“虎狼之来，应政失也。”然而并不认为二者之间有绝对的因果关系。《论衡·遭虎》：“实说，虎害人于野，不应政，其行都邑，乃为怪。”然而虎患总体上仍应归为“天道偶会”。

② 《淮南子·泰族》。

③ 《淮南子·修务》。

图 8–22　曹操高陵出土“魏武王常所用格虎大戟”石牌

人也。”时人已有“大虎一头三日食一鹿，一虎一岁百二十鹿”的估算，从而在天灾导致山林植被枯坏，多种草食动物生存条件急剧恶化因而数量剧减的情况下，虎作为以捕食动物为生的猛兽，因食物严重缺乏，往往不得不作索食迁移，其主要活动地域可能发生变化。而生存环境的改变，又可以导致性情的变易，如自我抑制反射能力的变化，可以轻易激发兴奋并迅即转而发动侵略性攻击等。而天灾引起的人类社会的变化，也可以导致虎对人类逃避行为方式的转变。《论衡·遭虎》所谓“城且空也，草虫入邑”，就大致反映了这种情形。

刘昆故事所谓“虎灾”，很可能与《后汉书·光武帝纪下》所记载建武五年“水旱蝗虫为灾”有一定联系。法雄故事所谓“永初中，多虎狼之暴”，也可能与当时严重的自然灾害有关。《后汉书·安帝纪》记载，延平元年九月，“六州大水”，十月，“四州大水，雨雹”；永初元年，“郡国十八地震，四十一雨水，或山水暴至，二十八大风，雨雹”；二年

“五月，旱”，“六月，京师及郡国四十大水，大风，雨雹”，“是岁，郡国十二地震”；三年三月，“郡国九地震”，“四月，六州蝗”，七月，“三郡大水”；五年正月，“郡国十地震”，“是岁，九州蝗，郡国八雨水”；六年“三月，十州蝗”，“五月，旱”；七年二月，“郡国十八地震”，八月，“京师大风，蝗虫飞过洛阳”，又诏令“郡国被蝗伤稼”减免田租，“九月，调零陵、桂阳、丹阳、豫章、会稽租米，赈给南阳、广陵、下邳、彭城、山阳、庐江、九江饥民”。法雄所在南阳，明确列为重灾区之首。而光和三年“虎见平乐观，又见宪陵上”事，也很可能与前此数年连年灾荒有某种关系。《后汉书·灵帝纪》：熹平元年“六月，京师雨水”；“二年春正月，大疫”；三年秋“洛水溢”；四年“夏四月，郡国七大水”，“六月，弘农、三辅螟”；六年“夏四月，大旱，七州蝗”；光和二年，“春，大疫”。

《风俗通义·正失》对宋均“务退奸贪，思进忠善”，“其后传言虎相与东游度江”事表示怀疑：“江渡七里，上下随流，近有二十余。虎山栖穴处，毛鬣岂能犯阳侯、凌涛濑而横厉哉！俚语：‘狐欲渡河，无奈尾何。’舟人楫棹，犹尚畏怖，不敢迎上与之周旋。云悉东渡，谁指见者？尧、舜钦明在上，稷、契允懿于下。当此时也，宁复有虎耶？若〔宋〕均登据三事，德被四海，虎岂可抱负相随，乃至鬼方绝域之地乎！”其实，虎之习性能游泳，不过长距离游渡，“凌涛濑而横厉”，可能是极罕见的情形。所谓虎“度河”“度江”“悉出界去”等传说与地方官“德政”宣传之间的联系，只能理解为严重灾荒之后自然生态的恢复，致使虎患亦得以缓解。《淮南子·览冥》：“风雨时节，五谷丰孰，虎狼不妄噬。”也可以说明虎患和自然灾异的关系。

秦汉时期，虎患往往直接造成对交通运输的严重危害。

《老子》：“盖闻善摄生者，陆行不遇兕虎。”《韩非子·解老》：“圣人之游世也，无害人之心，则必无人害；无人害，则不备人。故曰：‘陆行不遇兕虎。’”“陆行”而“遇兕虎”，显然曾经是世人出游时不得不特意防“备”的常虑之“害”，虎患成为陆路交通的主要危难之一。反映这一事实的还有《抱朴子·登涉》：“不知入山法者，多遇祸害。故谚有之曰：

图 8-23　河南新野汉画像砖驯虎图

'太华之下，白骨狼藉。'""山无大小，皆有神灵，山大则神大，山小则神小也。入山而无术，必有患害。"其中之一，即"遭虎狼毒虫犯人"。又说："山中寅日，有自称'虞吏'者，虎也。称'当路君'者，狼也。"

《华阳国志·巴志》记载："秦昭襄王时，白虎为害，自秦、蜀、巴、汉患之。秦王乃重募国中：'有能杀虎者，邑万家，金帛称之。'于是夷朐忍廖仲、药何、射虎、秦精等乃作白竹弩于高楼上，射虎，中头三节。白虎常从群虎，瞋恚，尽搏杀群虎，大呴而死。秦王嘉之曰：'虎历四郡，害千二百人，一朝患除，功莫大焉。'""汉兴，亦从高祖定秦有功。高祖因复之，专以射白虎为事，户岁出賨钱口四十，故世号'白虎复夷'，一曰'板楯蛮'，今所谓'弜头虎子'者也。"同卷记载汉灵帝光和二年（公元 179 年）"板楯复叛，攻害三蜀、汉中"，益州计曹掾程苞陈方略时又说道："板楯七姓以射白虎为业，立功先汉，本为义民。"《隶续》卷一六《繁长张禅等题名》中可见"白虎夷王谢节""白虎夷王资伟"。洪适题记曰："右蜀郡繁长等题名，一石三横，今在蜀道。""末有四行高出两字，题'白虎二夷王'。""东都益部郡县夷汉错居，此必蜀郡太守有德政，繁县夷人共立此碑。"又说："史载蜀郡徼外有白马国，莋都之西有白狼国，无所谓白虎国者。秦时有白虎为巴之害，募能杀之者赏邑万家。阆中夷人登楼射杀之，即校楯蛮之先也。又赤穴巴氏子乘土船能浮众，共立为之廪君，既死，魂魄世为白虎，所谓白虎王者，岂此三国之别称乎。”看来当以前说为是。这一石刻文字资料也可以说明巴蜀道路当时曾经有虎患成为交通阻隔，“蜀道”有的路段长期有受政府之命负责清除虎患，“以射白虎为业”，以保障交通安全为责任的射猎部族。

《华阳国志·蜀志》记述，“孝桓帝以并州刺史泰山但望字伯阖为巴郡太守，勤恤民隐”，郡文学掾宕渠赵芬等诣望自讼，说道：“郡境广远，千里给吏、兼将人从，冬往夏还，夏单冬复。惟逾时之役，怀怨旷之思。”“加以水陆艰难，山有猛兽，思迫期会，陨身江河，投死虎口。咨嗟之叹，历世所苦。”也体现虎患危害交通的情形。《隶释》卷四《司隶校尉杨孟文石门颂》中所谓“恶虫蔽狩，蛇蛭毒蟳”，也是说明虎患曾经严重威胁川陕古道交通安全的资料。

《淮南子·地形》说，东方“多虎”，暗示关中与东方地区之间的交通通路，虎患可能更为严重。《汉书·地理志上》“京兆尹”条记载：“蓝田，有虎候山祠，秦孝公置也。”《续汉书·郡国志一》刘昭注补引《地道记》：蓝田“有虎候山”。王先谦《汉书补注》：“《长安志》亦载之。吴卓信云：‘《蓝田县志》：县西十五里有虎坷山。疑是。’”由“虎候山”“虎坷山”之定名，推想自蓝田东南向经武关直抵南阳的古武关道，也曾经有虎患的危害。

《史记·酷吏列传》中有这样的记载：

> 宁成家居，上欲以为郡守，御史大夫弘曰：“臣居山东为小吏时，宁成为济南都尉，其治如狼牧羊。成不可使治民。”上乃拜成为关都尉。岁余，关东吏隶郡国出入关者，号曰“宁见乳虎，无值宁成之怒”。①

---

① 《汉书·酷吏传·义纵》：“岁余，关吏税肄郡国出入关者，号曰：‘宁见乳虎，无直宁成之怒。’其暴如此。”

图8-24　山东滕州西户口出土汉画像石行旅虎患画面

可见当时“出入关”远行者，把“乳虎”看作最令人恐惧的灾祸之由。这种观念的产生，应当与道路虎患有关。“义纵自河内迁为南阳太守，闻宁成家居南阳，及纵至关，宁成侧行送迎，然纵气盛，弗为礼。至郡，遂案宁氏，尽破碎其家。”义纵所“至关”，有可能就是武关。所谓“关东吏隶郡国出入关者”，《汉书·酷吏传·义纵》作“关吏税肄郡国出入关者”。颜师古注：“李奇曰：‘肄，阅也。’”看来酷吏的横暴超过“乳虎”之恶名，可能亦由于关税的征收。[①]《汉书·宣帝纪》：神爵元年（公元前61年），“南郡获白虎”。又法雄任南阳太守期间，“永初中，多虎狼之暴”。此外，《太平御览》卷八九一引《风俗通》：“呼虎为‘李耳’，俗说虎本南郡中庐李氏公所化为，呼‘李耳’因喜，呼‘班’便怒。”南阳、南郡多虎，可能是当时的事实，然而也可能是通往南阳、南郡的武关道上虎患严重的反映。

虎患成为交通阻障的最典型的史例，当然是《后汉书·儒林列传·刘昆》所谓“崤、黾驿道多虎灾，行旅不通”。汉灵帝光和三年（180年）“虎见平乐观”的记载，则说明虎患又曾向东蔓延，至于京郊。猛虎甚至出现于都城洛阳西向交通要道的起点。

曹操《苦寒行》：“北上太行山，艰哉何巍巍！羊肠坂诘屈，车轮为之摧。树木何萧瑟，北风声正悲。熊罴对我蹲，虎豹夹路啼。”当时交通之

① 如此，则《史记·货殖列传》所谓“汉兴，海内为一，开关梁，弛山泽之禁”之后，作为汉代关税征收的记载，又早于《汉书·武帝纪》所谓太初四年（公元前101年）冬“徙弘农都尉治武关，税出入者以给关吏卒食”。

艰险，必须克服“虎豹夹路”的威胁。我们从孙权出猎时“虎常突前攀持马鞍”，及作射虎车，仍“时有逸群之兽，辄复犯车”，使乘车者不得不“手击”以脱险的情形，可以推想远行者无论骑行或乘车，当面临猛虎攻击时的险恶境况。

司马迁在《史记·秦始皇本纪》中记载了秦二世三年（公元前207年）赵高发动宫廷政变的情形：

> 二世梦白虎啮其左骖马，杀之，心不乐，怪问占梦。卜曰：“泾水为祟。”二世乃斋于望夷宫，欲祠泾，沉四白马。

而赵高遣阎乐袭入宫，迫使二世自杀。秦二世虽然历来被看作应直接承担秦王朝覆亡的历史责任的政治上全面失败的帝王，然而却应当在中国早期交通史中占据一定地位。司马迁记载，秦二世在21岁即位之初，就曾与赵高谋曰：“朕年少，初即位，黔首未集附。先帝巡行郡县，以示强，威服海内。今晏然不巡行，即见弱，毋以臣畜天下。”于是，“春，二世东行郡县，李斯从。到碣石，并海，南至会稽，而尽刻始皇所立刻石。”这就是说，他们曾到达碣石、邹峄山、泰山、梁父、之罘、琅邪、会稽，似乎又折而北上，“遂至辽东而还”。“四月，二世还至咸阳。”不仅行程之远使他成为中国历史上为数不多的游踪甚广的帝王之一，而且其巡行速度之快尤其令人惊异。这样一位对交通怀有特殊热忱的帝王“梦白虎啮其右骖马，杀之，心不乐”，说明虎患当时对交通的严重威胁确实令行者心常警悚。

从秦汉神秘主义方位观念出发，白虎位次西方，“白虎啮其左参马”，当是北行意外事故，卜者可能即因此分析说“泾水为祟”，泾水正在咸阳宫以北。秦二世及时斋祠，且白虎啮一匹马，竟然要“沉四白马”以祠，可见贵为天下之尊的皇帝之于虎患，对于其防避也表现出非同寻常的重视，对于其暴戾又表现出非同寻常的畏懦，甚至甘愿以加倍的供奉祈求免除其危害。

图8-25　洛阳出土汉彩画砖斗虎画面

由于秦汉时期多有虎患阻难交通，导致“行旅不通”的情形，当时人们出行时畏避虎患的心理十分普遍。汉代画像中多见击虎、射虎、刺虎的画面，体现出较为积极的清除虎患以维护交通安全的形式。此外，史籍中还可以看到其他的形式。例如，《汉书·韩延寿传》说，东郡太守韩延寿“治饰兵车”，车上画虎以显示威严。《汉书·王莽传下》也有“乘乾车，驾巛马”，车上饰“白虎”，“以尊新室之威命”的记载。而迎接所谓“奇士”巨无霸时，“轺车不能载，三马不能胜，即日以大车四马，建虎旗，载霸诣阙”。

王莽地皇元年（公元20年）七月，“杜陵便殿乘舆虎文衣废臧在室匣中者出，自树立外堂上，良久乃委地。吏卒见者以闻，莽恶之”。《汉书补注》引沈钦韩曰：“《续志》：‘虎贲武骑皆鹖冠，虎文单衣。襄邑岁献织成虎文。’盖送大行者，皆藏陵寝也。”《续汉书·舆服志下》：“虎贲将虎文绔，白虎文剑佩刀。虎贲武骑皆鹖冠，虎文单衣。襄邑岁献织成虎文云。”①其实，这样的服饰规格，司马迁在《史记》中已经有所反映。《司

① 《后汉书·袁绍传》：“被以虎文”，李贤注：“《续汉志》曰：‘虎贲将，冠鹖冠，虎文单衣。襄邑岁献织成虎文衣。’”

马相如列传》引录司马相如《上林赋》：

> 生貔豹，搏豺狼，手熊罴，足野羊，蒙鹖苏，绔白虎，被豳文，跨野马。

所谓“被豳文”，裴骃《集解》：“郭璞曰：‘着斑衣。’”司马贞《索隐》：“被斑文。文颖曰：‘着斑文之衣。《舆服志》云：虎贲骑被虎文单衣，单衣即此斑文也。’”可见，“被豳文”，也是着虎文之衣。

武士着虎文衣服，车辆画虎、饰虎、“建虎旗”，又置所谓“乘舆虎文衣”，都体现出当时人对于虎的神秘主义意识，体现出当时人对虎的崇拜。而实际上，这种观念又是虎患这一现象的一种文化折射。人们的出发点，即期望以虎自身的形象对虎起某种厌胜作用，以保证出行安全。

虎崇拜之发生，可以说正是以当时虎患之严重为背景的。

《太平御览》卷九五四引《风俗通》：“墓上树柏，路头石虎。”“魍像好食亡者肝脑”，“魍像畏虎与柏”。“路头”置“石虎”以镇厌可能危害墓主的“魍像”，其实也曲折反映出时人对行路虎患的畏忌。

汉代还曾流行门上画虎的风习。《论衡·谢短》：“画虎于门阑，何放?”《论衡·乱龙》说，上古有“性能执鬼”之神荼、郁垒，“立桃树下，简阅百鬼”，“缚以卢索，执以食虎”。“故今县官斩桃为人，立之户侧，画虎之形，著之门阑。夫桃人非荼、郁垒也，画虎非食鬼之虎也。刻画效象，冀以御凶。”①

《风俗通义·祀典》也说“画虎于门”的风俗，其意义在于“追效于前事，冀以御凶也”。汉代文物资料多有“画虎于门”或以虎头作铺首的实例。门是出行等一般交通行为的起点与终点，联想汉代人乘车饰虎的作

① 《论衡·订鬼》：“《山海经》又曰：‘沧海之中，有度朔之山，上有大桃木，其屈蟠三千里，其枝间东北曰鬼门，万鬼所出入也。上有二神人，一曰神荼，一曰郁垒，主阅领万鬼。恶害之鬼，执以苇索，而以食虎。于是黄帝乃作礼以时驱之，立大桃人，门户画神荼、郁垒与虎，悬苇索以御。’凶魅有形，故执以食虎。”

法，似乎也可以体味到“画虎于门”“冀以御凶”，一方面有御百鬼于门户之外的意义，另一方面又也与祛除虎患对交通的危害有一定的关系。

《说文·虎部》：“虎，山兽之君。”秦汉虎患之严重，使虎成为残厉暴虐的象征。《史记·齐悼惠王世家》：

……恶戾，虎而冠者也。

《史记·酷吏列传》又有这样的说法：

〔王温舒〕其爪牙吏虎而冠。

对于这样的恶暴之吏，《后汉书·酷吏列传》则称之为“虎冠之吏”。《文选》卷三张衡《东京赋》李善注引应劭《汉官仪》：“谗谤之言恶若虎也。”也说明当时人对虎的厌畏。

当时人们对虎除了厌憎之外，其实又怀有敬畏之心。虎有时又成为强劲勇捷的象征。《风俗通义·祀典》：“虎者，阳物，百兽之长也。能执搏挫锐，噬食鬼魅。”于是威猛健武之士，又有“虎臣”[①]“虎士”[②]“虎夫”[③]等称号。军队又有“虎校”[④]“虎旅”[⑤]诸美称。

《史记·建元以来侯者年表》可见“虎牙将军”名号：

子〔田〕顺代立，为虎牙将军，击匈奴。

《史记》中又多见“虎贲”之称：

① 《汉书·赵充国传》。
② 《周礼·夏官·虎贲氏》郑玄注。
③ 张衡：《东京赋》。
④ 班固：《北征颂》。
⑤ 《北堂书钞》卷一一七引陈琳《武军赋》。

……虎贲之士税剑也。(《乐书》)

〔周武王〕乃遵文王，遂率戎车三百乘，虎贲三千人，甲士四万五千人，以东伐纣。(《周本纪》)

〔天子命晋侯为伯〕赐……虎贲三百人。(《晋世家》)

秦地半天下，兵敌四国，被险带河，四塞以为固。虎贲之士百余万，车千乘，骑万匹，积粟如丘山。

秦带甲百余万，车千乘，骑万匹，虎贲之士趹跔科头贯颐奋戟者，至不可胜计。(《张仪列传》)

沛公拜〔周〕勃为虎贲令。(《绛侯周勃世家》)

《汉书·王莽传下》记载，王莽拜将军九人，“皆以‘虎’为号，号曰‘九虎’”。各级军官，如将军、都尉、校尉等，也多有以“虎牙”“虎威”“虎贲”为名号者。《风俗通义·正失》：虎贲，“言猛怒如虎之奔赴也”。《续汉书·百官志二》：“虎贲中郎将，比二千石。本注曰：主虎贲宿卫。”刘昭注补：“虎贲旧作‘虎奔’，言如虎之奔也”，“孔安国曰‘若虎贲兽’，言其甚猛”。“虎贲”的称号，体现出军武之士对直接或间接经历虎患所体验到的虎的威烈勇猛性情的摹效。

图8-26　杜虎符

《史记·楚世家》记载，楚欲图周，周赧王使武公劝止楚人。他说道：

> 夫虎肉臊，其兵利身，人犹攻之也。若使泽中之麋蒙虎之皮，人之攻之必万于虎矣。

《淮南子·时则》：仲冬之月，“虎始交”。《淮南子·地形》：虎“七月而生”。《论衡·书解》：“虎猛，毛蚡蛇。”都说明人们已经注意并且逐渐了解了虎的习性。《风俗通义·祀典》：“今人卒得恶遇，烧悟虎皮饮之，系其爪，亦能辟恶，此其验也。”当时人对虎的知识距离科学认识仍相当遥远，然而由此仍可以反映出他们对于虎患一类自然力勇敢抗争的意志。

《汉书·酷吏传·尹赏》记述尹赏惩治“长安中轻薄少年恶子”时，曾“修治长安狱，穿地方深各数丈，致令辟为郭，以大石覆其口，名为‘虎穴’”。“车数百两，分行收捕，皆劾以为通行饮食群盗。〔尹〕赏亲阅，见十置一，其余尽以次内虎穴中，百人为辈，覆以大石。数日壹发现，皆相枕藉死。”将绝对置人犯于死地的特殊牢狱命名为“虎穴”，正形容其危厄可怖。而《后汉书·班超传》可见“不入虎穴，不得虎子”壮语，又《三国志·吴书·吕蒙传》所谓“不探虎穴，安得虎子”则都突出表现出当时人们与虎患斗争的智与勇。

《史记·李将军列传》说，李广“及居右北平射虎，虎腾伤广，广亦竟射杀之”。《淮南子·缪称》说到有能“手搏虎，而不能生也”的情形，高诱注：“力能搏生虎”，“力能杀虎”。《三国志》孙权猎虎故事，对于其勇敢精神也有生动的记述。作为文物资料的汉代画像中，也常常可以看到猎虎场面，猎者或操弓弩或执剑戟，并且往往追随可能即《说文·犬部》中称作“豣”的“逐虎犬”。

秦汉时又多有以机具和陷阱捕杀猛虎的情形，如《淮南子·兵略》所谓“虎豹不动，不入陷阱”，以及《后汉书·宋均传》所谓“设槛阱”，《后汉书·循吏列传·童恢》所谓“设槛捕之”等，都说明这种方式应用之普遍。

秦汉宫廷曾经盛行斗虎之戏。

《史记·封禅书》记载：

> 〔汉武帝〕作建章宫，……其西则唐中，数十里虎圈。

《史记·张释之冯唐列传》又记述：

> 释之从行，登虎圈，上问上林尉诸禽兽簿，十余问，尉左右视，尽不能对。虎圈啬夫从旁代尉对上所问禽兽簿甚悉。

陈直先生《汉书新证》曾举汉“虎圈”半通印以为实证。[①]《淮南子·主术》也说到“为之圈槛”以“养虎”，“供其嗜欲，适其饥饱，违其怒恚”的情形。《史记·李将军列传》说：

> 〔李广〕尝从行，有所冲陷折关及格猛兽。

所谓“格猛兽”，不排除曾经斗虎的可能。《史记·李将军列传》提到李广的儿子李敢和孙子李禹：“〔李〕敢男〔李〕禹有宠于太子。”《汉书·李广传》记载，李禹酒后侵陵侍中贵人，于是，“上召〔李〕禹，使刺虎，县下圈中，未至地，有诏引出之。禹从落中以剑斫绝累，欲刺虎。上壮之，遂救止焉”。《汉书·外戚传下·孝元冯昭仪》又有汉元帝建昭年间“上幸虎圈斗兽，后宫皆坐”的记载。《汉书·霍光传》也说道，昌邑王刘贺曾“驱驰北宫、桂宫，弄彘斗虎”。《盐铁论·散不足》所谓“今民间雕琢不中之物，刻画玩好无用之器”，奢靡风气之表现，也包括“百兽马戏斗虎”的普及。

《西京杂记》卷三记述了这样的故事，东海人黄公有“御虎”之术，

---

① 陈直：《汉书新证》，天津人民出版社1979年版，第298页。

“秦末，有白虎见于东海，黄公乃以赤刀往厌之。术既不行，遂为虎所杀。三辅人俗用以为戏，汉帝亦取以为角抵之戏焉”。“御虎”曾经成为民间百戏的主题之一，又融入“汉帝”作为宫廷娱乐内容的“角抵之戏”之中，自然有特殊的社会文化背景。东汉画像中更多见驯兽的画面。《后汉书·方术列传下·徐登》：“赵炳，字公阿，东阳人，能为越方。”李贤注引《抱朴子》说，道士赵炳能“以气”“禁虎”，“虎伏地，低头闭目，便可执缚”。所谓“以气”“禁虎”，大约是具有神秘主义色彩的驯虎方式。

斗虎与驯虎之风行，作为表现出鲜明时代特色的文化现象，其实都与秦汉虎患有关。

《水经注·谷水》引《竹林七贤论》：“魏明帝于宣武场上为栏苞虎阱，使力士袒裼，迭与之搏，纵百姓观之。”《太平御览》卷八九二引作：“于宣武场上为栏斗虎，使力士逆与之搏，纵人观之。”似乎仍体现出汉时遗风。而《世说新语·雅量》则写道：“魏明帝于宣武场上断虎爪牙，纵百姓观之。”又是另一种不同的说法。一种是惊险的斗兽表演，一种则只是平乏的动物展览。二者的区别，体现出世风的变迁，另一方面，或许也反映虎患对于社会文化的影响发生了明显的历史变化。

第九章　礼俗迷信与社会生活

“社弹”的文化解剖

“社弹”，是秦汉社会的基本组织形式。其构成，又反映出当时人的精神文化风貌。

传世有汉印：

> 众人社弹印信。[①]

俞伟超先生曾经论述“弹”和“社”，“是规模相等的不同性质组织”，首先即引用了这枚汉印提供的资料。他指出了“社”作为秦汉时期引人注目的社会文化存在，其实起源于原始时代农业部族对“地母”的崇拜：

> “社”是因为对“地母”的崇拜而发生的。大量早期的农业氏族——部落，为了祈求农业丰收，以为农作物既是从土地中生长出来的，就普遍发生对“地母”的崇拜。《礼记·月令》郑玄注：“社，后土也，使民祀焉，神其农业也”，说的就是这种对“地母”的崇拜。古代因农业是衣食之本，极为重视社祀，若干地方甚至把父、母都称

① 周肇祥：《娑罗树馆藏印》，钤印本，图三四。

图9-1　传世汉印“众人社弹印信”

之为“社”。如王念孙在《广雅疏证》卷六下《释亲》中便说：“《广韵》：‘爹，北人呼父也。𤕌，吴人呼父也。𤕌，曹宪音止奢反。’高诱注《淮南子·说山训》云：‘雒家谓父为阿社。’社与‘𤕌’声相近。……《说文》：‘蜀人谓母曰姐，淮南谓之社。’姐、社声相近。《淮南子·说山训》：‘西家子谓母为社，社读雒家谓公为阿社之社。’”那时正因某些地区称父、母为社，汉人便或把“里社”叫做“里母”，如《论衡·自纪篇》曰：“里母之祀，不待太牢。”这些同音、同义的例子，多少反映出古人曾把社神视若父母。

俞伟超先生还写道：

中国古代崇拜“地母”的活动，亦同世界上许多其它地区一样，在原始氏族制社会中便已出现。《御览》卷八八〇引《纪年》所谓“夏桀末年，社坼裂，其年为汤所放”（《路史·后纪十三》注引《纪年》略同），已表明战国时期的人们是认为夏代已有社祀。从甲骨文发现后，自1914年以来，罗振玉等又指出殷代是普遍实行这种崇拜

> 的[①]。数年以前辽宁喀左县东山嘴发现的红山文化的社祀遗迹，还在辽西地区把崇拜“地母”的活动上溯到五千年以前的新石器时代晚期[②]。此后，在先秦之时，凡遇大事，几乎都要进行社祀。例如每年的仲春播种前和仲秋收获后，便有“社闾尝新，春秋之祠”（《汉书·食货志上》）；还如遇到日蚀、火灾等灾异要祭社（见《春秋》和《左传》的庄公二十五年、庄公三十年、文公十五年、昭公十七年、昭公十八年等条）；出兵用军要祭社（见《左传》闵公二年、成公十三年、昭公十六年、定公四年、定公十三年等条）；“春蒐”、“秋猕”要贡献擒获的鸟兽于社（见《周礼·夏官·大司马》等条），等等。正因经常要祭社，在很长的时间内，几乎从国都到乡村，都设立了社。

俞伟超先生重视孙诒让《周礼正义》中所谓“王侯乡、遂、都、鄙之社，并为公社；置社则为私社”的说法，指出：

> 孙诒让的这个归类是非常精彩的。他指出了《周礼》实际又把“社”分成“公社”和“私社”两大类，而所谓“公社”，也就是各级官府所立，“私社”为百姓自立的。这就使我们懂得了汉代的所谓“公社”和“私社”的差别点究竟是什么。按照这个分类，汉代各地的“县社”“乡社”即相当于过去的“公社”；“置社”即“里社”就是“私社”，如《礼记·祭法》郑注所云：“大夫不得特立社，与民族居，百家以上则共立社，今时里社是也。”（蔡邕《独断》略同）[③]

① 俞伟超原注:“见罗振玉:《殷墟书契考释》卷下59页,1914年王国维手写石印本,又参郭沫若:《殷墟粹编》356—358页,科学出版社1965年重印本;陈梦家:《殷墟卜辞综述》582—584页,科学出版社1956年。”

② 俞伟超原注:“郭大顺、张克举:《辽宁省喀左县东山嘴红山文化建筑群址发掘简报》,俞伟超:《座谈东山嘴遗址》,皆《文物》1984年第11期,第1—13页。”

③ 俞伟超:《中国古代公社组织的考察》,文物出版社1988年版,第82页至第85页。

司马迁著述《史记》，也体现了当时民间“里社”的社会存在，如《史记·封禅书》中即可以看到：

> 高祖十年春，有司请令县常以春二月及腊祠社稷以羊豕，民里社各自财以祠。制曰：“可。”

《史记·陈丞相世家》又说：

> 里中社，〔陈〕平为宰，分肉食甚均。父老曰：“善！陈孺子之为宰！”平曰：“嗟乎，使平得宰天下，亦如是肉矣。”

司马贞《索隐》：“其里名库上里。知者，据蔡邕《陈留东昏库上里社碑》云‘惟斯库里，古阳武之牖乡’。陈平由此社宰，遂相高祖也。”所谓“使平得宰天下，亦如是肉矣”，体现出中国以食厨之事喻政治之事的传统。[①]《史记·礼书》：

> 太史公曰：洋洋美德乎！宰制万物，役使群众，岂人力也哉？……

“宰制万物，役使群众”，是行使政治管理权力的主要表现。甚至《史记·孔子世家》也曾经写道：“孔子欣然而笑曰：‘有是哉颜氏之子！使尔多财，吾为尔宰。’”裴骃《集解》：“王肃曰：‘宰，主财者也。’”所谓“宰天下”，《史记》中还有类似的说法。例如：

> 因利乘便，宰割天下，分裂河山，强国请服，弱国入朝。（《秦始皇本纪》）

① 《老子》所谓“治大国若烹小鲜”是其典型。

秦有余力而制其弊，追亡逐北，伏尸百万，流血漂橹，因利乘便，宰割天下，分裂山河，强国请服，弱国入朝。（《陈涉世家》）

项羽为天下宰，不平。（《项羽本纪》）

项羽为天下宰，不平。（《张耳陈余列传》）

所谓“里社”，是说“社”即祭土地之神这种宗教文化形式的基本规模，是以“里”为单位的。《礼记·郊特牲》说：“社，所以神地之道也。地载万物，天垂象。取财于地，取法于天。是以尊天而亲地也。故教民美报焉。家主中霤，而国主社。示本也。唯为社事，单出里。唯为社田，国人毕作。唯社，丘乘共粢盛。所以报本反始也。”郑玄注：“单出里，皆往祭社于都鄙，二十五家为里。”这里所说的“单出里”，孔颖达解释说，“‘单出里’者，社事祭社事也。‘单’，尽也。‘里’，居也。社既为国之木，故若祭社，则合里之家并尽出，故云‘单出里’也。”孙希旦《礼记集解》也说：“‘单’，尽也。惟为祭社之事，则一里之人尽出，谓每家出一人也。”郭嵩焘《礼记质疑》也写道：“‘单出里’者，二十五家之里社，民皆得祭也。”释“单”为“殚”，取“尽”义，自然可通，《史记·春申君列传》：“王之威亦单矣。”司马贞《索隐》：“‘单’者，尽也。言王之威尽行矣。”不过，换一个角度，从“单—僤—弹”的意义理解“单”字，似乎也说明“社”与“弹”之间的关系。

除蔡邕《陈留东昏库上里社碑》外，反映“里社”的存在的，又有《水经注·淄水》所谓临淄梧台存留的汉碑：“台西有《石社碑》，犹存，汉灵帝熹平五年立，其题云：‘梧台里’。”[①]此外，《隶释》卷九《故民吴仲山碑》也写道：“效报社里，其恩捐施。”陈直先生还曾举出西晋当利里社残碑，可以视为同例。[②]

---

① 陈直先生曾经指出，“现此碑复出，文为‘梧台里石社碑’六字篆书，现藏山东省历史博物馆”。《居延汉简研究》，天津古籍出版社1986年版，第77页。俞伟超先生说，此碑碑额，清末出土，见夏曾德、夏金年：《历城金石考》（1914年续修《历城县志》），其拓片曾见著于姬佛陀辑《古石抱守录》（《艺术丛编》，1919年石印本）。《中国古代公社组织的考察》，文物出版社1988年版，第129页。

② 陈直：《居延汉简研究》，天津古籍出版社1986年版，第77页。

《三国志·魏书·公孙度传》记载，公孙度有“图王”之志，“时襄平延里社生大石，长丈余，下有三小石为之足。或谓度曰：‘此汉宣帝冠石之祥，而里名与先君同。社主土地，明当有土地，而三公为辅也。”襄平，地在今辽宁辽阳。值得注意的是，这种以“小石”支辅“大石”的形式，似乎与东方远古时代的积石祭祀传统有关。

《淮南子·齐俗》说，“有虞氏之祀，其社用土”。“夏后氏其社用松。”“殷人之礼，其社用石。”“周人之礼，其社用栗。”所谓“殷人之礼，其社用石”，正反映古来东方部族积石崇拜的情形。[①]《汉书·郊祀志下》所谓汉宣帝所置祠有“蓬山石社石鼓于临朐”，也反映“石社”之祀影响的久远。《汉书·地理志上》：“〔齐郡〕临朐，有逢山祠。”逢山就是蓬山，“逢山祠”或“蓬山石社石鼓”，正是东方积石崇拜的文化遗存。《水经注·巨洋水》：“〔朐水〕洋水注之，水西出石膏山西北石涧口，东南径逢山祠西，洋水又东南，历逢山下，即石膏山也。山麓三成，壁立直上，山上有石鼓，鸣则年凶。郭缘生《续述征记》曰：逢山在广固南三十里，有祠，并石鼓，齐地将乱，石人辄打石鼓，声闻数十里。”逢山石鼓神话，其实是“石社”崇拜的遥远的余声。

有的学者指出：“汉时，里普遍立社，穷乡僻壤乃至边远地区，都有里社，即以里名为社名，称某某里社。里的全体居民不论贫富都参加。主要活动是祭社神。春二月秋八月上旬的戊日祭祀，个别地方还保留有古代以人祭社的痕迹。祭后在社下宴饮行乐，仍然是民间的重大节日。祭祀宴饮费用由全里居民分摊，有时也采取捐献的办法。社祭之外，求雨止雨也在社下，个人也向社神祈福立誓，祓除疾病，也常见社神显示灵异的记

① 凌纯声先生在《台湾土著族的宗庙和社稷》一文中指出以石为社坛的惯例，他写道：“从本文中所举出的社坛（Earth Altar）或以石列成，多数用石砌成平台（stone platform），独石（menhir）式的石表，多尔门（dolmen）式的祭坛，还有石垣和石屋。由这许多的物证，我们可以说Heine-Geldern氏所谓东南亚的早期巨石文化（an earlier Megalithic Culture），台湾至今存在，且来自中国大陆，恐不是由东南亚移入，Heine-Geldern（1928；1950）以为东部玻利尼西亚的巨石文化，起源于Assam和Indonesia理论，恐须修改。”《中国边疆民族与环太平洋文化》，联经出版事业公司1979年版，第1160页。

载。总之，这个时期社的活动主要是宗教性的”。[①]

社神的标识一般是一株大树或丛木，称为“社树”“社木”或“社丛”。[②]

《庄子·人间世》说到“匠石之齐”“见栎社树”的故事。“其大蔽数千牛，絜之百围，其高临山十仞而后有枝，其可以为舟者旁十数。观者如市。”

《韩非子·外储说左上》可见所谓“筑社之谚”，又说道：“谚曰：‘筑社者，攓撅而置之，端冕而祀之。’”可见“社”的设立，有“筑”的工程要求。《韩非子·外储说右上》又写道：“君亦见夫为社者乎？树木而涂之，鼠穿其间，掘穴托其中。熏之，则恐焚木；灌之，则恐涂阤，此社鼠之所以不得也。”又说：“夫社，木而涂之，鼠因自托也。熏之则木焚，灌之则涂阤，此所以苦于社鼠也。”说明“社”的设立，还要有“涂之”护墙的工序[③]。不过，“树木”，显然是设置“社”的最基本的条件。

大略相同的文字，又见于《晏子春秋·问上》、《韩诗外传》卷七之九及《说苑·政理》。

《淮南子·说林》：“侮人之鬼者，过社而摇其枝。”也说“社鬼”所居，在于社树。

《论语·八佾》中有与《淮南子·齐俗》所谓夏社用松、殷社用石、周社用栗不同的说法：

> 哀公问社于宰我，宰我对曰：“夏后氏以松，殷人以柏，周人以栗，曰：使民战栗。”

---

① 宁可：《汉代的社》，《文史》第9辑，中华书局1980年版。

② 凌纯声先生《中国古代社之源流》一文以为，有“树社”，有“丛社”，“树社与丛社之别，前者为人植的或天生的独木即成为社，后者多以天生的丛林为社”。《中国边疆民族与环太平洋文化》，联经出版事业公司1979年版，第1434页。

③ 《韩诗外传》卷七之九：“齐景公问晏子：‘为国何患？’晏子对曰：‘患夫社鼠。’景公曰：‘何谓社鼠？’晏子曰：‘社鼠出窃于外，入托于社，灌之恐坏墙，熏之恐烧木。此鼠之患。’”

图9-2　以树纹为主体图案内容的战国半瓦当

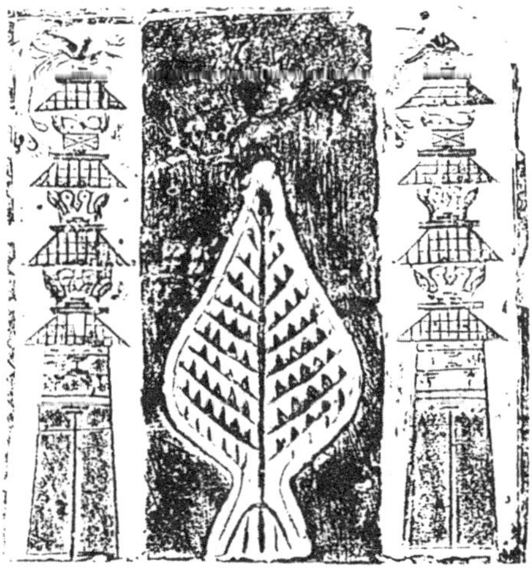

图9-3　河南禹县出土以“树”为图案中心的汉画像砖

则三代的“社”，都用树木。《白虎通义·宗庙》又有这样的说法：“《论语》云：‘哀公问社于宰我，宰我对曰：夏后氏以松，松者，所以自竦动。殷人以柏，柏者，所以自迫促。周人以栗，栗者，所以自战栗。’”所谓“自竦动”“自迫促”“自战栗”，当然是儒学政治道德和社会道德的宣传，“社”依据树木的文化原因，并没有得到说明。

“社”究竟为什么要以树木为标识？

《白虎通义·社稷》有这样的论说：

> 社稷所以有树何？尊而识之，使民望见即敬之，又所以表功也。故《周官》曰：“司徒班社而树之，各以土地所宜。”《尚书》逸篇曰：“大社唯松，东社唯柏，南社唯梓，西社唯栗，北社唯槐。”

这应当是汉代人普遍的文化经验。

《史记·陈涉世家》关于陈胜起义前进行鼓动的形式，有这样的记述：

> ……又间令吴广之次所旁丛祠中，夜篝火，狐鸣呼曰“大楚兴，陈胜王”。卒皆夜惊恐。旦日，卒中往往语，皆指目陈胜。

这里所说的“丛祠”，裴骃《集解》：“张晏曰：‘……丛，鬼所凭焉。’”司马贞《索隐》：“《墨子》云：‘建国必择木之修茂者以为丛位。’高诱注《战国策》曰：‘丛祠，神祠也。丛，树也。”

社树因具有神性而形成宗教权威，据凌纯声先生说，“今排湾族信为神之下降多坐在社树之下”[①]。又据考察，村社多造有石台，“其上植有大榕树，立石柱于其根部。社内遇有集会，头目及长老立于此演说，故有人

① 凌纯声：《台湾土著族的宗庙与社稷》，《中国边疆民族与环太平洋文化》，联经出版事业公司1979年版，第1120页。

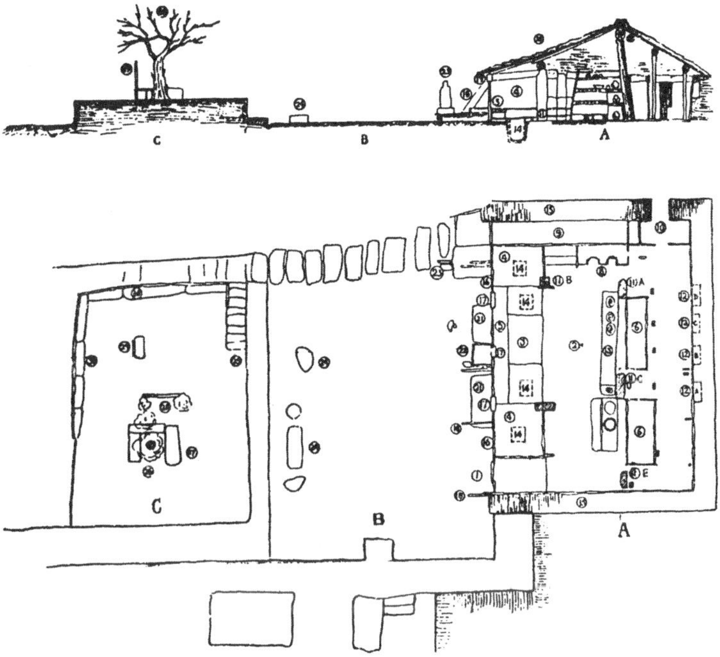

图9-4　台湾屏东县泰武乡佳平社首领金果禄家的宗庙与社稷（据凌纯声）

fig.1　Ancestral house and Earth altar of Big-chief Jingurul, Kabiyan.

上图：侧面　Top：side view　下图：平面　Below：plan

A.祖屋　ancestor house　B.前庭　front court　C.Earth altar

①人口　entrance

②正室　main section

③前室　front section

④寝床　bed

⑤长凳　long bench

⑥谷仓　granary

⑦橱架　snelf

⑧灶　stove

⑨厕所（兼作猪圈）

privey（also used as pigsty）

⑩侧门　side entrance

⑪祖柱　carved ancestral post

⑫祭台　altar

⑬灵龛　spirit niche

⑭墓坑　gravc

⑮石叠墙　stone laying wall

⑯石板墙　slate-slab wall

⑰窗　window

⑱撑柱　leaning post

⑲轩桁　eaves beam

⑳屋顶　roof

㉑石登　stone bench

㉒祭田　sacred field

㉓前庭石表　court stone pillar

㉔前庭石台　court slate-slab table

㉕石阶　stone steps

㉖社树　sacred tree

㉗登台或石凳　stone bench

㉘石垣　stone wall

㉙坛上石表　stone pillar of altar

㉚石靠背凳　stone bench with back-rest

称为司令台。”[①]或说：“台的中央植有榕树，树下竖立石柱”，“头目如欲集合社民，即立在台上大声呼唤。”至社民聚集时，头目或老者即在此讲话。[②]

《史记·封禅书》写道：

> 高祖初起，祷丰枌榆社。……
>
> 天下已定，诏御史，令丰谨治枌榆社，常以四时春以羊彘祠之。

裴骃《集解》：“张晏曰：‘枌，白榆也。社在丰东北十五里。’”张晏还引述了另一种解释，即“枌榆”是“乡名”，所谓“枌榆社”，“高祖里社也”。

以树名“社”，说明了社树在“社”的结合中的神秘作用。

《汉书·五行志中之下》中又有这样的记载：

> 建昭五年，兖州刺史浩赏禁民私所自立社。山阳橐茅乡社有大槐树，吏伐断之，其夜树复立其故处。

对于浩赏的禁令，张晏解释说：“民间三月九日又社，号曰‘私社’。”臣瓒曰：“旧制二十五家为一社，而民或十家五家共为田舍，是‘私社’。”颜师古以为“瓒说是”。

汉代画像中多见以树为图案主题的画面，也说明了当时民间“社”神崇拜的普及。

居延汉简中关于河西社会生活的资料中，可以看到有关“社”的内容。例如：

---

① ［日］小岛由道：《排湾族》，《番族惯习调查报告书》，台北1922年版，第5卷第3册第340页。

② ［日］千千岩助太郎：《台湾高砂族住家之研究》，台北1937年版，第1报，第21页。

图 9–5　河南郑州出土树纹画像砖

买蒠卌束束四钱给社　　32.16

□诣官封符　为社市买马□　　63.34

入钱六千一百五十　其　二千四百受候长　九百部吏社钱　二千八百五十受吏三月小畜计　　254.1

入秋社钱千二百　元凤三年九月乙卯□[①]　　280.15

陈直先生又举出数例，如：

六百郡吏社钱　　306 页

八日戊午社计　　512 页

① “入秋社钱”,《居延汉简甲乙编》释作“入秋赋钱”，此从劳榦《居延汉简考释》，1960 年台北版《考证之部》第 66 页，及陈直《居延汉简研究》，天津古籍出版社 1986 年版，第 78 页。

他还指出："综合以上各简研究，居延戍卒，远在边郡，仍举行社祭，应为春秋二次，即无所谓以里为单位。祭社之钱，集合至千二百，似为一隧之费，不论吏卒，皆可参加。都吏一人，出钱至六百，数亦甚巨。秋祭举行，时期在九月。社日前后，设有社市，类似于集市，祭社之时，选有社员治计，制度亦颇为完密。"①

居延的"社"，按照陈直先生的说法，"即无所谓以里为单位"，即不具有民间自发形成的性质，但是其规模很可能仍然与里社相当。

又有学者认为，居延边塞的这种"社"，可以称为"军社"，这种"军社"，"基本上是属部队军事首长控制的，其'社'中的人员构成自应是以戍卒及下级军官为主"②，这一意见也可以参考。

军中有"社"的情形，见于《史记·夏本纪》所记载夏后帝启伐有扈氏，决战于甘时的誓辞：

> 用命，赏于祖；不用命，僇于社。

裴骃《集解》："孔安国曰：'又载社主，谓之社事。奔北，则僇之社主前。社主阴，阴主杀也。"③

汉代另一种"社"，是政府指令设置的所谓"公社""官社"。

《史记·封禅书》说：

> 〔汉高帝二年〕因令县为公社。

裴骃《集解》："李奇曰：'犹官社。'"

周武王伐纣取得军事成功之后，又要在文化心理方面征服殷人。司马

---

① 陈直：《居延汉简研究》，天津古籍出版社1986年版，第78页。

② 薛英群：《居延汉简通论》，甘肃教育出版社1991年版，第498页。

③ 孔安国语，即《尚书·甘誓》传文。《尚书·甘誓》："用命，赏于祖；弗用命，戮于社。予则孥戮汝。"

迁在《史记·周本纪》中，详细记述了周占领军"祭社"的表演：

其明日，除道，修社及商纣宫。及期，百夫荷罕旗以先驱。武王弟叔振铎奉陈常车，周公旦把大钺，毕公把小钺，以夹武王。散宜生、太颠、闳夭皆执剑以卫武王。既入，立于社南大卒之左，左右毕从。毛叔郑奉明水，卫康叔封布兹，召公奭赞采，师尚父牵牲。尹佚策祝曰："殷之末孙季纣，殄废先王明德，侮蔑神祇不祀，昏暴商邑百姓，其章显闻于天皇上帝。"于是武王再拜稽首，曰："膺更大命，革殷，受天明命。"武王又再拜稽首，乃出。

同一历史事实，《史记·鲁周公世家》的记述是：

破殷，入商宫。已杀纣，周公把大钺，召公把小钺，以夹武王，衅社，告纣之罪于天，及殷民。

革命成功之后，周武王和他的最高权力集团仍然要以十分恭敬的态度尊事殷人之"社"，将所谓"膺更大命，革殷，受天明命"的过程向"商邑"之社进行交代和说明，体现出周人对殷人传统文化心理的尊重，同时，似乎也透露出他们自己对"社"的神威的一种敬畏。

反映对于前朝之"社"的态度的，又有受到司马迁重视的发生于夏商之际的这样的故事，《史记·殷本纪》：

汤既胜夏，欲迁其社，不可，作《夏社》。

《史记·封禅书》也记载：

汤伐桀，欲迁夏社，不可，作《夏社》。

“社”对于农耕民族来说，既是国家权力的一种政治象征，又是民间社会的一种文化象征。作为社会基层结构的信仰旗帜，形式朴素的“社”崇拜的文化存在往往可能比气势煊赫的中央王朝的政治存在表现出更为长久的影响。

“社稷”，久已成为国家权力的代名词。在司马迁的《史记》中，我们就可以看到所谓“尊社稷”（《范雎蔡泽列传》）、“重社稷”（《三王世家》）、“安社稷”（《张仪列传》《龟策列传》）、“定社稷”（《太史公自序》）、“全社稷”（《吕太后本纪》）、“委社稷”（《苏秦列传》）、“谨奉社稷”（《平原君虞卿列传》）、“敬奉社稷”（《苏秦列传》）等，又如《齐太公世家》写道：

> 晏婴立崔杼门外，曰：“君为社稷死则死之，为社稷亡则亡之，若为己死己亡，非其私昵，谁敢任之！”……
>
> 晏子仰天曰：“婴所不获唯忠于君利社稷者是从！”

也反映了对“社稷”绝对尊奉的文化心理。

“社”的崇拜，源始于原始时代人们对世界的认识。英国人类学家爱德华·泰勒曾经指出：

> 树木和密林的精灵很值得我们注意，因为跟自然的原始万物有灵论有密切联系。这在人类思维的那一阶段上显得特别清楚，当时人们看待单个的树木像看待有意识的个人，并且作为后者，对它表示崇敬并奉献供品。这种树木是否具有类似人的生命和灵魂，是否仅仅像物神那样适于别的精灵居住，而对于精灵来说，树木是否像躯体一样等都很难说清楚。
>
> 但是，这种不确定性却是新的确证，即证明了关于物体固有的灵魂的概念和关于移居的灵魂的概念只不过全是这种万物有灵观这一基本思想的变种。

马来半岛的明蒂拉人信仰“干图·卡依乌”，也就是“树木的精灵”，或“树魔”，它们居住在各种树木里，使人生病。某些树之所以被注意是因为它的恶魔特别凶恶。按照婆罗洲的达雅克人的概念，不应当砍断精灵居住的树木。假如传教士砍断了这种树，那么此后发生的第一次严重的情况，当然将归之于这种罪行。在苏门答腊马来人的信仰中，对某些老树来说，与其说它是树精灵的住所，不如说是树精灵的物质外壳。在汤加岛，土著们把祭品放在某些树的根部，因为他们认为在它们里面住着精灵。在美洲正是这样，假如树没有必要而被砍，则奥吉布瓦人的巫觋就会听到树的抱怨。

我们在非洲发现了如此明显的例子。黑人樵夫在砍伐某些树木的时候，害怕居住在它们里面的恶魔愤怒。但是，他给自己本人的善灵

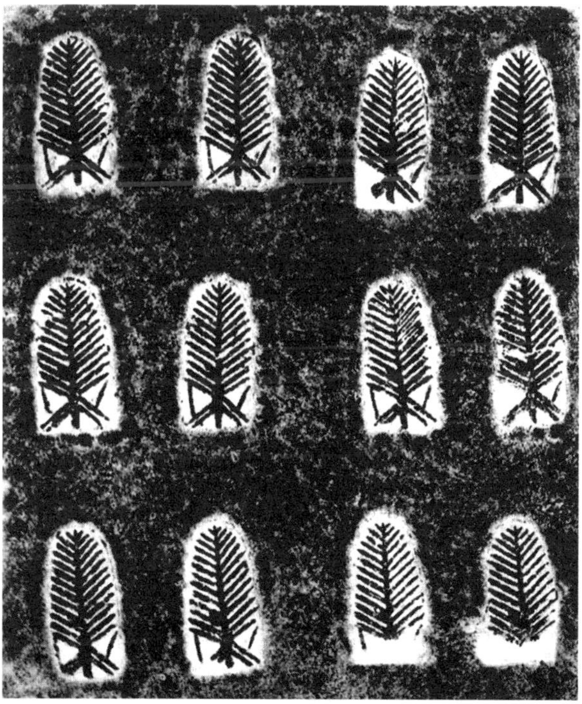

图9–6　河南淅川申明铺出土以树为图案主题的画像砖

奉献供品，就能摆脱这种困境。

爱德华·泰勒还指出：“南亚细亚的树木崇拜跟佛教的关系特别有趣。一直到今天，在信仰佛教的地区和处在佛教影响之下的地区，树木崇拜在理论方面和实践方面都显得十分确定。”他写道：

> 缅甸的塔兰人，在砍树之前，向它的“卡鲁克”——也就是灵魂或居住在它里面的精灵——祈祷。暹罗人在砍伐树木之前，给它奉献馅饼和米饭，同时认为住在它里面的物神或树木之母，变成为用这树木建造成的船的善灵。
>
> ……
>
> 佛陀在自身的轮回之中曾经四十三次是树的精灵。传奇说，在佛陀还是树的精灵的时候，有个婆罗门经常向佛陀住于其中的树祈祷。但是变过来的师傅就责备树木崇拜者向什么都不知道也听不到的没有灵魂的物体祈祷。至于著名的菩提树，则它的殊荣不只限于古代佛教的史册，因为直到现在，从最初的那棵菩提树上生长出来的树枝至今还受到聚集起来的成千上万的巡礼者的崇拜，他们庆贺它，并向它祈祷，而那个树枝是公元前3世纪由国王阿梭卡从印度派人送到锡兰去的。

许多民族所共有的精灵“居于树上”“吐露神谕”的观念，也值得我们注意：

> 例如，在也门的内格罗有神圣的棕榈，人们用祈祷和祭品来博得树上的恶魔的欢心，同时希望它赐给预言；又如古代的斯拉夫部落从居住在高大的槲树里的神那里获得所提出的问题的答案，这种槲树跟多东人的那种其中住着神的预言性的槲树有很多相似处。赞美阿佛洛狄忒的荷马颂歌提到树木女神是长寿的，但不是永生的。她们同山上

> 高大的松树和枝叶繁茂的槲树一起生长，但最后，当死期临近的时候，神奇的树也失去了汁液，它们的树皮脱落了，树枝易折了，这时它们的精灵也离开阳光灿烂的世界退走了。女树精的生命跟她的树有联系。当树受伤时，她也就生病；她会因威胁树的斧头而大声惊叫起来，她同被砍伐的树干一起死亡。[①]

这种赋予树木以神性的意识，一直沿续到相当晚近的时代，其真正内涵，可能我们现今还难以完全理解。日本古典歌舞剧“能乐”的舞台，据说，“背景上画着一棵奈良圣松，舞台上的三棵活的松树标志着从后台，即在‘桥’的那一边的、下面的另一世界，上升到全面表演的场所。”印度南部的泰伊雅姆神庙（Teuuam Shrine），据说就“修建在一棵千年古树的树干内部和树干的四周”[②]。

詹·乔·弗雷泽在《金枝》中也以相当多的篇幅论述了“树神崇拜”的影响。第一章“森林之王”，第九章“树神崇拜”，第十章“现代欧洲树神崇拜的遗迹”，第十五章“橡树崇拜”，第二十八章“处死树神”等，都专门以丰富的例证说明了这种文化存在。

弗雷泽写道，德国语言学家和神话学家雅各·格林对日耳曼语“神殿”一词的考察，表明日耳曼人最古老的圣所可能都是自然的森林。“无论当初情况是否确实如此，所有欧洲雅利安人的各氏族都崇拜树神，这一点则是已经很好地得到证实了。”他还指出：“在欧洲雅利安人的宗教史上，对树神的崇拜占有重要位置。这是非常自然的。因为在历史的最初时期，欧洲大陆上仍然覆盖着无垠的原始森林，林中分散的小块空旷地方一定像绿色海洋中的点点小岛。”[③]这种以自然史作为心理史的基础的分析，

---

① ［英］爱德华·泰勒：《原始文化》，连树声译，上海文艺出版社1992年版，第662页至第666页。

② ［美］理查德·舍克纳：《两部宗教庆典剧：拉姆纳加尔的“罗摩剧”和美国的“耶稣基督剧”》，张承谟译，［美］维克多·特纳编：《庆典》，上海文艺出版社1993年版。

③ ［英］詹·乔·弗雷泽：《金枝》，徐育新等译，中国民间文艺出版社1987年版，第167页，第166页。

可以给我们以有益的启示。

神树迷信在古代中国，也有值得重视的实例。

俞伟超先生曾经发现商代“单”的普遍性。他指出，卜辞中屡见“东单”“南单”“西单”“北单”，又有所谓“东土”“南土”“西土”“北土”，郭沫若释四“土”即四“社”，确实，“甲骨文中的‘土’字，在绝大部分场合，可断为‘社’字”。他推定，“东”“西”“南”“北”四社，“很可能就是‘东’‘西’‘南’‘北’四个‘单’之中的‘社’”。俞伟超先生还指出：

> “单”字的本义，显然与聚居无涉。甲骨文和商周金文“单”字的形体，究竟象征什么东西，现在还无能力作出妥善解释。《说文》也只是讲它从二“口”、“𠀛”是“吅”的亦声，训为“大声也”，“𠀛”则义阙（从段玉裁说），对这个字的原义，显然已说不清楚。近四川广汉三星堆相当于商代的早期蜀国的祭祀坑中所出铜树，顶上分杈树枝作丫形。这种铜树，大概就是社树的模拟物。那时的农业公社中，每个公社大抵把土地崇拜的场所叫“社”，而以树作社神。“单”的字形，也许就是社树的象形。[①]

“‘单’的字形，也许就是社树的象形”的推想，是有道理的。

司马迁在《史记·燕召公世家》中，有关于召公“甘棠”传说的记述：

> 召公之治西方，甚得兆民和。召公巡行乡邑，有棠树，决狱政事其下，自侯伯至庶人，各得其所，无失职者。召公卒，而民人思召公之政，怀棠树不敢伐，哥咏之，作《甘棠》之诗。

① 俞伟超：《中国古代公社组织的考察》，文物出版社1988年版，第38页至第40页，第53页。

《史记·太史公自序》也写道："嘉《甘棠》之诗。"所谓"甘棠"故事，其实也隐约透露出一种神树迷信的痕迹。

"召公巡行乡邑，有棠树，决狱政事其下"，似乎暗示"棠树"对于"决狱政事"，有着某种神秘的作用。

云南怒江傈僳族自治州福贡县的调查资料反映，当地傈僳族举行"神判"仪式时，往往选择村外空地，"四周插上松枝、青竹竿和杂木枝条"，而且，"在树枝、竹竿上贴上白纸条。这些枝竿由原被告分开插，原告插的杆竿一律把皮削光，被告插的枝竿一律不削皮"。[①]傈僳族是尊事树神的。"树神，傈僳语称'司尼'。""傈僳人在大年三十那天要首先祭祀树神，在寨内的西方选择一棵长年不落叶的栎类树作为树神，每户都有棵神树。在大年三十晚上，杀一只开叫的大红公鸡，到神树边下杀，用香纸、酒肉祭祀，供品分二次祭，生献一次，熟食一次，祈祷树神保佑来年全家清吉平安。"他们在祭祀山神时，也是"到较高的山头找一棵有代表性的巨树，将前面铲平，撒上松毛，献上供品"。[②]

以树枝、竹竿象征林木的做法，似乎具有普遍性。例如，我们在《史记·匈奴列传》中，就可以看到关于匈奴礼俗的记述：

> 岁正月，诸长小会单于庭，祠。五月，大会茏城，祭其先、天地、鬼神。秋，马肥，大会蹛林，课校人畜计。

所谓"茏城"，司马贞《索隐》："《汉书》作'龙城'，亦作'茏'字。崔浩云：'西方胡皆事龙神，故名大会处为龙城。'《后汉书》云：'匈奴俗，岁有三龙祠，祭天神。'""茏城"的"茏"字，暗示当地草木之繁盛。对于所谓"秋，马肥，大会蹛林"，注家也多以为与社祭有关。如裴骃《集

---

① 马提口述，窦桂生整理：《忆福贡腊吐底保捞油锅"神判"事件》，怒江州政协文史研究组编：《怒江文史资料选辑》(第4辑)，1985年，第62页至第63页。

② 1990年云南禄劝彝族苗族自治县的调查(杨毓骧整理)，《中国原始宗教资料汇编·傈僳族卷》，上海人民出版社1993年版，第734页。

解》引《汉书音义》曰："匈奴秋社八月中皆会祭处。"司马贞《索隐》引服虔云："匈奴秋社八月中皆会祭处。"又引晋灼曰："李陵与苏武书云：'相竞趋蹛林'，则服虔说是也。"又说："姚氏案：'《李牧传》：大破匈奴，灭襜褴，此字与韦昭音颇同，然林、褴声相近，或以林为褴也。'"张守节《正义》：

> 颜师古云："蹛者，绕林木而祭也。鲜卑之俗，自古相传，秋祭无林木者，尚竖柳枝，众骑驰绕三周乃止，此其遗法也。"

"无林木者，尚竖柳枝"，这种匈奴"遗法"，和傈僳族"四周插上松枝、青竹竿和杂木枝条"的做法，心理背景应当是一致的。

傈僳人的"神判"和树神崇拜的关系，使我们联想到召公"决狱政事其下"的心理背景，可能与"棠树"的神性有关。

四川木里藏族自治县俄亚乡纳西族的习俗中，也可以看到树神崇拜的内容。

"俄亚大村对面的拉卡山山上有一颗大松树，当地群众叫'扛白古'，据说有数百年的历史。四周群众称为神树，凡烧香敬菩萨的都在这里举行。每年七月初一至十五期间，由东巴选择一个好日子，由十户人家推选一人，带上一罐酒、一只鸡、猪膘肉和其他食品，到拉卡山来祭祀这棵神树。用绳子将鸡头和两只翅膀吊起来，挂在这棵松树的树杈上，下面摆上各种供品，大家跪在树的四周，由东巴念经，祈求树神保佑村民健康长寿，无病无灾，像松树那样万年长青。"

这种树神崇拜形成的原因是什么呢？

"据说，当地群众之所以要祭这棵树，是因为他们的始祖从恩利恩从一个神的儿子孟克拉手中夺走了他的未婚妻——天神纳日阿普的女儿车克亥波母，这激起了孟克拉的恼怒。他用下冰雹来惩罚人类。人们到这棵大树下躲避冰雹的袭击，并在这棵树下祭祀孟克拉，请他息怒，并保佑人间风调雨顺。”[①]

神树的神性，往往体现为神的惩罚和神的荫庇。

云南永宁纳西族支系摩梭人也风行崇拜树神的礼俗。

“有的村落和母系亲族选附近神山中的某一棵树龄长、枝叶茂密的大树为村落保护神或母系亲族保护神，祭山仪式中也就夹杂着祭树仪式，二者是不能脱离的。祭树神时，他们在树下焚香叩头，往树上缠裹麻线、树枝上悬挂五色布条。病患者则把自己的旧衣烂衫挂在树上，祈求树神把疾病除去。永宁一带的摩梭人特别敬畏有毒汁和特殊气味的植物，认为它有精灵，当地有一种名叫‘玛桑’的树，他们认为这种树有鬼魂依附，村里发生瘟疫便向玛桑烧香祭祀。”

“疾病”和“瘟疫”，也都是神的惩罚。[②]

“棠树”具有一定神性的观念，可能是由来已久的。《山海经·西次三经》就写道：

> 昆仑之丘，是实惟帝之下都，神陆吾司之。其神状虎身而九尾，人面而虎爪；是神也，司天之九部及帝之囿时。……有木焉，其状如棠，黄华赤实，其味如李而无核，名曰“沙棠”，可以御水，食之使人不溺。

《北堂书钞》卷一三七引《山海经》：“昆仑有沙棠木，食之不溺，以为舟船不沉。”《渊鉴类涵》卷四一七引《飞燕外传》：“帝与飞燕游太液池，以沙棠木为舟。其木出昆仑山。人食其木，入水不沉。”似乎昆仑神棠的传说，曾经在汉代社会广泛流行。

不过，司马迁在《史记·燕召公世家》的最后，这样写道：

---

① 刘龙初：《四川省木里藏族自治县俄亚乡纳西族调查报告》，《四川省纳西族社会历史调查》，四川省社会科学院出版社1987年版，第119页。

② 杨学正调查整理的资料，见云南社会科学院宗教研究所：《宗教调查与研究》，1986年版，第182页至第183页。

> 太史公曰：召公奭可谓仁矣！甘棠且思之，况其人乎？……

他突出宣扬的，是“仁”政的成功。“甘棠”所隐含的神性，在司马迁笔下被悄然淡化了。

其实，民人所深切“思之”的，很可能首先是“甘棠”，然后才是“其人”召公奭呢。

西王母崇拜

说到秦汉人心目中的昆仑神仙国，自然会注意到西王母崇拜的广泛社会影响。

司马迁在《史记》中数次说到西王母，如《赵世家》记述造父随周穆王西行传说：

> 造父幸于周缪王。造父取骥之乘匹，与桃林盗骊、骅骝、绿耳，献之缪王。缪王使造父御，西巡狩，见西王母，乐之忘归。

又如《史记·司马相如列传》载司马相如《大人赋》：

> 遍览八纮而观四荒兮，朅渡九江而越五河。经营炎火而浮弱水兮，杭绝浮渚而涉流沙。奄息总极泛滥水嬉兮，使灵娲鼓瑟而舞冯夷。时若薆薆将混浊兮，召屏翳诛风伯而刑雨师。西望昆仑之轧沕洸忽兮，直径驰乎三危。排阊阖而入帝宫兮，载玉女而与之归。舒阆风而摇集兮，亢乌腾而一止。低回阴山翔以纡曲兮，吾乃今目睹西王母皬然白首。载胜而穴处兮，亦幸有三足乌为之使。必长生若此而不死兮，虽济万世不足以喜。

《史记·大宛列传》说到张骞“具为天子言之”“身所至者”及“传闻其旁大国五六”之国情时，曾经又涉及西王母神话：

> 条枝在安息西数千里，临西海。暑湿。耕田，田稻。有大鸟，卵如瓮。人众甚多，往往有小君长，而安息役属之，以为外国。国善眩。安息长老传闻条枝有弱水、西王母，而未尝见。

这里关于“西王母”的传说，可知已非中土神话，而是“安息长老传闻”的条支西来神话。

《史记·大宛列传》司马贞《索隐》：“《魏略》云：‘弱水在大秦西。’《玄中记》云：‘天下之弱者，有昆仑之弱水，鸿毛不能载也。’《山海经》云：‘玉山，西王母所居。’《穆天子传》云：‘天子觞西王母瑶池之上。’《括地图》云：‘昆仑弱水非乘龙不至。有三足神鸟，为王母取食。’”张守节《正义》：“此弱水、西王母既是安息长老传闻而未曾见，《后汉书》云桓帝时大秦国王安敦遣使自日南徼外来献，或云其国西有弱水、流沙，近西王母处，几于日所入也。然先儒多引《大荒西经》云弱水云有二源，俱出女国北阿耨达山，南流会于女国东，去国一里，深丈余，阔六十步，非毛舟不可济，南流入海。阿耨达山即昆仑山也，与《大荒西经》合矣。然大秦国在西海中岛上，从安息西界过海，好风用三月乃到，弱水又在其国之西。昆仑山弱水流在女国北，出昆仑山南。女国在于窴国南二千七百里。于窴去京凡九千六百七十里。计大秦与大昆仑山相去几四五万里，非所论及，而前贤误矣。此皆据汉括地论之，犹恐未审，然弱水二所说皆有也。”

张守节《正义》所谓“《后汉书》云”，即《后汉书·西域传》：“至桓帝延熹九年，大秦王安敦遣使自日南徼外献象牙、犀角、玳瑁，始乃一通焉。[①]其所表贡，并无珍异，疑传者过焉。或云其国西有弱水、流沙，

① 《后汉书·桓帝纪》：“（延熹九年）大秦国王遣使来献。”李贤注：“时国王安敦献象牙、犀角、玳瑁等。”

近西王母所居处，几于日所入也。《汉书》云‘从条支西行二百余日，近日所入’，则与今书异矣。”

丁谦《穆天子传考证》卷二说：“窃谓西王母者，古加勒底国之月神也。”“考加勒底建都于幼发拉的河西滨，名曰吾耳（一曰威而）城，有大月神宫殿，穷极华美，为当时崇拜偶像之中心点（见《兴国史谭》）。又其国合诸小邦而成，无统一之王，外人但称为月神国。以中国语意译之则曰西王母，即称其国为西王母国。”凌纯声先生以为“所说颇有见地”，并指出“西王母三字是苏末语月神si-en-nu音译而来”。①刘师培《穆天子传补释》卷四又说，“西王母之邦”在“波斯东北”。或以为西王母原在两河流域，而后又曾东迁。吕思勉先生说：“弱水西王母等，则身苟有所未至，即无从遽断为子虚，而其地遂若长存于西极之表矣，循此以往，所谓西王母者，将愈推而愈西，而因有王莽之矫诬，乃又曳之而东，而致诸今青海之境。”②凌纯声先生于是引《论衡·恢国》金城塞外羌内属，“汉遂得西王母石室”语，以为“吕氏说明西王母东迁的史实，可说是一创举”。③

所谓“西王母所居处”的考定，是十分复杂的工作。引起我们更浓郁兴趣的，是秦汉时期西王母崇拜在民间的普及。

汉镜铭文中多见有关西王母的文字。例如：

> 明镜造，亲见宜，赤□师□白牙，西母东父侯□众日（《小校经阁金文》卷一五）

“西母东父”，即通常所谓“西王母东王父”“西王母东王公”。④又如：

---

① 凌纯声：《昆仑丘与西王母》，《中国边疆民族与太平洋文化》，联经出版事业公司1979年版，第1601页。

② 吕思勉：《西王母考》，《说文月刊》第1卷第9期（1939年）。

③ 凌纯声：《昆仑丘与西王母》，《中国边疆民族与太平洋文化》，联经出版事业公司1979年版，第1605页。

④ 晋人傅玄《正都赋》就写道：“东父翳青盖而遐望，西母使三足之灵禽。”唐人李贺《马诗》其七则说：“西母酒将阑，东王饭已干。”

金西母来始有其滓宜葆利众典祀（《啸堂集古录》）

这里所谓“西母”，也是指“西王母”。又如：

西王母（组侧）；尚方作竟真大巧，上有仙人不知老，渴饮玉泉兮（外轮）（《金石索》“金索”卷六，《小檀栾金镜影》卷二）

蒙氏作竟真大工，东王公西王母，青龙在左，白虎居右，山人子高赤容（《金石索》“金索”卷六，《小檀栾金镜影》卷二，《小校经阁金文》卷一五）

尚方作竟，明如日月不已，寿如东王公西王母，长宜子孙，位至三公，君宜高官（《古镜图录》卷中）

龙氏作竟自□□，东王公西王母，青龙在左，白虎居右，□治□□□刁左大吉（《古镜图录》卷中）

袁氏作竟真大□，东王公西王母，青龙在左，白虎居右，山人子乔赤容子，千秋万倍（《古镜图录》卷中）

袁氏作竟兮真，上有东王公西王母，山人子侨侍左右，辟邪喜怒无央咎，长保二亲生久（《古镜图录》卷中，《簠斋藏镜》卷上，《小校经阁金文》卷一五）

盍氏作竟兮真大好，上有东王公西王母，仙人子高赤罕子，绛即云右，长保二亲兮利孙子兮吉（《金石索》“金索”卷六，《奇觚室吉金文述》卷一五，《小檀栾金镜影》卷二，《小校经阁金文》卷一五）

张氏作竟大无伤，涑已银锡清且明，上有天守传相受，东王父西王母，令君□遂宜孙子，明如日月（《金石索》“金索”卷六）

龙氏作竟佳且好，明而日月世少有，刻治分守悉皆在，长保二亲宜孙子，东王公西王母，大吉羊矣兮（《小檀栾金镜影》卷二，《小校经阁金文》卷一五）

元兴元年五月丙午日□大利，广汉造作，尚方明镜，幽涑三商，

图9-7　汉镜“西王母”形象

周□无亟，世得光明，长乐未央，富宜昌，宜侯王，师命长生如石，位至三公，寿如东王公西王母，仙人子立至公侯（外层）；吾作明竟幽湅三商（内层）（《陶斋吉金录》卷七，《古镜图录》卷上，《浣花拜石轩镜铭集录》卷一）

元兴元年五月丙午日天大赦，广汉造作，尚方明竟，幽湅三商，周传无亟，世为光明，长乐未英，富宜昌，宜侯王，师命长生如石，位至三公，上有东王公西王母，仙人子立至公侯（外轮，内轮九字不辨）（《善斋吉金录》“镜”卷一，《小校经阁金文》卷一五）

中平六年正月丙午日，吾作明竟，幽湅三商自有己，除去不祥宜孙子，东王父西王母，仙人王女大神道，长吏买竟，位至三公，古人买竟百倍，田家大吉日月（外轮）；吾作明竟，位至三公，天王日月，幽湅三羊（内轮）（《善斋吉金录》“镜”卷一，《小校经阁金文》卷一五）

宋氏作竟□有意，善时日，家大富，取妇时□，众具七子九孙，各有喜，官至公卿中尚侍，上有东王妇西王母，予天相保不知老，吏人服之带服章（《小校经阁金文》卷一五）

最后一例“东王妇西王母”，应即“东王父西王母”。也有只出现“西王母”的汉镜铭文，如：

上大□，见神人，□王母，饮澧泉，驾交龙，乘浮云，宜官□，保子孙，贵富昌，乐未央兮（外层）；子丑寅卯辰巳午未申酉戌亥（内层）（《奇觚室吉金文述》卷一五）

来言之，纪□竟，始涑铜锡去其宰，以之为镜宜孙子，长葆二亲乐毋□，寿币金石，西王母，棠安作（外轮）；子丑寅卯辰巳午未申酉戌亥（内层）（《簠斋藏镜》卷下）

涑治铜锡去其滓，辟除不祥宜古木，长葆二亲利孙子，辟如□众乐典祀，寿□金石，西王母，飞来言之，始自有纪（外层）；子丑寅卯辰巳午未申酉戌亥（内层）（《博古图录》卷二八）

又有重复出现“东王公西王母”“西王母东王父”字样的，如：

东王公西王母（组两侧）；□氏作竟真大□，上有东王公西王母，仙人子侨赤诵子，白虎□□□□□□高升□万，千秋万岁□长（外轮）（《小檀栾金镜影》卷二）

东王公西王母（内轮）；袁氏作竟真大丏，上有东王公西王母，仙人子侨赤诵子，白虎熏卢，左右为吏高升贯万，千秋万岁主长（《小校经阁金文》卷一五）

尚方作竟自有真，良时日吉大赏，十子九孙各有喜，□至三公中常侍，上有西王母东王父，山人子乔大田子㐄（外轮）；西王母东王父（内轮）（《藤花亭镜谱》卷二）

社会生活中使用十分普遍的铜镜，铭文多见“西王母”文字，是值得重视的文化现象。[①]《藤花亭镜谱》卷二著录的一件所谓“六朝器”，铭文也反

① 陈直先生曾经写道：“汉代每以西王母事为镜铭及图画题材，于西王母之外，又增加东王公以为配。”《史记新证》，天津人民出版社1979年版，第192页。

复出现“东王公西王母”，“东王公”出现2次，“西王母”及“王母”出现3次：

> 仙人子侨赤诵子，白虎熏抟，左右为吏高升赏万千□万，太上君□，上有东王公西王母（外轮）；西王母东王公王母（内轮）

唐代和宋代仿汉镜的铭文也多有“西王母”字样，也说明“西王母”崇拜在民间影响的久远。

陈梦家先生曾经说，殷卜辞所见“西母”神，已经体现出“西王母”前身的踪影。[①]日本学者小村一郎指出：“但在卜辞中所见‘西母’的例子并不多，只知道它是享受‘燎’祭的具有强烈自然性格的神，并被当作是与‘东母’向对的神（不见‘南母’和‘北母’）。如此等等，对于它与后世的西王母是否有直接继承关系，即使可以作出种种判断，但加以确认是有困难的。”这样的意见可能是正确的，即：“自后世上溯有关西王母的最古老的资料，可见于战国时代的文献。”[②]

《山海经》中，“西王母”凡五见。即：《西次三经》：“玉山，是西王母所居也。西王母其状如人，豹尾虎齿而善啸，蓬发戴胜，是司天之厉及五残。”《海内北经》：“西王母，梯几而戴胜杖，其南有三青鸟，为西王母取食。在昆仑虚北。”又《大荒西经》：“〔昆仑之丘〕有人，戴胜，虎齿，有豹尾，穴处，名曰‘西王母’。此山万物尽有。”

《穆天子传》中关于“西王母”有生动的文字。《穆天子传》卷二写道：“乃遂西征，癸亥，至于西王母之邦。”卷三写道：“吉日甲子，天子宾于西王母，乃执玄圭白璧，以见西王母。好献锦组百纯，□组三百纯，西王母再拜受之。□乙丑，天子觞西王母于瑶池之上。西王母为天子谣曰：‘白云在天，丘陵自出。道里悠远，山川间之。将子无死，尚能复来。’天子答之曰：‘予归东土，和治诸夏。万民平均，吾顾见汝。比及三

① 陈梦家：《古文字中之商周祭祀》，《燕京学报》第19期，1936年。

② ［日］小村一郎：《中国的神话传说与古小说》，孙昌武译，中华书局1993年版，第24页。

图9-8　汉画像砖"西王母"形象

年，将复而野。'西王母又为天子吟曰：'徂彼西土，爰居其野。虎豹为群，于鹊与处。嘉命不迁，我惟帝女。彼何世民，又将去子。吹笙鼓簧，中心翱翔。世民之子，唯天之望。'天子遂驱升于弇山，乃纪其迹于弇山之石而树之槐，眉曰'西王母之山'。"

和《穆天子传》一同出土于汲郡战国魏王墓的《竹书纪年》中，也有关于"西王母"的记述。如："穆王十七年，西征昆仑丘，见西王母。其年来见，宾于昭宫。"（《穆天子传》注引）

此外，《荀子·大略》说："尧学于君畴，舜学于务成昭，禹学于西王国。"这里所谓"西王国"，与"君畴""务成昭"对应，应当是人名，或许就是"西王母"。①

实际上，"西王母"也可以作为古国名。《尔雅·释地》："觚竹、北

① 小村一郎先生说："或如前人已指出的那样就是西王母本人，或是与它有关系的人物。"《中国的神话传说与古小说》，孙昌武译，中华书局1993年版，第29页。

户、西王母、日下，谓之四荒。”郭璞注：“觚竹在北，北户在南，西王母在西，日下在东，皆四方昏荒之国。”

《淮南子·地形》也说：“西王母在流沙之濒。”高诱注：“西王母石室，在金城临羌西北塞外。”

反映汉代社会对“西王母”认识的文献资料，又有贾谊《新书·修政语上》：

> 尧教化及雕题、蜀、越，抚交趾，身涉流沙，地封独山，西见王母，训及大夏、渠叟，……

扬雄《甘泉赋》也写道：

> 想西王母欣然而上寿兮，屏玉女而却虙妃。

又《易林》卷一《坤·噬嗑》：

> 稷为尧使，西见王母，拜请百福，赐我善子。

王充《论衡》中也可见“西王母”和“西王母国”：

> 图仙人之形，体生毛，臂变为翼，行于云，则年增矣，千岁不死。此虚图也。世有虚语，亦有虚图。……禹、益见西王母，不言有毛羽。（《无形》）
>
> 孝平元始元年，越常重译献白雉一、黑雉二。夫以成王之贤，辅以周公，越常献一，平帝得三。后至四年，金城塞外羌豪良愿等种献其鱼盐之地，愿内属汉，遂得西王母石室，因为西海郡。周时戎狄攻王，至汉内属，献其宝地。西王母国在绝域之外，而汉属之，德孰大，壤孰广？（《恢国》）

图9-9　汉画像石"西王母"形象

"西王母"所居，都被理解为在西方绝远之地，不过多以为在流沙之外，而按照《论衡·恢国》的说法，则当在今青海境内。如此，则西王母神话中的"瑶池"，有可能就是青海湖了。

《汉书·地理志下》说：金城郡临羌"西北至塞外，有西王母石室、仙海、盐池"。"仙海"，又称"西海""鲜水海"，就是青海湖。

综合上述资料，可知司马迁在《史记》中屡屡说到"西王母"，是体现了当时民间对"西王母"的普遍关注的。

西汉末年，曾经以民间"西王母"崇拜为背景，演化出一次声势浩大的流民运动。《汉书·哀帝纪》记载：

> 〔建平〕四年春，大旱。关东民传行"西王母"筹，经历郡国，西入关至京师。民又会聚祠"西王母"，或夜持火上屋，击鼓号呼相惊恐。

《汉书·天文志》中有这样的记载：

> 〔建平〕四年正月、二月、三月，民相惊动，嚾哗奔走，传行诏筹祠"西王母"，又曰"从目人当来"。

《汉书·五行志下之上》又写道：

哀帝建平四年正月，民惊走，持稿或棷一枚，传相付与，曰“行诏筹”。道中相过逢多至千数，或被发徒践，或夜折关，或逾墙入，或乘车骑奔驰，以置驿传行，经历郡国二十六，至京师。其夏，京师郡国民聚会里巷仟佰，设张博具，歌舞祠“西王母”。又传书曰：“母告百姓，佩此书者不死。不信我言，视门枢下，当有白发。”至秋止。

汉哀帝时代以“西王母”迷信为意识基础，以“祠‘西王母’”为鼓动口号，以“传行‘西王母’筹”为组织形式而发生的大规模骚乱，说明了当时民间“西王母”崇拜的深刻影响。

“磔狗”于门的宗教文化意义

司马迁在《史记·十二诸侯年表》中记述秦德公二年（公元前676年）时事：

初作伏，祠社，磔狗邑四门。

历史迈上文明初阶之后，随着聚落规模逐渐扩大以及相对确定的地域文化中心的形成，于是出现了具有行政领导作用的以夯筑域垣作为基本防御形式的城邑。考察中国古代城市史，可以看到“象天法地”以造筑城邑的传统原则，有着久远的文化影响。而城门设置对于实践这一原则的特殊意义，尤其引人注目。[①]城门具有控制交通、外防内守的重要作用，然而透

① 《吴越春秋·阖闾内传》记载，吴王阖闾委计于伍子胥，令其筑作城郭，“因地制宜”，以“天气之数以威邻国”。“子胥乃使相土尝水，象天法地，造筑大城，周回四十七里。陆门八，以象天之八风；水门八，以法地之八聪。筑小城，周十里，陵门三，不开东面者，欲以绝越明也。立阊门者，以象天门，通阊阖风也。立蛇门者，以象地户也。阖闾欲西破楚，楚在西北，故立阊门以通天气，因复名之‘破楚门’。欲东并大越，越在东南，故立蛇门以制敌国。吴在辰，其位龙也，故小城南门上反羽为两鲵鐃，以象龙角。越在巳地，其位蛇也，故南大门上有木蛇北向首内，示越属于吴也。”

过其实用意义，进行相关意识形式方面的分析，又可以察见其内涵的若干文化信息。[①]秦德公“磔狗邑四门”史事，或许亦可以作为认识中国古代宗教文化某些特质的重要线索。

司马迁在《史记·秦本纪》中又写道：

〔德公〕二年，初伏，以狗御蛊。

张守节《正义》解释说：

六月三伏之节起秦德公为之，故云“初伏”。“伏”者，隐伏避盛暑也。《历忌释》云：“‘伏’者何？以金气伏藏之日也。四时代谢，皆以相生：立春，木代水，水生木；立夏，火代木，木生火；立冬，水代金，金生水；立秋，以金代火，故至庚日必伏。庚者金，故曰‘伏’也。”

“蛊”者，热毒恶气为伤害人，故磔狗以御之。

“磔”，禳也。狗，阳畜也。以狗张磔于郭四门，禳却热毒气也。

《秦本纪》记载：“德公元年，初居雍城大郑宫。以牺三百牢祠鄜畤。卜居雍，后子孙饮马于河。梁伯、芮伯来朝。”“磔狗邑四门”“以狗御蛊”事在定居于雍次年，又极可能是初居雍经历第一个夏季“禳却热毒气”的措施，因而对于秦人定都于雍具有重要意义。而“德公生三十三岁而立，立二年卒”，壮岁弃国之后，长子宣公立12年，中子成公立4年，而少子穆公在位39年，“自岐雍之间，修德行武，东平晋乱，以河为界，西霸戎翟，广地千里，天子致伯，诸侯毕贺，为后世开业，甚光美”，实现了德公时代“后子孙饮马于河”的预言。

① 例如《史记·秦始皇本纪》所谓“自雍门以东至泾、渭，殿屋复道周阁相属”，又“表南山之颠以为阙”，甚至“立石东海上朐界中，以为秦东门”，就体现出秦始皇意向雄阔，“未能恬淡”，“以为自古莫及己”的文化性格。

秦德公“磔狗邑四门”“以狗御蛊”事，至少在当时秦人看来，与秦穆公以雍城为基地，开创秦史新纪元之事业的成功，存在着某种神秘的关系。

《吕氏春秋·季春纪》又说到城门磔牲以祭，已经形成传统礼俗：

> 国人傩，九门磔禳，以毕春气。

高诱解释说：

> “傩”，读《论语》“乡人傩”同。命“国人傩”，索宫中区隅幽暗之处，击鼓大呼，驱逐不祥，如今之正岁逐除是也。“九门”，三方九门也。嫌非王气所在，故磔犬羊以禳木气尽之，故曰“以毕春气”也。

《淮南子·时则》也写道：

> 〔季春之月〕令国傩，九门磔攘，以毕春气。

高诱注：“‘傩’，散。宫室中区隅幽暗之处，击鼓大呼，以逐不祥之气，如今驱疫逐除是也。‘九门’，三方九门也。磔犬，阳气尽之，故曰‘毕春之气’也。”《礼记·月令》“季春之月”条也有“命国难，九门磔攘，以毕春气”的文字，郑玄解释说，“此‘难’，难阴气也。阴寒至此不止，害将及人。所以及人者，阴气右行，此月之中日，行历昴，昴有大陵积尸之气，气佚则历鬼随而出行。命方相氏帅百隶索室驱疫以逐之。又磔牲以攘于四方之神，所以毕止其灾也。”

《风俗通义·祀典》有“杀狗磔于四门”条，其中写道：

> 俗说“狗别宾主，善守御”，故著四门，以辟盗贼。

谨按《月令》："九门磔禳，以辟春气。"盖天子之城十有二门，东方三门，生气之门也。不欲使死物见于生门，故独于"九门"杀犬"磔禳"。"犬"者，金畜；"禳"者，却也。抑金使不害春之时所生，令万物遂成其性。火当受而长之，故曰"以毕春气"。功成而退，木行终也。《太史公记》："秦德公始杀狗磔邑四门，以御蛊灾。"今人杀白犬以血题门户，正月白犬血辟除不祥，取法于此也。

《风俗通义·怪神》又有"世间多有狗作变怪"条，说到以狗血涂门户辟除咎殃的民间风习：

世间多有狗作变怪，扑杀之，以血涂门户，然众得咎殃。

"众得咎殃"，或以为当作"免得咎殃"。[①]看来，初见于秦德公事迹的"磔狗"于门的礼俗，对于汉代风尚仍然有显著的影响。"九门"，高诱以为"三方九门也"，应劭亦理解为："盖天子之城十有二门，东方三门，生气之门也。不欲使死物见于生门，故独于'九门'杀犬'磔禳'。"《礼记·月令》"季春之月"条所谓"田猎，罝罘、罗罔、毕翳、餧兽之药毋出九门"，高诱亦认为："天子城十二门，东方三门，王气所在，餧兽之药所不得出也。嫌余三方九门得出，故特戒之。"吴澄又说："南三门，王之正门，平日此等之物皆不得出，余门则出，此月则皆禁之。"而孙希旦则指出："愚谓天子十二门，诸侯降于天子，则九门。秦本侯国，其时国门犹沿旧制，故曰'九门'。"[②]依孙氏说，所谓"九门磔禳"，正是可以于秦俗中追溯其初源的社会文化现象。

这种风习传衍相当久远，以至到相当晚近的时代，在一些少数民族地区依然可以发现其遗存。

例如，景颇族婚礼中被"抢"来的新娘，"要通过四根木桩，即'鬼

① 清代学者卢文弨在《群书拾补》中说："疑讹，或'众'当作'免'。"
② 孙希旦：《礼记集解》卷一五。

桩’才能进入男家的房屋”。这种所谓“鬼桩”其实象征具有特定意义的“门”。“在每根木桩上都拴着牺牲品”，每根木桩前又都有一名村社祭司“董萨”负责杀牲，让牲血溅漏木桩周围的草蓬。[①]景颇族称被刀枪致死或因水淹而死者的鬼魂为“麦死”鬼。在送这种鬼魂的仪式中，“杀狗，用狗血拌饭，用树叶包成九包”，随后“董萨”祷告说：“你远远地去吧！过一座山，两座山，……九座山，十座山”，“是麦死鬼就去吧，是好人的魂就退回门内来，要关门了，去的快去，回的快回。”“董萨”随即割断拉吊门的绳子，吊门于是关紧，然后又念诵道：“你们远远地去，永远不要再回来。”[②]看来，狗血于生死之“门”前，有驱避鬼魂的特殊的神奇效用。

水族在驱鬼扫寨之后，“用枣刺把村寨的四周围起来，或者用草绳和五倍子树削成的木刀把整个村寨围起来。在村寨大门口用两把大木刀搭成‘鬼架子’，各家各户的大门口上也挂木刀”，架子上陈设有狗的下颚骨，用土碗覆盖，“据说能使恶鬼再不能进村”。[③]

云南金平县一、五区的哈尼族“举行驱鬼活动时，各寨杀鸡一只，剥下鸡皮和翅膀，用木杆撑起，插在路口。或者杀狗，将狗的四肢和尾巴挂在寨门口，表示禁止寨人外出和外人入寨”。金平二区的哈尼族举行寨门祭时，“要在村寨通路口立两根木杆，上用草绳拉起，将狗的四肢和尾巴、鸡翅膀拴在绳上，同时还要悬挂木刀、木枪，借以驱鬼避邪。”[④]

云南佤族创立新寨，建成寨门之后，往往举行大典，寨长杀黄狗以祭。[⑤]

广东连南瑶族自治县南岗排瑶族存在称作“架桥”的以祈福为目的的

---

① 宋恩常:《景颇族的原始宗教形态》,《中国少数民族宗教初编》,云南人民出版社1985年版,第146页至第147页。

② 桑耀华等:《景颇族的鬼魂崇拜与祭祀》,《云南民族民俗和宗教调查》,云南民族出版社1985年版,第210页至第211页。

③ 陈国安:《水族的宗教信仰》,《中国少数民族宗教初编》,云南人民出版社1985年版,第354页。

④ 宋恩常:《哈尼族宗教信仰的几个侧面》,《中国少数民族宗教初编》,云南人民出版社1985年版,第244页。

⑤ 凌纯声:《云南卡瓦族与台湾高山族的猎头祭》,《考古人类学刊》第2期(台北,1953年),第4页至第5页。

宗教习俗。“‘架桥’的地点是在排脚的十字路口或是大树脚下”，其仪式大致是：“由先生公念‘架桥’经，一边念经一边杀小狗，以小狗的鲜血淋纸钱，装一碗狗血，在旁边架起炉灶煮着狗肉”，祈拜完毕，即食用狗肉。[①]

《礼记·月令》：“九门磔攘”，孙希旦《集解》：“磔，磔裂牲体也。‘九门磔攘’者，逐疫至于国外，因磔牲以祭国门之神，欲其攘除凶灾，御止疫鬼，勿使复入也。”哈尼族、瑶族断裂狗牲肢体的作法，颇合“磔狗”亦即“杀犬磔禳”之古义。

云南景洪县雅奴寨基诺族在举行每年3次预防瘟疫发生的祭祀时，杀狗两条，在村寨出入口竖立高桩，上悬挂狗头，并涂以狗血，贴附狗毛。景洪县巴雅、巴夺村基诺族举行祈祝稻谷丰收的祭礼活动时，也有“把狗血和狗毛贴在窝棚柱上”的礼俗形式。[②]

云南麻栗坡县一些地方的苗族，“为祈求全村人丁健康平安，常在夏历过年后的正、二月由巫师主持举行‘拦鬼’活动，以狗血涂在七八片木刀上，再把木刀挂在寨门的草绳上以阻拦‘牙鬼’入寨”。[③]

据说四川珙县、长宁一带的苗族祭祖时，“巫师一刀杀狗，以血洒在门阶”，“然后分割狗肉为五部，头与四肢连身各成一块，以之再祭”。[④]

贵州凯里县舟溪地区的苗族又有为全寨平安、瘟疫不作，用狗供祭寨前大树的风习。[⑤]

以生灵作为牺牲以增益“门”的神力，是一种相当普遍的作法。

詹·乔·弗雷泽在《金枝》一书中写道，印度东南部的库密人在驱除

---

① 李凤等：《南岗排瑶族社会调查》，《连南瑶族自治县瑶族社会调查》，广东人民出版社1987年版，第113页。

② 宋恩常等：《景洪县雅奴寨基诺族宗教调查》，《景洪县巴雅、巴夺村基诺族宗教调查》，《云南民族民俗和宗教调查》，云南民族出版社1985年版，第192页，第169页。

③ 杨通儒：《解放前苗族的民间宗教》，《中国少数民族宗教初编》，云南人民出版社1985年版，第374页。

④ Graham,D.C.:Songs and Stories of the Ch´uan Miao,Washington.1954,pp,76-81.

⑤ 杨通儒等：《凯里县舟溪地区苗族的生活习俗》，《苗族社会历史调查》（二），贵州民族出版社1987年2月版，第280页。

天花这一阿拉库来的魔鬼时，“所有的村子都戒严，谁也不许进村或出村。他们将一只猴子在地上摔死，把它的尸体吊在村门口。猴子的血，拌上河里的小鹅卵石，洒在屋上，每家的门槛都用猴子尾巴扫过，魔鬼就赶走了”。①

熊安生注《礼记·月令》“九门磔攘”：“‘磔攘’之牲，案《小司徒》云‘小祭祀，奉牛牲’，又《牧人》云‘凡毁事，用尨可也’，则是用牛也。《羊人》云：‘凡沈、辜、侯攘，共羊牲。’《犬人》云：‘凡几、珥、沈、辜，用尨可也。’《鸡人》云：‘面禳，共鸡牲。’是用羊用犬用鸡也。盖大难用牛，其余难用羊用犬，小者用鸡。”

然而，不能排除与此相应之礼俗的早期形态，曾经有使用人牲的形式。

殷墟商代宫殿遗址多发现奠基时埋入的牲人和牲畜。每一宫门基址下埋有四五个持戈、盾和贝的牲人。这种葬坑大致有两种形式：一种在门的两旁，均面向前；一种在门的前面，均面向后。牲人都作跪姿。有的还随葬一条狗。进行发掘的考古学家指出，“门旁及门前的跪着的人等，当系房屋的保卫者”。“奠基的狗和守卫的人，是与建筑的程序有关，各系一次埋入。”②有的学者分析，这些葬坑是宫殿建造过程中举行安门等仪式时留下的遗迹。举行安门仪式时往往杀埋人和狗。用作人牲者生前身份可能是武装侍从，葬坑分置门的两侧或当门处；其中不少人是活埋的，“尤其残忍的是埋在门下的还有小孩”。研究者推测，“这些宗庙或住所布置如此森严的守卫，无非是为了防止死鬼来侵扰”。在一些中小型建筑门址旁侧，也多埋有牲畜骨架，“甚至还有被砍下的人头骨和幼儿遗骸”。③

在世界其他文化系统中，也可以发现与此类似的例证。

爱德华·泰勒在《原始文化》一书中曾经写道，位于非洲塞内加尔河

① [英]詹·乔·弗雷泽：《金枝》，徐育新等译，中国民间文艺出版社1987年版，第786页。

② 石璋如：《殷墟最近之重要发现附论小屯地层》，《中国考古学报》第2册，商务印书馆1947年版，第31页，第37页。

③ 北京大学历史系考古教研室商周组：《商周考古》，文物出版社1979年版，第70至71页。

上的黑人国家加拉姆（Galam），“在新的稳固移居的正门前通常活埋一个男孩和姑娘，以便使稳固成为不能攻破的”。这种风俗曾经为非洲西苏丹的一个国家班巴拉（Banbarra）的暴君在广泛的范围内推行过。据在印度的英国传教士麦森（Mason）转记的一位目击者的口述，在印度德纳赛林建造新城塔瓦的城门时，在每一个为立柱准备的坑中都抛进了一个犯人作为给庇护的魔鬼的牺牲。此外，如“关于为了庇护的魔鬼而埋在缅甸故都曼德勒门下的人的牺牲的故事”等，也“是关于实际存在之地方习惯的历史形式或神话形式的回忆”。爱德华·泰勒还指出，“甚至在英国领土上也有这种情形”。[①]

在《左传·文公十一年》中，可以看到关于秦德公“磔狗邑四门”事前20年及后60年两则埋首于门的史例的记载：

> 冬十月甲午，败狄于咸，获长狄侨如。富父终甥摏其喉，以戈杀之，埋其首于子驹之门，以命宣伯。

鲁人败狄，杀其首领，而“埋其首于子驹之门”，又以敌亡将之名命名生子，用以纪功。而所谓埋其首于门，似乎并非出于纪念的目的。杜预注：“子驹，鲁郭门。”《左传·文公十一年》又记载：

> 齐襄公之二年，鄋瞒伐齐，齐王子成父获其弟荣如，埋其首于周首之北门。

据杜预注，“周首”是齐国城邑。齐襄公二年，即公元前696年；鲁文公十一年，即公元前616年。司马迁曾经对这两则史事予以特殊的注意。他在《史记·齐太公世家》中写道：

---

① ［英］爱德华·泰勒：《原始文化》，连树声译，上海文艺出版社1992年版，第110页至112页。

> 惠公二年，长翟来，王子城父攻杀之，埋之于北门。

又《史记·鲁周公世家》：

> 〔文公〕十一年十月甲午，鲁败翟于咸，获长翟乔如，富父终甥舂其喉，以戈杀之，埋其首于子驹之门，以命宣伯。

司马迁又记述道：

> 齐惠公二年，鄋瞒伐齐，齐王子城父获其弟荣如，埋其首于北门。

《左传》"齐襄公"，《史记》作"齐惠公"。[①]如"齐惠公二年"说不误，则事在公元前607年。然若此则不当记于《左传·文公十一年》。破敌杀将，又埋其首于城门之下，自有攘灾厌胜的特殊意义。不过，我们目前尚不清楚，这是否是只是仅仅针对"狄"（"翟"）人的特殊的厌敌之术。

《左传·僖公二十八年》记述公元前632年晋国与曹国的战事，又可见城门磔人的历史记载：

> 晋侯围曹，门焉，多死，曹人尸诸城上，晋侯患之。

"尸诸城上"，杜预解释说："磔晋死人于城上。"晋军伐曹，强攻其城门，多有阵亡者，曹人磔其尸于城门之上，晋文公患之，后来从舆人之计，以发掘曹人祖坟的方式实施报复，终于在精神上制伏曹守军。又如《左传·成公二年》记载：

---

① 或以为司马迁误写，而泷川资言《史记会注考证》引陆粲的意见，以为"今本《左传》传写误"。

春，齐侯伐我北鄙，围龙。顷公之嬖人卢蒲就魁门焉，龙人囚之。齐侯曰："勿杀！吾与而盟，无入而封。"弗听，杀而膊诸城上。

所谓"膊诸城上"，杜预注："膊，磔也。"龙城守军在公元前589年齐鲁之战中擒获攻打城门的齐顷公的宠臣卢蒲就魁，拒绝齐人讲和的建议而磔之于城门上，大约亦深信如此则可以厌难制胜。然而却激怒了齐顷公，"齐侯亲鼓士陵城，三日，取龙"。曹人和鲁人的行为，大约反映了早期迷信观念的遗存，而敌对一方对此亦"患之"，也说明这种心理遗存其覆盖地域，可能仍然相当广阔。

所以"尸诸城上""膊诸城上"，或是因为城下已被敌军占据，或是因为如此更可以强化其心理震慑威力。

又如《荀子·宥坐》说道：

女以谏者为必用邪？吴（伍）子胥不磔姑苏东门外乎！

据《史记·伍子胥列传》，伍子胥被吴王赐死，曾告诸舍人：

抉吾眼县吴东门之上，以观越寇之入灭吴也。

剜其眼而悬于城门之上，当是由磔于城门而产生的联想。

汉代仍然可以看到这样的史例，《汉书·云敞传》：

〔吴〕章坐要折，磔尸东市门。

又《后汉书·酷吏列传·阳球》：

僵磔〔王〕甫尸于夏城门。

虽然作为刑罚形式，其意义与先古礼俗显然已经有所不同，然而从具体作法看，仍可以依稀感受到磔尸于门古习在当时人心理中的片段遗存。

以秦德公“磔狗邑四门”所反映的秦地风习与大致同时代的东方礼俗相比照，可以看到磔狗与直接使用人牲，或埋首、磔尸的明显区别。这一事实或许可以告诉人们，长期以来因距中原僻远，致使东方人“夷翟遇之”[①]，或以为“秦杂戎翟之俗”“秦之德义不如鲁卫之暴戾”[②]的观念，其实反映出某种文化偏见。以民气刚急而曾经被东方人比之为“虎狼”[③]的秦文化的特质，其实在某些方面可能较东方各国更为文明。

贾谊《过秦论》说：“秦俗多忌讳之禁。”秦人有关“门”的观念其神秘主义色彩之浓重，可能更胜于东方人。

例如，天水放马滩秦简《日书》乙种可见《门忌》简文30条。“门有东、西、南、北、寒、仓、财门之分，各有禁忌。”如：

寒门不寒濡泥聚聚易所室妻不去必为寡　　一

仓门是富井居西南囷居西北廥必南无　　二

南门是将军门可聚粮使客入岁更　　四

北门乡所邦门诎某筑日必有衰过之必以壬午筑之　　一八

云梦睡虎地秦简《日书》甲种有题为：“直（置）室门”（一一四正壹，一一五正壹）的内容，与前引简例相关者，我们看到：

寡门兴兴与毋定处凶　　一一四正贰

① 《史记·秦本纪》说，孝公以前，“秦僻在雍州，不与中国诸侯之会盟，夷翟遇之”，秦人以为“诸侯卑秦，丑莫大焉”。

② 《史记·六国年表》。

③ 《史记·苏秦列传》两处说到“交强虎狼之秦以侵天下”。《秦始皇本纪》：“秦王为人”，“少恩而虎狼心”。《项羽本纪》：“秦王有虎狼之心。”《魏世家》：“秦与戎翟同俗，有虎狼之心，贪戾好利无信，不识礼义德行。”《楚世家》：“秦虎狼，不可信。”《屈原贾生列传》：“秦虎狼之国，不可信。”《苏秦列传》：“夫秦，虎狼之国也，有吞天下之心。”“秦，虎狼之国，不可亲也。”“秦虎狼之国”的说法，又见《樗里子甘茂列传》《孟尝君列传》等。

仓门富井居西南囷居北乡廥 廥毋绝县肉　　一一五正贰

南门将军门贱人弗敢居　　一一六正贰

北门利为邦门贱人弗敢居　　一二六正贰

放马滩秦简《日书》乙种又有如下内容：

祠门良日甲申庚申壬申　　二四[①]

睡虎地秦简《日书》乙种亦可见：

祠户日壬申丁酉癸丑亥吉龙丙寅庚寅　　三三贰—三四贰

祠门日甲申辰乙亥丑酉吉龙戊寅辛巳　　三五贰—三六贰

睡虎地秦简《日书》甲种又有关于“祭门”（4正贰，5正贰）的内容。此外，关于“为门”（甲种69正壹，乙种86壹，97壹）、“穿户”（乙种196壹）、“徐（除）门户”（甲种102正贰）等，也都有严格的禁忌。睡虎地秦简《日书》甲种还可见以“门”为题的简文：

八月七日及冬未春戌夏丑积震是胃四敫不可初穿门为户牖伐木坏垣起　　一四三背[②]

可见“多忌讳之禁”的“秦俗”中，有关“门”的迷信尤其引人注目，磔狗与使用人牲或埋首磔尸相比较，似乎并不可以理解为禁忌等级稍低或时人重视程度较为淡薄。

应劭《风俗通义·礼典》说：“杀狗磔于四门”，是因为“狗别宾主，善守御”。宋玉《九辩》写道：

① 何双全：《天水放马滩秦简综述》，《文物》1989年第2期。

② 睡虎地秦墓竹简整理小组：《睡虎地秦墓竹简》，文物出版社1990年版。

> 岂不郁陶而思君兮？
> 君之门以九重。
> 猛犬狺狺而迎吠兮，
> 关梁闭而不通。

也暗示“犬”与“关”防“门”卫的关系。然而联想到春秋时期一些秦墓设有腰坑，在墓坑中留生土二层台，在腰坑和二层台上埋殉狗的情形，以及春秋晚期和战国早期一些秦墓在二层台上或墓主身旁殉狗的情形[①]，我们似乎有理由推想，秦德公“磔狗邑四门”所以“杀犬磔禳”，或许还有值得进一步探讨的更深层的文化含义。

我们还应当注意到，秦德公“磔狗邑四门”是与“初作伏”相联系的，《史记·秦本纪》即写作“初伏，以狗御蛊”。张守节解释说：“‘伏’者，隐伏避盛暑也。”“‘蛊’者，热毒恶气为伤害人，故磔狗以御之。”“以狗张磔于郭四门，禳却热毒气也。”然而《吕氏春秋》《淮南子》《礼记·月令》及《风俗通义》所谓“九门磔攘（禳）”则为“季春之月”“以毕春气”仪礼。其形式虽然相近，然而时节的差别，反映其本义或起初就有所不同。值得注意的是，两广地区直到晚世民间仍保留“以狗御蛊”“磔狗以御”“热毒恶气”之秦地风习的遗存。屈大均《广东新语》卷九论“广州时序”，说道：

> 夏至，磔犬御蛊毒。

又同治《番禺县志》：“夏至，磔犬御蛊毒。”[②]咸丰《顺德县志》：“夏至日，掰荔荐祖考，磔犬以辟阴气。”同治《韶州府志》同。[③]道光《恩平县

① 叶小燕：《秦墓初探》，《考古》1982年第1期。
② 民国《龙门县志》亦称：“夏至，磔犬御蛊毒。”
③ 同样的说法又见于民国《增城县志》、民国《东莞县志》。

志》:“夏至，猕荔荐祖考，磔犬以辟阴气，御蛊毒。”光绪《高明县志》:“夏至，烹狗以压阴气。”[①]道光《开平县志》:“夏至日，磔狗食，以辟阴气，云可解疟。”[②]乾隆《归善县志》:“夏至，食犬肉，饭荔枝酒助阳气。”乾隆《顺德县志》:“夏至，磔狗食之，解疟。”光绪《花县志》:“夏至，烹犬而食，云解疟疾。”民国《龙山乡志》:“夏至，猕荔枝，吃犬肉。”民国《四会县志》:“夏至，多磔犬以扶阳气。”民国《罗定志》:“夏至烹狗，以扶阳气。”道光《西宁县志》:“夏至日，或烹狗集饷，谓一阴生，用热物以胜之。”民国《灵川县志》:“夏至日，烹狗作食以助阴。”

岭南民习可见古秦风遗存，很可能与《史记》所记述的秦始皇时代的如下史事有关：

> 发诸尝逋亡人，赘婿，贾人略取陆梁地，为桂林、象郡、南海，以谪遣戍。(《秦始皇本纪》)
>
> 略定杨越，置桂林、南海、象郡，以谪徙民，与越杂处。(《南越列传》)

《汉书·高帝纪下》也记载:“秦徙中县之民南方三郡，使与百粤杂处。”秦人移居南边之后形成的文化影响，很可能使当地民俗受到了来自西北的强烈影响。

而朝鲜族至今仍有暑期食用狗肉的风习，很可能也是与秦人流入当地有关。《后汉书·东夷列传》:“辰韩，耆老自言秦之亡人，避苦役，适韩国，马韩割东界地与之。其名‘国’为‘邦’,‘弓’为‘弧’,‘贼’为‘寇’,‘行酒’为‘行觞’,相呼为‘徒’,有似秦语，故或名之为‘秦韩’。”又《史记·朝鲜列传》又记载，在朝鲜王满“传子至孙右渠”前后，“所诱汉亡人滋多”。当文化中心区域礼俗融变换移之后，交通相对隔

① 民国《高要县志》同。

② 道光《新宁县志》、民国《赤溪县志》同。

图9-10 反映秘鲁印第安人将行犬祭的陶偶

闭的地区则往往多可以保存古风。“礼失而求诸野”[①]的古语，在这里或许即可以得到释说的实例。

凌纯声先生发现，“中国犬祭的分布，自古迄今多在海洋文化区”。他认为，“太平洋其他地区的犬祭，与中国古代犬祭有许多类似之点（similarities），而同区各地类似的文化特质，似不能说他们无亲缘（affiliation）关系，更不能说多是偶然的类似”。这一观点，可以给我们以启示。凌纯声先生说：“殷周之时，中国大陆文化自西而东，秦汉以后，再由北而南，牛羊渐代犬牲，及至近世内地已罕见犬祭”，“至今仅在海洋文化区中的边疆民族尚有保存犬祭文化者。”[②]这种文化趋势的分析是否符合历史事实，当然还可以讨论。

① 《汉书·艺文志》论诸子九家：“仲尼有言：‘礼失而求诸野。’方今去圣久远，道术缺废，无所更索，彼九家者，不犹愈于野乎？”又刘歆《移太常博士》：“今上所考规，其为古文旧书，皆有征验，内外相应，岂苟而已哉。夫‘礼失求之于野’，古文不犹愈于野乎！”又《文中子·魏相》：“文中子曰：‘吾闻礼于关生，见负樵者几焉；正乐正霍生，见持竿者几焉。吾将退而求诸野矣。’”

② 凌纯声：《古代中国与太平洋区的犬祭》，《中国边疆民族与太平洋文化》，联经出版事业公司1979年版，第692页至第693页。

宝鼎迷信的源流

鼎，曾经长期被看作传国重器，成为国家最高行政权力的象征。汉武帝时代，宝鼎迷信又曾经广泛地影响社会上下。

司马迁在《史记》中记录了这一特殊的历史文化现象。

汉武帝时，曾经得鼎汾水上，于是因此改元，号曰“元鼎”。

对于得鼎的时间，《史记》没有明确的记载，《汉书·武帝纪》：“〔元鼎元年〕得鼎汾水上。”“〔元鼎四年〕六月，得鼎后土祠旁。”又说因此作《宝鼎》之歌。《汉书·礼乐志》记录《郊祀歌》十九章《景星》十二，有“汾脽出鼎，皇祐元始”句，题记：“元鼎五年得鼎汾阴作。”《史记·封禅书》说，得鼎在栾大封乐通侯当年。而《汉书·外戚恩泽侯表》说：“乐通侯栾大……四年四月乙巳封。”可知事在元鼎四年。《资治通鉴》卷二〇“汉武帝元鼎元年”即不取“得鼎汾水上”之文，正如王先谦《汉书补注》引《考异》所说：“得鼎应在四年。盖《武纪》因今年改元而误增此得鼎一事耳，非两曾得鼎于汾水上也。”

关于得鼎汾阴事，《史记·封禅书》记载：

> 其夏六月中，汾阴巫锦为民祠魏脽后土营旁，见地如钩状，掊视得鼎。鼎大异于众鼎，文镂无款识，怪之，言吏。吏告河东太守胜，胜以闻。天子使使验问巫得鼎无奸诈，乃以礼祠，迎鼎至甘泉，从行，上荐之。至中山，曣温，有黄云盖焉。有麃过，上自射之，因以祭云。
>
> 至长安，公卿大夫皆议请尊宝鼎。
>
> 天子曰：“间者河溢，岁数不登，故巡祭后土，祈为百姓育谷。今岁丰庑未报，鼎曷为出哉?”
>
> 有司皆曰：“闻者泰帝兴神鼎一，一者壹统，天地万物所系终也。黄帝作宝鼎三，象天地人。禹收九牧之金，铸九鼎，皆尝亨鬺上帝鬼

神。遭圣则兴，鼎迁于夏商。周德衰，宋之社亡，鼎乃沦没，伏而不见。《颂》云'自堂徂基，自羊徂牛，鼐鼎及鼒，不吴不骜，胡考之休'。今鼎至甘泉，光润龙变，承休无疆。合兹中山，有黄白云降盖，若兽为符，路弓乘矢，集获坛下，报祠大享。唯受命而帝者心知其意而合德焉。鼎宜见于祖祢，藏于帝廷，以合明应。"

制曰："可。"

"鼎大异于众鼎，文镂无款识"，可知是古鼎。一件偶然出土的前朝文物，竟然惊动了君臣上下，致使满朝振奋。

朝中的宝鼎热，又因为齐人公孙卿追述黄帝传说而进一步升温。司马迁在《史记·封禅书》中写道，有人建议"宜立太一而上亲郊之"，汉武帝方犹疑未定，齐人公孙卿说：

今年得宝鼎，其冬辛巳朔旦冬至，与黄帝时等。

他又有札书详述黄帝得宝鼎故事：

黄帝得宝鼎宛朐，问于鬼臾区。区对曰："帝得宝鼎神策，是岁己酉朔旦冬至，得天之纪，终而复始。"于是黄帝迎日推策，后率二十岁复朔旦冬至，凡二十推，三百八十年。黄帝仙登于天。

公孙卿因所忠欲奏之。所忠视其书不经，疑其妄书，谢曰："宝鼎事已决矣，尚何以为！"公孙卿于是因嬖人奏之。汉武帝大悦，召问公孙卿。对曰："受此书申公，申公已死。"汉武帝问："申公何人也？"公孙卿回答道：

申公，齐人。与安期生通，受黄帝言，无书，独有此鼎书。曰"汉兴复当黄帝之时"。曰"汉之圣者在高祖之孙且曾孙也。宝鼎出而

> 与神通，封禅。封禅七十二王，唯黄帝得上泰山封”。申公曰：“汉主亦当上封，上封则能仙登天矣。黄帝时万诸侯，而神灵之封居七千。天下名山八，而三在蛮夷，五在中国。中国华山、首山、太室、泰山、东莱，此五山黄帝之所常游，与神会。黄帝且战且学仙。患百姓非其道者，乃断斩非鬼神者。百余岁然后得与神通。黄帝郊雍上帝，宿三月。鬼臾区号大鸿，死葬雍，故鸿冢是也。其后黄帝接万灵明廷。明廷者，甘泉也。所谓寒门者，谷口也。黄帝采首山铜，铸鼎荆山下。鼎既成，有龙垂胡髯下迎黄帝。黄帝上骑，群臣后宫从上龙七十余人，龙乃上去。余小臣不得上，乃悉持龙髯，龙髯拔，堕，堕黄帝之弓。百姓仰望黄帝既上天，乃抱其弓与胡髯号，故后世因名其处曰‘鼎湖’，其弓曰‘乌号’。”

于是汉武帝说：“嗟乎！吾诚得如黄帝，吾视去妻子如脱躧耳。”于是乃拜公孙卿为郎，派他东行至于太室以迎候神仙。后来，汉武帝始郊拜太一。其赞飨曰：“天始以宝鼎神策授皇帝，朔而又朔，终而复始，皇帝敬拜见焉。”

司马迁还写道：

> 自得宝鼎，上与公卿诸生议封禅。……

围绕着所谓“宝鼎出而与神通”的神话，君臣上下一时沉醉在“能仙登天”“接万灵”“得与神通”的狂热幻想之中。“宝鼎”在这里，似乎是神仙理想的一种标志，是封禅表演的一种道具。

然而，所谓“天始以宝鼎神策授皇帝”，则体现出“宝鼎”的另一种文化内涵，即管理天下的最高权力的象征。

所谓“泰帝兴神鼎一”[①]“黄帝作宝鼎三”“禹收九牧之金，铸九鼎”，

① 司马贞《索隐》：“案：孔文祥云：‘泰帝，太昊也。’”

以及后来“鼎迁于夏商”，继而“周德衰，宋之社亡，鼎乃沦没，伏而不见”，“鼎”的历史，正体现出政治史的演进。到了汉武帝得鼎汾阴，则被看作“受命”“合德”的政治信号了。

对于盛行一时的“宝鼎”神话，从《史记》的内容看，司马迁是接受了的。

《史记·封禅书》中公孙卿关于“黄帝得宝鼎宛朐”，鬼臾区曰：“帝得宝鼎神策”是“得天之纪”，“于是黄帝迎日推策”的说法，《史记·五帝本纪》中写道：

> 〔黄帝〕获宝鼎，迎日推策。

《史记·周本纪》说，周武王灭殷，“命南宫括、史佚展九鼎保玉”[①]，又说：

> 成王在丰，使召公复营洛邑，如武王之意。周公复卜申视，卒营筑，居九鼎焉。曰：“此天下之中，四方入贡道里均。”

这就是鼎由夏商迁于周的历史过程。周成王在丰，而鼎居洛邑，是值得重视的现象，置鼎“天下之中”，其王朝象征的作用得到肯定。在《史记·周本纪》的末尾，司马迁还特意重复说明了这一事实：

> 太史公曰：学者皆称周伐纣，居洛邑，综其实不然。武王营之，成王使召公卜居，居九鼎焉，而周复都丰、镐。

根据司马迁的记载，一些诸侯国也有自己具有某种政治文化象征意义的“鼎”。《史记·十二诸侯年表》：

---

① 裴骃《集解》引徐广曰：“‘保’，一作‘宝’。”

〔鲁桓公二年〕宋赂以鼎，入于太庙，君子讥之。

《史记·鲁周公世家》也写道：“二年，以宋之赂鼎入于太庙，君子讥之。”

《史记·乐毅列传》录乐毅报遗燕惠王书，其中说到燕师破齐之功：

济上之军受命击齐，大败齐人。轻卒锐兵，长驱至国。齐王遁而走莒，仅以身免。珠玉财宝车甲珍器尽收入于燕。齐器设于宁台，大吕陈于元英，故鼎反乎磿室，蓟丘之植植于汶篁，自五伯以来，功未有及先王者也。

关于“故鼎反乎磿室”，司马贞《索隐》解释说：“燕鼎前输于齐，今反入于磿室。磿室亦宫名，《战国策》作‘历室’也。”张守节《正义》：“《括地志》云：‘历室，燕宫名也。’高诱云：‘燕哙乱，齐伐燕，杀哙，得鼎，今反归燕故鼎。’”

司马迁在《史记·楚世家》中以周王朝的大臣王孙满之口，又说到鼎在夏商周三代的变迁：

〔楚庄王〕八年，伐陆浑戎，遂至洛，观兵于周郊。周定王使王孙满劳楚王。楚王问鼎小大轻重。对曰：“在德不在鼎。”庄王曰：“子无阻九鼎！楚国折钩之喙，足以为九鼎。”王孙满曰：“呜呼！君王其忘之乎？昔虞夏之盛，远方皆至，贡金九牧，铸鼎象物，百物而为之备，使民知神奸。桀有乱德，鼎迁于殷，载祀六百。殷纣暴虐，鼎迁于周。德之休明，虽小必重；其奸回昏乱，虽大必轻。昔成王定鼎于郏鄏，卜世三十，卜年七百，天所命也。周德虽衰，天命未改。鼎之轻重，未可问也。”楚王乃归。

其事原见于《左传·宣公三年》：“楚子伐陆浑之戎，遂至于雒，观兵于周疆。定王使王孙满劳楚子。楚子问鼎之大小轻重焉。对曰：'在德不在鼎。昔夏之方有德也，远方图物，贡金九牧，铸鼎象物，百物而为之备，使民知神奸。故民入川泽山林，不逢不若。螭魅罔两，莫能逢之，用能协于上下以承天休。桀有昏德，鼎迁于商，载祀六百。商纣暴虐，鼎迁于周。德之休明，虽小，重也。其奸回昏乱，虽大，轻也。天祚明德，有所厎止。成王定鼎于郏鄏，卜世三十，卜年七百，天所命也。周德虽衰，天命未改。鼎之轻重，未可问也。"

对比《左传》和《史记》的文字，可知侧重似乎有所不同。《左传》"故民入川泽山林，不逢不若。螭魅罔两，莫能逢之，用能协于上下以承天休"语，为司马迁所不取，是鼎的政治文化意义更受到重视。《史记》楚庄王曰"子无阻九鼎！楚国折钩之喙，足以为九鼎"语，生动真实，当另有所本。

楚庄王"问鼎"事，又见于《史记·周本纪》："定王元年，楚庄王伐陆浑之戎，次洛，使人问九鼎。王使王孙满应设以辞，楚兵乃去。"以及《史记·十二诸侯年表》："〔楚庄王八年〕伐陆戎，至雒，问鼎轻重。"

其实，此后楚王又有"求鼎"于周事。

《史记·楚世家》记载，楚庄王八年（公元前606年）"问鼎"76年之后，又有楚灵王十一年（公元前530年）"求鼎"事：

> 王曰："齐、晋、鲁、卫，其封皆受宝器，我独不。今吾使使周求鼎以为分，其予我乎？"析父对曰："其予君王哉！……周今与四国服事君王，将惟命是从，岂敢爱鼎？"灵王曰："昔我皇祖伯父昆吾旧许是宅，今郑人贪其田，不我予，今我求之，其予我乎？"对曰："周不爱鼎，郑安敢爱田？"

春秋战国时期周室衰微，列强争胜，有"问鼎"之意者，其实并不止楚庄王一家。

《史记·张仪列传》记载，秦惠王曾经就东进伐韩还是南下伐蜀的战略方向的择定“犹豫未能决”，于是，“司马错与张仪争论于惠王之前”，进行了一次著名的廷前辩论。“司马错欲伐蜀，张仪曰：‘不如伐韩。’”张仪说道：

> 秦攻新城、宜阳，以临二周之郊，诛周王之罪，侵楚、魏之地。周自知不能救，九鼎宝器必出。据九鼎，案图籍，挟天子以令天下，天下莫敢不听，此王业也。

司马错指出此议不妥：

> 周，天下之宗室也；齐，韩之与国也。周自知失九鼎，韩自知亡三川，将二国并力合谋，以因乎齐、赵而求解乎楚、魏，以鼎与楚，以地与魏，王弗能止也。此臣之所谓危也。不如伐蜀完。

司马错和张仪的见解虽然针锋相对，但是都透露出秦王室贵族对周“九鼎宝器”的关注。所谓“据九鼎，案图籍，挟天子以令天下，天下莫敢不听，此王业也”，说明了“九鼎”和“王业”之间的关系。

秦惠王卒，子武王立。他仍然有觊觎周鼎之心。《史记·秦本纪》说：

> 武王谓甘茂曰：“寡人欲容车通三川，窥周室，死不恨矣。”

这位秦王据说“有力好戏”，力士孟说等都身居高位。司马迁又记述：

> 王与孟说举鼎，绝膑。八月，武王死。

《史记·赵世家》也写道：

> 秦武王与孟说举龙文赤鼎，绝膑而死。

秦武王即位第四年就因意外事故去世。有的学者认为，他的死因，其实与对周“九鼎宝器”的狂热向往有关。[①]

秦武王举鼎故事，使人联想到司马迁记述的另两则“扛鼎”故事。

《史记·项羽本纪》写道：“〔项〕籍长八尺余，力能扛鼎，才气过人。”这个面对秦始皇敢于说“彼可取而代也”的英雄，果然“力拔山兮气盖世”，令天下诸侯不能不慑服，成就了“近古以来未尝有也”的帝王之业。

《史记·淮南衡山列传》写道：“〔淮南厉王刘长〕有材力，力能扛鼎。”“当是时，薄太后及太子诸大臣皆惮厉王，厉王以此归国益骄恣，不用汉法，出入称警跸，称制，自为法令，拟于天子。”

战国时期列国对“九鼎”的野心，又见于司马迁在《史记·周本纪》中关于秦军威胁周君时，周室官员以空许“九鼎”的外交手段诱惑魏国出军为周加固城防的故事：

> 四十二年，秦破华阳约。马犯谓周君曰：“请令梁城周。”乃谓梁王曰：“周王病若死，则犯必死矣。犯请以九鼎自入于王，王受九鼎而图犯。”[②]梁王曰：“善。”遂与之卒，言戍周。[③]因谓秦王曰：“梁非戍周也，将伐周也。王试出兵境以观之。”[④]秦果出兵。又谓梁王曰：“周王病甚矣，犯请后可而复之。今王使卒之周，诸侯皆生心，

① 林剑鸣《秦史稿》写道：“由于秦国一天天强大，所以武王的野心也就一天天膨胀，他不仅要当各诸侯国的盟主，而且十分向往周天子的宝座，尽管这个‘天子’早已成为有名无实的傀儡。”“武王一味嗜武，所以十分喜欢力士，对有些力士如任鄙、乌获、孟说等皆委以高官。武王自己也有一身蛮力气，因为向往着象征着周天子权位的周鼎，所以常常以举鼎为戏。公元前307年（秦武王四年），武王在同力士孟说举鼎时，胫骨被折断，至当年八月竟因此死去。这一个雄心勃勃的武王，因好勇逞能，偏要做力不胜任之事，所以当了四年国君就离开了人间。”上海人民出版社1981年版，第247页至第248页。

② 司马贞《索隐》：“犯谓梁王，我方入鼎于王，王当谋救援己也。”

③ 张守节《正义》：“周虽未入九鼎于梁，而梁信马犯矫言，遂与之卒，令守周。”

④ 张守节《正义》：“梁兵非戍周也，将渐伐周而取九鼎宝器，王若不信，试出师于境，以观梁王之变也。”

后举事且不信。不若令卒为周城，以匿事端。”[①]梁王曰：“善。”遂使城周。

显然，秦国和魏国，都有心“图周九鼎”。

象征最高行政权力的“九鼎”，据说最后终于落入秦人之手。

秦灭周，得“九鼎”。《史记·周本纪》记载：

> 周君、王赧卒，周民遂东亡。秦取九鼎宝器，而迁西周公于惮狐。后七岁，秦庄襄王灭东周。东西周皆入于秦，周既不祀。

《史记·秦本纪》也写道：

> 〔秦昭襄王〕五十二年，周民东亡，其器九鼎入秦。周初亡。

然而，似乎正如秦祚之不久，“九鼎”竟然又得而复失。《史记·封禅书》说：

> 秦灭周，周之九鼎入于秦。或曰宋太丘社亡，而鼎没于泗水彭城下。

这里所谓“或曰”，似乎暗示“周之九鼎”其实并未曾“入于秦”。

梁玉绳《史记志疑》卷一六写道：“案：史公述有司议，缺略不具，当以《汉志》校之，得失自见。”《汉书·郊祀志上》记述有司所言，是这样的：“闻昔泰帝兴神鼎一，一者一统，天地万物所系象也。黄帝作宝鼎三，象天地人。禹收九牧之金，铸九鼎，象九州。皆尝鬺享上帝鬼神。其空足曰鬲，以象三德，飨承天祜。夏德衰，鼎迁于殷；殷德衰，鼎迁于

---

① 司马贞《索隐》说：“梁实图周九鼎，且外遣卒戍周和合。秦举兵欲伐周，梁不救周，是本无善周之事，止是欲周危而取九鼎，故诸侯皆心不信梁矣。故不如匿事端，使卒为周城。”

周；周德衰，鼎迁于秦；秦德衰，宋之社亡，鼎乃沦伏而不见。"《汉志》的记述似乎较为详尽，不过，梁玉绳《史记志疑》还指出："然'周德衰'下有'鼎迁于秦，秦德衰'二语，社亡鼎没，不在秦衰之时，议者未免失词。"

关于"九鼎"的沦失，司马迁在《史记》中还有其他的记述，例如：

> 始皇还，过彭城，斋戒祷祠，欲出周鼎泗水。使千人没水求之，弗得。(《秦始皇本纪》)
>
> 周德衰，宋之社亡，鼎乃沦没，伏而不见。(《封禅书》)

汉代画像中多见反映"出周鼎泗水"的画面，又往往表现鼎中出龙，咬断绳索，于是秦始皇"求之"而"弗得"的故事，被涂染上浓重的神话色彩。

人们自然会问，按照得鼎即应"藏之帝庭"的说法，秦得"九鼎"而又失之，何以竟会"沦没"于千里之外的"泗水彭城下"？

图9-11 山东嘉祥汉画像石"泗水出鼎"画面

《史记·封禅书》说到汉文帝时赵人新垣平以骗术迎合帝王向往“神明之事”之心的情形：

> 新垣平使人持玉杯，上书阙下献之。平言上曰：“阙下有宝玉气来者。”已视之，果有献玉杯者，刻曰：“人主延寿。”平又言：“臣候日再中。”居顷之，日却复中。于是始更以十七年为元年，令天下大酺。
>
> 平言曰：“周鼎亡在泗水中，今河溢通泗，臣望东北汾阴直有金宝气，意周鼎其出乎？兆见不迎则不至。”于是上使使治庙汾阴南，临河，欲祠出周鼎。
>
> 人有上书告新垣平所言气神事皆诈也。下平吏治，诛夷新垣平。自是之后，文帝怠于改正朔服色神明之事。

新垣平所谓“今河溢通泗”，于是“周鼎其出”“汾阴”的预言，说“鼎”可以由水路迁转，其背景可能是基于“鼎”与“龙”的神秘关系。[①]可以看到，这一说法，又间接否定了“周鼎”在“河溢通泗”之前，由咸阳甚至洛阳“沦没”至于泗水的可能。

人们还会问这样的问题：为什么说“宋之社亡，鼎乃沦没，伏而不见”？“宋太丘社亡”和“九鼎”之失有什么联系呢？

是不是可以这样推想，“九鼎”很可能在“周初亡”时并没有入于咸阳，而在“周民东亡”时携行而东。

人们甚至会产生这样的疑惑，就是说，似乎不排除另一种可能，即在周武王灭商后，“九鼎”也并没有入于洛阳，而仍然作为殷人祀祖的神器保存于“宋之社”。也就是说，曾经令诸侯瞩目的所谓“周鼎”，只是作为神话而存在。不过，看起来，这样的怀疑是可以否定的。因为《史记》中

① 《史记·赵世家》说，“秦武王与孟说举龙文赤鼎。”是当时的鼎有以“龙”作为纹饰主题的。《史记·封禅书》所记述“黄帝采首山铜，铸鼎于荆山下，鼎既成，有龙垂胡髯下迎黄帝”的传说，也说明“鼎”与“龙”有关系。

就能够看到有关周之“九鼎”的一些显然并非政治宣传的记载，如：

> 〔周〕威烈王二十三年，九鼎震。命韩、魏、赵为诸侯。（《周本纪》）
>
> 〔周威烈王二十三年〕九鼎震。……魏、韩、赵始列诸侯。（《六国年表》）

然而，司马迁关于宋续殷祀，而奉其祭器的记载，依然可以发人深思。他在《史记·宋微子世家》中写道：“周武王伐纣克殷，微子乃持其祭器造于军门，肉袒面缚，左牵羊，右把茅，膝行而前以告。于是武王乃释微子，复其位如故。”其中所谓“持其祭器造于军门”，是值得文化史学者重视的。司马迁还记述说，“武王封纣子武庚禄父以续殷祀”，后武庚作乱，“周公乃承成王命诛武庚”，“乃命微子开代殷后，奉其先祀”。《论语·八佾》记录孔子的话：“殷礼吾能言之，宋不足征也。文献不足故也，足，则吾能征之矣。”司马迁在《史记·孔子世家》中引用了这段话，并且以为孔子序《书传》时语：

> 孔子之时，周室微而礼乐废，《诗》《书》缺。追迹三代之礼，序《书传》，上纪唐虞之际，下至秦缪，编次其事。曰：“夏礼吾能言之，杞不足征也。殷礼吾能言之，宋不足征也。足，则吾能征之矣。”观殷、夏所损益，曰：“后虽百世可知也，以一文一质。周监二代，郁郁乎文哉。吾从周。”故《书传》《礼记》自孔氏。

孔子虽然怀疑宋国礼制是否全面照搬“殷礼”，但是仍然明确承认了两者之间的文化传承关系。《礼记·中庸》同样记录孔子的话，则又说：“吾学殷礼，有宋存焉。”

据说因所谓“宋太丘社亡”而沦没于泗水的“九鼎”，是不是宋人继承的殷人的祭器呢？

新垣平说“周鼎其出”“汾阴”，又警告汉文帝：“兆见不迎则不至。”《史记会注考证》引中井积德说，“无端言有金气，可知平既作鼎而埋焉”。37年之后，果然鼎出汾阴，中井积德以为，“是鼎系新垣平伪造。盖平作鼎埋之，欲待其锈坏，祠而出之，而身先死，至此鼎自出也”。可能正因为汾阴出鼎与新垣平预言之间可疑的联系，使得汉武帝起初也半信半疑，于是如《史记·封禅书》所记述，“天子使使验问巫得鼎无奸诈，乃以礼祠”。

对于所谓“禹收九牧之金，铸九鼎”，梁玉绳《史记志疑》卷一六有这样一段议论：“考禹铸九鼎虽不见于经典，而相传为禹铸，《易林》‘小畜之益’、《说文·鼎部》及杜注《左传》、王嘉《拾遗记》皆称是禹，惟《墨子·耕柱篇》言夏启所铸，并载白云之谣。恐单说不可信，而金氏《前编》因之，何欤？”

《墨子·耕柱》的原文是这样的：“昔者夏后开使蜚廉折金于山川，而陶铸之于昆吾；是使翁难雉乙卜于白若之龟，曰：‘鼎成三足而方，不炊而自烹，不举而自臧，不迁而自行，以祭于昆吾之虚，上乡！’乙又言兆之由曰：‘飨矣！逢逢白云，一南一北，一西一东，九鼎既成，迁于三国。’夏后氏失之，殷人受之；殷人失之，周人受之。夏后、殷、周之相受也，数百岁矣。使圣人聚其良臣与其桀相而谋，岂能智数百岁之后哉！而鬼神智之。是故曰，鬼神之明智于圣人也，犹聪耳明目之与聋瞽也。”鼎的神性，也得到肯定。

宝鼎迷信是由来已久的。司马迁在《史记》中的记载，反映了这一文化现象。而各地出土的汉代画像石多见泗水求鼎的画面，又使我们知道宝鼎神话在民间的广泛影响。

《日书》与民间禁忌

司马迁在《史记·秦始皇本纪》中引用了贾谊《过秦论》总结秦王朝覆亡原因的这样一段话：

图9-12　河南新野汉画像砖“泗水出鼎”画面

> 秦王足己不问，遂过而不变。二世受之，因而不改，暴虐以重祸。子婴孤立无亲，危弱无辅。三主惑而终身不悟，亡，不亦宜乎？当此时也，世非无深虑知化之士也，然所以不敢尽忠拂过者，秦俗多忌讳之禁，忠言未卒于口而身为戮没矣。故使天下之士，倾耳而听，重足而立，拑口而不言。是以三主失道，忠臣不敢谏，智士不敢谋，天下已乱，奸不上闻，岂不哀哉！

这是关于秦王朝政治风格的分析，不过，其中所谓“秦俗多忌讳之禁”，也可以借用来评论秦民间礼俗文化的特征。

“忌讳”一语用于表现专制政治下的臣民心理，《史记》中又有数例，如：“上乐以刑杀为威，天下畏罪持禄，莫敢尽忠。上不闻过而日骄，下慑伏谩欺以取容。秦法，不得兼方，不验，辄死。然候星气者至三百人，皆良士，畏忌讳谀，不敢端言其过。”（《秦始皇本纪》）“彭祖多内宠姬及子孙。相、二千石欲奉汉法以治，则害于王家。是以每相、二千石至，彭祖衣皂布衣，自行迎，除二千石舍，多设疑事以作动之，得二千石失言，中忌讳，辄书之。二千石欲治者，则以此迫劫；不听，乃上书告，及污以奸利事。彭祖立五十余年，相、二千石无能满二岁，辄以罪去，大者

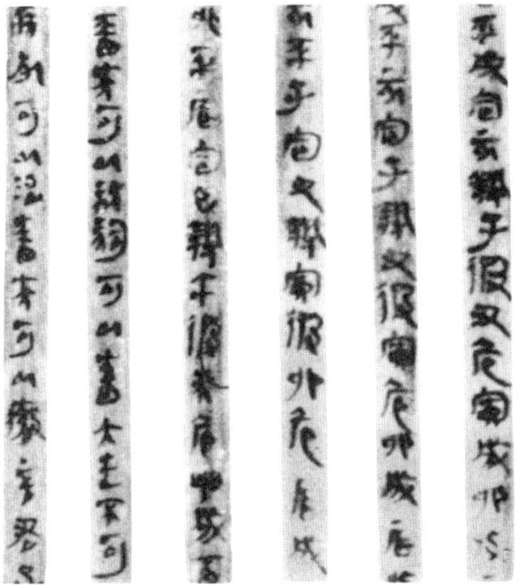

图9-13 甘肃天水放马滩秦简《日书》

死，小者刑，以故二千石莫敢治。”（《五宗世家》）“上既闻廉颇、李牧为人，良说，而搏髀曰：‘嗟乎！吾独不得廉颇、李牧时为吾将，吾岂忧匈奴哉！’〔冯〕唐曰：‘主臣！陛下虽得廉颇、李牧，弗能用也。’上怒，起入禁中。良久，召唐让曰：‘公奈何众辱我，独无间处乎？’唐谢曰：‘鄙人不知忌讳。’”“‘臣愚，以为陛下法太明，赏太轻，罚太重。且云中守魏尚坐上功首虏差六级，陛下下之吏，削其爵，罚作之。由此言之，陛下虽得廉颇、李牧，弗能用也。臣诚愚，触忌讳，死罪死罪！’”（《张释之冯唐列传》）“太史公曰：孔氏著《春秋》，隐桓之间则章，至定哀之际则微，为其切当世之文而罔褒，忌讳之辞也。”（《史记·匈奴列传》）

反映民间礼俗生活的“忌讳”，又见于《史记·太史公自序》：

尝窃观阴阳之术，大祥而众忌讳，使人拘而多所畏；然其序四时之大顺，不可失也。

所谓“大祥而众忌讳，使人拘而多所畏”，张守节《正义》：“言拘束于日时，令人有所忌畏也。”

“拘束于日时，令人有所忌畏”的社会文化现象，可以通过《日书》的应用和流行得到反映。

战国秦汉时期的《日书》已经屡有出土。而云梦睡虎地11号秦墓出土的《日书》，较早受到研究者的重视。有学者相继指出，睡虎地秦简《日书》具有丰富的文化内涵，是认识当时的思想文化，考察当时的社会历史的重要资料。①

睡虎地秦简《日书》有甲乙两种。其内容，包括分属秦人和楚人的两套建除。墓中同出《编年记》止于秦始皇三十年（公元前217年），因而墓主所习用和宝重的《日书》，可以看作体现秦代社会生活的重要资料，也可以说明司马迁《史记》所谓“秦俗多忌讳之禁”以及“众忌讳，使人拘而多所畏”的实证。

睡虎地秦简《日书》总计425支简（残简未计入）中，简文直接涉及出行归返之吉凶，即内容为行归宜忌者，多达151支。不仅数量颇为可观，禁忌亦备极繁密。我们可以暂且将其大略归为如下几类：

1.行归时日之宜忌

睡虎地秦简《日书》甲种《除》题下，可以看到如下内容：

> 〔交日〕以祭门行、行水，吉。 四正贰
>
> 〔害日〕祭门行，吉。 五正贰
>
> 达日，利以行帅（师）出正（征）。 七正贰
>
> 外害日，不可以行作。之四方野外，必耦（遇）寇盗，见兵。 九正贰

① 李学勤：《睡虎地秦简〈日书〉与楚、秦社会》，《江汉考古》1985年第4期；《日书》研读班（导师：林剑鸣）：《日书：秦国社会的一面镜子》，《文博》1986年第5期。

（夬光日）行有得。　一二正贰[①]

又如《秦除》：

挚（执）日，不可以行。　一九正贰

又如《稷辰》：

危阳，是胃（谓）不成行。　三七正[②]

在《玄戈》题下，可以看到《艮山离日图》（四七正贰至六〇正贰）：

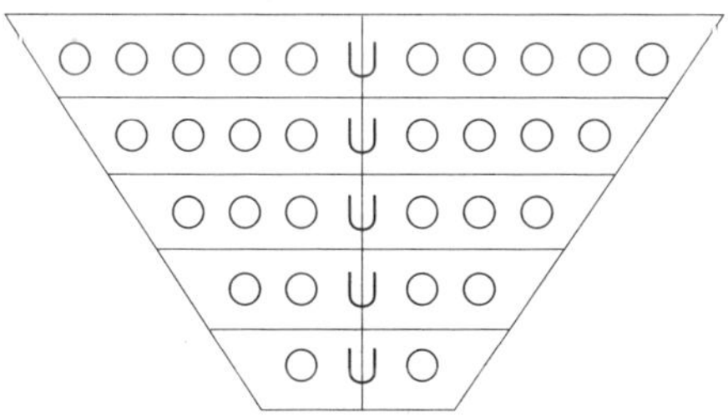

图下有文字说明：

此所胃（谓）艮山，禹之离日也。从上右方数朔之初日　四七正叁

及枳（支）各一日，数之而复从上数。□与　四八正叁

枳（支）刺艮山之胃（谓）离日。离日不可　四九正叁

以家（嫁）女、取（娶）妇及入　五〇正叁

① 睡虎地秦简《日书》乙种相应的内容，作："平达之日，利以行"（一九壹），"空外遣之日，不可以行。之四邻，必见兵。"（二一壹）

② 睡虎地秦简《日书》乙种相应的内容，作："危阳，不成其行。"（五六）

人民畜生，唯　　五一正叁

利以分异。离　　五二正叁

日不可以行，行不反（返）。　　五三正叁

图列30日位次，“朔之初日”置于右上第一位，依次历数，又有“数之而复从上数”的情形。图中央左右两侧各分出5枝的竖线可能即象征“艮山”，旁临10日。《日书》甲种《反枳（支）》题下谓“一月当有三反枳（支）”（一五四背），可知必有1日“刺艮山”。此日即所谓“离日”。李学勤先生曾经将元光元年十月历谱填入《艮山离日图》，于是图形如下：

☆戊午	丙辰	癸丑	己酉	甲辰	己亥	乙未	壬辰	庚寅	己丑
	丁巳	甲寅	庚戌	★乙巳	☆庚子	丙申	癸巳	辛卯	
		乙卯	辛亥	☆丙午	★辛丑	丁酉	☆甲午		
			☆壬子	丁未	壬寅	戊戌			
				戊申	癸卯				

其中用☆标识的是反支日，用★标识的是“离日”。

对于“离日”和艮山的关系，李学勤先生对照《周易》经传本文进行了说明。他指出：

《周易》的《艮卦》卦辞是：“艮其背，不获其身；行其庭，不见其人，无咎。”

《彖传》的解释是：“艮，止也。时止则止，时行则行，动静不失其时，其道光明。艮其止，止其所也。上下敌应，不相与也。是以

‘不获其身；行其庭，不见其人，无咎’也。”

按照《易传》的义理，《艮卦》是所谓“止而不相交通之卦”，是“象止之卦”。金景芳等《周易全解》说：“艮一阳居二阴之上。阴性静，二阴在下静止不动。阳性动，但是一阳既已至于上，则性动也不能动了。下静上止，故为艮。”同时，“自卦体看，二阴在下，一阳在上，阴阳各止其所，屹然不动，止而不交，有相背不见之象。”

《艮卦》的特征是静止不动，相背不见，这正和《艮山图》表达的思想相合。“离日”与“反支”夹居与山背两侧，也象征了这一思想。既然静止不动，自然是不宜出行；相背不见，自然是不宜嫁娶等事而利于分离。由此可见，《艮山图》虽然是一种流行于民间的数术禁忌，它的思想来源却是《周易》，包括《易传》对《艮卦》的分析。

后来又有学者对李学勤先生的分析有所补充，指出应当注意到“秦、汉时代反支日的推算是有差异的”，“秦时每月一般只有3个反支日，而汉代则每月有5个反支日”。“推算《艮山图》时，反支日应以《日书》‘反支篇’为依据。而按照它‘一月当有三反支’的说法，每月的‘离日’都只会有一日。如李先生所举的十月，其‘离日’就只有辛丑一日。”[①]

还应当指出的，是对于“离日”的理解。

李学勤先生说：“《艮山图》是推定一月中‘离日’的方法。按照这一数术，遇到‘离日’不宜嫁娶，不可入纳奴婢和牲畜，也不宜出行，因为据说这一天曾是夏禹的‘离日’。在传说里，禹是长期离家在外的典型，他娶涂山氏之女后，第四天便出去治水，居外十三年，过家门不敢入，连儿子都不及抚养。‘离日’既象征分离，所以只利于‘分异’。秦商鞅之法，‘民有二男以上不分异者，倍其赋’，‘分异’就是分家。”[②]

---

① 刘乐贤:《睡虎地秦简〈日书〉研究》,文津出版社1994年版,第96页。

② 李学勤:《睡虎地秦简中的〈艮山图〉》,《文物天地》1991年第4期;《简帛佚籍与学术史》,时报文化出版社1994年版,第158页。

也有人说，“离日”就是《日书》所谓“禹以取涂山女之日”[①]，有人则以为所谓“离日”“不宜理解为与某一英雄人物之某一具体日子有关”，“称之为‘禹之离日’”，应当“与《日书》‘禹须臾’之得名同样看待”。[②]

笔者在讨论睡虎地秦简《日书》中的《艮山离日图》时，曾经以为，“离日”之“离”，或可作“罹”解。

《史记·管蔡世家》：“无离曹祸”，司马贞《索隐》：“‘离’即‘罹’。”《史记·屈原贾生列传》载录贾谊《吊屈原赋》：“嗟苦先生兮，独离此咎。”裴骃《集解》：“应劭曰：‘嗟，咨嗟。苦，劳苦。言屈原遇此难也。”《吊屈原赋》还写道：“般纷纷其离此尤兮，亦夫子之辜也！”司马贞《索隐》：“夫子谓屈原也。李奇曰：‘亦夫子不如麟凤翔逝之故，罹此咎也。’”《史记》中以“离”为“罹”的类似的例子还有：

> 离毁辱之诽谤。（《乐毅列传》）[③]
> 战士不离伤。（《卫将军骠骑列传》）[④]
> 及难离咎。（《朝鲜列传》）
> 士罢饿离湿死者甚众。（《西南夷列传》）[⑤]
> 未见其利，恐离其咎。（《龟策列传》褚少孙补述）

张衡《思玄赋》：“循法度而离殃。”李善注：“‘离’，遭也。”其义亦同。推想“离日”或许可以理解为“罹日”。是日“不可以家（嫁）女、取（娶）妇及入人民畜生”，同时严禁交通行为，“不可以行，行不反（返）”，大约是基于对“禹之离日”的久远的记忆。

不过，联系睡虎地秦简《日书》下文所谓“刺者，室人妻子父母分

---

① 王桂钧：《〈日书〉所见早期秦俗发微》，《文博》1988年第4期。

② 刘乐贤：《睡虎地秦简〈日书〉研究》，文津出版社1994年版，第96页。

③ 泷川资言《史记会注考证》：“‘离’‘罹’通。”

④ 泷川资言《史记会注考证》：“颜师古曰：‘离’，遭也。”

⑤ 《汉书·西南夷传》：“士罢饿馁，离暑湿，死者甚众。”颜师古注：“‘离’，遭也。”

离”语，似乎更应当重视李学勤先生“离日”“象征分离”的见解。

睡虎地秦简《日书》甲种以《星》为题的内容，又可见以星位择定行日的方式，例如：

角，利祠以行，吉。　六八正壹

亢，祠、为门、行，吉。　六九正壹

牴（氐），祠及行，出入货，吉。　七〇正壹

心，不可祠及行，凶。可以行水。　七二正壹

斗，利祠及行贾、贾市，吉。　七五正壹

牵牛，可祠及行，吉。　七六正壹

东辟（壁），不可行。　八一正壹

奎，祠及行，吉。　八二正壹

娄，利祠及行。　八三正壹

舆鬼，祠及行，吉。　九〇正壹

翼，利行。　九四正壹[①]

睡虎地秦简《日书》甲种《到室》题下，又可以看到这样的内容：

正月丑，二月戌，三月未，四月辰，五月丑，六月戌，七月未，八月辰，九月辰，十月戌、丑[②]，十一月未，十二月辰。●凡此日不可以行，不吉。　一三四正

我们还看到：

① 睡虎地秦简《日书》乙种相应的内容，作：“官：东臂（壁），不可行。”（八一壹）“奎，祠及行，吉。”（八二壹）“翼，利行。”（九四壹）“角，利祠及〔行〕，吉。”（九六壹）“亢，祠、为门、行，吉。”（九七壹）“氐，祠及行、出入〔货〕，吉。”（九八壹）“心，不可祠及行，凶。可以水。”（一〇〇壹）“斗，利祠及行贾、贾市，吉。”（一〇三壹）“牵牛，〔可祠及行〕，吉。”（一〇四壹）

② 睡虎地秦墓竹简整理小组在释文中漏释“九月辰”3字。《睡虎地秦墓竹简·日书甲种释文注释》，文物出版社1990年版，第201页。原文“九月辰，十月戌、丑”，比照上下文例，似应作“九月丑，十月戌”。

毋以亥行。　　　　　　一三九正叁

凡诣日，可以取（娶）妇、家（嫁）女，不可　　　　　　一三六正捌

以行，百事凶。　　　　　　一三七正捌

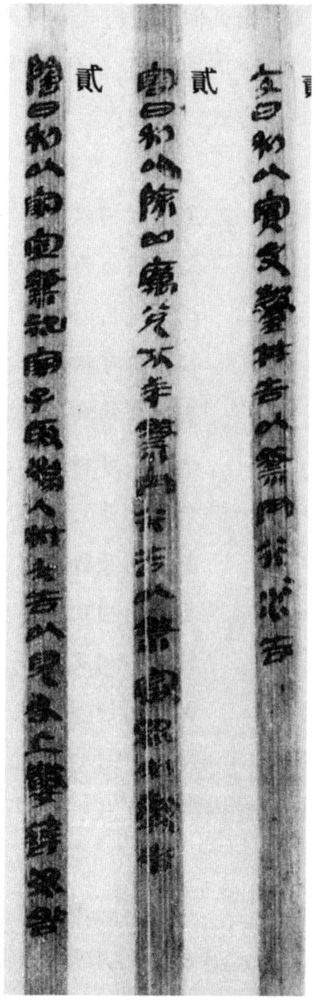

图9-14　云梦睡虎地秦简《日书》甲种有关出行禁忌的简文

睡虎地秦简《日书》甲种中还可以看到：

正月七日●二月十四日●三月廿一日●四月八日●五月十六日●六月廿四日●七月九日●八月十八日●九月廿七日●十月十日●十一月廿日●十二月卅日●　　　　　　一〇七背

是日在行不可以归，在室不可以行，是是大凶。　　　　　　一〇八背

四季中历月“在行不可以归，在室不可以行”之所谓“大凶”日次，分别是七、八、九、十的倍数。又如：

入正月七日，入二月〔十〕四日，入三月廿一日，入四月八日，入五月十六日，入六月廿四日，入七月九日，入八月九（十）〔八〕日，入九月廿七日，入十月十日，入十一月廿日，入十二月卅日，凡此日以归，死；行，亡。　　　　　　一三三正

内容与前例类同。其中“五月十六日”，睡虎地秦墓竹简整理小组误释为

“五月十九日”。[①]其中释作“入”字者的意义，究竟是文字还是特殊书写符号，似乎还可以讨论。

睡虎地秦简《日书》中，又可以看到如下有关行忌的规定：

> 丁卯不可以船行。　　九七背贰
>
> 六壬不可以船行。　　九八背贰
>
> 六庚不可以行。　　九九背贰
>
> 丁卯不可以船行●六壬不可以船行●六庚不可以行●　　一二八背

同样内容的简文，又见于《日书》乙种（四四贰）“船行”，当然是指水上交通形式。大约当时水陆交通，遵循着各自不同的数术规范。

《诗·小雅·四月》说周宣工出行田猎事，有所谓“吉日庚午”语，对照睡虎地秦简《日书》中所谓“六庚不可以行”以及所谓“●久行毋以庚午入室”（一二七背）等内容，可以知道大致确定庚日不利于出行的秦楚民间禁忌系统，与周人礼俗的数术文化背景，可能有所不同。

睡虎地秦简《日书》甲种又有如下标示出行忌日的日期表（八二背贰至九〇背贰）：

八月　酉	九月　戌	十月　亥
七月　申	三月　辰　　二月　卯	
	四月　巳　　正月　寅	十一月　子
六月　未	五月　午　　十二月　丑	

① 《睡虎地秦墓竹简·日书甲种释文注释》文物出版社1990年版，第201页。

表侧又有文字说明："直此日月者不出。"（九一背贰）睡虎地秦简《日书》乙种《行日》题下又可见：

庚☑ 一三八

节（即）有急行，以此行吉。 一三九

则可能体现了当"有急行"时择定"行吉"之日的方式。

2.行归方向之宜忌

睡虎地秦简《日书》甲种中，又有当不同时日特别强调不同出行方向之宜忌的内容。例如：

子，旦北吉，日中南得。 一三六正壹

丑，旦北吉，东必得。 一三七正壹

〔寅，西〕得，东凶，北毋行。 一三八正壹

〔卯，南〕吉，西得，北凶，东见疾不死，吉。 一三九正壹

辰，北吉，南得，东西凶，毋行。 一三六正贰

巳，南吉，西得，北凶，东见疾死。 一三七正贰

午，北吉，东得，南凶，西不反（返）。 一三八正贰

未，东吉，北得，西凶，南毋行。 一三九正贰

申，西南吉，北凶。 一三六正叁

酉，西南吉，东凶。 一三七正叁

戌，东南、西吉，南凶。 一三八正叁

毋以亥行。 一三九正叁[①]

① 睡虎地秦简《日书》乙种也有相应的内容："子以东吉，北得，西闻言凶"（一五七），"丑以东吉，西先行，北吉，南得"（一五九），"寅以东北吉，西先行，南得"（一六一），"卯以东吉，北见疾，西南得"（一六三），"辰以东吉，北凶，□先行，南得"（一六五），"巳以东吉，北得，西凶，南见疾"（一六七），"午以东先行，北得，西闻言，南凶"（一六九），"未以东得，北凶，西南吉"（一七一），"申以东北得，西吉，南凶"（一七三），"酉以东蔺（吝），南闻言，西凶"（一七五），"戌以东得，西见兵，冬之吉，南凶"（一七七），"亥以东南得，北吉，西禺（遇）□"（一七九）。

在《归行》题下，又严格规定：

> 凡春三月己丑不可东，夏三月戊辰不可南，秋三月己未不可西，冬三月戊戌不可北。百中大凶，二百里外必死。岁忌。 一三一正
>
> 毋以辛壬东南行，日之门也。毋以癸甲西南行，月之门也。[1]毋以乙丙西北行，星之门也。毋以丁庚东北行，辰之门也。
>
> ●凡四门之日，行之敫也，以行不吉。 一三二正

睡虎地秦简《日书》乙种又有以《行忌》为题的内容：

> 凡行者毋犯其大忌，西□□□巳，北毋以□□□□戌寅，南毋以辰、申。●行龙戊、巳，行忌。 一四二

也指出了出行时在行归方向方面的“忌”和“大忌”。

3. 远行、长行、久行之宜忌

睡虎地秦简《日书》中有关于所谓“利以达野外”（甲种八正贰）[2]，“之四方野外”（甲种九正贰），“之四旁野外”（乙种二〇壹），“之四邻”（乙种二一壹）等内容，而简文一般所谓“行”，则似乎与此有别。看来，《日书》中所谓“行”，当不是指近距离外出。简文中又可以看到特别著明“远行”“长行”“久行”者，例如《日书》甲种：

> 正月乙丑●二月丙寅●三月甲子●四月乙丑●五月丙寅●六月甲子●七月乙丑●八月丙寅●九月甲子●十月乙丑●十一月丙寅●十二

① “月之门也”，睡虎地秦墓竹简整理小组误释为“日之门也”。《睡虎地秦墓竹简·日书甲种释文注释》文物出版社1990年版，第201页。

② 《睡虎地秦墓竹简·日书甲种释文注释》作“建野外”，注释则“建”写作“达”。对照图版，当以后者为是。《睡虎地秦墓竹简》，文物出版社1990年版，第181页，第182页，第89页。

月甲子以　　一〇九背

以行[1]从远行归，是谓出亡归死之日也。　　一一〇背

与《后汉书·郭躬传》李贤注引《阴阳书历法》所谓“归忌日，四孟在丑，四仲在寅，四季在子，其日不可远行、归家及徙也”相对照，二者基本一致，只是睡虎地秦简《日书》此处只涉及“出”与“归”，并不包括对于“徙”的禁忌。又如睡虎地秦简《日书》甲种中还可以看到：

久行毋以庚午入室。　　九五背贰

□□行毋以戌亥入。　　九六背贰

●久行，毋以庚午入室。

●长行，毋以戌、亥去室。　　一二七背

睡虎地秦简《日书》乙种也有“久行毋以庚午入室，长行毋以戌亥去室”（四三贰）等内容。睡虎地秦简《日书》甲种《到室》还写道：“己酉从远行入，有三喜。”（一三四正）《日书》乙种《行者》也写道：“远行者毋以壬戌、癸亥到室。以出，凶。”（一四〇）

《史记·日者列传》说：“司马季主，楚人也，卜于长安东市。”中大夫宋忠和博士贾谊“同舆而至之市，游于卜肆中”，拜谒司马季主。司马季主侃侃而谈，“分别天地之终始，日月星辰之纪，差次仁义之际，列吉凶之符”，关于卜者分策定卦之义，说道：

昔先王之定国家，必先龟策日月，而后乃敢代；正时日，乃后入家；产子必先占吉凶，后乃有之。

其中所谓“正时日，乃后入家”，正是与我们在睡虎地秦简《日书》中看

---

① 《睡虎地秦墓竹简·日书甲种释文注释》以为：“下一‘以’字衍。”分析简文内容，则上一“以”字似为“毋”字误写，即当作“毋以行，从远行归”，亦可能作“毋远行，从远行归”。

到的有关“入室”“到室”的内容相一致的。

睡虎地秦简《日书》甲种《行》题下，又有关于“大行”“远行”禁忌的内容：

凡且有大行、远行若饮食、歌乐、聚畜生及夫妻同衣，毋以正月上旬午，二月上旬亥，三月上旬申，四月上旬丑，五月上旬戌，六月上旬卯，七月上旬子，八月 一二七正

上旬巳，九月上旬寅，十月上旬未，十一月上旬辰，十二月上旬酉。●凡是日赤啻（帝）恒以开临下民而降其英（殃），不可具为百事，皆毋所利。节（即）有为也， 一二八正

其央（殃）不出岁中，小大必至。 一二九正[①]

据孙星衍校刊本《抱朴子·登涉》，抱朴子曰：“山无大小，皆有神灵”，“入山而无术，必有患害”，包括疾病伤刺，光影异声，大木摧折，岩石坠落，猛兽犯人等，而所说“入山之大忌”，即：“正月午，二月亥，三月申，四月丑，五月戌，六月卯，七月子，八月巳，九月寅，十月未，十一月辰，十二月酉”，恰与睡虎地秦简《日书》中“大行”“远行”的忌日相同，只是睡虎地秦简《日书》仅限于各月上旬。由此我们也可以看到以行归宜忌为主要内容的数术思想的流变。[②]

迁移流徙，也是一种交通行为。

睡虎地秦简《日书》中可见有关迁徙吉凶的内容。例如《日书》甲种：

正月五月九月，北徙大吉，东北少吉，若以是月也东徙，毄，东南刺离，南精，西南室毁，西困，西北辱。 五九正壹

二月六月十月，东徙大吉，东南少吉，若以〔是〕月也南徙，

① 大略相同的内容又见于睡虎地秦简《日书》乙种一三二至一三五。

② 参看王子今：《睡虎地秦简〈日书〉所见行归宜忌》，《江汉考古》1994年第2期。

毄，西南刺离，西精，西北毄，北困辱。 六〇正壹

三月七月十一月，南徙大吉，西南少吉，若以是月也西徙，毄，西北刺离，北精，东毁，东北困，东南辱。 六一正

九月[1]八月十二月，西徙大吉，西北少吉，若以是月也北徙，毄，东北刺离，南精，东南毁，南困辱。 六二正

□□□毄者，死也。刺者，室人妻子父母分离。精者，□□□□□□□□□□□□□。困者，□□□□□。辱者不孰而为□人矢□。

六三正

睡虎地秦墓竹简整理小组以为："本条毄疑读为罄，《尔雅·释诂》：'尽也。'刺疑读为谪。简末疑为'用人矢哭'。"[2]所谓"刺疑读为谪"，似可商榷，如前所说，"刺离"，或可与《日书》甲种《玄戈》题下《艮山离日图》文字说明所谓"□与枳（支）刺艮山之胃（谓）离日""离日不可以行，行不反（返）"联系起来理解。

睡虎地秦简《日书》甲种中又有：

以甲子、寅、辰东徙，死。丙子、寅、辰南徙，死。庚子、寅、辰西徙，死。壬子、寅、辰北徙，死。 一二六背

睡虎地秦简《日书》乙种又可见：

☐徙，死。庚子、寅、辰北徙，死。 八八壹

"庚子、寅、辰"，应当理解为"庚子、庚寅、庚辰"。其他亦类同。于是，可知向东、南、西、北四个方向迁徙，每60日中分别有3日将以"死"为结局，总计有12日徙行受到严格的限制。迁徙凶死之忧虑，透露出所谓

① 应为"四月"。

② 《睡虎地秦墓竹简》，文物出版社1990年版，第189页。

“安土重迁，黎民之性”（《汉书·元帝纪》），“士重迁，恋慕坟墓”（《潜夫论·实边》）所体现的文化资质。

司马迁在《史记·秦始皇本纪》中写道，秦始皇三十六年，屡有不祥之兆，遂有移民北边之举：

> 于是始皇卜之，卦得游徙吉。迁北河榆中三万家。拜爵一级。

张守节《正义》：“言徙三万家以应卜卦游徙吉也。”可见，秦始皇以天下之尊，也依然遵从卜问迁徙吉凶的通制。如果其占卜方式与睡虎地秦简《日书》属于同一系统，时在秋季，而北河榆中地当咸阳正北，其卜问结果应与《日书》甲种五九正壹的内容相合。由此可推知“迁北河榆中三万家”事，大致发生在九月。[①]

居延汉简中可以看到有关边地移民的内容。例如：“月有徙民事□□□□”（188.19），又如有“始建国天凤”简文，内容可能为数术书的王莽简，亦可见所谓“五月移徙吉凶”（E.P.T5：57A）。可见，关于“移徙”的禁忌，仍然在民间通行。

繁密的出行禁忌，体现出在交通尚不发达的年代原始鬼神崇拜心理的遗存。

法国学者列维-布留尔在《原始思维》中指出，落后民族往往“按照自己的原逻辑的和神秘的思维行事”，“常常有这样的情形，土人脚夫们特别不听话，如果他们胆敢冒险，他们甚至拒绝上路。”“白种人旅行者如果不深知自己这队人的思维，他只会在这里面看到懒惰、不服从、食言、无可救药的不诚实，其实，很可能不是那么回事儿。也许黑人睡醒以后，其中一个人发现了什么预示他或者全队人将要遭难的凶兆。”[②]

---

① 参看王子今：《云梦睡虎地秦简〈日书〉所反映的秦楚交通状况》，《国际简牍学会会刊》第1号，云台出版社1993年版。

② ［法］列维-布留尔：《原始思维》，丁由据俄文版译，商务印书馆1981年版，第281页至第282页。

值得我们注意的是，据说正是阅读司马迁《史记》的法文译本，成为列维-布留尔萌发研究原始思维这一意念的契机。他在研究中还十分重视有关中国的资料。该书译者在《译后记》中写道："他对于《史记》中关于星象与人事直接有关的记述大为震惊。由于有了《史记》的'启发'，列维-布留尔十分热心地进一步注意有关旧中国的材料，他研究了长期在旧中国传教的一位传教士德·格罗特撰写的一部巨著《中国的宗教制度》，列维-布留尔经常在下结论前的关键时刻引用这些材料。"①

《史记·日者列传》褚少孙补述说到占日之术的流派非常复杂，他举例说：

> 臣为郎时，与太卜待诏为郎者同署，言曰："孝武帝时，聚会占家问之，某日可取妇乎？五行家曰可，堪舆家曰不可，建除家曰不吉，丛辰家曰大凶，历家曰小凶，天人家曰小吉，太一家曰大吉，辩讼不决。……"

司马迁在《史记·太史公自序》中还曾经说过，传统不同，地域不同，占日之学的形式也各不相同：

> 三代不同龟，四夷各异卜，然各以决吉凶。

司马迁还指出：

> 齐、楚、秦、赵为日者，各有俗所用。

司马贞《索隐》："案：《日者传》云：'无以知诸国之俗'，今褚先生唯记司马季主之事也。"《史记·日者列传》司马贞《索隐述赞》关于这一现

---

① ［法］列维-布留尔：《原始思维》，丁由据俄文版译，商务印书馆1981年版，第498页。

图9–15　甘肃敦煌后墩坑
采集的《日书》简

象，称之为“吉凶占候”，“齐楚异法”。

各地日者“各有俗所用”，是区域文化特征表现明显差异的时代的历史事实。睡虎地秦简《日书》中分属秦文化和楚文化两个文化体系的数术思想，也体现出地域文化的差异。①

尽管不同地区数术各异，但是相互间文化特质的共同性又是存在的，随着文化交往的发展，这种共同性又逐渐有越来越明显的表现。

秦始皇是中国历史上著名的游踪甚广的帝王，司马迁《史记》记载，始皇平生凡8次远程出行，关于其具体行期，则只有《史记·秦始皇本纪》中的一例：

① 参看王子今:《睡虎地秦简〈日书〉秦楚行忌比较》,《秦文化论丛》第2辑,西北大学出版社1993年版。

三十七年十月癸丑，始皇出游。

这是秦始皇最后一次东巡。“十月癸丑”，睡虎地秦简《日书》中属于秦人建除系统的甲种《秦除》、乙种《徐（除）》以及甲种《稷辰》、乙种《秦》中，未见相应的内容，而在属于楚人建除系统的甲种《除》中，则正当所谓“交日”[①]。而交日，“以祭门、行、行水，吉”（四正贰）。按照司马迁的记述，秦始皇此次出行先行抵楚地：

十一月，行至云梦。

很可能因此而依楚数术书择定出行之日。另一方面，睡虎地秦简《日书》甲种《秦除》《稷辰》，乙种《徐（除）》《秦》虽然没有明确说此日行吉，但是“十月癸丑”也并不值行忌日。可见，事实可能确如李学勤先生所指出的，“楚、秦的建除虽有差别”，但“又有一定的渊源关系”。[②]

饶宗颐先生曾经比较睡虎地秦简《日书》中的《秦除》与《淮南子·天文》之异同。他指出：

淮南与秦简文字微异，如秦日书之“盈”，淮南作“满”，荀悦曰：“讳盈之字为满。”则作满者，乃避惠帝讳也。其他执，秦简作挚，破，秦简作柀，余悉同。[③]

可知属于秦数术系统的《秦除》的内容，在《淮南子》成书的时代得以通

① 在《日书》乙种中无题的相应内容中，可能正当“建交之日”（一六）。

② 李学勤：《论睡虎地秦简与马王堆帛书中的数术书》，1983年美国“中国占卜灾异学术讨论会”论文；《睡虎地秦简〈日书〉与楚、秦社会》，《江汉考古》1985年第4期；《简帛佚籍与学术史》，时报文化出版社1994年版，第145页。

③ 饶宗颐：《云梦秦简日书研究》，载香港中文大学中国考古艺术研究中心专刊（三）《云梦秦简日书研究》，香港中文大学出版社1982年版。

行全社会。又《秦除》:“定日，可以臧（藏），为官府室祠。”（一八正贰）据《汉书·王莽传上》:“以戊辰直定，御王冠，即真天子位，定有天下之号曰‘新’。”可见直到王莽时代，仍然以定日为吉日。看来，战国秦代以来长期“辩讼不决”的各派数术之中，可能秦数术对后世的影响要大一些。

第十章 历史与人生

《太史公自序》的深味

史家在研究和论述历史的时候，不能不涉及个人和历史的关系。一些有识见的历史学者往往对自己的人生经历与历史总进程的关系有所深思，将其心得潜寄在自己的著述之中。[①]

以往许多《史记》学者和司马迁研究者们似乎对这样的事实没有予以充分的重视，就是司马迁在《史记》中曾经屡次回顾自己的家族史。[②]他在“述历黄帝以来至太初而讫”，编织数千年历史的锦带时，似乎有意无

---

① 袁文典《读史记》说：“余读《太史公自序》而知《史记》一书，实发愤之所为作。其传李广而缀以李蔡之得封，则悲其数奇不遇，即太史公之自序也。匪惟其传伍子胥、郦生、陆贾亦其自序，即而屈原、贾生信而见疑，忠而被谤，痛哭流涕而长太息，亦其自序也。更进而伯夷积仁洁行而饿死，进而颜子好学而早夭，皆其自序也。更推之而传乐毅、田单、廉颇、李牧，而淮阴、彭越，而季布、栾布、黥布，而樊、灌诸人，再推之而如项王之力拔山兮气盖世，乃时不利而骓不逝，与夫豫让、荆轲诸刺客之切肤齿心为知己者死，皆太史公之自序也。所谓借他人之酒杯，浇胸中之块垒，诚不禁其击碎唾壶拔剑斫地慷慨而悲歌也。”（《永昌府文征》卷一二）李长之先生在评价《史记》时也曾经指出：“从来的史书没有像它这样具有作者个人的色彩的。其中有他自己的生活经验，生活背景，有他自己的情感作用，有他自己的肺腑和心肠。所以这不但是一部包括古今上下的史书，而且是司马迁自己的一部绝好传记。因此，我们必须能把握《史记》中司马迁之主观的用意，才能理解这部书，才能欣赏这部书。”可能正因为如此，“所以他的历史，乃不唯超过了政治史，而且更超过了文化史，乃是一种精神史，心灵史了。”（《司马迁之人格与风格》，上海开明书店1948年版，第257页，第238页。）

② 《史记·秦本纪》《楚世家》《鲁仲连邹阳列传》《刺客列传》《张仪列传》《白起王翦列传》《项羽本纪》等，都涉及司马氏家族中风云人物的事迹。

意地突出了“司马氏”这条金线的光辉。

他在《史记·太史公自序》的开头，就追述了司马氏祖上的光荣：

> 昔在颛顼，命南正重以司天，北正黎以司地。唐虞之际，绍重黎之后，使复典之，至于夏商，故重黎氏世序天地。其在周，程伯休甫其后也。当周宣王时，失其守而为司马氏。司马氏世典周史。惠襄之间，司马氏去周适晋。晋中军随会奔秦，而司马氏入少梁。
>
> 自司马氏去周适晋，分散，或在卫，或在赵，或在秦，其在卫者，相中山。在赵者，以传剑论显，蒯聩其后也。在秦者名错，与张仪争论，于是惠王使错将伐蜀，遂拔，因而守之。错孙靳，事武安侯白起，而少梁更名曰夏阳。靳与武安侯坑赵长平军，还而与之俱赐死杜邮，葬于华池。靳孙昌，昌为秦主铁官，当始皇之时。蒯聩玄孙卬为武信君将而徇朝歌。诸侯之相王，王卬于殷。汉之伐楚，卬归汉，以其地为河内郡。昌生无泽，无泽为汉市长。无泽生喜，喜为五大夫，卒，皆葬高门。喜生谈，谈为太史公。
>
> 太史公学天官于唐都，受《易》于杨何，习道论于黄子。太史公仕于建元、元封之间。

司马谈和司马迁之间的学术传承关系和道德传承关系，在司马迁笔下，得到更突出的表现。人们印象最为深刻的，是司马迁立志著述《史记》，是实践了司马谈的嘱命。《史记·太史公自序》写道：

> 是岁天子始建汉家之封，而太史公留滞周南，不得与从事，故发愤且卒。而子迁适使反，见父于河洛之间。太史公执迁手而泣曰：“余先周室之太史也。自上世尝显功名于虞夏，典天官事。后世中衰，绝于予乎？汝复为太史，则续吾祖矣。今天子接千岁之统，封泰山，而余不得从行，是命也夫！命也夫！余死，汝必为太史；为太史，无忘吾所欲论著矣。且夫孝始于事亲，中于事君，终于立身。扬名于后

图10–1 《三才图会》司马迁像

世，以显父母，此孝之大者。夫天下称诵周公，言其能论歌文武之德，宣周邵之风，达太王、王季之思虑，爰及公刘，以尊后稷也。幽厉之后，王道缺，礼乐衰，孔子修旧起废，论《诗》《书》，作《春秋》，则学者至今则之。自获麟以来四百有余岁，而诸侯相兼，史记放绝。今汉兴，海内一统，明主贤君忠臣死义之士，余为太史而弗论载，废天下之史文，余甚惧焉，汝其念哉！”

迁俯首流涕曰：“小子不敏，请悉论先人所次旧闻，弗敢阙。”

司马谈在这里提出了“孝”的道德要求，于是确定了司马迁毕生的使命。

这里所谓“自获麟以来四百有余岁”的笔法，钱锺书先生有论：“按明、清批尾家所谓‘搭天桥’法，马迁习为之。”所举叶大庆《考古质疑》卷二、周密《齐东野语》卷一〇诸例及钱锺书先生补遗，计有：

管仲卒，……后百余年而有晏子焉。（《管晏列传》）

孙武既死，后百余年有孙膑。（《孙子吴起列传》）

自屈原沉汨罗后百有余年，汉有贾生。（《屈原贾生列传》）

其后百余年，楚有优孟。……其后二百余年，秦有优旃。（《滑稽列传》）

其后百六十有七年，而吴有专诸之事。……其后七十余年，而晋有豫让之事。……其后四十余年，而轵有聂政之事。……其后二百二十余年，秦又有荆轲之事。（《刺客列传》）

钱锺书先生称之为“皆事隔百十载，而捉置一处者”[①]，“载笔者嘱高聚远，以类相并，人有浮山越海而会罗山之观，亦行文之佳致也”。[②]《史记·太史公自序》又写道：

卒三岁而迁为太史令，䌷史记石室金匮之书。五年而当太初元年，十一月甲子朔旦冬至，天历始改，建于明堂，诸神受纪。

太史公曰：“先人有言：‘自周公卒五百岁而有孔子。孔子卒后至于今五百岁，有能绍明世，正《易传》，继《春秋》，本《诗》《书》《礼》《乐》之际？’意在斯乎！意在斯乎！小子何敢让焉。”

所谓“自周公卒五百岁而有孔子，孔子卒后至于今五百岁……”其实也是“嘱高聚远，以类相并”之例，同样也表现出“浮山越海”、纵览古今的气势。

我们还注意到，司马迁回述家世，并不是无聊的炫耀，而是在显示自尊与自信的同时，表明了对于某种历史责任郑重承诺的家世传统背景，同时又暗示自己著述所具有的非官修性质。[③]

司马谈所谓“夫天下称诵周公，言其能论歌文武之德，宣周邵之风，

① 其实，类似的文例，还有《史记·封禅书》：“其后百余年，秦灵公作吴阳上畤，祭黄帝。”“其后百二十岁而秦灭周，周之鼎入于秦。”“其后百一十五年而秦并天下。”《河渠书》：“其后四十有余年，今天子元光之中，而河决于瓠子。”

② 钱锺书：《管锥编》第1册，中华书局1979年版，第308页至第309页。

③ 徐孚远《〈史记测议〉序》：“要而论之，太史公之作，私史之宗矩也。”

达太王、王季之思虑，爰及公刘，以尊后稷也。幽厉之后，王道缺，礼乐衰，孔子修旧起废，论《诗》《书》，作《春秋》，则学者至今则之”，即规定了司马迁的这部巨著并不是简单的纪史之作，而具有更深广的文化内涵和更独异的文化个性。①

刘知幾《史通·序传》说，《史记·太史公自序》的这种文式，始沿承于屈原《离骚》。“作者自叙，其流出于中古。案屈原《离骚》其首章上陈氏族，下列祖考，先述厥生，次显名字，自叙发迹，实基于此。”后来司马相如也采用这样的写法，但是只是记录“自少及长、立身行事”，对于“祖先所出”，则并不涉及。后来学者多继承这一文体，然而司马迁的文字仍然与众不同。“寻马迁《史记》，上自轩辕，下穷汉武，疆宇修阔，道路绵长，故其自叙，始于氏出重黎，终于身为太史，虽上下驰骋，终不越《史记》之年。”就是说，司马迁所叙家族源流和个人经历，都没有超出《史记》全书述史的年代范围。从另一方面看，司马氏家族的历史，也大体贯通于《史记》一书“道路绵长”的历史记述的始终。

章学诚《文史通义·史注》说，《史记·太史公自序》的意义，在于“明述作之本旨，见去取之从来”。

司马谈、司马迁父子有自比孔子而“继《春秋》”之志，他们期望自己的史学著作能够在政治层面和文化层面对“王道”和“礼乐”都能产生积极的影响，使后世“学者”能够世代“则之”。而这种心愿是在“发愤且卒”的生死之际交代的，所谓“太史公执迁手而泣”，所谓“迁俯首流涕”，都说明这种心愿已经成为表现出极其深沉坚韧的精神力量的人生誓约。

司马迁“继《春秋》”的期望，其实是为自己提出了一个极高的文化标范。他在和上大夫壶遂讨论“昔孔子何为而作《春秋》哉”时，曾经高度评价《春秋》的文化意义。他说：

---

① 对于司马迁《史记》的文化个性，李贽曾经有这样的评论：“《史记》者，迁发愤之所作为也，其不为后世是非而作也，明矣。其为一人之独见也者，信非班氏之所能窥也欤。”（《藏书》卷四〇《司马迁传》）陈子龙也说：“〔史记〕不拘牵于世俗之论，而自抒发其意。”（《〈史记测议〉序》）

夫《春秋》，上明三王之道，下辨人事之纪，别嫌疑，明是非，定犹豫，善善恶恶，贤贤贱不肖，存亡国，继绝世，补敝起废，王道之大者也。

《易》著天地阴阳四时五行，故长于变；《礼》经纪人伦，故长于行；《书》记先王之事，故长于政；《诗》记山川溪谷禽兽草木牝牡雌雄，故长于风；《乐》乐所以立，故长于和；《春秋》辩是非，故长于治人。①

是故《礼》以节人，《乐》以发和，《书》以道事，《诗》以达意，《易》以道化，《春秋》以道义。②

拨乱世反之正，莫近于《春秋》。③《春秋》文成数万，其指数千。万物之散聚皆在《春秋》。

故有国者不可以不知《春秋》，前有谗而弗见，后有贼而不知。为人臣者不可以不知《春秋》，守经事而不知其宜，遭变事而不知其权。为人君父而不通于《春秋》之义者，必蒙首恶之名。为人臣子而不通于《春秋》之义者，必陷篡弑之诛，死罪之名。

故《春秋》者，礼义之大宗也。

壶遂问道："孔子之时，上无明君，下不得任用，故作《春秋》，垂空文以断礼义，当一王之法。今夫子上遇明天子，下得守职，万事既具，咸各序其宜，夫子所论，欲以何明？"司马迁则反驳说："唯唯，否否，不然。"

---

① 《春秋繁露·玉杯》："《诗》道志，故长于质。《礼》制节，故长于文。《乐》咏德，故长于风。《书》著功，故长于事。《易》本天地，故长于数。《春秋》正是非，故长于治人。"

② 《荀子·劝学》："《书》者，政事之纪也。《诗》者，中声之所止也。《礼》者，法之大分，类之纲纪也。""《礼》之敬文也，《乐》之中和也，《诗》《书》之博也，《春秋》之微也，在天地之间者毕矣。"又《儒效》："《诗》言是，其志也；《书》言是，其事也；《礼》言是，其行也；《乐》言是，其和也；《春秋》言是，其微也。"《庄子·天下》："《诗》以道志，《书》以道事，《礼》以道行，《乐》以道和，《易》以道阴阳，《春秋》以道名分。"司马迁在《史记·滑稽列传》中也写道："孔子曰：'六艺于治一也。《礼》以节人，《乐》以发和，《书》以道事，《诗》以达意，《易》以神化，《春秋》以义。'太史公曰：天道恢恢，岂不大哉！谈言微中，亦可以解纷。"

③ 《公羊传·哀公十四年》："拨乱世反诸正，莫近诸《春秋》。"

他说："《春秋》采善贬恶，推三代之德，褒周室，非独刺讥而已也。汉兴以来，至明天子，获符瑞，封禅，改正朔，易服色，受命于穆清，泽流罔极，海外殊俗，重译款塞，请来献见者，不可胜道。臣下百官力诵圣德，犹不能宣尽其意。且士贤能而不用，有国者之耻；主上明圣而德不布闻，有司之过也。且余尝掌其官，废明圣盛德不载，灭功臣世家贤大夫之业不述，堕先人所言，罪莫大焉。余所谓述故事，整齐其世传，非所谓作也，而君比之于《春秋》，谬矣。"

对于这番话，据《史记评林》，赵恒曰："《史记》窃比《春秋》，亦非独刺讥也。然岂敢比于《春秋》哉！此段意有包周身之防，而隐讳以避患之意。"而后段又有"七年而太史公遭李陵之祸"云云，论者以为，"虽自谦不敢比于《春秋》，然又以孔子之厄陈蔡而作《春秋》自况，则其自任之意益见其不敢让之实矣。"

张鹏一《太史公年谱》也评论说："史公自言百三十篇之作，上宗孔子，取法六经，而实以《春秋》为依归。""既用《春秋》之例，以成《史记》，而答壶遂，则逊辞曰：'非所谓作'，又以比之于《春秋》为谬，其微辞之旨益显矣。"

司马迁所谓"七年而太史公遭李陵之祸"云云，是这样一段人们熟知的话：

> 于是论次其文。七年而太史公遭李陵之祸，幽于缧绁。乃喟然而叹曰："是余之罪也夫！是余之罪也夫！身毁不用矣。"退而深惟曰："夫《诗》《书》，隐约者欲遂其志之思也。昔西伯拘羑里，演《周易》；孔子厄陈、蔡，作《春秋》；屈原放逐，著《离骚》；左丘失明，厥有《国语》；孙子膑脚，而论兵法；不韦迁蜀，世传《吕览》；韩非囚秦，《说难》《孤愤》；《诗》三百篇，大抵贤圣发愤之所为作也。此人皆意有所郁结，不得通其道也，故述往事，思来者。"于是卒述陶唐以来，至于麟止，自黄帝始。

司马迁在这里陈说了一个重要的人生哲理，也是一条重要的历史规律，即苦难发愤能成大器。他退而深惟曰："夫《诗》《书》，隐约者欲遂其志之思也。"一般断作"夫《诗》《书》隐约者，欲遂其志之思也。"今取蒋礼鸿《双瓻室读书记·汉书》说。蒋礼鸿说以为："《索隐》《正义》皆以隐约者二字属上《诗》《书》为读，此失其句读，当读'夫《诗》《书》'顿'隐约者欲遂其志之思也句'。'隐约者'，谓忧患困厄之人也。'隐'如《荀子·宥坐》'奚居之隐也'之'隐'。杨倞注：'隐谓穷约。''约'即《论语·里仁》'不仁者不可以久处约'之'约'，孔安国解'久处约为久困'是也。其'隐约'二字连文者，如《逸周书·官人》'嬖宠者，观其不骄奢；隐约者，观其不慑惧。'《庄子·山水》：'夫斗狐文豹，虽饥渴隐约，犹且胥疏于江湖之上而求食焉。'《楚辞·哀时命》：'居处愁以隐约兮，志沈抑而不扬。'《说苑·敬慎》：'夫福生于隐约，而祸生于得意。'《后汉书·冯衍传》：'盖隐约而得道兮，羌穷悟而入术。'其义皆同。史公《自序》于此句之下，历述文王拘羑里，孔子厄陈、蔡而演《易》、修《春秋》，以至韩非囚秦，不韦迁蜀而传《说难》《孤愤》《吕览》，而结之曰《诗》三百篇，大抵皆贤圣发愤之所为作也。'此人皆意有所郁结，不得通其道也'云云，凡所陈诸贤圣，皆所谓'隐约者也'。其曰'发愤'，曰'通其道'，即所谓'遂其志之思'也。"

关于"孔子厄陈、蔡，作《春秋》"，与《孔子世家》和《儒林列传》的说法似乎是相互矛盾的。[①]梁玉绳《史记志疑》卷三六说："案《春秋》之作，史公于《孔子世家》《儒林列传》序，言作于获麟之岁，此又言作于厄陈、蔡之年，《孔丛子·居卫篇》遂造为子思之言曰'祖君屈于陈、蔡，作《春秋》'。《史通·探赜篇》从之，谓'因攫莓而创辞，莓盖煤之讹，事见《吕子·任数》。乃泣麟而绝笔'，其然岂其然乎！《公羊》首卷疏谓'厄陈、蔡时，有作《春秋》之意'。贾、服等又言孔子自卫反鲁作《春秋》。"《史记订补》卷八则说："案《孔子世家》《儒林列传》谓《春

① 《史记·孔子世家》："及西狩见麟，曰：'吾道穷矣！'……乃因史记作《春秋》。"又《儒林列传》："西狩获麟，曰：'吾道穷矣。'故因史记作《春秋》。"

秋》作于获麟之岁，正文也。此以困厄著书之意，运事连类，多属谲辞，如左氏失明，不韦迁蜀，韩非囚秦，皆以意匠为之，非实录也。”

其实，我们应当重视的，可能正是司马迁的蕴意深长的“意匠”。

唐代学者徐彦《春秋公羊注疏》“隐公”卷第一写道：“问曰：‘若《公羊》之义，以获麟之后，乃作《春秋》，何故太史公遭李陵之祸，幽于缧绁，乃喟然而叹曰：是余罪也夫！昔西伯拘羑里，演《易》；孔子厄陈、蔡，作《春秋》；屈原放逐，著《离骚》；左丘失明，厥有《国语》；孙子膑脚，而论兵法。此人皆意有所郁结，不得通其道也，故自黄帝始作其文也？案《家语》，孔子厄于陈、蔡之时，当哀公六年，何言十四年乃作乎？’答曰：‘孔子厄陈、蔡之时，始有作《春秋》之意，未正作。其正作犹在获麟之后也。故《家语》云：晋文之有霸心，起于曹、卫；越王之有霸心，起于会稽。夫陈、蔡之间，丘之幸也！庸知非激愤厉志始于是乎者？是其有意矣。’”

“激愤厉志”之例，其实多见于《史记》。例如《平原君虞卿列传》：

> 太史公曰：……然虞卿非穷愁，亦不能著书以自见于世云。

司马迁关于苏秦、张仪事迹的记述，也都有在逆境中困厄而发愤，终于成功的情节。[①]《史记·苏秦列传》：

> 苏秦喟然叹曰：“……且使我有雒阳负郭田二顷，吾岂能佩六国相印乎！”

是当事人自己已经有了对这一情形的认识。

又如《范雎蔡泽列传》最后，也以“太史公曰”的形式感叹道：

① 《史记·苏秦列传》：“出游数岁，大困而归。兄弟嫂妹妻妾皆笑之”，“苏秦闻之而惭，自伤，乃闭室不出，出其书遍观之。”后得说当世之君之术，后来终得“并相六国”。《史记·张仪列传》也有“舌在”“足矣”的故事。《索隐述赞》：“〔张〕仪未遭时，频被困辱。及相秦惠，先韩后蜀。……”

范雎、蔡泽世所谓一切辩士，……及二人羁旅入秦，继踵取卿相，垂功于天下者，固强弱之势异也。然士亦有偶合，贤者多如此二子，不得尽意，岂可胜道哉！然二子不困厄，恶能激乎？

“然二子不困厄，恶能激乎？”司马贞《索隐》：“〔范〕雎厄于魏齐，折胁折齿；〔蔡〕泽困于赵，被逐弃鬲是也。”司马迁以为，范雎、蔡泽的成功，有“困厄”激励其“发愤”的因素。

因“困厄”而“发愤”，其实是相当普遍的精神文化现象。

桓谭《新论·求辅》说：“贾谊不左迁失志，则文彩不发。”“扬雄不贫，则不能作《玄》《言》。”也陈述了同样的道理。

司马迁本人的经历，也可以作为说明同样的人生事业之规律的例证。王治皞《史记榷参》说：“太史公变《左传》之体而雹其气，雄深雅健，自成一家之言也。”他又称美司马迁“识力笔力，卓绝千古”，但是又写道：“然史不腐，当另成一番文字，未必能用意至此也。”这样的推断，是有道理的。

天命·神命·上帝命

我们还注意到，司马迁在《史记·太史公自序》中两次说到“发愤”，除了所谓“《诗》三百篇，大抵贤圣发愤之所为作也”之外，即司马谈“发愤且卒”。而与所谓“是余之罪也夫！是余之罪也夫！”相对应的，又是司马谈的叹息：“是命也夫！命也夫！”

对命运的迷信，是沿袭相当长久的陈锢观念。

《史记》中类似“是命也夫！命也夫！”的说法，又有：

孔子既不得用于卫，将西见赵简子。至于河而闻窦鸣犊、舜华之死也，临河而叹曰：“美哉水，洋洋乎！丘之不济此，命也夫！”

（《孔子世家》）

过蒲，会公孙氏以蒲畔，蒲人止孔子。弟子有公良孺者，以私车五乘从孔子。其为人长贤，有勇力，谓曰："吾昔从夫子遇难于匡，今又遇难于此，命也已！……"（《孔子世家》）

伯牛有恶疾，孔子往问之，自牖执其手，曰："命也夫！斯人也而有斯疾，命也夫！"（《仲尼弟子列传》）

太史公曰：深惟士之游宦所以至封侯者，微甚。然多至御史大夫即去者。诸为大夫而丞相次也，其心冀幸丞相物故也。或乃阴私相毁害，欲代之。然守之日久不得，或为之日少而得之，至于封侯，真命也夫！（《张丞相列传》）

公伯缭在权臣季孙面前谗谮孔子弟子子路，有人以告孔子，表示可以辩子路之无罪，并且使人诛公伯缭，《史记·仲尼弟子列传》记录了孔子的回答："道之将行，命也；道之将废，命也。公伯缭其如命何！"

"命"，是一种决定人生境遇的超乎人力的神秘的定数。

《史记·赵世家》写道："王游大陵。他日，王梦见处女鼓琴而歌诗曰：'美人荧荧兮，颜若苕之荣。命乎命乎，曾无我嬴！"裴骃《集解》："綦毋邃曰：'言有命禄，生遇其时，人莫知己贵盛盈满也。'"

《史记·伯夷叔齐列传》引述"其传"[①]说道：

武王已平殷乱，天下宗周，而伯夷、叔齐耻之，义不食周粟，隐于首阳山，采薇而食之。及饿且死，作歌。其辞曰：

登彼西山兮，采其薇矣。
以暴易暴兮，不知其非矣。
神农、虞、夏忽焉没兮，我安适归矣？
于嗟徂兮，命之衰矣！

① 司马贞《索隐》："按：'其传'，盖《韩诗外传》及《吕氏春秋》也。"

遂饿死于首阳山。

司马迁引录了孔子的话："孔子曰：'伯夷、叔齐，不念旧恶，怨是用希。''求仁得仁，又何怨乎？'"司马迁则说："余悲伯夷之意，睹轶诗可异焉。"引录"于嗟徂兮，命之衰矣！"之诗后，又问道："由此观之，怨邪非邪？"

司马迁以为，伯夷、叔齐对于"命"，其实可能并不是无"怨"的。

对于伯夷、叔齐作歌所谓"于嗟徂兮，命之衰矣！"司马贞《索隐》解释说："'于嗟'，嗟叹之辞也。'徂'者，往也，死也。言己今日饿死，亦是运命衰薄，不遇大道之时，至幽忧而饿死。"

司马迁接着发表了一番关于"天命""天道""是邪非邪"的议论：

> 或曰："天道无亲，常与善人。"若伯夷、叔齐，可谓善人者非邪？积仁洁行如此而饿死！且七十子之徒，仲尼独荐颜渊为好学。然回也屡空，糟糠不厌，而卒蚤夭。天之报施善人，其何如哉？盗跖日杀不辜，肝人之肉，暴戾恣睢，聚党数千人横行天下，竟以寿终。是遵何德哉？此其尤大彰明较著者也。若至近世，操行不轨，专犯忌讳，而终身逸乐，富厚累世不绝。或择地而蹈之，时然后出言，行不由径，非公正不发愤，而遇祸灾者，不可胜数也。余甚惑焉，傥所谓天道，是邪非邪？

这段文字，当然不能说是旗帜鲜明的科学的历史哲学的宣言，但是在当时的文化背景下，能够提出对"天道""运命"如此的怀疑，其积极意义，已经足以值得人们珍视。

其实，司马迁所谓"余甚惑焉"的事实之一，即"或择地而蹈之，时然后出言，行不由径，非公正不发愤，而遇祸灾者，不可胜数也"，未尝不包括他对于自己所经历的人生悲剧的深切感慨。[①]

《史记·屈原贾生列传》记述屈原自沉汨罗之前作《怀沙》之赋，最后几句，也说到“人生”不能脱出“命”的定轨：

> 人生禀命兮，各有所错兮。
> 定心广志，余何畏惧兮？
> 曾伤爰哀，永叹喟兮。
> 世溷不吾知，心不可谓兮。
> 知死不可让兮，愿勿爱兮。
> 明以告君子兮，吾将以为类兮。

司马迁在《史记·外戚世家》序言中，也有一段关于“命”的议论：

> 夫乐调而四时和，阴阳之变，万物之统也。可不慎与？人能弘道，无如命何。甚哉，妃匹之爱，君不能得之于臣，父不能得之于子，况卑下乎！既欢合矣，或不能成子姓；能成子姓矣，或不能要其终：岂非命也哉？孔子罕言命，盖难言之也。非通幽明之变，恶能识乎性命哉？

在司马迁所处的时代，在民间意识中，决定人生道路的方向和进程的起主导性作用的力量，可能是所谓“天命”。《史记》中，频繁出现关于“天命”的文字。例如：

> 帝尧老，命舜摄行天子之政，以观天命。（《五帝本纪》）
> 今夏多罪，天命殛之。（《殷本纪》）
> 诸侯皆曰：“纣可伐矣。”武王曰：“尔未知天命。”乃复归。

① 张耒就曾经写道：“司马迁作《伯夷传》，言‘非公正不发愤，而遇祸灾’，此特迁自言为李陵辩而武帝刑之耳。”（《张右丞文集》卷五六《司马迁论》）

图 10–2　山东济宁发现的汉代“司命”石像

（《殷本纪》）

纣曰：“不有天命乎？是何能为！”（《周本纪》）

诸侯皆曰：“纣可伐矣。”武王曰：“女未知天命，未可也。”（《周本纪》）

于是高祖谩骂之曰：“吾以布衣提三尺剑取天下，此非天命乎？命乃在天，虽扁鹊何益！”（《高祖本纪》）

吾敢谁怨乎？哀死事生，以待天命。（《吴太伯世家》）

迎立代王，是为孝文帝，奉汉宗庙。此岂非天邪？非天命孰能当之？（《外戚世家》）

秦破韩、魏，扑师武，北取赵蔺、离石者，皆白起也。是善用兵，又有天命。（《周本纪》）

昔在殷王中宗，严恭敬畏天命，自度治民，震惧不敢荒宁，故中宗飨国七十五年。（《鲁周公世家》）

昔成王定鼎于郏鄏，卜世三十，卜年七百，天所命也。周德虽

衰，天命未改。（《楚世家》）[1]

自古受命而王，王者之兴何尝不以卜筮决于天命哉！（《日者列传》）

此外，我们还看到有关“天命”的这样的表述：

帝用此作歌曰：“陟天之命，维时维几。”[2]（《夏本纪》）

有扈氏威侮五行，怠弃三政，天用剿绝其命。（《夏本纪》）

祖己乃训王曰：“唯天监下典厥义，降年有永有不永，非天夭民，中绝其命。民有不若德，不听罪，天既附命正厥德，乃曰其奈何。呜呼！王嗣敬民，罔非天继，常祀毋礼于弃道。”（《殷本纪》）

天既讫我殷命。（《殷本纪》）

于是武王再拜稽首，曰：“膺更大命，革殷，受天明命。”（《周本纪》）

燕王曰：“吾终以子受命于天矣。”（《苏秦列传》）

纣曰：“我生不有命在天乎！”（《殷本纪》）

纣曰：“我生不有命在天乎？是何能为！”（《宋微子世家》）

无坠天之降葆命。（《鲁周公世家》）

文曰：“人生受命于天乎？将受命于户邪？”婴默然。文曰：“必受命于天……”（《孟尝君列传》）

斯曰：“君其反位！斯奉主之诏，听天之命，何虑之可定也？”（《李斯列传》）

除了“天命”之外，在《史记》中我们又可以看到“神命”“上帝命”的

① 《史记·三代世表》褚少孙补述，也写道：“黄帝策天命而治天下。”“夫布衣匹夫安能无故而起天下乎？其有天命然。”“诗人美而颂之曰‘天命玄鸟，降而生商’。”“天命难言，非圣人莫能见。”

② 裴骃《集解》：“孔安国曰：‘奉正天命以临民，惟在顺时，惟在慎微。’”

图 10–3　明人陈洪绶绘
《楚辞九歌图》“大司命”

说法。例如：

>……先神命之，国民信之。……以神所命，则又远之。（《楚世家》）
>
>清意以昭待上帝命，天其重命用休。（《夏本纪》）
>
>维时上帝集厥命于文、武。（《晋世家》）

从所谓“清意以昭待上帝命，天其重命用休”看，“神命”“上帝命”，实际上也就是“天命”。

要理解司马迁所处时代的普遍的历史观和人生观，不能避开作为社会共同意识的“天命”观。“天命”意识，犹如当时社会演奏气势雄浑、节奏激昂的历史文化交响曲时的一面定音鼓。

认识司马迁的历史观和人生观，有一篇重要的文字是研究者们不宜忽视的。这就是《艺文类聚》卷三〇引司马迁《悲士不遇赋》。司马迁写道：

> 悲夫！士生之不辰，愧顾影而独存。恒克己而复礼，惧志行而无闻。谅才韪而世戾，将逮死而长勤。虽有行而不彰，徒有能而不陈。何穷达而易惑，信美恶之难分。时悠悠而荡荡，将遂屈而不伸。使公于公者，彼我同兮；私于私者，自相悲兮。天道微哉，吁嗟阔兮。人理显然，相倾夺兮。好生恶死，才之鄙也。好贵夷贱，哲之乱也。炤炤洞达，胸中豁也。昏昏罔觉，内生毒也。我之心矣，哲已能忖。我之言矣，哲已能选。没世无闻，古人惟耻。朝闻夕死，孰云其否。逆顺还周，乍没乍起。无造福先，无触祸始。委之自然，终归一矣。

“天道微哉”，《文选》卷一五张衡《归田赋》李善注引作“天道悠昧”[①]。卷二四司马彪《赠山涛一首》李善注引作“天道悠昧，人理促”[②]。卷二八陆机《乐府·塘上行》李善注引作“天道悠昧，人理促兮”[③]。这里“天道”和“人理”的对应，颇可发人深思。

所谓“天道微哉，吁嗟阔兮”，似可与前引“于嗟徂兮，命之衰矣”对照读。所谓“逆顺还周，乍没乍起”，反映“天命”之无常。所谓“何穷达而易惑，信美恶之难分”，又反映“天命”之无理。

姚永概《慎宜轩笔记》卷四说道：“《史记》每于愤惋不平之处，又难以明言，往往归之天命，其文最为狡狯深婉。如《项羽本纪》曰：‘此天之亡我，非战之罪也。’《六国表序》云：‘盖若天所助焉。’《秦楚之际月表》云：‘岂非天哉，岂非天哉！’《李将军列传》云：‘大将军又徙广部行回远，而又迷失道，岂非天哉！’皆是也。”司马迁当然不能完全挣脱天命观念的罗网，他的历史意识无疑也难免时代的阴影。不过，我们看这些关于天命之神秘的“难以明言”的文例，首先应当理解为当时普遍的社会

① 张衡赋原句为：“谅天道之微昧，追渔父以同嬉。”
② 司马彪诗原句为：“感彼孔圣叹，哀此年命促。”
③ 陆机诗原句为：“天道有迁易，人理无常全。”

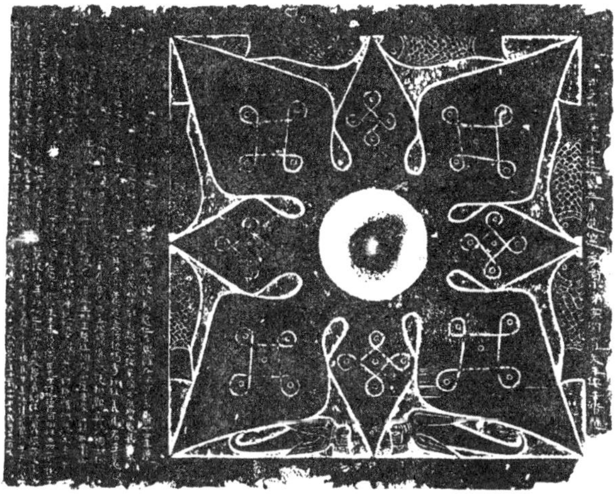

图10–4　山东嘉祥宋山汉墓出土画像石

（题刻文字有“天命有终，不可复追，憔悴创作，去留有分”语）

意识的反映。事实上，项羽所谓“此天之亡我，非战之罪也”，就确实受到“太史公曰”的明确否定。

“天开之”与“天亡我”

司马迁在《史记》中曾经使用所谓“天开之”的说法，值得人们注意。“天开之”，可能是当时的通行语汇。例如《晋世家》：

卜偃曰：“毕万之后必大。万，盈数也；魏，大名也。以是始赏，天开之矣。”①……

重耳去之楚，楚成王以適诸侯礼待之，重耳谢不敢当。赵衰曰：“子亡在外十余年，小国轻子，况大国乎？今楚大国而固遇子，子其毋让，此天开子也。”遂以客礼见之。……

① 《史记·魏世家》也写道：“卜偃曰：‘毕万之后必大矣，万，满数也；魏，大名也。以是始赏，天开之矣。’”

> 是时介子推从，在船中，乃笑曰："天实开公子，……"
>
> 推曰："……天未绝晋，必将有主，主晋祀者，非君其谁？天实开之，……"
>
> 王曰："晋侯亡在外十九年，困日久矣，果得反国，险厄尽知之，能用其民，天之所开，不可当。"[①]……
>
> 伯宗谋曰："楚，天方开之，不可当。"[②]……

对于所谓"天开之矣"，裴骃《集解》："服虔曰：'以魏赏毕万，是为天开其福。'"

"天开之"一语，多见诸与晋国有关的史事中，很可能是晋地方言。不过，这一说法，似乎又可以试图追溯其古源。如《史记·周本纪》："纣师皆倒兵以战，以开武王。"这里所谓"开"，很可能与"天开之"之"开"存在着某种联系。

《汉书·谷永传》所谓"以遇天所开右"[③]的"开"，当有助于对《史记》"天开之"的理解。

《史记》"天开之"的"开"，同样的意思，《左传》写作"启"。如《闵公元年》："天启之矣。"《僖公二十三年》："臣闻天之所启，人弗及也。"《襄公二十五年》："天诱其衷，启敝邑心。"

由此自然可以推想，或许"天开之"原本作"天启之"，因避汉景帝刘启讳而改"启"为"开"。

不过，我们在睡虎地秦简《日书》甲种中，又看到这样的实例：

> ●凡是日赤啻（帝）恒以开临下民而降其英（殃），不可具为百事，皆毋所利。 一二八正

① 《史记·楚世家》："将军子玉请战，成王曰：'重耳亡居外久，卒得反国，天之所开，不可当。'"

② 《史记·郑世家》："晋景公欲发兵救宋，伯宗谏晋君曰：'天方开楚，未可伐也。'"

③ 颜师古注："'右'读曰'佑'。佑，助也。"

●凡是有为也，必先计月中间日，句（苟）毋直赤啻（帝）临日，它日虽　一二九正

有不吉之名，毋所大害。　一三〇正

睡虎地秦简《日书》乙种也有相应的内容：

凡是日赤啻（帝）恒以开临下民而降其英（殃），不可具为百〔事〕，皆毋所利。　一三四

凡是有为也，必先计月中间日□□□　一三五

直赤啻（帝）临　一三六

日，它日唯（虽）有不吉之名，〔毋所〕大害。　一三七

可以看到，“开临”和“临”，是语意相近的。这里的“开”，大约有通达之义。《小尔雅·广诂》：“开，达也。”《易·系辞上》：“开物成务，冒天下之道，如斯而已者也。”韩康伯注：“言易通万物之志，成天下之务。”

于是可知，所谓“天开之”的说法，可能亦未必汉景帝之后方才通行。

天命、天运对人生事业的决定性影响，又突出体现于西楚霸王项羽人所共知的“天亡我”的感叹。《史记·项羽本纪》写道：

项王乃复引兵而东，至东城，乃有二十八骑。汉骑追者数千人。项王自度不得脱。谓其骑曰：“吾起兵至今八岁矣，身七十余战，所当者破，所击者服，未尝败北，遂霸有天下。然今卒困于此，此天之亡我，非战之罪也。今日固决死，愿为诸君快战，必三胜之，为诸君溃围，斩将，刈旗，令诸君知天亡我，非战之罪也。”

项羽于是大呼驰下，杀数十百人，“乃谓其骑曰：‘何如？’骑皆伏曰：‘如大王言。’”有乌江亭长迎渡，为项羽拒绝：

> 项王笑曰:“天之亡我,我何渡为!……”

项羽决死苦战,宁折不弯的英雄气,是受到司马迁赞赏的。[①]可是他以“天亡我”掩饰失败的言辞,却为“太史公曰”所明确否定:

> 太史公曰:……及羽背关怀楚,放逐义帝而自立,怨王侯叛己,难矣。自矜功伐,奋其私智而不师古,谓霸王之业,欲以力征经营天下,五年卒亡其国,身死东城,尚不觉寤而不自责,过矣。乃引“天亡我,非用兵之罪也”,岂不谬哉!

不过,我们应当看到,所谓“天亡我”的意识,并不是项羽个人独有的历史观的偏见。这种意识,其实可以理解为当时人的历史观念所刻印的一种时代精神的标记。《史记·宋微子世家》:“天笃下灾亡殷国。”《史记·周本纪》:“山崩川竭,亡国之征也。”“天之所弃,不过其纪。”“天之所弃”,也是指“天亡”西周史事。

《史记·六国年表》分析秦人成功的原因时,曾经归结于“盖若天所助焉”:“太史公读《秦记》,至犬戎败幽王,周东徙洛邑,秦襄公始封为诸侯,作西畤用事上帝,僭端见矣。《礼》曰:‘天子祭天地,诸侯祭其域内名山大川。’今秦杂戎翟之俗,先暴戾,后仁义,位在藩臣而胪于郊祀,君子惧焉。及文公逾陇,攘夷狄,尊陈宝,营岐雍之间,而穆公修政,东竟至河,则与齐桓、晋文中国侯伯侔矣。是后陪臣执政,大夫世禄,六卿擅晋权,征伐会盟,威重于诸侯。及田常杀简公而相齐国,诸侯晏然弗讨,海内争于战功矣。三国终之卒分晋,田和亦灭齐而有之,六国之盛自

① 郭嵩焘《史记札记》说,“案:项王自叙七十余战,史公所记独钜鹿、垓下两战为详。钜鹿之战全用烘托法,不一及战事,而于垓下显出项羽兵法及其斩将搴旗之功。项羽英雄,史公自是心许,亦由其好奇,于势穷力尽处自显神通。钜鹿、鸿门、垓下三段,自是史公《项羽纪》中聚精会神,极得意文字”。这一见解,应当说是中肯的。

此始。务在强兵并敌，谋诈用而从衡短长之说起。矫称蜂出，誓盟不信，虽置质剖符犹不能约束也。秦始小国僻远，诸夏宾之，比于戎翟，至献公之后常雄诸侯。论秦之德义不如鲁卫之暴戾者，量秦之兵不如三晋之强也，然卒并天下，非必险固便形埶利也，盖若天所助焉。”

又如《史记·项羽本纪》写道：

> 秦二世元年七月，陈涉等起大泽中。其九月，会稽守通谓梁曰：“江西皆反，此亦天亡秦之时也。吾闻先即制人，后则为人所制。吾欲发兵，使公及桓楚将。”

又如：

> 汉欲西归，张良、陈平说曰：“汉有天下太半，而诸侯皆附之。楚兵罢食尽，此天亡楚之时也，不如因其机而遂取之。今释弗击，此所谓‘养虎自遗患’也。”汉王听之。

《史记·秦楚之际月表》说到秦汉之际的政治变局，也以“岂非天哉，岂非天哉”感叹刘邦的成功：

> 秦既称帝，患兵革不休，以有诸侯也，于是无尺土之封，隳坏名城，销锋镝，鉏豪桀，维万世之安。然王迹之兴，起于闾巷，合从讨伐，轶于三代，乡秦之禁，适足以资贤者为驱除难耳。故愤发其所为天下雄，安在无土不王。此乃传之所谓大圣乎？岂非天哉，岂非天哉！非大圣孰能当此受命而帝者乎？

秦帝国和汉帝国的建立，都被看作“天之助”，此外，“天亡秦之时也”“天亡楚之时也”等说法，其实也都体现了共同的历史意识，就是说，历史的方向和历史的进程，都是先定于“天”的。

“岂非天哉”的感慨，又见于《史记》中关于韩信和李广个人悲剧的记述，《淮阴侯列传》：

> 舍人弟上变，告〔韩〕信欲反状于吕后。吕后欲召，恐其党不就，乃与萧相国谋，诈令人从上所来，言豨已得死，列侯群臣皆贺。相国绐信曰：“虽疾，强入贺。”信入，吕后使武士缚信，斩之长乐钟室。信方斩，曰：“吾悔不用蒯通之计，乃为儿女子所诈，岂非天哉！”遂夷信三族。

《李将军列传》也写道：

> 至莫府，〔李〕广谓其麾下曰：“广结发与匈奴大小七十余战，今幸从大将军出接单于兵，而大将军又徙广部行回远，而又迷失道，岂非天哉！且广年六十余矣，终不能复对刀笔之吏。”遂引刀自刭。广军士大夫一军皆哭。百姓闻之，知与不知，无老壮皆为垂涕。

司马迁感慨动情之状，已经生动地流露于字句之间。人们看到，个人成败生死之终由命定的观念，不仅存在于司马迁所同情的历史人物的心理中，也是得到司马迁的某种情感共鸣的。

生命意识的历史性觉醒

作为历史主体的人，用他们生动活跃的生命，化成历史长河闪亮的水滴。

正是一代代人的生命的汇聚和涌动，推进着历史的潮流向前。

应当说，人类普遍真正意识到生命的美好、生命的宝贵时，才开始迈入了文明的境界。

也可以说，只有尊重人的生命的价值，肯定人的生命的意义的历史学，才是本身具有历史价值、历史意义和历史生命力的历史学。

司马迁的《史记》，可以说是中国古代史学著作中第一部高度张扬生命意识的名著。

《史记·秦本纪》写道：“〔秦武公〕二十年，武公卒，葬雍平阳。初以人从死，从死者六十六人。”《史记·六国年表》也说：“〔秦武公二十年〕葬雍，初以人从死。”秦国“以人从死”的制度实行了57年，到秦穆公三十九年（公元前621年）时，历史文化的进步，生命意识的觉醒，已经使“从死”之制面临着严峻的社会批判。司马迁在《史记·秦本纪》中特别用深沉的笔触，记录了这一历史变化：

> 三十九年，缪公卒，葬雍。从死者百七十七人，秦之良臣子舆氏三人名曰奄息、仲行、鍼虎，亦在从死之中。秦人哀之，为作歌《黄鸟》之诗。
>
> 君子曰：“秦缪公广地益国，东服强晋，西霸戎夷，然不为诸侯盟主，亦宜哉。死而弃民，收其良臣而从死。且先王崩，尚犹遗德垂法，况夺之善人良臣百姓所哀者乎？是以知秦不能复东征也。”

《左传·文公六年》：“秦伯任好卒以子车氏之三子奄息、仲行、鍼虎为殉，皆秦之良也。国人哀之，为之赋《黄鸟》。君子曰：‘秦穆不为盟主也，宜哉。死而弃民。先王违世，犹诒之法，而况夺之善人乎！《诗》曰：人之云亡，邦国殄瘁。无善人之谓。若之何夺之？’”[①]《诗·秦风·黄鸟》毛亨序：“《黄鸟》，哀三良也。国人刺穆公以人从死，而作是诗也。”诗云：

> 交交黄鸟，止于棘。

① 《左传·文公六年》又有这样的评论：“古之王者知命之不长，是以并建圣哲，树之风声，分之采物，著之话言，为之律度，陈之艺极，引之表仪，予以法制，告之训典，教之防利，委之常秩，道之以礼，则使无失其土宜，众隶赖之而后即命。圣王同之。今纵无法以遗后嗣，而又收其良以死，难以在上矣。君子是以知秦之不复东征也。”可知司马迁《史记·秦本纪》所录“君子”的批评，原有所本。

谁从穆公，子车奄息。
维此奄息，百夫之特。
临其穴，惴惴其栗。
彼苍者天，歼我良人。
如可赎兮，人百其身。

交交黄鸟，止于桑。
谁从穆公，子车仲行。
维此仲行，百夫之防。
临其穴，惴惴其栗。
彼苍者天，歼我良人。
如可赎兮，人百其身。

交交黄鸟，止于楚。
谁从穆公，子车鍼虎。
维此鍼虎，百夫之御。
临其穴，惴惴其栗。
彼苍者天，歼我良人。
如可赎兮，人百其身。

《史记·太史公自序》总结各篇要领，曾经写道：

> 维秦之先，伯翳佐禹；穆公思义，悼豪之旅；以人为殉，诗歌《黄鸟》；昭襄业帝。作《秦本纪》第五。

司马迁竟然以为，“以人为殉，诗歌《黄鸟》”，是秦史中最可值得纪念的事件之一。《史记·十二诸侯年表》也写道：

〔三十九年〕缪公薨。葬殉以人，从死者百七十人，君子讥之，故不言卒。

这里“君子”对“从死”制度的批判，是代表了司马迁的意见的。《史记·蒙恬列传》又记述了蒙毅的这样一段话：“昔者秦穆公杀三良而死，罪百里奚而非其罪也，故立号曰‘缪’。昭襄王杀武安君白起。楚平王杀伍奢。吴王夫差杀伍子胥。此四君者，皆为大失，而天下非之，以其君为不明，以是籍于诸侯。故曰‘用道治者不杀无罪，而罚不加于无辜’。唯大夫留心！”也说秦穆公以三良“从死”之事是“为大失”之举。

《史记·秦本纪》又记述：“献公元年，止从死。”事在公元前384年，即秦武公“初以人从死”294年之后，秦穆公以三良从死，“秦人哀之，为作歌《黄鸟》之诗”237年之后。

不过，此后秦又有“以人从死”的事件发生。《史记·秦始皇本纪》记载：

九月，葬始皇郦山。始皇初即位，穿治郦山，及并天下，天下徒送诣七十余万人，穿三泉，下铜而致椁，宫观百官奇器珍怪徙臧满之。令匠作机弩矢，有所穿近者辄射之。以水银为百川江河大海，机相灌输，上具天文，下具地理。以人鱼膏为烛，度不灭者久之。二世曰：“先帝后宫非有子者，出焉不宜。”皆令从死，死者甚众。葬既已下，或言工匠为机，臧皆知之，臧重即泄。大事毕，已臧，闭中羡，下外羡门，尽闭工匠臧者，无复出者。

可见秦礼俗中“从死”之制所体现的文化基因的沉重的历史惯性。《史记·李斯列传》又记载了沙丘政变后，秦二世当政，因为“沙丘之谋，诸公子及大臣皆疑焉”，于是以残厉手段迫害“群臣诸公子”，“公子十二人僇死咸阳市，十公主矺死于杜”，公子高被迫请求“从死”葬郦山脚下的情形：

公子高欲奔，恐收族，乃上书曰："先帝无恙时，臣入则赐食，出则乘舆。御府之衣，臣得赐之；中厩之宝马，臣得赐之。臣当从死而不能，为人子不孝，为人臣不忠。不忠者无名以立于世，臣请从死，愿葬郦山之足。唯上幸哀怜之。"书上，胡亥大说，召赵高而示之，曰："此可谓急乎？"赵高曰："人臣当忧死而不暇，何变之得谋！"胡亥可其书，赐钱十万以葬。

《史记》中记录的另一"从死"之例，是《楚世家》所载楚灵王因政变被逐出逃，流落民间的故事："灵王于是独傍偟山中，野人莫敢入王。王行遇其故锅人，谓曰：'为我求食，我已不食三日矣。'锅人曰：'新王下法，有敢饷王从王者，罪及三族，且又无所得食。'王因枕其股而卧。锅人又以土自代，逃去。王觉而弗见，遂饥弗能起。芋尹申无宇之子申亥曰：'吾父再犯王命，王弗诛，恩孰大焉！'乃求王，遇王于釐泽，奉之以归。夏五月癸丑，王死申亥家，申亥以二女从死，并葬之。"

"从死"之俗，是森厉的等级制度的反映，也是野蛮时代人的生命价值和生存权利不能得到起码尊重的文化形态的反映。《史记》中记录的"从死"之俗，其流行地域或秦或楚，都表现出与中原文化先进地区的差异。

《史记·匈奴列传》又说到匈奴的"从死"风习：

其送死，有棺椁金银衣裘，而无封树丧服；近幸臣妾从死者，多至数千百人。

司马迁所谓"多至数千百人"，《汉书·匈奴传上》作"多至数十百人"。颜师古注："或数十人，或百人。""从死"人数，当以《汉书》为是。

法国学者列维-布留尔曾经写道："在那些随首次或末次丧礼一起出现的风俗中，我将引证一系列可以清楚地看出原始人的思维的神秘的和原逻辑的性质的风俗作为例子。一般说来，这些风俗都包含下面一个内容，即把属于死人的一切东西随死人一起埋葬，或者简单地把这些东西毁坏。差不多在所有不发达民族中间都无一例外地保持着这个风俗。我们知道，在阿龙塔人那里，……安葬以后，死者（男人和女人）的帐篷立即予以焚烧，那里的一切东西也和它一起毁掉。①……在南澳大利亚，‘凡属于死者的东西、他的武器、他的鱼网等等，都和尸体一起放进坟墓里。’②在维多利亚，巫师把所有能找到的属于死者私人的东西都扔进坟里……然后他问还有什么属于死者的东西没有，如果有人告诉他还有什么东西，他就吩咐把它拿来，加到先前那些东西里，现在，人死了，生前属于死者的一切东西都必须和他的尸体放在一起。③在俾士麦群岛，‘死者的一切动产都放在坟上，只是在死后第三个星期才烧毁。’④——在波罗罗人那里，谁家里死了人，这个家庭要遭受重大的损失，因为死者生前用过的一切东西都要烧毁，或者扔进水里，或者与死者一起埋葬。⑤多布里茨霍菲尔也在阿比朋人那里发现了同样的风俗。‘属于死者的全部用具都放到火堆里烧掉。……’⑥在加利福尼亚，柯玛乔人（Komacho）把属于死者所有的一切东西甚至属于他的马匹所用的东西都作为祭品。在尼西纳蒙人（Nishinam）那里，人一死，立刻就把尸体烧毁，同时烧毁属于他的一切东西。在温图人（Wintus）那里，凡属于死者的一切可以放进坟墓里去的东西都扔进坟墓里，如小刀、耙子、几瓶威士忌酒、装牡蛎的盒子，等等，凡不能埋葬的东西都烧毁。⑦”“‘休伦人把饼、油、兽皮、斧子、小锅和其他用具埋葬或者与死者尸体放在一起，以便死者的魂在另一种生活中不会因为没有

---

① Spencer and Gillin,The Native Tribes of Central Austral,p.497.

② Beveridge,"The Aborigines of the Lower Murray",Journal of the Royal Society of New South Wales,p.29(1884).

③ Brough Snyth,The Aborigines of Victoria,i.p.104.

④ Parkinson,Dueissig Jahre in der Südsee,p.441.

⑤ K.von den Steinen,Unter den Naturvolkern Zentralbrasiliens,pp.384-9.

⑥ Dobrizhoffer,An Account of the Abipones,ii.pp.273-4.

⑦ Power,Tribes of California,pp.173,239,328.

这些东西而忍受贫穷之苦。'[1]在温哥华，属于死者的一切东西都放在尸体旁边，因为不这样他就会回来把这些东西拿走。[2]""朱尼人也是把属于死者所有的几乎一切东西都毁坏或烧掉。"

列维-布留尔还指出："这种风俗在整个非洲都是十分流行的，甚至在这个风俗已不通行的地方，仍可以发现它的痕迹。"

"对这些风俗的通行解释，是把它们的来源归结为下面几个一般的动机：供给死者所需要的一切，使他在新环境中不至成为不幸者，如果死者是某种重要人物，则必须供给他为维持其等级而需要的一切；使活人避开受死亡玷污了因而不宜再用的物品……避免那个嫉妒地监视着活人的死者想要转回来寻找他的财产的危险。从大量例子看来，似乎不应当怀疑遵守这些风俗的人们是受着这些动机的影响，或者至少是受着其中一个动机的影响。"列维-布留尔则又指出："按照我们的观点，这些风俗包含了一种被想象和被感觉的特殊的互渗。人使用过的物品，他穿过的衣服，他的武器，他的饰物，乃是他自身的一部分，乃是他自己（把动词'是'解释为'互渗'），正如他的唾液、指甲屑、头发、大便一样，尽管是在较小的程度上，某种东西通过他这个人转移到这些东西里面来了，而这些东西就可说是成了他的人身的继续，从神秘的意义上说，这些东西今后就与他分不开了。""因为死者和属于他的一切东西之间的互渗是这样强，以至不可能产生关于这些东西会对其他人有效的观念。因而，必须使这些东西跟他一起去。必须把它们放在他的尸体旁边，而且由于它们一般都被认为是有生命的，所以它们也将和死人一样转到死亡（在其第一阶段）把他带去的那个邻近的地区去。"

所谓"被认为是有生命的"，而实际上则无生命的随葬品尚且如此，那么，事实上以生命标志其存在意义的人呢？

有生命的"人"，在原始观念中体现所有关系和从属关系的定式里，其实与无生命的"物"存在着某种同一性。

---

① Fr.Sagard,Le Grand Voyage au Pays des Hurons,p.233(1632).

② F.Boas,"The North-west Ttribes of Canada",Reports of the British Association,p.575.

列维-布留尔说："可能，有关服丧的大量风俗的来由，特别是在某些原始民族中间强加寡妇的那些常常是如此残酷、复杂和经久的风俗的来由，也应当在死人与作为所有权而与他神秘地联系着的那种东西之间的持久的互渗中去寻找。许多事实有利于这种观点。""应当认为，在寡妇和她的亡夫之间保持着极强的联系。其次，这个联系在丈夫活着的时候在许多方面都与我们叫做所有权（在原逻辑思维所理解的这个词的神秘意义上说）的那种东西相似。""在她和他之间确立着一种互渗，这种互渗无疑使她从属于他，但同时又使她的行为能对他发生影响。"列维-布留尔写道："严格地说，这些后果必须导致寡妇追随亡夫而死。甚至在已经相当文明的民族中间，我们也发现了无数这类风俗，特别是在亡夫是个重要人物的场合下。非洲的土王在死的时候，他的后妃，或者至少一部分后妃要殉葬。艾利斯说，从前，土王刚一断气，后妃们就开始在宫中破坏家具、饰物、用具，然后自杀。[①]我们知道，在印度，在远东，尤其在中国，寡妇在亡夫坟上自尽的事仍然十分普遍。"[②]

实际上，从"三良"事件可以知道，在君主去世之后，亲近的臣下，其地位有接近"后妃"的特质。与亡君关系紧密的臣子，如所谓"百夫之特""百夫之防""百夫之御"，他们严格说来，其实也包括在所谓"属于死人的一切东西"之中，其实也"可说是成了他的人身的继续"。

秦人"从死"礼俗的发生似乎晚于东方地区，其实际的流衍似乎也较东方地区长久。

但是实际上，东周时期的人殉遗存，在中原文化区、北方文化区、齐鲁文化区、楚文化区、吴越文化区和秦文化区都有发现，甚至齐鲁文化区发现的人殉资料最多。年代较晚的有山东临淄田齐王族墓、山东章丘女郎山1号战国齐墓、河南固始白狮子地战国晚期楚墓等。陕西凤翔西村战国秦墓及西道沟战国秦墓也是值得重视的资料。[③]陕西咸阳任家嘴战国早期

---

① A.B.Ellis,The Ewe-speaking Peoples,p.128.

② [法]列维-布留尔：《原始思维》，丁由译，商务印书馆1981年版，第314页至324页。

③ 黄展岳：《中国古代的人牲人殉新资料概述》，《考古》1996年第12期。

秦墓不仅发现殉人，而且发现人牲。[①]

不过，有的学者提出，“从死”现象与殉葬制度是有重要区别的。这样的分析有一定的道理。论者引《史记·秦本纪》张守节《正义》：

> 应劭云：“秦穆公与群臣饮酒酣，公曰：‘生共此乐，死共此哀。’于是奄息、仲行、鍼虎许诺。及公薨，皆从死。《黄鸟》诗所为作也。”

于是以为“三良”从死是出于信诺。[②]不过，应当看到，即使如此，能够以“死”为诺，正可以说明当时人的生命观。而“三良”的“许诺”，实际上也是以当时的礼俗制度为背景的。不难推想，“三良”中如果一人先死，秦穆公是一定不可能“死共此哀”的。

司马迁有关“三良”从死而“秦人哀之”的记述，使我们得以看到生死观念变革时期的若干社会文化表象。而司马迁本人对于代表历史进步方向的珍重生命观念的肯定，是显而易见的。

《史记》生命意识的体现，又有对杀降的否定。

《史记·白起王翦列传》说到秦名将白起有杀俘的行为：“与赵将贾偃战，沉其卒二万人于河中。”白起事迹最为著名的，是取得了长平之战的胜利，然而战后杀降，也使他背负了千载恶名。司马迁写道：

> 赵卒不得食四十六日，皆内阴相杀食。来攻秦垒，欲出。为四队，四五复之，不能出。其将军赵括出锐卒自搏战，秦军射杀赵括。括军败，卒四十万人[③]降武安君。武安君计曰：“前秦已拔上党，上党民不乐为秦而归赵。赵卒反覆。非尽杀之，恐为乱。”乃挟诈而尽坑杀之，遗其小者二百四十人归赵。前后斩首虏四十五万人。赵人大

---

① 咸阳市博物馆：《咸阳任家嘴殉人秦墓清理简报》，《考古与文物》1986年第6期。

② 尚志儒：《先秦从死从葬制度初探》，《文博》1984年第2期。

③ 《史记·六国年表》：“（秦昭襄王四十七年）白起破赵，杀卒四十五万。”

震。

……

武安君遂称病笃。应侯请之，不起。于是免武安君为士伍，迁之阴密。武安君病，未能行。居三月，诸侯攻秦军急，秦军数却，使者日至。秦王乃使人遣白起，不得留咸阳中。武安君既行，出咸阳西门十里，至杜邮。秦昭王与应侯群臣议曰：“白起之迁，其意尚怏怏不服，有余言。”秦王乃使使者赐之剑，自裁。武安君引剑将自到，曰：“我何罪于天而至此哉？”良久，曰：“我固当死。长平之战，赵卒降者数十万人，我诈而尽坑之，是足以死。”遂自杀。武安君之死也，以秦昭王五十年十一月。

三国时期“以才秀知名”的学者何晏，曾经发表著名的关于白起长平坑卒事件的政论《白起论》。

他说，“白起之降赵卒，诈而坑其四十万，岂徒酷暴之谓乎？”白起杀降，对于其意义和影响，难道仅仅是“酷暴”两个字就能够概括的吗？

他提请人们注意，白起于坑杀赵军降卒之后，在军事上就再也没有重新“得志”了。

何晏说，当天下人看到降秦之将，头颅似山，降秦之卒，骸积成丘之后，谁还愿意归降秦国呢？所以说，长平一役，虽然能制死四十万人之命，却恰恰反而增强了天下人和秦国作战的决心。虽然可以得到一朝之功，却恰恰反而增强了诸侯国抗击秦军的士气。可以说，这是“兵进而自伐其势，军胜而还丧其计”。虽然一次战役胜利了，可是在总体的战略上却失败了。

白起后来不敢再用兵于邯郸，或许并不是担心平原君拼死抵抗，也不是畏惧诸侯国重兵来援，其实很可能是有“讳之而不言”的原因。何晏认为，秦军此战，体现出战略决策上缺乏“远智”，可以说是“善战而拙胜”。

另外，何晏还指出，野战血搏的“战杀”和长平诈坑赵卒这种所谓

“降杀”，当然前者难而后者易，不过，“战杀虽难，降杀虽易，然降杀之为害，祸大于剧战也”。“降杀”虽然易于“战杀”，但是，它的危害，却要远远大于最残酷的“剧战”。

何晏的评论，体现出了对于长平之战的性质和意义的较为深沉的历史思考，但是，却只是偏重于从军事政治策略方面分析，仍然没有涉及生命之价值这一极其重要的历史学的主题。

司马迁在《史记》中记录的另一严重的杀降事件，是项羽在新安坑杀二十余万秦降卒事。《项羽本纪》记载，钜鹿之战后，项羽受降，以秦兵为前队，进军关中。然而不久就发生了变故：

> 到新安。诸侯吏卒异时故繇使屯戍过秦中，秦中吏卒遇之多无状，及秦军降诸侯，诸侯吏卒乘胜多奴虏使之，轻折辱秦吏卒。秦吏卒多窃言曰：“章将军等诈吾属降诸侯，今能入关破秦，大善；即不能，诸侯虏吾属而东，秦必尽诛吾父母妻子。”诸侯微闻其计，以告项羽。项羽乃召黥布、蒲将军计曰：“秦吏卒尚众，其心不服，至关中不听，事必危，不如击杀之，而独与章邯、长史欣、都尉翳入秦。”于是楚军夜击坑秦卒二十余万人新安城南。

又《史记·秦楚之际月表》：

> 〔项〕羽诈坑杀秦降卒二十万人于新安。

《史记·黥布列传》也记载：

> 项籍之引兵西至新安，又使〔黥〕布等夜击坑章邯秦卒二十余万人。

《史记·淮阴侯列传》也写道：

> 三秦王为秦将，将秦子弟数岁矣，所杀亡不可胜计，又欺其众降诸侯，至新安，项王诈坑秦降卒二十余万，唯独〔章〕邯、〔司马〕欣、〔董〕翳得脱。

后来有人把项羽坑杀秦降卒于新安与白起坑杀赵降卒于长平相对比，以为是一种历史的报应。

例如，明代诗人王世贞在《过长平作长平行》一诗中，就曾经这样写道：

> 世间怪事那有此，四十万人同日死。
> 白骨高于太行雪，血飞迸作汾流紫。
> 锐头竖子何足云，汝曹自死平原君。
> 乌鸦饱宿鬼车哭，至今此地多愁云。
> 耕农往往夸遗迹，战镞千年土花碧。
> 即令方朔浇岂散，纵有巫咸招不得。
> 君不见，新安一夜秦人愁，二十万鬼声啾啾。
> 郭开卖赵赵高出，秦玺忽送东诸侯。

所谓“新安一夜”“二十万鬼”一句，就是以历史轮回的角度，谈到长平秦坑赵卒和新安楚坑秦卒两次事件的关系。

又有人曾作《长平箭头歌》，其中写道：“太白星流狂食昴，邯郸军饿廉颇老。谷口悲风送冷云，不许东方发红照。绿衫小吏倚驿门，箭头拾自王报村。土花晕碧古血死，剩此寸镝鸣秋冤。”诗人又针对“毒雨崩城战垒隳，犹见沙壖未埋骼”的情形，责问道：“挟诈杀降谁画策?”诗人接着又笔锋一转，将长平坑卒事件和新安坑卒事件联系起来：

> 丹林一水涓涓流，上党鬼哭韩陉愁。

> 四十万人同穴葬，蒿坞剪草迷青丘。
> 莫嗅箭头腥，莫洒长平涕，
> 坑赵坑秦同一例。
> 偿尔新安一半魂，复仇喜得虞姬婿。

白起在长平坑赵卒四十万人，而项羽在新安坑秦卒二十余万人，所以说对于长平死难者，“偿尔新安一半魂”。所谓“坑赵坑秦同一例”，发现了历史现象惊人的相似。而把项羽新安“坑秦”看作白起长平“坑赵”的一种“复仇”形式的见解，体现出一种独特的历史观与独特的战争观，也是后来读史的人们可以反复回味的。

据司马迁记述，他曾经在内心予以深切同情的名将李广，也有对于杀降的反省。

《史记·李将军列传》：

> 广尝与望气王朔燕语，曰：“自汉击匈奴而广未尝不在其中，而诸部校尉以下，才能不及中人，然以击胡军功取侯者数十人，而广不为后人，然无尺寸之功以得封邑者，何也？岂吾相不当侯邪？且固命也？”
>
> 朔曰：“将军自念，岂尝有所恨乎？”
>
> 广曰：“吾尝为陇西守，羌尝反，吾诱而降，降者八百余人，吾诈而同日杀之。至今大恨独此耳。”
>
> 朔曰：“祸莫大于杀已降，此乃将军所以不得侯者也。”

“祸莫大于杀已降”，当然也体现出司马迁生命观的倾向。按照王朔的分析，李广难封的原因，并不是“相”，也不是“命”，而是“恨”。对于生命的轻贱，导引了“祸”的生成。而李广“至今大恨”，表现出一种历史与反历史、文化与非文化的心理与实践的矛盾。

李广任陇西太守时镇压羌人反抗时的杀降行为，可能是当时汉政府军与周边少数民族作战时的习惯性行为。在《史记·朝鲜列传》中，我们又可以看到这样的记载：

> 天子为两将未有利，乃使卫山因兵威往喻右渠。右渠见使者顿首谢："愿降，恐两将诈杀臣；今见信节，请服降。"遣太子入朝，献马五千匹，及馈军粮。人众万余，持兵，方渡浿水，使者及左将军疑其为变，谓太子已服降，宜命人毋持兵。太子亦疑使者左将军诈杀之，遂不渡浿水，复引归。

朝鲜贵族两度怀疑降后可能被汉军"诈杀"，很可能这种情形在当时并不是偶然的。

《史记》其他几则反映杀降行为的文字，又见于《高祖本纪》，如：

> 宛，大郡之都也，连城数十，人民众，积蓄多，吏人自以为降必死，故皆坚守乘城。

"吏人自以为降必死"，似乎可以说明在当时的战争环境中，杀降可能是相当普遍的情形。刘邦数项羽凡"罪十"，其中三条都说到杀降：

> 又强杀秦降王子婴，罪五。
>
> 诈坑秦子弟新安二十万，王其将，罪六。
>
> 夫为人臣而弑其主，杀已降，为政不平，主约不信，天下所不容，大逆无道，罪十也。

《史记·高祖本纪》还记载：

> 赵利守东垣，高祖攻之，不下。月余，卒骂高祖，高祖怒。城降，令出骂者斩之，不骂者原之。

“斩之”与“原之”虽然有所区别，但是在“城降”的情况下又“令出骂者斩之”，显然也是一种杀降现象。

顾颉刚先生曾经在《司马谈作史》一文中写道：“《史记》一书，其最精彩及价值最高之部分有二，一为楚、汉之际，一为武帝之世。武帝时事为迁所目睹，其史料为迁所搜集，精神贯注，光照千古，如书家之作‘一笔书’然。《封禅》《平准》《酷吏》诸篇在当日为‘谤书’，而在今日则为最宝贵之真实历史记载。若楚、汉之际，当为谈所集材。谈生文帝初叶，其时战国遗黎、汉初宿将犹有存者，故得就其口述，作为多方面之记述。此一时期史事之保存，惟谈为当首功。其笔力之健，亦复震撼一世，叱咤千古。”除了“生龙活虎，绘声绘色”，表现出“文学造诣之高”而外，“其史学见解之深辟又可知”。[①]

秦末及楚汉战争史事记述最为生动的，是项羽、刘邦的军事活动，其中有些文字，确实体现出“史学见解之深辟”。

例如，《史记·淮阴侯列传》记载韩信为刘邦分析形势时说：

> 项王所过无不残灭者，天下多怨，百姓不亲附，特劫于威强耳。名虽为霸，实失天下心。故曰其强易弱。今大王诚能反其道：任天下武勇，何所不诛！

所谓“项王所过无不残灭者”，似可与《史记·田儋列传》所谓“〔项王〕所过者尽屠之”联系起来理解。可以说，“项王所过无不残灭”其最典型的史例，当是屠城。

《史记》数处记录项羽屠城事，然而仅计有三例，即屠城阳、屠咸阳、屠齐地所得城：

① 顾颉刚：《史林杂识初编》，中华书局1963年版，第232页至第233页。

（1）项梁使沛公及项羽别攻城阳，屠之。（《项羽本纪》）

楚独追北，使沛公、项羽别攻城阳，屠之。（《高祖本纪》）

沛公与项羽北救东阿，破秦军濮阳，东屠城阳。（《秦楚之际月表》）

（2）楚人已屠关中。（《秦始皇本纪》）

诸侯兵至，项籍为从长，杀子婴及秦诸公子宗族。遂屠咸阳。（《秦始皇本纪》）

项羽引兵西屠咸阳。（《项羽本纪》）

项羽遂西，屠烧咸阳秦宫室，所过无不残破。（《高祖本纪》）

至关中，诛秦王子婴，屠烧咸阳。（《秦楚之际月表》）

项羽救钜鹿，枉矢西流，山东遂合从诸侯，西坑秦人，诛屠咸阳。（《天官书》）

项王与诸侯屠烧咸阳而去。（《萧相国世家》）

项羽既存赵，降章邯等，西屠咸阳。（《田儋列传》）

（3）项王遂烧夷齐城郭，所过尽屠之。（《田儋列传》）

我们可以看到，（1）“屠城阳”是项羽与刘邦共同的行为；（2）“屠咸阳”也是诸侯联军共同的行为，当然项羽是主要决策者，但是作为诸侯军事联盟成员之一的刘邦集团，严格说来，其实也是这一行动的参与者之一。据《史记·高祖本纪》，汉元年十二月，“项羽遂西，屠烧咸阳秦宫室，所过无不残破。”“四月，兵罢戏下，诸侯各就国，汉王之国，项王使卒三万人从，楚与诸侯之慕从者数万人，从杜南入蚀中。”《史记·樊郦滕灌列传》也记载：“项羽入屠咸阳，立沛公为汉王。”也就是说，“屠咸阳”时，刘邦仍在项羽指挥下的诸侯联军之中。可能正因为如此，刘邦数项羽十条罪状中，并没有指出“屠咸阳”事，只是说：“怀王约入秦无暴掠，项羽烧秦宫室，掘始皇帝冢，私收其财物，罪四。”（《史记·高祖本纪》）那么，其实刘邦可以谴责项羽之残暴的，应当只有（3）“屠”“齐城郭”一事。

可是，从司马迁《史记》中可知，刘邦所指挥的部队，屠城的记录却不胜枚举。刘邦初起事时，就曾经以“屠沛”相威胁，迫使沛人反秦。《高祖本纪》：

> 刘季乃书帛射城上，谓沛父老曰：“天下苦秦久矣。今父老虽为沛令守，诸侯并起，今屠沛。沛今共诛令，择子弟可立者立之，以应诸侯，则家室完。不然，父子俱屠，无为也。”父老乃率子弟共杀沛令，开城门迎刘季。

“屠沛”，司马贞《索隐》：“按：范晔云：‘克城多所诛杀，故云屠也。’”而刘邦军确实屠城的实例，又有：

> 南攻颍阳，屠之。（《高祖本纪》）
>
> 沛公将数万人已屠武关。（《秦始皇本纪》）
>
> 从攻项籍，屠煮枣。（《樊郦滕灌列传》）
>
> 围项籍于陈，大破之，屠胡陵。（《樊郦滕灌列传》）
>
> 刘贾军从寿春并行，屠城父。（《项羽本纪》）
>
> 刘贾入楚地，围寿春，汉王败固陵，乃使使者召大司马周殷举九江兵而迎武王，行屠城父。（《高祖本纪》）
>
> 大司马周殷叛楚，以舒屠六，举九江兵，随刘贾、彭越皆会垓下。（《项羽本纪》）
>
> 十一年春，故韩王信复与胡骑入居参合，距汉。汉使柴将军击之。……柴将军屠参合，斩韩王信。（《韩信卢绾列传》）
>
> 击陈豨，屠马邑。（《绛侯周勃世家》）
>
> 燕王卢绾反，〔周〕勃以相国代樊哙将，……屠浑都，破绾军上兰。（《绛侯周勃世家》）

当然，《史记·项羽本纪》：“项梁使沛公及项羽别攻城阳，屠之。”《高祖本纪》："楚独追北，使沛公及项羽别攻城阳，屠之。"《秦楚之际月表》："沛公与项羽北救东阿，破秦军濮阳，东屠城阳。"也是刘邦屠城的记录。据《史记·项羽本纪》，刘邦还曾经有屠鲁的计划：

> 项王已死，楚地皆降汉，独鲁不下。汉乃引天下兵欲屠之，为其守礼义，为主死节，乃持项王头视鲁，鲁父兄乃降。

《史记》中虽然早至春秋战国，晚至汉武帝时代，都有屠城的记录①，不过，屠城事件最为密集的，还是秦汉之际，而刘邦屠城事，尤为频繁。《史记》实录史事，于是有"书亦信矣"之称，正所谓"其文直，其事核，不虚美，不隐恶，故谓之实录"（《汉书·司马迁传》）。司马迁对于刘邦屠城事的揭露，表现出他的情感倾向，这或许也是《史记》所以被称为"谤书"②的因素之一呢。

班固曾经说，司马迁"以身陷刑之故，反微文刺讥，贬损当世"③。一般多以为司马迁所"谤"，针对的是汉武帝。然而也有人认为，"司马迁因受腐刑之辱，对于汉家诸帝，皆有微词。"高祖屠城，或为一例。不过，其实质却绝不是论者所谓"借以泄忿"④之辞，而是客观的历史记录，同时司马迁宣扬生命意识的深意，也是引人注目的。

---

① 如《史记·晋世家》："晋追，遂围临淄，尽烧屠其郭中。"《天官书》："秦、楚、吴、越，夷狄也，为强伯。田氏篡齐，三家分晋，并为战国。争于攻取，兵革更起，城邑数屠。"《田单列传》："燕人曰：'子不听，吾引三军而屠画邑。'"《鲁仲连邹阳列传》："聊城乱，田单遂屠聊城。"《范雎蔡泽列传》："〔范雎〕数曰：'为我告魏王，急持魏齐头来！不然者，我且屠大梁。'"《高祖本纪》："陈王使魏人周市略地。周市使人谓雍齿曰：'……齿今下魏，魏以齿为侯守丰。不下，且屠丰。'""是时秦将章邯从陈，别将司马尼将兵北定楚地，屠相。"《齐悼惠王世家》："三国将劫与路中大夫盟，曰：'若反言汉已破矣，齐趣下三国，不且见屠。'"《吴王濞列传》："遂召昆弟所善豪吏告曰：'吴反兵且至，至，屠下邳不过食顷。'"《大宛列传》："至仑头，仑头不下，攻数日，屠之。""岁余，宛贵人以为昧蔡善谀，使我国遇屠，乃相与杀昧蔡。"

② 汉末权臣王允说："昔武帝不杀司马迁，使作谤书，流于后世。"（《后汉书·蔡邕传》）以所谓"谤书"批评《史记》者，又如李晚芳《读史管见·读史摘微》等。

③ 《文选》卷四八班固《典引》。

④ 吴贯因：《史之梯》，上海联合书店1930年版，第23页。

生死是非

《史记·刺客列传》中颂扬了“忠臣有死义之名”“士固为知己者死”的精神。《游侠列传》中也肯定游侠对于“生死”的态度：

> 今游侠，其行虽不轨于正义，然其言必信，其行必果，已诺必诚，不爱其躯，赴士之厄困，既已存亡死生矣，而不矜其能，羞伐其德，盖亦有足多者焉。……
>
> 今拘学或抱咫尺之义，久孤于世，岂若卑论侪俗，与世沉浮而取荣名哉！而布衣之徒，设取予然诺，千里诵义，为死不顾世，此亦有所长，非苟而已也。故士穷窘而得委命，此岂非人之所谓贤豪间者邪？

《史记》对“轻死重气”精神的推崇，似乎已经走向极端，于是有的学者曾经指出，其中有些情节是否符合历史的真实，有些做法是否值得肯定和赞许，似乎都存在疑问：

> 司马迁尚气好侠，有战国豪士之余风，故其为书，叙用兵、气节、豪侠之气特详。其言侯嬴自杀以报魏公子，而樊於期自杀以头遗荆轲，皆奇诞不近人情，不足考信。以嬴既进朱亥以报魏公子，不自杀未害为信，而樊於期自匿以求苟免，尚安肯愤然劫以浮词，以首遗人哉？此未必非燕丹杀之也。余读《刺客传》，颇爱曹沫、豫让之事，沫有补其国，而让为不负其君，然皆不合大义，而庶几所谓好勇者。如聂政、荆轲之事，此特贱大夫之雄耳。[①]

---

① 张耒：《司马迁论》，《张右丞文集》卷五六。

司马迁对壮烈之死的渲染，其实是在宣扬一种正义之气，一种豪迈之气。这种向慕“轻死重气”风格的倾向，其实是有战国秦汉激烈慷慨的时代精神作为文化背景的。然而，司马迁对于“死”，又有更具有理性意识的认识。

《史记》中多有关于自杀的记述。仅使用“自杀”一语的，我们就可以看到数十例。

自杀，是政治斗争失败后的一种无奈的终结方式。如：

怀公四年，庶长鼌与大臣围怀公，怀公自杀。（《秦本纪》）

二十四年，王翦、蒙武攻荆，破荆军，昌平君死，项燕遂自杀。（《秦始皇本纪》）

阎乐前即二世数曰：“足下骄恣，诛杀无道，天下共畔足下，足下其自为计。”二世曰：“丞相可得见否？”乐曰：“不可。”二世曰：“吾愿得一郡为王。”弗许。又曰：“愿为万户侯。”弗许。曰：“愿与妻子为黔首，比诸公子。”阎乐曰：“臣受命于丞相，为天下诛足下，足下虽多言，臣不敢报。”麾其兵进。二世自杀。（《秦始皇本纪》）

诸臣围怀公，怀公自杀。（《秦始皇本纪》）

引水灌废丘，废丘降，章邯自杀。（《高祖本纪》）

元年，汉兴已六十余岁矣，天下艾安，缙绅之属皆望天子封禅改正度也，而上乡儒术，招贤良，赵绾、王臧等以文学为公卿，欲议古立明堂城南，以朝诸侯。草巡狩封禅改历服色事未就。会窦太后治黄老言，不好儒术，使人微伺得赵绾等奸利事，召案绾、臧，绾、臧自杀，诸所兴为皆废。（《封禅书》）

使崔杼仇卢蒲嫳攻崔氏，杀成、强，尽灭崔氏，崔杼妇自杀。崔杼毋归，亦自杀。（《齐太公世家》）

季友以赂如莒求庆父，庆父归，使人杀庆父，庆父请奔，弗听，乃使大夫奚斯行哭而往。庆父闻奚斯音，乃自杀。（《鲁周公世家》）

二十三年，楚之白公胜杀令尹子西、子綦，袭惠王。叶公攻败白

公，白公自杀。（《陈杞世家》）

七年，晋文公、秦缪公共围郑，以其无礼于文公亡过时，及城濮时郑助楚也。围郑，欲得叔瞻。叔瞻闻之，自杀。（《晋世家》）

六年，鲁襄公朝晋。晋栾逞有罪，奔齐。八年，齐庄公微遣栾逞于曲沃，以兵随之。齐兵上太行，栾逞从曲沃中反，袭入绛。绛不戒，平公欲自杀，范献子止公，以其徒击逞，逞败走曲沃。（《晋世家》）

四十二年，釐侯卒，太子共伯余立为君。共伯弟和有宠于釐侯，多予之赂；和以其赂赂士，以袭攻共伯于墓上，共伯入釐侯羡自杀。（《卫康叔世家》）

栾布自破齐还，乃并兵引水灌赵城。赵城坏，赵王自杀，邯郸遂降。（《楚元王世家》）

使棘蒲侯柴将军击破虏济北王，王自杀，地入于汉，为郡。（《齐悼惠王世家》）

叶公闻白公为乱，率其国人攻白公。白公之徒败，亡走山中，自杀。（《伍子胥列传》）

项羽悉引兵渡河，遂破章邯。章邯引兵解，诸侯军乃敢击围钜鹿秦军，遂虏王离。涉间自杀。（《张耳陈余列传》）

《史记·晋世家》所谓："二十二年，献公怒二子不辞而去，果有谋矣，乃使兵伐蒲。蒲人之宦者勃鞮命重耳促自杀。重耳逾垣。"当是一种例外。

作为一种罪罚形式，迫令自杀，又是较体面的结局。例如：

〔秦二世〕乃行诛大臣及诸公子，以罪过连逮少近官三郎，无得立者，而六公子戮死于杜。公子将闾昆弟三人囚于内宫，议其罪独后。二世使使令将闾曰："公子不臣，罪当死，吏致法焉。"将闾曰："阙廷之礼，吾未尝敢不从宾赞也；廊庙之位，吾未尝敢失节也；受命应对，吾未尝敢失辞也。何谓不臣？愿闻罪而死。"使者曰："臣不

得与谋，奉书从事。”将闾乃仰天大呼天者三，曰：“天乎！吾无罪！”昆弟三人皆流涕拔剑自杀。（《秦始皇本纪》）

……王乃大怒，曰：“伍员果欺寡人！”役反，使人赐子胥属镂剑以自杀。子胥大笑曰：“我令而父霸，我又立若，若初欲分吴国半予我，我不受，已，今若反以谗诛我。嗟乎，嗟乎，一人固不能独立！”报使者曰：“必取吾眼置吴东门，以观越兵入也！”（《越王勾践世家》）

范蠡遂去，自齐遗大夫种书曰：“蜚鸟尽，良弓藏；狡兔死，走狗烹。越王为人长颈鸟喙，可与共患难，不可与共乐。子何不去？”种见书，称病不朝。人或谗种且作乱，越王乃赐种剑曰：“子教寡人伐吴七术，寡人用其三而败吴，其四在子，子为我从先王试之。”种遂自杀。（《越王勾践世家》）

乃遣使冠盖相望于道，覆按梁，捕公孙诡、羊胜。公孙诡、羊胜匿王后宫。使者责二千石急，梁相轩丘豹及内史韩安国进谏王，王乃令胜、诡皆自杀，出之。（《梁孝王世家》）

秦王乃使使者赐之剑，自裁。武安君引剑将自刭，曰：“我何罪于天而至此哉？”良久，曰：“我固当死。长平之战，赵卒降者数十万人，我诈而尽坑之，是足以死。”遂自杀。武安君之死也，以秦昭王五十年十一月。死而非其罪，秦人怜之，乡邑皆祭祀焉。（《白起王翦列传》）

在政治生活中，有时犯有严重过失者以自杀的形式表示沉痛的自责。例如：

其明年，天子始巡郡国。东度河，河东守不意行至，不辨，自杀。（《平准书》）

子玉之败而归，楚成王怒其不用其言，贪与晋战，让责子玉，子玉自杀。（《晋世家》）

王怒，子胥欲自杀，王闻而止之。（《越王勾践世家》）

厉公果复入。入而让其伯父原曰："我亡国外居，伯父无意入我，亦甚矣。"原曰："事君无二心，人臣之职也。原知罪矣。"遂自杀。（《郑世家》）

晋于是欲得叔詹为僇。郑文公恐，不敢谓叔詹言。詹闻，言于郑君曰："臣谓君，君不听臣，晋卒为患。然晋所以围郑，以詹，詹死而赦郑国，詹之愿也。"乃自杀。（《郑世家》）

十二月辛未，赵鞅入绛，盟于公宫。其明年，知伯文子谓赵鞅曰："范、中行虽信为乱，安于发之，是安于与谋也。晋国有法，始乱者死。夫二子已伏罪而安于独在。"赵鞅患之。安于曰："臣死，赵氏定，晋国宁，吾死晚矣。"遂自杀。赵氏以告知伯，然后赵氏宁。（《赵世家》）

子建立为王。七年自杀。淮南、衡山谋反时，建颇闻其谋。自以为国近淮南，恐一日发，为所并，即阴作兵器，而时佩其父所赐将军印，载天子旗以出。易王死未葬，建有所说易王宠美人淖姬，夜使人迎与奸服舍中。及淮南事发，治党与颇及江都王建。建恐，因使人多持金钱，事绝其狱。而又信巫祝，使人祷祠妄言。建又尽与其姊弟奸。事既闻，汉公卿请捕治建。天子不忍，使大臣即讯王。王服所犯，遂自杀。（《五宗世家》）

楚太子因变衣服为楚使者御以出关，而黄歇守舍，常为谢病。度太子已远，秦不能追，歇乃自言秦昭王曰："楚太子已归，出远矣。歇当死，愿赐死。"昭王大怒，欲听其自杀也。应侯曰："歇为人臣，出身以徇其主，太子立，必用歇，故不如无罪而归之，以亲楚。"秦因遣黄歇。（《春申君列传》）

蒙恬喟然太息曰："我何罪于天，无过而死乎？"良久，徐曰："恬罪固当死矣。起临洮属之辽东，城堑万余里，此其中不能无绝地脉哉？此乃恬之罪也。"乃吞药自杀。（《蒙恬列传》）

临江王征诣中尉府对簿，临江王欲得刀笔为书谢上，而都禁吏不

予。魏其侯使人以间与临江王。临江王既为书谢上，因自杀。（《酷吏列传》）

不过，一般来说，这可能只是上层社会通行的情形。我们看到《史记·张丞相列传》后人补记：

> 黄丞相霸者，淮阳人也。以读书为吏，至颍川太守。治颍川，以礼义条教喻告化之。犯法者，风晓令自杀。化大行，名声闻。

所谓“犯法者，风晓令自杀”，显然是一种理想化政治形态的标记。

自杀，有时又被作为一种走上绝境时的解脱形式。例如：

> 或谓太子曰：“可奔他国。”太子曰：“被此恶名以出，人谁内我？我自杀耳。”十二月戊申，申生自杀于新城。（《晋世家》）
>
> 范蠡乃鼓进兵，曰：“王已属政于执事，使者去，不者且得罪。”吴使者泣而去。勾践怜之，乃使人谓吴王曰：“吾置王甬东，君百家。”吴王谢曰：“吾老矣，不能事君王！”遂自杀。乃蔽其面，曰：“吾无面以见子胥也！”（《越王勾践世家》）
>
> 汉绝吴楚粮道，士卒饥，吴王走，楚王戊自杀。（《楚元王世家》）
>
> 地节二年，中人上书告楚王谋反，王自杀。（《楚元王世家》）
>
> 至元朔元年，郢人昆弟复上书具言定国阴事，以此发觉。诏下公卿，皆议曰：“定国禽兽行，乱人伦，逆天，当诛。”上许之。定国自杀，国除为郡。（《荆燕世家》）
>
> 汉将栾布、平阳侯等兵至齐，击破三国兵，解齐围。已而复闻齐初与三国有谋，将欲移兵伐齐。齐孝王惧，乃饮药自杀。（《齐悼惠王世家》）
>
> 于是天子乃拜主父偃为齐相，且正其事。主父偃既至齐，乃急治

王后宫宦者为王通于姊翁主所者，令其辞证皆引王。王年少，惧大罪为吏所执诛，乃饮药自杀。（《齐悼惠王世家》）

上征荣。荣行，祖于江陵北门。既已上车，轴折车废。江陵父老流涕窃言曰："吾王不反矣！"荣至，诣中尉府簿。中尉郅都责讯王，王恐，自杀。葬蓝田。燕数万衔土置冢上，百姓怜之。（《五宗世家》）

使者至，发书，扶苏泣，入内舍，欲自杀。蒙恬止扶苏曰："陛下居外，未立太子，使臣将三十万众守边，公子为监，此天下重任也。今一使者来，即自杀，安知其非诈？请复请，复请而后死，未暮也。"使者数趣之。扶苏为人仁，谓蒙恬曰："父而赐子死，尚安复请！"即自杀。（《李斯列传》）

赵高诈诏卫士，令士皆素服持兵内乡，入告二世曰："山东群盗兵大至！"二世上观而见之，恐惧，高既因劫令自杀。（《李斯列传》）

孝景前三年，吴、楚、齐、赵反，上以寄为将军，围赵城，十月不能下。得俞侯栾布自平齐来，乃下赵城，灭赵，王自杀，除国。（《樊郦滕灌列传》）

子侯颇尚平阳公主。立十九岁，元鼎二年，坐与父御婢奸罪，自杀，国除。（《樊郦滕灌列传》）

孝文帝时，淮南厉王杀辟阳侯，以诸吕故。文帝闻其客平原君为计策，使吏捕欲治。闻吏至门，平原君欲自杀。诸子及吏皆曰："事未可知，何早自杀为？"平原君曰："我死祸绝，不及而身矣。"遂自刭。孝文帝闻而惜之，曰："吾无意杀之。"（《郦生陆贾列传》）

会事发觉，汉下诏捕赵王及群臣反者。于是赵午等皆自杀。（《田叔列传》）

吴王先起兵，胶西正月丙午诛汉吏二千石以下，胶东、菑川、济南、楚、赵亦然，遂发兵西。齐王后悔，饮药自杀，畔约。（《吴王濞列传》）

吴王之弃其军亡也，军遂溃，往往稍降太尉、梁军。楚王戊军败，自杀。（《吴王濞列传》）

乃出诏书为王读之。读之讫，曰："王其自图。"王曰："如卬等死有余罪。"遂自杀。太后、太子皆死。胶东、菑川、济南王皆死，国除，纳于汉。郦将军围赵十月而下之，赵王自杀。（《吴王濞列传》）

临江王，適长太子也，以一言过，废王临江；用宫垣事，卒自杀中尉府。（《韩长孺列传》）

语未卒，孝王泣数行下，谢安国曰："吾今出诡、胜。"诡、胜自杀。汉使还报。（《韩长孺列传》）

上曰："首为马邑事者，恢也，故发天下兵数十万，从其言，为此。且纵单于不可得，恢所部击其辎重，犹颇可得，以慰士大夫心。今不诛恢，无以谢天下。"于是恢闻之，乃自杀。（《韩长孺列传》）

乃尽案诛三长史。丞相青翟自杀。（《酷吏列传》）

岁余，会宛军发，诏征豪吏，温舒匿其吏华成，及人有变告温舒受员骑钱，他奸利事，罪至族，自杀。（《酷吏列传》）

为右扶风，坐怨成信，信亡藏上林中，宣使郿令格杀信，吏卒格信时，射中上林苑门，宣下吏诋罪，以为大逆，当族，自杀。（《酷吏列传》）

《魏其武安侯列传》记载：武安侯田蚡与魏其侯窦婴当廷争论，"武安已罢朝，出止车门，召韩御史大夫载，怒曰：'与长孺共一老秃翁，何为首鼠两端？'韩御史良久谓丞相曰：'君何不自喜？夫魏其毁君，君当免冠解印绶归，曰：臣以肺腑幸得待罪，固非其任，魏其言皆是。如此，上必多君有让，不废君。魏其必内愧，杜门齰舌自杀。今人毁君，君亦毁人，譬如贾竖女子争言，何其无大体也！'武安谢罪曰：'争时急，不知出此。'"自杀，又是洗刷羞耻的一种方式。类似的例子，又有：

且遣其少子，朱公长男固请欲行，朱公不听。长男曰："家有长子曰家督，今弟有罪，大人不遣，乃遣少弟，是吾不肖。"欲自杀。（《越王勾践世家》）

淮南王至，上方踞床洗，召布入见，布大怒，悔来，欲自杀。（《黥布列传》）

自杀也被看作避免败亡之辱和罪罚之辱的一种手段。例如：

下去疾、斯、劫吏，案责他罪。去疾、劫曰："将相不辱。"自杀。斯卒囚，就五刑。（《秦始皇本纪》）

乙卯夜，弃疾使船人从江上走呼曰："灵王至矣！"国人愈惊。又使曼成然告初王比及令尹子皙曰："王至矣！国人将杀君，司马将至矣！君蚤自图，无取辱焉。众怒如水火，不可救也。"初王及子皙遂自杀。（《楚世家》）

燕将见鲁连书，泣三日，犹豫不能自决。欲归燕，已有隙，恐诛；欲降齐，所杀虏于齐甚众，恐已降而后见辱。喟然叹曰："与人刃我，宁自刃。"乃自杀。（《鲁仲连邹阳列传》）

"不辱"，即"无取辱"、恐"见辱"，成为自杀的动机。李广感叹"且广年六十余矣，终不能复对刀笔之吏"，于是引刀自刭（《李将军列传》）[①]，也反映了同样的情形。又如：

胜屠公当抵罪，义不受刑，自杀。（《酷吏列传》）

广死明年，李蔡以丞相坐侵孝景园壖地，当下吏治，蔡亦自杀，不对狱。（《李将军列传》）

① 《史记·卫将军骠骑列传》："大将军欲使使归报，令长史簿责前将军广，广自杀。"

“义不受刑”“不对狱”，心理背景也大体相近。

《齐太公世家》：“宦者贾举遮公从官而入，闭门，崔杼之徒持兵从中起。公登台而请解，不许；请盟，不许；请自杀于庙，不许。皆曰：‘君之臣杼疾病，不能听命。近于公宫。陪臣争趣有淫者，不知二命。’公逾墙，射中公股，公反坠，遂弑之。”“请自杀”而“不许”，看来，自杀对于死者来说，是一种维护自尊的方式。

自杀曾经屡屡体现为最激烈、最悲愤的政治抗议。怨恨和激愤郁积于心，终于爆发为以“死”作为极端表现的抗争形式，往往可以具有强烈的震撼人心的力量。例如司马迁写道：

> 梁王恢之徙王赵，心怀不乐。太后以吕产女为赵王后。王后从官皆诸吕，擅权，微伺赵王，赵王不得自恣。王有所爱姬，王后使人鸩杀之。王乃为歌诗四章，令乐人歌之。王悲，六月即自杀。（《吕太后本纪》）
>
> 吏簿责条侯，条侯不对。景帝骂之曰：“吾不用也。”召诣廷尉。廷尉责曰：“君侯欲反邪?”亚夫曰：“臣所买器，乃葬器也，何谓反邪?”吏曰：“君侯纵不反地上，即欲反地下耳。”吏侵之益急。初，吏捕条侯，条侯欲自杀，夫人止之，以故不得死，遂入廷尉。因不食五日，呕血而死。（《绛侯周勃世家》）
>
> 禹至，让汤曰：“君何不知分也。君所治夷灭者几何人矣?今人言君皆有状，天子重致君狱，欲令君自为计，何多以对簿为?”汤乃为书谢曰：“汤无尺寸功，起刀笔吏，陛下幸致为三公，无以塞责。然谋陷汤罪者，三长史也。”遂自杀。（《酷吏列传》）

伍子胥自杀，“吴人怜之，为立祠于江上，因名为胥山”。（《伍子胥列传》）白起自杀，“死而非其罪，秦人怜之，乡邑皆祭祀焉”。（《白起王翦列传》）李广自杀，“广军士大夫一军皆哭。百姓闻之，知与不知，无老壮皆为垂涕”。（《李将军列传》）都是典型的史例。

司马迁笔下有的女子因丈夫之死而自杀的情节，使人联想到古来妻妾从死的风习，例如：

> 已而至纣之嬖妾二女，二女皆经自杀。(《周本纪》)
>
> 襄子姊前为代王夫人。简子既葬，未除服，北登夏屋，请代王。使厨人操铜枓以食代王及从者，行斟，阴令宰人各以枓击杀代王及从官，遂兴兵平代地。其姊闻之，泣而呼天，摩笄自杀。代人怜之，所死地名之为摩笄之山。(《赵世家》)
>
> 楼缓对曰："王亦闻夫公甫文伯母乎？公甫文伯仕于鲁，病死，女子为自杀于房中者二人。其母闻之，弗哭也。其相室曰：'焉有子死而弗哭者乎？'其母曰：'孔子，贤人也，逐于鲁，而是人不随也。今死而妇人为之自杀者二人，若是者必其于长者薄而于妇人厚也。'……"(《平原君虞卿列传》)

赵襄子姊"泣而呼天，摩笄自杀"的事迹，有赵地悲歌慷慨之风。反映这种地域文化风格的史例，又可见：

> 赵武啼泣顿首固请，曰："武愿苦筋骨以报子至死，而子忍去我死乎！"程婴曰："不可。彼以我为能成事，故先我死；今我不报，是以我事为不成。"遂自杀。赵武服齐衰三年，为之祭邑，春秋祠之，世世勿绝。(《赵世家》)

司马迁歌颂侠风，言辞有声有色，是因为寄托了自己深切的个人情感。我们看到：

> 于是襄子大义之，乃使使持衣与豫让。豫让拔剑三跃而击之，曰："吾可以下报智伯矣！"遂伏剑自杀。死之日，赵国志士闻之，皆为涕泣。(《刺客列传》)

田光曰："吾闻之，长者为行，不使人疑之。今太子告光曰：'所言者，国之大事也，愿先生勿泄'，是太子疑光也。夫为行而使人疑之，非节侠也。"欲自杀以激荆卿，曰："愿足下急过太子，言光已死，明不言也。"因遂自刎而死。（《刺客列传》）

未至三十里，至尸乡厩置，横谢使者曰："人臣见天子当洗沐。"止留。谓其客曰："横始与汉王俱南面称孤，今汉王为天子，而横乃为亡虏而北面事之，其耻固已甚矣。且吾亨人之兄，与其弟并肩而事其主，纵彼畏天子之诏，不敢动我，我独不愧于心乎？且陛下所以欲见我者，不过欲一见吾面貌耳。今陛下在洛阳，今斩吾头，驰三十里间，形容尚未能败，犹可观也。"遂自刭，令客奉其头，从使者驰奏之高帝。高帝曰："嗟乎，有以也夫！起自布衣，兄弟三人更王，岂不贤乎哉！"为之流涕，而拜其二客为都尉，发卒二千人，以王者礼葬田横。既葬，二客穿其冢旁孔，皆自刭，下从之。高帝闻之，乃大惊，以田横之客皆贤。吾闻其余尚五百人在海中，使使召之。至则闻田横死，亦皆自杀。（《田儋列传》）

籍少公已出解，解转入太原，所过辄告主人家。吏逐之，迹至籍少公。少公自杀，口绝。（《游侠列传》）

通过《史记》的记述，我们可以知道，自杀现象曾经如此普及。自杀的原因是多种多样的，自杀的方式是多种多样的，自杀的影响也是多种多样的。《史记·晋世家》写道："献公私谓骊姬曰：'吾欲废太子，以奚齐代之。'骊姬泣曰：'太子之立，诸侯皆已知之，而数将兵，百姓附之，奈何以贱妾之故废适立庶？君必行之，妾自杀也。'"自杀，看来是强加于亲近者极大苦痛的一种行为。《史记·滑稽列传》引优孟语："如孙叔敖之为楚相，尽忠为廉以治楚，楚王得以霸。今死，其子无立锥之地，贫困负薪以自饮食。必如孙叔敖，不如自杀。"可见，自杀又被认为是最为严酷的一种人生前景。

不过，战国秦汉时期频繁的自杀现象，又说明当时人对于死，对于由自杀通达死境的方式的看法，可能与后世有所不同。

有学者在分析汉代自杀现象时写道：“是什么原因使汉代人如此广泛地首肯容纳自杀行为？是由于汉代人蔑视死亡？还是因为汉代人相信来世？虽然有学者如宋人孔平仲在《珩璜新论》中谓汉轻杀人亦轻死，但大量的文献和文物资料显示的历史残页并非如此简单。”“汉代自杀现象的浩浩之流有着多重的源头，源头的主脉是汉代人的内心世界。汉代精神风貌的特色之一是对自尊人格的普遍认同，自尊的核心内容既包括对个人价值某种程度的认定和张扬，也包括且飘落在对自己‘面子’的维护上，而后者则集中于拒绝屈辱。”清代学者赵翼分析战国至于两汉所谓“气节之盛”时，指出“轻生尚义，已成习俗”[①]，论者以为在这样的时代氛围中，“人们爱惜生命，但更珍惜声名，为了人格面具选择死亡实际上意味着选择了更辉煌的生命”。论者又进行了有意义的比较：“汉宣帝时汝南决曹掾周燕因得罪太守当下蚕室，他在自杀前说：‘我〔周〕平王之后，正公玄孙，岂可以刀锯之余下见先君！’（《后汉书·独行列传·周嘉》）这种坦然与凛然的情绪，与司马迁没有选择自杀身遭宫刑后‘肠一日而九回，居则忽忽若有所亡，出则不知所如往，每念斯耻，汗未尝不发背沾衣’的痛苦心理的巨大反差，真实而生动地摹状出汉代的世风。一些没有采取自杀行为的人也并非惧死，司马迁忍辱偷生之因如其自己坦露心声：‘恨私心有所不尽，鄙没世而文采不表于后也’（《汉书·司马迁传》）。”“名气远逊司马迁的东汉顺帝时太尉虞诩拒绝‘自引’，则是要通过受刑赴死，使自己忠君王抗宦官的精神得以‘示远近’。”[②]

古希腊、罗马的哲人们曾经将生死看作论辩的主要命题之一。他们又经常论及自杀行为。

第欧根尼说：“只有随时准备去死的人，这种人才是真正自由的。”他的学派认为，自杀不应像谋杀那样受到谴责。埃皮克提特甚至说，对那些抱怨人生的痛苦和身体的羁绊的人，“自杀的门是开着的”；“死亡是所有

① 赵翼《廿二史札记》卷五。

② 彭卫：《论汉代的自杀现象》，《中国史研究》1995年第4期。

人的避难所，……一旦你选择了，就走出了屋子”。

出生于公元3世纪初的新柏拉图主义哲学家普罗提诺则已经认为，自杀是一种暴力行为。①

中国古代哲人也曾经以生死命题作为论辩的热点之一。

《论语·先进》：“季路问事鬼神。子曰：‘未能事人，焉能事鬼！’敢问死。子曰：‘未知生，焉知死！’”《说苑·辨物》又记录了孔子另一段论生死的话：“子贡问孔子，死人有知无知也？孔子曰：‘吾欲言死者有知也，恐孝子贤孙妨生以送死也；欲言无知，恐不孝子孙弃不葬也。赐欲知死人有知将无知也，死徐自知之，犹未晚也。’”孔子的话，圆通机智，但是并没有回答问题。不过我们可以知道，生死问题在当时学人思想中的位置。

《庄子·知北游》又记载了孔子回答冉求的问题时所论生死的谈话：“不以生生死，不以死死生。死生有待邪？皆有所一体。”是说生死自然，各自成体。

《庄子·盗跖》则借盗跖之口，直率地明说了对于“轻死”倾向的否定。他说，伯夷、叔齐饿死于首阳之山，鲍焦抱木而死，申徒狄负石自投于河，介子推抱木而燔死，尾生水至不去，抱梁柱而死。他们因自杀而得高名，实无异于死而无可葬身的猪狗，流落在野外的乞儿，“皆离名轻死，不念本养寿命者也”。盗跖接着说：“世之所谓忠臣者，莫若王子比干、伍子胥。子胥沉江，比干剖心。此二子者，世谓忠臣也，然卒为天下笑。自上观之，至于子胥、比干，皆不足贵也。”

伯夷、叔齐、鲍焦、申徒狄、介子推、尾生以及比干、伍子胥故事，皆见于《史记》。除前引《史记》关于伯夷、叔齐、伍子胥的文字外，又可见《鲁仲连邹阳列传》：“鲁仲连曰：‘世以鲍焦为无从颂而死者，皆非

① 参看毕治国：《死亡哲学》，黑龙江人民出版社1989年版，第63页，第65页，第84页。

也。’”[①]“申徒狄自沉于河。”《晋世家》：“〔晋文公〕赏从亡未至隐者介子推。推亦不言禄，禄亦不及。”“至死不复见。”“使人召之，则亡。遂求所在，闻其入绵上山中，于是文公环绵上山中而封之，以为介推田，号曰介山。”[②]《陈丞相世家》：“今有尾生、孝己之行而无益处于胜负之数，……”《苏秦列传》：“信如尾生。”《鲁仲连邹阳列传》：“苏秦不信于天下，而为燕尾生。”[③]王子比干事迹，则见于《殷本纪》《周本纪》《礼书》《乐书》《齐太公世家》《宋微子世家》《孔子世家》《留侯世家》《范雎蔡泽列传》《鲁仲连邹阳列传》《李斯列传》《蒙恬列传》《淮南衡山列传》等。

读《史记》中关于生死问题的文字，可以体味到历史学者将个人之“生死”置于社会历史总进程中考察的倾向性认识。司马迁“原始察终，见盛观衰”，“述往事，思来者”（《史记·太史公自序》）之意匠，亦可以由有关“死生”“存亡”[④]“死生”“成败”[⑤]“死生荣辱”[⑥]“死生”“贵贱”[⑦]“死生”“去就”[⑧]的论说中有所展露。

《史记·孝文本纪》载录汉文帝遗诏：“朕闻盖天下万物之萌生，靡不

---

① 张守节《正义》引《韩诗外传》云：“姓鲍，名焦，周时隐者也。饰行非世，廉洁而守，荷担采樵，拾橡充食，故无子胤，不臣天子，不友诸侯。子贡遇之，谓之曰：‘吾闻非其政者不履其地，污其君者不受其利。今子履其地，食其利，其可乎？’鲍焦曰：‘吾闻廉士重进而轻退，贤人易愧而轻死。’遂抱木立枯焉。”

② 《楚辞·九章·惜往日》：“介子推而立枯兮，……”是《庄子·盗跖》始有“燔死”之文。

③ 司马贞《索隐》：“韦昭曰：‘尾生，守信而死者。’”

④ 《史记·五帝本纪》：“顺天地之纪，幽明之占，死生之说，存亡之难。”《史记·游侠列传》：“今游侠，其行虽不轨于正义，然其言必信，其行必果，已诺必诚，不爱其躯，赴士之厄困，既已存亡死生矣，而不矜其能，羞伐其德，盖亦有足多者焉。”

⑤ 《史记·范雎蔡泽列传》：“良医知病人之死生，而圣主明于成败之事，利则行之，害则舍之，疑则少尝之，虽舜禹复生，弗能改已。”

⑥ 《史记·鲁仲连邹阳列传》：“吾闻之，智者不倍时而弃利，勇士不死而灭名，忠臣不先身而后君。今公行一朝之忿，不顾燕王之无臣，非忠也；杀身亡聊城，而威不信于齐，非勇也；功败名灭，后世无称焉，非智也。三者世主不臣，说士不载，故智者不再计，勇士不怯死。今死生荣辱，贵贱尊卑，此时不再至，愿公详计而无与俗同。”

⑦ 《史记·汲郑列传》：“翟公乃大署其门曰：‘一死一生，乃见交情。一贫一富，乃召交态。一贵一贱，交情乃见。’”

⑧ 《史记·屈原贾生列传》：“太史公曰：余读《离骚》《天问》《招魂》《哀郢》，悲其志。适长沙，观屈原所自沉渊，未尝不垂涕，想见其为人。及见贾生吊之，又怪屈原以彼其材，游诸侯，何国不容，而自令若是。读《服鸟赋》，同死生，轻去就，又爽然自失矣。”

有死。死者天地之理，物之自然者，奚可甚哀。当今之世，世咸嘉生而恶死，厚葬以破业，重服以伤生，吾甚不取。”其中所谓“死者天地之理，物之自然者，奚可甚哀”，表达了一种比较积极的生死观。《史记・范雎蔡泽列传》所谓“死者，人之所必不免也”①，也体现了大致相同的意思。司马迁还在《史记》中高度赞美为了崇高的道德追求而“不怯死”②，“不却死”③“不避死”④，乃至“争死”⑤“乐死”⑥“视死如归”⑦的精神。

我们注意到，司马迁在《史记・季布栾布列传》中同时说到了所谓

---

①《史记·范雎蔡泽列传》记范雎对秦昭襄王语："大王信行臣之言，死不足以为臣患，亡不足以为臣忧，漆身为厉被发为狂不足以为臣耻。且以五帝之圣焉而死，三王之仁焉而死，五伯之贤焉而死，乌获、任鄙之力焉而死，成荆、孟贲、王庆忌、夏育之勇焉而死。死者，人之所必不免也。处必然之势，可以少有补于秦，此臣之所大愿也，臣又何患哉！伍子胥橐载而出昭关，夜行昼伏，至于陵水，无以糊其口，膝行蒲伏，稽首肉袒，鼓腹吹篪，乞食于吴市，卒兴吴国，阖闾为伯。使臣得尽谋如伍子胥，加之以幽囚，终身不复见，是臣之说行也，臣又何忧？箕子、接舆漆身为厉，被发为狂，无益于主。假使臣得同行于箕子，可以有补于所贤之主，是臣之大荣也，臣有何耻？臣之所恐者，独恐臣死之后，天下见臣之尽忠而身死，因以是杜口裹足，莫肯乡秦耳。足下上畏太后之严，下惑于奸臣之态，居深宫之中，不离阿保之手，终身迷惑，无与昭奸。大者宗庙灭覆，小者身以孤危，此臣之所恐耳。若夫穷辱之事，死亡之患，臣不敢畏也。臣死而秦治，是臣死贤于生。"

②《史记·鲁仲连邹阳列传》："智者不再计，勇士不怯死。"

③《史记·鲁仲连邹阳列传》："吾闻之，智者不倍时而弃利，勇士不却死而灭名。"

④《史记·李斯列传》："夫忠臣不避死而庶几，……"司马贞《索隐》："斯言忠臣之节，本不避死。言己今日亦庶几尽忠不避死也。"又《史记·平津侯主父列传》："今臣不敢隐忠避死以效愚计，愿陛下幸赦而少察之。"

⑤《史记·秦本纪》："初，缪公亡善马，岐下野人共得而食之者三百余人，吏逐得，欲法之。缪公曰：'君子不以畜产害人。吾闻食善马肉不饮酒，伤人。'乃皆赐酒而赦之。三百人者闻秦击晋，皆求从，从而见缪公窘，亦皆推锋争死，以报食马之德。于是缪公虏晋君以归。"《史记·卫康叔世家》："太史公曰：余读世家言，至于宣公之太子以妇见诛，弟寿争死以相让，此与晋太子申生不敢明骊姬之过同，俱恶伤父之志。然卒死亡，何其悲也！或父子相杀，兄弟相灭，亦独何哉？"《史记·季布栾布列传》："季布弟季心，气盖关中，遇人恭谨，为任侠，方数千里，士皆争为之死。"《史记·袁盎晁错列传》："袁盎亦以数直谏，不得久居中，调为陇西都尉。仁爱士卒，士卒皆争为死。"又司马迁《报任少卿书》："李陵素与士大夫绝甘分少，能得人之死力。"文意相同。

⑥《史记·孙子吴起列传》："将三军，使士卒乐死，敌国不敢谋。"《史记·张仪列传》："法令既明，士卒安难乐死，主明以严，将智以武，虽无出甲，席卷常山之险，必折天下之脊，天下有后服者先亡。"《史记·田叔列传》："提桴鼓立军门，使士大夫乐死战斗。"

⑦《史记·范雎蔡泽列传》："夫公孙鞅之事孝公也，极身无贰虑，尽公而不顾私；设刀锯以禁奸邪，信赏罚以致治；披腹心，示情素，蒙怨咎，欺旧友，夺魏公子卬，安秦社稷，利百姓，卒为秦禽将破敌，攘地千里。吴起之事悼王也，使私不得害公，谗不得蔽忠，言不取苟合，行不取苟容，不为危易行，行义不辟难，然为霸主强国，不辞祸凶。大夫种之事越王也，主虽困辱，悉忠而不解，主虽绝亡，尽能而弗离，成功而弗矜，贵富而不骄怠。若此三子者，固义之至也，忠之节也。是故君子以义死难，视死如归；生而辱不如死而荣。士固有杀身以成名，虽义之所在，虽死无所恨。"

“重其死”和“不重其死”两种思想境界：

> 太史公曰：以项羽之气，而季布以勇显于楚，身屡军搴旗者数矣，可谓壮士。然至被刑戮，为人奴而不死，何其下也！彼必自负其材，故受辱而不羞，欲有所用其未足也，故终为汉名将。贤者诚重其死。夫婢妾贱人感慨而自杀者，非能勇也，其计画无复之耳。栾布哭彭越，趣汤如归者，彼诚知所处，不自重其死。虽往古烈士，何以加哉！

司马迁在这里肯定了“至被刑戮，为人奴而不死”的选择，分析其心理，以为“彼必自负其材，故受辱而不羞，欲有所用其未足也，故终为汉名将”。这种“诚重其死”的“贤者”，是可以与超过“往古烈士”的“不自重其死”的英雄们比肩而立的。

凌稚隆《史记评林》卷一〇〇引凌约言的评论，曾经说到司马迁写作《季布栾布列传》的心理背景：“太史公于凡士之隐忍而不死者，必啧啧不容口，岂其本志哉！无非欲以自明，且舒其愤闷无聊之情耳。”汤谐《史记半解·季布栾布列传》也说：“二布合传，金圣叹取赞中‘贤者诚重其死’及‘不自重其死’二句为说，是诚有之。”丁晏《史记余论·季布栾布列传》也指出：“案合传义勇侠烈，千载如生。”“史公论激昂悲愤，读之呜咽欲涕，言受辱而不羞，又言贤者诚重其死，皆为自家吐气。”

《史记·伍子胥列传》中也表述了同样的观点：

> 太史公曰：……向令伍子胥从奢俱死，何异蝼蚁。弃小义，雪大耻，名垂于后世，悲夫！方子胥窘于江上，道乞食，志岂尝须臾忘郢邪？故隐忍就功名，非烈丈夫孰能致此哉？

有人说，“《伍子胥传》袭《左氏》《国语》之文，便苦沓冗不能自振拔，以史公之才一受前人拘束，亦徒自窘耳。”[①]可是“太史公曰”的一番话，却发表了新异的卓见，所谓“弃小义，雪大耻，名垂于后世”，所谓“故隐忍就功名，非烈丈夫孰能致此哉?”也都使人联想到司马迁个人的悲剧和事业的成功。

值得重视的是，“向令伍子胥从奢俱死，何异蝼蚁”一语，与《汉书·司马迁传》所载司马迁《报任少卿书》中所谓“假令仆伏法受诛，若九牛亡一毛，与蝼蚁何异”极其相似。

《报任少卿书》在陈说牵涉李陵一案致罪前后经过之后，又写道：

> 李陵既生降，隤其家声，而仆又茸以蚕室，重为天下观笑。悲夫！悲夫！
>
> 事未易一二为俗人言也。仆之先人非有剖符丹书之功，文史星历近乎卜祝之间，固主上所戏弄，倡优畜之，流俗之所轻也。假令仆伏法受诛，若九牛亡一毛，与蝼蚁何异?

司马迁自悲若轻易受诛，当不被世人所重，他说：“而世又不与能死节者比，特以为智穷罪极，不能自免，卒就死耳。何也? 素所自树立使然。”对于死的价值和意义，司马迁又发表了流传千古的名言：

> 人固有一死，死有重于太山，或轻于鸿毛，用之所趋异也。[②]

司马迁接着又由“辱”而论及“死”，他写道：

> 太上不辱先，其次不辱身，其次不辱理色，其次不辱辞令，其次诎体受辱，其次易服受辱，其次关木索被箠楚受辱，其次剔毛发婴金

① 郭嵩焘《史记札记》卷五上。

② 《燕丹子》卷下：“(荆)轲从容曰：‘……今轲常侍君子之侧，闻烈士之节，死有重于太山，有轻于鸿毛，但问用之所在耳。’”一本作“死有轻于鸿毛，义有重于泰山”。

铁受辱，其次毁肌肤断支体受辱，最下腐刑，极矣。《传》曰：刑不上大夫。此言士节不可不厉也。

猛虎处深山，百兽震恐。及在阱槛之中，摇尾而求食，积威约之渐也。故士有画地为牢势不入，削木为吏议不对，定计于鲜也。今交手足，受木索，暴肌肤，受榜箠，幽于圜墙之中。当此之时，见狱吏则头枪地，视徒隶则心惕息。何者？积威约之势也。及已至此，言不辱者，所谓强颜耳，曷足贵乎！

司马迁随即列举了九位历史人物屈身受辱的实例：

且西伯，伯也，拘牖里；李斯，相也，具五刑；淮阴，王也，受械于陈；彭越、张敖，南乡称孤，系狱具罪；绛侯诛诸吕，权倾五伯，囚于请室；魏其，大将也，衣赭关三木；季布为朱家钳奴；灌夫受辱居室。

此人皆身至王侯将相，声闻邻国，及罪至罔加，不能引决自财，在尘埃之中，古今一体，安在其不辱也！由此言之，勇怯，势也；强弱，形也。审矣，何足怪乎！

周文王、李斯、韩信、彭越、张敖、周勃、窦婴、季布、灌夫，事迹均见于《史记》。这九位人物，都曾经风云一时，但是在“辱”与“死”之见，竟然都甘愿“受辱”。司马迁于是分析说：“夫人情莫不贪生恶死，念亲戚，顾妻子。”然而，“至激于义理者不然，乃有不得已也”。

司马迁接着说明了自己“有不得已”的情形：

今仆不幸，蚤失二亲，无兄弟之亲，独身孤立，少卿视仆于妻子何如哉？且勇者不必死节，怯夫慕义，何处不勉焉！仆虽怯耎，欲苟活，亦颇识去就之分矣，何至自湛溺累绁之辱哉！且夫臧获婢妾，犹能引决，况若仆之不得已乎！所以隐忍苟活，函粪土之中而不辞者，恨私心有所不尽，鄙没世而文采不表于后也。

所谓“勇者不必死节，怯夫慕义，何处不勉焉”，可以与前引“自负其材，故受辱而不羞，欲有所用其未足也”对照读。所谓“臧获婢妾，尤能引决”，可以与“夫婢妾贱人感慨而自杀者，非能勇也，其计画无复之耳”对照读。所谓“隐忍苟活”，可以与前引“隐忍就功名，非烈丈夫孰能致此哉”对照读。司马迁又说：

> 古者富贵而名摩灭，不可胜记，唯俶傥非常之人称焉。
>
> 昔西伯拘而演《周易》；仲尼厄而作《春秋》；屈原放逐，乃赋《离骚》；左丘失明，厥有《国语》；孙子膑脚，兵法修列；不韦迁蜀，世传《吕览》；韩非囚秦，《说难》《孤愤》；《诗》三百篇，大氐贤圣发愤之所为作也。此人皆意有所郁结，不得通其道，故述往事，思来者。乃如左丘无目，孙子断足，终不可用，退论书策，以舒其愤，思垂空文以自见。

所谓“贤圣发愤之所为作”诸例，与《史记·太史公自序》中的文句大体相同。司马迁随后又论说创作《史记》的构想，也有与《太史公自序》文语相近处：

> 仆窃不逊，近自托于无能之辞，网罗天下放失旧闻，考之行事，稽其成败兴坏之理，凡百三十篇。[①]亦欲以究天人之际，通古今之变，成一家之言。草创未就，适会此祸，惜其不成，是以就极刑而无愠色。仆诚已著此书，藏之名山，传之其人，通邑大都。则仆偿前辱之责，虽万被戮，岂有悔哉！

① “考之行事，稽其成败兴坏之理，凡百三十篇”，《文选》卷四一司马迁《报任少卿书》作：“考其行事，综其终始，稽其成败兴坏之纪，上计轩辕，下至于兹，为十表、本纪十二、书八章、世家三十、列传七十，凡百三十篇。”

> 然此可为智者道，难为俗人言也。

近来有学者论说司马迁在《史记》基本完成之后自杀明志，也是一种值得重视的推测。[①]

《史记·太史公自序》的结尾，是这样表述的："罔罗天下放失旧闻，王迹所兴，原始察终，见盛观衰，论考之行事，略推三代，录秦汉，上记轩辕，下至于兹，著十二本纪，既科条之矣。并时异世，年差不明，作十表。礼乐损益，律历改易，兵权山川鬼神，天人之际，承敝通变，作八书。二十八宿环北辰，三十辐共一毂，运行无穷，辅拂股肱之臣配焉，忠信行道，以奉主上，作三十世家。扶义俶傥，不令己失时，立功名于天下，作七十列传。凡百三十篇，五十二万六千五百字，为《太史公书》。序略，以拾遗补艺，成一家之言，厥协《六经》异传，整齐百家杂语，藏之名山，副在京师，俟后世圣人君子。第七十。太史公曰：余述历黄帝以来至太初而讫，百三十篇。"

"俟后世圣人君子"，司马贞《索隐》："以俟后圣君子。此语出《公羊传》。言夫子制《春秋》以俟后圣君子，亦有乐乎此也。"王念孙《读书杂志》三之六也说："'俟后世圣人君子'，念孙案：此本作'以俟后圣君子'，今本无'以'字，有'世''人'二字，皆后人所改也。哀十四年《公羊传》曰：'制《春秋》之义，以俟后圣，以君子之为亦有乐乎此也。'史公之言，即本于此。《索隐》本出'以俟后圣君子'六字，注曰：'此语出《公羊传》。'是其证。后人不知而以意改之，谬矣。《汉书》正作'以俟后圣君子'。"

司马迁期待"后圣君子"们对自己著述的肯定，说明了他对于自己文化创造的历史价值的坚定的自信。

《报任少卿书》最后写道："今虽欲自雕琢，曼辞以自解，无益于俗不信，只取辱耳。要之死日，然后是非乃定。"

---

① 罗庚岭：《〈史记〉成书年代及司马迁死因考》，《人文杂志》1994年第1期。

司马迁冷静地将人生是非的判定，委托于后人，这正是一种历史主义的精神。美洲民谚有云：“大树倒下才量得最准。”说的就是同样的道理。

司马迁所谓“无益于俗，不信”，所谓“此可为智者道，难为俗人言也”，所谓“事未易一二为俗人言也”，都说明他关于生死荣辱的反世俗的选择，是何等的艰难。可以说，正是基于这一富有历史眼光的人生选择，才有了《史记》这部伟大的名著的成功。我们今天仍然不能不感叹，这真是中国历史学的幸事！这真是中国文化的幸事！

附论一　史家的“童心”:《史记》阅读体验

《左传》有“昭公十九年矣，犹有童心”的说法。《史记》沿承了这一记载。《鲁周公世家》:“昭公年十九，犹有童心。”也可以说是较早使用“童心”这一词语的文献。不过,《左传》以批评的口气言“童心”。《史记》却没有明显的否定性倾向。裴骃《集解》引东汉学者服虔对“有童心”的解释是“言无成人之志，而有童子之心”。现在我们回顾历史，似乎“有童子之心”恰是许多有文化贡献的人们共同的值得肯定的资质。阅读《史记》这部中国史学童蒙时期的杰作，是可以通过其气质与笔法的朴实、清纯、天真，亲切体味著家的“童心”的。

司马迁与《史记》研究的名家李长之在《司马迁之人格与风格》一书中，对司马迁与他所处时代的另一代表性人物汉武帝进行过比较。他注意到这两位历史名人有共同之处:“汉武帝之求才若渴，欣赏奇才，司马迁便发挥在文字上。汉武帝之有时而幼稚，可笑，天真，不实际，好奇，好玩，好幻想，司马迁也以同样的内心生活而组织成了他的书。”所谓“幼稚”“天真”“好奇”“好幻想”，正是“童子之心”的表现。

对于司马迁的“好奇”，西汉扬雄《法言·君子》早有评价:“多爱不忍，子长也。”“子长多爱，爱奇也。”因此才取得“《太史公》，圣人将有取焉”的非常成就。扬雄所谓“爱奇”，后人或直接称赞其“好奇”。欧阳修《帝王世次图序》说：司马迁“博物好奇之士，务多闻以为胜者”。徐孚远《史记测议序》也写道:“太史公志大而好奇”,“包举广矣”。

“好奇”而务求“多闻”，首先表现为历史资料收集之求之“若渴”，对于其中富有“奇”的意味的信息之深心“欣赏”。司马迁对于历史现象“包举”之“广”，可以说至于极致。就通过实地考察丰富历史体验、充实历史识见而言，王国维《观堂集林》卷一一曾经说：“史公足迹殆遍宇内，所未至者，朝鲜、河西、岭南诸初郡耳。”司马迁勇敢写叙“当代史”为许多评论家所赞许。顾颉刚肯定对于“武帝之世”历史的记录，是“《史记》一书，其最精彩及价值最高部分”。又说，“武帝时事为迁所目睹，其史料为迁所搜集，精神贯注”，因而实现了“光照千古”的文化成就。

“好奇”还表现为历史观察视角之新异的追求。有学者评价：“《史记》记载同他有交往的，他常从他们吐谈中寻取这种便利，……最可贵的，他还把这种关系深入到野人田父身上……”（卢南乔：《论司马迁及其历史编纂学》）《史记》避免了一般史书“不载民事”“未睹社会之全体”的痼疾，能够“大抵详察社会，精言民事”（朱希祖：《中国史学通论》）。于是梁启超《新史学·中国之旧史》写道：“〔《史记》〕其书亦常有国民思想，如项羽而列诸本纪，孔子、陈涉而列诸世家，儒林、游侠、刺客、货殖而为之列传，皆有深意存焉。”他关注司马迁此奇异之“深意”，于是感叹：“太史公诚史界之造物主也！”

“好奇”表现为历史探索之创意，使得历史革新、历史推进的真实得以发现。正如有的学者所指出的，“司马迁使到了他的笔下的人类的活动永远常新，使到了他的笔下的人类的情感，特别是寂寞和不平，永远带有生命”（李长之：《司马迁之人格与风格》）。

基于“童心”的“好奇”还使得《史记》的文献形制和语言风格超越了以往的历史典籍。陈继儒《史记定本序》写道：“余尝论《史记》之文，类大禹治水，山海之鬼怪毕出，黄帝张乐，洞庭之鱼龙怒飞，此当值以文章论，而儒家以理学捃束之，史家以体裁义例掎摭之，太史公不受也。”司马迁突破了旧有的史书记述风格的拘限，使得其“文章”呈示全新气象。俞正燮说《史记》可以看作司马谈与司马迁合著，然而，“至其驰骋议论，谈无与焉”。（《癸巳类稿》卷一一《太史公释名义》）苏辙《上枢密韩太尉书》赞美《史记》“其文疏荡，颇有奇气”。所谓“驰骋”“疏荡”显现的“奇气”，无疑也是“好奇”追求的收获。人们公认《史记》成就了中国史学和中国文学共同的经典。班彪曾经赞誉这部名著“今之所以知古，后之所以视前，圣人之耳目也”（《后汉书》卷四〇上《班彪传上》）。班固也说《史记》“贯穿经传，驰骋古今”（《汉书·司马迁传》）。梁启超肯定“《史记》自是中国第一部史书”（《要籍解题及其读法·史记》）。崔适也称《史记》为“群史之领袖”（《史记探源》卷一《序证·要略》）。然而又多有学者指出，《史记》不仅于史学建设多所创制，还体现出全面的文化优胜。朱熹说“《太史公书》疏爽”（《朱子语类》卷一三〇《历代史》）。章学诚也有“深于《诗》者也”，“千古之至文”（《文史通义·内篇五·史德》）的称誉。鲁迅也说《史记》不仅是“史家之绝唱”，亦“无韵之《离骚》”（《汉文学史纲要》）。读《史记》，正是高等级的美学享受。从司马迁著写的这部名著中可以品味真实的美，充沛的美，深沉的美。

李长之说“汉武帝之有时而幼稚，可笑，天真，不实际，好奇，好玩，好幻想，司马迁也以同样的内心生活而组织成了他的书”。说到与“幼稚”“天真”“好奇”并列的“好玩”的“内心生活”，也许有人会联想到与汉武帝频繁出巡类似的司马迁的长途旅行。苏辙《上枢密韩太尉书》说，《史记》的“奇气”，由自“太史公行天下，周览四海名山大川，与燕赵间豪俊交游”。马存说，“其文奔放而浩漫”，“其文停蓄而渊深”，“其文妍媚而蔚纡”，“其文感愤而伤激”，“其文雄勇戟健，使人心悸而胆栗”，都与司马迁广泛游历对于不同的地理景观与人文遗迹的亲身体验有关。他说：“子长平生喜游，方少年自负之时，足迹不肯一日休，非直为景物役也，将以尽天下之大观以助吾气，然后吐而为书，今于其书观之，则其平生所尝游者皆在焉。”（凌稚隆《史记评林》卷首引马存语）这里所说的“方少年自负之时，足迹不肯一日休”，是可以与我们讨论的“童心”相互对照理解的。

对于自然的亲近，也是“童心”的表现。《史记》以较多篇幅引录汉赋文字，曾经受到一些《史记》《汉书》比较研究者的批评。比如明代学者王鏊《震泽长语》卷下说，《史记》没有载录贾谊的《治安策》和董仲舒的《天人三策》，是“疏略”于《汉书》。梁启超《中国历史研究法补编》也曾写道，对于贾谊，“专载他的《鹏鸟赋》《吊屈原赋》，完全当作一个文学家看待，没有注意他的政见，未免太粗心了”。其实，司马迁重视汉赋作品，除了内心的文学偏爱之外，可能还由于汉赋对自然景观的细致描绘，亦切合他热爱自然的心理。《文心雕龙·比兴》说，汉赋有“图状山川，影写云物”的优长。有学者甚至说：“汉赋有绘形绘声的山水描写，是山水文学的先声。”（康金声《汉赋纵横》）有的学者分析汉赋“所铺陈的事物内容”，首先指出“山川、湖泽、鸟兽、草木”（姜书阁《汉赋通义》）。司马相如《上林赋》有关草色林光“延曼太原，丽靡广衍，应风披靡，吐芳扬烈，郁郁斐斐，众香发越”等文句被收容在《史记》中，体现了司马迁特别的情趣，也为我们保留了宝贵的生态史料。

特别注意对事物细节的观察并有所思考，是儿童心理的特征之一。《史记》对历史人物表情的细致描绘，也与作者的“童心”有关。例如《史记》关于秦史，有一个特殊的语汇值得注意，这就是“得意”。秦始皇二十八年琅邪刻石：“立石刻，颂秦德，明得意。”又说：“普天之下，抟心揖志。器械一量，同书文字。日月所照，舟舆所载。皆终其命，莫不得意。”秦二世回顾先帝事业，言“作宫室以章得意”（《史记·秦始皇本纪》）。李斯以述职表功为主题的上书，也说到“治驰道，兴游观，以见主之得意”（《史记·李斯列传》）。《史记·六国年表》写道：“秦既得意，烧天下《诗》《书》。”贾谊《过秦论》中秦“得意于海内”的辞句为司马迁所重视，《史记·太史公自序》也使用了这一说法。对“得意”的关注，从这一政治表情分析政治心态，是《史记》政治史记录的独到之处。类似的例子，又如刘邦看到秦皇帝时感叹“嗟乎，大丈夫当如此也”（《史记·高祖本纪》），项羽则言“彼可取而代也”。鸿门宴历史记忆之深刻，主要因《史记》所记述项羽、范增、项庄、刘邦、张良、樊哙等人物表情之生动（《史记·项羽本纪》）。

对儿童生活的关注，是《史记》超越诸多史书的独有特点。扁鹊为“小儿医”的故事（《史记·扁鹊仓公列传》），刘盈兄妹幼时随吕后参与田间劳作的故事（《史记·高祖本纪》），窦太后的弟弟窦少君“年四五岁”被拐卖从事苦工的故事（《史记·外戚世家》），童年汉景帝与吴太子游戏时发生争执，以博局掷击对方致死的故事（《史记·吴王濞列传》），张汤儿时审鼠处刑，“其文辞如老狱吏”，后来成为司法名臣的故事（《史记·酷吏列传》）等，都为司马迁所关注，一一载入史籍，成为我们研究汉代未成年人生活的重要史料。

我们在考察汉代的儿童劳动与劳动儿童时还注意到，司马迁在《史记·太史公自序》中回顾自己早年经历时，说到在“年十岁则诵古文”之前，他曾经“耕牧河山之阳”。司马迁童年亲身从事“耕牧”实践的劳动生活，使得他与“野人田父”能够情感融汇，心灵相通。《史记》注重下层社会的物质生产与物质生活，也理解劳动阶级的精神体验，自然与这样的童年生活有关。《史记》于是如梁启超所说，能够“以社会全体为史的中枢，故不失为国民的历史”（梁启超《中国历史研究法》）。我们思考汉代社会史、汉代未成年人生活史，乃至汉代文化史和汉代史学史，都不能不关注这样的事实。

附论二　英雄歌哭：太史公笔下刘项的心思和表情

正如鲁迅“史家之绝唱，无韵之《离骚》”所言，《史记》作为史学的经典，也是文学名著，而其中蕴含的文化识见，也多有高明深刻之处，可以给读者启迪。

读《史记》卷七《项羽本纪》，都会注意到对垓下决战的精彩写述。楚霸王英雄生涯最后一幕的重要情节，使人印象至深。发现面临四面楚歌境地，项王大惊曰：“汉皆已得楚乎？是何楚人之多也！”遂夜起，饮帐中。身边有“常幸从”的“美人名虞”者。“于是项王乃悲歌忼慨，自为诗曰：‘力拔山兮气盖世，时不利兮骓不逝。骓不逝兮可奈何，虞兮虞兮奈若何！’歌数阕，美人和之。项王泣数行下，左右皆泣，莫能仰视。”这是我们熟悉的故事，这是我们熟悉的歌诗。对于“力拔山兮气盖世”的“气”，宋代理学家谈“浩然之气”时以此为例：“浩然之气只是气大敢做，而今一样人畏避退缩，事事不敢做，只是气小。有一样人未必识道理，然事事敢做，是他气大。如项羽‘力拔山兮气盖世’，便是这样气。人须是有盖世之气方得。”这是朱熹老夫子引程子的话，见《朱子语类》卷五二。

鸿沟是刘邦、项羽两军分界。唐人张碧《鸿沟》诗写了自称“力拔山兮气盖世”的英雄项羽败死之后刘邦得意登基的历史转变：“吴娃捧酒横秋波，霜天月照空城垒。力拔山兮忽到此，骓嘶懒渡乌江水。新丰瑞色生楼台，西楚寒蒿哭愁鬼。三尺霜鸣金匣里，神光一掉八千里。汉皇骤马意气生，西南扫地迎天子。”[①]所谓“三尺霜鸣”，是指刘邦建国大业起始时斩白蛇神话中的那柄“三尺剑”。据《全唐诗》，“神光一掉八千里”一作“神光一透八千里”。而《御定全唐诗录》卷五七作“神光一照八千里”，《唐诗纪事》卷四五作“神光一万八千里”。诗句中成败盛衰比照鲜明，与“西楚寒蒿哭愁鬼”对应的是“新丰瑞色”“汉皇”“意气”。我们看到，和项羽“力拔山兮”悲歌享有大致同样知名度的，还有刘邦的《大风歌》。《史记》卷八《高祖本纪》有关于“高祖还归，过沛”，“置酒沛宫”的记述：“悉召故人父老子弟纵酒，发沛中儿得百二十人，教之歌。酒酣，高祖击筑，自为歌诗曰：‘大风起兮云飞扬，威加海内兮归故乡，安得猛士兮守四方！’令儿皆和习之。高祖乃起舞，慷慨伤怀，泣数行下。”

项羽歌“力拔山兮”事在《史记》卷七，刘邦歌“大风起兮”事在《史记》卷八。据篇次相邻的文字记录，虽一胜一负，一败一成，一枯一荣，两位各自均是“气大敢做”的英雄，在彼此不同的故事情境中，却有相近的表现。项羽“自为诗曰”，刘邦“自为歌诗曰”。项羽“悲歌忼慨”，刘邦“慷慨伤怀”。项羽“饮帐中”，刘邦“置酒沛宫”“纵酒”“酒酣”。项羽“歌数阕，美人和之”，似乎是男女声共同的表演；而刘邦先则“击筑”，后“乃起舞”，也参与了集体狂欢。

歌“大风”之后，太史公又记载，刘邦对“沛父兄”说：“游子悲故乡。吾虽都关中，万岁后吾魂魄犹乐思沛。”这里说了一个“悲”字，一个“乐”字。他又宣布给予沛地居民“复”即世代免除赋税负担的优遇。“沛父兄诸母故人日乐饮极欢，道旧故为笑乐。”这段记述三次出现“乐”字，“乐”“乐饮极欢”“道旧故为笑乐”。然而刘邦自己的表现，在“乐”的另一面，又似乎流露出深心的悲怆。据太史公的具体记载，“慷慨伤怀”之后，即“泣数行下”。

此高祖“泣数行下”与“项王泣数行下”的表情记录，竟然完全相同，一字不差。

---

① 《全唐诗》卷四六九。

一个失败的英雄，面对悲剧结局，自为壮歌，“泣数行下”。一个成功的英雄，面对“神光一万八千里”“西南扫地迎天子”的胜利庆典，同样在“自为歌诗”“令儿皆和习之”之后，“泣数行下”。

在刘项故事两处各见“泣数行下”四字的背后，太史公有什么深意吗？

对于项羽与刘邦之歌哭近似的描写，是否意味着有意在二者之间的情感天平上维持了一种特殊的等衡，也就是说，以此提升项羽的历史地位和文化感召力呢？有关项羽言行的记述，长期被史学史研究者看作太史公历史著述的亮点。或由此肯定项羽“尤一时之雄也”[①]，或说《项羽本纪》乃太史公“嗟惜之辞”[②]。吴见思说：“项羽力拔山气盖世，何等英雄，何等力量，太史公亦以全神付之，成此英雄力量之文”，“精神笔力，力透纸背”。[③]李晚芳写道：“羽之神勇，千古无二；太史公以神勇之笔，写神勇之人，亦千古无二。”“后之作史者，谁有此笔力？”[④]徐与乔也说，太史公对项羽的描写，“如绘神笔也”。[⑤]而郭嵩焘特别指出，“垓下”史事的记述，“自是史公《项羽纪》中聚精会神极得意文字”。[⑥]太史公对项羽事迹的回顾，固然倾注了自己深切的同情，然而基本史实的记录，应当坚持了严肃史家的清醒。有学者说，太史公对项羽的表现，“以深刻的真理、壮丽的诗情和英雄的格调使我们深受鼓舞”。[⑦]这样的说法或许有一定的参考意义，但所谓“深刻的真理”究竟是什么，似乎应当有所说明。

就刘邦“酒酣”唱“大风”故事的描写，刘辰翁说：“古今文字，淋漓尽兴，言笑有情，少可及此。”[⑧]吴见思说，“沛中留饮处”，“写其豁达

① 郝敬：《史汉愚按》卷二。

② 叶适：《习学记言序目》卷一九《史记》。

③ 《史记论文·项羽本纪》。

④ 《读史管见》卷一《项羽本纪》。

⑤ 《经史辨体·史部·项羽本纪》。

⑥ 《史记札记》卷一《项羽本纪》。

⑦ 陈曦：《此身合是诗人未？——〈史记·项羽本纪〉的另一种解释》，《名作欣赏》2007年第2期。

⑧ 《班马异同》卷二。

本色，语语入神”。[1]李晚芳也有近似的评价：“沛中留饮，处处画出豁达大度”，“语语入神”。[2]“泣数行下”是否可以理解为“豁达”的表现，还可以细心体味。而有的学者对刘邦这样的分析或许也与太史公的意思有所接近：功成业就后生发的空虚失落使他处于深层的精神痛苦中。[3]寂寞与孤独，说不定也是让帝王垂泪的因由。

可以说太史公确实认真进行了对历史人物心态考察与写摹的探索。正如钱锺书所说，《高祖本纪》“并言其心性”，《项羽本纪》也涉及其“性情气质”。对项羽“科以心学性理，犁然有当”，“谈士每以‘虞兮’之歌，谓羽风云之气而兼儿女之情，尚粗浅乎言之也”。[4]我们比较刘项的“泣数行下”，也许应当注意太史公分析“性情气质”“心学性理”的功夫。

顾颉刚《司马谈作史》写道：“《史记》一书，其最精彩及价值最高之部分有二，一为楚、汉之际，一为武帝之世。……若楚、汉之际，当为谈所集材。谈生文帝初叶，其时战国遗黎、汉初宿将犹有存者，故得就其口述，作为多方面之记述。此一时期史事之保存，惟谈为当首功。其笔力之健，亦复震撼一世，叱咤千古。”除了“生龙活虎，绘声绘色”，表现出“文学造诣之高”而外，“其史学见解之深辟又可知”。

看来，要追求“笔力之健”，至于“震撼一世，叱咤千古”的境界，似乎应当首先以“史学见解之深辟”为前提。而从刘项自为歌诗又“泣数行下”的记述形式中，或许可以体会太史公“史学见解之深辟”。

---

① 《史记论文·高祖本纪》。

② 《读史管见》卷一《高祖本纪》。

③ 赵明正：《生命的悲剧形象展示——〈史记·高祖本纪〉新解读》，《山西师范大学学报》2000年第4期。

④ 钱锺书：《管锥编》第1册，中华书局1979年版，第275页。

附论三　《史记》时间寓言试解读：神秘的“四十六日”

历史记述应当以时间坐标和空间坐标确定其真确性。而其中时间坐标的意义似乎更为重要。《史记》是公认的史学经典，其中的时间叙述为我们提供了自传说时代至汉武帝时代的历史演进的基本线索。《史记》中多数记录信实可据，然而也颇有疑点存在，例如有关秦史的三个重要事件的历史记录中，都出现了完全相同的“四十六日”的时间过程。这样的巧合不能不使人心存疑惑。对于相关现象的理解并说明，也许可以通过文化学视角的考察求得线索。

联系以秦地为背景的传说中也有“四十六日”情节，可以推知《史记》“四十六日”的记载应有某种文化象征意义。在当时人的意识中，“四十六日”是显示“天道”确定的规律性季候转换的时段，是盛衰转换的过程，也是生死转换的过程。司马迁“四十六日”的记述，似暗示“究天人之际”的史学追求作为潜意识的某种影响。

1.秦史中的第一个“四十六日”：白起的大胜

《史记》中出现三处其过程为“四十六日”的历史记载。这三则记载竟然都与秦史有关。

长平之战，是发生于战国晚期秦国与赵国之间的规模空前的决战。秦军于长平（今山西高平西北）歼灭赵军主力，确定了在兼并战争中的胜局。秦军制胜的关键，是完成了对赵军的包围，并切断了赵军的粮路。秦昭襄王四十七年，也就是赵孝成王六年（前 260）九月，在长平山地，秦军与赵军的决战趋向白热化。经过反复激战，上将军白起指挥的秦军完成了对赵括属下四十余万赵军的分割包围。被围困的长平赵军，军粮补给已经完全断绝。出于对长平之战特殊的战略意义的重视，秦昭襄王风尘仆仆，亲自前往河内（今河南焦作、鹤壁地方）。这是秦国国君巡幸秦国的国土，所至于最东端的空前的历史纪录。秦昭襄王在河内下令百姓的爵级都提升一等，年龄在十五岁以上的男子都前往长平集结，又部署军队堵截对于长平赵军兵员和军粮的远方来援。长平被秦军牢牢围定的赵军士卒，绝粮长达四十六天。数十万人经历了空前严峻的生存能力的考验，出现了“内阴相杀食”的惨烈境况。在已经找寻不到出路的情况下，心傲志高的赵括指挥部属拼死出击，被秦军射杀。长平赵军于是向秦军投降。《史记・白起王翦列传》记述长平之战的过程，其中写道：

> 至九月，赵卒不得食四十六日，皆内阴相杀食。来攻秦垒，欲出。为四队，四五复之，不能出。其将军赵括出锐卒自搏战，秦军射杀赵括。括军败，卒四十万人降武安君。

长平被秦军牢牢围定的赵军士卒，绝粮长达“四十六日”。这“四十六日”的悲剧，决定了赵国的军事强势终于落幕，也决定了秦实现统一的大趋势已经没有力量可以改变。

2.秦史中的第二个“四十六日”：章邯的机会

《史记・项羽本纪》记载了秦末战争中章邯率秦军主力在定陶之战击杀项梁后击赵，楚军长驱相救的史事：

> 王召宋义与计事而大说之，因置以为上将军，项羽为鲁公，为次将，范增为末将，救赵。诸别将皆属宋义，号为卿子冠军。行至安阳，留四十六日不进。项羽曰：“吾闻秦军围赵王钜鹿，疾引兵渡河，楚击其外，赵应其内，破秦军必矣。”宋义曰：“不然。夫搏牛之虻不

可以破虮虱。今秦攻赵，战胜则兵罢，我承其敝；不胜，则我引兵鼓行而西，必举秦矣。故不如先斗秦赵。夫被坚执锐，义不如公；坐而运策，公不如义。”因下令军中曰：“猛如虎，很如羊，贪如狼，强不可使者，皆斩之。”乃遣其子宋襄相齐，身送之至无盐，饮酒高会。天寒大雨，士卒冻饥。项羽曰：“将戮力而攻秦，久留不行。今岁饥民贫，士卒食芋菽，军无见粮，乃饮酒高会，不引兵渡河因赵食，与赵并力攻秦，乃曰‘承其敝’。夫以秦之强，攻新造之赵，其势必举赵。赵举而秦强，何敝之承！且国兵新破，王坐不安席，埽境内而专属于将军，国家安危，在此一举。今不恤士卒而徇其私，非社稷之臣。”项羽晨朝上将军宋义，即其帐中斩宋义头，出令军中曰：“宋义与齐谋反楚，楚王阴令羽诛之。”当是时，诸将皆慴服，莫敢枝梧。皆曰：“首立楚者，将军家也。今将军诛乱。”乃相与共立羽为假上将军。使人追宋义子，及之齐，杀之。使桓楚报命于怀王。怀王因使项羽为上将军，当阳君、蒲将军皆属项羽。

斩宋义而急行救赵，是后来破釜沉舟、一以当十，钜鹿一战击灭秦军主力的序幕。也是项羽成就英雄大业的最初的突出表现。而就秦史而言，是为一重大转折的历史标志。宋义指挥的楚军“留四十六日不进”，本来是章邯的机会。也是值得重视的历史事实。

3.秦史中的第三个“四十六日”：子婴终结秦史

《史记·秦始皇本纪》记载秦二世统治时期诸多社会矛盾日益激烈，赵高杀秦二世立子婴，随即秦迅速覆亡的过程：

阎乐归报赵高，赵高乃悉召诸大臣公子，告以诛二世之状。曰：“秦故王国，始皇君天下，故称帝。今六国复自立，秦地益小，乃以空名为帝，不可。宜为王如故，便。”立二世之兄子公子婴为秦王。以黔首葬二世杜南宜春苑中。令子婴斋，当庙见，受王玺。斋五日，子婴与其子二人谋曰：“丞相高杀二世望夷宫，恐群臣诛之，乃详以

> 义立我。我闻赵高乃与楚约，灭秦宗室而王关中。今使我斋见庙，此欲因庙中杀我。我称病不行，丞相必自来，来则杀之。”高使人请子婴数辈，子婴不行，高果自往，曰：“宗庙重事，王奈何不行？”子婴遂刺杀高于斋宫，三族高家以徇咸阳。子婴为秦王四十六日，楚将沛公破秦军入武关，遂至霸上，使人约降子婴。子婴即系颈以组，白马素车，奉天子玺符，降轵道旁。沛公遂入咸阳，封宫室府库，还军霸上。居月余，诸侯兵至，项籍为从长，杀子婴及秦诸公子宗族。遂屠咸阳，烧其宫室，虏其子女，收其珍宝货财，诸侯共分之。

子婴有清醒的政治意识，也有果断的政治举措，然而时势已经不能给他从容整理秦政的机会，“子婴为秦王四十六日”，刘邦即入关。

4.信疑之间

我们已经看到，秦史中的这三则仅见于司马迁《史记》记载的故事，都有“四十六日”的重要情节。这正与《史记·天官书》中总结秦史说到的几个关键性历史事实“秦并吞三晋”“项羽救钜鹿”“遂屠咸阳”大致对应。

班固《汉书》的相关记述，不取司马迁“四十六日”之说。如《高帝纪上》《项籍传》《黥布传》说项羽杀宋义事，《高帝纪上》《天文志》《张良传》《元后传》说子婴降轵道旁事，都不言“四十六日”。这是不是体现了王若虚《滹南遗老集》卷一五《史记辨惑》所谓“迁记事疏略而剩语甚多，固记事详备而删削得当”呢？班固的“删削”，似表现出对司马迁“四十六日”记述不予取信的态度。

对于《史记》记录的秦史中的这三个“四十六日”，后来的多数学者却信而不疑。即使遭受“疑所不当疑”[①]的批评的梁玉绳《史记志疑》一书也没有提出疑问。有就此发表史论者，如杨慎《丹铅总录》卷一二写道：“计始皇之余分闰位仅十二年，胡亥仅二年，子婴仅四十六日。不啻

① 转见贺次君：《〈史记志疑〉点校说明》，《史记志疑》，中华书局1981年4月版，第1册第2页。

石火之一敲，电光之一瞥，吹剑之一吷，左蜗之一战，南槐之一梦也。须臾之在亿千，稊米之于大块，实似之，是虽得犹不得也。孔子曰：‘虽得之，必失之。’秦之谓矣。”

一些较著名的史学论著多采用司马迁的记载。杨宽《战国史》关于长平之战取《史记·白起王翦列传》“赵卒不得食四十六日”之说，有“赵军被困了四十六天，饥饿乏食……”语。[①]林剑鸣《秦史稿》也写道：“赵军四十六日无粮，因饥饿以至人相食。”关于宋义安阳停军，也沿用《史记·项羽本纪》“行至安阳，留四十六日不进”的说法：“一直拖延四十六日还不前进。”子婴当政时间，也取《史记·秦始皇本纪》“子婴为秦王四十六日”之说，写道：“刚刚当了四十六日秦王的子婴……”[②]全面采纳《史记》三种“四十六日”记录的研究论著还有田昌五、安作璋主编《秦汉史》[③]，白寿彝总主编《中国通史》中的先秦秦汉部分[④]等。

《剑桥中国秦汉史》对于子婴降刘邦，采用了“子婴即位后46天”的说法。然而对于长平之战，不取“四十六日”之说，而且对于赵军被歼人数的记录表示怀疑，以为“数字不合理”。[⑤]王云度、张文立主编《秦帝国史》叙述长平之战时，亦不言“赵卒不得食四十六日”事，对于宋义、子婴故事，则采用了“四十六日”的说法。[⑥]李开元《复活的历史——秦帝国的崩溃》总结子婴的执政生涯：“末代秦王嬴婴，总共在位四十六天。”然而就宋义安阳“留四十六日不进”事，却并不简单信从司马迁关于“四

① 杨宽：《战国史》（增订本），上海人民出版社1998年3月版，第413页。

② 林剑鸣：《秦史稿》，上海人民出版社1981年2月版，第265页，第433页，第436页。林剑鸣著《秦汉史》亦信从宋义“行至安阳，留四十六日不进”及“子婴为秦王四十六日”之说。上海人民出版社1989年10月版，上册第215页，第218页。《新编秦汉史》同。五南图书出版有限公司1992年11月版，上册第287页，第291页。

③ 田昌五、安作璋主编：《秦汉史》人民出版社，1993年8月版，第31页，第82页，第85页。

④ 徐喜辰、斯维至、杨钊主编：《中国通史》第3卷，上海人民出版社1994年6月版，上册第525页；白寿彝、高敏、安作璋主编：《中国通史》第4卷，上海人民出版社1995年11月版，上册第268页至第274页。

⑤ 卜德：《秦国和秦帝国》，崔瑞德、鲁惟一主编：《剑桥中国秦汉史》（杨品泉等译），中国社会科学出版社1992年2月版，第101页至第118页。

⑥ 王云度、张文立主编：《秦帝国史》，陕西人民教育出版社1997年12月版，第257页至第259页。

十六日”的具体记录，只是写道：“宋义领军停留于安阳期间，是在二世三年十月到十一月之间。隆冬季节，安阳一带大雨连绵，气候寒冷，道路泥泞，楚军的后勤转运受到影响，防雨防寒的服装、粮食、燃料都出现了供应不足。”[①]对于其具体的写叙方式似乎还可以讨论，但是不盲目沿用“留四十六日不进”的成说，我们认为是一种清醒的处理方式。钱穆《秦汉史》对于三种“四十六日”之说全然不予取纳[②]，当然也可能是因为论述不至于具体事件的缘故。

秦始皇焚书，“史官非《秦记》皆烧之”。[③]正如司马迁《史记·六国年表》中所说：

> 秦既得意，烧天下《诗》《书》，诸侯史记尤甚，为其有所刺讥也。《诗》《书》所以复见者，多藏人家，而史记独藏周室，以故灭。惜哉！惜哉！独有《秦记》，又不载日月，其文略不具。然战国之权变亦有可颇采者，何必上古。秦取天下多暴，然世异变，成功大。传曰“法后王”，何也？以其近己而俗变相类，议卑而易行也。学者牵于所闻，见秦在帝位日浅，不察其终始，因举而笑之，不敢道，此与以耳食无异。悲夫！

孙德谦《太史公书义法·详近》说：“《秦记》一书，子长必亲睹之，故所作列传，不详于他国，而独详于秦。今观商君鞅后，若张仪、樗里子、甘茂、甘罗、穰侯、白起、范雎、蔡泽、吕不韦、李斯、蒙恬诸人，惟秦为多。迁岂有私于秦哉！据《秦记》为本，此所以传秦人特详乎！”《太史公书义法·综观》还辑录了《史记·六国年表》中“有本纪、世家不载，而于《年表》见之者”前后四十四年中凡五十三件史事，以为“此皆秦事只录于《年表》者”。金德建据此推定：“《史记》的《六国年表》

① 李开元：《复活的历史——秦王朝的崩溃》，中华书局2007年4月版，第215页，第160页。
② 钱穆：《秦汉史》，生活·读书·新知三联书店2004年4月版。
③ 《史记·秦始皇本纪》。

纯然是以《秦记》的史料做骨干写成的。秦国的事迹，只见纪于《六国年表》里而不见于别篇，也正可以说明司马迁照录了《秦记》中原有的文字。”[①]司马迁痛惜诸侯史记之不存，“独有《秦记》，又不载日月，其文略不具”。《秦记》可能除了时间记录不很详尽以及文字“略不具”而外，又存在记录“奇怪”和叙事“不经”的特点。

《太平御览》卷六八〇引挚虞《决疑录要》注说到《秦记》：“世祖武皇帝因会问侍臣曰：‘旄头之义何谓耶？’侍中彭权对曰：‘《秦记》云：国有奇怪，触山截水，无不崩溃，唯畏旄头。故使虎士服之，卫至尊也。’中书令张华言：‘有是言而事不经。臣以为壮士之怒，发踊冲冠，义取于此也。’”我们今天已经无法看到《秦记》的原貌，从挚虞《决疑录要》注的这段内容可以推知，这部秦人撰著的史书中，可能确有言“奇怪”而语颇“不经”的记载。

《秦记》不免“奇怪”“不经”的撰述风格，也可能在一定程度上影响司马迁对于秦史的记录。秦史记录中“四十六日”的重复出现，给人以神秘印象，是否也是这种影响的表现呢？关于长平之战的记录当据《秦记》。宋义事及子婴事很可能是司马迁根据其他资料亲自写述。秦史中的这三次重大事件，竟然都明确以“四十六日”的时间标号相重复，如果说完全是巧合，恐怕难以令人信服。这种叙事特点，或许存在某种较深层的文化背景。

5.宋义“四十六日”事及子婴“四十六日”事试辨正

司马迁很可能非据《秦记》，亲自记述的两例“四十六日”，还可以讨论其真实性。

宋义率楚军救赵，即将进行与章邯军的决战，然而“行至安阳，留四十六日不进”。后来“乃遣其子宋襄相齐，身送之至无盐”情节，所用时日应当也在这“四十六日”中。对于“安阳”所在，研究者有不同意见。颜师古以为唐相州安阳，司马贞《索隐》以为唐宋州楚丘西北四十

① 金德建：《〈秦记〉考征》，《司马迁所见书考》，上海人民出版社1963年2月版，第415页至第423页。

里安阳故城。张守节《正义》写道："《括地志》云：'安阳县，相州所理县。七国时魏宁新中邑，秦昭王拔魏宁新中，更名安阳。'《张耳传》云章邯军钜鹿南，筑甬道属河，饷王离。项羽数绝邯甬道，王离军乏食。项羽悉引兵渡河，遂破章邯，围钜鹿下。又云渡河湛船，持三日粮。按：从滑州白马津赍三日粮不至邢州，明此渡河，相州漳河也。宋义遣其子襄相齐，送之至无盐，即今郓州之东宿城是也。若依颜监说，在相州安阳，宋义送子不可弃军渡河，南向齐，西南入鲁界，饮酒高会，非入齐之路。义虽知送子曲，由宋州安阳理顺，然向钜鹿甚远，不能数绝章邯甬道及持三日粮至也。均之二理，安阳送子至无盐为长。济河绝甬道，持三日粮，宁有迟留？史家多不委曲说之也。'""宁有迟留"的意见值得注意。

按《史记·秦楚之际月表》记载，秦二世二年（前208）九月，"章邯破杀项梁于定陶，项羽恐，还军彭城"。后九月，"〔楚〕拜宋义为上将军"。"怀王封项羽于鲁，为次将，属宋义，北救赵。"关于赵国的记录，则有："秦军围〔赵〕歇钜鹿，陈余出收兵。"秦军的动向，即《史记·项羽本纪》："章邯已破项梁军，则以为楚地兵不足忧，乃渡河击赵，大破之。当此时，赵歇为王，陈余为将，张耳为相，皆走入钜鹿城。章邯令王离、涉间围钜鹿，章邯军其南，筑甬道而输之粟。陈余为将，将卒数万人而军钜鹿之北，此所谓河北之军也。"随后楚军进行军事部署的调整，有集结彭城的动作："楚兵已破于定陶，怀王恐，从盱台之彭城，并项羽、吕臣军自将之。以吕臣为司徒，以其父吕青为令尹。以沛公为砀郡长，封为武安侯，将砀郡兵。"而秦军围钜鹿的情报传递到彭城需要时间，如此，则"拜宋义为上将军"，率军"救赵"，当在后九月稍晚的时候。《史记·秦楚之际月表》记载，秦二世三年十月，"章邯破邯郸，徙其民于河内"。十一月，"〔楚〕拜〔项〕籍上将军"。"〔项〕羽矫杀宋义，将其兵渡河救钜鹿。"要知道，项羽杀宋义的消息上报到彭城，以及楚怀王的命令颁布到军前，即《史记·项羽本纪》所谓"使桓楚报命于怀王，怀王因使项羽为上将军，当阳君、蒲将军皆属项羽"，也需要时间。

如此，从《史记·秦楚之际月表》看，九月，“章邯破杀项梁于定陶”，十月“章邯破邯郸”，中间有后九月，则章邯的定陶与邯郸的两次行动在前后三个月间。而后九月楚军“北救赵”，十一月“渡河救钜鹿”，其事也在前后三个月间。两军行军方向一致，行程亦大体相近，似乎没有理由说楚军“迟留”。而“留四十六日不进”的说法更为可疑。即使将“后九月，秦军围〔赵〕歇钜鹿”理解为章邯军已至赵地（据《史记·项羽本纪》，这是王离、涉间的行动①），时间则相差一个月，考虑到楚军出动应在后九月稍晚的日子，以及宋义死事上报和楚怀王“使项羽为上将军”命令的通信往返，楚军在“上将军”宋义指挥下的“迟留”，似乎也不存在长达“四十六日”的可能性。

《史记·秦始皇本纪》所谓“子婴为秦王四十六日”，泷川资言《史记会注考证》：“《李斯传》：‘子婴立三月。’”《史记·秦始皇本纪》：“子婴为秦王四十六日，楚将沛公破秦军入武关，遂至霸上，使人约降子婴。子婴即系颈以组，白马素车，奉天子玺符，降轵道旁。”《史记·李斯列传》：“子婴立三月，沛公兵从武关入，至咸阳。群臣百官皆畔不適。子婴与妻子自系其颈以组，降轵道旁。”同样的历史过程，一说“四十六日”，一说“三月”，司马迁自己记述的矛盾，似乎也动摇了“四十六日”说的可信

---

① 邹贤俊的有关论述是明确的，他在白寿彝总主编《中国通史》中“钜鹿之战”一节写道：“当时，首先率军进攻赵王歇的，是秦将王离。”他率领的部队，“原是秦始皇时戍守北边长城一线的主力军，是当时最精锐的秦兵劲旅。秦末农民战争爆发后，二世为了镇压农民起义和反秦斗争，命令这支部队急速东渡，经太原（今山西太原西南）、井陉（今河北井陉西北）南下，至信都，大败赵王歇，迫使赵歇、张耳等仓皇退至钜鹿（今河北平乡西南）。王离随即团团围住了这座城邑。”事见《史记·王翦列传》。“就在王离围钜鹿后不久，即秦二世三年十月，章邯也率二十余万之众北抵赵地。”白寿彝、高敏、安作璋主编：《中国通史》第4卷《中古时代·秦汉时期》，上海人民出版社1995年11月版，上册第266-267页。

度。[①]

对于秦汉之际与宋义和子婴事迹密切相关的两个“四十六日”，史家在自己的论著中亦各有取舍。兹试举数例（√表示采用此说）：

秦汉史论著	〔宋义〕行至安阳，留四十六日不进	子婴为秦王四十六日
吕思勉《秦汉史》	√[①]	
翦伯赞《秦汉史》	√[②]	
李开元《复活的历史》		√[③]

注：①吕思勉：《秦汉史》，上海古籍出版社1983年2月版，上册第33页。

②翦伯赞：《秦汉史》，北京大学出版社1983年5月版，第105页。

③李开元：《复活的历史——秦王朝的崩溃》，中华书局2007年4月版，第215页。

也许这种取舍有偶然性或者另外的原因，不足以增益对于本文讨论主题的认识。姑且记录于此，以供有兴趣的研究者参考。

6.秦人传说中的又一例“四十六日”

有趣的是，我们还看到另一例“四十六日”的故事。《太平广记》卷五九“梁玉清”条记录了这样的传说：

---

① 据《史记·秦楚之际月表》：“八月，赵高杀二世。”“九月，子婴为王。”“十一月，沛公出令三章，秦民大悦。”《史记·高祖本纪》记载：“汉元年十月，沛公兵遂先诸侯至霸上。秦王子婴素车白马，系颈以组，封皇帝玺符节，降轵道旁。诸将或言诛秦王。沛公曰：‘始怀王遣我，固以能宽容；且人已服降，又杀之，不祥。’乃以秦王属吏，遂西入咸阳。欲止宫休舍，樊哙、张良谏，乃封秦重宝财物府库，还军霸上。召诸县父老豪桀曰：‘父老苦秦苛法久矣，诽谤者族，偶语者弃市。吾与诸侯约，先入关者王之，吾当王关中。与父老约，法三章耳：杀人者死，伤人及盗抵罪。余悉除去秦法。诸吏人皆案堵如故。凡吾所以来，为父老除害，非有所侵暴，无恐！且吾所以还军霸上，待诸侯至而定约束耳。’乃使人与秦吏行县乡邑，告谕之。秦人大喜，争持牛羊酒食献飨军士。”其事又在“十月”，与《秦楚之际月表》不同。现在看来，“子婴为秦王四十六日”的可能性是存在的。只是司马迁记载的纷乱，使我们无法得到确证。“子婴立三月”之说，有可能是“九月”至“十一月”的概说，也有可能是将《史记·秦楚之际月表》“十二月，〔项羽〕诛秦王子婴”事以为其“为王”生涯的终结。

《东方朔内传》云：秦并六国，太白星窃织女侍儿梁玉清、卫承庄逃入卫城少仙洞，四十六日不出。天帝怒，命五岳搜捕焉。太白归位，卫承庄逃焉。梁玉清有子名休。玉清谪于北斗下常舂。其子乃配于河伯骖乘行雨。子休每至少仙洞，耻其母淫奔之所，辄回驭。故此地常少雨焉。（出《独异志》）

这一故事以“秦并六国”为发生背景，似乎暗示“四十六日不出”的情节与秦史也存在某种联系。

所谓“卫城少仙洞”，《天中记》卷二“太白窃织女侍儿”条引《东方朔内传》《独异志》以及《山堂肆考》卷三“侍儿谪舂”条引李元《独异志》均作“衙城小仙洞”。《汉书·地理志上》“左冯翊”条：“衙，莽曰达昌。”颜师古注：“即《春秋》所云‘秦晋战于彭衙’。”很可能“衙”是正字，事在“衙城”而非“卫城”，“太白星窃织女侍儿梁玉清、卫承庄”“淫奔”潜居的地点“少仙洞”或“小仙洞”其实位于秦地。而“太白星”在当时人的天体秩序观念中，位置亦正当西方。[①]

所谓梁玉清子休“配于河伯骖乘行雨”，也使人自然联想到秦人先祖多有御车经历的情形。[②]

而“子休每至少仙洞，耻其母淫奔之所，辄回驭”的态度，或许也可以理解为与秦国贵族妇女生活较为放纵的传统有关。[③]与“耻其母淫奔”类似的最典型的史例，是秦王嬴政发现其生母与嫪毐的私情之后的激烈反

---

① 《史记·天官书》：“秦之疆也，候在太白，占于狼、弧。”张守节《正义》：“太白、狼、弧，皆西方之星，故秦占候也。”又说：“天库一星，主太白，秦也，在五车中。”“西北大星曰天库，主太白，秦也。”“《天官占》云：‘太白者，西方金之精。……’”《汉书·律历志上》：“金合于太白。”《郊祀志下》：王莽奏言：“分群神以类相从为五部，兆天坠之别神。”其中，“西方帝少皞白灵蓐收畤及太白星、西宿西宫于西郊兆。”

② 《史记·秦本纪》：“费昌当夏桀之时，去夏归商，为汤御。”“大廉玄孙曰孟戏、中衍，鸟身人言。帝太戊闻而卜之使御，吉，遂致使御而妻之。”“造父以善御幸于周缪王，得骥、温骊、骅骝、騄耳之驷，西巡狩，乐而忘归。徐偃王作乱，造父为缪王御，长驱归周，一日千里以救乱。”

③ 参看王子今：《秦国上层社会礼俗的性别关系考察——以秦史中两位太后的事迹为例》，《秦陵秦俑研究动态》2002年4期；王子今：《秦国女权的演变》，《光明日报》2002年8月20日。

应。

7. “四十六日”的文化象征意义

“四十六日”在战国秦汉时期人们的时间观念中，或许具有某种特殊的文化象征意义。

《管子·轻重己》：“以冬日至始，数四十六日，冬尽而春始。天子东出其国四十六里而坛，服青而絻青，搢玉揔，带玉监，朝诸侯卿大夫列士，循于百姓，号曰祭日。”“以冬日至始，数九十二日，谓之春至。天子东出其国九十二里而坛。朝诸侯卿大夫列士，循于百姓，号曰祭星。”“以春日至始，数四十六日，春尽而夏始。天子服黄而静处，朝诸侯卿大夫列士，循于百姓，发号出令曰：‘毋聚大众，毋行大火，毋断大木、诛大臣，毋斩大山，毋戮大衍。灭三大而国有害也。’天子之夏禁也。”“以春日至始，数九十二日，谓之夏至，而麦熟。天子祀于太宗，其盛以麦。”“以夏日至始，数四十六日，夏尽而秋始，而黍熟。天子祀于太祖，其盛以黍。”“以夏日至始，数九十二日，谓之秋至，秋至而禾熟。天子祀于太惢，西出其国百三十八里而坛，服白而絻白，搢玉揔，带锡监，吹埙箎之风，凿动金石之音，朝诸侯卿大夫列士，循于百姓，号曰祭月。”“以秋日至始，数四十六日，秋尽而冬始。天子服黑絻黑而静处，朝诸侯卿大夫列士，循于百姓，发号出令曰：‘毋行大火，毋斩大山，毋塞大水，毋犯天之隆。’天子之冬禁也。”“以秋日至始，数九十二日，〔谓之冬至，〕天子北出九十二里而坛，服黑而絻黑，朝诸侯卿大夫列士，号曰发繇。”所谓“以冬日至始，数四十六日，冬尽而春始”，石一参云：“自冬至日夜半子时起顺数，历四十有五日而冬尽，又一日而立春，故合数为四十六日。”[①]此后“以春日至始，数四十六日，春尽而夏始”，“以夏日至始，数四十六日，夏尽而秋始”，“以秋日至始，数四十六日，秋尽而冬始”，都体现了同样的由盛而终的转换，随后即开始另一周期。

《淮南子·天文》：“距日冬至四十六日而立春，阳气冻解，音比南

① 马非百:《管子轻重篇新诠》,中华书局1979年12月版,下册第727页。

吕”；“春分则雷行，音比蕤宾”；“有四十六日而立夏，大风济，音比夹钟”[①]；“有四十六日而夏至，音比黄钟”；“有四十六日而立秋，凉风至，音比夹钟”；“秋分雷戒，蛰虫北乡，音比蕤宾”；“有四十六日而立冬，草木毕死，音比南吕”；“十一月日冬至，鹊始加巢，人气钟首。”全年有八个“四十六日”的时段。《淮南子·天文》对每一时段的表述是“加十五日……加十五日……加十五日……”，实际上是四十五日。这样全年为三百六十日。又《淮南子·本经》：“距日冬至四十六日，天含和而未降，地怀气而未扬，阴阳储与，呼吸浸潭，包裹风俗斟酌万殊，旁薄众宜，以相呕咐酝酿，而成育群生。”“四十六日”是显示“天道”确定的规律性季候转换的时段，是盛衰转换的过程，也是生死转换的过程。

《灵枢经》卷一一《九宫八风》：“太一常以冬至之日居叶蛰之宫，四十六日；明日居天留，四十六日；明日居仓门，四十六日；明日居阴洛，四十五日；明日居天宫，四十六日；明日居玄委，四十六日；明日居仓果，四十六日；明日居新洛，四十五日；明日复居叶蛰之宫，冬至矣。”计六个四十六日，两个四十五日。这一程式，可以与《管子》与《淮南子》所列季节转换秩序对照理解。《续汉书·祭祀志中》刘昭《注补》引《皇览》曰：“迎礼春、夏、秋、冬之乐，又顺天道，是故距冬至日四十六日，则天子迎春于东堂，距邦八里，堂高八尺，堂阶八等。青税八乘，旗旄尚青，田车载矛，号曰助天生。唱之以角，舞之以羽翟，此迎春之乐也。自春分数四十六日，则天子迎夏于南堂，距邦七里，堂高七尺。堂阶七等。赤税七乘，旗旄尚赤，田车载戟，号曰助天养。唱之以徵，舞之以鼓鞉，此迎夏之乐也。自夏至数四十六日，则天子迎秋于西堂，距邦九里，堂高九尺，堂阶九等。白税九乘，旗旄尚白，田车载兵，号曰助天收。唱之以商，舞之以干戚，此迎秋之乐也。自秋分数四十六日，则天子迎冬于北堂，距邦六里，堂高六尺，堂阶六等。黑税六乘，旗旄尚黑，田车载甲铁鍪，号曰助天诛。唱之以羽，舞之以干戈，此迎冬之乐也。”这

① 《太平御览》卷二三引《淮南子》曰：“春分加四十六日而立夏。”

段文字，可以帮助我们理解在当时人的“天道”意识中，“四十六日”有着怎样的意义。又《太平御览》卷五二八引《皇览礼》写道：“天子迎四节日，天子迎春夏秋冬之乐，又顺天道，是故距冬至日四十六日，则天子迎春于东堂……自春分四十六日，则天子迎夏于南堂……夏至四十六日，则天子迎秋于西堂……自秋分数至四十六日，则天子迎冬于北堂……”也反映了“四十六日”在季候转换中的意义。

《续汉书·律历志下》刘昭《注补》引张衡《浑仪》：“设一气令十六日者，皆常率四日差少半也。令一气十五日不能半耳，故使中道三日之中差少半也。三气一节，故四十六日而差今三度也。至于差三之时，而五日同率者一，其实节之间不能四十六日也。”当时天文学家的计算，已经告诉我们以“四十六日”作为确定的时间阶段并不准确。但是当时社会对于季节时段的普遍观念，有对“四十六日”意义的认同。

“四十六日”作为时间过程在历史记忆中的含义，似乎长期有神秘的影响，甚至可以说已经形成了一种特殊的文化符号。明人黄淳耀《陶庵全集》卷三《科举论上》写道：“昔黄庭坚在贡院四十六日，九人半取一人。今主司鉴裁之明，或不如古，而以数十人取一人，又程之于数日之中日力无余，故所弃之卷，有不及阅二三场者，有不及阅经义者，有并不及阅书义者。所弃如此，则其所取可知也。”清人蔡世远《二希堂文集》卷一《历代名儒名臣循吏传总序》说：“朱子在朝四十六日，进讲奏疏，名臣风烈，万代瞻仰，及观其浙东南康潭州诸治绩，岂两汉循吏所易及乎？”又卷五《默庐记》：“文公在朝四十六日，进讲者七，奏疏无虑数万言。”《山堂肆考》卷二五“白鹿”条也有这样的内容：“南康府五老峰下有白鹿洞。”“宋宁宗即位，召朱熹入朝为相，因忤权臣，在位四十六日而归。遂入白鹿洞著书。”《曾文正公诗文集》卷三《季弟事恒墓志铭》写道：“兄弟复会师，进薄金陵之雨花台。江东久虐于兵，沴疫繁兴，将士物故相属。弟病亦屡濒于危，定议假归养疾，适以援贼大至，强起，战守四十六日，贼退而疾甚不可复治矣。”

对所谓“四十六日”这一时间符号进行全面的深刻的文化解读，也许还需要进一步的认真的工作。然而我们从现有的认识出发，将《史记》中说到的秦史中的三个“四十六日”理解为具有时间寓言意义的记录，也许是读《史记》者未可简单否定的一种思路。也许司马迁“四十六日”的记述，似暗示“究天人之际”的史学追求作为潜意识的某种影响。

《朱子语类》卷一三四记录了朱熹这样的评论：“班固作《汉书》，不合要添改《史记》字，行文有不识当时意思处。”《汉书》不取《史记》“四十六日”之说的处理，出发点可能更在于对历史真实的追求。然而司马迁的“当时意思”，却是我们应当认真探求的。

8.“卌六日废”：汝阴侯墓太一式盘提供的补证

承中国社会科学院古代史研究所曾磊副研究员提示，安徽阜阳双古堆M1即西汉汝阴侯夏侯灶墓出土漆木式[①]，可见有关“四十六日”的内容，李零先生《中国方术正考》有所论说。对于双古堆汝阴侯墓出土所谓“第二号（太乙九宫占盘）”“针刻篆文”，殷涤非先生说：“按自冬至，‘四十日废明日’而立春[②]，立春‘四十六日废明日’而春分，春分‘四十六日废明日’而立夏，立夏‘四十五日明日’而夏至，夏至‘四十六日废明日’而立秋，立秋‘四十六日废明日’而秋分，秋分‘四十五日明日’而立冬，立冬‘四十五日明日’再冬至。”并结合《淮南子·天文》《续汉书·律历志》有所分析，指出：“这里的五个‘四十六日废明日’和三个‘四十五日明日’，可用张衡《浑仪》中的话解说之：‘三气一节，故四十六日而差今三度也。至于差三之时，而五日同率者一，其时节之间不能四十六日也’。《颛顼历》为四分历，于此得到证实：‘时节之间不能四十六日’又要以四十六日计算，故加一‘废’字标识之，足见汉初对天文观察之细，历法计算之精，已达到相当高的水平。”[③]发掘简报称“太乙九宫占盘”“上面的小圆盘”及“下面方盘”者，殷涤非文中称“上盘”“下盘”，

① 安徽省文物工作队、阜阳地区博物馆、阜阳县文化局：《阜阳双古堆西汉汝阴侯墓发掘简报》，《文物》1978年8期。

② 据殷涤非下文“五个‘四十六日废明日’和三个‘四十五日明日’”，推定，此“四十日”应为“四十六日”误排。

③ 殷涤非：《西汉汝阴侯墓出土的占盘和天文仪器》，《考古》1978年5期。

李零《中国方术正考》第二章《式与中国古代的宇宙模式》称“天盘”“地盘”。

关于“地盘”，李零是这样介绍的：“正面是以二分二至居于四正，四立居于四隅，表示节气划分。铭文分为两层，外层与内层应分读，外层每段的头两字重文，皆与前一段的‘明日’连读，作：冬至：汁蛰，卌六日废，明日立春。立春：天溜，卌六日废，明日春分。春〔分〕：苍门，卌六日废，明日立夏。〔立夏〕：阴洛，卌六日废，明日夏至。夏至：上天，卌六日废，明日立秋。立〔秋〕：玄尾，卌六日废，日明（应作‘明日’）秋分。秋分：仓果，卌五日，明日立冬。立冬：新洛，卌五日，明日冬至。”总共六见“卌六日”，两见“卌五日”，都是时令转换的阶段。我们不妨分读：

冬至：汁蛰，卌六日废，明日立春。

立春：天溜，卌六日废，明日春分。

春〔分〕：苍门，卌六日废，明日立夏。

〔立夏〕：阴洛，卌六日废，明日夏至。

夏至：上天，卌六日废，明日立秋。

立〔秋〕：玄尾，卌六日废，日明（应作“明日”）秋分。

秋分：仓果，卌五日，明日立冬。

立冬：新洛，卌五日，明日冬至。

李零说：“每段都包含节气、宫名和所含日数。”[①]

我们看到，前六例言“卌六日废”，后二例“卌五日”不言“废”。似可以大略言之，“卌六日”是春夏秋冬季节转换的时间秩序中特殊的时段。

此“卌六日”，也就是《管子》《淮南子》《灵枢经》《续汉书》所谓“四十六日”，也是《史记》所谓“四十六日”。有关“卌六日”“四十六日”特殊性与神秘性的相关认识，来自农人对季节转换的经验总结，成为农耕生活时间秩序的历史记忆。相关知识，又影响到信仰世界和数术学说

① 李零：《中国方术正考》，中华书局2006年5月版，第98页至第99页。

以及与预测学有关的日者操作技术。

而《史记》“四十六日”记述的特殊意义，是我们进行史学史考察和史学思想史考察应当有所关注的。

再版后记

此书初版《史记的文化发掘：中国早期史学的人类学探索》，湖北人民出版社1997年10月推出。再版题《千秋太史公：司马迁的史学与人类学》，由书海出版社2018年2月出版。我在初版“后记”中写了以下这些话：

《史记》是人人皆知的文化名著，《史记》又是治史者最初入门的必读书。

对于笔者来说，若干《史记》片段虽早已披涉，若干《史记》故事虽多已熟知，但是认真地通读《史记》，却是攻读硕士学位以秦汉史为研究方向时的事。当时，导师林剑鸣教授安排我们读《史记》时，指定以梁玉绳《史记志疑》和泷川资言《史记会注考证》作为辅助读物。于是《史记》的学习，是比较仔细严谨的。读《史记》所作的笔记，曾经辑有112个专题。当时的心得，可以说是今天这部书的最初的基础。

后来从事秦汉史研究，所获学术心得，多是以《史记》作为最基本的史料宝库的。

记得李学勤教授在为笔者的秦汉交通史研究提出指导意见时，曾经明示应当注重从社会文化的角度进行考察和分析。这一教诲，对于笔者的学术道路，实在是至关重要的路标！大致从那时起，笔者读史，开始学习与探索在社会文化史方面开拓新的视野，追求新的发现。

本书进行的《史记》研究，是受到萧兵《楚辞的文化破译：一个微宏观互渗的研究》、叶舒宪《诗经的文化阐释：中国诗歌的发生研究》以及萧兵、叶舒宪《老子的文化解读：性与神话学之研究》几部大著的重要启示方才起步的。

本书写作过程中，得到淮阴师专萧兵教授、海南大学叶舒宪教授和湖北人民出版社王建辉先生的指点和鼓励。中国社会科学院宋新潮教授、吕微教授、台湾中国文化大学史学系陈文豪教授和陕西省文物保护技术中心张在明教授以及中央党校韩红教授、胡岩教授的帮助，对于本书的完成，有重要的作用。谨此一并深致谢忱！

本书以《史记的文化发掘》为题，与笔者曾经经历考古学的最初训练有关。笔者1978年初至1982年初就学于西北大学历史系考古专业。本书的研究形式，当然不能和田野考古发掘艰辛的工作条件和笃实的学术价值相比，不过笔者偏爱"发掘"二字，也愿意如同实地考古发掘那样，一点一点地探求文化的深境，一点一点地拂去岁月的尘埃，把闪亮的历史的真实推呈在读者面前。

当然，本书所进行的试探，很可能是不成功的。对于其中所有各种各样的缺失，笔者都衷心欢迎各界学者的批评！

在《千秋太史公：司马迁的史学与人类学》的"后记"中，我感慨从事秦汉史研究多年，依然多有盲区和误识，"人已垂垂老矣，至此境界，经常面对的是'尚能饭否'之问"。就某些研究方向而言，"与许多新锐学人比较，自觉已经有明显边缘化的感觉"，难免"心存不安"。"传说陈直先生每两年读一遍《汉书》，晚年他仍然说《汉书》仅仅读懂了百分之三十。就面前的这部《史记》来说，我究竟读懂了百分之几十呢？想到这里，不免深心惭愧！"

《史记的文化发掘：中国早期史学的人类学探索》是中央党校校级科研课题"《史记》的文化人类学探索"的最终成果，1999年9月获中央党校1995至1998年度优秀科研成果一等奖。《新闻出版报》1998年4月24日发表黄敏兰书评，《中国图书商报》1998年5月8日发表张在明书评，《中国出版》1998年第6期发表方兢书评，《南都学坛》2000年第4期发表赵瑞民书评，分别给予了肯定的评价。《千秋太史公：司马迁的史学与人类学》出版后，《太原晚报》2018年5月28日24版发表李鑫书评，《北京日报》2018年6月5日14版发表方木鱼书评，《文汇读书周报》2018年7月30日5版发表李鑫书评，《海南日报》2018年8月6日22版发表李鑫书评。亦多表扬之辞。

此次新版，承山西人民出版社朋友认真编校，发现前两版错误甚多，大略说来，数以百计。核正校样时非常惭愧。起初写作时，刚刚学习使用电脑，许多字在当时的字库中无法找到，只能用形近的字暂时替代，打印出来再用笔改正。这样的痕迹很多。更多的则是我自己录入粗心，有些是很丢人的硬伤。这次得以纠正，是让人高兴的事。

《千秋太史公》出版，山西人民出版社（书海出版社）编辑李鑫在设定选题、编发校读、审定图版等方面花费了很多经历，付出了很多辛劳。这一版增加了两篇附论：《史家的“童心”：〈史记〉阅读体验》；《英雄歌哭：太史公笔下刘项的心思和表情》。前一篇刊于《光明日报》2017年2月28日，收入《长留篇什继风诗：中国人民大学80年散文选》（中国人民大学出版社2017年9月版）；后一篇刊于《文汇学人》2017年10月20日15版。现在的新版，又增加了另一篇拙文：《〈史记〉时间寓言试解读：神秘的“四十六日”》，初刊于《人文杂志》2008年第2期，收入《司马迁与史记论集》第8辑（陕西人民出版社2008年4月），《新华文摘》2008年12期全文转载，《高等学校文科学术文摘》2008年第3期摘编。这篇文章其实已经收入《王子今学术经典文集》（山西人民出版社2014年5月版），编入此书，是因为更能够体现作者在《史记的文化发掘》出版后阅读《史记》的新的心得。《史记》数处有关秦史“四十六日”的记述不被《汉书》取用。《朱子语类》卷一三四可见朱熹有关《史》《汉》比较的这样的意见：“班固作《汉书》，不合要添改《史记》字，行文有不识当时意思处。”相关讨论也许更能够接近司马迁的“当时意思”。而此次编入新版，较拙文发表时的样态，是有所充实更新的。

应当说明，当年从未谋面的叶舒宪教授来寒舍约稿，《史记的文化发掘：中国早期史学的人类学探索》是列入萧兵、叶舒宪、王建辉主持的“中国文化的人类学破译系列”之中的。从交稿到印制，几位主编并没有对拙著的思路提出过否定的意见。但是事后叶舒宪教授表露过失望，也当面发表过严肃而诚恳的批评，大致主要针对文化人类学理论方面的缺失。这一批评是切实中肯的。萧兵老师评价的语言则稍缓和，但是后来在最后一次见面时郑重地将列维-斯特劳斯著作借给我，敦促我认真研读，尽快修正充实，促成湖北人民出版社再版。这样的期望，最终没有能够实现。现在回想，《史记的文化发掘》虽然没有达到萧兵老师和叶舒宪教授期望的水准，但是就《史记》研究而言，其实还是有秦汉史以及文献学和史学史的价值的。尽管学有偏失，未能落实他们设计的“中国文化的人类学破译”的要求，但是对于萧兵老师和叶舒宪教授前前后后对我的启示和引导，至今感激之心是深切的。相关回忆，我在《“神话学者叶舒宪”与“学者叶舒宪神话”》，（《圭璋特达：叶舒先先生学术理论与方法研究文集》序三，陕西师范大学出版总社2024年6月版）中有所表述。

《史记的文化发掘》出版之后，我对《史记》的研读和思考，比较集中的论作即为中华书局《月读》撰写的“《史记》讲座”专栏，先后共32篇。大多选题狭小，但力争求新。另外还有若干以《史记》研究为主题的论文，如《〈史记〉的海洋视角》《司马迁笔下的秦始皇与海洋》《说〈史记〉篇名〈秦始皇帝本纪〉》《秦史学史的第一页：〈史记〉秦文公、史敦事迹》《〈史记〉“失期，法皆斩”辨疑——关于陈胜暴动起因的史学史考察》《“冠带”“夷狄”之间：司马迁的民族意识》《上古女子饮酒风习：以〈史记〉为视窗》《〈史记〉“农”“农民”“农夫”身份论》《从博浪沙到下邳圯：张良人生路径与〈史记〉的记述》《“焚船”“沉船”故事：〈史记〉战争记述的英雄主义主题》《〈史记〉中的“民劳”“劳民”主题及其劳动史意义》《论〈史记〉所谓“不绝”——兼及中国文明连续不中断因素的思考》《论司马迁言“使民不倦”“使人不倦”》《〈史记〉记载的秦国“梦”》《〈史记〉的“利口”批评》《秦史“石桥”记忆》等，虽然所论浅薄，但是试图从多视角考察《史记》文化内涵的努力可以说是持续的。

以上感谢了许多朋友对我就《史记》研究方面提供的重要启示和多种帮助。这里应当直接表示感谢的，是山西人民出版社将本书列入“溯源·学术经典”的崔人杰及其他在编校方面认真工作，改正书稿多处疏误的朋友们。西北大学同班同学张在明、同级同学黄敏兰已经离世，深心感念之外，也愿以自己的学术收获，答谢他们的友情。至于陈直教授、李学勤教授、林剑鸣教授的教诲和指导，也应当以勤奋不懈的学术努力报答。写到这里，不妨借用司马迁《报任安书》中的话语：“仆……虽罢驽，亦尝侧闻长者遗风矣。”（《汉书·司马迁传》）

我说“勤奋不懈”，想到西北大学校训“公诚勤朴”第三个字正是“勤”。今年元旦，曾写短文《鲁迅日记新年书事》，发表时因为与栏目名称文字重复，编辑改题《捧读鲁迅〈日记〉，品味岁首书香》（《光明日报》2025年1月2日11版“光明悦读”）。文中说到鲁迅及其他学者如杨树达等假日买书、读书以及校书著书译书工作的情形。今天是五一国际劳动节，早上给学生微信群发了王利器《盐铁论校注》（定本）“前言”最后的内容。在文末署“王利器谨识”之后，可以看到这样三行文字：“一九五六年国际劳动节初稿。一九七九年国际劳动节二稿。一九八九年国际劳动节三稿”［王利器校注《盐铁论校注》（定本），中华书局1992年7月版第31页］。我们以及年轻学人的生活态度和工作节奏，希望能够借鉴“长者遗风”。

王子今
北京大有北里
2025年5月1日